内部控制重点实证文献导读

林斌　舒伟　主编

中国财政经济出版社

图书在版编目（CIP）数据

内部控制重点实证文献导读／林斌，舒伟主编．—北京：中国财政经济出版社，2015.6
ISBN 978－7－5095－6166－9

Ⅰ.①内… Ⅱ.①林… ②舒… Ⅲ.①企业内部管理－文集 Ⅳ.①F270－53

中国版本图书馆CIP数据核字(2015)第069400号

责任编辑：王 飏 张若丹　　责任校对：黄亚青
封面设计：汪俊宇

中国财政经济出版社 出版
URL：http：//www.cfeph.cn
E－mail：cfeph@cfeph.cn

社址：北京市海淀区阜成路甲28号 邮政编码：100142
发行处电话：010－88190406 北京财经书店电话：010－64033436
北京财经印刷厂印刷 各地新华书店经销
787×1092毫米 16开 39印张 906 000字
2015年6月第1版 2015年6月北京第1次印刷
定价：86.00元
ISBN 978－7－5095－6166－9/F·4968
（图书出现印装问题，本社负责调换）
本社质量投诉电话：010－88190744
打击盗版举报热线：010－88190492、QQ：634579818

本书系以下课题的阶段性成果：

国家自然科学基金重点项目
“基于中国情境的企业内部控制有效性研究”
（项目批准号 71332004）

国家自然科学基金面上项目
“诚信、C－SOX 与企业价值”
（项目批准号 71272198）

国家自然科学基金面上项目
“上市公司内部控制与投资者保护”
（项目批准号 70972076）

教育部人文社会科学基金项目
“内部控制、过度投资与财务危机”
（项目批准号 09YJA790199）

广东省人文社科重点研究基地项目
“企业内部控制与价值创造——基于中国资本市场的实证研究”
（项目批准号 11JDXM79004）

国家自然科学基金重点项目子课题
“基于组织、行为与情境的预算管理研究”
（项目批准号 71032006）

教育部人文社会科学青年基金项目
“内部控制与慈善组织运营效率——基于中国慈善基金会的实证研究”
（项目批准号 14YJC790097）

前言

春华秋实。由于长期从事内部控制的教学与研究工作，平时较关注有关内部控制方面的成果。随着文献积累越来越多，便有了将其整理出版的想法。

承蒙国家自然科学基金委员会和评审专家的支持，近年来我们连续获得3个内部控制方面的国家自然科学基金项目资助（含1个重点项目）。同时，我们申请的2个以内部控制为题的教育部人文社科项目和1个广东省教育厅的重点课题也被批准立项，这使得我们有较充足的经费在“象牙塔”里静下心来做自己喜欢的研究。当然，获得资助是动力，更是压力。因此，一定意义上，本书的出版也是这种压力的结果。

本书共收录了发表在国际会计学TOP5上有关内部控制实证研究的88篇论文（含评论），其中TAR 29篇、JAR 14篇、JAE 19篇、CAR 21篇、RAS 5篇。在梳理文献的同时，我们发现内部控制的研究始终与财务会计、公司治理、审计等学科存在密切的联系和交叉。因此，在总结文献时，我们将相关的内容进行了归并。本书主要包括以下五个部分。

第一部分，文献的总体概述。回顾了西方学者研究内部控制的制度背景；分析了内部控制与相关学科（财务会计、审计、公司治理等）的关系，并提出了本书的分析框架；总结了内部控制与不同学科之间的交叉影响，综述国外已有的高质量实证研究；最后，展望了未来内部控制研究的方向。

第二部分，内部控制与财务会计。从实证研究角度，内部控制与财务会计存在密切的关系。财务会计实证研究主要有三种不同的背景假设理论：信息观、契约观和计量观。现有研究从上述三个不同的理论角度对基于财务报告的内部控制问题进行了探讨。由于SOX法案侧重于财务报告的内部控制问题，因此这部分的文献较多，共有48篇。

第三部分，内部控制与审计。传统的审计理论可以概括为三个理论：代理观、信息观和保险观。现有的实证研究从不同的理论角度检验了内部控制与审计的关系。这部分共有16篇文献。

第四部分，内部控制与公司治理。公司治理理论很多，但归纳起来，大概可以分为三大类：交易成本理论、代理理论和利益相关者理论。目前关于内部控制与公司治理的文章主要以代理理论为基础，具体从CFO和审计委员会的专业能力以及薪酬激励等角度探讨两者的相互作用。这部分共有19篇文献。

第五部分，其他内部控制研究。该部分共有5篇文献，研究的是内部控制在提升运营绩效方面的作用，以及上市公司以外的其他类型组织的内部控制问题等。

在本书的编写过程中，我们试图突出以下特点：第一，文献的经典性。内部控制是近十年来会计研究领域的热点领域，相关的文章非常多。我们最终选取了国际上普遍认可的会计学TOP5期刊上的文献作为回顾对象。第二，整理的规范性。将每篇实证文章都按照实证研究的范式进行了梳理，在内容上分为研究问题、理论分析（或研究假设）、样本选择与研究设计、实证结果与结论几大部分。第三，编译的忠实性。由于是对高质量论文的提炼，为了避免断章取义，保持与原文思想一致，我们对每篇文章进行了多次精读和讨论，用平实的语言来诠释作者的观点，力求忠实原文。当然，由于我们的理论水平和英文能力有限，书中一定存在不少“舛误”和不足，敬请读者不吝赐教。

本书的读者对象主要是学习和研究内部控制的博士/硕士研究生和高年级本科生。对上内部控制课的老师，本书可作为辅助教材。本书也适合对内部控制理论和方法感兴趣的专业人士阅读。经典是思想的“营养”，研究是否深入一定程度上取决于文献的厚度。我们希望本书能对读者在学习西方高水平的内部控制文献、拓宽自己的研究方面有所帮助，对我国内部控制理论的发展有所裨益。

本书的编写前后历时近五年，由我和我指导的博士生、访问学者共同完成，每篇文献在篇后列出了整理者的姓名，他（她）们是：博士生舒伟、林东杰、刘春丽、孙烨、陈莹、曹健、黄敬昌、周美华、何漪漪、陈颖、杜静、王林坚、朱昊然、吴晓璇和刘瑾博士，以及访问学者盛巧玲教授和谢晖副教授，其中，舒伟、刘春丽和林东杰参与了本书大纲及写作计划的拟定和部分文献的回顾。在上述同学和教师提供初稿的基础上，我们利用假期对每一篇文章进行了详细的讨论与修改。之后还对每一篇文章进行了交叉审核，舒伟、林东杰、曹健、何漪漪、陈颖、杜静、朱昊然参与了论文的复校。最后，由我对全书进行了总校、修改和定稿。

本书的出版要感谢国家自然科学基金委员会，感谢中山大学管理学院、中山大学现代财务与会计研究中心、中山大学企业与非营利组织内部控制研究中心，以及课题组的同仁们对本书写作的支持与付出。感谢教育部“专业综合改革试点——会计学专业”项目的资助。感谢中国财政经济出版社对本书的出版所给予的支持。

林斌

2015年3月30日

目 录

第一部分

内部控制实证文献综述：一个分析框架

一、引言

内部控制是近年来学术研究的热点话题。自萨班斯—奥克斯利法案（以下简称 SOX 法案）颁布后，国外有关内部控制的高质量实证论文不断出现。据我们统计，自 2005 年至今，仅在国际会计学 TOP 5[①] 学术期刊上发表或被接收的内部控制相关论文就多达 88 篇，是近几年来最高产的研究领域之一，突出反映了学术界和实务界对企业内部控制问题的高度关注。

本文在介绍内部控制制度背景的基础上，从学科交叉的角度提出了一个内部控制概念分析框架，并根据这一分析框架，对当前内部控制领域的学术研究情况进行了阶段性的总结，最后提出了内部控制的未来研究的发展方向。本文的结构安排如下：第二部分是内部控制的制度背景，重点介绍 SOX 法案对上市公司内部控制的影响。第三部分从理论角度，分析内部控制与相关学科（会计、审计、公司治理）的关系，并提出本书的分析框架。第四部分根据分析框架，综述国外已有的高质量实证研究，进一步说明内部控制与相关学科（如会计、审计、公司治理）的交叉影响。最后，第五部分总结全文，并展望未来内部控制研究的发展方向。

二、制度背景分析

21 世纪初，安然、世通事件的发生，重创美国金融市场。2002 年，为了恢复投资者信心，美国颁布了 SOX 法案。SOX 法案改变了公司治理、信息披露和财务报告的规则，SOX 法案中涉及内部控制规范的包括 101、103、302 和 404 条款。这些条款中最为核心、最难操作、耗费成本最高[②]的是 SOX 404 条款。SOX 404 条款要求所有在 SEC 注册并递交年报的公司在年度报告中应包括管理层的财务报告内部控制年度评价报告和会计师事务所对管理层财务报告内部控制评价报告出具的审计意见。

下面，我们将对上述条款的具体内容以及实施情况作简单介绍。

（一）SOX 101、103 条款及后续实施

SOX 101 条款要求建立美国公众公司会计监督委员会（PCAOB）。SOX 103 条款则要求 PCAOB 应当制定审计和相关鉴证、质量控制、道德规范和独立性方面的准则和规定，以约束会计师事务所的相关行为。

根据 SOX 法案赋予的权力，2004 年 3 月 9 日，PCAOB 通过第 2 号审计准则（AS2），就审计管理层的财务报告内部控制评估报告作出详尽规定，要求由同一会计师事务所同时执行同一公司的财务报表审计业务和财务报告内部控制审计业务（即整合审计）。2007 年

① TOP 5 包括 *The Accounting Review*，*Journal of Accounting Research*，*Journal of Accounting and Economics*，*Contemporary Accounting Research* 和 *Review of Accounting Studies*。

② 据美国证监会 2009 年的调查，执行 SOX 404（b）的年平均费用大约是 200 万美元。

6月12日，PCAOB发布第5号审计准则（AS5）替代之前的AS2。AS5的主要目标是让审计师能够将审计资源投向高风险领域，并尽量减少不必要的审计程序，同时力求内部控制重大缺陷在导致报表重大错报前被发现。此外，SOX法案之后，PCAOB还要求会计师事务所严格遵循高标准的审计准则，包括：要求会计师事务所增加在一系列执业领域的投资，如接受客户及保持客户关系、合伙人薪酬和业务审核、审计师独立性和员工培训等。

（二）SOX 302、404条款及后续实施

SOX 302、404条款直接涉及上市公司内部控制的建立和披露，也是SOX法案中执行成本最高的两项条款。条款的具体内容如表1－1所示。

表1－1　　SOX 302、404条款

条款	基本内容
302条款——公司的财务报告责任	高管必须保证： • 已经审核了报告 • 报告中没有虚假陈述 • 财务信息已公允呈报 • 已向审计委员会报告了所有内部控制缺陷（包括欺诈行为） • 已识别内部控制的重大变化
404条款——内部控制的管理层评估	SOX 404（a）条款中，公司管理层必须评估财务报告内部控制的有效性并提供内部控制报告。SOX 404（b）条款中，审计师必须鉴证管理层的内部控制评估，并出具审计报告

由于SOX 302、404条款给上市公司，特别是小型公司，带来很高的执行成本。美国政府担心SOX法案对小公司监管过度，在2002年9月5日引入“加速申报公司”（accelerated filers）等概念，并多次调整SOX法案相关条款的执行日期，具体的调整过程如表1－2所示。

表1－2　　SOX法案执行日期的调整过程

2002年9月5日	SEC定义了“加速申报公司”，并要求加速申报公司率先执行关于10－K和10－Q报表披露截止日期加速的最终规定。 其中，加速申报公司需要满足以下条件①： • 在最近第二财政季度的最后一个交易日，公共持股量大于7500万美元 • 会计年度不少于12个日历月 • 在《证券交易法》下，至少提供一份年度报告 • 不需要提交10－KSB和10－QSB简要报告②

① 一旦公司成为加速申报公司，无论其公共持股量是否大于7500万美元，它都一直是加速申报公司。除非它后续开始使用表格10－KSB和10－QSB。即它将不再是快速申报企业，当公司再次满足“加速申报公司”的定义（SEC，2002b）时，公司再次成为加速申报企业。

② 一般情况下，如果发行人的年度收入和会计年度结束之前的60天内的任何一天的公共持股量均少于2500万美元，那么发行人应当使用表格10－KSB和10－QSB。

续表

2003 年 5 月 27 日	SEC 对 SOX 404（a）条款的执行进行投票，要求加速申报公司自 2004 年 6 月 15 日起开始执行，其他上市公司则从 2005 年 4 月 5 日起开始执行
2004 年 2 月 24 日	SEC 推迟内部控制报告的执行日期，要求加速申报公司自 2004 年 11 月 15 日起开始执行，而非加速申报公司和外国私人上市公司则自 2005 年 7 月 15 日起开始执行
2005 年 3 月 2 日	SEC 决定将非加速申报公司和外国私人发行人的 SOX 404 条款执行日期推迟至 2006 年 7 月 15 日
2005 年 9 月 21 日	SEC 决定将非加速申报公司的 SOX 404 条款执行日期推迟至 2007 年 7 月 15 日，同时调整了加速申报公司的定义
2005 年 12 月 21 日	SEC 修改加速申报公司定义。根据新规则，如果公司当年的公共持股量已低于 5000 万美元，则公司可以退出加速申报公司身份
2006 年 8 月 9 日	SEC 进一步放宽非加速申报公司 SOX 404 条款的执行期限：将执行日期变为 2007 年 12 月 15 日；SOX 404（b）条款（提供外部审计师内部控制鉴证报告）的执行日期也延迟至 2008 年 12 月 15 日。另外，对于外国上市公司的加速申报公司，将其 SOX 404（a）的执行日期推迟 2006 年 7 月 15 日，SOX 404（b）的执行日期推迟至 2007 年 7 月 15 日
2008 年 6 月 20 日	SEC 进一步放宽小型报告公司 SOX 404（b）的执行日期，将其推迟至 2009 年 12 月 15 日
2009 年 10 月 2 日	SEC 再次将小型报告公司 SOX 404（b）条款的执行日期推迟至 2010 年 6 月 15 日
2010 年 7 月 21 日	美国政府颁布《多德—弗兰克华尔街改革与消费者保护法案》（The Dodd - Frank Act），其中 989G 节是对小型报告公司（即非加速申报公司）的豁免条款，即 SOX 404（b）关于提供内部控制审计报告的条款不再适用于小型报告公司
2012 年 4 月 5 日	美国总统奥巴马签署颁行《创业企业扶助法》（Jobs Act），通过简化 IPO 发行程序、降低信息披露义务、减轻审计成本、增加公众认知度等方式解决中小企业通过证券市场获得支持发展的资金。在内部控制监管方面，法案对符合条件的“新兴成长公司”（Emerging growth company）[①] 豁免聘请注册会计师对财务报告内部控制进行鉴证

三、内部控制与其他学科的关系

内部控制思想及方法渊远流长，但其作为一个知识体系却是近代的事。早期的内部控制概念是从内部牵制制度发展起来的，随着时间的推移，内部控制方法和理论的不断发展，直至今日已经逐渐形成了一套较为完整的理论体系，其典型的代表是美国的内部控制框架。1992 年 9 月，美国反虚假财务报告委员会下属的发起人委员会（以下简称 COSO 委员会）发布了《内部控制整合框架》（以下简称 COSO - ICIF），旨在帮助公司或组织制定和评价其经营、合规和财务报告目标的内部控制体系。SOX 法案之后，COSO - ICIF 逐渐

① “新兴成长公司”是指最近一个会计年度总收入小于 10 亿美元的公司。

成为国际上运用最广、影响最大的内部控制框架。为了适应企业的业务及经营环境的变化，COSO 于 2013 年 5 月发布了整合框架的更新版。

从实践的角度来看，SOX 法案后内部控制受到越来越多的重视。SEC 和 PCAOB 颁布了内部控制信息披露规则和审计准则；企业设立专门组织或人员负责内部控制工作，如董事会对内部控制的建立、健全和有效实施承担责任、内部审计负责内部控制的自我评价等；内部控制外部审计已成为注册会计师的一项重要业务；社会上已有国际注册内部控制师组织（ICICS）。从学科发展来看，近年来内部控制教材、著作可谓汗牛充栋，大学也纷纷开设内部控制课程。但是我们认为，虽然目前内部控制还未发展成为一个独立的学科，但是它与会计、审计、公司治理、管理控制、风险管理等有着千丝万缕的联系。

（一）内部控制与财务会计

一般而言，财务会计包括对历史交易的确认、计量、记录和报告，强调对历史发生的交易的如实反映。而内部控制最早是由财务会计方面的内部牵制发展起来的，如总账与明细账的平行登记、试算平衡、对账、不相容职务分离、人员轮换、会计勾稽等，并且在相当长的一段时间内都侧重于内部会计控制。随着环境的变化，内部控制才承担越来越多的责任，诸如实现合法合规、提高经营效率效果，乃至实现企业战略，但尽管如此，保证财务会计数据的准确性和可靠性仍然是其最为重要的目标。

（二）内部控制与审计

就外部审计而言，虽然内部控制与外部审计的执行主体存在很大差异（内部控制由企业内部人员执行，而外部审计是由注册会计师实施），但是内部控制与外部审计仍然有高度相关性。首先，在财务报告审计过程中，注册会计师“应当了解与审计相关的内部控制以识别潜在错报类型，考虑导致重大错报风险的因素，以及设计和实施进一步审计程序的性质、时间安排和范围”。其次，SOX 法案的颁布，使得内部控制与外部审计的关系更加密切。根据 SOX 404 条款，注册会计师不仅需要了解与审计相关的内部控制，还需要基于管理层对内部控制的评估出具内部控制审计报告。就内部审计来说，内部控制自我评估是内部审计的重要工作。此外，就审计内容、方法和程序来说，报表审计和内控审计在许多方面是一致的，正因为如此，为了节约审计成本，整合审计成为目前流行的做法。

（三）内部控制与公司治理

公司治理是近几年发展起来的一门学科，也是与内部控制最相关的学科之一。从本质上看，内部控制与公司治理都是解决代理问题、降低契约成本的有效机制；从内容上来看，它们之间有许多交叉，比如两者都关注授权、权力制衡、信息披露等，良好的公司治理是内部控制有效执行的基础。在描述内部控制、企业风险管理和公司治理三者之间的关系时，COSO（2013）认为，内部控制是企业风险管理不可分割的重要组成部分，而企业风险管理是公司治理一部分。

此外，内部控制对战略目标和经营目标的强调，决定了其与管理学、管理控制、管理信息系统等学科存在着密切的关联。

在内部控制研究中，内部控制与其他学科的交叉非常普遍。根据以上分析以及对内部控制实证文献进行的梳理和归纳，我们得出以下内部控制的文献综述逻辑框架，如图1－1所示。

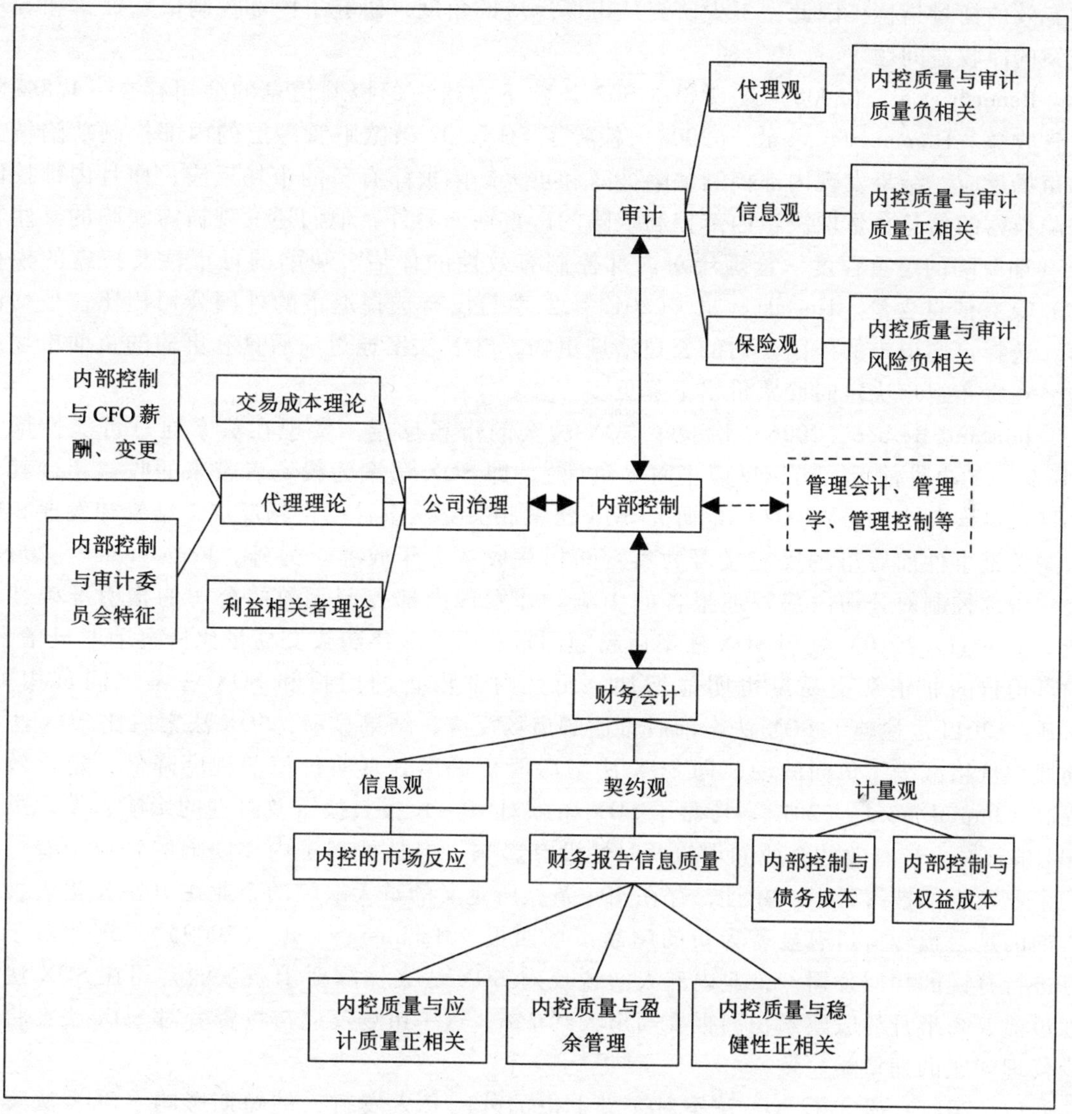

图1－1　内控文献综述逻辑框架

四、内部控制实证文献综述

（一）内部控制与财务会计

从实证研究角度，内部控制与财务会计存在密切的关系。财务会计实证研究主要有三种不同的背景假设理论：信息观、契约观和计量观。现有研究从上述三个不同的理论角度研究了内部控制和财务会计的关系。

第一，信息观。信息观借鉴有效市场假设，认为“市场是完全有效的，投资者行为是理性的，而且会计环境是稳定的”。在信息观下，市场反应是某一事件净收益的一个无偏的有效的衡量指标。因此，不少研究从市场反应的角度，研究了内部控制信息披露和SOX法案的净收益问题。

Beneish et al.（2008）发现SOX 302条款下披露内部控制信息的公司存在-1.8%的异常收益。Hammersley et al.（2008）检验了SOX 302条款下管理层的内部控制缺陷披露的市场反应，结果发现内部控制缺陷披露和重大缺陷披露有负的市场反应，而且内部控制缺陷披露的信息含量取决于内部控制缺陷的严重性。另外，他们还发现披露缺陷的某些特征（如缺陷的严重程度、管理层对内部控制有效性的评估、缺陷的可审性及披露的模糊性）具有信息含量。Hostak et al.（2013）发现与没有选择退市的外国公司相比，平均而言，选择自愿退市的外国公司的公司治理更弱，SOX法案通过前后具有更弱的负面市场反应，在宣布退市决定时股票价格下降更多。

Jain and Rezaee（2006）检验了SOX法案的市场反应，发现在法案通过可能性增大（降低）的事件前后，市场反应正面（负面），即SOX法案为投资者带来的收益超过其合规性成本。而Zhang（2007）也研究SOX法案相关立法事件的市场反应，结果却发现SOX法案关键事件前后市场反应显著为负，即相关成本大于收益。另外，Feng et al.（2009）关注内部控制对公司内部管理报告的影响，并发现内部控制无效的公司的指引准确性更低。Brochet（2010）发现SOX法案后超额回报和内部股票购买交易量比法案前明显增多，内部出售的非正常交易量也明显增加，而且内部出售的回报和SOX法案之间负相关。Burks（2011）检验了SOX法案前后重述的市场反应，结果显示，SOX法案后比SOX法案前股票价格减少了负面波动，即SOX法案后股价偏离其真实价值的程度降低、定价效率提高。Impink et al.（2012）考察了SOX条款对10-K报表披露及时性的影响，发现虽然404条款对内控有效的企业的申报及时性没有影响，但是披露了内控缺陷的企业中有一半的企业发生了披露延迟。并且，存在404条款所定义的重大缺陷的企业在10-K报表披露之前的延迟预告窗口有显著为负的超额市场回报。Hochberg et al.（2009）发现相对于没有进行游说的相似公司，企业内部人游说反对SOX法案披露要求条款的公司在SOX法案通过前五个半月的股票累积回报要高出大约7%，这一市场反应与投资者对SOX法案将减少代理问题的期望相一致。

Li（2014）研究了SOX法案对交叉上市的外国私人发行人的短期影响（SOX法案相关事件的市场反应）和长期影响（转向次级市场）。结果发现，无论在短期还是长期，该法案的遵循成本显著大于其遵循收益。

Rose et al.（2010）则直接从投资者认知的角度，采用实验研究的方法，发现投资者会根据重大缺陷披露调整他们的投资风险评估。而且当重大缺陷披露包括对控制缺陷普遍性特定且详细的讨论时，对于非普遍性缺陷，投资者会增加投资风险评估，而对于普遍性缺陷，投资者会降低投资风险评估。

第二，契约观。契约观假定，“由于代理成本和交易成本的存在，市场不是完全有效的，但是管理者是理性的，会计环境也是稳定的。”财务会计是降低外部投资者（特别是外部股东）与企业内部管理者契约成本的一个重要机制，而实现这一机制的关键点在于财务报告信息质量。已有不少实证研究关注内部控制对财务报告信息质量的影响，而且大部分研究一致认为内部控制对财务报告质量产生重要影响。

Altamuro and Beatty（2010）检验了联邦存款保险公司改进法案（FDICIA）中内部控制条款对于财务报告的影响，发现 FDICIA 的强制内控条款提高了受约束公司贷款损失准备金的有效性、盈余持续性和现金流量的稳定性，减少了扭亏为盈的操纵（benchmark - beating），同时也减少会计稳健性。Doyle et al.（2007）和 Ashbaugh - Skaife et al.（2008）均研究内部控制与应计质量的关系，并发现报告内控缺陷的公司的应计质量更低。Lu et al.（2011）则利用加拿大内部控制披露数据，进一步证实了在加拿大制度背景下，内部控制缺陷和应计质量整体上存在负向净效应。而且这种整体的负效应是由两种效应组成的：一是内控缺陷对应计质量的较大的负向直接效应；二是内控缺陷通过审计师努力程度对应计质量的一个较小的正向间接效应。

Goh and Li（2011）研究了内部控制与条件稳健性（即损失确认及时性）的关系，发现内部控制质量和稳健性存在正相关关系。而 Asare and Wright（2012）则直接检验了内部控制报告类型对财务报表审计报告使用者信心的影响，发现公司层面的重大缺陷比会计层面的重大缺陷对使用者的信心影响更大。Wu and Tuttle（2013）发现 SOX 法案规定的管理层财务报告内部控制法律责任和内部控制审计能够促使管理者通过对内控的投入来提升财务报告可靠性。Cheng et al.（2013）则认为披露内部控制缺陷会增加财务信息质量，从而减少逆向选择和道德风险等代理问题，提升投资效率。作者在 SOX 法案背景下直接检验了披露内部控制缺陷公司的投资行为，发现在披露内部控制缺陷之前，处于融资约束（无融资约束）的公司表现为投资不足（投资过度）。但是这些公司披露内部控制缺陷后，投资效率显著提升。

SOX 法案的执行，对公司的盈余管理行为产生了影响。如 Cohen et al.（2008）发现在 SOX 法案颁布之后公司从应计项盈余管理转向真实活动盈余管理，而且同 SOX 法案前相比，在 SOX 法案后达到一定盈余标准的公司，其更少的通过应计项目进行盈余管理，而是通过真实活动来进行盈余管理。Carter et al.（2009）发现 SOX 法案的执行及相关的一些改革促进了盈余管理的减少，而且公司在红利契约中更注重盈利。Cook et al.（2008）则从纳税筹划的角度，发现 SOX 法案改变了管理层通过 ETR 来进行盈余管理的倾向。Arping and Sautner（2013）则利用在美国交叉上市的欧洲公司与其他欧洲公司对比发现，SOX 法案后交叉上市公司和非交叉上市公司的不透明度都有所降低，而交叉上市公司的降低程度更为显著。该文章证明 SOX 法案对于提高公司披露质量有显著影响。Rice et al.（Forthcoming）以财务重述和内部控制缺陷的披露为研究对象，发现内控缺陷的披露会增加管理层以不了解实际情况为理由推脱财务重述责任的难度，这说明 SOX 404 条款的公共和私人强制执行机制可能无法为遵守 SOX 404 条款提供较强的动机。

同时，契约观下，内部控制和财务会计的影响是相互的，财务会计的特征同样会影响企业的内部控制质量。Ashbaugh - Skaife et al.（2007）发现，与没有披露 ICD 的公司相比，披露 ICD 的公司经营业务较为复杂、存在更高的会计风险、更可能在前期受到 SEC 处罚或者发生财务报表重述。Doyle et al.（2007）也发现存在财务风险的公司更可能披露内部控制缺陷。

第三，计量观。计量观假定，“市场是非有效的，市场上行为个体也是非理性的，而且会计环境是稳定的”。计量观认为：“由于投资者非理性交易行为的存在，通过计量方式的改变以及更为精致的计价模型，会计信息可以为股票定价提供更大的帮助。”（蔡祥，2008）财务会计的计量观直接运用会计信息来推断公司合理的内在价值。在财务会计计量观下，内部控制的实证研究主要包括内部控制对公司债务成本和权益成本的影响。

首先，内部控制对债务成本的影响。Kim et al.（2011）对比了披露内控缺陷与没有披露内控缺陷的公司在银行贷款合约中各种特征的差异，结果发现，具有内控缺陷的公司比没有内控缺陷的公司的贷款利率更高、非价格条款更严格、每笔贷款协议中的债权人的数量更少。而且具有公司层面内控缺陷的公司比具有会计层面内控缺陷的公司，负担更高的借款利率。Dhaliwal et al.（2011）检验了在公司首次申报的SOX 404条款报告中至少存在一个重大内控缺陷对债务成本变动的影响，发现披露重大内控缺陷会使公司公开交易债券的利率增加。Costello and Wittenberg – Moerman（2011）则发现当公司公布存在重大内控缺陷的时候，债权人减少了借款合同中财务约定事项（financial covenants）和以财务比率为基础的绩效定价条款（financial – ratio – based performance pricing provisions）的使用，相应地增加了价格和抵押保护，以及以信用评级为基础的绩效定价条款（credit – rating – based performance pricing provisions）的使用。另外，Gao（2011）通过对比法案执行期前后外国公司（非美国公司）是否选择在美国公共债券市场发行债券来检验SOX法案的经济后果，发现外国公司在SOX法案执行之后减少了在美国公共债券市场发债。

其次，内部控制对权益成本的影响。Ogneva et al.（2007）发现，在单因素分析时，与没有内部控制缺陷的公司相比，存在内部控制缺陷的公司的权益成本较高。然而，在控制公司特征和分析师预测误差之后，它们之间不存在显著的关系，即内部控制缺陷和权益成本的上升并无直接关系。但是Ashbaugh – Skaife et al.（2009）则通过差分分析，发现审计师评估内部控制有效性（包括已经修正的前期披露内部控制缺陷）变化会引起权益成本50%到150%程度不等的波动，即内部控制报告对公司权益成本产生显著影响。Gordon and Wilford（2012）通过对重大内控缺陷进行多重连续年份分析，发现如果公司没有更正任何重大缺陷，那么连续多年存在重大缺陷的公司将比首次披露缺陷的公司承担更高的权益资本成本。但是，如果公司进行了部分缺陷更正，即重大缺陷的个数下降，那么市场会将其视为正向信号，公司的权益资本成本也会有所降低。

另外，Engel et al.（2007）实证发现在SOX法案通过后，每个季度公司私有化交易的频率加快了。Leuz et al.（2008）表明公司转向次级市场的一个重要原因应归咎于SOX法案。Hansen et al.（2009）利用摘牌公司的样本，发现实施SOX法案与所有的摘牌公司都不显著相关，而执行SOX 404条款与中型和较大型公司的摘牌显著正相关。Piotroski and Srinivasan（2008）检验SOX法案是否改变上市偏好，发现SOX法案并没有改变规模较大的公司选择在美国和英国交易所上市的偏好。但是，SOX法案颁布后，规模较小的公司在选择NASDAQ和伦敦AIM市场上市的偏好上有所改变。Gao et al.（2009）发现一些公司倾向于继续保持在监管要求的门槛（公众持股量少于7500万美元）的下面。最后，Bova et al.（2013）发现SOX法案的合规成本使得非上市公司更愿意通过被现有上市公司收购的方式离开私人市场，而不是 IPO 方式。

（二）内部控制与审计

传统的审计理论可以概括为三个理论：代理观、信息观和保险观。现有的实证研究已经从不同的理论角度检验了内部控制与审计的关系。

第一，代理观。代理观认为，企业的委托代理问题产生了对审计的需求。由于代理问题和信息不对称的存在，经理人具有信息优势，委托人需要对其进行监督。而聘请独立第三方出具鉴证报告的方式是委托人愿意采取的一种低成本的监督方式。在当前强制审计的环境下，对审计的需求表现为企业对高质量审计的需求。因此，在代理观下，企业的代理问题越严重，越倾向于聘请高质量审计。内部控制缺陷也是代理问题的表现，也会导致对高质量审计的需求。

Abbott et al.（2007）发现，当企业拥有独立性高、主观能动性强和较多财务专家的审计委员会时，越不太可能将常规性的内部审计外包给外部的审计师。而外包非常规性内部审计的行为与有效的审计委员会之间并不存在显著的负向关系。同时，当内部审计外包给其他服务提供者时，无论外包何种类型的内部审计，均与有效的审计委员会不相关。Prawitt et al.（2011）研究发现 SOX 法案实施之前，与完全自主的内部审计活动或外包给其他第三方的内部审计活动相比，将内部审计外包给外部审计师时，企业的会计风险更低。Lin et al.（2011）检验了内部审计职能（internal audit function，IAF）在依据 SOX 404 条款披露内部控制重大缺陷中所发挥的作用，发现重大缺陷的披露与内审人员的教育水平、现场工作质量保证技术的使用程度、针对财务报告的内审活动强度以及对于内控缺陷修正的后续监督都显著负相关，与在审计工作中采用评级方法和内外部审计的协调程度显著正相关。Ashbaugh－Skaife et al.（2007）发现披露内控缺陷的公司聘请规模较大的会计师事务所。另外，Goh et al.（2013）用非标审计意见衡量审计质量，发现内控缺陷审计报告（简称 MWO）提高了审计师出具可持续经营不确定性的审计意见（简称 GCO）的可能性。Dhaliwal et al.（Forthcoming）研究了后 SOX 法案时期，审计师的聘任由审计委员会“直接负责”的情况下，管理层对审计师选择的影响，发现 SOX 法案实施后，在选择“四大”的企业里，管理层对审计师的选择仍然有显著的影响，并且该影响不会因为高质量的审计委员会而减弱，但没有发现聘任与管理层有关联的审计师对审计质量有显著影响。

第二，信息观。信息观认为审计师审计能增加财务报告信息含量、提高信息质量，因此企业有动机聘请高质量的审计。而且由于信息不对称的存在，投资者无法区分不同公司的财务信息质量，从而可能导致高质量企业价值被低估的柠檬市场现象。鉴于此，高质量的公司更可能聘请高质量的审计作为信号传递，从而与低质量公司区分开来。因此，信息观下，高质量的公司更可能选择高质量的审计。而内部控制质量作为企业高信息质量的特征之一，也与审计质量有密切的联系。比如，Rice and Weber（2012）发现报告缺陷的概率与会计师事务所规模负相关。然而，也有一种可能，内部控制质量较低的公司，也可能会选择高质量的审计，从而向市场传递了其是高质量公司的信号，比如，Ashbaugh－Skaife et al.（2007）发现披露内控缺陷的公司聘请规模较大的会计师事务所。

第三，保险观。保险观认为，独立审计的保险功能也是审计需求产生的重要原因之一。投资者聘请审计师不仅可以提高财务报告信息质量，还可以将风险转移给审计师，从而达到分散风险的目的。因此，在保险观下，风险越大的公司越倾向于聘请高质量审计，而高质量审计承担更高的风险，也可能收取更高的审计费用。而内部控制缺陷会增加企业的风险，进而影响企业的审计费用。

Hogan and Wilkins（2008）通过模型分析认为，披露内部控制缺陷的公司，其审计费用显著较高。Kinney and Shepardson（2011）发现，在2004年就执行SOX 404（b）条款的公司，其审计费用较往年增加了近一倍，并在随后的年份里保持高位运行，而受到SOX 404（b）条款豁免的公司，其审计费用的年增长率为10%左右。Masli et al.（2010）发现实施内部控制监督技术的公司，其审计费用增幅较低。另外，DeFond and Lennox（2011）发现SOX法案实施之后，超过600家的会计师事务所退出审计市场，这些事务所的审计客户数量小于100家SEC客户。与未退出的会计师事务所相比，退出的会计师事务所的审计质量更低。Patterson and Smith（2007）发现当内部控制强度可以提供管理层欺诈的可能性的信息时，内部控制测试对于审计师来说是非常有价值的工具。而且随着SOX法案的颁布，审计风险会有所提高。当然，由于SOX法案加强审计师的鉴证责任，反过来也会带来一定的经济后果。Deng et al.（2012）通过理论推导，认为SOX法案颁布后，尽管审计师责任的增强降低了审计失败率和新增投资的资本成本，但它同时降低了新获利项目的投资水平。

最后，值得一提的是，不少文献采用实验的方法研究审计师如何对内部控制缺陷进行识别和分类。Bedard et al.（2011）发现审计师通过控制测试检测出3/4的未修正的内部控制缺陷。当财务报告中的一些错报产生时，审计师将内部控制缺陷划分为更严重。在没有财务报告错报的情况下，内部控制缺陷严重性分类依赖于公司和内部控制缺陷的特征。Earley et al.（2008）研究管理层对内部控制缺陷的严重性分类怎样影响审计师对财务报告内部控制缺陷的初步评估，结果发现管理层“先行者”的角色影响了审计师的判断。Wolfe et al.（2009）通过实验，分析106位高级审计经理在受到管理层的“承认”或“否认”的说服策略之后，如何评估可能隐含重要缺陷的IT或人工控制偏差。结果发现，对于IT控制偏差，与管理层“否认”相比，审计师更接受管理层“承认”的充分解释；对人工控制偏差，研究并没有发现“承认”与“否认”的结果存在差异。

（三）内部控制与公司治理

公司治理理论很多，但归纳起来，大概可以分为三大类：交易成本理论、代理理论和利益相关者理论。交易成本理论认为“企业所有权和控制权的分离会产生机会主义行为，通过适当的治理方式可以减少机会主义行为”。交易成本理论更加关注公司与市场的关系，强调外部治理。而代理理论则认为，由于所有权和控制权的分离，委托人和代理人的利益不一致，从而产生代理问题。而公司治理即是解决这类代理问题的机制。最后，利益相关者理论则从更广泛的角度，不仅关注股东在公司治理中的作用，还关注员工、政府、供应商、消费者等利益相关者在公司治理中的作用。

目前关于内部控制与公司治理的文章主要以代理理论为基础。已有文献直接发现代理冲突会影响内部控制披露行为。Gong et al.（2012）发现，对于母国投资者保护力度较低的交叉上市公司，如果公司被管理层控制并且其投票权超过现金流权，那么公司更可能在SOX 302条款阶段瞒报内控缺陷。即在公司母国投资者保护较弱的情况下，经理人如果有能力和动机侵占中小投资者，那么他们不愿意披露内控缺陷以保护自己的控制权私利。

更多的文献具体从CFO、审计委员会、高管激励等角度探讨两者的相互作用。首先，CFO角度。Li et al.（2010）发现收到内部控制否定意见（SOX 404条款）公司的CFO更换率较高，更倾向于聘请新的CFO。Wang（2010）发现SOX法案实施后内部控制较差公司的CFO薪酬更少且CFO强制更换率（forced turnover rates）更高。Hoitash et al.（2012）则发现公司CFO当年薪酬（奖金、权益报酬以及薪酬总额）较前一年的变化值与内部控制重大缺陷披露负相关。

其次，审计委员会角度。Krishnan（2005）检验了审计委员会质量与内部控制质量的关系，结果显示审计委员会的独立性和专业性越强，公司有内部控制问题的情况越少。Hoitash et al.（2009）发现披露内部控制重大缺陷的美国上市公司比例约为14%[①]，而且公司审计委员会成员的会计经验（accounting experience）和财务报告监管经验（supervisory experience）与内部控制缺陷的概率显著负相关。Krishnan and Visvanathan（2008）发现会计专家作为审计委员会成员能发挥更大的监督作用，加强了稳健性。Goh（2009）发现审计委员会规模、独立董事比例与内部控制缺陷修正及时性显著正相关。Naiker and Sharma（2009）研究了根据SOX 404条款报告的内部控制缺陷和审计委员会委员具有审计合伙人工作背景之间的关系，该合伙人背景分为与公司外部审计师有关联和没有关联两类。作者发现有关联合伙人和无关联合伙人在审计委员会任职都与内部控制缺陷负相关。Cohen et al.（2010）通过与来自三大会计师事务所的30名合伙人或经理进行访谈，从外部审计师对公司治理的经验角度检验了SOX法案实施后的公司治理情况。受访的外部审计师认为SOX法案实施后，审计委员会更加活跃，更加尽责，拥有更好的财务专家以及更大的能力来实现其职责使得公司治理环境有了显著的提高。Naiker et al.（2013）则通过实证检验，认为SEC出台的有关聘任离职审计人员为独立董事的三年“冷却期”的规定可能不是必要的，该规定是否恰当值得进一步的商榷。

Johnstone et al.（2011）从董事会、审计委员会和高管角度较为全面地探讨内部控制对公司治理的影响，结果发现内控重大缺陷的披露和后续董事会成员、审计委员会成员和高管的变更显著正相关，而且内控重大缺陷的修正和董事会、审计委员会、高管特征的改进（improvements in the characteristics）显著正相关。Bargeron et al.（2010）则认为SOX法案的相关规定不鼓励上市公司冒险，比如增加了独立董事的职责、增加董事和高管的责任以及关于内部控制的规定等。这些规定会使上市公司的冒险行为显著减少。实证结果发现了SOX法案实施后，相对于非美国公司，美国公司显著减少冒险行为的证据。Alexander et al.（2014）从公司内部人角度，通过问卷调查方式研究了公司遵循SOX法案的经济

① 美国实施SOX 404条款后三年（即2004—2006年）披露重大缺陷平均比例为12.81%，而我国实施企业内部控制规范体系后三年（即2011—2013年）披露内控自我评价的公司披露重大缺陷平均比例仅为0.72%，两者相差近18倍。

后果，结果发现公司遵循SOX法案带来的收益取决于公司复杂程度，而非公司治理结构。

最后，高管激励方面。Balsam et al.（2013）研究了高管股权激励（包括股票和股票期权）对内部控制质量的影响，发现股权激励和内部控制重大缺陷出现的可能性存在显著的负相关关系。Cohen et al.（2013）发现实施SOX法案的公司治理制度显著降低了CEO薪酬契约中的薪酬敏感性（Delta）和风险偏好动机（Vega）。Skaife et al.（2013）检验了内部控制与内幕交易的关系，发现内幕交易获利与公司存在内部控制重大缺陷成正相关关系。该正相关关系在内控缺陷披露前已存在，直到它们被更正之后才消失。

（四）其他

这部分文献探讨了内部控制在提升运营绩效方面的作用，以及上市公司以外的其他类型组织的内部控制问题等。Cassar and Gerakos（2009）研究了对冲基金内部控制决定因素及其对收费的影响，发现在法律环境较差、法律制度不能有效保护投资者免于欺诈或财务错报地区的对冲基金，其内部控制更为完善。卖空基金为了保护其投资头寸的信息，会采用相对较弱的内部控制。而且内部控制越强的对冲基金的收费率越高。相对于营利性组织内部控制的研究，Petrovits et al.（2011）研究了非营利组织内部控制缺陷的原因和后果，发现财务状况较差、结构复杂、成长迅速、规模较小的非营利组织更有可能披露内部控制问题。而且财务报告内部控制缺陷与后续捐赠人捐赠水平、后续联邦政府资助水平负相关。

内部控制目标之一是对组织运营的效率和效果提供合理保证（COSO，1992、2013）。Feng et al.（2014）是第一篇从公司运营的角度检验内控缺陷经济后果的文章，拓展了内部控制的研究。作者通过检验与存货相关的财务报告内部控制重大缺陷和存货管理之间的关系，来研究无效的财务报告内部控制是否会影响公司的运营，结果发现与没有存货相关的内控重大缺陷的公司相比，存在该缺陷的公司，存货周转率较低并且更容易报告存货减值，实证证据支持财务报告内部控制缺陷对公司的运营有显著影响的结论。而Simone et al.（Forthcoming）则研究了税务非审计服务（tax non - audit services，tax NAS）是否有助于通过业务经营、税务法规和财务报告提高税务内控质量。作者发现，购买税务非审计服务的公司披露税务重大缺陷的概率降低25%；在控制审计师经济独立性和公司购买税务非审计服务偏好后，上述结果依然稳健。Neaton et al.（Forthcoming）的最新研究发现，审计客户能够成功进行内部控制审计意见购买，并且该购买行为主要发生在竞争性较强的审计环境中。

五、小结

本文首先介绍了内部控制的制度背景，接着我们从学科角度提出了一个新的内部控制研究分析框架，即内部控制与财务会计、公司治理、审计和管理学等领域存在密切联系。已有的内部控制文献也从不同角度证实了内部控制与相关学科的交叉关系。事实上，内部控制理论经过长时间的发展已经形成了较为完整的理论体系，加上近几年内部控制实证研究的推动，我们相信，内部控制将逐步发展成为一个新的学科领域。

未来内部控制领域的研究可以着重关注以下几方面：

第一，已有的研究在很多方面仍未达成一致认识，有待进一步深入研究。比如关于内部控制是否影响权益成本的问题，有研究认为内部控制不影响权益成本（Ogneva et al.，2007），但也有研究认为内部控制影响权益成本（Ashbaugh - Skaife et al.，2009）。再比如，Jain and Rezaee（2006）认为SOX法案给投资者带来的收益超过其合规性成本，但是Zhang（2007）却认为SOX法案的相关成本大于收益。这些有争议的问题为学者的后续研究提供了研究动机，未来可以对这些问题进行深入研究，为已有问题提供新的研究证据。

第二，虽然现有内部控制研究已经涉及与财务会计、审计、公司治理等多个学科，但仍然有很多空白的领域值得发掘。比如内部控制与管理会计的关系。具体来说，内部控制如何影响内部管理报告，并如何影响基于内部管理报告的决策，这是当前学术研究相对空白的领域。再比如，内部控制与企业战略的关系。正如前文所述，内部控制具有经营目标和战略目标，内部控制将影响企业战略的制定和执行。但是截至目前，“内部控制是否影响企业管理和战略实施”仍缺乏直接的支持性实证证据，我们认为，这将是一个有意义、有发展空间的研究话题。

第三，从宏观政策角度看，内部控制法规的制定和执行问题也是未来研究的热点之一。一方面，在美国，SOX法案的收益和执行成本问题是学术界争论的热点问题，至今未形成统一的认识和结论，需要学者从新的角度给出更可靠的实证证据支持。另一方面，美国的内部控制法案是否适用于其他国家，这也是各国政策制定者普遍关心的一个问题，值得进一步深入研究。特别，随着各国内部控制法规的相继出台和实施，关于内部控制的跨国研究也是未来重要的研究方向之一。

第四，目前的内部控制研究较多的是内部控制的影响因素和经济后果，即关注的是内部控制这个“黑箱”一头一尾（输入输出）两端的研究，而探讨这个“黑箱”内部是如何运作的研究成果很少。我们认为，揭开内部控制这个“黑箱”，探讨其有效运作机制，是未来非常重要的研究领域。

第五，由于SOX法案强调的是财务报告的内部控制，因此现有的研究大部分侧重于内部控制与财务报告目标的关系。而对内部控制的合规目标和运营目标的经验研究较少，虽然，近两年已有部分学者开始讨论内部控制对运营目标的影响，如投资效率、存货管理效率等。但是，内部控制对于合规和运营目标的合理保证，还存在很多的可以研究的空间。

第六，非营利组织在促进经济发展、维护社会稳定的过程中发挥了重要的作用，目前内部控制的研究大都集中在营利性组织，但是关于非营利组织内部控制的实证研究鲜见。随着各国对非营利组织治理的加强，如何发挥内部控制在非营利组织减少代理成本、提高信息披露质量、提升运营效率等方面的作用，也是非常重要的研究领域。

（林斌　舒伟　刘春丽）

主要参考文献

[1] 蔡祥：“实证会计理论的发展：反思与展望”，《中大管理研究》，2008年第3期，第1—28页。

[2] 陈信元、何贤杰、田野："新会计准则研究：分析框架与综述"，《中国会计评论》，2011 年第 2 期，第 139—158 页。

[3] 李维安：《公司治理学》，高等教育出版社 2005 年版。

[4] Abbott, L. J., S. Parker, G. F. Peters and D. V. Rama, Corporate Governance, Audit Quality, and the Sarbanes – Oxley Act: Evidence from Internal Audit Outsourcing. *The Accounting Review*, 2007. 82 (4): p. 803 – 835.

[5] Aiyesha, D., The chilling effect of Sarbanes – Oxley: A discussion of Sarbanes – Oxley and corporate risk – taking. *Journal of Accounting and Economics*, 2010. 49 (1 – 2): p. 53 – 57.

[6] Alexander, C. R., S. W. Bauguess, G. Bernile, Y. A. Lee, and J. Marietta – Westberg. Economic effects of SOX Section 404 compliance: A corporate insider perspective. *Journal of Accounting and Economics*, 2013. 56 (2 – 3): p. 267 – 290.

[7] Altamuro, J. and A. Beatty, How does internal control regulation affect financial reporting? *Journal of Accounting and Economics*, 2010. 49 (1 – 2): p. 58 – 74.

[8] Andrew J., L., Factors related to internal control disclosure: A discussion of Ashbaugh, Collins, and Kinney (2007) and Doyle, Ge, and McVay (2007). *Journal of Accounting and Economics*, 2007. 44 (1 – 2): p. 224 – 237.

[9] Arping, S. and Z. Sautner. Did SOX Section 404 Make Firms Less Opaque? Evidence from Cross – Listed Firms. *Contemporary Accounting Research*, 30 (3): p. 1133 – 1165..

[10] Asare, S. K. and A. Wright, The Effect of Type of Internal Control Report on Users' Confidence in the Accompanying Financial Statement Audit Report. *Contemporary Accounting Research*, 2011. 29 (1): p. 152 – 175.

[11] Ashbaugh – Skaife, H., D. W. Collins and W. R. Kinney Jr., The discovery and reporting of internal control deficiencies prior to SOX – mandated audits. *Journal of Accounting and Economics*, 2007. 44 (1 – 2): p. 166 – 192.

[12] Ashbaugh – Skaife, H., D. W. Collins, W. R. Kinney Jr. and R. LaFond, The Effect of SOX Internal Control Deficiencies and Their Remediation on Accrual Quality. *The Accounting Review*, 2008. 83 (1): p. 217 – 250.

[13] Ashbaugh – Skaife, H., D. W. Collins, W. Kinney Jr. and R. Lafond, The Effect of SOX Internal Control Deficiencies on Firm Risk and Cost of Equity. *Journal of Accounting Research*, 2009. 47 (1): p. 1 – 43.

[14] Balsam, S., W. Jiang and F. B. Lu, Equity Incentives and Internal Control Weaknesses. *Contemporary Accounting Research*, Forthcoming.

[15] Bargeron, L. L., K. M. Lehn and C. J. Zutter, Sarbanes – Oxley and corporate risk – taking. *Journal of Accounting and Economics*, 2010. 49 (1 – 2): p. 34 – 52.

[16] Bedard, J. C. and L. Graham, Detection and Severity Classifications of Sarbanes – Oxley Section 404 Internal Control Deficiencies. *The Accounting Review*, 2011. 86 (3): p. 825 – 855.

[17] Beneish, M. D., M. B. Billings and L. D. Hodder, Internal Control Weaknesses and Information Uncertainty. *The Accounting Review*, 2008. 83 (3): p. 665 – 703.

[18] Bova, F., M. Minutti – Meza, G. Richardson and D. Vyas. The Sarbanes – Oxley Act and Exit Strategies of Private Firms. *Contemporary Accounting Research*, Forthcoming.

[19] Brochet, F., Information Content of Insider Trades before and after the Sarbanes – Oxley Act. *The Accounting Review*, 2010. 85 (2): p. 419 – 446.

[20] Burks, J. J., Are Investors Confused by Restatements after Sarbanes – Oxley? *The Accounting Review*, 2011. 86 (2): p. 507 – 539.

[21] Carter, M., L. Lynch and S. Zechman, Changes in bonus contracts in the post - Sarbanes - Oxley era. *Review of Accounting Studies*, 2009. 14 (4): p. 480 - 506.

[22] Cassar, G., and J. Gerakos. Determinants of Hedge Fund Internal Controls and Fees. *The Accounting Review*, 2009. 85: p. 1887 - 1919.

[23] Cheng, M., D. Dhaliwa and Y. Zhang, Does investment efficiency improve after the disclosure of material weaknesses in internal control over financial reporting? *Journal of Accounting and Economics*, 2013. 56 (1): p. 1 - 18.

[24] Christian, L., Was the Sarbanes - Oxley Act of 2002 really this costly? A discussion of evidence from event returns and going - private decisions. *Journal of Accounting and Economics*, 2007. 44 (1 - 2): p. 146 - 165.

[25] Cohen, D. A., A. Dey and T. Z. Lys, Corporate Governance Reform and Executive Incentives: Implications for Investments and Risk - Taking. *Contemporary Accounting Research*, 2013. 30 (4): p. 1296 - 1332.

[26] Cohen, D. A., A. Dey and T. Z. Lys, Real and Accrual - Based Earnings Management in the Pre - and Post - Sarbanes - Oxley Periods. *The Accounting Review*, 2008. 83 (3): p. 757 - 787.

[27] Cohen, J., G. Krishnamoorthy and A. Wright, Corporate Governance in the Post - Sarbanes - Oxley Era: Auditors' Experiences. *Contemporary Accounting Research*, 2010. 27 (3): p. 751 - 786.

[28] Cook, K. A., G. R. Huston and T. C. Omer, Earnings Management through Effective Tax Rates: The Effects of Tax - Planning Investment and the Sarbanes - Oxley Act of 2002. *Contemporary Accounting Research*, 2008. 25 (2): p. 447 - 471.

[29] Costello, A. M. and R. Wittenberg - Moerman, The Impact of Financial Reporting Quality on Debt Contracting: Evidence from Internal Control Weakness Reports. *Journal of Accounting Research*, 2011. 49 (1): p. 97 - 136.

[30] DeFond, M. L. and C. S. Lennox, The effect of SOX on small auditor exits and audit quality. *Journal of Accounting and Economics*, 2011. 52 (1): p. 21 - 40.

[31] Deng, M., N. Melumad, and T. Shibano, Auditors' Liability, Investments and Capital Markets: A Potential Unintended Consequence of the Sarbanes - Oxley Act. *Journal of Accounting Research*, 2012. 50 (5): p. 1179 - 1215.

[32] Dhaliwal, D. S., Lamoreaux, P. T., Lennox, C. S., & Mauler, L. M. Management Influence on Auditor Selection and Subsequent Impairments of Auditor Independence during the post - SOX Period. *Contemporary Accounting Research*, Forthcoming.

[33] Dhaliwal, D., C. Hogan, R. Trezevant and M. Wilkins, Internal Control Disclosures, Monitoring, and the Cost of Debt. *The Accounting Review*, 2011. 86 (4): p. 1131 - 1156.

[34] Doyle, J. T., W. Ge and S. McVay, Accruals Quality and Internal Control over Financial Reporting. *The Accounting Review*, 2007. 82 (5): p. 1141 - 1170.

[35] Doyle, J. T., W. Ge and S. McVay, Determinants of weaknesses in internal control over financial reporting. *Journal of Accounting and Economics*, 2007. 44 (1 - 2): p. 193 - 223.

[36] Earley, C. E., V. B. Hoffman and J. R. Joe, Reducing Management's Influence on Auditors' Judgments: An Experimental Investigation of SOX 404 Assessments. *The Accounting Review*, 2008. 83 (6): p. 1461 - 1485.

[37] Engel, E., R. M. Hayes and X. Wang, The Sarbanes - Oxley Act and firms' going - private decisions. *Journal of Accounting and Economics*, 2007. 44 (1 - 2): p. 116 - 145.

[38] Feng, M., C. Li and S. McVay, Internal control and management guidance. *Journal of Accounting and Economics*, 2009. 48 (2 - 3): p. 190 - 209.

[39] Gao, F., J. S. wu and J. Zimmerman, Unintended Consequences of Granting Small Firms Exemptions from Securities Regulation: Evidence from the Sarbanes - Oxley Act. *Journal of Accounting Research*, 2009. 47 (2): p. 459 - 506.

[40] Gao, Y., The Sarbanes - Oxley Act and the Choice of Bond Market by Foreign Firms. *Journal of Accounting Research*, 2011. 49 (4): p. 933 - 968.

[41] Goh, B. W. and D. Li, Internal Controls and Conditional Conservatism. *The Accounting Review*, 2011. 86 (3): p. 975 - 1005.

[42] Goh, B. W., Audit Committees, Boards of Directors, and Remediation of Material Weaknesses in Internal Control. *Contemporary Accounting Research*, 2009. 26 (2): p. 549 - 579.

[43] Goh, B. W., J. Krishnan and D. Li. Auditor Reporting under Section 404: The Association betweenthe Internal Control and Going Concern Audit Opinions. *Contemporary Accounting Research*, Forthcoming.

[44] Gong, G., B. Ke and Y. Yu, Home Country Investor Protection, Ownership Structure and Cross - listed Firms' Compliance with SOX - mandated Internal Control Deficiency Disclosures. *Contemporary Accounting Research*, 2013, 30 (4): p1490 - 1523.

[45] Gordon, L. A. and A. L. Wilford, An Analysis of Multiple Consecutive Years of Material Weaknesses in Internal Control. *The Accounting Review*, 2012. 87 (6): p. 2027 - 2060.

[46] Hammersley, J., L. Myers and C. Shakespeare, Market reactions to the disclosure of internal control weaknesses and to the characteristics of those weaknesses under section 302 of the Sarbanes Oxley Act of 2002. *Review of Accounting Studies*, 2008. 13 (1): p. 141 - 165.

[47] Hansen, B., G. Pownall and X. Wang, The robustness of the Sarbanes Oxley effect on the U. S. capital market. *Review of Accounting Studies*, 2009. 14 (2): p. 401 - 439.

[48] Hayes, R. M., Discussion of Unintended Consequences of Granting Small Firms Exemptions from Securities Regulation: Evidence from the Sarbanes - Oxley Act. *Journal of Accounting Research*, 2009. 47 (2): p. 507 - 518.

[49] Hochberg, Y. V., P. Sapienza and A. Vissing - Jorgensen, A Lobbying Approach to Evaluating the Sarbanes - Oxley Act of 2002. *Journal of Accounting Research*, 2009. 47 (2): p. 519 - 583.

[50] Hogan, C. E. and M. S. Wilkins, Evidence on the Audit Risk Model: Do Auditors Increase Audit Fees in the Presence of Internal Control Deficiencies? . *Contemporary Accounting Research*, 2008. 25 (1): p. 219 - 242.

[51] Hoitash, R., U. Hoitash and K. M. Johnstone, Internal Control Material Weaknesses and CFO Compensation. *Contemporary Accounting Research*, 2012. 29 (3): p. 768 - 803.

[52] Hoitash, U., R. Hoitash and J. C. Bedard, Corporate Governance and Internal Control over Financial Reporting: A Comparison of Regulatory Regimes. *The Accounting Review*, 2009. 84 (3): p. 839 - 867.

[53] Hostak, P., T. Lys, Y. Yang, and E. Carr. An examination of the impact of the Sarbanes - Oxley Act on the attractiveness of U. S. capital markets for foreign firms. *Review of Accounting Studies*, 2013. 18 (2): p. 522 - 559.

[54] Impink J., Lubberink M., Praag B., and Veenman D. Did accelerated filing requirements and SOX Section 404 affect the timeliness of 10 - K filings? *Review of Accounting Studies*, 2012. 17: p. 227 - 253.

[55] Jain, P. K. and Z. Rezaee, The Sarbanes - Oxley Act of 2002 and Capital - Market Behavior: Early Evidence. *Contemporary Accounting Research*, 2006. 23 (3): p. 629 - 654.

[56] Jeffrey L., C., Disclosure policy: A discussion of Leuz, Triantis and Wang (2008) on "going dark". *Journal of Accounting and Economics*, 2008. 45 (2 - 3): p. 209 - 220.

[57] Johnstone, K., C. Li and K. H. Rupley, Changes in Corporate Governance Associated with the

Revelation of Internal Control Material Weaknesses and Their Subsequent Remediation. *Contemporary Accounting Research*, 2011. 28 (1): p. 331 - 383.

[58] Karolyi, G. A., Discussion of A Lobbying Approach to Evaluating the Sarbanes - Oxley Act of 2002. *Journal of Accounting Research*, 2009. 47 (2): p. 585 - 595.

[59] Kim, J., B. Y. Song and L. Zhang, Internal Control Weakness and Bank Loan Contracting: Evidence from SOX Section 404 Disclosures. *The Accounting Review*, 2011. 86 (4): p. 1157 - 1188.

[60] Kinney, J. W. R. and M. L. Shepardson, Do Control Effectiveness Disclosures Require SOX 404 (b) Internal Control Audits? A Natural Experiment with Small U. S. Public Companies. *Journal of Accounting Research*, 2011. 49 (2): p. 413 - 448.

[61] Krishnan, G. V. and G. Visvanathan, Does the SOX Definition of an Accounting Expert Matter? The Association between Audit Committee Directors' Accounting Expertise and Accounting Conservatism. *Contemporary Accounting Research*, 2008. 25 (3): p. 827 - 858.

[62] Krishnan, J., Audit Committee Quality and Internal Control: An Empirical Analysis. *The Accounting Review*, 2005. 80 (2): p. 649 - 675.

[63] LaFond, R. and H. You, The federal deposit insurance corporation improvement act, bank internal controls and financial reporting quality. *Journal of Accounting and Economics*, 2010. 49 (1 - 2): p. 75 - 83.

[64] Lang, M. H., Discussion of Regulation and Bonding: The Sarbanes - Oxley Act and the Flow of International Listings. *Journal of Accounting Research*, 2008. 46 (2): p. 427 - 433.

[65] Leuz, C. Was the Sarbanes - Oxley Act of 2002 really this costly? A discussion of evidence from event returns and going - private decisions. *Journal of Accounting and Economics*, 2007. 44 (1 - 2): p. 146 - 165.

[66] Leuz, C., A. Triantis and T. Yue Wang, Why do firms go dark? Causes and economic consequences of voluntary SEC deregistrations. *Journal of Accounting and Economics*, 2008. 45 (2 - 3): p. 181 - 208.

[67] Li X., The Sarbanes - Oxley Act and cross - listed foreign private issuers. *Journal of Accounting and Economics*, 2014. 85 (1): p. 21 - 40

[68] Li, C., L. Sun and M. Ettredge, Financial executive qualifications, financial executive turnover, and adverse SOX 404 opinions. *Journal of Accounting and Economics*, 2010. 50 (1): p. 93 - 110.

[69] Lin, S., Pizzini, M., Vargus, M., &Bardhan, I. R. 2011. The role of the internal audit function in the disclosure of material weaknesses. *The Accounting Review*, 86 (1), p. 287 - 323.

[70] Lu, H., G. Richardson and S. Salterio, Direct and Indirect Effects of Internal Control Weaknesses on Accrual Quality: Evidence from a Unique Canadian Regulatory Setting. *Contemporary Accounting Research*, 2011. 28 (2): p. 675 - 707.

[71] Masli, A., G. F. Peters and V. J. Richardson, Examining the Potential Benefits of Internal Control Monitoring Technology. *The Accounting Review*, 2010. 85 (3): p. 1001 - 1034.

[72] McVay, S. E., Discussion of Do Control Effectiveness Disclosures Require SOX 404 (b) Internal Control Audits? A Natural Experiment with Small U. S. Public Companies. *Journal of Accounting Research*, 2011. 49 (2): p. 449 - 456.

[73] Naiker, V. and D. S. Sharma, Former Audit Partners on the Audit Committee and Internal Control Deficiencies. *The Accounting Review*, 2009. 84 (2): p. 559 - 587.

[74] Naiker, V. D., S. Sharma, and V. D. Sharma, Do Former Audit Firm Partners on Audit Committees Procure Greater Nonaudit Services from the Auditor? *The Accounting Review*, 2013. 88 (1): p. 297 - 326.

[75] Ogneva, M., K. R. Subramanyam and K. Raghunandan, Internal Control Weakness and Cost of

Equity: Evidence from SOX Section 404 Disclosures. *The Accounting Review*, 2007. 82 (5): p. 1255 – 1297.

[76] Patterson, E. R., and J. R. Smith, The Effects of Sarbanes – Oxley on Auditing and Internal Control Strength. *The Accounting Review*, 2007. 82 (2): p. 427 – 455.

[77] Petrovits, C., C. Shakespeare and A. Shih, The Causes and Consequences of Internal Control Problems in Nonprofit Organizations. *The Accounting Review*, 2011. 86 (1): p. 325 – 357.

[78] Piotroski, J. D. and S. Srinivasan, Regulation and Bonding: The Sarbanes – Oxley Act and the Flow of International Listings. *Journal of Accounting Research*, 2008. 46 (2): p. 383 – 425.

[79] Prawitt, D. F., N. Y. sharp and D. A. Wood, Internal Audit Outsourcing and the Risk of Misleading or Fraudulent Financial Reporting: Did Sarbanes – Oxley Get It Wrong? . *Contemporary Accounting Research*, 2011: p. 1 – 28.

[80] Rice S. C. and D. P. Weber, How Effective Is Internal Control Reporting under SOX 404? Determinants of the (Non –) Disclosure of Existing Material Weaknesses. *Journal of Accounting Research*, 2012. 50 (3): p. 811 – 843.

[81] Rice, S. C., D. P. Weber and B. Wu, Does SOX 404 Have Teeth? Consequences of the Failure to Report Existing Internal Control Weaknesses *The Accounting Review*, forthcoming.

[82] Rose, J. M., C. S. Norman and A. M. Rose, Perceptions of Investment Risk Associated with Material Control Weakness Pervasiveness and Disclosure Detail. *The Accounting Review*, 2010. 85 (5): p. 1787 – 1807.

[83] SEC Release. No. 2009 – 213. 2009. Small Public Companiesto Begin Providing Audited Assessment of Internal Controls Over Financial Reporting in Nine Months. Washington, D. C.

[84] SEC Release. No. 33 – 8392. 2004. Management's Report on Internal Control over Financial Reporting and Certification of Disclosure in Exchange Act Periodic Reports. Washington, D. C.

[85] SEC Release. No. 33 – 8545. 2005. Management's Report on Internal Control over Financial Reporting and Certification of Disclosure in Exchange Act Periodic Reports of Non – Accelerated Filers and Foreign Private Issuers; Extension of Compliance dates. Washington, D. C.

[86] SEC Release. No. 33 – 8618. 2005. Management's Report on Internal Control over Financial Reporting and Certification of Disclosure in Exchange Act Periodic Reports of Companies that Are Not Accelerated Filers. Washington, D. C.

[87] SEC Release. No. 33 – 8760. 2006. Internal Control over Financial Reporting in Exchange Act Periodic Reports of Non – Accelerated Filers and Newly Public Companies. Washington, D. C.

[88] SEC Release. No. 33 – 8934. 2008. Internal Control over Financial Reporting in Exchange Act Periodic Reports of Non – Accelerated Filers. Washington, D. C.

[89] Selto, F. H. and M. Cussatt, Discussion of Corporate Governance Reform and Executive Incentives: Implications for Investments and Risk – Taking. *Contemporary Accounting Research*, 2013, 30 (4): p. 1333 – 1343.

[90] Shleifer, A. and R. W. Vishny, A Survey of Corporate Governance. *The Journal of Finance*, 1997. 52 (2): p. 737 – 783.

[91] Simone, L. D., M. Ege and B. Stomberg. Tax Internal Control Quality: The Role of Auditor – Provided Tax Services. *The Accounting Review*, Forthcoming.

[92] Skaife, H. A., D. Veenman and D. Wangerin, Internal control over financial reporting and managerial rent extraction: Evidence from the profitability of insider trading. *Journal of Accounting and Economics*, 2013. 55 (1): p. 91 – 110.

[93] Wang, X., Increased Disclosure Requirements and Corporate Governance Decisions: Evidence from Chief Financial Officers in the Pre – and Post – Sarbanes – Oxley Periods. *Journal of Accounting Research*, 2010.

48 (4): p. 885 – 920.

[94] Wolfe, C. J., E. G. Mauldin and M. C. Diaz, Concede or Deny: Do Management Persuasion Tactics Affect Auditor Evaluation of Internal Control Deviations? *The Accounting Review*, 2009. 84 (6): p. 2013 – 2037.

[95] Wu, Y. and B. Tuttle, The Interactive Effects of Internal Control Audits and Manager Legal Liability on Managers' Internal Controls Decisions, Investor Confidence, and Market Prices. *Contemporary Accounting Research*, Forthcoming.

[96] Zhang, I. X., Economic consequences of the Sarbanes – Oxley Act of 2002. *Journal of Accounting and Economics*, 2007. 44 (1 – 2): p. 74 – 115.

[97] Neaton, N. J., J. S. Perselin, D. Wang. and M. S. Wilkins. Internal Control Oprinion Shopping and Audit Market Competition. The Accounting Review. Forthcoming.

第二部分

内部控制与财务会计

ξ 2 - 1　SOX 法案和资本市场行为：早期证据

The Sarbanes - Oxley Act of 2002 and Capital - Market Behavior：Early Evidence

文献来源：Jain，P. K.，and Z. Rezaee、2006. The Sarbanes - Oxley Act of 2002 and Capital - Market Behavior：Early Evidence. *Contemporary Accounting Research*，23（3）：629 - 654.

【摘要】在一系列财务丑闻事件发生后，美国国会通过了著名的 SOX 法案，试图提高公司财务信息的可靠性和增加高管责任，以恢复投资者对美国公司的信心。本文检验了 SOX 法案的市场反应，发现在法案通过可能性增大（降低）的事件前后，市场反应为正（负），本文认为 SOX 法案为投资者带来的收益超过其合规成本。文章发现在法案通过前越遵循这些 SOX 法案条款规定的公司，其正面市场反应越大。

一、研究问题

（一）问题提出

20 世纪 90 年代至 21 世纪初出现的一系列财务丑闻引发了对公司治理和会计行业进行管制的呼声。投资者对股票市场失去信心是导致 2002 年股票市场低迷的重要原因（Browning and Weil，2002），为了恢复投资者信心，加强公司高管和审计师的责任，美国国会于 2002 年 7 月通过了 SOX 法案。该法案的目的旨在加强公司治理，提高财务报告质量和审计的有效性，加强违法行为的刑事和民事责任，并通过建立美国公众公司会计监督委员会（PCAOB）来监督审计师行为。SOX 法案强化生产、审核、鉴证、分析和使用公开财务信息相关人员的行为和责任。因此，可以把它看作修正自由市场外部性的法律。该法案监管的对象是人的行为（主要是审计师和高管），而不是市场本身（Wiesen，2003）。有证据（Charles River Associates，CRA，2005；Turner，2005）表明 SOX 法案为投资者带来一定收益，但作为执行者的公司仍然需要付出一定的合规成本，该成本约占上市公司总收入的 0.1%。

本文首先通过研究法律修订过程中若干关键事件的市场反应来检验 SOX 法案对股东财富的影响。其次，研究市场反应与公司特征（公司治理、财务报告和审计师角色）的相关关系。本文研究了两个问题：（1）SOX 法案对股东财富的影响如何？（2）公司特征对 SOX 法案的市场反应有何影响？

本文的逻辑框架如图 2 - 1 所示。

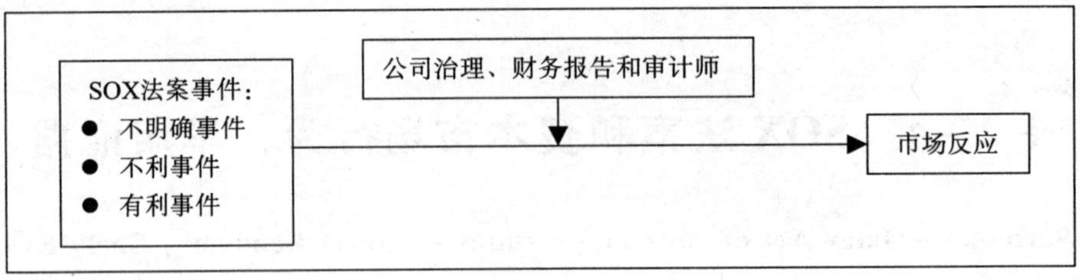

图 2-1 SOX 法案的市场反应

（二）研究意义

SOX 法案是几十年来证券市场最重要的法律。本文对于全面深入了解 SOX 法案对不同特征公司的股东财富影响具有十分重要的意义。

（三）主要贡献

本文的贡献首先在于研究了 SOX 法案加强证券市场监管的成本与收益，不同于 Zhang（2005）的研究结果，作者发现 SOX 法案为企业带来净收益；其次，本文为研究公司特征对市场反应相关研究提供了实证证据。

二、理论分析

关于 SOX 法案对投资者信心影响的研究，Cohen et al.（2004）发现上市公司在财务丑闻爆发期间，公司的盈余管理行为尤为活跃，但这种趋势在 SOX 法案出台后呈现出相反趋势，表明盈余管理在一定程度上导致投资者对市场失去信心，而 SOX 法案在某种程度上逆转了这种趋势，重建了投资者信心。Jain et al.（2004）的研究则发现财务丑闻爆发期间股票市场价差更大（wider spreads），具有更低的深度（lower depths）和更严重的逆向选择问题，导致市场质量下降，此外，他们还发现在 SOX 法案通过以后市场流动性得到改善。

关于 SOX 法案成本和收益的研究，Li et al.（2004）发现 SOX 法案的实施给财务报告质量的提高带来了正向净收益，然而对于实施前公司行为与新法律规定距离较远的公司将承担较大成本。Engel et al.（2004）研究发现法案通过概率增加事件的市场反应与公司规模和股票交易量正相关，表明对规模较小和流动性较差的公司来说，他们承担的合规成本较大，导致部分公司选择退市。Zhang（2005）发现大部分 SOX 立法事件的市场反应总体为负，表明 SOX 法案的执行成本过大。虽然上述文献研究了管制的市场反应，以及加强监管对盈余管理活动、合规成本和市场流动性的影响，但并未涉及市场反应的影响因素（如公司治理、财务报告和审计师角色等）。

在回顾相关研究的基础上，作者认为 SOX 法案能够通过以下途径提高股东的价值：首先，法案中很多关于公司治理、会计信息、审计实践等的规定，此前并非针对所有上市公司，而法案实施后所有上市公司都要执行，有助于提升公司的治理水平、会计信息质量和审计质量。其次，上述规定在强制执行方面比以前在实践中的要求更加严格。最后，法案的初衷是为了提高投资者信心，降低投资者的信息风险，而风险溢价的降低能够减少投资者估计公司价值时的贴现率（discount rate）。

在 SOX 法案通过前，作者识别出 12 个标志性事件①，这些事件可能为投资者提供 SOX 法案最终通过并实施的可能性及其可能对公司治理、财务信息流程及审计职能产生的影响的信息。作者将这 12 个事件划分为不明确事件（不确定会对 SOX 法案的实施产生何种影响）、不利事件（降低了 SOX 法案实施的可能性）和有利事件（增加了 SOX 法案实施的可能性）。作者预期如果股东认为 SOX 法案能够增加股东价值，那么针对这 12 个不同性质的事件，市场将会有不同的反应。因此，本文预测股价会对法案通过概率变化事件作出反应，并提出如下假设：

假设 1：若 SOX 法案获得通过的可能性增加（降低），市场反应为正（负）。

在 SOX 法案通过以前，市场处于均衡状态，法案的通过提升了投资者对市场的信心，导致投资者对股票价格进行修正。因此，作者认为法案是一个纯粹的外部影响，不是公司特有的（firm - specific），并认为法案通过前已高度遵循法案条款的公司，由信心提升带来的收益高于执行成本，市场正面反应相对较强。据此，本文又提出如下假设：

假设 2：公司在法案通过以前，其公司治理、财务报告和审计师发挥作用越有效（无效），市场正面反应越强（弱）。

三、样本选择和研究方法

（一）样本选择

作者通过搜索 SEC 和国会网站查找与 SOX 法案相关的报道，通过查阅《华尔街日报》索引、《华尔街日报》和《纽约时报》确定和（或）识别事件的日期，最终确定可能影响投资者判断法案是否获得通过的 12 个事件。作者将 12 个事件按时间区间和性质划分，见图 2 - 2②，具体时间和内容见表 2 - 1。

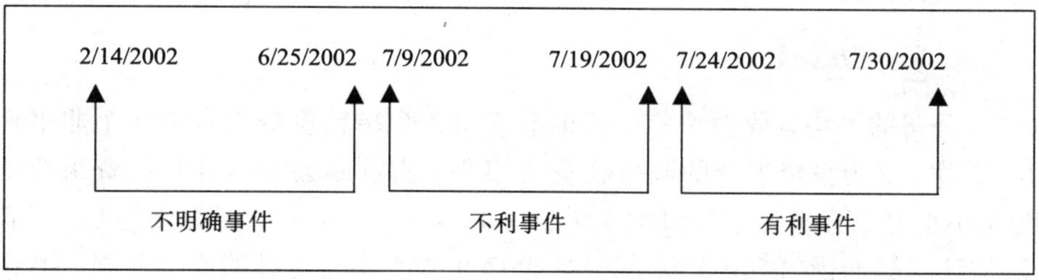

注：引自原文第 634 页，Figure 1 Time - line of congressional events leading up to the passage of the Act。

图 2 - 2　法案相关事件时间轴划分

① 每个事件的具体发生时间和内容见表 2 - 1。

② 详细划分标准见原文图 1。

表 2-1　　SOX 法案立法事件

事件	事件日期	描述	事件对 SOX 法案实施的可能性造成的影响
1	2/14/2002	公司治理和审计师责任，责任和透明法案的提出	不明确
2	6/18/2002	参议院银行委员会通过萨班斯法案	不明确
3	6/20/2002	SEC 主席宣布计划加强会计师行业的监管	不明确
4	6/25/2002	上市公司会计改革及投资者保护法案的提出	不明确
5	7/9/2002	布什在华尔街演讲	不利
6	7/15/2002	萨班斯法案在参议院获得通过	不利
7	7/16/2002	萨班斯法案在众议院获得通过	不利
8	7/19/2002	两院协商委员会进行协商会议	不利
9	7/24/2002	协商会议的报告	有利
10	7/25/2002	国会立法	有利
11	7/26/2002	法案提交给总统	有利
12	7/30/2002	布什签署 SOX 法案	有利

（二）研究设计

1. SOX 法案的市场反应

因为 SOX 法案对所有上市公司都有影响，所以作者预测市场对有利（不利）事件的总体反应为正（负）。本文以两个有广泛市场基础的指数作为对象，即分别采用了两个市场指数：标准普尔 500 指数和价值线（Value Line）等权重指数。两个指数事件前后的超额收益均使用固定平均收益（constant - mean）模型（正常收益的估计期间为 2002 年 2 月 2 日前第 142 个交易日到 21 个交易日），超额收益（*ARs*）为当天实际收益减正常收益，累积超额收益（CARs）由事件日（-1，+1）天计算得出。此外，作者还借鉴 Ali and Kallapur（2001）和 Espahbodi et al.（2002）的时间序列模型来检验 12 个事件的单独和整体的影响，估计期间为 2001 年和 2002 年共 485 个交易日，模型如下：

$$R_t = \alpha_0 + \sum_{j=1}^{12} \beta_j D_j + e_j \tag{1}$$

R_t为样本公司的平均日收益率；α_0是标准普尔 500 指数投资组合 485 个非事件交易日的平均日收益率；β_j为投资组合的调整收益（事件 j 收益减去非事件日投资组合的平均收益）；D_j为虚拟变量，在事件窗口日取 1（$t=-1$，$t=0$，$t=+1$），否则为 0。作者首先用模型（1）估计了标准普尔 500 公司 2001—2002 年 485 个交易日的股票回报。其次，分别估计三类事件的划分时间区间内的股票回报：不明确事件期（事件 1—4，91 个交易日）、不利事件期（事件 5—8，9 个交易日）、有利事件期（事件 9—12，4 个交易日）。最后，作者估计了所有 12 个事件的时间区间内的股票回报（事件 1—12，115 个交易日）。

2. 公司特征与市场反应

对于假设 2，本文利用以下公式计算各个公司的超额收益 AR_{it}：

$$AR_{it} = R_{it} - R_f - \hat{\beta} \times (R_{Mt} - R_f) \tag{2}$$

其中，R_{Mt}是股票 i 在事件日的回报，R_f为国库券无风险收益率，$\hat{\beta}$ 是根据 2002 年 6 月前五年的月末股价估计的股票 $\hat{\beta}$，R_{Mt}为事件日的标准普尔 500 指数的回报。

加总事件日当天和前后各一天的 AR_{it}得出 CAR_{it}。

为了检验公司在法案通过以前，其公司治理、财务报告和审计师角色与市场反应的关系，本文利用标准普尔公司治理数据中的股权结构和投资者权益的得分状况（*OSIR*）、董事会和管理结构及其运作过程（*BMSP*）的得分状况，作为公司治理的代理变量，预测符号为正；财务报告方面，主要使用标准普尔公司治理数据中财务透明度和信息披露的得分状况（*FTID*）与公司总应计（*ATAC*）的绝对值，估计公司财务报告的可靠性和透明度，预测前者符号为正，后者符号为负；对于审计师角色对市场反应的影响，第一个指标是非审计费用与总审计费用的比值（*NATA*），第二个指标为是否以安达信作为其审计师的虚拟变量（*AA*）。

书中主要控制了公司规模（*MAC*）、业绩（*MTB*）及杠杆（*LEV*）等公司特征对市场反应的影响。另外，加入审计费用（*AUT*）控制 SOX 法案合规成本的影响。回归模型为：

$$CAR_{it} = \alpha + \beta_1 OSIR_{it} + \beta_2 BMSP_{it} + \beta_3 FTID_{it} + \beta_4 ATAC_{it} + \beta_5 NATA_{it} + \beta_6 AA_{it} + \beta_7 MAC_{it} + \beta_8 MTB_{it} + \beta_9 LEV_{it} + \beta_{10} AUT_{it} + \varepsilon_{it} \quad (3)$$

四、实证结果

（一）SOX 法案的市场反应

研究结果显示，不明确事件组和不利事件组中各个事件日的 *AR* 和包括事件日前后 1 天的 *CAR* 值大多为负值，且部分显著为负，而不利事件组总体表现显著为负。有利事件组中 4 个事件的 *AR* 和 *CAR* 值大多为正值，且部分值显著为正，有利事件组总体表现显著为正。因此，结果支持假设 1，法案获得通过的可能性增加，市场会有正面的反应；反之，法案获得通过的可能性降低，市场会有负面反应。研究结果表明投资者认为 SOX 法案有助于完善资本市场，降低信息不对称，并认为这是一个增加股东财富的有利消息。

（二）公司特征与市场反应

模型（2）截面分析检验了有利事件的市场反应是否与公司治理、财务报告透明度及非审计费用比值相关。结果总体支持假设 2，公司治理变量（*BMSP*）系数显著为正，但股权结构和投资者权力指标（*OSIR*）系数并不显著。财务透明度和信息披露（*FTID*）显著为正，总应计的绝对值（*ATAC*）系数显著为负，表明信息透明度越高，市场正向反应越大。非审计费用比值（*NATA*）系数显著为负，表明投资者认为审计师的非审计服务显著影响了其审计业务的可靠性，或者投资者认为审计师的非审计服务受到 SOX 法案的限制以后，将降低公司的市场价值。

五、结论

不明确事件和不利事件期间市场表现负面，表明投资者担心法案不会获得通过，或者担心法案的管制强度不足以纠正财务丑闻产生的冲击。有利事件的正向市场反应，显示出投资者认为事件释放出法案获得通过的可能性增加的信号，SOX 法案有助于恢复投资者对市场的信心，达到监管的预期目的。回归结果表明，公司在法案通过以前，其公司治理越好、财务报告越透明和审计师发挥作用越有效，市场正面反应越强。

本文可能存在的局限在于：作者以标准普尔500 指数公司为样本，而不是受到 SOX 法案影响的全体上市公司，降低了研究结果的可靠性。文中选用的事件并不能完全排除结果受其他消息的影响，文中没有通过使用对照组等方法排除上述可能。此外，在假设的理论推导中，作者仅强调 SOX 法案的合规成本，把 SOX 法案的作用仅局限于提高投资者信心，并潜在假设这次冲击对公司的正面影响是均等的，而没有分析对不同公司（如，法案通过以前公司治理质量不一样的公司）在遵循 SOX 法案相关条款规定提高公司治理质量以后可能得到的收益差异（因为公司治理质量较差的公司可能获得更高收益）。

（整理人：黄敬昌）

主要参考文献

[1] Ali, A. , and S. Kallapur. 2001. Securities price consequences of the Private Securities Litigation Reform Act of 1995 and related events. *The Accounting Review* 76 (3): p. 431 –460.

[2] Browning, E. S. , and J. Weil. 2002. Burden of doubt: Stocks take a beating as accounting worries spread beyond Enron. *Wall Street Journal*, January 30, A1.

[3] Charles River Associates (CRA) . 2005. Sarbanes – Oxley section 404 costs and remediation of deficiencies: Estimates from a sample of Fortune 1000 companies. CRA no. D06155 –00. Washington, DC: CRA.

[4] Cohen, D. A. , A. Dey, and T. Z. Lys. 2004. The effect of the Sarbanes – Oxley Act on earnings management: What has changed? Paper presented at the 2004 annual meeting of the American Accounting Association (AAA), Orlando, FL.

[5] Engel, E. , R. M. Hayes, and X. Wang. 2004. The Sarbanes – Oxley Act and firms' going – privatedecisions. Working paper, University of Chicago.

[6] Espahbodi, H. , P. Espahbodi, Z. Rezaee, and H. Tehranian. 2002. Stock price reaction and value – relevance of recognition vs. disclosure: The case of stock – based compensation. *Journal of Accounting and Economics* 33 (3): p. 343 –373.

[7] Jain, P. K. , J. C. Kim, and Z. Rezaee. 2004. Effects of financial scandals and regulatory responses on market liquidity. Paper presented at the 2004 annual meeting of the American Accounting Association (AAA), Orlando, FL.

[8] Li, H. , M. Pincus, and S. O. Rego. 2004. Market reaction to events surrounding the Sarbanes – Oxley Act of 2002. Paper presented at the 2004 annual meeting of the American Accounting Association (AAA), Orlando, FL.

[9] Turner, L. 2005. Costs and benefits of the Sarbanes – Oxley Act. Online at http://www.glasslewis. com.

[10] Wiesen, J. 2003. Congress enacts Sarbanes – Oxley Act of 2002: A two – ton gorilla awakesand speaks. *Journal of Accounting, Auditing, and Finance* 18 (3): p. 429 – 448.

[11] Zhang, I. X. 2005. Economic consequences of the Sarbanes – Oxley Act of 2002. Workingpaper, University of Rochester.

ξ 2-2 SOX 法案的经济后果

Economic Consequences of the Sarbanes - Oxley Act of 2002

文献来源：Zhang, I. X. 2007. Economic Consequences of The Sarbanes - Oxley Act of 2002. *Journal of Accounting and Economics*, 44 (1): 74 - 115.

【摘要】 本文通过 SOX 法案相关立法事件的市场反应研究该法案的经济后果。论文利用非美国上市公司估计美国上市公司的正常收益，发现 SOX 法案关键事件前后美国公司的累计超额收益显著为负。回归结果显示，非审计服务和公司治理条款的成本大于收益。进一步研究表明，SOX 404 条款（强制实施内部控制测试）的推迟执行，显著降低了非加速申报公司的成本。

一、研究问题

（一）问题的提出

为了应对 2001 年以后出现的一连串丑闻事件，2002 年 7 月美国国会通过了 SOX 法案，该法案是自 1933 年和 1934 年相继颁布的《证券法》和《证券交易法》以来最为重要的证券立法。为防止会计欺诈和管理层违法行为的发生，SOX 法案制定了更为严格的监管制度，加大了对管理层违法行为的处罚，以缓解潜在的利益冲突。然而，实务界却更加关心 SOX 法案导致的合规成本及可能的机会成本。例如，严格遵循各种法规可能会转移管理层的注意力，使他们不能专注于公司经营；管理者面临更大的法律风险和更严厉的处罚，使得他们在公司经营上更为保守，从而影响公司价值。SOX 法案可能导致的这些直接和间接成本可能超过其收益。SOX 法案的经济后果，无论在实务界还是学术界仍然存在很大争议，本文主要研究 SOX 法案相关事件的市场反应。

具体的，本文研究了三个问题：（1）以非美国上市公司的收益率来预测美国公司在全球经济事件（common global economic news）下的收益率，作为调整项估计出 SOX 法案相关事件的市场反应，检验 SOX 法案的净影响；（2）研究了主要事件中 SOX 法案一些重要条款对公司的影响；（3）考察 SEC 宣布推迟执行 SOX 404 条款对不同类型公司的影响。

本文的逻辑框架见图 2-3。

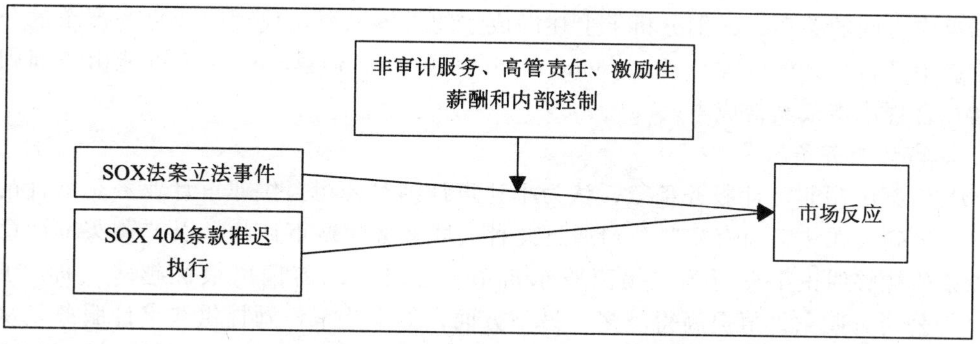

图 2-3　SOX 法案的经济后果：市场反应

（二）研究意义

SOX 法案是几十年来证券市场最重要的法律，本文对于全面了解 SOX 法案加强证券市场监管的成本与收益，深入了解 SOX 法案一些重要条款对公司的影响具有十分重要的意义。

（三）主要贡献

作者强调 SOX 法案的潜在成本，丰富了这方面的文献，为这一重要的话题提供了有益的实证证据。因此，本文的首要贡献在于通过研究 SOX 法案，检验了法律制度对公司运营的影响。其次，作者通过研究特定条款的经济后果，检验了公司特征和市场反应之间的关系，拓展了 SOX 法案的相关研究。最后，利用非美国证券市场的收益率估计美国市场的收益率，拓展了对市场层面信息的事件研究的相关文献。

二、理论分析

（一）SOX 法案的市场反应

SOX 法案增加了公司违规行为的处罚成本，并强调加强上市公司的内部控制。加强监管可以提高对内部人私利行为的处罚，减少违规行为的发生，提高公司价值。然而，实务界普遍认为 SOX 法案大大增加了公司的合规成本（Solomon and Bryan - Low，2004），同时还可能产生部分间接的机会成本（如分散了管理层的注意力和使其在经营上更为保守）。

因此，作者提出：

假设 1：如果投资者认为 SOX 法案为美国公司带来的成本超过其收益并且（或者）法案通过的信息对公司经营来说是坏消息，那么在法规制定事件前后经同期经济事件（contemporaneous economic news）调整后的美国上市公司累计收益应当为负。

（二）SOX 法案主要条款的市场反应及其截面分析

作者通过考察 SOX 法案主要条款（非审计服务、高管责任、内部控制和激励性薪酬）

与市场反应之间的关系，详细分析了上述净成本的具体来源。代理问题更为严重的公司可能从管制中获得更大的收益（Greenstone et al.，2006），但这些公司也可能由于规则的变化而增加合规成本或其他成本。

1. 非审计服务条款

SOX 法案限制非审计服务条款，认为不让审计师对公司提供非审计业务是最优的。一方面，如果确实在法案前有一些公司通过此种关联业务贿赂审计师，以“购买审计意见”，那么该条款能够纠正不良行为，提高股东价值。并且，此前偏离最优越多（即“购买”越多）的公司，股东价值提高得越多。另一方面，如果让审计师提供非审计服务是从成本效率角度考虑，限制非审计服务条款生效后，审计师要花更多的成本来获取公司的信息，新咨询公司初始投入也会高于原来的审计师，那么原来从审计师处购买越多非审计服务的公司承担的成本也将越多。基于此，作者提出：

假设 2：如果限制审计师提供非审计业务给公司带来的成本大于收益，那么法案前从审计师处购买越多非审计服务的公司会承担更多的成本，并且在 SOX 法案规则制定事件前后有更多的负的累计超额收益。

2. 公司责任和犯罪惩罚条款

SOX 法案针对公司责任和犯罪惩罚的条款是为了增加公司高管的责任，以保护投资者的利益。其潜在假设是至少在部分治理结构较差的公司中，SOX 法案会强化股东控制，降低管理层机会主义行为发生的可能性。如果这些条款起到了预期作用，投资者保护较弱的公司将获得更大收益。

然而，公司责任和犯罪惩罚条款也可能增加公司成本。这些条款可能加大寻找合格管理者和薪酬制定的难度，增加管理层采取保险政策的成本（Francis，2003），也可能降低管理层在制定公司决策时的灵活性（Harris and Raviv，2005），还可能使得管理层更不愿意承担风险，导致公司错失部分有价值但风险较高的项目（Core et al.，2005）。由此，公司治理较弱的公司可能会负担更多的成本。如果 SOX 法案的成本超过其潜在收益，公司治理结构低于最优水平的公司在 SOX 法案制定期间将有更为负面的市场反应。

基于此，作者提出：

假设 3：如果 SOX 法案的公司治理条款为公司带来净成本，公司治理结构低于最优水平的公司将承担更高成本，并且在 SOX 法案规则制定事件前后有更多的负的累计超额回报。

3. 内部控制条款

内部控制条款（SOX 404 条款）可以降低机会主义行为发生的概率，但是 SOX 404 条款要求公司和审计师对公司的内部控制作出评价。这表明，一方面如果公司经营范围越大，其合规成本越大；同时，在国外从事经营活动或交易的公司，收集资料和评估内部控制的成本也更高。另一方面，Ge and McVay（2005）认为经营业务复杂的公司更可能报告内部控制重大缺陷。如果投资者认为公司交易的复杂程度增加了重大缺陷的可能性，那么经营业务更复杂的公司，其执行 SOX 404 条款的收益可能更大。基于上述成本和收益的比较，作者提出：

假设 4：如果 SOX 404 条款为公司带来净成本，经营业务越复杂的公司将承担更大成本，并且在 SOX 法案规则制定事件前后有更多的负的累计超额收益。

4. 激励性薪酬和内部交易条款

激励性薪酬增加了管理层操纵会计数字最大化个人财富的可能性（Kristof and Flanigan，2002）。激励性薪酬和内部交易条款是为了降低上述错误行为发生的可能性。如果这些条款起到预想的作用，使用激励性薪酬公司的收益将更大。然而，激励性薪酬和内部交易条款可能降低管理层努力工作的动机，可能使得管理层经营上更为保守（Ribstein，2002）。Cohen et al.（2004）发现 SOX 法案颁布以后，上市公司的激励性薪酬比例和 R&D 支出都降低了。这表明，规则变化导致使用激励性薪酬公司支付更多的调节成本。基于上述成本和收益的比较，作者提出：

假设 5①：如果激励性薪酬和内部控制条款为公司带来净成本，使用激励性薪酬的公司将承担更大成本，并且在 SOX 法案规则制定事件前后有更多的负的累计超额收益。

总之，作者认为，若 SOX 法案中的条款增加了公司的净成本，那么非审计服务支出越多的公司、公司治理结构低于最优水平的公司、过度依赖激励性薪酬的公司和经营业务更复杂的公司将会有（发生）更为负面的市场反应。

（三）推迟执行 SOX 404 条款的市场反应

原计划在 2003 年 9 月 15 日或以后披露财务报告的公司需要遵循 SOX 404 条款，修改后的规则要求加速申报公司在 2004 年 11 月 15 日及以后结束的会计年度执行，而非加速申报公司和在美国上市的外国公司则在 2005 年 7 月 15 日及以后结束的会计年度执行。因此不同公司获得的执行展期不同。对于内部控制低于行业平均水平的公司来说，SOX 404 条款的推迟执行可能并不是好消息。此时，推迟执行的公司将有更低的超额收益。另一方面，执行日的递延也可能降低公司的额外成本。例如，推迟执行的公司可以避免先执行公司的审计成本，可以利用先执行公司的技术和程序降低执行成本，那么推迟执行的公司将有更高的超额收益。由此，作者提出：

假设 6②：如果 SOX 404 条款执行日期的递延使得相关公司获益，那么获得更长递延期间的公司在 SOX 法案规则制定事件前后有更多的正的累计超额收益。

三、研究方法

（一）数据来源

美国股票收益数据来自 CRSP 数据库，非美国股票价格数据来自 Datastream 数据库，季度营业数据和盈余宣告日期来自 Compustata 和 CRSP 每季度的合并文档，用于计算分析师预测误差的数据来自 I/B/E/S 数据库，薪酬数据来自 ExecuComp 数据库。

① 原文假设 6。

② 原文假设 5。

（二）研究设计

1. SOX 法案相关立法事件的市场反应

由于 SOX 法案事件前后美国市场指数的变化不仅受到 SOX 法案事件本身的影响，同时期的其他经济事件也会影响美国指数的变化，因此，必须控制其他事件对美国市场收益的影响。Eun and Shim（1989）和 Hamao et al.（1990）的研究表明美国公司和外国公司受到共同经济事件的影响，而这些外国公司（除在美国交易所上市的公司以外）并不需要遵循 SOX 法案的相关规定，因此，作者利用 SOX 法案制定前后非美国公司的市场收益来评估同时期其他信息对美国市场收益率的影响。分别采用以下模型估计美国上市公司的正常收益率：

$$US\_Ret_t = \alpha_0 + \alpha_1 CAN\_Ret_t + \alpha_2 EU\_Ret_t + \alpha_3 EU\_Ret_{t+1} + \alpha_4 AS\_Ret_t + \alpha_5 AS\_Ret_{t+1} + e_t \quad (1)$$

$$US\_Ret_t = \beta_0 + \beta_1 CAN\_Ret_t + e_t \quad (2)$$

其中，US_Ret、CAN_Ret、EU_Ret 和 AS_Ret 分别是美国、加拿大、欧洲和亚洲证券市场按个股市值加权的日收益率。超额收益由美国市场实际收益率与其正常收益率之差得出。

2. SOX 法案主要条款的影响

作者利用以下模型检验 SOX 法案主要条款的影响：

$$CAR_i = \sum_j \alpha_{0j} Ind_{ij} + \alpha_1 Nonaudit_i + \alpha_2 Gindex_i + \alpha_3 Busi\_lines_i + \alpha_4 Foreign_i + \alpha_5 Incentive_i + \alpha_6 Size_i + \alpha_7 Accr_i + \alpha_8 Shumway_i + \alpha_9 Acq_i + \alpha_{10} MTB_i + \alpha_{11} ROA_i + \alpha_{12} Pre\_Ret_i + e_i \quad (3)$$

CAR_i为公司 i 的累计超额收益，作者使用两种方法进行估计。第一种方法是利用美国市场数据及 2001 年公司日收益率估计正常收益；第二种方法利用非美国市场交易的外国公司估计正常收益。

其中，α_1用于检验非审计服务限制条款对公司的影响，*Nonaudit* 是公司付给审计师的非审计服务费用（不包括税务服务）除以 2001 年年底的公司总市值，预期 α_1的符号为负；α_2用于检验高管责任及处罚等条款对公司的影响，*Gindex* 为 Bebchuk et al.（2005）的公司治理指数，预期符号为负；α_3和 α_4用于检验 SOX 404 条款对公司的影响，*Busi_line* 代表公司经营业务复杂程度，即公司 4 位 SIC 行业代码的数量，*Foreign* 代表公司是否与外国公司交易或是否有国外经营业务，α_3和 α_4预期符号均为负；α_5则用于考察激励性薪酬相关规定对公司的影响，*Incentive* 代表公司激励性薪酬比例减去激励性薪酬比例的行业均值，α_5预期符号同样为负。本文还控制了公司规模（*Size*）、超额应计（*Accr*）、业绩（*ROA* 和 *Pre_ Ret*）、市值账面比（*MTB*）、破产可能性（*Shumway*）和 2003 年是否被并购或退市（*Acq*）。

3. 推迟执行 SOX 404 条款的市场反应

作者利用以下模型检验市场对推迟执行 SOX 404 条款的反应：

$$CAR_i = \sum_j \alpha_{0j} Ind_{ij} + \alpha_1 Non\_Acc_i + \alpha_2 Late\_Non_i + \alpha_3 Late\_Acc_i + \alpha_4 MTB_i + \alpha_5 Size_i + e_i \quad (4)$$

当公司为获得额外两年缓冲期的非加速申报公司，*Late_Non* 取 1；当公司为获得 1 年缓冲期的加速申报公司，*Late_Acc* 取 1；当公司为非加速申报公司，*Non_ Acc* 取 1。作者预测 α_2 和 α_3 为正，其他变量的定义与前文一致。

四、实证结果

（一）SOX 法案相关立法事件的市场反应

研究结果显示，在 17 个立法事件中（见表 2-2），有 4 个表现出显著的市场反应，分别是：（1）2002 年 2 月 2 日美国财政部长呼吁改变公司治理规则；（2）2002 年 7 月 8 日到 12 日，美国总统布什在演说中强调政府在公司改革中的重要性，美国参议院集中讨论 SOX 法案，参议院通过一项严厉的修正案以加强处罚；（3）2002 年 7 月 18 日，众议院共和党领袖宣布不再在降低法案的严厉性方面作出努力；（4）2002 年 7 月 24 日，参众两院最后达成一致，25 日通过 SOX 法案。其中，前三个事件增加了投资者对通过更为严厉监管条款的预期，市场反应显著为负；最后一个事件则表明最终的公告改变了投资者对进一步严厉措施的预期，市场反应显著为正。实证结果表明 SOX 法案显著增加了公司的负担，其成本超过可能的收益。然而，包含所有文中 SOX 法案事件的累计超额收益在统计上并不显著，这可能是研究中包括了不显著的事件，从而降低了检验的效力。

表 2-2　SOX 法案相关立法事件

事件	日期	描述	事件窗口
1	1/17/2002	SEC 主席提议会计修整计划	1/15—18
2	2/2/2002	财政部长呼吁改变公司监管规则	2/1—4
3	2/13/2002	奥克斯利向众议院金融服务委员会提交会计改革法案	2/11—14
4	2/28/2002	众议院民主党人提交一份比奥克斯利更严格的提案	2/27—3/1
5	3/7/2002	布什首次回应会计丑闻	3/6—8
6	3/26/2002	格林斯潘反对过度监管	3/25—27
7	4/11/2002	众议院金融服务委员会安排奥克斯利法案的表决，但表决延期	4/11—12
8	4/16/2002	奥克斯利法案在金融服务委员会获得通过	4/16—17
9	4/24/2002	奥克斯利法案在众议院获得通过	4/24—26
	4/25/2002	参议院司法委员会通过立法支持公司欺诈法律	
10	5/28/2002	萨班斯在参议院银行委员会公开他的提案	5/7—9
11	6/11/2002	在参议院银行委员会民主党人支持萨班斯法案	6/10—13
	6/12/2002	SEC 提议增加条款促使公司高管保证财务报告可靠性	
12	6/18/2002	参议院银行委员会通过萨班斯法案	6/18—19
13	6/25/2002	世界通信承认少报 38 亿美元费用	6/25—27
14	7/8-7/12	萨班斯法案在参议院引起争论	7/8—12
	7/9/2002	布什发表一个关于公司改革的演讲；萨班斯法案可能获得通过	

续表

事件	日期	描述	事件窗口
	7/10/2002	参议院通过修正案，增大刑事处罚力度	
15	7/15/2002	萨班斯法案在参议院获得通过	7/15—17
	7/16/2002	法案在众议院获得通过以加强刑事处罚	
16	7/18/2002	众议院共和党领袖放弃降低参议院法案强度的努力	7/18—23
	7/19/2002	两院协商委员会开始着手合并法案，以参议院的提案为框架，协商持续到周末	
	7/20/2002	布什在广播中催促加快制定进程	
	7/23/2002	说客反映他们失去影响力	
17	7/24/2002	参议院和众议院同意最后条款	7/24—26
	7/25/2002	参议院和众议院通过 SOX 法案	

（二）SOX 法案主要条款的影响

模型（3）的实证结果总体上拒绝了“SOX 法案主要条款没有增加公司成本”的假设。在主要事件窗口中，公司的累计超额收益与其非审计服务支出显著负相关，投资者保护低于行业水平的公司市场反应更为负面，跨国经营公司增加的成本更为显著。此外，公司经营业务复杂程度更高和更多运用激励性薪酬的公司具有更高的合规成本的假设也得到部分结果的支持。总的来说，检验结果支持第一部分事件研究的结论。

（三）推迟执行 SOX 404 条款的市场反应

模型（4）的结果显示，与其他公司相比，获得更长递延期的小规模公司具有更高的超额收益。这表明，投资者把 SOX 404 条款的推迟执行作为好消息，间接表明该条款为小型公司带来显著的净成本。

五、结论

本文研究发现，市场在部分 SOX 法案关键事件前后表现出显著的累计超额收益，市场反应与 SOX 法案实施前公司的非审计服务支出、公司治理结构、经营业务复杂性有关；与激励报酬及业务种类部分变量只有较弱的显著性。这些结果表明，SOX 法案关于非审计服务、公司责任和内部控制的条款给公司带来了净私有成本。最后，作者列示了来自小规模公司的证据，这些获得更长递延期间的小规模公司具有更高的超额收益，说明推迟 SOX 404 条款可能给小型公司带来净成本。

由于投资者预期的不可观察性，文中第四个市场反应显著的事件也可能是由于投资者原先预期规则制定者会出台更为严格的法规，但 SOX 法案相关事件释放的信息仍低于他们的预期，从而表现为正面的市场反应。

（整理人：黄敬昌）

主要参考文献

[1] Bebchuk, L., Cohen, A., Ferrell, A., 2005. What matters in corporate governance? Working paper, Harvard Law School.

[2] Cohen, D. A., Dey, A., Lys, T. Z., 2004. The Sarbanes Oxley Act of 2002: implications for compensation structureand risk - taking incentives of CEOs. Working paper, Northwestern University and University of Southern California.

[3] Core, J. E., Guay, W. R., Rusticus, T. O., 2005. Does weak governance cause weak stock returns? An examinationof firm operating performance and investors' expectations. *Journal of Finance* 61 (2), p. 655 - 687.

[4] Eun, C. S., Shim, S., 1989. International transmission of stock market movements. *Journal of Financial and Quantitative Analysis* 24 (2), p. 241 - 256.

[5] Francis, T., 2003. It still costs big to insure against a boardroom scandal - despite the Sarbanes - Oxley Bill, 'D&O' policy prices rise 30%, and cancellation clauses swell. *Wall Street Journal*, July 31.

[6] Ge, W., McVay, S., 2005. On the disclosure of material weaknesses in internal control after the Sarbanes - OxleyAct. *Accounting Horizons* 19 (3), p. 137 - 158.

[7] Greenstone, M., Oyer, P., Vissing - Jorgensen, A., 2006. Mandated disclosure, stock returns, and the 1964 Securities Acts amendments. *Quarterly Journal of Economics* 121 (2), p. 399 - 460.

[8] Hamao, Y., Masulis, R. W., Ng, V., 1990. Correlations in price changes and volatility across international stock markets. *Review of Financial Studies* 3 (2), p. 281 - 307.

[9] Harris, M., Raviv, A., 2005. A theory of board control and size. Working paper. University of Chicago and Northwestern University.

[10] Kristof, K. M., Flanigan, J., 2002. Crisis in corporate America; stock options lavished on executives come underfire. *Los Angeles Times*, July 12.

[11] Ribstein, L. E., 2002. Market vs. regulatory responses to corporate fraud: a critique of the Sarbanes - Oxley Act of 2002. *Journal of Corporation Law* 28 (1).

[12] Solomon, D., Bryan - Low, C., 2004. Companies complain about cost of corporate - governance rules. *Wall Street Journal*, February 10.

ξ2-3 对 Zhang（2007）的评论

Was the Sarbanes-Oxley Act of 2002 Really This Costly? A Discussion of Evidence from Event Returns and Going-Private Decisions

文献来源：Leuz, C. 2007. Was the Sarbanes-Oxley Act of 2002 Really This Costly? A Discussion of Evidence from Event Returns and Going-Private Decisions. *Journal of Accounting and Economics*, 2007. 44（1-2）：146-165.

一、评论

Zhang（2007）的研究发现 SOX 法案立法事件的累计原始收益和累计超额收益显著为负，并认为 SOX 法案给公司带来净成本。但是，本文认为其主要结论和累计超额收益的符号对事件日的选择很敏感。Rezaee and Jain（2006）和 Li et al.（2007）选择了两个略微不同的事件日进行研究，并发现 SOX 法案立法事件的累计超额收益显著为正。

由于 SOX 法案适用于所有在交易所上市且在 SEC 注册的美国公司，不存在一个可比且不受该法案影响的美国公司组成的自然控制组，导致很难控制与 SOX 法案无关的市场效应。

四个具有显著市场反应的立法事件中，三个发生在同一个月，降低了研究结果的可靠性（分散的事件日有助于过滤其他无关新闻影响）。作者利用《纽约时报》提供的每日新闻小结，发现四个窗口日存在其他重大政治和经济新闻事件。为了降低其他新闻事件的影响，Zhang（2007）利用非美国上市公司估计美国上市公司的正常收益，这显然是一个很大的改进，但是没有完全消除其他新闻的干扰。以非美国收益为基准可以排除世界性新闻和全球市场趋势的影响，但还有很多新闻事件都是美国独有但却与 SOX 法案无关的，作者担心 Zhang（2007）负的累计超额收益仅仅反映了 2002 年美国股市的普遍下跌的趋势，因为大部分立法事件窗口发生在这个月。

为了说明作者对普遍市场趋势的担心，作者研究了标准普尔 500 指数的波动率指数（VIX），发现其在 SOX 法案事件前后（2002 年 7 月）波动性变大，直到 2002 年 9 月才开始下滑，表明立法事件的超额收益可能受市场趋势变化及总体宏观经济不确定影响。因此，总的来说，Zhang（2007）通过非美国股票市场收益进行调整，从 SOX 法案立法事件前后负的超额收益得出该法案净成本为负，但是证据仍然不是很充分。此外，Zhang（2007）的事件日前后，纽约交易所和纳斯达克交易所为回应公司丑闻事件改变了其上市规定。

Zhang（2007）通过截面分析得出立法事件超额收益中个别条款的影响，作者认为这种推导是存在问题的。SOX 法案是很多条款作为一个整体获得通过的，而且似乎很少只有讨论、改变或增加个别条款的事件日。因此，作者认为，是否能把截面结果解释为特定条款的成本（或收益）是不确定的。并且，这些测试更像是为 Zhang（2007）的一般结论（负的累计超额收益表明 SOX 法案给美国公司带来了净成本）提供了敏感性分析。

二、结论

作者对 Zhang（2007）讨论的重点在于证据的解释，特别是，是否存在证据表明 SOX 法案给公司带来了净成本，及其发现是否真的可以归因于 SOX 法案而不是市场一般趋势或同期其他事件。

Zhang（2007）的研究的主要问题是缺乏一个好的、不受其他消息影响的公司控制组，而其事件窗口很长又很集中，这些问题使得很难将负面的事件回报归咎于 SOX 法案。事实上，SOX 法案通过期间的其他事件（如即将发生的伊拉克战争）和市场一般趋势表明，虽然 SOX 法案至少给一些公司带来了净成本，Zhang（2007）的结果可能夸大了 SOX 法案对美国公司的负面影响。

加强监管会给公司带来显著成本也不足为奇。而且，管理层和董事只承担部分合规成本，但承担了很大的因内控缺陷产生的责任（Coates，2007），这可能会激励其对内部控制的过度支出。然而，现有文献没有充分证据来支持 SOX 法案带来过度成本的结论。事实上，有证据表明 SOX 法案增加了上市公司面临的审查力度，这正是美国国会的本意，而且这种影响已经产生了一定的收益，但是其对美国公司或美国经济的净影响目前还不明确。

（整理人：黄敬昌）

主要参考文献

[1] Coates, John, 2007, The goals and promise of the Sarbanes - Oxley Act, *Journal of Economic Perspectives* 21, p. 91 - 116.

[2] Li, Haidan, Morton Pincus, and Sonja O. Rego, 2007, Market reaction to events surrounding the Sarbanes - Oxley Act of 2002 and earnings management, *Journal of Law and Economics*, forthcoming.

[3] Rezaee, Zabihollah and Pankaj Jain, 2006, The Sarbanes - Oxley of 2002 and security market behavior: early evidence, *Contemporary Accounting Research* 23, p. 629 - 654.

[4] Zhang, I. X., 2007. Economic consequences of the Sarbanes-Oxley Act of 2002. *Journal of Accounting and Economics*, doi: 10. 1016/j. jacceco. 2007. 02. 002.

§2-4 在SOX法案强制审计前内部控制缺陷的发现和披露

The Discovery and Reporting of Internal Control Deficiencies Prior to SOX - Mandated Audits

文献来源：Ashbaugh - Skaife，H.，D. W. Collins，and W. R. Kinney Jr. 2007. The Discovery and Reporting of Internal Control Deficiencies Prior to SOX - Mndated Audits. *Journal of Accounting and Economics*，44（1-2）：166-192.

【摘要】本文分析了内部控制缺陷（internal control deficiency，ICD）披露的影响因素。实证结果表明，与没有披露ICD的公司相比，披露ICD的公司其经营业务更为复杂、组织结构近期发生变动、存在更高的会计风险、更频繁地变更审计师，对内部控制投入的资源更少。在管理层发现和披露内部控制的"诱因"（incentives）中，披露ICD的公司前期受到SEC处罚（SEC enforcement actions）发生财务报表重述，更倾向于聘请规模较大的会计师事务所，其机构投资者持股更集中。

一、研究问题

（一）问题的提出

在SOX 404条款实施前，SOX 302条款要求管理层评价与披露相关的控制和程序（controls and procedures）的有效性，并报告评价结果（SEC，2002）。然而，无论是SEC，还是SOX 302条款，均没有给出管理层评价内部控制的具体指引，也没有要求审计师对其内部控制进行审计。与SOX 404条款相比，SOX 302条款对于管理层和审计师评价内部控制的要求较为粗略，披露规则缺乏可操作性。这意味着，在SOX 404条款实施前，管理层在披露ICD上拥有更多的自由裁量权，这为本文提供了良好的研究机会。作者以在SOX 302条款实施后到SOX 404条款实施前这一时间段内披露ICD的公司为研究对象，分析哪些公司特征会引起内部控制风险，以及探讨管理层发现和披露ICD的"诱因"。

本文的逻辑框架见图2-4。

（二）研究意义

本文是较早研究内部控制缺陷影响因素的论文之一。本文的研究意义在于分析自愿披露背景下，是什么因素让管理层"自揭其短"，能够更好地看出管理层发现和披露ICD的"诱因"，清晰地刻画公司披露内部控制缺陷的潜在成本与收益。

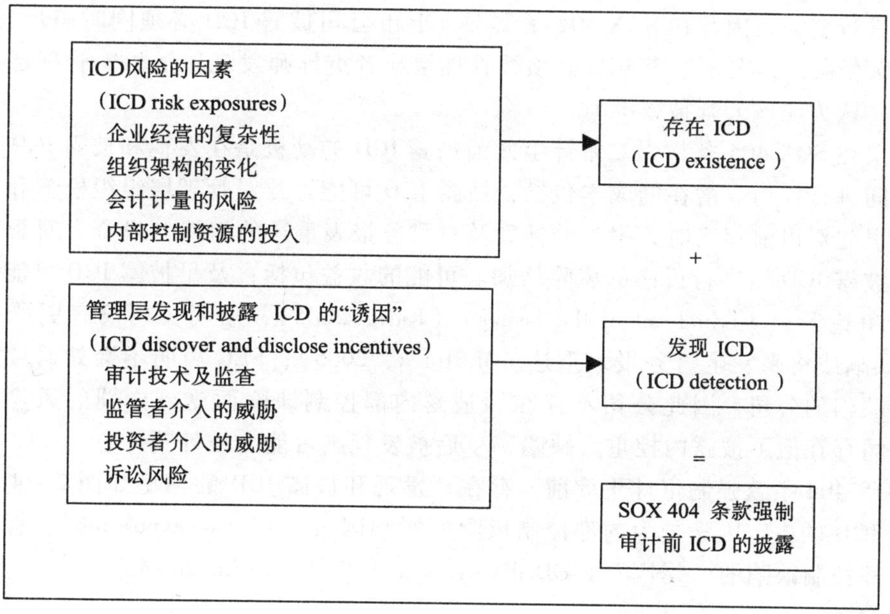

注：引自原文第 171 页，Fig. 1. Conceptual model of pre－SOX mandated audit disclosure of internal control deficiencies（ICDs）。

图 2－4　SOX 强制审计前内部控制缺陷披露的概念模型

（三）主要贡献

本文与 Doyle et al.（2006a）的研究相类似，但本文较其存在三方面创新。

第一，本文首次分析管理层发现和披露 ICD 的“诱因”。SOX 302 条款没有具体给出管理层评价内部控制的指引，允许管理层拥有更多的自由裁量权，SOX 404 条款对 ICD 披露做出了详细的规定，因此将样本时间限制在 SOX 302 条款实施期间可以分析管理层发现和披露 ICD 的“诱因”。

第二，PCAOB 第 2 号审计准则（AS No. 2）将内部控制缺陷划分为重大缺陷（material weaknesses）、重要缺陷（significant deficiencies）和一般缺陷（control deficiencies），但这一监管指引直到 2004 年 3 月才发布，而在这之前众多公司已经披露了第一份 ICD 报告，因此公司在 ICD 划分的一致性上存在很大的问题。Doyle et al.（2006a）将其样本限制在披露内部控制重大缺陷的公司，本文则包含 SOX 302 条款披露的全部内部控制缺陷，不存在公司 ICD 划分不一致的问题。

第三，本文的样本时间范围不包含 SOX 404 条款的生效期，而且研究样本包含了加速申报公司（accelerated filers）和非加速申报公司（non－accelerated filers）。与 Doyle et al.（2006a）相比，结果更具有代表性。

二、理论分析与研究设计

由于 SOX 302 条款没有给出管理层内部控制评价的具体指引，也没有要求审计师对其内部控制进行鉴证，因此在 SOX 302 条款下，上市公司披露 ICD 必须同时满足三个条件：首先，ICD 存在；其次，这个 ICD 必须被管理层或者审计师发现；最后，管理层在向审计师咨询后，认为应该公开披露 ICD。

管理层在 SOX 404 条款强制审计生效前披露 ICD 的动机是在发现和披露 ICD 成本与预期收益之间进行权衡。潜在的成本包括：披露 ICD 可能导致对管理层组织松懈和管理不善的指责；引起对以前年度财务报告的怀疑及对财务报表重述的担忧，投资者对管理层早期未发现和披露 ICD 而进行诉讼的风险增加。可能的收益包括：及早披露 ICD 可能会使管理层“免于争论”（get in front of the issues）（Karr，2005），表明公司没有更严重的问题（如重大缺陷或将来发生财务报表重述。Martinek，2005）；SEC 声明不会处罚披露重大缺陷或重要缺陷的公司，因此公司不存在因披露内部控制缺陷而受到处罚的风险，与此相反，若公司存在但不披露内控重大缺陷，事后被发现则可能会被处罚。

在 SOX 404 条款强制审计生效前，存在、发现和披露 ICD 的模型如图 2－4 所示。本文将披露 ICD 的决定因素分为内部控制风险的影响因素（IC risk exposures）、管理层发现和披露内部控制缺陷的“诱因”（ICD discovery and disclosure incentives）。

（一）内部控制风险的影响因素

内部控制风险的影响因素（IC risk factors）包括公司经营业务复杂性、组织结构变化、会计计量风险和内部控制资源投入量。

公司跨行业经营和跨国经营，将会增加公司交易的复杂程度。公司交易越复杂，建立与之相适应的内部控制难度越大。作者采用 2003 年公司的业务分部数量（*SEGMENTS*）和 2003 年公司是否存在海外业务（*FOREIGN_SALES*）这两项指标来衡量公司经营业务的复杂程度。

当公司发生并购时，其内部控制将面临严峻的挑战，因为需要整合被并购公司的经营业务、管理系统、公司文化；若对被并购资产没有采用适当的会计控制，将会增加公司内部控制风险。因此当公司发生重组或兼并时，公司面临的内部控制风险增加。作者采用公司在 2001 年至 2003 年是否发生兼并行为（*M&A*）和公司 2001 年至 2003 年是否发生重组（*RESTRUCTURE*）来衡量组织结构的近期变化。

作者采用销售收入增长幅度（*GROWTH*）和存货占总资产比重（*INVENTORY*）来衡量会计计量风险（Kinney and McDaniel，1989）。公司成长性越高，业务越复杂，现有系统越有可能跟不上顾客需求的增长。存货较多的公司面临更高的确认和计量的内部控制风险，包括与存货丢失和存货减值及时确认相关的风险。

信息与控制系统固定成本较高，且建立和维持该系统成本也较高，因此规模较小的公司对信息与控制系统投资更少（DeFond and Jiambalvo，1991）。当公司业绩较差，或者存在财务困境时，公司更倾向于减少对信息与控制系统的投资（Krishnan，2005），因此作者采用公司市值的自然对数（*SIZE*）、2001 年至 2003 年负盈余比例（*%LOSS*）和 *RZSCORE*（Altman，1968）来衡量公司对内部控制资源投入量。

在披露 ICD 之前更换审计师可被视为内部控制风险影响因素之一。当审计师预期承接业务的风险高于收益时，审计师会辞职，这可能表明审计师认为客户的内部控制系统非常混乱。作者采用是否发生审计师变更（*AUDITOR_RESIGN*）来衡量。

（二）管理层发现和披露 ICD 的“诱因”

图 2－4 列示了管理层发现和披露 ICD 的“诱因”，包括聘请规模较大的会计师事务所、对财务报告的监督、机构投资者的监督和行业诉讼风险。

审计质量是影响公司披露 ICD 的重要因素之一。首先，高质量的审计师要避免声誉受损的风险而提供高质量的财务报告，包括系统的检验和评价内部控制（DeAngelo，1981；Shu，2000）；其次，高质量的审计投入更多的资源，对员工进行培训，有助于其发现客户的内控问题；再次，高质量的审计将会驱使企业披露更多的 ICD，以规避高昂的审计法律风险（Dye，1993）。作者采用虚拟变量 *AUDITOR* 来衡量，如果属于 BDO Seidman、Deloitte and Touche、Ernst and Young、Grant Thornton、KPMG 和 PricewaterhouseCoopers 这六家会计师事务所审计为 1，否则为 0。

当公司面临强有力的股东和其他利益相关者的监督时，管理层发现和披露 ICD 的动机更强烈。Richardson et al.（2003）研究发现，当公司发生盈余重述时，股价的跌幅平均为 25%，市场会对盈余重述的公司给予重罚。作者认为近期遭受 SEC 处罚的管理层，会更积极地去避免在未来受到这种处罚，也会积极地发现和披露 ICD。本文采用虚拟变量 *RESTATEMENT* 来衡量，若公司在 2001 年至 2003 年存在财务报表重述或披露被 SEC 处罚则为 1，否则为 0。

Jensen（1993）和 Shleifer and Vishny（1997）研究发现，持有公司股份的机构投资者有动机去监督管理层；当内部控制问题显现时，其依靠表决权向管理层施加压力以督促管理层作出有效改革。作者采用 *INST_CON* 来衡量机构投资者持股集中度，其值等于机构投资者持股数除以机构投资者的数量。

作者衡量管理层发现和披露 ICD“诱因”的第四个指标是行业诉讼风险。当公司处于容易遭受诉讼的行业时，管理层越有动机去披露 ICD，以降低潜在的股价下降引起股东诉讼风险。作者采用虚拟变量 *LITIGATION* 来衡量，当公司处于较易受到诉讼的行业时为 1，否则为 0。

（三）研究设计

以下为本文的回归模型，模型各变量定义见上文。

$$ICD\_DISCLOSURE = b_0 + b_1 SEGMENTS + b_2 FOREIGN\_SALES + b_3 M\&A + b_4 RESTRUCTURE + b_5 RGROWTH + b_6 INVENTORY + b_7 SIZE + b_8 \% LOSS + b_9 RZSCORE + b_{10} AUDITOR\_RESIGN + b_{11} AUDITOR + b_{12} RESTATEMENT + b_{13} INST\_CON + b_{14} LITIGATION + \varepsilon \quad (1)$$

三、样本选择

本文 ICD 披露的初始样本来自于 Compliance Week 数据库。样本期间从 2003 年 11 月至 2004 年 12 月，共 585 份披露报告（538 家公司）。在初始样本的基础上，剔除重复披露 ICD 的公司、剔除金融行业和数据缺失的公司，最后获得披露 ICD 样本 326 家公司。控制样本来自于 Compustat 数据库，共 4 484 家公司。

四、实证结果

（一）描述性统计

本文对披露 ICD 和不披露 ICD 的两组样本关键变量进行 T 检验和 Z 检验。对于内部控制风险的影响因素，披露 ICD 的公司业务更复杂、更有可能发生海外销售业务、发生并购和经历重组；披露 ICD 公司的销售增长率和库存水平的中位数显著高于控制样本；尽管披露 ICD 公司市值自然对数的均值比控制样本略低，但中位数显著高于控制样本。披露 ICD 样本组和控制样本组的 *ZSCORE* 的中位数不存在显著差异。本文的描述性统计还显示，*AUDITOR*、*RESTATEMENT* 在披露 ICD 样本组和控制样本组的中位数呈现显著差异，但是 *LITIGATION* 的中位数不存在显著差异。

（二）回归分析

1. 回归结果

本文首先检验披露 ICD 与内部控制风险影响因素之间的关系，在该回归中，只加入内部控制风险的影响因素变量。实证结果显示，除了 *RZSCORE* 变量外，内部控制风险的影响因素变量均显著，其符号与预期一致。

然后本文检验披露 ICD 与内部控制风险影响因素、管理层发现和披露内部控制缺陷"诱因"的关系，在该回归中，同时放入内部控制风险的影响因素变量和管理层发现和披露内部控制缺陷"诱因"变量。实证结果显示，内部控制风险的影响因素变量均显著，包括 *RZSCORE* 变量；除了容易遭受法律诉讼的行业变量（*LITIGATION*）外，管理层发现和披露内部控制缺陷"诱因"变量均显著，符号与预期一致。

2. 边际分析

本文对各因素进行边际分析。在内部控制风险影响因素各变量中，边际影响最大的是审计师变更变量（*AUDITOR_RESIGN*，边际效应为 0. 227），2001 年至 2003 年负盈余比例变量（*%LOSS*，边际效应为 0. 210）和发生兼并行为（*M&A*，边际效应为 0. 193）；在管理层发现和披露内部控制缺陷"诱因"各变量中，边际影响最大的是审计质量（*AUDITOR*，边际效应为 0. 268）和财务重述（*RESTATEMENT*，边际效应为 0. 201）。

3. 稳健性检验

第一，本文替换衡量审计质量的代理变量，采用国际四大会计师事务所来衡量。第二，替换衡量公司增长的代理变量，采用 2001 年至 2003 年销售收入平均增长率来衡量。第三，替换衡量法律风险的代理变量，采用 Shu（2000）法律风险来衡量。第四，剔除自 2003 年末至 2004 年初 12 家变更会计师事务所的公司。第五，检验公司变更审计师是否预示公司内部控制存在问题。第六，检验非加速申报公司的影响因素。上述六项敏感性分析的实证结果表明，管理层发现和披露内部控制缺陷"诱因"对披露 ICD 有着重要影响。

五、结论

学术界和实务界认为 SOX 法案要求上市公司对内部控制记录、评价、报告并鉴证其有效性，加重了上市公司负担。本文研究披露内部控制缺陷的影响因素，使用实施 SOX 404 条款前的数据，因此可以探索管理层发现和披露 ICD 的“诱因”。研究发现，与没有披露 ICD 的公司相比，披露 ICD 的公司经营业务较为复杂、组织结构近期发生变动、存在更高的会计风险、更频繁地变更审计师，对内部控制投入资源更少。在管理层发现和披露内部控制的“诱因”中，披露 ICD 的公司在前期受到 SEC 处罚或发生财务报表重述的可能性更大、更倾向于聘请规模较大的审计会计事务所、机构投资者持股集中度更高。未来的研究可以探索 SOX 404 条款前后，管理层发现和披露内部控制缺陷的“诱因”是否存在显著差异。

（整理人：林东杰）

主要参考文献

[1] Altman, E., 1968. Financial ratios, discriminant analysis, and the prediction of corporate bankruptcy. *Journal of Finance* 23, p. 589 – 609.

[2] DeAngelo, L., 1981. Auditor size and audit quality. *Journal of Accounting and Economics* 3, p. 183 – 200.

[3] DeFond, M., Jiambalvo, J., 1991. Incidence and circumstances of accounting errors. *The Accounting Review* 66, p. 643 – 655.

[4] Doyle, J., Ge, W., McVay, S., 2006a. Determinants of weaknesses in internal control over financial reporting, Working paper, New York University.

[5] Dye, R., 1993. Auditing standards, legal liabilities, and auditor wealth. *Journal of Political Economy*101, p. 887 – 914.

[6] Jensen, M., 1993. The modern industrial revolution, exit, and the failure of internal control systems. *Journal of Finance* 48, p. 831 – 880.

[7] Karr, S., 2005. 404 Disclosure: experts say get in front of the issue, *Compliance Week*, February 15.

[8] Kinney, W., McDaniel, L., 1989. Characteristics of firms correcting previously reported quarterly earnings. *Journal of Accounting and Economics* 11, p. 71 – 93.

[9] Krishnan, J., 2005. Audit committee quality and internal control: an empirical analysis. *The Accounting Review* 80, p. 649 – 675.

[10] Martinek, P., 2005. SOX' Catch 22: certifying controls later found weak, Compliance Week, February 22.

[11] Public Company Accounting Oversight Board, 2004. Auditing Standard No. 2, An Audit of Internal Control Over Financial Reporting Performed in Conjunction with An Audit of Financial Statements, PCAOB, March 9.

[12] Richardson, S., Tuna, I., Wu, M., 2003. Predicting earnings management: the case of earnings

restatements, Working paper, University of Pennsylvania, Wharton School.

[13] Securities and Exchange Commission (SEC), 2002. Certification of disclosure in companies' quarterly and annual reports. Release Nos. 33 - 8124, 34 - 46427, SEC, Washington, DC, August 29.

[14] Shleifer, A., Vishny, R., 1997. A survey of corporate governance. *Journal of Finance* 52, p. 737 - 783.

[15] Shu, S., 2000. Auditor resignations: clientele effects and legal liability. *Journal of Accounting and Economics* 29, p. 173 - 205.

§2-5　财务报告内部控制缺陷的影响因素

Determinants of Weaknesses in Internal Control over Financial Reporting

文献来源：Doyle，J.，W. Ge，and S. McVay. 2007. Determinants of Weaknesses in Internal Control over Financial Reporting. *Journal of Accounting and Economics*，44（1-2）：193-223.

【摘要】本文以2002年8月至2005年8月共779家披露重大缺陷（material weaknesses）的公司为样本，对内部控制重大缺陷的影响因素进行研究。实证结果表明，披露重大内部控制缺陷的公司往往规模较小、上市年限较短、财务状况不佳、经营业务复杂、成长迅速，或经历重组。存在公司层面内部控制问题（entity-wide control problems）的公司，规模更小、上市年限更短、财务状况更差；存在会计层面内部控制问题（account-specific problems）的公司，财务状况较好，但是经营业务较为复杂、多元化程度高，以及面临的经营环境变化更迅速。这意味着不同类型的内部控制重大缺陷的影响因素不同，表明每个公司都面临着独特的内部控制问题。

一、研究问题

（一）问题的提出

在SOX法案实施前，公司被要求建立适当的内部控制机制，但只需在审计师变更的情况下才需要公开披露内部控制缺陷（SEC，1988），因此在SOX法案实施前，外界对公司的内部控制情况并不了解。SOX 302条款要求管理层对财务报告内部控制的有效性进行评价，若存在内部控制重大缺陷，则不能认为其内部控制有效，并且必须对内部控制重大缺陷进行披露（SEC，2002）。SOX 404条款要求管理层对与财务报告相关的内部控制有效性进行评价，披露内部控制缺陷，并且需要聘请审计师进行鉴证。本文以2002年8月至2005年8月，依据SOX 302条款和SOX 404条款披露内部控制重大缺陷的公司作为样本，分析内部控制重大缺陷与以下几个因素是否相关：公司规模、上市年限、财务状况、财务报告复杂性、成长性、重组费用、公司治理，以及不同因素在公司层面和会计层面的内部控制缺陷类型下的影响是否有所不同。

本文的逻辑框架见图2-5。

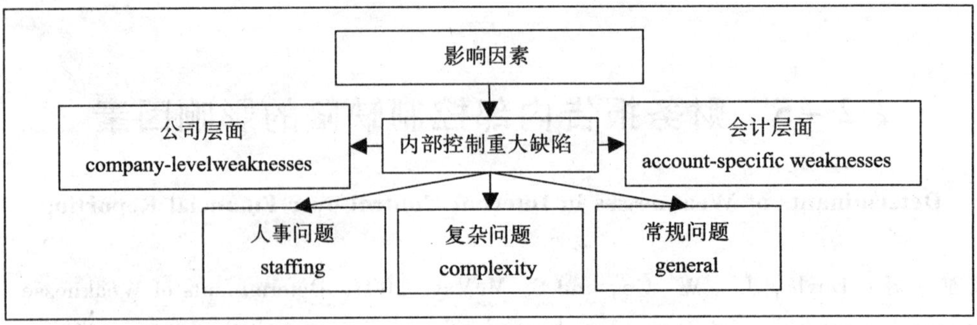

图 2-5　内部控制缺陷影响因素

（二）研究意义

已有学者利用审计师变更时披露的内部控制缺陷做过类似的研究（Krishnan，2005），但是还没有利用 SOX 法案的内部控制缺陷数据进行分析。本文是较早研究内部控制缺陷影响因素的论文之一，为以后建立内部控制预测模型提供基础。

（三）主要贡献

本文主要的贡献在于：将内部控制重大缺陷划分为公司层面和会计层面两种类型，从人事问题、复杂问题和常规问题角度出发，发现不同类型的内部控制重大缺陷的影响因素不同。

二、理论分析与研究设计

（一）理论分析

前期的研究认为公司规模是影响内部控制质量的因素之一（例如，Kinney and McDaniel，1989；DeFond and Jiambalvo，1991），研究发现规模较大的公司财务报告流程和程序更为适当，各员工之间职责划分明确，大公司在制定和执行内部控制程序时产生规模效应，并且大公司将更多的资源投放于内部审计和咨询方面，也会使得内部控制更加健全。因此，作者预期规模较大的公司存在更少的内部控制缺陷，作者以公司市值的自然对数（*MARKETCAP*）作为衡量指标。

第二个影响内部控制质量的因素是公司成立时间。成立时间较长的公司，善于总结并运用一套行之有效的内部控制系统，因此作者预期成立时间越长的公司内部控制缺陷越少。作者以上市年限（当年年份减去在 CRSP 数据库中已收录股票价格的最早年份）的自然对数作为公司的上市年限变量（*FIRM AGE*）。

第三个影响内部控制质量的因素是公司财务状况。好的内部控制需要足够的财务资源和管理时间，而业绩不佳的公司没有足够的资源和时间来设计内部控制系统。DeFondand Jiambalvo（1991）研究发现公司的经营业绩与财务报告错报显著负相关。作者预期财务状况更健康的公司存在更少的内部控制缺陷。本文分别采用损失（*AGGREGATE LOSS*，虚拟变量，当年及上一年非经常项目税的利润之和为负时为 1，否则为 0）和破产风险［*BANKRUPTCY RISK*，参照 Shumway（2001）的研究］来衡量。

第四个影响内部控制质量的因素是经营复杂程度。由于每一家公司的经营环境不一样，所需要的内部控制模式亦有所不同。作者预期，当公司的交易比较复杂、经营多元化时，它需要更强有力的内部控制，业务复杂的公司越容易出现内部控制缺陷。本文设置三个变量来衡量：特殊目的实体数量的自然对数（*SPEs*）、业务分部数量的自然对数（*SEGMENTS*）和是否发生外币交易（*FOREIGN TRANSACTIONS*）。

第五个影响内部控制质量的因素是成长性。一个快速成长的公司往往会超越原有内部控制的可控范围，而建立与之相适应的内部控制程序需要一定的时间（Kinney and McDaniel，1989；Stice，1991），作者预期公司的快速成长与公司内部控制缺陷显著正相关。本文采用两项指标来衡量，第一个是收购价值（*ACQUISITION VALUE*），当年及上一年所有涉及被并购公司 50% 以上股权的收购的总费用除以公司的总市值；第二个是快速增长虚拟变量（*EXTREME SALES GROWTH*），若公司的销售收入较去年同期增长在行业上 1/5 位取值为 1，否则为 0。

经历重组的公司可能存在更多的内部控制缺陷。第一，重组往往会导致裁员，造成经验丰富的老员工流失；第二，在重组之后，公司建立新的组织结构，需要重新构建与之适应的内部控制机制；第三，重组往往会涉及很多会计事项的调整，而这些会计事项调整一般较困难（如商誉减值，Dechow and Ge，2006），这些都会导致经历重组的公司出现更多的内部控制缺陷。本文采用当年及上一年所有的重组费用除以总市值（*RESTRUCTURING CHARGE*）来衡量。

公司治理也会对内部控制质量产生一定影响。Krishnan（2005）研究发现高效率的审计委员会在 8 - Ks 报告中报告更少的内部控制问题。本文采用 Brown and Caylor（2006）的公司治理评分（*GOVERNANCE*）来衡量。

（二）重大缺陷的分类

由于内部控制重大缺陷是内部控制缺陷中最严重的一级，在影响因素的检验中会有最强的结果，并且重大缺陷有明确的定义指引且要求强制披露，而其他缺陷的定义比较模糊，且属于自愿披露的范畴，因此本文仅仅关注于重大缺陷。

本文试图探索不同类型的重大缺陷的影响因素是否不同。已有的分类模式有两种，一是基于内部控制问题的严重性；二是基于内部控制问题的成因。

基于内部控制问题的严重性，本文遵循 Moody's 债券分级的方法，将内部控制重大缺陷划分为公司层面重大缺陷（company - level material weaknesses）和会计层面或交易层面重大缺陷（account - specific or transaction - level material weaknesses）。公司层面重大缺陷涉及宏观的内部控制问题，如控制环境或整体财务报告流程，这些缺陷较难被审计师识别；会计层面或交易层面重大缺陷一般可以在实质性测试中为审计师所识别。

基于内部控制问题的成因，作者根据所收集的重大缺陷内容，将内部控制重大缺陷划分为三类，分别是人事问题（staffing）、复杂问题（complexity）和常规问题（general）。人事问题，如不恰当的职责划分；复杂问题，如晦涩难懂并且难以执行的会计准则，与对冲基金或衍生工具有关的会计处理；常规问题，如与收入确认政策或者期末报告过程中的控制缺陷有关，这种类型的缺陷会给盈余管理带来更多的机会。

基于严重性的内控缺陷分类中，本文将每个存在重大缺陷的公司划分为存在公司层面重大缺陷公司和存在会计层面重大缺陷公司，它们的划分是互斥的；第二种分类模式中，每个公司可以同时有多种类型的缺陷。具体划分方式如附录所示。

以下为本文的回归模型：

$$Prob(MW)=f(\beta_0+\beta_1 SIZE+\beta_2 FIRM\ AGE+\beta_3 FINANCIAL\ HEALTH+\beta_4 COMPLEXITY+\beta_5 RAPID\ GROWTH+\beta_6 RESTRUCTURING+\beta_7 GOVERNANCE+\sum_{k=1}^{k}\gamma_k INDUSTRY) \quad (1)$$

其中，*FINANCIAL HEALTH* 表示公司财务状况，分别采用 *AGGREGATE LOSS* 和 *BANKRUPTCY RISK* 来衡量，*COMPLEXITY* 表示公司经营业务复杂性，分别采用 *SPEs*、*SEGMENTS* 和 *FOREIGN TRANSACTIONS* 来衡量，其他变量定义见上文。

三、样本选择

本文通过 Compliance Week 数据库和 EDGAR 数据库，共获得 2002 年 8 月到 2005 年 8 月期间至少披露一个重大缺陷的公司共 970 家，然后剔除 191 家在 Compustat 数据库中没有数据的样本，最终样本包括 779 家披露重大缺陷的公司。

四、实证结果

在本文的主要实证回归结果中，由于其中两个变量（破产风险 *BANKRUPTCY RISK* 和公司治理评分 *GOVERNANCE*）的观测值缺失值较多，本文分别报告 3 组回归结果。第一组回归没有放入破产风险变量和公司治理评分变量，各变量均显著，并与预期符号一致。第二组回归放入破产风险变量，但不放入公司治理评分变量，收购价值（*ACQUISITION VALUE*）的系数不显著；其他变量显著性与第一组回归类似，破产风险变量在 10% 的水平上显著为正。第三组回归将破产风险变量和公司治理评分变量均放入，规模变量（*MARKETCAP*）、特殊目的实体数量变量（*SPEs*）和收购价值（*ACQUISITION VALUE*）不显著，可能由于数据库提供公司治理评分时更偏向于规模较大的公司，造成一定的数据偏差；其他变量显著性与第一组、第二组回归类似，公司治理变量不显著。

然后根据内部控制缺陷类型进行分组分析。描述性统计显示，与存在会计层面重大缺陷的公司相比，存在公司层面内部控制缺陷的公司规模较小、公司上市年限较短、财务状况较差；而存在外币交易和销售快速增长则更容易导致会计层面重大缺陷问题。这表明存在公司层面重大缺陷的公司缺乏资源和经验去建立和完善内部控制机制；存在会计层面重大缺陷的公司由于业务复杂性、高速增长带来的迅速变化导致公司不能及时调整内部控制机制。回归分析亦表明，公司上市年限、财务状况对公司层面内控缺陷影响更大，而外币交易、销售快速增长对会计层面内控缺陷影响更大。

接着本文分析第二种重大缺陷分类的实证结果。在以人事问题重大缺陷为因变量时，公司规模变量和公司上市年限变量的系数显著为负，表明规模较小和上市年限较短的公司会计部门更小，没有足够的资源和时间去建立和改善内部控制。存在复杂问题重大缺陷的公司，其规模较小、财务状况较差、经营业务复杂、经历重组，复杂问题重大缺陷的出现是因为经营业务差异较大（*SPEs*，*SEGMENTS*，*FOREIGN TRANSACTIONS*），缺少资源（*MARKETCAP*，*AGGREGATE LOSSES*，*BANKRUPTCY RISK*），因此很难保持有效的内部控制机制。在以一般问题重大缺陷为因变量时，除 *BANKRUPTCY RISK* 和 *ACQUISITION VALUE* 外，其他变量均显著，这也不意外，因为一般问题这一类别包含了许多不同的情况。作者接着从 147 家一般问题公司中选取 131 家与收入确认问题相关的公司做进一步研究，研究发现公司规模和财务状况不显著，这表明一些公司选择较弱的与收入确认相关的内部控制从而达到盈余管理的目的。

五、结论

本文以 2002 年 8 月至 2005 年 8 月共 779 家披露重大缺陷的公司为样本，对内部控制重大缺陷的影响因素进行研究。实证结果表明，披露重大内部控制缺陷的公司往往规模较小、上市年限较短、财务状况不佳、经营业务复杂、成长迅速，或者经历了重组。存在公司层面重大缺陷的公司，规模更小、公司上市年限更短、财务状况更差；存在会计层面重大缺陷的公司，财务状况较好，但是经营业务较为复杂、多元化程度高，以及面临的经营环境变化更迅速。这意味着不同类型的内部控制重大缺陷影响因素不同，表明每个公司都面临着独特的内部控制问题。

本文的局限在于实证所用的样本时间较短，因此难以区分在 SOX 法案实施前几年和将来一段时间管理层和审计师在实施、评价和报告内部控制时，内部控制缺陷披露影响因素的差异。尽管作者尽可能地收集了较为完整的内部控制重大缺陷样本，但是仍然可能存在一些公司存在但没有披露重大缺陷，或者是公司判断是否存在内部控制重大缺陷的标准存在差异，这些偏误会导致本文的结论并不是基于真实的缺陷公司样本。

附录：重大缺陷的分类举例

（一）基于内部控制问题严重性的重大缺陷划分

1. 会计层面或交易层面内部控制重大缺陷（account - specific or transaction - level material weaknesses）

（1）对或有损失（包括坏账损失）会计确认没有适当的内部控制；

（2）应收账款证券化项目的文件记录存在内部控制缺陷；

（3）应用新会计准则或者将已有会计准则应用到新的交易上缺乏恰当的内部控制。

2. 公司层面内部控制重大缺陷（company - level material weaknesses）

（1）高管滥用职权；

（2）无效的控制环境。

（二）基于内部控制问题成因的重大缺陷划分

1. 人事问题（staffing）

（1）人力或资源不足以致不能及时识别和解决会计和披露上的问题，也不能在后续进行及时有效的检查；

（2）需要对财务人员进行培训；

（3）薄弱的与职责分离相关的内部控制与程序。

2. 复杂问题（complexity）

（1）在应用公司政策时，业务单位和分部不一致；

（2）在解释和应用复杂的会计准则（如对冲交易相关准则）时，存在重大缺陷。

3. 常规问题（general）

（1）契约履行过程中的内部控制缺陷；

（2）设计或执行与交易相关的会计政策的内部控制缺陷；

（3）会计期末报告程序上的内部控制缺陷。

（整理人：林东杰）

主要参考文献

[1] Brown, L., Caylor, M., 2006. Corporate governance and firm performance. *Journal of Accounting and Public Policy*, 25, p. 409 – 434.

[2] Dechow, P., Ge, W., 2006. The persistence of earnings and cash flows and the role of special items: implications for the accrual anomaly. *Review of Accounting Studies*, 11, p. 253 – 296.

[3] DeFond, M., Jiambalvo, J., 1991. Incidence and circumstances of accounting errors. *The Accounting Review*, 66, p. 643 – 655.

[4] Kinney, W., McDaniel, L., 1989. Characteristics of firms correcting previously reported quarterly earnings. *Journal of Accounting and Economics*, 11, p. 71 – 93.

[5] Krishnan, J., 2005. Audit committee quality and internal control: an empirical analysis. *The Accounting Review*, 80, p. 649 – 675.

[6] SEC, 1988. Disclosure Amendments to Regulation S – K, form 8 – K and Schedule 14A Regarding Changes inAccountants and Potential Opinion Shopping Situations, Financial Reporting Release No. 31 (April), SECDocket 1140 – 1147. Washington, DC.

[7] SEC, 2002. Certification of Disclosure in Companies' Quarterly and Annual Reports, Final Rule 33 – 8124 (August29), Washington, DC.

[8] Shumway, T., 2001. Forecasting bankruptcy more accurately: a simple hazard model. *The Journal of Business*, 74, p. 101 – 124.

[9] Stice, J., 1991. Using financial and market information to identify pre – engagement factors associated with lawsuits against auditors. *The Accounting Review*, 66, p. 516 – 533.

§2-6 内部控制披露的影响因素：对ACK（2007）和DGM（2007）的讨论

Factors Related to Internal Control Disclosure: A Discussion of Ashbaugh, Collins, and Kinney (2007) and Doyle, Ge, and McVay (2007)

文献来源：Andrew J. L. 2007. Factors Related to Internal Control Disclosure: A Discussion of Ashbaugh, Collins, and Kinney (2007) and Doyle, Ge, and McVay (2007). *Journal of Accounting and Economics* 2007. 44 (1): 224-237.

【摘要】 Ashbaugh, Collins and Kinney (ACK) 和 Doyle, Ge and McVay (DGM) 根据SOX法案内部控制披露制度的要求，对内部控制缺陷（ICD）披露的影响因素进行了开创性研究。这两项研究均发现ICD与公司经营的复杂性、组织结构的重大变革和内部控制资源投入相关。ACK同时对管理层发现和披露ICD的“诱因”进行研究，但这方面的证据不太令人信服。本文提出替代性解释，并提供了与替代性解释相一致的描述性证据。

一、评论的问题

Ashbaugh, Collins and Kinney (ACK, 2007) 和 Doyle, Ge and McVay (DGM, 2007) 对披露内部控制缺陷的影响因素进行了开创性研究。他们发现，公司经营业务的复杂性或组织结构的重大变革（如业务分部数量、海外业务、并购、重组、销售增长、特殊目的实体数量）、内部控制资源投入（如财务危机、亏损、公司上市年限、公司规模及公司治理）、管理层发现和披露ICD的“诱因”（如会计师事务所规模、财务报表重述、机构投资者持股集中度）与披露ICD显著相关。但是ACK对管理层发现和披露的“诱因”的证据不那么令人信服，下文将着重分析ACK这一实证结果。

二、ACK和DGM关于自愿性和强制性披露的假设

ACK认为最终公布的内部控制缺陷由以下三种情形组成：（1）存在内部控制缺陷；（2）检测发现内部控制缺陷；（3）披露内部控制缺陷。而DGM只关注内部控制重大缺陷，他们认为重大缺陷是必须披露的，并假设所有公司均已毫无保留地披露重大缺陷。正如DGM所指出的，假设所有的内控重大缺陷都被发现和披露是他们研究的一个局限。

由于自愿性披露与强制性披露的出发点不同，导致作者样本选择和模型设定不一样。ACK选择了所有披露内部控制缺陷的公司作为样本，包括重大缺陷和重要缺陷。但ACK

仅选择2003年11月至2004年11月披露内部控制缺陷的公司作为样本，以使其样本期间不涵盖SOX 404条款的实施期间，即自愿性披露。DGM仅关注导致内部控制缺陷的因素，因为重大缺陷是强制性披露的，所以他们着重关注内部控制的重大缺陷。DGM选择的样本涵盖了SOX 302条款和404条款的实施期间，即2002年8月至2005年8月发生的重大缺陷。

尽管ACK和DGM的样本选择不同，但是他们都使用Compustat数据库的公司作为控制样本，采用了相似的研究设计，都对内部控制风险的影响因素进行了实证分析，包括公司经营业务的复杂性、组织结构变化和内部控制资源投入。ACK还对管理层发现和披露内部控制缺陷的"诱因"进行了分析。

三、内部控制缺陷的影响因素

ACK和DGM使用业务分部的数量、海外销售、特殊目的实体数量、库存水平来衡量公司经营业务的复杂性，使用销售增长、并购、重组费用衡量组织架构的迅速变化。此外，ACK引入了一个影响内部控制质量的综合变量：审计师变更。审计师变更意味着公司内部控制风险比较高，承接该业务的潜在成本比较大。这些因素均对披露ICD产生显著的影响，评论作者认为这些研究发现并不意外，与会者对此没有提出任何争议。

ACK和DGM均检验了内部控制资源投入对披露ICD的影响。ACK和DGM都使用财务困境——ACK采用Altman（1968）z－score模型，DGM采用Shumway（2001）破产风险模型，以及近期是否发生亏损来衡量公司财务状况，实证结果表明财务困境和近期发生亏损对披露ICD产生显著的影响。与会者质疑该实证结果的因果关系，他们认为弱的内部控制导致较差的经营业绩，然而被评价的内部控制通常不与经营相关，而是涉及财务报告（如处理复杂会计事项的专业能力），这些控制通常不涉及内部决策机制和绩效。

除财务状况因素外，ACK和DGM的研究还发现，公司上市年限越长、规模越大，其存在内部控制缺陷的可能性越低。DGM将重大缺陷划分为公司层面和会计层面内部控制重大缺陷，实证结果发现，存在公司层面内部控制缺陷的公司财务状况更差，存在会计层面内部控制缺陷的公司经营业务较为复杂。

ACK和DGM的实证结果比较如附录所示。

四、管理层发现和披露ICD的"诱因"的实证分析与替代性解释

ACK和DGM研究的主要区别在于ACK构建了管理层发现和披露内部控制缺陷的"诱因"的模型，作者认为ACK这方面的证据不太令人信服。ACK采用四个变量来衡量管理层发现和披露内部控制缺陷的"诱因"：聘请规模较大的会计师事务所（*AUDITOR*）、对财务报告的监督（*RESTATEMENT*）、机构投资者的监督（*INST_CON*）和行业诉讼风险（*LITIGATION*）。由于行业诉讼风险在ACK的检验中不显著，故只对前三个"诱因"进行分析。

（一）会计师事务所规模

ACK 认为，在其他条件不变的情况下，聘请规模较大会计师事务所的公司比聘请规模较小会计师事务所的公司更可能披露 ICD，因为规模较大的会计师事务所能更容易识别内部控制问题，法律诉讼风险也促使规模大的会计师事务所驱使企业披露 ICD。但是作者认为，这一结论有一个替代性的解释，即聘请规模较大会计师事务所的公司本身更有可能存在内控缺陷，也就是说事务所类型是内生的，可能存在一个变量同时影响了事务所选择和内控缺陷披露。

为分析内生性问题，本文从 10－Q 报告、10－K 报告和 SEC Edgar 数据库收集在 2003 年 11 月到 2004 年 12 月之间披露内部控制缺陷的公司，并通过其他途径（Compliance Week 数据库、8－Ks 报告和 S－1 报告）对上述样本进行了补充。按照 ACK 对样本数据的要求，本文将这些样本与 Compustat 数据库进行合并，最后得到 4924 个观测值，包含 432 个内部控制缺陷样本。本文的样本总数比 ACK 多出了 113 个。利用上述数据，依据公司规模的百分位数描述会计师事务所规模和披露内部控制缺陷的频数分布，其中公司规模以 2003 年会计年度的期末资产总额来划分。原文图 1 反映了在不同公司规模下，披露 ICD 的频数和聘请大型会计师事务所进行审计的比例。从原文图 1 可以看出，会计师事务所规模与披露 ICD 之间线性的关系仅存在于公司规模较小的样本中。由于公司规模与披露 ICD 频率之间的关系为非线性（近似倒 U 型），所以无法简单地把公司规模作为一个控制变量加入回归中来控制公司规模对 ACK 实证结果的影响。因此，对于 ACK 的发现，有如下替代解释：相比由大所审计的小公司，由小所审计的小公司有内部控制缺陷的可能性更小，大部分由小所审计的公司处于成长阶段，对内部控制的要求并不高，存在内控缺陷的可能性更小。

（二）机构投资者持股集中度

ACK 认为，由于外部监督力度的增强和法律风险的增加，股权结构越集中的公司越可能发现和披露内部控制缺陷。他们采用 *INST_CON* 来衡量，其值用机构投资者持股数除以机构投资者的数量的百分比衡量。从 ACK 的表 1 来看，存在内控缺陷的样本与控制样本相比，机构投资者持股集中度的差别很小，很难想象这么小的差别能否对披露内控缺陷产生影响。原文图 2 反映了不同公司规模下，披露 ICD 的频数和 *INST_CON* 之间的关系，公司规模与 *INST_CON* 同样为倒 U 型关系，ACK 无法控制这种关系。

（三）财务报表重述

ACK 认为以前发生过财务报表重述的公司，管理层更有动机去发现和披露内部控制缺陷，以避免未来接受同样的惩罚。本文认同公司大多存在为避免财务报表重述带来的潜在后果而主动发现和披露内控缺陷的动机，但以前发生过财务报表重述的公司这一动机更强则难以令人信服。可能的替代性解释是财务报表重述的公司更可能存在内部控制缺陷，而不是更有动机去发现和披露内控缺陷。评论者选取 2002 年 9 月 1 日至 2004 年 11 月 15 日之间，对 8－K 报告重述的 153 家公司作为样本，剔除不符合要求的样本后，最后得到 128

家重述公司作为样本。其中，有 114 家（89%）公司披露内部控制缺陷，仅有 14 家（11%）公司没有披露，发现和披露内控缺陷的动机似乎不足以导致 89% 的公司披露内控缺陷，更可能的解释是发生过财务报表重述是存在内控缺陷的一种表征。

总而言之，ACK 的研究为内部控制缺陷披露提供了一个很好的理论框架。内部控制缺陷的披露要同时满足三个条件：首先内部控制缺陷必须存在，其次是必须被发现，最后必须对其进行披露。本文认为这是对内部控制缺陷披露问题的正确描述，比 DGM 的研究更为完整。然而，本文提出审计师质量和机构投资者持股的替代性解释，表明 ACK 没有足够的证据说明管理层发现和披露的“诱因”对披露内部控制缺陷有着实质的影响。

五、结论

作者首先肯定了 ACK 和 DGM 的研究为内部控制的研究奠定了基础。ACK 提供了内部控制缺陷披露的有用的理论模型。DGM 发现不同类型的重大缺陷的影响因素不尽相同。作者认为 ACK 和 DGM 关于经营业务的复杂性、组织结构变革和内部控制资源投入方面的证据是较有说服力的，而 ACK 关于管理层发现和披露的“诱因”的证据则不那么令人信服，存在一些明显的替代性解释。尽管如此，这些研究为未来研究内控缺陷披露打下了坚实基础。

附录：ACK 和 DGM 实证结果比较

	ACK—衡量	DGM—衡量	预期符号	显著性	
				ACK	DGM
一、风险因素——组织复杂性					
1. 部门数量	业务部门数量	营运和区域部门数量	+	是	是
2. 海外销售指标	海外销售非零	外币交易非零（#150）	+	是	是
3. SPE 数量	N/A	Log（SPE 数量）	+	N/A	是
4. 高存货水平	存货规模/总资产（#3/#6）	N/A	+	是	N/A
二、风险因素——组织变革					
1. 合并与并购	如果 2001—2003 年发生并购，取值为 1（Compustat AFTNT#1）	在 t 期与 t-1 期的并购美元价值除以 t 期市场资本价值	+	是	是
2. 最近重组	如果公司在 2001—2003 年报告重组费用，取值为 1（#376，#377，#378，或者#379）	在 t 年与 t-1 年重组的总费用用（$\#376_t + \#376_{t-1}$）/（$\#25_t \times \#199_t$）	+	是	是
3. 销售增长	2001—2003 年平均销售增长率（$\#12_t - \#12_{t-1}$）/$\#12_{t-1}$	如果经行业调整的增长率（#12）在前 1/5，则取值为 1	+	是	是
4. 公司规模	市场价值（$\#25_t \times \#199_t$）	Log（市场价值）Log（#25t × #199t）	-	是	是

续表

	ACK—衡量	DGM—衡量	预期符号	显著性	
				ACK	DGM
三、内部控制资源投入					
1. 损失	出现损失年份比例	如果在t期与t-1期的非经常项目(#18)前的累计利润小于零，则取值为1	+	是	是
2. 财务困境	Altman（1968）z-score的前十分位数	Shumway（2001）hazard model中的破产风险的前十分位数	+	是	是
3. 公司上市年限	N/A	Log（CRSP年数）	-	N/A	是
4. 公司治理指数	N/A	Brown & Caylor（2004）指数	-	N/A	是
四、其他相关风险					
1. 审计师辞职	如果审计师在2003年辞职，则取值为1	N/A	+	是	N/A
五、发现与披露ICD的“诱因”					
1. 会计师事务所	如果公司被四大会计师事务所、Grant Thomton或BDO Seidman审计，则取值为1	N/A	+	是	N/A
2. 报表重述	如果2001—2003年发生重述或者SEC AAER，则指标为1	N/A	+	是	N/A
3. 机构投资者集中度	机构投资者持股比例除以机构投资者数量	N/A	+	是	N/A
4. 诉讼	如果公司处于交易诉讼的行业，SIC编码为：2833 - 2836，3570 - 3577，3600 - 3674，5200 - 5961，7370 - 7374，则取值为1，其他为0	N/A	+	否	N/A

注：#N代表Compustat数据中的第N个项目。例如，#6代表Compustat数据中的第6个项目（总资产）。

（整理人：林东杰）

主要参考文献

[1] Altman, E. 1968. Financial ratios, discriminant analysis, and the prediction of corporate bankruptcy. *Journal of Finance* 23, p. 589 - 609.

[2] Ashbaugh - Skaife, H., Collins, D. Kinney, W., 2007. The discovery and reporting of internal control deficiencies prior to SOX - mandated audits. Working Paper. University of Wisconsin, University of Iowa, and Universityof Texas at Austin.

[3] Brown, L., Caylor, M., 2004. Corporate governance and firm valuation. *Journal of Accounting and Public Policy* 25, p. 409 - 434.

[4] Doyle, J., Ge, W., McVay, S., 2007. The determinants of weaknesses in internal control over financial reporting. Working Paper. New York University.

[5] Shumway, T. 2001. Forecasting bankruptcy more accurately: A simple hazard model. *The Journal of Business* 74, p. 101 - 124.

§2-7 内部控制缺陷和权益成本：来自 SOX 404 条款披露的证据

Internal Control Weakness and Cost of Equity: Evidence from SOX Section 404 Disclosures

文献来源：Ogneva, M., K. R. Subramanyam, and Raghunandan. 2007. Internal Control Weakness and Cost of Equity: Evidence from SOX Section 404 Disclosures. *The Accounting Review*, 82 (5): 1255-1297.

【摘要】本文以2004年11月至2006年1月2515家公司为样本，分析公司披露内部控制缺陷与权益成本之间的关系。研究发现，在单变量分析时，与没有内部控制缺陷的公司相比，存在内部控制缺陷的公司的权益成本较高。然而，在控制公司特征和分析师预测误差之后，它们之间不存在显著的关系。结果表明，在通常情况下，内部控制缺陷和权益成本的上升并无直接关系。

一、研究问题

（一）问题的提出

本文主要研究了存在内部控制缺陷的公司的权益成本是否高于没有内部控制缺陷的公司。

本文的逻辑框架见图2-6。

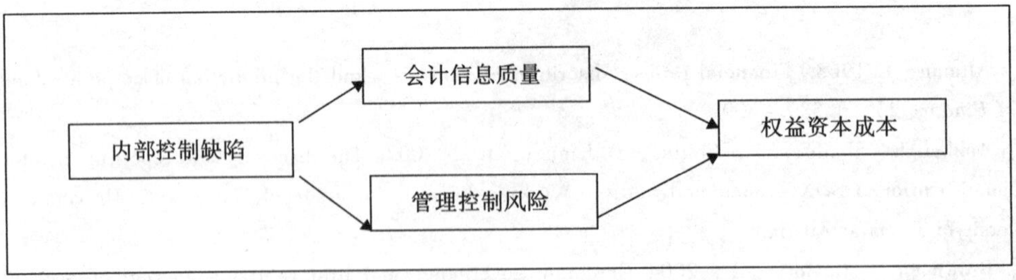

图2-6 内部控制缺陷对公司权益资本成本的影响

（二）研究意义

SOX 404条款要求管理层对财务报告内部控制的有效性进行评价，同时披露内部控制重大缺陷，并聘请审计师进行鉴证。部分公司认为执行 SOX 404 条款成本高昂，成本与收益不对称，呼吁修改相应的条款。而监管者认为实施 SOX 404 条款能够提高财务报告质量，降低权益成本。这些争论表明研究内部控制缺陷与权益成本是否存在关系具有极为重要的意义。

（三）主要贡献

本文是较早研究内部控制缺陷与权益成本关系的文献之一。本文的主要贡献在于，为执行 SOX 404 条款成本和收益的激烈争辩提供经验证据，丰富了内部控制方面的文献。

二、理论分析

SOX 404 条款的支持者认为公司可以通过以下途径降低权益成本：（1）有效的内部控制可以降低会计风险，提高会计质量；（2）会计质量的提高（或会计风险的降低）可以降低公司的权益成本。

Ge and McVay（2005）研究发现，根据 SOX 302 条款披露的内部控制缺陷大部分属于会计层面问题（如存货、应收应付账款）。其他内部控制缺陷涉及的范围广泛，间接影响组织的控制流程，进而损害财务报告质量。内部控制缺陷会增加财务错报的概率：第一，内部控制缺陷提高了会计错误的概率，例如，员工缺少培训将增大错误解释和运用 GAAP 的可能性；第二，系统性内部控制问题会扩大盈余管理的范围，例如，与客户合同相关的内部控制问题导致管理层操纵收入的确认；第三，内部控制缺陷会增加财务舞弊的概率，例如，不恰当的职责分工为员工舞弊提供机会。

低质量的公开信息会增加权益成本，因为它加剧了信息不对称（Easley and O'Hara, 2004）。Lambert et al.（2007）认为信息质量通过直接和间接两个途径影响权益成本。直接途径是高质量的信息直接降低公司的 beta 值；间接途径是低质量的信息加剧了代理冲突，继而影响公司的实际决策（real decisions）。当会计信息质量较差时，将会增加公司的权益成本。

内部控制缺陷影响财务报表质量，导致公司资本成本上升。较差的财务报告内部控制可能与管理上的控制缺陷相关，包括业务流程的不恰当和较差的公司治理结构。当财务报告内部控制缺陷由系统性问题引起（如管理层对内部控制的认识）时，这种关系更加强烈。较差的管理层控制可能导致管理层冒险行为（如投资于高风险项目），进而增加现金流的波动性并增加经营活动失败的概率，这些风险会体现在证券市场的股票价格上（Fama and French, 1995）。因为存在较弱的公司控制和较大的经营风险，作者预期内部控制缺陷与权益成本间接相关。

三、样本选择和研究设计

（一）样本选择

为了检验内部控制缺陷和权益成本的关系，作者选择了 2004 年 11 月到 2006 年 1 月期间

3802 家公司为研究的初始样本。其中，573 家公司披露了内部控制缺陷，3 229 家公司没有披露内部控制缺陷。出于估计权益成本的数据需要，剔除数据不全的公司，最后获得2 515个样本，其中 346 家公司（14%）为存在重大缺陷的样本，2 169 家公司（86%）为控制样本。

（二）研究设计

本文建立模型（1）进行 OLS 回归：

$$COEC = \beta_0 + \beta_1 WEAK + \beta_2 LOGSEGMENTS + \beta_3 FOREIGN + \beta_4 M\&A + \beta_5 RESTRUCTURE + \beta_6 SALEGRW + \beta_7 BINVENTORY + \beta_8 LOGMKTV + \beta_9 LOSS + \beta_{10} MRZSCORE + \beta_{11} LOGAGE + \beta_{12} PREDFERR + \varepsilon \quad (1)$$

因变量为权益成本，参考前人的研究（如 Botosan，1997），作者使用 IRR 来估计公司的权益成本。作者还分别采用了不同的方法估计权益成本：根据 Ohlson and Juettner - Nauroth（2005）的 OJ、Gebhardt et al.（2001）的 GLS、Claus and Thomas（2001）的 CT、Gode and Mohanram（2003）的 PEG、Easton（2004）的 GM、Value Line Investment Survey 的 VL、修改权益成本和增长后的 EAST 估计权益成本。解释变量为 *WEAK*，若公司披露内部控制缺陷，则为 1，否则为 0。

本文还控制了如下因素：业务分部自然对数（*LOG SEGMENTS*）、是否存在外币交易（*FOREIGN*）、是否发生并购（*M&A*）、是否经历重组（*RESTRUCTURE*）、销售收入是否超额增长（*SALEGRW*）、存货占总资产比（*INVENTORY*）、市值自然对数（*LOG MKTV*）、是否亏损（*LOSS*）、破产风险（*RZSCORE*）、公司上市年限（*LOG AGE*）。

估算权益成本期间是 SOX 404 条款披露之前，这样可以避免内部控制缺陷披露对权益成本的影响。为了确保本文的实证结果不是时期选择导致的，作者使用 2006 年 6 月的样本，运用模型（2）进行回归分析。在模型（2）中，增加了一个新的变量 *REMED*，若在 SOX 404 条款第一年被出具否定审计意见，且第二年被出具无保留审计意见时为 1，否则为 0。其他控制变量同上。

$$COEC = \beta_0 + \beta_1 WEAK + \beta_2 REMED + \beta_3 LOGSEGMENTS + \beta_4 FOREIGN + \beta_5 M\&A + \beta_6 RESTRUCTURE + \beta_7 SALEGRW + \beta_8 INVENTORY + \beta_9 LOGMKTV + \beta_{10} LOSS + \beta_{11} RZSCORE + \beta_{12} LOGAGE + \beta_{13} PREDFERR + \varepsilon \quad (2)$$

四、实证结果

（一）描述性统计

对 2004 年 11 月至 2006 年 1 月之间样本的权益成本进行描述性统计，结果显示，在 OJ、PEG、GM、VL 估计方法下，存在内部控制缺陷的公司权益成本的均值和中位数显著高于不存在内部控制缺陷的公司。但是在 GLS、CT、EAST 估计方法下没有显著的差异。

对 2006 年 6 月样本的权益成本进行描述性统计的结果表明，在 OJ、PEG、GM 估计方法下，存在内部控制缺陷的公司权益成本的均值和中位数显著高于不存在内部控制缺陷的公司。但是在 GLS、CT、VL、EAST 估计方法下没有显著的差异。

（二）回归分析

对 2004 年 11 月至 2006 年 1 月之间的样本进行回归分析后发现，权益成本在 GLS、VL 估计方法下，*WEAK* 的系数分别为 -0.0016（在 10% 的水平上显著，符号与预期不一致）、0.0208（在 1% 的水平上显著）。在其他估计方法下，*WEAK* 的系数并不显著。回归结果显示，没有证据表明存在内部控制缺陷的公司，其权益成本更高。

对 2006 年 6 月的样本进行回归分析后发现，权益成本在 OJ、CT、GM、VL 估计方法下，*WEAK* 的系数为负，但不显著；在 GLS、PEG、EAST 估计方法下，*WEAK* 的系数为正，但不显著。回归结果显示，没有证据表明存在内部控制缺陷的公司，其权益成本更高。

（三）稳健性检验

本文还做了一系列稳健性检验：（1）建构效度的测试：采用 Easton and Monahan（2005）的方法对权益成本重新估计。（2）内部控制缺陷与风险属性：分析内部控制缺陷与知情交易概率（probability of informed trading）和市场风险（beta 和非系统风险）的关系。（3）单变量分析结果（univariate results），作者分析存在内部控制缺陷和不存在内部控制缺陷的公司在应计质量上是否存在显著差异①。（4）控制公司其他特征，作者在稳健性检验（3）的基础上，加入本文回归模型的控制变量，然后进行回归分析。（5）使用不同的 Value Line 估计方法。通过上述稳健性检验，实证结果没有发生实质变化。

五、结论

本文以 2004 年 11 月到 2006 年 1 月之间 2515 家公司为样本，分析公司披露内部控制缺陷与权益成本之间的关系。研究发现，在控制公司特征和分析师预测误差之后，没有证据表明它们之间存在显著的关系。结果表明，在通常情况下，内部控制缺陷和权益成本的上升并无直接关系。

本文可能存在以下局限性：（1）估计权益成本可能存在偏误；（2）非加速申报公司并不需要根据 SOX 404 条款披露内部控制缺陷，因此本文的结论并不能推广到上述公司中；（3）本文的分析是基于一年的截面数据，因此不能检验出 SOX 法案所有的经济后果。

（整理人：林东杰）

主要参考文献

[1] Botosan, C. A. 1997. Disclosure level and the cost - of - equity capital. *The Accounting Review*, 72,

① 作者通过 Jones 模型计算应计盈余质量进行稳健性检验，实证表明，虽然存在内部控制缺陷的公司比不存在内部控制缺陷的公司具有较高的盈余质量，但是不显著。

p. 323 – 350.

[2] Claus, J. , and J. Thomas. 2001. Equity premia as low as three percent? Evidence from analysts' earnings forecasts for domestic and international stock markets. *Journal of Finance*, 56, p. 1629 – 1666.

[3] Easley, D. , and M. O'Hara. 2004. Information and the cost of capital. *Journal of Finance*, 59: p. 1553 – 1583.

[4] Easton, P, and S. Monallhan. 2005. An evaluation of accounting-based measures of expected returns. *The Accounting Review*, p. 501 – 538.

[5] Fama, E. F. , & French, K. R. (1995) . Size and book – to – market factors in earnings and returns. *The Journal of Finance*, 50 (1), p. 131 – 155.

[6] Ge, W. , and S. McVay. 2005. The disclosure of material weaknesses in internal control after theSarbanes – Oxley Act. *Accounting Horizons* (September): p. 137 – 158.

[7] Gebhardt, W. R. , C. M. C. Lee, and B. Swaminathan. 2001. Toward an ex ante cost – of – capital. *Journal of Accounting Research*, 39, p. 135 – 176.

[8] Gode, D. , and P. Mohanram. 2003. Inferring cost of capital using the Ohlson – Juettner model. *Review of Accounting Studies*, 8, p. 399 – 431.

[9] Lambert, R. , C. Leuz, and R. E. Verrecchia. 2007. Accounting information, disclosure, and the costof capital. *Journal of Accounting Research*, 45, p. 385 – 420.

[10] Ohlson, J, and B. Juettner – Nauroth. 2005. Expected EPS and EPS growth as determinants of value. *Review of Accounting Studies*, 10, p. 349 – 365.

ξ2-8 应计质量和财务报告内部控制

Accruals Quality and Internal Control over Financial Reporting

文献来源：Doyle，J. T.，W. Ge and S. McVay. 2007. Accruals Quality and Internal Control over Financial Reporting. *The Accounting Review*，82（5）：1141-1170.

【摘要】本文以从2002年8月到2005年11月间至少存在一个重大缺陷的705家公司为样本，检验了应计项目质量和内部控制的关系。结果发现这些缺陷通常与较差的应计项目估计有关，并且薄弱的内部控制和低质量的应计项目的相关关系是由公司层面内部控制缺陷（company-level weaknesses）造成的，因为这类缺陷可能更难以审计；而对易于审计的会计层面内控缺陷（account-specific weaknesses），则没有发现这种关系。利用另外四种应计项目质量的测量指标（操纵性应计项目、平均应计项目质量、报表重述和盈余持续性），实证结果类似。控制衡量应计估计难度的公司特征、已知的实质性缺陷影响因素并修正自选择偏误后，本文的结果依然稳健。

一、研究问题

（一）问题的提出

本文检验了应计项目质量和公司内部控制环境的关系。作者认为，弱的内控环境可能由于存在故意的盈余管理使应计项目有偏，也可能存在应计项目的非故意误差。因此作者推测，内控重大缺陷的披露可能与较低的应计项目质量相关。

本文的逻辑框架见图2-7。

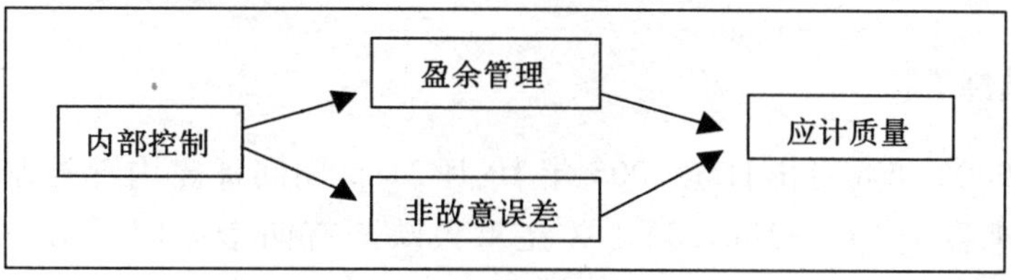

图2-7 内部控制与应计质量

（二）研究的意义

SOX法案颁布后一直饱受争议，许多批评者认为公司遵守SOX法案的成本远远超过了收益。本文从应计质量的角度为SOX法案执行成本和收益的争论提供了新的实证证据。

（三）主要贡献

首先，本文进一步扩展了盈余质量和应计项目质量的文献。本文的发现为支持内部控制和应计项目质量之间的基本关系提供了新的实证证据。其次，本文也为 SOX 302 条款和 SOX 404 条款的有效性提供了新的证据支持。

二、研究假设

有两个原因可能导致低质量应计项目：（1）管理层可通过盈余管理故意歪曲应计项目；（2）应计项目的估计可能产生非故意的偏误①。由于内控较弱的公司不能很好地限制管理层进行盈余管理，因此主观故意的应计偏误可能更大。而且较弱的内控也可能产生更多的估计误差，从而使非故意偏误更大。因此，本文预测内部控制缺陷会导致应计项目质量较低。

假设 1：内部控制重大缺陷与应计项目质量负相关。

接下来一个假设涉及"可审计性"或者潜在内部控制缺陷的严重性。穆迪评级公司提出，重大缺陷分为两种：会计层面重大缺陷和公司层面重大缺陷。会计层面重大缺陷与明细账户结余或者交易层面控制相关，穆迪评级公司认为这些重大缺陷是可审计的，并且未严重影响财务报表的可靠性。然而，公司层面的重大缺陷更多与基本问题相关，例如控制环境，或者整个财务报告过程，以至于审计师可能无法进行有效的"全面审计"。穆迪评级公司认为公司层面的重大缺陷之所以更加严重，是因为其不仅影响管理层准确出具财务报告的能力，还影响管理层控制经营活动的能力。鉴于此，本文认为，公司层面内控缺陷更可能影响应计质量，而会计层面重大缺陷是否会导致低质量应计项目还不是很明确的。因此，作者提出假设 2。

假设 2：相比会计层面重大缺陷，公司层面的重大缺陷与应计项目质量有更强的负相关关系。

三、样本选择和研究方法

（一）样本选择

本文选择在 2002 年 8 月 1 日至 2005 年 10 月 31 日期间披露内部控制重大缺陷的公司作为样本（数据来自于 10 - KWizard）。关注重大缺陷有两个原因：第一，重大缺陷是最严重的而且最可能影响应计项目质量的内部控制缺陷类型。第二，重大缺陷的披露是强制的，而其他缺陷的披露则明确是自愿的。本文关注强制性披露，避免了自愿性披露的自选择问题。

① 比如负责应计项目估计的人员缺乏足够的专业知识、应计项目估计的对账复核流程的缺失等，都属于非故意偏误。

（二）研究设计

本文将公司分为存在公司层面重大缺陷样本组和存在会计层面重大缺陷样本组。如果一个公司既有公司层面又有会计层面的重大缺陷，那么把这个公司归类为公司层面重大缺陷样本组。关于公司层面重大缺陷的划分，首先将某些情况直接定义为公司层面重大缺陷，例如，披露“无效的控制环境”或者“管理层凌驾于控制之上”。其次，如果一个公司的重大缺陷与至少三个具体账户问题相关，则把这个公司划分为公司层面重大缺陷样本组。最后，若公司没有充分披露重大缺陷的内容，则把这些缺陷也分类为公司层面重大缺陷。

本文借鉴 Dechow and Dichev（2002）提出，并经 McNichols（2002）和 Francis et al.（2005）修正的方法作为计量应计项目质量的主要方法，用下列模型估计应计质量：

$$\Delta WC_t = \beta_0 + \beta_1 CFO_{t-1} + \beta_2 CFO_t + \beta_3 CFO_{t+1} + \beta_4 \Delta REV_t + \beta_5 PPE_t + \varepsilon_t \quad (1)$$

其中，ΔWC 为当年应计，等于（Δ 应收账款 + Δ 存货 − Δ 应付账款 − Δ 应交税费 + Δ 其他资产）。CFO 为经营活动现金流，ΔREV 为当年销售收入变化，PPE 为当年固定资产价值。得到回归模型的残差，并用残差标准差表示应计质量（AQ）。标准差越大，应计质量越低。本文用 COMPUSTAT 数据库中 1995—2003 年数据，最后得到公司 1996—2002 年应计质量指标。

为了进一步验证本文的结论，作者还用了其他四个应计质量的替代变量。第一个是操纵性应计项目，即可操纵应计绝对值的平均值，根据 Becker et al.（1998）和 Kothari et al.（2005）方法估计。第二个指标是平均应计质量，由 Dechow and Dichev（2002）提出，是由模型（1）得到的残差绝对值的均值。第三个指标是报表重述的虚拟变量，即如果公司在 1997 年 1 月至 2002 年 12 月期间，发生过被美国审计总署（General Accounting Office，GAO）列出的重述行为便赋值为 1。最后一个指标是盈余持续性（Dechow and Dichev，2002；Schipper and Vincent，2003）。

在本文的研究中，作者假设公司披露的内部控制缺陷在披露之前就已存在若干年，同时为了避免与 2002 年 SOX 法案执行重合，应计质量的变量计算区间为 1996—2002 年。

另外，在检验内部控制对应计质量的影响时，还控制了可能影响应计质量的公司固有特征，即损失份额（*Loss Proportion*）、销售波动（*Sales Volatility*）、现金流波动（*CFO Volatility*）、总资产（*Total Assets*）、运营周期（*Operating Cycle*）。本文还控制了其他可能影响应计质量的内控重大缺陷影响因素，即公司成立年限（*Firm Age*）、公司运营的复杂性（*Segments*）、快速增长性（*Extreme SalesGrowth*）以及重组费用（*Restructuring Charge*）。

四、实证结果

（一）描述性统计和单变量分析

描述性统计发现，存在重大缺陷的公司的 AQ 均值显著高于对照组，与假设 1 一致。其他应计质量指标的对比结果也支持假设 1。

进一步对比会计层面重大缺陷和公司层面重大缺陷，发现存在公司层面重大缺陷的公司的 *AQ* 显著高于存在会计层面重大缺陷的公司，与假设 2 一致。其他应计质量指标的相关对比结果也支持假设 2。

（二）回归分析

本文发现重大缺陷（*MW*）和应计质量代理变量正相关，支持假设 1，表明有重大缺陷的公司的应计质量更差。接下来，作者检验应计质量和不同类型内部控制缺陷的关系，发现会计层面重大缺陷和应计质量代理变量的关系并不显著（t 值为 0.94），而公司层面重大缺陷则和应计质量代理变量有显著的正相关关系（t 值为 3.09），和假设 2 一致。

本文用另外四个应计质量的衡量指标进行重复检验，这四个指标的回归结果均与前面一致，支持了前文的假设，即当一个公司内部控制系统薄弱时，其应计质量较差（假设 1），而且当内部控制问题是公司层面缺陷时，这样的关系更强（假设 2）。

另外，由于在 SOX 404 条款下的重大缺陷披露和 SOX 302 条款下的重大缺陷披露会有所不同，作者分开 SOX 302 条款和 SOX 404 条款的子样本重新估计回归。结果发现，整体上看，SOX 302 条款下披露的重大缺陷和公司层面重大缺陷与应计质量显著正相关，SOX 404 条款下披露的重大缺陷的结果虽然类似，但是显著性弱了很多。

对于 SOX 404 条款子样本结果更弱有以下几种可能的解释：首先，SOX 404 条款下，外部审计师的审计更加仔细，而且必须对公司的内部控制出具意见，这可能会增加审计师在识别重大缺陷时的谨慎度。其次，由于 SOX 404 条款还没有适用于非加速申报公司，因此有可能本文的 SOX 404 条款样本有偏，从而导致本文的结果显示重大缺陷和应计质量没有联系。最后，由于重大缺陷的披露在 SOX 404 条款下是强制性的，而在 SOX 302 条款下存在模糊性，有可能造成很多公司选择在 SOX 302 条款下不披露不是特别严重的重大缺陷，而只披露特别严重的重大缺陷，因此 SOX 302 条款下披露的重大缺陷与低的应计质量更加相关。

总体而言，上述结果表明 SOX 404 条款下的重大缺陷披露的信息含量相对较少。然而，由于本文 SOX 404 条款披露样本存在局限性，利用更加长的时间序列和一个更加全面的 SOX 404 条款样本做进一步研究可能会有不同的结果。

（三）稳健性检验

1. 内部控制质量的自选择问题

本文采用两种计量的方法控制自选择问题。首先，采用两阶段法。参考 Doyle et al.（2007）进行第一阶段回归，得出逆米尔斯比率，并将该比率包括在应计质量回归中。结果仍与前面一致。

其次，基于第一阶段的概率回归获得的预测概率，创造一个配对样本以控制自选择问题。作者利用配对样本进行回归，结果没有发现显著差异。

2. 审计师类型及审计师变动的敏感性分析

本文考虑审计师类型及审计师变动对应计质量和重大缺陷披露的影响。作者构建了三个新的变量。*Big N*：代表样本公司在该期间被 *Big N* 审计的年数比例。*Large Auditor*：代表样本公司在该期间被大型会计师事务所（BigN，BDO Seidman，或 Grant Thomton）审计的年数比例。*AuditorChange*：代表样本公司在该区间变更审计师年数的比例。结果发现，包含这些额外的控制变量并不影响本文对于内部控制质量的推断。

3. 审计委员会质量的敏感性分析

由于审计委员会独立性可能是影响应计质量的一个遗漏变量，为了控制这个可能性，作者用独立董事比例衡量审计委员会独立性，并控制审计委员会独立性进行回归，发现重大缺陷与较差的应计质量的相关性不变。

五、结论

本文检验了应计质量和内部控制质量之间的关系，发现内部控制较差的公司，应计质量更低，并且进一步探究了重大缺陷的严重程度（会计层面和公司层面）和不同报告体制（SOX 302 条款和 SOX 404 条款）的影响。结果发现具有公司层面重大缺陷的公司，其较差的内部控制与较低的应计质量之间的关系更强；相对于 SOX 404 条款，在 SOX 302 条款下披露的内部控制重大缺陷与较低的应计质量相关性更强。

本文可能存在以下局限性：第一，本文用是否披露内部控制重大缺陷衡量内部控制质量。但是公司选择识别并披露重大缺陷存在系统性偏差，因此样本可能无法代表公司内控缺陷的总体情况。第二，假设内控缺陷在披露之前的若干年持续存在，并选择 1996—2002 年的数据。这个时间范围较为主观，而且这个假设可能是无效的。第三，SOX 法案实施时间较短，可能影响内部控制质量与应计质量关系的推断。第四，用来衡量应计质量的代理变量可能存在偏差，进而影响结论的稳健性。

（整理人：刘春丽）

主要参考文献

[1] Becker, C., M. DeFond, J. Jiambalvo, and K. R. Subramanyam. 1998. The effect of audit quality on earnings management. *Contemporary Accounting Research* 15: p. 1 – 24.

[2] Dechow, P., and I. Dichev. 2002. The quality of accruals and earnings. The Accounting Review 77: p. 35 – 59.

[3] Doyle, J., W. Ge, and S. McVay. 2007. Determinants of weaknesses in internal control over financial reporting. *Journal of Accounting and Economics* 44: p. 193 – 223.

[4] Francis, J., R. LaFond, P. Olsson, and K. Schipper. 2005. The market pricing of accruals quality. *Journal of Accounting and Economics* 39: p. 295 – 327.

[5] Kothari, S. P., A. Leone, and C. Wasley. 2005. Performance matched discretionary accrual measures. *Journal of Accounting and Economics* 39: p. 163 – 197.

[6] McNichols, M. 2002. Discussion of the quality of accruals and earnings: the role of accrual estimation errors. *The Accounting Review* 77: p. 61 – 69.

[7] Schipper, K., and L. Vincent. 2003. Earnings quality. *Accounting Horizons* (Supplement): p. 97 – 110.

§2-9 SOX法案与公司私有化决策

The Sarbanes-Oxley Act and Firms' Going-Private Decisions

文献来源：Engel, E., R. M. Hayes, and X. Wang 2007. The Sarbanes-Oxley Act and Firms' Going-Private Decisions. *Journal of Accounting and Economics*, 44 (1): 116-145.

【摘要】本文探讨了SOX法案对公司私有化的影响。本文研究了从1998年1月到2005年5月选择私有化的公司，发现：(1) 在SOX法案通过后，每个季度公司私有化的频率加快了；(2) SOX法案通过和上市公司私有化的公告带来的超额收益，不仅和SOX法案的成本和收益显著相关，还和公司继续保持上市公司身份的净收益有关。本文的经验证据表明SOX法案影响了公司的私有化决策。

一、研究问题

(一) 问题的提出

为了重塑投资者对资本市场的信心，美国于2002年颁布SOX法案。SOX法案颁布以来，实务界和学术界一直围绕它的优缺点进行着激烈的争论。SOX法案的支持者认为，增加公司信息披露的要求，加大对管理层违规行为的处罚，能够增加公司的透明度，从而为投资者带来收益。批评者则认为遵守SOX法案产生的成本将减少许多小公司的利益。

本文研究的核心问题是SOX法案会不会影响公司私有化的决策。具体来说，可以分为三个研究问题。第一，SOX法案在多大程度上与公司私有化的决策有关？第二，公司私有化的决定因素在SOX法案通过前后是否发生变化？第三，公司私有化公告市场反应的决定因素在SOX法案通过前后是否有变化？

本文的逻辑框架见图2-8。

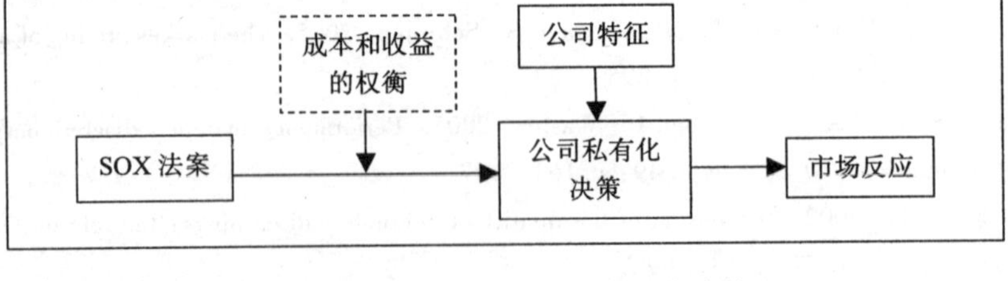

图2-8 SOX法案与公司私有化决策

（二）研究意义

第一，SOX 法案作为 21 世纪美国资本市场最重要的立法，对美国资本市场的规范和投资者保护有非常重要的作用，对 SOX 法案经济后果的研究有助于利益相关者理解法案，帮助监管层完善 SOX 法案。

第二，公司私有化决策的影响因素也很重要，私有化的行为影响了资本的流动性，最终会影响资源的配置。私有化到底是因为公司本身的问题，还是由 SOX 法案造成的，这对资源配置的效果有着非常重要的影响。

（三）主要贡献

第一，以往会计信息披露的研究重点是代理成本和所有权成本（Verrecchia，2001），本文首次研究了公司如何应对遵守新披露监管政策增加的合规成本。

第二，本文补充了 Bushee and Leuz（2005）的研究[①]，发现为了避免披露监管，公司可能会选择流动性较差的公司组织形式。比较不同披露规定的影响程度，将有助于我们评估公司是否愿意采用流动性较低的组织形式以适应信息披露制度的变化。

二、理论分析

（一）强制披露和限制内幕交易的影响

以往的研究认为自愿披露能够为公司带来好处，如减少代理成本、更高的 IPO 定价等。如果公司能够自愿披露并获得相关的利益，那么政府要求公开披露就是不必要的。但是，如果私人契约（private contract）不能对违法行为施加足够严厉的惩罚，那政府要求的强制披露可能会带来更好的结果。SOX 法案增强了公司披露的要求和管理层故意歪曲财务报告的刑事处罚，还限制了企业的内部人员通过交易活动获利的能力。如果在 SOX 法案之前，私人契约无法要求强制披露或减少内幕交易，那么这个立法可能会提高公司的价值。

（二）SOX 法案合规成本的影响

在 SOX 法案颁布后，导致公司成本增加的原因可能有以下几点：

第一，编制内部控制报告成为一个非常重要的成本。第二，对内部控制报告的审计需要投入更多的审计资源，从而提高审计费用。第三，公司首席执行官和首席财务官对财务报告责任的加强，可能会分散决策者在经营管理方面的注意力。第四，增加与公司违法行为相关的刑事和民事处罚，可能导致管理人员和董事要求更高的工资来补偿增加的风险溢价。

---

① Bushee and Leuz（2005）研究发现，作为对 SEC 新披露规定的反应（1999 年 1 月 4 日，SEC 颁布合格规则（eligibility rule），要求国内的 OTCBB 公司遵循 1934 年证券交易法规定的报告义务。该规则增加了在规则颁布之前没有向 SEC 提交报告的公司的强制性披露要求），3/4 符合上市条件的公司选择转向粉单市场（Pink Market）或者停止交易。而本文则以公司对 SOX 法案披露规定的反应为切入点，研究发现 SOX 法案后，公司私有化的增加速度较为平稳。该结果表明，与 1999 年 SEC 新披露规定相比，SOX 法案披露规定对公司的影响似乎更小。

（三）SOX 法案的净影响

SOX 法案对公司选择上市还是私有化的净影响取决于 SOX 法案给公司带来的收益和成本以及 SOX 法案前作为一个上市公司的净收益的相互作用。如果 SOX 法案的合规成本超过了公司因提高治理而增加的股东价值，那么公司选择私有化将是有利的。

本文使用（1）式的不等关系作为主要假设。在 SOX 法案颁布后，公司选择私有化是有利的，仅当：

$$k > b + (Value_{public}^{Pre\_SOX} - Value_{private}) \tag{1}$$

其中，k 表示 SOX 法案的合规成本；b 表示 SOX 法案为公司带来的特定收益；$Value_{public}^{Pre\_SOX}$ 表示在 SOX 法案前，公司作为上市公司的价值；$Value_{private}$ 表示选择私有化时，扣除了一次性法律成本和交易成本后的价值；（$Value_{public}^{Pre\_SOX} - Value_{private}$）表示在 SOX 法案前，作为一个上市公司的净收益。

SOX 法案对公司的影响将取决于三个影响因素之间的相互作用。

如果特定收益 b 较小，表明公司从 SOX 法案相关的治理改革中受益较少。根据（1）式，在其他条件不变的情况下，这些企业在 SOX 法案颁布后更倾向于选择私有化。本文认为，以下两组公司从 SOX 法案中获得的净收益更低：第一，在 SOX 法案颁布之前，治理良好的公司；第二，在 SOX 法案颁布之前，内部所有权股份的流动性相对较差的公司。由于公司治理质量难以衡量，因此，本文重点关注内部人持股比例对公司私有化的影响。持股比例较高的内部人承担的代理成本较高，他们不会从实施 SOX 法案后减少的代理成本中获益；此外，大股东的股票很难流通，由于 SOX 法案的严格要求，也限制了他们因出售股票而短期获利的能力。因此，本文将检验较高的内部股权持股比例与企业在 SOX 法案颁布后选择私有化的决定是否正相关。本文进一步假设：对那些在 SOX 法案颁布之前，因上市带来的净收益很小的公司而言，在 SOX 法案颁布后更倾向于选择私有化。上市给股东带来的好处就是为股东提供可供交易的流动市场。因此，本文预期对那些交易相对较少的公司，即使上市也不能为股东提供更多的价值，其作为一个上市公司的净收益较小，这些公司在 SOX 法案颁布后将更可能选择私有化。

最后，本文预期对那些在 SOX 法案颁布前，因上市带来的净收益（$Value_{public}^{Pre\_SOX} - Value_{private}$）小于 SOX 法案合规成本的公司，在 SOX 法案颁布后更有可能选择私有化。对相对较小的公司而言，作为上市公司的净收益很可能是很小的，同时 SOX 法案的合规成本包括固定成本和随着公司规模变化的可变成本。庞大的固定成本会使得一些小企业选择私有化。

三、样本选择和研究设计

（一）样本选择

美国 SEC 将私有化定义为“公司的股东数量低于 300 个，并且不再需要向 SEC 提交报告”。本文使用这个定义来构造私有化的样本。本文的样本包括完全停止股票交易的公司和注销后在流动性较小的粉单市场（Pink Market）中交易的公司，后者通常被称为已经“转向次级市场”（go dark）。

最终，本文选取了在 1998 年 1 月至 2005 年 5 月，向美国 SEC 提交了附表 13E－3① 的 470 家公司。

（二）研究设计

本文首先检验导致 SOX 法案通过的相关事件的市场反应与 SOX 法案净收益相关的公司特征是否相关。然后，本文检验预测公司私有化决策的因素在 SOX 法案颁布前后是否有所不同，以及与 SOX 法案通过相关的公告回报是否可以预测私有化的决策。最后，本文检验公司私有化公告的股价反应。

1. 导致 SOX 法案通过的主要事件的超额收益

本文首先使用 Factiva 检查新闻稿，找出导致 SOX 法案通过的关键事件②，进而检验这些事件对公司股价的影响。为了提高检验的准确性，本文将事件定为 SOX 法案通过前一个月的相关活动。

具体来说，本文计算了在 2002 年以下日期的（－1，＋1）短窗口的累积超额回报：6 月 12 日、6 月 18 日、6 月 26—27 日、7 月 8—12 日、7 月 15—16 日和 7 月 24—25 日。这个累积超额收益定义为 *AR_SOX*。本文也检查了从 SOX 法案在参议院通过（2002 年 6 月 15 日）到 SOX 法案最终通过（2002 年 7 月 25 日）这期间内每一天的（－1，＋1）短窗口的累积超额回报（*AR_SOX PASS*）。为了避免在市场模型的估计中包含任何与 SOX 法案相关的事件，本文使用 2002 年 2 月 13 日前 200 天来估计市场模型参数，并且使用 CRSP 的加权价值回报（valued－weighted return）来估计市场模型参数，本文利用了 CRSP 数据库中的所有企业，而不仅仅是那些选择私有化的公司，最终的样本有 5011 家公司。检验上述超额收益与公司特征的模型如下：

$$AR\_SOX(AR\_SOXPASS)=\beta_0+\beta_1 LogMV+\beta_2 Turnover+\beta_3 BM+\beta_4 Lev+\beta_5 FCF+\beta_6 ROA+\beta_7 StdRet+\varepsilon \tag{2}$$

其中，公司规模（*LogMV*，市场价值的对数）和交易活动（*Turnover*）可能捕捉部分有关 SOX 法案的成本和收益，以及作为上市公司的净收益。模型中还包括了几个其他控制变量：账面市值比（*BM*）、负债率（*Lev*）、自由现金流（*FCF*）、资产回报率（*ROA*）与股票收益波动（*StdRet*）。

2. 预测私有化的行为

本文继续检验预测公司私有化决策的因素，以及其在 SOX 法案通过前后是否不同。特别地，假定导致 SOX 法案通过的主要事件的公告回报，是投资者对 SOX 法案影响每家公司的净收益的市场评价，那么这些公告回报可能会与公司私有化的可能性有关。因此，本文检验了这些公告回报是否可以预测公司私有化。

① SEC 规定，所有私有化的企业必须提交该附表，详细披露企业做出私有化决定的考虑，以及该决定是否对股东公正公平等。

② 公司治理改革事件的时间表列于本文附录。

为了检验这些问题，本文构造没有选择私有化的公司作为控制样本，通过四位数 SIC 行业代码和私有化公告前一会计年度的股权市场价值进行匹配。由于私有化公司样本在匹配样本中比在总体样本中出现的概率大，传统的 logit 回归（Palepu，1986）的参数估计可能有偏，所以本文进行了有条件的 logit 回归（见 Hosmer and Lemeshow，2000 的讨论）。本文分别检验了 SOX 法案前后的样本、SOX 法案前的样本和 SOX 法案后的样本。

具体的模型如下：

$$\ln\left[\frac{P(go\ private=1)}{1-P(go\ private=1)}\right]=\beta_0+\beta_1 MgrDirOwn+\beta_2 Turnover+\beta_3 BM+\beta_4 SalesGr+\beta_5 Lev+\beta_6 FCF+\beta_7 ROA+\beta_8 Tax+[\beta_9 AR\_SOX(AR\_SOXPASS)]+\varepsilon \quad (3)$$

由于在导致 SOX 法案通过的事件发生时，SOX 法案通过前进行私有化的公司已不在公开市场上交易，所以 SOX 法案通过的公告回报（*AR_SOX/AR_SOXPASS*）仅对 SOX 法案通过后进行私有化的公司而言，即只有对 SOX 法案通过后的样本回归时，自变量才包含 *AR_SOX*（*AR_SOXPASS*）。其中，管理人员和董事持股比例（*MgrDirOwn*）及股票成交量（*Turnover*）的系数 β_1 和 β_2，以及 SOX 法案通过的公告回报（*AR_SOX/AR_SOXPASS*）的系数 β_9 是本文要重点关注的。

3. 私有化公告的回报

最后，本文分析了私有化公告的股票超额收益。这一公告回报反映了公司私有化造成的预期价值的变动。根据前面的讨论，公告回报是衡量 $Value_{private}-Value_{public}$ 的一个方法。本文将公告回报与公司特征联系起来，主要是为了捕捉和 SOX 法案有关的成本和收益，以及作为上市公司的净收益。

本文使用传统的事件研究法，估计公司私有化公告的（-1，+1）窗口累计超额收益（*AR*）。本文定义的事件日，是公司私有化公告的第一个日期。本文使用私有化公告之前的 200 天作为评估期间，来估计市场模型参数。由于样本公司往往更小，主要在纳斯达克上市，本文使用了纳斯达克价值加权回报作为市场回报。

具体的模型如下：

$$AR=\beta_0+\beta_1 MGR+\beta_2 PostSOX+\beta_3 logMV+\beta_4 PostSOX\times logMV+\beta_5 MgrDirOwn_p+\beta_6 PostSOX\times MgrDirOwn_p+\beta_7 logMV\times MgrDirOwn_p+\beta_8 PostSOX\times logMV\times MgrDirOwn_p+\beta_9 SalesGr_p+\beta_{10} PostSOX\times SalesGr_p+\beta_{11} FCF_p+\beta_{12} PostSOX\times FCF_p+\varepsilon \quad (4)$$

考虑到市场对公司的私有化决策会有一个事前的预期，本文将私有化公告回报决定模型中除 *MGR* 和 *logMV* 以外的变量乘上（$1-p$）p，为用模型（2）计算出的私有化预测概率。模型重点关注的是规模和内部的持股数量。其中，*MGR* 是虚拟变量，如果私有化交易类型为并购、第三方要约（third - party tender offer）或者自投标报价（self tender - offer），取值为 1，如果交易类型为反向股票分割和小股东股权收购则取值为 0。*PostSOX* 是虚拟变量，如果公司在 2002 年 7 月 30 日以后宣告私有化，取值为 1，否则为 0。其他变量定义同前文。此外，模型还加入了规模和管理层所有权的交互项，以及它们与 *PostSOX* 的交互项。

四、实证结果

（一）描述性统计

描述性统计结果表明：第一，在 SOX 法案颁布后，公司私有化的数量大幅增加；第二，规模更大、交易更活跃的公司从上市公司身份中获得更大的净收益；第三，公司私有化公告的超额收益为正；第四，公司私有化的方式主要是反向股票分割和小股东股权收购（包括碎股要约收购[①]以及从其他小股东购买股票），而不是传统的收购（兼并和要约收购）。进一步的研究发现，公司选择反向股票分割和小股东要约收购，主要是出于规避披露要求的考虑。

（二）回归结果

1. 影响 SOX 法案通过的主要事件的超额股票收益

模型（2）的回归结果显示，公司规模（*LogMV*）和股票成交量（*Turnover*）的系数在 1% 的水平与导致 SOX 法案通过的事件的超额收益显著正相关，与本文的预期相符。这些结果表明，规模较小、更不积极交易的公司，更不愿意 SOX 法案通过。

2. 预测私有化的行为

模型（3）的回归结果显示，β_1和β_3显著为正，这表明在 SOX 法案通过的前后期，较高的管理人员和董事持股比例以及较高的账面市值比，都与企业私有化的可能性显著正相关。内部人士持股比例高，更可能有利于私有化的过程，因为它可能会使这些公司达成私有化协议和执行交易更容易。

在对 SOX 法案通过后的样本回归中，β_9不显著，这表明与 SOX 法案通过相关的事件的公告回报对私有化的决策没有预测能力。一种可能的解释是，公司层面的异常收益不仅反映了 SOX 法案的净影响，而且也反映了市场对公司应对 SOX 法案而选择私有化的概率所进行的评估。

3. 私有化公告的回报

本文没有发现公告回报与规模或内部持股比例之间的关系。不过，*MGR* 变量的系数显著为正，并购和要约收购比反向股票分割和小股东股权收购的超额收益高 21.8%。同时，本文发现 *PostSOX* 和规模的交互项的系数显著为负。此外，规模、内部持股比例和 *PostSOX* 交互项的系数显著为负。对于小型公司，SOX 法案似乎增加了管理层和董事持股对私有化公告回报的正向影响；对于大型公司来说，结论相反。这些结果支持了 Holmstromand Kaplan（2003）的研究，即在 SOX 法案通过后，小型公司和管理层及董事所有权股份流动性最差的企业更容易私有化。

---

① 碎股要约收购（odd - lot tender offer），指公司购买“零碎股份”（少于 100 股的股份）。

五、结论

本文研究了2002年SOX法案对公司私有化决策的影响。研究结果表明，SOX法案影响了公司私有化的决策。公司在做出私有化决策时，会比较SOX法案的合规成本与执行SOX法案带来的收益，以及SOX法案通过前作为一个上市公司的净收益。本文有三个主要的结论：第一，与通过前相比，SOX法案通过后企业进行私有化交易的数量明显增加；第二，SOX法案的合规成本对于更小且股权流动性较差的公司负担更大；第三，与法案通过前相比，SOX法案通过后拥有更高内部持股比例的小公司私有化公告的股票收益更高。

以上的研究结果表明：第一，较小的公司执行SOX法案的成本更高。第二，具有高度集中的股权结构的小公司更愿意选择私有化。

本文的研究有助于理解SOX法案对美国的上市公司的全面影响。私有化不是公司对该法案的唯一反应，因为公司可能通过采取兼并或资产剥离，或不上市来应对。同时，本文提供了一些将来可能的研究问题，包括：SOX法案后，面临严格的披露环境，继续保持着上市地位的公司的特征是什么？选择进入或离开资本市场的公司又分别具有哪些特点？

附录　SOX法案重要事件时间表

- 2/13/2002：美国证券交易委员会“计划出台一些旨在改善财务报告披露制度的规则”。
- 2/13/2002：共和党议员Oxley（奥克斯利）在众议院提出了“加强对会计师的监督，要求公司及时披露信息，在对股票诈骗的打击中增加更多警力”的立法建议。
- 2/28/2002：众议院民主党提交了“遏制会计师、华尔街分析师和公司董事会，同时提高证券监管机构资金”的立法议案。
- 3/7/2002：布什宣布了十点（ten-point）计划，“旨在改善公司的财务披露和管理层及会计师的财务责任”。
- 4/16/2002：美国众议院金融服务委员会批准了Oxley的法案。
- 4/24/2002：众议院批准了Oxley的法案。
- 5/8/2002：美国参议院银行委员会主席Sarbanes（萨班斯）建议立法“解决安然公司的垮台所引发的问题，包括赋予公司管理层和董事更多的责任，改变对会计人员的监管方式，加强对投资者的财务信息披露”。
- 6/12/2002：美国证券交易委员会提出“要求公司管理层对公司的季度和年度报告信息的可靠性承担责任”。
- 6/18/2002：美国参议院银行委员会通过Sarbanes法案。
- 6/26/2002：世界通信公司宣布38亿美元的开支被错误的资本化了。
- 6/27/2002：美国证券交易委员会要求，从8月14日起，收入超过12亿美元的公司的管理人员，要签署文件宣告公司的财务报告是真实的。
- 7/8/2002：布什发表了另一个关于公司改革的讲话。
- 7/8/2002—7/12/2002：参议院对立法进行辩论。

- 7/15/2002：美国参议院批准 Sarbanes 法案。
- 7/16/2002：众议院通过了 Sarbanes 法案。
- 7/19/2002：众议院和参议院协商，以合并草案条例。
- 7/24/2002：众议院和参议院的谈判代表签署了法案。
- 7/25/2002：国会通过了公司改革法案（Sarbanes－Oxley 法案）。
- 7/30/2002：布什签署了 Sarbanes－Oxley 法案。

（整理人：舒伟）

主要参考文献

[1] Bushee, B. J., Leuz, C., 2005. Economic consequences of SEC disclosure regulation: evidence from the OTCBulletin Board. *Journal of Accounting and Economics*, 39, p. 233－264.

[2] Holmstrom, B., Kaplan, S. N., 2003. The state of US corporate governance: What's right and what's wrong. *Journal of Applied Corporate Finance*, 15, p. 8－20.

[3] Hosmer, D. W., Lemeshow, S., 2000. Applied Logistic Regression, second ed. Wiley, New York.

[4] Palepu, K. G., 1986. Predicting takeover targets. *Journal of Accounting and Economics*, 8, p. 3－35.

[5] Verrecchia, R. E., 2001. Essays on disclosure. *Journal of Accounting and Economics*, 32, p. 91－180.

§2-10 SOX 法案真的那么昂贵吗？对 EHW（2007）的讨论[①]

Was the Sarbanes - Oxley Act of 2002 Really This Costly? A Discussion of Evidence from Event Returns and Going - Private Decisions

文献来源：Leuz, C. 2007. Was the Sarbanes - Oxley Act of 2002 Really This Costly? A Discussion of Evidence from Event Returns and Going - Private Decisions. *Journal of Accounting and Economics* 44（1）：146 - 165.

【摘要】本文讨论了与 SOX 法案成本有关的私有化决策方面的证据。Engel et al.（2007）研究了 SOX 法案对私有化决策的影响，并指出了未预期的后果，这个研究做得很详细，而且抓住了一个重要问题。然而，几个关键的结论恐怕不能归咎于 SOX 法案，解释这些证据时应当慎重，还需要其他的证据来支持这一结论。

一、引言

SOX 法案自通过以来，引发了激烈的讨论。批评者指出，SOX 法案是为了回应几个大丑闻而仓促完成的，它给公司带来沉重的成本却并没有显著的收益（Ribstein，2002；Solomon and Brian - Low，2004；FEI，2005；Romano，2005）。有人担心美国资本市场正在丧失它的领导地位和竞争力，而 SOX 法案的监管负担是该变化背后的一个推动力量。作为对这一论点的贡献，Engel et al.（2007）/EHW 研究了 SOX 法案在何种程度上给公司带来了沉重成本，抓住了这个及时而重要的问题。

作者认为 EHW 为一个重要的话题提供了有益的实证证据，他们通过强调潜在的 SOX 法案成本，丰富了这方面的文献。EHW 将重点放在了私有化的公司，虽然研究范围不是很大，但其证据非常重要。它强调，公司一般可以并且能够对高成本的监管规定做出回应，这反过来会导致非预期的后果。严格说来，EHW 提醒监管者在设计和评价证券监管时，应考虑公司可能的规避策略。

然而，本文认为 EHW 并没有提供充分的实证证据以表明 SOX 法案给美国公司带来了净成本。为此，本文分别从私有化样本的选择和实证结果的解释两个方面评述了 EHW 的文章。

二、私有化样本的选择

评估 SOX 法案成本（或收益）的一个方法是分析公司行为，特别是公司的规避策略。

① 原文是对两篇文章的综合讨论，本文只选取对 Engel et al.（2007）的评论。

EHW 采用了这种方法。他们认为一旦 SOX 法案带来的增量成本超过了其收益与在 SOX 法案上市之前的净收益之和，公司可以通过私有化规避与 SOX 法案有关的成本。该框架为他们的分析和很多合理的实证预测提供了一个很好的架构。与 EHW 研究有关的第一个问题是，SOX 法案是否真的与私有化活动的增加相关。EHW 列示了该效应的证据。但是，在对这一证据进行解释时，慎重考虑"私有化"的定义是很重要的。公司从 SEC 注销有不同类型，有的公司从 SEC 注销但继续在 OTC 市场公开交易，另一些公司则终止交易变成了私有公司。前一类公司只是转向次级市场（go dark），这与私有化相差甚远（Leuz et al.，2007）。一旦 EHW 排除了转向次级市场的公司，SOX 法案通过后的私有化活动就不再有明显的增加。Leuz et al.（2007）研究发现，SOX 法案之后，在 SEC 注销的公司数量的增加主要源于转向次级市场的公司。虽然自 2005 年以来私有化活动有明显增长，特别是交易量，但是，该增加可能归因于最近的私募股权公司数量的激增和可以在私有化交易中使用债务工具，而不是 SOX 法案。与这一推测相一致，本文发现世界其他地区与美国的私有化和收购活动的时间序列类似①。

基于这一比较证据，不难发现，SOX 法案并没有对公司的私有化产生太大的影响。作者认为，私募股权公司的兴起和债务融资收购的广泛应用可能是最近公司私有化增加趋势的主因。

三、实证结果的解释

对于私有化公告的正回报，EHW 的解释是，SOX 法案带来的净成本与公司继续保持上市状态的净收益之和为负，因此，公司会选择私有化来规避这一成本，而这种行为也得到了正向的市场反应。这一解释也暗示了在 SOX 法案通过之前，公司公开上市的净收益为正或者至少不为负。EHW 发现 SOX 法案的净成本很大，平均为私有化公司市值的 23%。然而，一个可能的替代性的解释是，私有化的正收益是因为这些公司上市的净值为负，而不是因为遵从 SOX 法案的成本过于高昂。这可能是因为内部控制人与小股东之间一些未解决的代理问题，私有化保护了小股东的权益。这样，并非所有的公告回报都应该归咎于 SOX 法案的遵从成本。相反，这种解释表明，SOX 法案诱使一些公司私有化，私有化交易后，小股东的股权被收购。这样，因代理问题受到侵害的小股东权益得到了保护。

作者认为，EHW 关于公告回报的结果与以前的研究（Cohen et al.，2006；Ashbaugh et al.，2006；Hochberg et al.，2007；Berger et al.，2006；Leuz et al.，2007）是一致的。根据这些文献的研究，SOX 法案如政策制定者期望的那样增加了公司的监管水平，也带来了一些收益。但是，在解释这些结果时仍然应当谨慎。它们没有提供证据表明公司获得净收益，也没有暗示 SOX 法案总体上是有益的。

① 具体见原文图 1。

四、结论

EHW 的实证证据并不能很好解释公司私有化决策的趋势。事实上，虽然近年来私有化活动有了实质性增长，但是很少有证据表明 SOX 法案应当对这一趋势负责。EHW 指出，基于私有化公告回报，SOX 法案对特定公司群体成本更高，如规模较小但内部股权比例较大的公司。然而，正向的公告回报也可以解释为私有化保护了因代理问题受到侵害的小股东权益。因此，即使私有化趋势是对存在的更严格监管的反应，但是还不清楚这样的趋势是否应被视为负面。

综上所述，本文认为，在解释 SOX 法案成本方面的证据时应当更谨慎些。本文的讨论对 SOX 法案会给公司带来过度成本的普遍观点提出了质疑。但是应该承认，这种监管会给公司带来显著成本。而且，SOX 法案可能会引起管理层和董事对公司内部控制的过度投资，因为管理层和董事虽然只承担了一小部分的合规成本，但是要对大部分的内控缺陷承担责任（Coates，2007）。尽管目前我们没有确凿的证据证明 SOX 法案会带来过度的成本。事实上，已有证据表明 SOX 法案增强了上市公司面临的监管力度，且给公司带来了一定的收益，但是它对公司或美国经济的净影响还不明确。

总之，对这些问题需要更多的关注和研究，但是并非研究 SOX 法案总的成本收益，因为成本收益很难衡量，建议研究者可以更多地研究 SEC 和 PCAOB 对 SOX 法案的实施情况及其随时间的变化。这些事件有可能提供更严谨的研究条件，因此会取得更多进展。

（整理人：舒伟）

主要参考文献

[1] Ashbaugh, H., Collins, D., Kinney, W., Lafond, R., 2006. The effect of internal control deficiencies on firm risk and the cost of capital. Working Paper, University of Iowa.

[2] Berger, P. G., Li, F., Wong, M. H. F., 2006. The impact of Sarbanes – Oxley on cross – listed companies. Working Paper, University of Chicago and University of Michigan.

[3] Coates, J., 2007. The goals and promise of the Sarbanes – Oxley Act. *Journal of Economic Perspectives*, 21, p. 91 – 116.

[4] Cohen, D., Dey, A., Lys, T., 2006. Trends in earnings management and informativeness of earnings announcements in the pre – and post – Sarbanes – Oxley periods. Working Paper, NYU, University of Chicago and Northwestern University.

[5] Engel, E., Hayes, R. M., Wang, X., 2007. The Sarbanes – Oxley Act and firms' going – private decisions. *Journal of Accounting and Economics*, doi: 10. 1016/j. jacceco. 2006. 07. 002.

[6] Hochberg, Y. V., Sapienza, P., Vissing-Jorgensen, A., 2007. A lobbying approach to evaluating the Sarbanes-Oxley Act of 2002. Working Paper, Northwestern University.

[7] Financial Executive International (FEI), 2005. Section 404 Costs Survey http: //www. fei. org/404_ survey_ 3_ 21_ 05. cfm .

[8] Leuz, C., Triantis, A., Wang, T., 2007. Why do firms go dark? Causes and economic consequences of voluntary SEC deregistrations. *Journal of Accounting and Economics*, in press.

[9] Ribstein, L. E., 2002. Market vs. regulatory responses to corporate fraud: a critique of the Sarbanes - Oxley Act of 2002. *Journal of Corporation Law*, 28, p. 1.

[10] Solomon, D., Brian - Low, C., 2004. Companies complain about cost of corporate - governance rules. *Wall Street Journal* (February 10).

§2-11 SOX 法案颁布前后的真实活动盈余管理及应计项盈余管理

Real and Accrual - Based Earnings Management in the Pre - and Post - Sarbanes - Oxley Periods

文献来源：Cohen, D. A., A. Dey, and T. Z. Lys. 2008. Real and Accrual - Based Earnings Management in the Pre - and Post - Sarbanes - Oxley Periods. *The Accounting Review*, 83 (3) 757 - 787.

【摘要】 本文发现从 1987 年开始至 2002 年 SOX 法案颁布前，公司通过应计项目进行盈余管理活动有上升趋势，但是在 SOX 法案颁布之后出现了显著降低。相反，真实活动盈余管理的水平在 SOX 法案颁布之前呈现下降趋势，在 SOX 法案颁布后显著增加，说明在 SOX 法案颁布之后公司从应计项盈余管理转向真实活动盈余管理。本文同时发现在 SOX 法案即将颁布前应计项盈余管理的程度最高。与这些发现一致，本文发现同 SOX 法案颁布前相比，在 SOX 法案颁布后达到某一盈余标准（earning benchmarks）的公司，其更少地通过应计项目，但更多地通过真实活动来进行盈余管理。另外，本文的研究表明 SOX 法案颁布前应计项盈余管理的增加与高管的权益报酬（equity - based compensation）增长相一致，当期授予的股票期权与正向应计项盈余管理负相关，尚未行权的期权同正向应计项盈余管理正相关。

一、研究问题

（一）问题的提出

近来越来越多的公司治理失效事件提高了人们对会计信息真实性的关注，同时这些问题的出现也对投资者信心产生了很大影响（Jain et al., 2003; Jain and Rezaee, 2006; Rezaee, 2004），进而推动了 SOX 法案的颁布。

本文研究的主要动机是检验 SOX 法案颁布前是不是有更多的盈余管理现象，SOX 法案的实行是否由一些个别的丑闻所推动，以及 SOX 法案颁布是否会带来盈余管理现象的减少。本文主要研究了丑闻（SCA）期（2000—2001 年）及 SOX 法案颁布前（Pre - SOX, 1987—2001 年）的盈余管理程度，以及 SOX 法案颁布之后（Post - SOX, 2002—2005 年）的盈余管理程度与盈余管理方式的变化，并从股票期权报酬角度对应计项盈余管理产生的变化提供解释。

本文的逻辑框架见图 2 - 9。

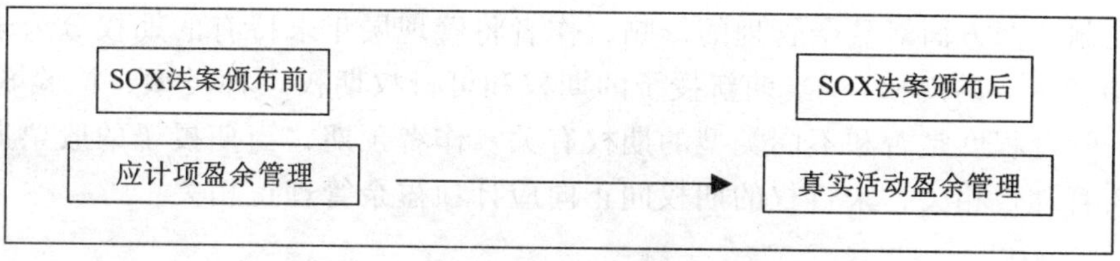

图 2－9　SOX 法案与盈余管理方式的变化

（二）研究意义

现有文献对 SOX 法案能否降低盈余管理没有统一的结论，本文从 SOX 法案颁布后公司盈余管理方式是否出现了改变来研究 SOX 法案的执行效果，避免了从应计项盈余管理程度减少得出 SOX 法案降低了盈余管理这一片面结论，为评价 SOX 法案的效果提供了一个新的视角。

（三）主要贡献

第一，本文通过对比应计项盈余管理与真实活动盈余管理来检验 SOX 法案颁布前后公司盈余管理活动的变化，为 SOX 法案的执行效果提供了经验证据。

第二，本文考虑管理层期权报酬对盈余管理活动的影响，首次研究了处于不同行权阶段的股票期权与盈余管理的关系，为 SOX 法案后应计项盈余管理的变化提供了解释。

二、理论分析

（一）盈余管理方式的变化

管理者除了用应计项目进行盈余管理外，也可能通过实际的经营活动操纵收益（Healy and Wahlen，1999；Dechow and Skinner，2000）。SOX 法案颁布之后，操纵应计项目相比真实活动盈余管理更可能引起审计师和监管者的详细检查，使得管理层面临着更大的财务错报风险。如果在 SOX 法案颁布后管理层更加谨慎，那么尽管真实活动盈余管理的成本更高，他们仍会采取真实活动盈余管理来代替应计项盈余管理，因为真实活动盈余管理更难被监管者发现。因此作者预期，SOX 法案颁布后，公司从应计项盈余管理转向真实活动盈余管理。

（二）期权报酬与盈余管理

先前的研究（Cheng and Warfield，2005；Bergstresser and Philippon，2006）表明股票期权报酬和管理层进行应计项盈余管理的可能性正相关。然而，Johnson et al.（2005）发现只有持有非限制性股票是同财务舞弊相关的，新授予的股票期权与财务舞弊并不相关。在 SOX 法案颁布前十几年中，股权激励在公司实务中非常流行，管理层可以通过操纵盈余进而操控短期股价来获得自身利益。一方面，在股票期权授予当期，管理层有动机去降低现在的股价（Yermack，1997；Aboody and Kasznik，2000）；另一方面，考虑到未行权的期权（不包括新授予的期权），管理层有动机去提高现在的股价，进行正向应计项盈余管理。为了控制这两方面对盈余管理的影响，作者将管理层年末持有的期权分为未行权的期权（不包括新授予的期权）、当期新授予的期权和可行权期权三种类型，检验 SOX 法案颁布前后盈余管理程度是否和不同类型的期权有关。作者预期，当期授予的股票期权和正向应计项盈余管理负相关，未行权的期权同正向应计项盈余管理正相关。

三、样本选择及研究方法

（一）样本选择

作者从 Compustat 数据库选择 1987—2005 年的公司为样本，剔除金融类公司，要求每个公司至少有 8 年的观测值，并要求每个公司有计算可操纵应计（DA）及真实活动盈余管理替代变量的必要年度数据。

初始样本包含 8157 家公司，共 87 217 个公司年度观测值。为了检验期权报酬与盈余管理的关系，作者从 Execu Comp 数据库中选取管理层薪酬数据，因为 Execu Comp 数据库从 1992 年才开始有数据记录，因此，作者将这两个数据库中的数据合并得到了第二个样本，包含从 1992 年至 2005 年共 2 018 家公司，31 668 个公司年度观测值。

（二）研究方法

为了研究 SOX 法案颁布前后盈余管理的变化，作者将样本期间分为 SOX 法案颁布前（丑闻前期和丑闻期）和 SOX 法案颁布后两个时期。SOX 法案颁布前时期从 1987 年起至 2001 年止，SOX 法案颁布后时期从 2002 年起至 2005 年止。在 SOX 法案颁布前时期，作者将 1987 年起至 1999 年止列为丑闻前期，2000 年起至 2001 年止为丑闻期（这一期间的丑闻导致 SOX 法案颁布）①，如图 2－10 所示。

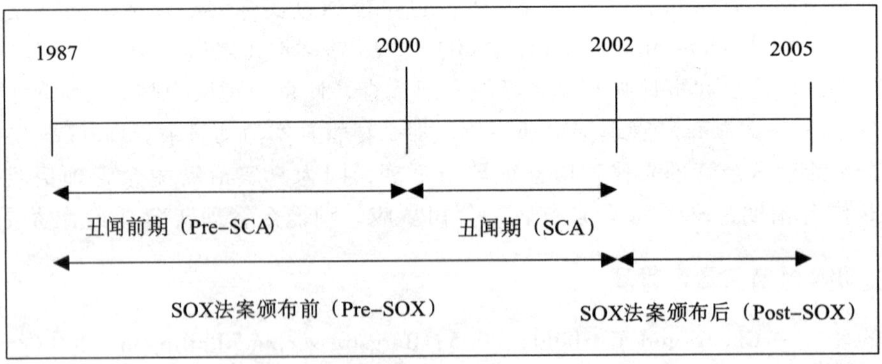

图 2－10　时期划分

根据 Collins and Hribar（2002）的研究结果，作者基于现金流量表角度而不是资产负债

① 本文将期间分为丑闻前期和丑闻期可能会导致偏差，因此作者仅仅将时期分为前 SOX 法案时期和后 SOX 法案时期，并重复进行检验，结果并没有改变，反而更强了。

表的角度通过修正的 Jones 模型来计算可操纵应计。作者用可操纵应计的绝对值来衡量应计项盈余管理程度，并用可操纵应计实际值来分别衡量正向和负向应计项盈余管理程度。

作者借鉴 Roychowdhury（2006）的研究，用异常经营活动的现金流（*R_CFO*）、异常可操纵费用（*R_DISX*）、异常生产成本（*R_PROD*）这三个指标作为真实活动盈余管理的替代变量，并将这三个指标标准化后加总到一起（*RM_PROXY*）来衡量总体的真实活动盈余管理情况。作者用回归方程（1）来检验期权报酬与盈余管理的关系，如下：

$$DEP_j = \alpha_0 + \alpha_1 \times BIG_j + \alpha_2 \times \Delta GDP_j + \alpha_3 \times MKTVAL_j + \alpha_4 \times Time + \alpha_5 \times SCA + \alpha_6 \times SOX + \alpha_7 \times RM\_PROXY(ABS\_DA_j) + \alpha_8 \times BONUS_j + \alpha_9 \times BONUS_j \times SCA + \alpha_{10} \times BONUS_j \times SOX + \alpha_{11} \times UN\_OPTION_j + \alpha_{12} \times UN\_OPTION_j \times SCA + \alpha_{13} \times UN\_OPTION_j \times SOX + \alpha_{14} \times GRNT\_OPTION_j + \alpha_{15} \times GRNT\_OPTION_j \times SCA + \alpha_{16} \times GRNT\_OPTION_j \times SOX + \alpha_{17} \times EX\_OPTION_j + \alpha_{18} \times EX\_OPTION_j \times SCA + \alpha_{19} \times EX\_OPTION_j \times SOX + \alpha_{20} \times OWNER_j + \alpha_{21} \times OWNER_j \times SCA + \alpha_{22} \times OWNER_j \times SOX \quad (1)$$

其中，*DEP* 用可操纵应计（分别为 *ABS_DA*，可操纵应计的绝对值；*Positive_DA*，正向可操纵应计；*Negative_DA*，负向可操纵应计）来衡量盈余管理程度；*Time* 为样本所在年份与 1987 年的差额；*BONUS* 为每个公司 CEO 和 CFO 收到的红利占总薪酬比例的平均值；*SCA* 为虚拟变量，如果样本公司所在年份为 2000 年或 2001 年则取值为 1，否则为 0；*SOX* 为虚拟变量，如果样本公司所在年份为 2002 年及 2002 年之后则取值为 1，否则为 0；*GRNT_OPTION* 为新授予的期权占流通股的比例；*UN_OPTION* 为未行权的期权占流通股的比例；*EX_OPTION* 为可行权的期权占流通股的比例。

作者用回归方程（2）来检验盈余管理方式的变化，如下：

$$DEP_j = \alpha_0 + \alpha_1 \times BIG_j + \alpha_2 \times \Delta GDP_j + \alpha_3 \times MKTVAL_j + \alpha_4 \times Time + \alpha_5 \times SCA + \alpha_6 \times SOX + \alpha_7 \times ABS\_DA_j + \alpha_8 \times BONUS_j + \alpha_9 \times BONUS_j \times SCA + \alpha_{10} \times BONUS_j \times SOX + \alpha_{11} \times UN\_OPTION_j + \alpha_{12} \times UN\_OPTION_j \times SCA + \alpha_{13} \times UN\_OPTION_j \times SOX + \alpha_{14} \times GRNT\_OPTION_j + \alpha_{15} \times GRNT\_OPTION_j \times SCA + \alpha_{16} \times GRNT\_OPTION_j \times SOX + \alpha_{17} \times EX\_OPTION_j + \alpha_{18} \times EX\_OPTION_j \times SCA + \alpha_{19} \times EX\_OPTION_j \times SOX + \alpha_{20} \times OWNER_j + \alpha_{21} \times OWNER_j \times SCA + \alpha_{22} \times OWNER_j \times SOX \quad (2)$$

其中，*DEP* 为 *R_CFO*，*R_DISX*，*R_PROD*，*RM_PROXY* 这四种衡量真实活动盈余管理的指标，*ABS_DA* 为可操纵应计的绝对值。

四、实证结果

（一）描述性统计

本文描述性统计结果显示可操纵应计的绝对值在 SOX 法案颁布前逐步上升，在丑闻期间达到顶峰，在 SOX 法案颁布后逐步下降；正向可操纵应计在 SOX 法案颁布前逐步上升，在丑闻期间达到顶峰，在 SOX 法案颁布后逐步下降，与 SOX 法案颁布前十几年股票期权授予程度加大，管理层有更大动机进行盈余管理的观点相一致。而负向可操纵应计在 SOX 法案颁布前逐步下降，在丑闻期间达到最低点，在 SOX 法案颁布后逐步上升，和预期一致；真实活动盈余管理在丑闻期及 SOX 法案颁布后是逐步上升的。描述性统计表明，在丑闻期间至 SOX 法案颁布后，整体的应计项盈余管理程度下降，在 SOX 法案颁布后，真实活动盈余管理程度上升。详见图 2-11。

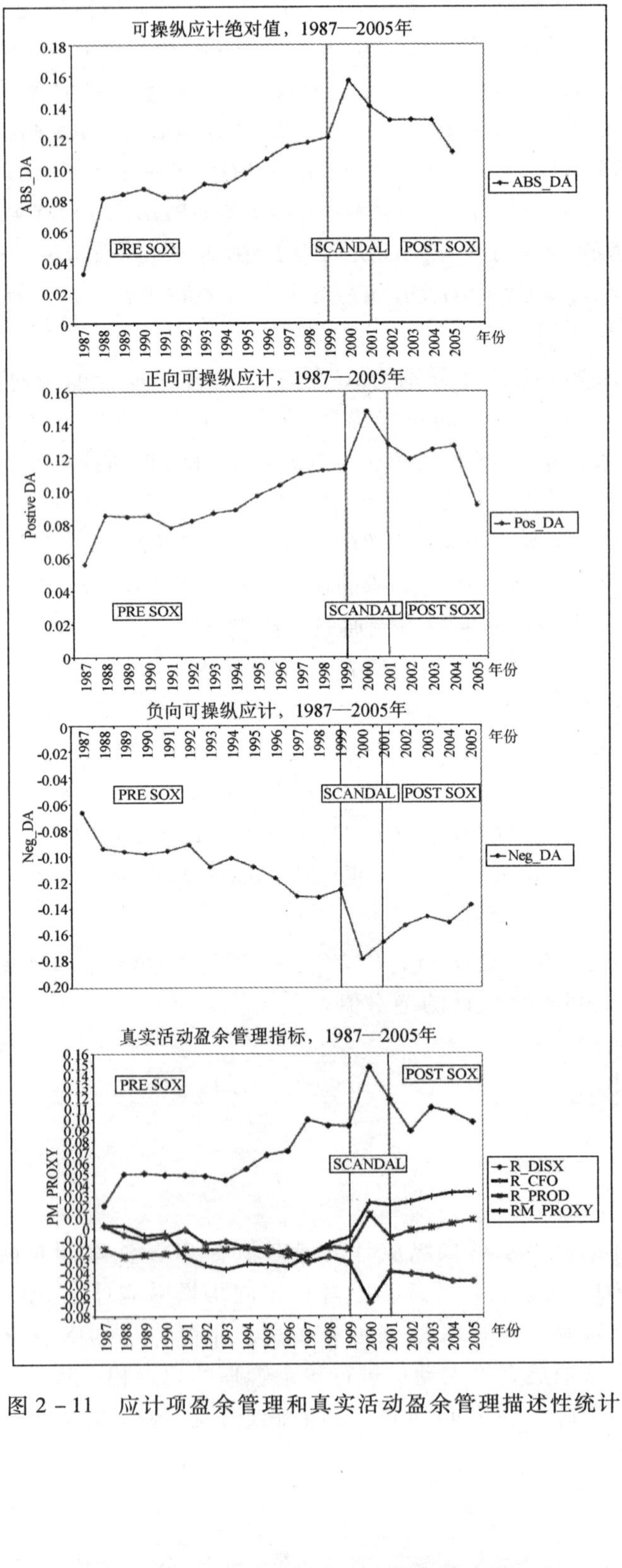

图 2-11　应计项盈余管理和真实活动盈余管理描述性统计

（二）有关期权报酬与盈余管理的结果分析

回归方程（1）结果表明，当用可操纵应计绝对值、正向可操纵应计与负向可操纵应计作为因变量时，α_4分别显著地为正、正、负，表明在样本期间，应计项盈余管理程度是有时间趋势的；而α_6分别显著地为负、负、正，表明 SOX 法案颁布后是以较低的应计项盈余管理为特征的；当用正向可操纵应计作为因变量时，α_9显著为正，表明丑闻期间正向可操纵应计同红利占总薪酬的百分比是显著正相关的；当用正向可操纵应计作为因变量时，α_{14}与α_{15}显著为负，同时α_{16}不显著，表明在 SOX 法案颁布前，新授予的期权（*GRNT_OPTION*）同正向应计项盈余管理（*Positive_DA*）是负相关的；α_{11}显著为正表明 SOX 法案颁布前，未行权的期权同正向应计项盈余管理是显著正相关的；α_{12}显著为正表明这种正相关关系在丑闻期间尤其显著。同时样本期间管理层权益报酬在 SOX 法案颁布前逐步上升，丑闻期间达到最大值，在 SOX 法案颁布后逐步下降。以上结果表明权益报酬同正向应计项盈余管理是相关的。

（三）有关盈余管理方式的结果分析

回归结果表明，在控制了管理层权益报酬的影响后，回归模型（2）的α_6显著为正，表明 SOX 法案颁布后，真实活动盈余管理程度上升。α_7显著为负，表明管理层从应计项盈余管理转向真实活动盈余管理。

随后作者分别以行业（制造业和非制造业）以及更有动机进行盈余管理的公司（为了达到某一盈余标准，如为了达到分析师盈余预测水平的公司）为样本，进行稳健性检验，发现在 SOX 法案颁布前后，盈余管理程度及方式的变化与前文的研究结果一致。

五、结论

本文研究发现，从 1987 年开始至 2002 年 SOX 法案颁布前，公司通过应计项进行盈余管理的情况增加，但是在 SOX 法案颁布之后出现了显著降低。相反，通过真实活动进行盈余管理的水平在 SOX 法案颁布前呈下降趋势，在 SOX 法案颁布后显著增加，说明在 SOX 法案颁布后公司从应计项盈余管理转向真实活动盈余管理。同时，作者发现 SOX 法案颁布前应计项盈余管理的增加与权益报酬的增长相一致，当期授予的股票期权与正向应计项盈余管理负相关，未行权的期权同正向应计项盈余管理正相关。

本文为研究 SOX 法案的后果提供了新的证据，避免了从 SOX 法案执行后应计项盈余管理程度减少片面得出 SOX 法案降低了盈余管理程度的结论。本文表明 SOX 法案颁布后，公司的盈余管理方式有所转变。然而，本文的局限性在于，只能发现盈余管理方式的变化，不能从整体上评价 SOX 法案颁布后盈余管理程度，进而很难基于盈余管理的维度来全面评价 SOX 法案的有效性。

（整理人：曹健）

主要参考文献

[1] Aboody, D., and R. Kasznik. 2000. CEO stock option award and the timing of corporate voluntary disclosures. *Journal of Accounting and Economics* 29: p. 73 – 1000.

[2] Bergstresser, D., and T. Philippon. 2006. CEO incentives and earnings management. *Journal of Financial Economics* 80: p. 511 – 529.

[3] Collins, D., and P. Hribar. 2002. Errors in estimating accruals: Implications for empirical research. *Journal of Accounting Research* 40: p. 105 – 134.

[4] Healy, P. 1985. The effect of bonus schemes on accounting decisions. *Journal of Accounting and Economics* 7: p. 85 – 107.

[5] Jain, P. K., J. Kim, and Z. Rezaee. 2003. Have the Sarbanes – Oxley Act of 2002 and the CEO certifications made the market participants more informed? Working paper, University of Memphis.

[6] Jain and Z. Rezaee. 2006. The Sarbanes – Oxley Act of 2002 and capital – market behavior: Early evidence. *Contemporary Accounting Research* 23 (3): p. 629 – 654.

[7] Johnson, S. A., H. E. Ryan, Jr., and Y. S. Tian. 2005. Executive compensation and corporate fraud. Working paper, Texas A&M University.

[8] Rezaee, Z. 2004. Corporate governance role in financial reporting. *Research in Accounting Regulation* 17: p. 107 – 149.

[9] Roychowdhury, S. 2006. Earnings management through real activities manipulation. *Journal of Accounting and Economics* 42: p. 335 – 370.

[10] Yermack, D. 1997. Good timing: CEO stock option award and company news announcements. *Journal of Finance* 52 (2): p. 449 – 476.

§2-12 通过实际税率进行盈余管理：纳税筹划投资与SOX法案的效果

Earnings Management through Effective Tax Rates: The Effects of Tax - Planning Investment and the Sarbanes - Oxley Act of 2002

文献来源：Cook, K. A., G. R. Huston, and T. C. Omer. 2008. Earnings Management through Effective Tax Rates: The Effects of Tax - Planning Investment and the Sarbanes - Oxley Act of 2002. *Contemporary Accounting Research*, 2 (25) 447 - 471.

【摘要】 Dhaliwal, Gleason and Mills（DGM, 2004）证实了公司会通过降低第三至第四季度之间的实际税率（Effective Tax Rates, ETR）来进行盈余管理。本文研究了公司纳税筹划投资是如何影响ETR的变化与通过ETR进行盈余管理的动机。首先，本文检验了公司向外部审计师购买纳税筹划服务对第三至第四季度ETR变化的影响。其次，本文尝试探索SOX法案是否改变了公司通过ETR进行盈余管理的倾向。对于那些达不到盈余目标的公司，本文没有发现SOX法案的实施对纳税筹划服务费用与第三至第四季度ETR的关系有显著影响的证据。然而，对于那些从非外部审计师获得纳税筹划服务的公司，在SOX法案实施前，第三至第四季度ETR的改变与达不到分析师盈余预测负相关，在SOX法案实施后这种关系不再存在。

一、研究问题

（一）问题的提出

在财务报告中所得税费用是最后一项可以决定本期盈余的项目，也是“管理层进行盈余管理的最后机会”。本文主要研究通过改变第三至第四季度的ETR来进行盈余管理的三个方面的问题。

首先，Mills et al.（1998）认为纳税筹划投资（Tax - Planning Investment）的增加（本文用纳税筹划费用来衡量）会带来ETR的下降，本文主要研究向外部审计师购买的纳税筹划费用是如何影响第三至第四季度ETR的变化。

其次，SOX法案认为外部审计师同时提供审计服务和纳税筹划服务会影响其独立性，Omer et al.（2006）和Maydew and Shackelford（2006）发现在SOX法案讨论和通过期间，上市公司减少或停止从外部审计师获得纳税筹划服务。作为参照，作者同时研究了那些没有从外部审计师获得纳税筹划服务的公司是如何利用第三至第四季度的ETR的变化来达到盈余目标的。

最后，本文研究 SOX 法案的实施是否改变了公司通过第三至第四季度的 ETR 的变化进行盈余管理的动机。

本文的逻辑框架见图 2 – 12。

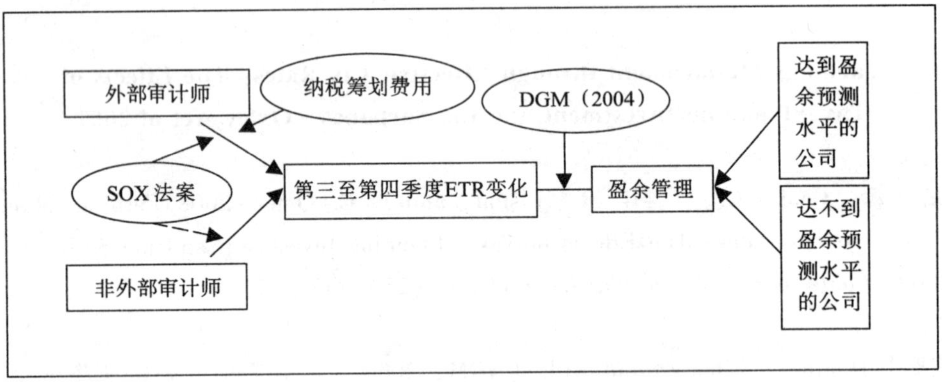

图 2 – 12　SOX 法案、纳税筹划与盈余管理

（二）研究意义

本文研究 SOX 法案实施后，公司通过实际税率进行盈余管理的方式是否有所改变，以及纳税筹划费用与实际税率减少的关系，为评价 SOX 法案提供了另一视角。同时，本文也检验了有关外部审计师提供审计服务和纳税筹划服务规定的效果，具有政策指导意义。

（三）主要贡献

第一，本文为投资者及政策制定者提供了公司报告的所得税费用同纳税筹划投资及盈余管理有关的经验证据。

第二，考虑到审计师独立性和提供纳税筹划之间的关系，PCAOB 计划对审计师提供的纳税筹划进行限制。本文为纳税筹划费用与财务报告质量之间的关系，以及这些限制措施是否有效提供经验证据。

第三，本文聚焦于具体应计项（specific accruals），有助于辨别 ETR 降低是由于盈余管理，还是由于有效的税务筹划引起的，丰富了盈余管理的文献。

二、研究假设

Mills et al.（1998）研究了纳税筹划投资的决定因素和纳税筹划投资的回报，发现纳税筹划投资每多增加 1 美元会带来 4 美元所得税的降低。Omer et al.（2006）发现，在 SOX 法案实施前，前一年的边际税率及 ETR 的下降与支付给事务所更高的纳税筹划费用是相关的。这些结果表明，在检验所得税操纵对达到盈余目标的影响程度时，对是否进行纳税筹划这一因素进行控制显得十分必要。为了验证纳税筹划对 ETR 变化的影响，作者提出本文第一个假设：

H1：付给外部审计师更高的纳税筹划费用同更多的第三至第四季度 ETR 的减少相关。

付给外部审计师的纳税筹划费用同第三至第四季度 ETR 的改变负相关表明，公司从外部审计师获得的纳税筹划服务给公司带来了利益，但是并没有排除管理层通过 ETR 的减少试图达到盈余预期的可能性。先前的文献研究了通过其他税收账目来进行潜在的盈余管理的可能性，比如递延所得税资产和负债（Phillips et al.，2004；Burgstahler et al.，2006），递延所得税费用（Phillips et al.，2003；Joos et al.，2003；Mills and Newberry，2001），计价备抵项目（Frank and Rego，2006；Schrand and Wong，2003；Bauman et al.，2001；Visvanathan，1998）。DGM（2004）发现那些可能达不到分析师盈余预测的公司更可能降低第四季度的 ETR。因此作者提出本文第二个假设：

H2：在那些可能达不到分析师盈余预测的公司中，支付给外部审计师更高的纳税筹划费用同更多的第三至第四季度 ETR 的减少相关。

外部审计师同时提供审计服务和纳税筹划服务可能会影响审计独立性，因此，PCAOB 限制外部审计师同时提供审计服务和纳税筹划服务。然而审计服务和纳税筹划服务的分离是否会影响第三至第四季度 ETR 减少与达不到盈余预测目标的关系呢？接下来作者检验了那些从非外部审计师获得纳税筹划的公司中，ETR 的变化与分析师盈余预测的关系，提出本文第三个假设：

H3：在那些从非外部审计师获得纳税筹划服务的公司中，那些可能达不到分析师盈余预测的公司会有更多的第三至第四季度 ETR 的减少。

根据 SOX 302 条款，如果监管者认为盈余管理（通过 ETR 或其他方法）导致了重大的财务错报，公司管理层会面临更大的惩罚。通过实际税率进行盈余管理的方法相对来讲比较容易被监管者所识别，因此 SOX 法案通过以后，管理层将减少这种盈余管理方式的使用，作者提出第四个假设：

H4：SOX 法案限制了公司对通过第三至第四季度 ETR 减少来进行盈余管理方法的采用。

三、样本选择和研究方法

（一）样本选择

本文样本期间为 2000—2004 年，纳税筹划费用数据来源于 Audit Analytics 数据库，分析师预测数据来源于 I/B/E/S 数据库，其他数据来源于 Compustat 数据库，共得到 1802 个观测值，其中 1473 个观测值有支付给外部审计师纳税筹划费用的数据，329 个观测值没有该项数据。因为 SEC 要求公司披露付给外部审计师的纳税筹划费用，付给非外部审计师的纳税筹划费用则不用披露，因此，作者认为这 329 个观测值表示相应公司从非外部审计师获得纳税筹划服务。

（二）研究方法

本文在 DGM（2004）的模型基础上，加入 *Tax_Fees* 以及 *Tax_Fees* 和 *Miss* 的交互项，

检验假设1和假设2。

$$ETR4\_ETR3_{it} = \alpha_0 + \alpha_1 Miss_{it} + \alpha_2 Induced\_Chg\_ETR_{it} + \alpha_3 ETRQ3_{it} + \alpha_4 Tax\_Owed_{it} + \alpha_5 Tax\_Fees_{it} + \alpha_6 Miss_{it} \times Tax\_Fees_{it} + \alpha_{7-10} Year_{it} + \varepsilon_{it} \quad (1)$$

其中：*ETR4_ETR3* 为第四季度 ETR 减去第三季度 *ETR*；*Miss* 为虚拟变量，当分析师预测的盈余减去税前盈余大于0时取值为1，否则为0；*Induced_Chg_ETR* 为（法定税率 - 第三季度 *ETR*）×未预期的税前所得/税前所得；*ETRQ3* 为第三季度的实际税率；*Tax_Owed* 为扣除退税后的应付税款/税前所得；*Year* 为年度虚拟向量。

Tax_Fees 为经销售和管理费用总额调整的付给外部审计师的税务服务费用，模型（1）用1473个观测值来回归。本文使用模型（1）检验H1与H2，作者预期α_5与α_6显著为负。

接下来，作者在模型（1）的基础上加入了 *Other* 以及 *Other* 和 *Miss* 的交互项，得到模型（2）：

$$ETR4\_ETR3_{it} = \alpha_0 + \alpha_1 Miss_{it} + \alpha_2 Induced\_Chg\_ETR_{it} + \alpha_3 ETRQ3_{it} + \alpha_4 Tax\_Owed_{it} + \alpha_5 Tax\_Fees_{it} + \alpha_6 Miss_{it} \times Tax\_Fees_{it} + \alpha_7 Other_{it} + \alpha_8 Miss_{it} \times Other_{it} + \alpha_{9-12} Year_{it} + \varepsilon_{it} \quad (2)$$

其中：当公司从非外部审计师获得纳税筹划服务，则 *Other* 取值为1，否则为0。模型（2）用1 802个观测值来回归。本文使用模型（2）检验H3，作者预期α_8显著为负。

为了检验H4，作者将样本分为两个期间，2000—2002年为SOX法案实施前，2003—2004年为SOX法案实施后，重新对模型（1）与模型（2）进行估计，更进一步地，作者分别将2002—2004年作为SOX法案实施后的期间和将2002年剔除进行稳健性检验。

四、实证结果

（一）描述性统计

描述性统计结果显示相对于可能达到或超过分析师盈余预测的公司（*ETR4_ETR3* 的均值为 -0.39%），那些可能达不到分析师盈余预测的公司第三至第四季度ETR的减少更多（*ETR4_ETR3* 的均值为 -0.98%），SOX法案实施后第三至第四季度ETR的减少（-0.67%）比SOX法案前第三至第四季度ETR的减少（-0.44%）更多。SOX法案实施后（2003—2004年），公司付给外部审计师的纳税筹划费用下降，但是并不显著，当把2002年包括在SOX法案实施后的期间时发现，付给外部审计师的纳税筹划费用显著下降，这同 Omer et al.（2006）的研究结果相一致。Pearson 与 Spearman 相关系数均表明，*ETR4_ETR3*与 *Miss* 显著负相关。虽然 *ETR4_ETR3* 与 *Tax_Fees* 不相关，然而Spearman系数显著负相关，为H1提供了部分证据。

（二）回归结果

模型（1）的回归结果显示，α_6显著为负（$\alpha_6 = -0.89$，$p = 0.05$），*Miss* 的回归系数也显著为负，表明在那些可能达不到分析师盈余预测的公司中，付给外部审计师更高的纳税筹划费用会带来更多的第三至第四季度ETR的减少，由于达不到分析师预测的公司更有动机去进行盈余管理，模型（1）的回归结果支持了盈余管理动机及纳税筹划投资会带来第三至第四季度 ETR 的减少，验证了 H2。

模型（2）的回归结果显示，α_6和α_8都显著为负，支持了 H2 及 H3。

为了检验 H4，作者将样本期间分为 SOX 法案实施前和 SOX 法案实施后，分别重新估计模型（1）与模型（2）。结果表明，由于 SOX 法案限制公司从外部审计师获得纳税筹划服务，那些没有从外部审计师购买纳税筹划服务且可能达不到分析师盈余预测的公司在 SOX 法案实施前都有第三至第四季度 ETR 的减少，模型（2）的α_6显著为负，但是在 SOX 法案实施后则不存在这种现象，模型（2）的α_6不显著，支持了 H4。但是模型（1）和模型（2）中 *Tax_Fees* 的系数不显著，表明纳税筹划投资与第三至第四季度 ETR 的减少是无关的，并没有为 H1 提供证据。

五、结论

本文发现，在那些可能达不到分析师盈余预测的公司中，支付给外部审计师更高的纳税筹划费用会带来更多的第三至第四季度 ETR 的减少。在没有从外部审计师获得纳税筹划服务的公司中，那些达不到分析师盈余预测的公司的第三至第四季度 ETR 的减少程度更大。最后，作者发现 SOX 法案确实改变了管理层通过 ETR 来进行盈余管理的倾向，但是对纳税筹划费用和 ETR 减少的关系影响不大，即 SOX 法案实施前后，更多的纳税筹划投资与更多的第三至第四季度 ETR 的减少是相关的。

本文拓展了 DGM（2004）的研究，同时为研究通过实际税率变化进行盈余管理提供了新的维度，并为研究 SOX 法案的实施效果提供了经验证据。未来的研究可以着眼于那些可能达到或者超过盈余预测的公司，是如何通过提高第三至第四季度的实际税率来进行负向盈余管理的。

（整理人：曹健）

主要参考文献

[1] Bauman, C., M. Bauman, and R. Halsey. 2001. Do firms use the deferred tax asset valuation allowance to manage earnings? *Journal of the American Taxation Association* 23 (Supplement): p. 27 – 48.

[2] Burgstahler, D., W. Elliott, and M. Hanlon. 2006. How firms avoid losses: Evidence of use of the net deferred tax asset account. Working paper, University of Washington.

[3] Dhaliwal, D. S., C. A. Gleason, and L. F. Mills. 2004. Last – chance earnings management: Using the tax expense to meet analysts' forecasts. *Contemporary Accounting Research* 21 (2): p. 431 – 459.

[4] Frank, M., and S. Rego. 2006. Do managers use the valuation allowance account to manage earnings around certain earnings targets? *Journal of the American Taxation Association* 28 (1): p. 43 – 65.

[5] Joos, P., J. Pratt, and S. Young. 2003. Using deferred taxes to detect earnings management: Further evidence. Working paper, Baruch College.

[6] Maydew, E., and D. Shackelford. 2006. The changing role of auditors in corporate tax planning. Working paper, University of North Carolina.

[7] Mills, L., M. Erickson, and E. Maydew. 1998. Investments in tax planning. *Journal of the American Taxation Association* 20 (1): p. 1 – 20.

[8] Mills, L., and K. Newberry. 2001. The influence of tax and non – tax costs on book – tax reporting differences: Public and private firms. *Journal of the American Taxation Association* 23 (1): p. 1 – 19.

[9] Omer, T., J. Bedard, and D. Falsetta. 2006. Tax fees paid to auditors: The effects of a changing regulatory environment. *The Accounting Review* 81 (5): p. 1095 – 1117.

[10] Phillips, J., M. Pincus, and S. Rego. 2003. Earnings management: New evidence based on deferred tax expense. *The Accounting Review* 78 (2): p. 491 – 521.

[11] Phillips, J., M. Pincus, S. Rego, and H. Wan. 2004. Decomposing changes in deferred tax assets and liabilities to isolate earnings management activities. *Journal of the American Taxation Association* 26 (Supplement): p. 43 – 66.

[12] Schrand, C., and M. Wong. 2003. Earnings management using the valuation allowance for deferred tax assets under SFAS No. 109. *Contemporary Accounting Research* 20 (3): p. 579 – 611.

[13] Visvanathan, G. 1998. Deferred tax valuation allowances and earnings management. *Journal of Financial Statement Analysis* 3 (4): p. 6 – 15.

§2-13　SOX 302 条款下内部控制缺陷披露的市场反应及内部控制缺陷特征对市场反应的影响

Market Reactions to the Disclosure of Internal Control Weaknesses and to the Characteristics of Those Weaknesses under Section 302 of the Sarbanes Oxley Act of 2002

文献来源：Hammersley, J. L., L. A. Myers, and C. Shakespeare. 2008. Market Reactions to the Disclosure of Internal Control Weaknesses and to the Characteristics of Those Weaknesses under Section 302 of the Sarbanes-Oxley Act of 2002. *Review of Accounting Studies* 2008. 13 (1): 141-165.

【摘要】 本文在控制事件窗口其他重要公告后，检验了 SOX 302 条款下内部控制缺陷披露的市场反应及内部控制缺陷特征对市场反应的影响。实证结果发现，披露内部控制缺陷的某些特征（缺陷的严重程度、管理层对内部控制有效性的评估、缺陷的可审性及披露的模糊性）是具有信息含量的。本文还发现内部控制缺陷披露的信息含量取决于内部控制缺陷的严重程度。此外，在不包含其他事件的子样本中，本文发现内部控制缺陷披露和重大缺陷披露均有负的市场反应。

一、研究问题

（一）问题的提出

2002 年颁布的 SOX 法案中有两个条款要求公司披露内部控制系统的有效性。首先，SOX 302 条款要求 CEO 和 CFO 每季度评估内部控制系统的设计及其实施的有效性，并报告其有效性的总体结论。其次，SOX 404 条款要求审计师每年对管理层内部控制进行评估及对内部控制有效性进行审计。在内部控制审计准则中，依据内控缺陷的严重程度，把内控缺陷分为三类：一般缺陷、重要缺陷和重大缺陷。其中，重大缺陷尤为重要，因为重大缺陷意味着内部控制问题很可能导致财务报表的重大错报，并且这些错报是审计师未能发现的重大错报，在以后期间做出财务报告更正时，将导致股票价格的大幅度下降（Palmrose et al., 2004）。作者检验了管理层披露内部控制缺陷时的市场反应及内部控制缺陷特征对市场反应的影响，以评估此类信息披露对投资者的作用。

本文的逻辑框架如图 2-13 所示。

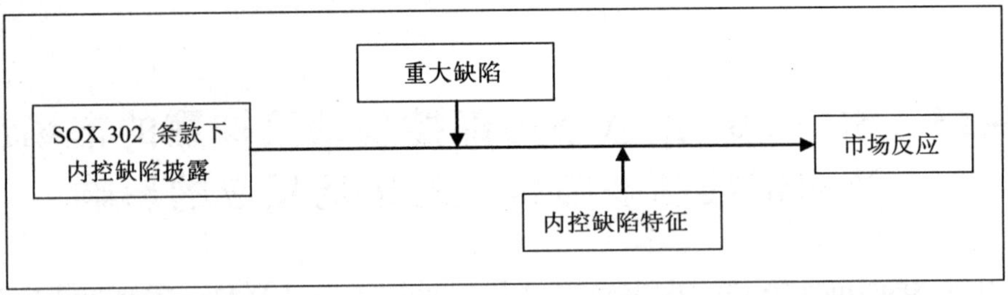

图 2－13　内部控制缺陷披露、内部控制缺陷特征与市场反应

（二）研究意义

SOX 法案是证券法及证券交易法颁布实施以来美国证券市场最重要的法案，SOX 302 条款又是 SOX 最重要的条款之一。新的内部控制信息披露要求带来了巨大的合规成本。一份研究报告表明，扣除外部审计成本后，财富 1000 强公司首年平均花费 590 万美元用于执行 SOX 404 条款中内部控制报告披露的规定（Charles River Associates，2005）。而这个数字远大于 SEC 预计的 91000 美元（SEC，2003）。因此，评估内部控制信息披露的净收益就显得十分必要了。

（三）主要贡献

De Franco et al.（2005）研究了投资者规模（规模较小与规模较大的投资者相比）是否影响内控缺陷的市场反应；Beneish et al.（2006）则研究 SOX 302 条款及 SOX 404 条款是否提供了关于公司内部控制的信息，及其对公司股票价格和内含资本成本的影响。作者的贡献在于探索不同特征的内部控制缺陷的市场反应是否不同，拓展了内部控制信息披露信息含量的研究。

二、研究假设

股票价格的显著下降表示内控缺陷的披露改变了投资者对管理层监督财务报告的质量和公司会计信息系统质量的看法（Francis and Ke，2006），进而导致他们重新评估公司未来盈利能力及风险。投资者对这些信息披露的反应是一个开放性的问题，审计师认为投资者不能充分理解披露的内部控制信息（Orenstein，2004），监管者则认为披露政策不必然取决于投资者的反应（Nicolaisen，2004）。但是，作者认为如果内部控制缺陷的披露给投资者提供关于公司的新信息，这个信息会被市场预期为负面信息。

作者还研究了内部控制缺陷的特征是否同样具有信息含量。权威部门认为内部控制缺陷的特征具有信息含量，瑞士信贷第一波士顿银行的一名分析师认为披露详细的信息将决定投资者对重大缺陷的反应（Credit Suisse First Boston，2005）。因此，作者预测，与其他缺陷相比，市场对披露重大缺陷的反应更大；同时作者预期，管理层评估内部控制系统有效性、缺陷的可审性、披露的模糊性、缺陷的发现者及审计质量会影响投资者的价值评估。

三、研究方法

（一）样本选择

本文的数据来自 Compliance Week 和 EDGAR 数据库。样本期间为 2003 年 11 月至 2005 年 1 月。作者仅保留首次披露内部控制缺陷的公司，删除重复披露数据及数据缺失样本后得到 358 个样本。

考虑到盈余公告等信息可能影响事件窗口的股价，本文同时生成一个干净的样本（clean sample），剔除窗口期间包含其他信息披露的样本，得到 98 个样本。

（二）研究设计

作者在文中探索的内部控制缺陷特征有：（1）内部控制缺陷的严重程度（一般缺陷、重要缺陷和重大缺陷），预测披露重大缺陷的公司市场负面反应更大。（2）内部控制系统的有效性，即 SOX 302 条款之下管理层对公司内部控制系统的总体评估，分为两类：有效和非有效[①]。当管理层对内部控制的评价为有效时，市场负面反应可能较低，因为投资者解释为管理层认为公司内部控制系统不存在严重问题或已被修正，投资者也可能将管理层评价内部控制有效解释为管理层不承认内部控制存在严重问题，市场反应的负面程度可能更高，因此作者不对该变量符号作预期。（3）内控缺陷的可审性，即根据审计师审计的难度以及是否需要额外的实质性程序进行区分。作者通过咨询 5 位专家[②]的意见把内控缺陷分为不可审和一般可审，并预计可审性越差，市场反应越负面。（4）内控信息披露的模糊性。作者将内部控制信息披露的模糊性定义为内部控制缺陷披露不能提供充分描述，投资者不能从披露信息中理解内控缺陷的重要性或来源。作者预期披露信息不清晰，不能让投资者充分理解公司的内部控制状况时，市场反应更为负面。（5）内控缺陷的发现者，分为被审计师发现和被非审计师发现。在内部控制缺陷被审计师发现的情况下，一方面，投资者认为管理者没有能力发现内控缺陷，或者没有动机向审计师披露公司的内控缺陷，此时，市场反应将更为负面；另一方面，投资者认为审计师发挥了作用，市场反应的负面程度将相对较低。因此，作者没有对缺陷发现者的符号做预期。（6）四大会计师事务所。以往研究发现，四大会计师事务所的审计质量更高，因此，作者认为事务所对投资者评估内部控制缺陷严重性是有用信息，并预期当审计师为非四大会计师事务所时，市场反应更为负面。

作者以经规模调整的收益（Size - adjusted Return）为因变量，研究 SOX 法案下内部控制缺陷披露的市场反应。文中的回归模型如下：

$$SAR_{i,t} = \alpha_0 + \alpha_1 MW_{i,t} + \alpha_2 Effective_{i,t} + \alpha_3 LessAuditable_{i,t} + \alpha_4 Vague_{i,t} + \alpha_5 AuditorDiscovered_{i,t} + \alpha_6 BigFour_{i,t} + \alpha_7 EarningsSurprise_{i,t} + \alpha_8 OtherNews_{i,t} + \varepsilon_{i,t} \quad (1)$$

① 非有效包括无效和除披露的缺陷外有效（effective except for the disclosed weaknesses）。

② 4 位合伙人和 1 位高级经理。

$$SAR_{i,t} = \alpha_0 + \alpha_1 MW_{i,t} + \alpha_2 Effective_{i,t} + \alpha_3 MW_{i,t} \times Effective_{i,t} + \alpha_4 LessAuditable_{i,t} + \alpha_5 MW_{i,t} \times LessAuditable_{i,t} + \alpha_6 Vague_{i,t} + \alpha_7 MW_{i,t} \times Vague_{i,t} + \alpha_8 AuditorDiscovered_{i,t} + \alpha_9 MW_{i,t} \times AuditorDiscovered_{i,t} + \alpha_{10} BigFour_{i,t} + \alpha_{11} MW_{i,t} \times BigFour_{i,t} + \alpha_{12} EarningsSurprise_{i,t} + \alpha_{13} OtherNews_{i,t} + \varepsilon_{i,t} \quad (2)$$

解释变量包括：内部控制重大缺陷（*MW*），如果披露内部控制重大缺陷，则为1，否则为0；内部控制系统有效性（*Effective*），如果管理层对内部控制评估的结论为有效时取值为1，否则为0；内控缺陷可审计（*Less Auditable*），如果公司披露的内控缺陷被认为缺乏可审性时为1，否则为0；内控信息披露的模糊性（*Vague*），如果公司披露的内控缺陷被认为模糊时则为1，否则为0；缺陷的发现者（*AuditorDiscovered*），如果内控缺陷被审计师发现则为1，否则为0；四大会计师事务所审计（*BigFour*），如果公司由四大会计师事务所审计，则为1，否则为0。其他控制变量包括未预期盈余和窗口期间是否有其他消息公布（*OtherNews*）。

四、实证结果

单变量分析的结果表明，无论是全样本还是只包括重大缺陷的子样本，市场反应均不显著为负。但当剔除窗口期间具有其他信息披露的样本后，全样本和只包括重大缺陷的子样本，市场反应均显著为负。

从模型（1）回归结果可以看出，内控系统有效性、内控缺陷的可审性和披露的模糊性对市场反应均有显著的影响，但本文并没有发现重大缺陷比重要缺陷和一般缺陷市场反应负得更多的证据，表明内部控制特征确实影响了投资者对公司价值的评估，内部控制信息披露具有一定的信息含量。

由于内部控制缺陷的严重性可能影响投资者对内部控制信息的评估，即当内部控制缺陷不严重时，内控特征对投资者的价值评估影响可能更小，作者在模型（1）的回归方程中加入内部控制重大缺陷与各个内部控制缺陷特征的交互项。模型（2）的回归结果表明，可审性和内控重大缺陷交互项的系数显著为负，与前面结果相一致，而联合检验结果显示重大缺陷组中可审性对市场反应的影响更大。在检验披露信息的模糊性的市场反应时，作者发现了类似结果。总之，实证结果表明内部控制缺陷的信息含量取决于缺陷的严重程度。

五、结论

负面的市场反应可能表明修正内控缺陷存在一定成本；还可以反映出公司若不采取修正措施，SOX 404 条款下的内控审计可能为公司出具不利的审计意见；或者反映了财务报表存在尚未披露错报的可能。多元回归的结果表明，投资者会利用内部控制缺陷包含的信息调整其对公司股票价格的预期；加入交乘项后，结果表明无论内控缺陷的严重程度如何，投资者关注内控缺陷对审计质量的影响。然而，收益与内控信息披露模糊性之间的相关性，主要是由内控重大缺陷的观测值引起的，这表明内部控制缺陷的信息含量取决于内控缺陷的严重程度。

本文在估计异常盈余时，使用前四季度每股收益作为预期收益，该估计方法稍显粗糙。此外，文中在剔除其他消息影响时仅仅考虑了事件前后的正式公告，不能排除事件区间存在正式公告以外的其他信息的影响。

（整理人：黄敬昌）

主要参考文献

[1] Beneish, M. D., Billings, M., &Hodder, L. (2006). Internal control weaknesses and information uncertainty. Working paper, Indiana University.

[2] Charles River Associates. (2005). Sarbanes Oxley Section 404 costs and remediation of deficiencies: Estimates from a sample of Fortune 1000 companies. April, 2005.

[3] Credit Suisse First Boston. (2005). Section 404: Now appearing in 10 - Ks near you. March 11, 2005.

[4] De Franco, G., Guan, Y., & Lu, H. (2005). The wealth change and redistribution effects of Sarbanes - Oxley internal control disclosures. Working paper, University of Toronto.

[5] Francis, J. R., &Ke, B. (2006). Disclosure of fees paid to auditors and the market valuation of earnings surprises. *Review of Accounting Studies*, 11, p. 495 - 523.

[6] Nicolaisen, D. T. (2004). Keynote speech at 11th annual Midwestern financial reporting symposium. Chicago, IL, October 7, 2004.

[7] Orenstein, E. G. (2004). Sarbanes - Oxley 404: Remediation, communication, education. *Financial Executives International*, November, 2004. http://www.fei.org/mag/articles/11 - 2004_ compliance.cfm.

[8] Palmrose, Z. - V., Richardson, V. J., &Scholz, S. (2004). Determinants of market reactions to restatement announcements. *Journal of Accounting and Economics*, 37, p. 59 - 89.

[9] Public Company Accounting Oversight Board (PCAOB). (2004). Auditing Standard No. 2. An audit of internal control over financial reporting performed in conjunction with an audit of financial statements. Washington, DC: PCAOB.

[10] Securities and Exchange Commission (SEC). (2003) *Final rule: Management's reports on internal control over financial reporting and certification of disclosure in Exchange Act periodic reports.* Release Nos. 33 - 8238, 34 - 47986. August 14. Washington, DC: SEC.

§2-14 内部控制缺陷与信息不确定性

Internal Control Weaknesses and Information Uncertainty

文献来源：Beneish，D.，M. Billings，and L. Hodder. 2008. Internal Control Weaknesses and Information Uncertainty. *The Accounting Review*，83（3）：665-703.

【**摘要**】本文分析了 SOX 302 条款下 330 个公司未经审计的内部控制信息披露及 SOX 404 条款下 383 个公司经审计的内部控制信息披露的市场反应，发现 SOX 302 条款下的内部控制信息披露公司存在-1.8%的异常收益，权益资本成本则上升了 68 个基点。本文认为 SOX 302 条款下信息披露具有信息含量，表明相关公司财务报表的可靠性较差。相反，本文没有发现 SOX 404 条款的信息披露对股票价格和公司的权益资本成本具有显著影响。此外，本文还发现审计质量的提高降低了 SOX 302 条款信息披露的负向市场反应，加速申报公司（规模较大的公司）的负面市场反应（-1.10%）较弱，而非加速申报公司的异常收益率为-4.22%。本研究对小规模上市公司执行内部控制监管提供了参考：小规模上市公司重大内部控制缺陷披露具有更高的信息含量，表明其披露前具有更高的信息不确定性。

一、研究问题

（一）问题的提出

SOX 法案改变了公司治理、信息披露及财务报告的规则。高昂的合规成本使得实务界及学术界质疑监管干预是否会给上市公司带来正的净收益（Ribstein，2002；Michaels，2003；Romano，2005；DeFond and Francis，2005）。内部控制缺陷增加了财务错报风险及管理层操纵盈余的可能性，SOX 302 条款及 404 条款的目的是为投资者提供关于公司内部控制系统的信息。若投资者事先已经了解公司内部控制信息，并在股票价格中反映了这一不确定性，那么内部控制信息的披露并不会提供增量信息。如果内部控制缺陷披露具有信息含量或投资者没有完全把公开信息反应在股价中，则在披露内控缺陷信息后，投资者将修正对公司的风险评估，并导致价格变动。若投资者做出负面评价，表明投资者要求获得对财务报告不确定性风险的补偿（Easley and O'Hara，2004；Lambert et al.，2007a；Ecker et al.，2006）。

本文主要研究了 SOX 302 条款及 SOX 404 条款是否提供了关于公司内部控制的增量信息，及上述信息披露对公司股票价格和内含资本成本的影响。

本文的逻辑框架见图 2-14。

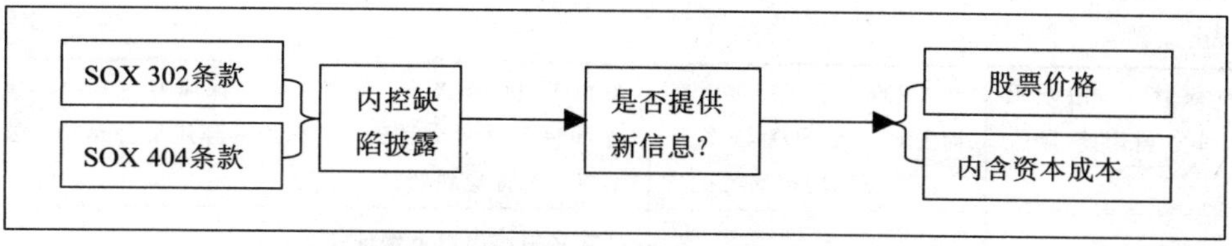

图 2-14　内控缺陷披露、股票价格和内含资本成本

（二）研究意义

SOX 法案是自 1933 年证券法及 1934 年证券交易法颁布实施以来对美国证券市场影响最大的法案。本文对于理解市场投资者如何评价 SOX 302 条款及 SOX 404 条款，以及充分理解 SOX 法案的经济后果具有十分重要的意义。

（三）主要贡献

已有研究表明，披露内部控制缺陷的公司规模较小、相对上市时间更短、风险更高、财务状况更差（Ashbaugh - Skaife et al.，2007；Doyle et al.，2007a），盈余质量更差（Ashbaugh - Skaife et al.，2008；Bedard，2006；Doyle et al.，2007b），权益资本成本更高（Ashbaugh - Skaife et al.，2007）。但是，这些研究并没有涉及 SOX 302 条款和 404 条款中内部控制信息披露是否向投资者传递了公司内部信息以及传递了哪些信息。本文对此进行了研究。

SOX 法案导致了信息环境的结构性变化。早期研究发现 SOX 法案的立法事件具有正向的市场反应，表明监管行为对财务报告质量的影响具有一个正的净收益（Jain and Rezaee，2006；Jain et al.，2008；Li et al.，2008）。然而，这些文献研究的是 SOX 法案对整体信息环境的影响，而本文研究的是公司执行 SOX 法案的特定条款对公司产生的影响。

二、研究假设

SOX 法案通过以前，SEC 没有权力干涉公司运营及内部控制。正如表 2-3 所示，SOX 法案通过 302 和 404 条款，要求上市公司披露内部控制信息，改变了公司的信息环境。2002 年开始执行的 SOX 302 条款要求管理层（1）对内控系统作出保证，并向审计委员会报告；（2）向公众披露内部控制重大缺陷和内部控制的重要改变。SOX 302 条款没有要求独立审计师的审查，而是仅仅要求披露 CEO 和 CFO 已知的内部控制重大缺陷，SOX 302 条款下的信息披露取决于管理层发现内控缺陷的尽责程度和他们在披露上的自我判断水平。

表 2-3　　**SOX 法案条款摘录**

SOX 法案	2002 年 7 月 30 日布什签署 SOX 法案，使之正式成为法律	SOX 改变了公司治理、信息披露和财务报告的规则
SOX 101 条款和 SOX 103 条款——美国公众公司会计监督委员会和审计准则	SOX 101 条款建立美国公众公司会计监督委员会（PCAOB）	103 条款中 PCAOB 要求会计师事务所在准备和出具审计报告时，必须建立审查程序及相关证据、质量控制、道德规范和保持独立性标准

续表

SOX 906 条款——白领犯罪处罚和公司财务报告责任	SOX 906 条款（通过后立即生效）是 SOX 法案三个需要证明的条款之一	在 SOX 906 条款下，管理层必须保证 10 – Ks 和 10 – Qs 遵循 1934 年证券交易法，并保证其陈述是公允的。故意从事不当行为将受到处罚
SOX 302 条款——公司的财务报告责任	2002 年 8 月 27 日 SEC 对外公布，并在 2002 年 8 月 29 日生效	高管必须作出以下保证： • 审核了报告 • 报告中没有虚假陈述 • 向审计师报告了所有内部控制缺陷（包括欺诈行为） • 已识别内部控制的重大变化
No. 2 审计准则——与财务报告有关的内部控制审计及财务报表审计①	2004 年 3 月 9 日 PCAOB 对外公布，2004 年 6 月 17 日 SEC 通过了 No. 2 审计准则	SOX 404（b）要求对财务报告内部控制进行审计；No. 2 审计准则要求审计师报告财务报告的内部控制，包括审计师对于管理层评估财务报告的内部控制的有效性，以及审计师对于公司财务报告内部控制有效性的独立评价
SOX 404 条款——内部控制的管理层评估	SEC 宣布在 2003 年 5 月开始实施，但 2004 年 2 月 24 日宣布延后执行	SOX 404（a）条款中，公司管理层必须提供内部控制报告，该报告评估了财务报告内部控制的有效性。SOX 404（b）条款中，公司的审计师必须审核管理层的内部控制评估，并出具报告。自会计年度结束的 90 天内完成上述报告。2004 年 11 月 15 日起，市场规模大于 7 500 万美元的公司开始执行；2005 年 7 月 15 日，市场规模小于 7 500 万美元的公司开始执行②

相反，SOX 404 条款增加了管理层及独立审计师发现内部控制重大缺陷的责任。SOX 404 条款要求管理层测试并记录内部控制的有效性，每年发布内部控制报告，报告中或者需要包括披露内部控制有效性的正面评价，或者需要对于无效的内部控制披露缺陷的性质。

如果弱的内控机制增加了财务错报或管理层操纵盈余的可能性，那么信息披露可能使得市场能够识别出低质量财务报告的公司。相关研究表明，信息不足的投资者在资本市场交易上面临逆向选择问题，市场需要补偿投资者购买低质量财务报告公司所增加的风险。若投资者要求市场对公司财务报告质量的不确定性做出补偿，内部控制缺陷的披露将使投资者修正对公司的风险评估。据此，作者提出假设 1：内部控制重大缺陷披露导致投资者预期改变。

负面的市场反应可能反映了市场期望收益率的增加或公司预期现金流的下降，公司预期未来现金流的下降可能与重大缺陷的直接成本或是利益相关者对公司风险的重估相关。若投资者预期披露重大缺陷的公司需要承担更高的直接或间接成本，则与控制组（即没有披露重大缺陷的公司）相比，披露公司将会有更小的正向预期调整。而披露重大缺陷的公司增加了审计师的审计风险，审计师要求对其承担的风险进行补偿。由此，作者提出假设 2：与控制样本相比，披露内部控制重大缺陷的公司，将有更小的正向预期调整和更高的审计及咨询费用。

① 编者注：2007 年 6 月 12 日颁布了 PCAOB NO. 5 审计准则，替代了 NO. 2 审计准则。

② 编者注：其后 SEC 数次推迟小规模公司执行 SOX 404 条款，直到 2010 年。

本文利用缺陷披露前后分析师预测数据来估计公司的内含资本成本的变化，并以此作为投资者对公司的风险预期调整，理论分析类似于假设2，作者提出假设3：与控制样本相比，披露内部控制重大缺陷的公司，其内含资本成本的提高幅度更大。

三、研究方法

（一）样本选择

在2004年SEC档案中，以“重大缺陷”和“内部控制”为关键词搜索，得到SOX 302条款下披露了内部控制重大缺陷的330家公司（必须有股票收益数据）。类似的SOX 404条款下披露内控重大缺陷的公司数为383个。股票收益和市值数据来自CRSP数据库。本文通过搜索Dow Jones News Service找出重大缺陷披露日三天窗口期间，披露公司与控制组公司发布的除内控信息外的其他信息。

（二）研究设计

本文使用的回归方程如下：

$$CAR_{i,t} = \alpha_0 + \alpha_1 AQ_{i,t} + \alpha_2 RESIGN_{i,t} + \alpha_3 AUDCHGE_{i,t} + \alpha_4 CONTAMINATION_{i,t} + \alpha_5 CONTEXT_{i,t} + \alpha_6 NO404REQ_{i,t} + \alpha_7 CLW_{i,t} + \alpha_8 ELOAD_{i,t} + \alpha_9 FEECHGE_{i,t} + \varepsilon_{i,t} \quad (1)$$

作者预期审计质量（*AQ*）对市场反应有正影响。*NO404REQ* 为虚拟变量，若公司为非加速申报公司取值为1，否则为0，预期系数为负。*CLW* 为虚拟变量，若披露公司层面的缺陷取值为1，否则为0。本文检验了财务报告质量（*ELOAD*）、审计费用变动（*FEECHGE*）对市场反应的影响，并预期前者系数为正，后者为负。其他控制变量包括披露的来源（*CONTEXT*）、审计师是否已辞职（*RESIGN*）、是否任命新的审计师（*AUDCHGE*）和窗口期间是否含有其他消息公布（*CONTAMINATION*）。

四、实证结果

从实证结果可以看出，在SOX 302条款的背景下，全样本和剔除其他消息影响的样本累计异常收益分别为-1.8%和-2.3%（1%水平下显著），聚类分析（cluster analysis）得出类似结论。用实验组减去控制组（行业—规模、行业—业绩和行业—盈余质量配对）计算出的异常收益，其结果均显著为负，说明披露内部控制缺陷的公司，其负向市场反应更大。此外，通过分组研究，作者还发现经非四大会计师事务所审计的公司得到了更为负面的市场反应，表明高质量审计可以降低市场信息不确定性引起的负面反应。高价股和低价股的分组结果显示，负面市场反应不是低价股导致的，高价股同样具有显著为负的市场反应。

SOX 302条款下，条件收益分析（Conditional Return Analyses）结果显示非加速申报公司的累计异常收益显著高于（负值的绝对值更大）加速申报公司的累计异常收益，但加速申报公司的市场反应仍然显著为负。把内控缺陷进一步划分为公司层面缺陷和会计层面缺陷，得到一致的结论，但加速申报公司只有在公司层面缺陷上显著为负。上述结果表明在SOX 302条款下，加速申报公司的信息不确定性更低。

SOX 404条款下，条件收益分析没有发现市场存在异常收益，支持了作者的观点；加速申报公司具有更高质量的信息环境，也支持了Doyle et al.（2007b）的观点（经审计的内部控制信息披露具有更严格的披露界限）。然而，该结果也可能是数据限制而不足以发现市场的反应。

模型（1）回归分析的结果显示审计质量和市场反应显著正相关，表明高质量审计降低了市场对公司财务报告的质疑。然而信息披露可能仅仅影响投资者的折现率或仅仅影响现金流。作者利用分析师每股收益预测数据，发现SOX 302条款下，披露重大缺陷的公司具有更小的正向收益预测调整，支持假设2。但本文没有发现审计费用变化与市场反应相关的证据。内含资本成本分析结果显示，与控制样本相比，披露重大缺陷公司的内含资本成本平均上升68个基点，支持了假设3。利用SOX 404条款内部控制信息披露公司做上述类似研究，并没有发现内含资本成本发生显著变化。作者认为这可能由于SOX 404条款虽然要求披露内部控制缺陷，但投资者并不认为这些信息很重要，或者是SOX 404条款本身已区分出了高风险公司和低风险公司，仅仅检验低风险公司不能提供太多增量信息。

为了评价结论的稳健性，本文做了一系列的补充检验：（1）通过构建绩效—规模控制组重新进行分析，结论不变；（2）把事件窗口扩展为5天，结论不变；（3）因为Eastom and monahan（2005）确认了一个事前的标准，该标准和资本成本的可靠性更相关，作者依据这个标准重新划分样本，结果保持一致；（4）使用Hail and Leuz（2006）的方法估计事前资本成本，基本结论不变；（5）利用手工收集的价值线（Valuelive）公司的数据作为控制组，计算得到超额收益，结果发现披露内控缺陷的公司的资本成本异常升高，但使用行业—盈余质量配比得出的控制组没有发现该现象。

五、结论

本文发现SOX 302条款下披露内部控制重大缺陷具有显著为负的市场反应，而SOX 404条款并没有发现显著市场反应，表明SOX 404条款下披露缺陷公司运行的信息环境更好，降低了市场反应程度。同时，本文还发现非加速申报公司的市场负面反应更强。资本成本分析得出了与市场反应类似的结论，SOX 302条款下披露缺陷公司具有负的异常盈余预期调整和正的异常内含资本成本，但SOX 404条款下内控缺陷披露没有得出上述结论。

本文的局限性包括：（1）使用分析师预测数据计算公司的内含资本成本，需要假设其预测及时且真实反映市场预期。（2）依据股票市价和分析师预测估计内含资本成本，其预测值容易受到变量偏误的影响，微小的偏误可能导致内含资本成本预测值的巨大变化。（3）以其他信息公告的虚拟变量控制其他消息的影响，方法略显粗糙，影响结果的可靠性。

（整理人：黄敬昌）

主要参考文献

[1] Ashbaugh - Skaife, H. , D. Collins, and W. Kinney. 2007. The discovery and reporting of internal control deficiencies prior to SOX - mandated audits. *Journal of Accounting and Economics* 44: p. 166 - 192.

[2] Ashbaugh - Skaife, H. , D. Collins, and W. Kinney. 2008. The effect of SOX internal control deficiencies and their remediation on accrual quality. *The Accounting Review* 83 (1): p. 217 - 250.

[3] Bedard, J. 2006. Sarbanes - Oxley internal control requirements and earnings quality. Available at: http://ssrn. com/ abstract = 926271.

[4] DeFond, M. , and J. Francis. 2005. Audit research after Sarbanes-Oxley. *Auditing: a Journal of Pratice & Theory* 24: p. 5 - 30.

[5] Doyle, J. , W. Ge, and S. McVay. 2007a. Determinants of weaknesses in internal control over financial reporting. *Journal of Accounting and Economics* 44: p. 193 - 223.

[6] Doyle, J. , W. Ge, and S. McVay. 2007b. Accruals quality and internal control over financial reporting. *The Accounting Review* 82: p. 1141 - 1170.

[7] Eastion, P, and S. Monahan. 2005. An evaluation of accountiong-based measures or expected returns. *The Accounting Review* 80: p. 501 - 538.

[8] Easley, D. , and M. O'Hara. 2004. Information and the cost of capital. *Journal of Finance* 59: p. 1553 - 1583.

[9] Ecker, F. , J. Francis, I. Kim, P. Olsson, and K. Schipper. 2006. A returns - based representation of earnings quality. *The Accounting Review* 81: p. 749 - 780.

[10] Jain, P. , and Z. Rezaee. 2006. The Sarbanes - Oxley Act of 2002 and capital - market behavior: Early evidence. *Contemporary Accounting Research* 23: p. 629 - 654.

[11] Hail, L. , and C. Leuz. 2006. International differences in the cost of equity capital: Do legal institutions and securities regulation matter? *Journal of Accounting Research* 44: p. 485 - 531.

[12] Jain, P. K. , Kim, J. - C. andRezaee, Z. (2008), The Sarbanes - Oxley Act of 2002 and market liquidity. *Financial Review*, 43: p. 361 - 382

[13] Lambert, R. , C. Leuz, and R. Verrecchia. 2007. Accounting information, disclosure, and the cost of capital. *Journal of Accounting Research* 45 (2): p. 385 - 420.

[14] Li, H. , M, Pincus. , R, ego, S. , 2008. Market reaction to events surrounding the Sarbanes - Oxley Act of 2002. *Journal of Law and Economics.* 51, p. 111 - 134.

[15] Michaels, A. 2003. Costs rise as U. S. businesses act to meet governance laws. U. S. edition. *Financial Times* (April): 15.

[16] Ribstein, L. E. 2002. Market vs. regulatory responses to corporate fraud: A critique of the Sarbanes - Oxley Act of 2002. *Journal of Corporation Law* 28 (1).

[17] Romano, R. 2005. The Sarbanes - Oxley Act and the making of quack corporate governance. *Yale Law Journal* (June).

§2-15 SOX内控缺陷及其修正对应计质量的影响

The Effect of SOX Internal Control Deficiencies and Their Remediation on Accrual Quality

文献来源：Ashbaugh-Skaife，H.，D. W. Collins，W. R. Kinney Jr.，and R. LaFond. 2008. The Effect of SOX Internal Control Deficiencies and Their Remediation on Accrual Quality. *The Accounting Review*，83（1）：217-250.

【摘要】 本文研究内控缺陷及其修正对应计质量的影响。研究发现：（1）和没有报告内控问题的公司相比，报告内控缺陷公司的应计质量更低。（2）和控制样本相比，报告了内控缺陷的公司有显著的更大的正向和负向异常应计。这个发现意味着内控缺陷更可能会导致公司无意的应计噪音的增加，而不是故意的正向盈余误述（intentional misstatements that bias earnings upward）。（3）相比于没有修正内控缺陷的公司，在审计师证明以前报告的内控缺陷被修正后，公司的应计质量提高。最后，连续几年接受不同的内控审计意见的公司，其应计质量变化与内控质量变化相一致。总之，本文的横截面和跨期检验都证明了内控质量会对应计质量产生影响。

一、研究问题

（一）问题的提出

本文使用SOX法案强制披露的内控缺陷（internal control deficiency，ICD）和外部审计师对内控的意见进行横截面和跨期变化检验，研究公司内控的有效性是否影响应计质量。具体的，本文检验了三个问题：（1）和没有披露内控缺陷的公司（以下简称非ICD公司）相比，披露内控缺陷的公司（以下简称ICD公司）是否有更大的应计噪音和异常应计；（2）和没有修正内控问题的公司相比，修正内控缺陷公司的应计质量在修正缺陷后是否更高；（3）对于那些在后续年度获得不同类型内控审计意见的公司，其应计质量的变化趋势是否与内控质量变化趋势一致。

本文的逻辑框架见图2-15。

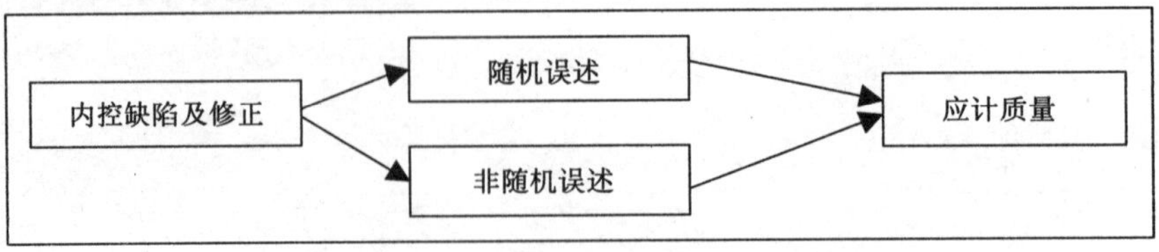

图2-15 内部控制与应计质量

（二）研究意义

Hogan and Wilkins（2005）、Bedard（2006）和 Doyle et al. （2007）均已研究了内控缺陷和盈余（应计）质量之间的关系，但是这三个研究都只限于在横截面上检验 ICD 公司和非 ICD 公司的应计质量差异。横截面研究存在内生性、自选择和遗漏变量的问题，限制了实证结论推导因果关系的能力。本文对内部控制有效性变化与应计质量变化的关系进行跨期检验，减轻了内生性、自选择和遗漏变量问题对结论解释的影响，为检验内控质量和应计质量的关系提供了更强的实证证据。

（三）主要贡献

本文的贡献主要体现在以下两个方面：

第一，补充了应计质量决定因素的文献。本文率先研究内部控制如何通过有意误述和无意误述影响应计质量和财务报告可靠性，是最早研究该问题的论文之一。

第二，补充了 SOX 法案对财务报告质量影响的相关研究，为加强内部控制能带来潜在收益这一论断提供了证据。

二、理论分析

内控缺陷能通过两个途径影响财务报告中异常应计的噪音和大小：其一，由于缺乏足够的政策、培训或雇员勤勉，而产生的随机的无意误述；其二，雇员以及经理人的有意错报。虽然非随机误述通常高估当期的盈余，但是也可能存在“洗大澡式冲销”或“饼干罐式存储”（cookie jar reserves）等低估当期盈余的机会主义行为。

在后面的实证研究中，本文使用管理层在 SOX 302 条款或 SOX 404 条款下披露的内控缺陷，和 SOX 404 条款下审计师对内控有效性的审计意见，作为内控有效性不同水平的信号，以检验不同公司及同一公司不同时间的应计质量的差异。具体来说，（1）作者预期，当内控较弱时，故意错报和无意错报更可能被引入应计的测量，从而降低公司的应计质量。（2）作者预期，原先披露的内部控制缺陷被修正后（以公司被出具无保留内控审计意见来衡量），公司的应计质量将会上升。相反，如果接受无保留内控审计意见的公司在随后年度被出具否定意见，其应计质量将下降。

三、样本选择和研究方法

（一）样本选择

本文要求样本公司至少有一个 SOX 404 条款遵守情况的意见（SOX 404 opinions）。本文的内部控制披露数据期间为 2003—2005 年。如果公司在某个会计年度披露了内部控制缺陷，且公司在该年没有被出具无保留 SOX 404 条款审计意见，那么公司就被归属于该年份的内控缺陷样本（ICD 样本），其余样本为控制样本（非 ICD 样本）。本文包括了所有类型的内控缺陷——重大缺陷、重要缺陷和一般缺陷。相关数据来自 Compliance Week 和 Audit Analytics 数据库。

（二）研究设计

1. 应计质量的衡量

本文使用三种方法来测量应计质量：（1）应计噪音，即应计没有反应过去、当期和将来现金流的程度（*WCA_NOISE*）；（2）异常总应计（abnormal total accruals，*AB_ACC*）的绝对值和原始值（signed values）；（3）异常营运资本应计（abnormal working capital accruals，*AB_WCACC*）绝对值和原始值[①]。作者预测，*WCA_NOISE*、*AB_ACC* 绝对值、*AB_WCACC* 绝对值和应计质量负向相关。

WCA_NOISE 是由下面模型估计的回归残差的标准差（Dechow and Dichev，2002；Ball and Shivakumar，2006）：

$$WCA_t = \beta_0 + \beta_1 CFO_{t-1} + \beta_2 CFO_t + \beta_3 CFO_{t+1} + \beta_4 ABNRET_t + \beta_5 DABNRET_t + \beta_6 DABNRET_t \times ABNRET_t + \varepsilon \quad (1)$$

其中，*WCA* 是剔除特殊项目的净收益加上折旧和摊销，减去经营活动现金流，再除以平均总资产。*CFO* 是经营活动现金流除以平均总资产。*ABNRET* 为当年购买并持有股票的回报减去当年等权（equal weighed）市场回报。如果 *ABNRET* 小于 0，*DABNRET* 取值为 1，否则为 0。而 *WCA_NOISE* 等于公司前三到五年残差的标准差，*WCA_NOISE* 数值越大表示应计噪音越高，应计质量越低。

本文使用下面的 OLS 回归来估计 *AB_ACC*：

$$TotalAccruals = \alpha_0 + \alpha_1 (1/lag1asset) + \alpha_2 (\Delta REV - \Delta AR) + \alpha_3 PPE + \alpha_4 ABNRET + \alpha_5 DABNRET + \alpha_6 DABNRET \times ABNRET + \varepsilon \quad (2)$$

其中，*TotalAccruals* 是剔除特殊项目的净收益减去 *CFO*，ΔREV 是第 t 年的销售额减去第 t－1 年的销售额，ΔAR 是第 t 年减去 t－1 年的应收账款，*PPE* 是等于固定资产净额，其他变量定义与模型（1）一致。另外，模型（2）中所有的变量都需要除以会计年度期初的总资产（*lag1asset*）。本文使用模型（2）的回归系数来计算期望总应计（*Expected_Total_Accruals*）。而公司未调整的异常总应计等于 *TotalAccrual* 和 *Expected_Total_Accruals* 的差值。最后作者根据之前年度的资产回报率（*ROA*），把每个行业分成十组，*AB_ACC* 是样本公司未经调整的异常总应计和每组 *ROA* 中位数公司对应的异常总应计的差值。本文对 *AB_ACC* 的绝对值和原始值均进行分析。

本文使用下面的 OLS 回归来估计异常营运资本应计（*AB_WCACC*）。

$$WCA = \alpha_0 + \alpha_1 (1/lag1asset) + \alpha_2 (\Delta REV - \Delta AR) + \alpha_3 ABNRET + \alpha_4 DABNRET + \alpha_5 DABNRET \times ABNRET + \varepsilon \quad (3)$$

模型中所有变量定义与前面一致。本文使用模型（3）估计的系数来计算期望营运资本应计（*Expected_WCA*）。公司未经调整的异常营运资本应计等于 *WCA* 和 *Expected_WCA* 的差值。与异常总应计计算相似，基于之前年度的资产回报率（*ROA*），作者把每个行业分

① 本文中异常总应计和异常运营资本应计为异常应计的两个衡量指标。

成十组，*AB_WCACC* 是样本公司未经调整的异常营运资本应计和每组 *ROA* 中位数公司对应的异常营运资本应计的差值。本文对 *AB_ACC* 的绝对值和原始值均进行分析。

2. 实证模型

（1）横截面检验。本文采用下面的模型来检验内控缺陷是否影响应计质量：

$$AQM = \beta_0 + \beta_1 ICD + \beta_2 SEGMENTS + \beta_3 FOREIGN\_SALES + \beta_4 GROWTH + \beta_5 INVENTORY + \beta_6 M\&A + \beta_7 RESTRUCTURE + \beta_8 STD\_CFO + \beta_9 STD\_SALES + \beta_{10} INT\_INTENSITY + \beta_{11} NO\_INT + \beta_{12} CAP\_INTENSITY + \beta_{13} SIZE + \beta_{14} \%LOSS + \beta_{15} ZSCORE + \beta_{16} BM + \beta_{17} AUDITOR + \beta_{18} WRITEOFF + \varepsilon \quad (4)$$

其中，*AQM* 为应计质量（*AB_ACC*，*AB_WCACC*，或者 *WCA_NOISE*）。模型（4）中的影响因素除了公司是否披露内控缺陷（*ICD*）外，还包括：①公司的商业基础和运营特征；②对内部控制的投资；③GAAP 会计选择；④会计稳健性；⑤审计师质量。

具体来说，首先在公司的商业基础和运营特征方面，模型控制了运营部门的个数（*SEGMENTS*）、公司是否在海外经营（*FOREIGN_SALES*）、前三年平均销售增长率（*GROWTH*）、库存投资对总资产的比率（*INVENTORY*）、并购（*M&A*）、重组（*RESTRUCTURE*）、运营现金流的标准差（*STDCFO*）、销售的标准差（*STDSALES*）、表外无形资产状况（*INT_INTENSITY*）、无形资产缺失（*NO_INT*）和固定资产的大小（*CAP_INTENSITY*）。

其次，在内部控制投资方面，模型控制了公司规模（*SIZE*）、最近三年公司报告亏损的比率（*%LOSS*）和用 Z_score 计量的财务困境（*ZSCORE*）。

再次，在 GAAP 会计选择方面，本文假设在同一行业中，主要的 GAAP 会计选择是一样的。本文通过估计行业分类的异常应计来控制这种影响。

第四，会计稳健性方面，本文使用账面市值比（*BM*）和是否存在资产减值或冲销（*WRITEOFF*）来替代会计稳健性，*BM* 值越低或存在 *WRITEOFF* 表示会计越稳健（Givoly and Hayn，2000）。

最后，在审计师质量方面，本文增加 *AUDITOR* 变量，如果公司和六大签约，*AUDITOR* 取值为 1，否则为 0。

作者预期 ICD 公司有更大的异常总应计的绝对值、更大的异常营运资本应计绝对值，而且 *WCA_NOISE* 和 ICD 正相关。作者预期，如果导致收益增加的故意应计误报在 ICD 样本中占据主导，那么 ICD 的系数显著为正。而如果导致收益增加或收益降低的无意错误占主导，无意误述对应计的影响在 ICD 公司间相互抵消，那么 ICD 变量的系数将等于 0。

（2）内控缺陷修正。本文进一步检验 ICD 公司的内控问题得到修正后，其应计质量是否改进。为了避免内控缺陷严重程度对实证结果的影响，本文的修正检验仅限于披露了重大缺陷的样本。本文估计的横截面 Tobit 模型如下：

$$AQM = \beta_0 + \beta_1 WEAKCONTROLS + \beta_2 ICD\_FIXED + \beta_3 SEGMENTS + \beta_4 FOREIGN\_SALES + \beta_5 GROWTH + \beta_6 INVENTORY + \beta_7 M\&A + \beta_8 RESTRUCTURE + \beta_9 STD\_CFO + \beta_{10} STD\_SALES + \beta_{11} INT\_INTENSITY + \beta_{12} NO\_INT + \beta_{13} CAP\_INTENSITY + \beta_{14} SIZE + \beta_{15} \%LOSS + \beta_{16} ZSCORE + \beta_{17} BM + \beta_{18} AUDITOR + \beta_{19} WRITEOFF + \varepsilon \quad (5)$$

其中，*AQM* 为 *AB_ACC* 或者 *AB_WCACC*；如果公司在当前年度或之前年度依据 SOX 302 条款披露内控重大缺陷，或依据 SOX 404 条款被出具否定内控审计意见时，*WEAK-*

CONTROLS 取值为 1，否则为 0。如果 *WEAKCONTROILS* 的公司在随后年度被出具无保留内控审计意见（根据 SOX 404 条款），*ICD_FIXED* 取值为 1，否则为 0。其他的变量定义如前。

作者预期 *ICD_FIXED* 的系数为负，即修正内控缺陷将促进应计质量的提升。

（3）连续年度 SOX 意见的跨期分析。本文通过进行应计质量的跨期检验来扩展前面的分析。样本中，有 76 家公司在 2004 年和 2005 年被出具否定的内控审计意见（根据 SOX 404 条款），作者将这些公司标注为 *ADV_ADV*。在 2004 年和 2005 年被出具无保留内控审计意见（根据 SOX 404 条款）的 *UNQ_UNQ* 公司有 1 562 家。另外，还有 190 家公司第一年内控审计意见（根据 SOX 404 条款）是无保留的，但是他们的第二年内控审计意见（根据 SOX 404 条款）是否定的（*UNQ_ADV*）。有 214 家公司在 2004 年被出具否定的内控审计意见（根据 SOX 404 条款），但是在随后年度修正了他们的内控缺陷并被出具无保留的内控审计意见（根据 SOX 404 条款）（*ADV_UNQ*）。本文利用下列模型进行回归分析：

$$\Delta AQM = \beta_0 + \beta_1 ADV\_ADV + \beta_2 UNQ\_ADV + \beta_3 ADV\_UNQ + \beta_4 \Delta SEGMENTS + \beta_5 \Delta FOREIGN\_SALES + \beta_6 \Delta GROWTH + \beta_7 \Delta INVENTORY + \beta_8 \Delta M\&A + \beta_9 \Delta RESTRUCTURE + \beta_{10} \Delta STD\_CFO + \beta_{11} \Delta STD\_SALES + \beta_{12} \Delta INT\_INTENSITY + \beta_{13} \Delta NO\_INT + \beta_{14} \Delta CAP\_INTENSITY + \beta_{15} \Delta SIZE + \beta_{16} \Delta \% LOSS + \beta_{17} \Delta ZSCORE + \beta_{18} \Delta BM + \beta_{19} \Delta AUDITOR + \beta_{20} \Delta WRITEOFF + \varepsilon \qquad (6)$$

模型中各变量的定义与前文一致。

四、实证结果

（一）描述性统计

本文对样本进行描述性统计和相关系数分析，发现 ICD 虚拟变量和应计质量变量正相关。

然后作者对 ICD 样本和控制样本之间应计质量差异进行单变量检验。结果发现，ICD 样本中 *AB_ACC*、*AB_WCACC* 和 *WCA_NOISE* 的绝对值均值分别为 0.073、0.069 和 0.055。控制样本中 *AB_ACC*、*AB_WCACC* 和 *WCA_ NOISE* 的绝对值均值分别为 0.062、0.058 和 0.049。三组均值差异均显著异于 0。作者把 ICD 和控制样本按异常总应计的符号进行分组，发现相比非 ICD 公司，ICD 公司报告了显著的更大的正向（负向）异常总应计（均值和中位数）。而且 ICD 公司和非 ICD 公司的异常营运资本应计也存在相似的差异。

（二）实证结果分析

1. 横截面检验

实证结果表明，控制了影响应计质量的公司特征后，ICD 的系数显著为正。因此，作者推断，和非 ICD 公司相比，ICD 公司报告了更低质量的应计。

接着本文对异常应计取原始值。实证回归结果发现，*AB_ACC* 和 *AB_WCACC* 为因变量的回归中 ICD 变量的系数为 0，这和无意错误的解释相一致。

进一步地，作者区分正向和负向应计分别进行回归。实证结果表明，异常应计为正时，ICD 的系数显著为正；异常应计为负时，ICD 的系数显著为负。也就是说，ICD 公司报告了更多噪音的应计，支持了无意错误主导 ICD 样本的结论。

2. 内控缺陷修正的实证结果

和预期一致，作者发现 *WEAKCONTROLS* 的系数显著为正，这意味着，和非 ICD 公司相比，存在重大内控缺陷或被出具否定的内控审计意见的公司报告更大的异常总应计绝对值和更大的异常营运资本应计绝对值。而且，和预期一致，*ICD_FIXED* 的系数显著为负，这表明修正了内控缺陷并在后续年度被出具了内控无保留意见的 ICD 公司表现出更小的异常应计。

本文区分正向和负向的应计，当异常应计为正（负）时，本文预测 *ICD_FIXED* 的系数将为负（正）。实证发现，在正的异常总应计中，*WEAKCONTROLS* 的系数显著为正，*ICD_FIXED* 的系数显著为负。在正的异常营运资本应计分析中，没有发现 *WEAKCONTROLS* 和 *ICD_FIXED* 的系数显著。在负的异常应计中，无论是负的异常总应计还是异常营运资本应计，*WEAKCONTROLS* 的系数显著为负，而 *ICD_FIXED* 的系数显著为正。因此，修正了重大缺陷的 ICD 公司的应计质量显著提升，而继续存在内控缺陷的 ICD 公司则呈现了更大的异常应计。

最后，考虑到经理人在修正年度可能变得更加谨慎或稳健，而且与非修正公司相比，能修正他们内部控制问题的公司在修正前可能有更高质量的应计，这些都可能影响内控缺陷修正的相关结论。本文分别检验了这两个问题对内控缺陷修正结论的影响，实证结论依然稳健。

3. 连续年度 SOX 意见的跨期分析

实证结果发现，*ADV_ADV* 的系数不显著，即从 2004 年到 2005 年内控质量没有变化的公司，其应计质量也没有变化。*UNQ_ADV* 的系数显著为正，这个结果表明 2005 年内控质量下降的公司报告了更不可靠的应计。在异常总应计的回归中，*ADV_UNQ* 的系数边际显著为负，说明在 2005 年度修正了 2004 年内控缺陷的公司报告了更可靠的应计。

五、结论

本文检验了内部控制质量对应计质量的影响。研究发现，与非 ICD 公司相比，ICD 公司有更大的应计噪音和异常应计绝对值。而且 ICD 公司的正向和负向异常应计原始值都较大，这个结论支持内控缺陷导致无意错报的推断。本文也发现，和没有修正内控缺陷的公司相比，修正了之前披露的重大缺陷的公司的应计质量得到较大的改进。跨期检验实证结果表明，在 2004 年被出具无保留内控审计意见（根据 SOX 404 条款）而在 2005 年被出具否定内控审计意见（根据 SOX 404 条款）的公司，其应计质量显著下滑；在 2004 年被出具否定内控审计意见（根据 SOX 404 条款）而 2005 年被出具无保留内控审计意见（根据 SOX 404 条款）的公司，其应计质量边际显著提高。

本文存在以下局限性：首先，结论受数据限制。特别是跨期研究中，仅用了 2004 年和 2005 年的数据进行前后比较，数据量较少，可能会影响本文结论的稳健性。其次，样本仅包括已于 2004 年被强制实施 SOX 404 条款的加速申报公司，样本不能全面代表所有上市公司，也在一定程度上影响结论的稳健性。

本文仅关注了经审计的年度报告的应计质量，未来的研究可以进一步研究内控审计（SOX 404 条款）对未被审计的季度报告应计质量的影响。

（整理人：刘春丽）

主要参考文献

[1] Ball, R., and L. Shivakumar. 2006. The role of accruals in asymmetrically timely gain and loss recognition. *Journal of Accounting Research* 44: p. 207 – 242.

[2] Bedard, J. 2006. Reported internal control deficiencies and earnings quality. Working paper, Universite Laval.

[3] Dechow, P., and I. Dichev. 2002. The quality of accruals and earnings: the role of accrual estimation errors. *The Accounting Review* 77: p. 35 – 59.

[4] Doyle, J., W. Ge, and S. McVay. 2007. Accruals quality and internal control over financial reporting. *The Accounting Review* 82 (5): p. 1141 – 1170.

[5] Givoly, D., and C. Hayn. 2000. The changing time_ series properties of earnings, cash flows and accruals: has financial reporting become more conservative? *Journal of Accounting and Economics* 29: p. 287 – 320.

[6] Hogan, C., and M. Wilkins. 2005. Do internal control weaknesses result in lower earnings quality? implications and evidence from the audit risk model. Working paper, Southern Methodist University.

ξ2-16 管制与绑定：SOX 法案与国际上市趋势

Regulation and Bonding：The Sarbanes - Oxley Act and the Flow of International Listings

文献来源：Piotroski，J. D.，and S. Srinivasan. 2008. Regulation and Bonding：The Sarbanes - Oxley Act and the Flow of International Listings. *Journal of Accounting Research*，46 (2)：383 - 425.

【摘要】本文分析了 SOX 法案通过前后，美国和英国交易市场中外国公司的上市行为，检验 SOX 法案的经济影响。本文以 1995—2006 年美国和英国所有上市事件为样本，建立了一个交易所选择模型（能够控制公司层面、行业层面、交易所层面以及国家层面的影响），检验 SOX 法案是否改变公司上市偏好。在控制了公司特征和其他经济层面的影响因素之后，本文发现 SOX 法案并没有改变规模较大的公司选择在美国和英国交易所上市的偏好。但是，SOX 法案通过后，规模较小的公司选择在 NASDAQ 和伦敦 AIM 市场上市的偏好有所改变。小公司的上市选择和 SOX 法案通过的负相关关系表明他们遵循 SOX 法案的成本过大。并且在美国证券市场中，治理较差的公司遵循 SOX 法案的成本更大，同时也提高了其赴美上市的绑定效应（bonding - related benefits）。

一、研究问题

（一）问题的提出

SOX 法案以及随后的管制措施使得在美注册的公司受到比以前更加严厉的管制。本文通过比较 SOX 法案通过前后，外国公司对在美国与英国证券交易所上市选择的差异，检验了 SOX 法案的经济影响。具体来说，为了检验公司上市趋势是否改变，本文研究了 SOX 法案通过前后，公司选择在美国与英国交易所上市的决定。对于选择交易所偏好的改变，SOX 法案通过前选择美国交易所，SOX 法案通过后选择伦敦交易所的公司有什么特征？这种行为是否与 SOX 法案的期望收益和成本相关？

本文的逻辑框架见图 2 - 16。

（二）研究意义

SOX 法案是否削弱了美国市场的竞争力还有待检验。Zingales（2006）认为公司可以选择在多个交易所上市。在国外上市是衡量上市成本和收益的一个很好的指标，在评估新

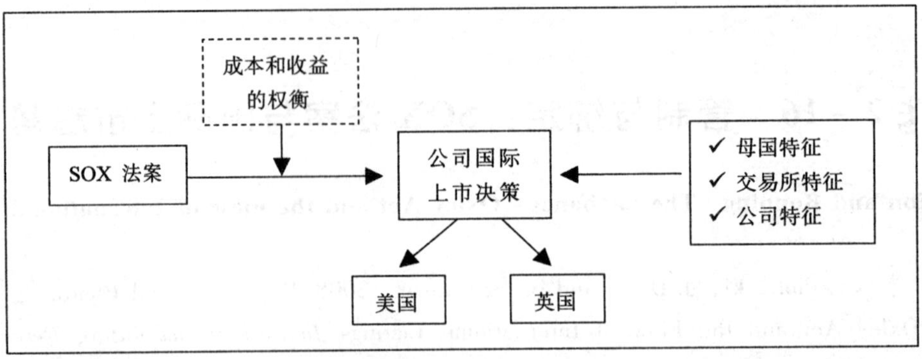

图 2－16 SOX 法案与国际上市决策

法案的影响时，公司就好像“矿井里的金丝雀”（canaries in the mine shaft）① 一样。本文从公司上市行为的角度，对其进行检验，具有重要的现实意义。

（三）主要贡献

第一，本文研究了 SOX 法案对公司国际上市决定的影响，丰富了 SOX 法案研究的文献。

第二，在 Doidge，Karolyi and Stulz（DKS，2007）研究的基础上，通过手工收集小规模公司数据，分析了公司在 NASDAQ 或 AIM 市场之间的上市选择，扩展了 DKS 的研究。以往的研究较多的是检验 SOX 法案对美国公司的影响（Engel et al.，2005；Leuz et al.，2008），很少有文献研究美国新管制措施对外国公司的影响。本文从一个新的角度研究了 SOX 法案的经济后果。

二、理论分析

虽然 SEC 保留了实施 SOX 法案各种条款时间上的灵活性，但是 SOX 法案的规定没有为外国公司提供豁免，SOX 法案的不豁免政策为本文比较外国公司在美国和在国外上市提供了条件。

SOX 法案改变了公司在美上市的预期成本和收益。

首先，SOX 法案增加了在美上市的期望报告成本、管制成本和法律成本（Ribstein，2002；Romano，2005）。如果这些成本很高，一部分原本考虑在美上市的外国公司将会选择在其他能够提供相似制度结构的国家上市，而部分公司则可能放弃国外上市的决定。

其次，SOX 法案会影响公司在美国上市的收益。研究发现法律绑定激励是公司决定在国外上市的影响因素（Stulz，1999；Coffee，1999，2002）。来自制度背景较差的高质量公司选择在国外上市，其目的是为了受到更为严格的法律监管。当这种激励起作用的时候，

① 17 世纪，英国矿井工人发现，金丝雀对瓦斯这种气体十分敏感。空气中哪怕含有极其微量的瓦斯，金丝雀也会停止歌唱；而当瓦斯含量超过一定限度时，虽然鲁钝的人类毫无察觉，金丝雀却早已毒发身亡。当时在采矿设备相对简陋的条件下，工人们每次下井都会带上一只金丝雀作为“瓦斯检测器”，以便在危险状况下紧急撤离。本文用国外公司的上市行为来检验其对 SOX 法案的反应。

绑定就产生了一种承诺，使得这些公司具有较强的公司治理，把他们与本土市场的其他公司区别开来，从而导致更高的公司价值和较低的资本成本（Doidge，2004；Doidge et al.，2004；Hail and Leuz，2005）。传统的观点认为，美国的严格法律及监管环境，使得在美国上市存在一种可信的绑定机制（credible bonding mechanism）。SOX 法案有关公司治理的严格规定加强了在美国上市的这种绑定机制，因此增加了在美国上市的期望收益。

因此，外国公司对 SOX 法案的反应取决于 SOX 法案带来的净成本（或净收益）。如果 SOX 法案下净收益很大，高质量外国公司因绑定机制，将会有更大的激励选择在美国的交易所上市。相反，如果成本超过期望收益，外国公司可能选择不在美国上市。而 SOX 法案的净影响还取决于公司自身的特征以及特定时期在其他交易所上市的吸引力。

三、样本选择与研究设计

（一）样本选择

本文选择英国作为比较，研究了 1995—2006 年间美国与英国的外国公司上市事件。以英国作为参照市场主要出于以下几点理由：首先是因为它在全球资本市场的领先地位，英国市场是国外上市的主要选择之一①；其次，英国交易所提供了能够与美国市场环境相媲美的投资者保护及股东权利；最后，政策制定者和媒体把伦敦证券交易所（LSE）看作因 SOX 法案而不愿去美国上市的公司的接收者，同时 LSE 由于没有类似 SOX 法案的管制负担，作为一个上市平台还在不断努力提升自己，为那些寻求高流动性、强有力投资者保护的公司提供了备选上市平台。

本文的样本包括 1995 年 6 月 1 日到 2006 年 6 月 30 日，在 NYSE、NASDAQ 和 LSE 上市的外国公司。选择 1995 年作为起点是因为 LSE 的 AIM 市场②是在 1995 年成立的。样本期间共有来自 82 个国家 1503 个上市样本。在美国交易所和英国交易所上市的公司数量比大约为 2:1（美国 976 个，英国 527 个）。通过数据收集，最终有 1248 个截面上市事件有完整的财务、股价及其他相关数据。

（二）研究设计

为了检验 SOX 法案通过后公司上市偏好是否改变，本文比较美国交易所和英国交易所（不受 SOX 法案影响）的上市差异。英国在全球资本市场的突出地位使得 LSE 成为在美国上市的最主要替代选择。本文为公司选择美国交易所或英国交易所上市建立模型，检验在控制其他上市决定因素下，SOX 法案颁布以后外国公司在美国上市与英国上市的可能性。这种设计能够把问题集中在交易所选择本身，本文可能识别一系列影响上市偏好选择的因素，包括交易所的相对表现、产品市场、地理及文化接近性偏好、行业偏好、不受管

① LSE（伦敦证券交易所）在外国股权上市数量上排名第二，仅次于美国交易所。截至 2006 年 6 月，已有 780 家外国公司在美国上市（NYSE 和 NASDAQ），LSE 则有 591 家外国公司（主板和 AIM，数据来源：世界交易所的国际联合会）。

② AIM（Alternative Investment Market），替代投资市场，这是继美国纳斯达克市之后，欧洲成立的第一家二板市场。

制事件影响的情况下两个交易所吸引力的差异、选择外国上市的公司特征，以及受 SOX 法案等事件影响的美国与英国交易所的相对吸引力。更重要的，本文通过集中分析可观测的上市事件，从主要公开资料手工收集会计和股价数据，检验一系列规模较小、合乎 NASDAQ 资格要求的公司的上市决策。

本文使用的主要横截面模型如下：

$$Prob(U.S.\ Listing=1)=\alpha+\sum_{j=1}^{9}\gamma_j Ind^j+\sum_{k=1}^{3}\lambda_k Geography^k+\beta_1 Canada+\beta_2 Ireland+\beta_3 Israel+\beta_4 EU+\beta_5 Emerging+\beta_6 CodeLaw+\beta_7 Socialist+\beta_8 Diff\_Liquidity+\beta_9 Diff\_Index+\beta_{10} Diff\_P/E\_Index+\beta_{11} Diff\_DomesticList+\beta_{12}\log(1+NonExchUSList)+\beta_{13} Big5+\beta_{14} Issuance\_Home+\beta_{15} Issuance\_Host+\beta_{16} Diff\_Trade+\beta_{17}\log(Assets)+\beta_{18} ROA+\beta_{19}\log(1+BTM)+\beta_{20} PostSOX+\varepsilon \tag{1}$$

在这个模型中如果公司是在美国的交易所（NASDAQ 和 NYSE）上市，因变量取值为 1，选择 LSE（包括主板和 AIM）上市则取值为 0。主要解释变量为 *PostSOX*，SOX 法案通过之后取值为 1，否则为 0。

自变量主要包括公司选择某个交易所上市的影响因素。因此，本文的一个重要贡献是提供了一个交易所选择模型。本文的解释变量主要包括三部分：母国特征、交易所特征和公司特征。

第一部分解释变量主要控制公司的母国及相关制度差异。原因主要有：（1）上市决定受到母国和东道国的地理邻近程度和经济相互依赖作用的影响。选取的变量有：国家层面的影响（*Canada*，*Ireland*，*Israel*）；三大地理区域指标，亚洲、南美洲和加勒比海地区（*Geography*）；所在国与美国和英国相比较，产品市场的差异（*Diff_Trade*）。（2）公司母国的制度结构会影响上市决定（制度结构产生于法律、政治、管制以及财务报告环境）。选取的指标有：国家的法律传统，如大陆法或者社会主义/共产主义法律（*Code Law* 和 *Socialist*）；世界银行定义的经济发展程度（*Emerging*）。

第二部分解释变量主要是控制上市期间的市场条件和交易所的相对吸引力差异，包括：12 个月指数回报差异（*Diff Index Returnt*）、市盈率差异（*Diff P/E Indext*）、市场流动性差异（*Diff Liquidity*），同时，本文还控制了 SOX 法案之外的其他影响外国公司在美国或英国上市偏好的因素，包括，*NonExchUSList*：通过 OTC 和 level IV ADRs 上市外国公司的数量来衡量和英国市场以外公司上市的时间性差异（*Diff DomesticListt*）。

最后一部分解释变量控制能够影响东道国选择的公司层次因素。本文选择 6 个公司特征：行业关联（*Industry*）、规模［*log*（*assets*）］、盈利能力（*ROA*）、成长机会［*log*（1 + *BTM*）］、高质量会计师事务所（*Big5*）和公司是否在国外上市期间增加股本（*Issuance Home*，*Issuance Host*）。

四、实证结果

（一）描述性统计

1. 外国公司在美国和英国交易所上市的描述性统计

在财务特征方面，样本期间在美国或英国交易所上市的公司平均规模较大、盈利较好，增长速度较快。在母国的特征方面，66.4%、29.2%和4.4%的公司分别来自普通法系、成文法系和社会主义（共产主义）法律传统的经济体，43.5%的公司来自发展中国家。对于母国的制度来说，来自新兴市场和社会主义（共产主义）法律传统的公司偏爱在英国上市。从跨境上市公司的行业背景来看，NASDAQ 和 AIM 所吸引公司的行业背景有很大差异，本文在多元分析中使用行业变量控制这些行业偏好。

2. 美国和英国交易所外国上市活动的描述性统计

从上市趋势看，在 SOX 法案通过以后，公司上市率显著下降，SOX 法案通过前平均每月有 12.27 家外国公司上市，而 SOX 法案通过后则平均每月只有 9.87 家。从主板市场和 AIM 市场的趋势来看，NASDAQ、NYSE 和 LSE 主板市场在 SOX 法案通过后的每月上市活动显著下降，相反，LSE 的 AIM 市场的月平均上市公司数量增长了近 775%（SOX 法案通过前，平均每月上市 0.65 家；SOX 法案通过后，平均每月上市 5.3 家）。

（二）回归结果

交易所选择模型的结果发现：SOX 法案通过前后，外国公司在选择美国和英国上市之间发生了显著变化。与以往研究一致，本文发现地理或行业特征是影响公司选择特定交易所的重要因素。在交易所层面，本文发现外国公司在上市时倾向于选择具有更高流动性和更高市场价值的交易所。本文还发现美国交易所更可能吸引规模大的公司和公司在主板市场发行筹集股本以及在本国证券市场已经发行股票的公司，更不可能吸引来自相对较弱制度环境（如成文法体系国家和新兴市场）的公司和治理较弱的公司（以审计师选择作为代理变量）。

在控制了公司特征和其他经济因素之后，本文得出两个与 SOX 法案相关的研究结论。

第一，对于大型外国公司选择在美国交易所还是选择伦敦交易所主板上市，其偏好并没有受到 SOX 法案的影响。因此，对于大型公司来说，外国公司为了获得绑定收益更可能选择在美国上市，本文发现美国市场在 SOX 法案颁布以后吸引力并没有改变（也可能吸引力稍稍增加）。具体来说，本文并没有发现公司选择纽约证券交易所上市的偏好有所改变，但发现公司在 NASDAQ 和伦敦交易所主板之间选择的时候，更加偏向选择美国上市。这种推断和结论也在 Doidge et al.（2007）研究 SOX 法案颁布前后美国上市决定中得到确认，他们的样本公司规模相似并且以全球公司为样本。

第二，本文发现，SOX 法案颁布后，小型外国公司更偏好在 AIM 市场上市。在控制了公司特征、SOX 法案颁布后交易所相对表现变化（价格、流动性、收益）、在没有 SOX 法案影响情况之下美国市场吸引力的变化和 AIM 市场吸引力的变化以后，这种趋势仍然存在。与部分研究一致（Engel et al.，2005；Leuz et al.，2008；Kamar et al.，2007），本文发现 SOX 法案对外国公司上市决定的影响仅限于小规模公司。

（三）国外上市决策的额外证据与稳健性检验

本文继续分析了 SOX 法案颁布后外国公司上市数量是怎样改变的。结果显示选择美国上市（相对于英国交易所）的决定因素发生了变化，其中部分变化反映了与 SOX 法案无关的其他事件。例如，SOX 法案颁布后欧盟公司更可能选择在伦敦上市，可能反映了欧盟区推行 IFRS 的影响（降低了在英国上市的相对成本）。类似的，AIM 市场的增长可能反映了 SOX 法案颁布后英国本土公司在 AIM 市场上市增加所导致在伦敦上市的可能性增大。因此，即使没有 SOX 法案的影响，公司在美国上市的数量也会有所改变。其他的一些变化（如上市决定对规模因素敏感性的增大和成文法体系国家选择美国交易所上市的可能性增大）也反映了 SOX 法案颁布后在美国上市的期望收益与成本的变化。

为了进一步分析，本文使用基于 SOX 法案数据得出的预测模型来预测 SOX 法案颁布后的交易所选择。这部分分析主要有三个发现。

第一，寻求上市的公司特征改变了。SOX 法案颁布后，接近一半的选择趋势可以被公司固有特征和 SOX 法案颁布前公司的上市偏好所解释。

第二，在控制了自选择趋势以后，那些选择在 LSE 上市的公司，相对于选择美国交易所的公司来说规模更小、盈利能力更弱，而且它们更可能选择非五大（non - big5）为其提供审计服务。这些特征反映了这类外国公司更难承担 SOX 法案带来的成本，或者说它们只能从美国上市过程中获得很少收益。

第三，SOX 法案颁布后，根据公司的特征预测应该在伦敦上市的一部分公司选择在美国交易所上市。结果发现，与在英国上市的公司相比，这些公司平均规模更大，盈利能力更强。并且这些公司中，大部分来自新兴市场。结果暗示，来自较弱制度环境的规模大、质量高的公司更倾向于获取 SOX 法案颁布后在美国上市所带来的绑定收益和声誉收益。但是，这部分来自新兴市场的上市份额的上升是否超过来自主要发达国家的小规模公司份额的下降还值得继续研究。

五、结论

本文通过研究 SOX 法案颁布前后，美国和英国交易所的国外上市行为来检验 SOX 法案的经济影响。在研究 SOX 法案的影响时，本文考虑了寻求国外上市的公司特征变化、美国交易所作为国外上市平台重要性的变化、LSE 的 AIM 市场的增长和其他影响在美国交易所上市偏好的事件（包括安然事件、全球分析师结算要求和欧盟强制采用 IFRS）。

本文的第一个结果与传统认为 SOX 法案对美国交易所竞争力有负面影响的看法不一致。本文发现符合 NYSE 和 NASDAQ 上市要求的公司在选择美国交易所或 LSE 主板上市时，SOX 法案并没有对其产生影响，而寻求国外上市的公司特征变化可以解释接近一半的上述趋势。

然而，本文的第二个结论支持了 SOX 法案反对者的一些关注。在控制了自选择趋势以后，本文发现 SOX 法案对公司的负面影响主要集中在被认为遵循 SOX 法案负担最重的小型公司。

最后，本文的预测模型表明最可能回避美国上市而选择英国交易所上市的公司，与实际在美国上市的公司相比，它们的规模更小、盈利能力更弱、更可能雇佣低质量审计师。此外，本文还发现一部分预期在英国上市的公司，在 SOX 法案颁布以后，却选择在美国交易所上市，这些公司的规模更大、盈利能力更强、多数来自新兴市场。

尽管本文的经验结果是稳健的，但仍然存在两个方面的局限。一是从事件研究中推断因果关系是非常困难的，这是因为可能出现的混合因素，如某些会导致立法的公司事件和其他与时间相关的特定事件，尽管本文控制了一些因素，在解释结论时仍需要谨慎。二是本文的研究设计没有考虑到，原本在没有 SOX 法案之下会选择美国上市的公司由于 SOX 法案而选择不在国外上市、选择 OTC 或私募或选择非英国的交易所上市。因此，本文的研究只是 SOX 法案影响外国上市活动的其中一条路径。

（整理人：舒伟）

主要参考文献

[1] Coffee, J. JR. The future as history: the prospects for global convergence in corporate governance and its implications. *Northwestern Law Review*, 93 (1999): p. 641 – 707.

[2] Coffee, J. JR. Racing towards the top? the impact of cross – listings and stock market competitionon international corporate governance. *Columbia Law Review*, 102 (2002): p. 1757 – 1831.

[3] Doidge, C. U. S. cross – listings and the private benefits of control: evidence from dual class firms. *Journal of Financial Economics*, 72 (2004): p. 519 – 553.

[4] Doidge, C. ; K. KarolyI; and R. Stulz. Why are foreign firms listed in the U. S. worth more? *Journal of Financial Economics*, 71 (2004): p. 205 – 238.

[5] Doidge, C. ; K. Karolyi; and R. Stulz. Has new york become less competitive in global markets? Evaluating foreign listing decisions over time. Working paper, Ohio State University, 2007.

[6] Engel, E. ; R. Hayes; and X. Wang. The Sarbanes – Oxley act and firms' going – private decisions, Working paper, University of Chicago, 2005.

[7] Hail, L. , and C. Leuz. Cost of capital and cash flow effects of U. S. cross – listings. ECGI – Law-Working paper No. 46/2004. Brussels, Belgium: European Corporate Governance Institute, 2005.

[8] Kamar, E. ; P. Karaca – Mandic; and E. Talley. Sarbanes – Oxley's effects on small firms: what is the evidence? Working paper, University of Southern California School of Law, 2007.

[9] Leuz, C. ; A. Triantis; and T. Wang. Why do firms go dark? Causes and consequences of voluntary SEC deregistrations. *Journal of Accounting and Economics*, (2008): Forthcoming.

[10] Ribstein, L. E. Market vs. regulatory responses to corporate fraud: a critique of theSarbanes – Oxley act of 2002. *Journal of Corporation Law*, 28 (2002): p. 1 – 67.

[11] Romano, R. The Sarbanes – Oxley act and the making of quack corporate governance. *Yale Law Journal*, 114 (2005): p. 1521 – 1611.

[12] Stulz, R. Globalization, corporate finance, and the cost of capital. *Journal of Applied Corporate Finance*, 12 (1999): p. 8 – 25.

[13] Zingales, L. Is the U. S. capital market losing its competitive edge? Working paper, University of Chicago, 2006. p. 426.

ξ2－17 对PS（2007）的讨论

Discussion of Regulation and Bonding：The Sarbanes－Oxley Act and the Flow of International Listings

文献来源：Lang，M. H. 2008. Discussion of Regulation and Bonding：The Sarbanes－Oxley Act and the Flow of International Listings. *Journal of Accounting Research*，46（2）：427－433.

一、引言

SOX 法案受争议的原因之一是它适用于所有在美国上市的公司，包括在美上市的外国公司。因此，希望到美国交易所上市的外国公司受到的监管有所增强，在美上市的成本也有所增加。一个重要的问题是新的管制是否影响美国市场的竞争力。如，管制是不是赶走了本来打算在美国交易所上市的公司？如果是这样，这些公司是美国交易所希望留下来的公司吗？由于 Piotroski and Srinivasan（PS，2007）的研究与 Doidge et al.（DKS，2007）和 Hostak et al.（HKLY，2007）的研究互为补充，因此本文在讨论的时候把三篇文章穿插在一起。

PS 的研究为 SOX 法案对美国交易所跨境上市的影响提供了证据。与 DKS 的研究一致，他们发现少数公司受 SOX 法案的影响而回避在美国上市。更重要的是，不选择美国上市或退市的公司主要是规模小、盈利能力差的公司。这些结论与 HKLY 的退市研究结论一致，HKLY 发现只有少数公司是受到 SOX 法案的影响才退市，而且退市的公司规模相对较小、公司治理较差。虽然不能简单的从这些研究中得出很有价值的政策含义，但这些描述性证据至少表明因 SOX 法案的成本而损失的上市份额可能被高估了。更进一步，SOX 法案可以充当一种甄别功能，排除规模小、盈利能力差的公司上市，吸引更多规模大、更为成熟的公司来上市。

因为很多因素都会影响公司的跨境上市，所以研究中面临的一个挑战是很难把 SOX 法案和其他因素的影响分离开来。例如，电子商务、全球化、伦敦 AIM 交易所、交易所的合并（如纽约泛欧交易所）改变了跨境上市的竞争布局。SOX 法案使得在美国上市得到的潜在收益（至少 DKS 研究发现如此）和溢价仍然很高。因此，需要同时考虑 SOX 法案的潜在收益和成本。另外，SOX 法案相关的成本和收益多是间接的，很难进行量化。

分离 SOX 法案的影响也许可以通过分析全球跨境上市趋势实现。如果整个世界相对静止，这就很容易辨别出 SOX 法案的影响。DKS 比较全面地分析了各个市场的上市和退市趋势，还分析了上市选择的决定因素，得出了以下结论：首先，通过比较美国交易所和伦敦证券交易所主板（与美国交易所最为相似）的新上市公司趋势和自愿退市，发现有很多相似，表明存在 SOX 法案以外的影响因素在起作用。自 2000 年后在全球很多交易所上市的企业数量逐渐减少，符合跨境上市的公司数量也有所降低。事实上，近几年的最大赢家是伦敦的AIM市场，与在其他交易所上市的公司相比，在AIM市场上市的公司规模小、盈利能力不强、公司成立年限也较短。这表明寻求跨境上市公司的类型发生改变，从原来的大型成熟公司到现在的年轻公司，从原来选择传统交易所到现在选择新的上市场所。

二、对PS文章研究设计的评论

如上所述，上市选择的研究设计任务是艰巨的。跨境上市的潜在公司数量很多，这些公司面临的选择也很多。如果公司希望规避SOX法案相关成本，其他选择有：通过144A规则①或OTC市场在美国上市、在非美国交易所上市、在本国市场上市，或上述方式的组合。此外，交易所合并、技术进步和新交易所的出现也会导致交易所的竞争布局不断变化。

在公司拥有上述一系列备选方案的情况下，一个主要的设计问题是：选取一组特定的备选方案作为条件设定进行分析，还是不设定条件分析。PS选择了条件分析，他们通过分析新上市公司在纽约和伦敦交易所之间的选择得出结论。这种方法的含义是公司首先选择要不要在纽约或伦敦交易所上市，然后再在这两个地点之间做出选择。这种方法的潜在问题是，如果伦敦交易所因为一些与SOX法案无关的因素使其对跨境上市公司来说变得更有吸引力，而使纽约交易所份额下降，大家也许会认为这是SOX法案导致的。换句话说，仅仅通过纽约和伦敦的比较，很难得出结论：伦敦市场份额的增加是来自受SOX法案影响的纽约交易所减少的份额。

通过提供一个成本较低、监管更松的环境，AIM为规模较大而不适合在风险资本市场上市，但选择常规交易所上市又显得过早的公司，提供了一个成本较低的上市选项。起始于2002年，AIM市场改变了他们的扩张重点，从原来的小规模英国公司到活跃的海外公司，逐渐成为一个更加全球化的交易所（Arcot et al.，2007）。在AIM市场上市的国际公司从2001年的31家（总数的6%）增加到2007年的319家（占AIM上市公司总数的24%），这种增长主要集中在2004年和2005年。因此，从设计的角度看，难点在于确定在AIM上市的公司是原先打算在美国交易所上市的公司还是被AIM新策略所吸引的其他公司。

基于世界联合股票交易所的数据，主要交易所的新上市公司大多出现下降趋势，如伦敦证券交易所主板、泛欧交易所、东京证券交易所、德国交易所和澳大利亚证券交易所。唯一的例外是AIM市场，它的新上市公司数量在过去5年里取得惊人增长。因此，通过美

① 由于美国联邦法律对证券发行有严格的注册和信息披露要求，许多外国公司因此不愿在美国资本市场发行证券。为此，美国证监会于1988年起草、1990年颁布实施了“144A规则”（即在私募市场面向机构的证券再销售），主要目的是吸引外国公司在美国资本市场发行证券，提高美国国内私募证券市场的流动性和有效性。根据144A规则的规定，发行人可以发行不受美国证监会的注册和信息披露要求限制的证券，但这些证券只能在私募市场向QIB（Qualified Institutional Buyer，合格的机构认购者）发行并只能在QIBs之间交易，称为受限证券（Restricted Securities），即144A规则下的ADR。为便利此类证券的发行与交易，美国全美证券交易商协会（NASD）建立了具备交易和信息发布功能的电脑化PORTAL系统，该系统只有QIBs和一些合格的交易商和经纪人可以进入。资料来源：http：//blog.sina.com.cn/s/blog_71f389090100y5kc.html。

国交易所与其他交易所比较得出的结论取决于所选择的交易所，因为美国交易所的表现要比 AIM 以外的其他交易所更好。同样的原因，因为 AIM 市场的成功，任何交易所与 AIM 进行对比，其表现都会很差。在某种程度上，这反映了 AIM 从其他交易所得到新上市份额，也可能吸引其他本来没打算上市的公司。然而，如果 AIM 与其他交易所表现相比同样出色，那么很难得出结果是由 SOX 法案导致的。

PS 发现，SOX 法案颁布以后美国的交易所（NASDAQ 和 NYSE）失去的新上市份额流向英国交易所（LSE 主板和 AIM）。然而，把交易所分组以后，结果反而显示 LSE 主板失去的新上市公司正转向 NASDAQ 和 NYSE，但 AIM 市场却得到新上市公司的支持。若要得到 SOX 法案使美国失去了新上市份额的结论，必须满足下面的假设：AIM 所增加的新上市份额是原本想选择在 NASDAQ 上市的。PS 发现 NASDAQ 因 SOX 法案失去的新上市份额主要是那些规模小、盈利能力不强的公司。但这个结果有两种解释：其一，它可能反映了 SOX 法案颁布以后，小公司不能负担相关成本使得他们不愿意到美国上市而转向 AIM。其二，该结果也可能说明了 AIM 市场吸引了在没有 SOX 法案的情况下本来就不愿上市的公司到英国上市。而如果是后一种原因，就不能说明 AIM 份额增加是由 SOX 法案引起的。

与 DKS 的研究比较后，更可以看出假设的重要性。在 DKS 的研究中，作者也做了类似的分析，但他们并没有限定于某一特定的交易所比较。DKS 通过可取得的样本公司，检验 SOX 法案颁布后美国是否吸引更少的公司上市。他们的方法优点是能够包括美国失去的新上市公司，而不论 SOX 法案是导致公司选择非美国交易所（通过 OTC 或 144A 市场）还是导致公司不上市。但缺点是他们依赖 Worldscope 数据库寻找潜在的可能上市的公司。基于 SOX 法案颁布前的预期，他们并没有发现 NASDAQ 或 NYSE 在 SOX 法案颁布后吸引公司上市的能力变弱。相反，从跨国上市的供给分析来看，NASDAQ 或 NYSE 还可能比预期吸引到更多的上市公司。选择美国上市的公司绝对数量的减少可能主要来自于潜在的跨境上市的公司供给的减少，这也与全球大部分交易所的上市数量都在递减的趋势一致。

DKS 和 PS 的研究相互补充，他们的研究均表明没有发现美国交易所失去了新上市份额的证据（历史表明这些公司会选择美国交易所上市）。他们在解释小规模、盈利能力差的公司选择 AIM 上市时存在一定差异。DKS 认为没有证据表明，在没有受到 SOX 法案影响时，这些公司将可能在美国交易所上市，但 PS 认为至少有一部分公司在没有受到 SOX 法案的影响之下会选择 NASDAQ。虽然可能这个区别很小，但对于推断 SOX 法案是否损害美国市场的竞争力至关重要。如果这些在 AIM 新上市的公司不在 AIM 上市就会选择美国，这表明 SOX 法案相关成本阻碍了有限资源的小规模公司到美国上市。

由于结果对基准交易所的选择有潜在的敏感性，会议上提供了一个有趣的稳健性检验，以其他交易所为基准（如相对于其他非美国交易所或美国的 OTC 或 144A 市场）复制 AIM 市场的分析。如果影响仅限于 NASDAQ 与 AIM 比较关系，事实表明 SOX 法案的影响一直存在。另一方面，如果对于其他交易所还是得出类似结果，则表明实际起作用的更可能是 AIM 市场的成功，而不是 SOX 法案的影响。

PS 和 DKS 的研究表明美国交易所在 SOX 法案颁布后吸引了部分大规模公司来上市，把两组结果联系起来将十分有趣。PS 的研究是新上市公司的数量而不是规模大小。然而，如果 SOX 法案使得大规模公司新上市增加和小规模公司新上市减少同时出现，由于新上市的数量和规模同样重要，SOX 法案将可能导致美国交易所产生净收益，虽然损失的新上市公司数量比新获得的要多。PS 估计有 90 家市值总额为 350 亿美元的公司被预测为选择美国上市的公司，最终选择英国交易所上市。然而，他们的结果也表明有少量大规模公司，他们被预测为在英国上市，但最终选择美国上市。虽然没有在文章中列举出来，先前版本的结果表明美国市场流向英国市场的份额至少与英国市场流向美国市场的一样大。如果这样，就要在提高标准吸引大规模公司与降低上市成本吸引小规模公司之间做出权衡。

最后，PS 与 HKLY 的研究差异在于 HKLY 尝试估计与 SOX 法案相关的成本以及这些成本对公司退市选择的影响。由于上市与退市决定有很多动机是一致的，那么 HKLY 考虑的代理成本和合规成本对于 PS 的研究同样重要。在 PS 研究的基础上加入代理成本和合规成本变量，可以深入了解 SOX 法案相关成本是否影响公司的上市决定。在一定程度上，如果这些变量有显著的解释能力，则增加了上市选择受到 SOX 法案影响的可能性。出于对合规成本的考虑或管理层和控制人对控制权的潜在损失的关注，公司是否会因此而放弃在美国交易所上市是一个有趣的问题。如果公司是因为 SOX 法案降低了管理层和控股股东的私人控制收益而没有选择上市，从竞争角度来看这并不像 SOX 法案大大增加合规成本那样让人不安。

三、结论

PS 通过研究 SOX 法案对公司是否选择在美国上市决定的影响，从一个有趣的角度研究了 SOX 法案对美国交易所竞争力的潜在影响。与 DKS 的研究一致，SOX 法案在某种程度上影响跨境上市的选择，但仅限于规模小、盈利能力不强的公司，因为对他们来说增加的成本至关重要。从政策的角度来看，上述分析提出一个问题，美国市场应该吸引哪种类型的公司？诚然，如果标准降低，将会有很多公司选择美国市场上市。一个相关的问题是，如果公司不能满足提高的标准，是否应该把他们排除在美国交易所之外。结果的其中一个解释是 SOX 法案提高美国证券法的筛选作用，这可能是一件好事，也可能不是。正如 DKS 的研究表明，公司在美国跨境上市的估值溢价似乎仍然很大，可能反映了提高标准所带来的约束绑定的重要作用。

PS 和一些相关文献同样说明了分离出 SOX 法案的竞争影响是很困难的。毫无疑问，跨境上市的格局正在发生改变。最近 AIM 市场的影响、交易所合并、IFRS 在欧洲市场的使用和通过电子商务加强的全球化均表明更为基本的动态过程正在发挥作用。SOX 法案提供了一个很好的研究机会，上市选择的动态过程仍然有需要进一步深入了解。虽然 SOX 法案并不是其他市场成功的全部原因，美国交易所竞争力的降低仍然是值得关注。

（整理人：舒伟）

主要参考文献

[1] Arcot, S.; J. Black; and G. Owen. From local to global. The rise of aim as a stock market forgrowing

companies. Working paper, London School of Economics and Political Scienceand London Stock Exchange, 2007.

[2] Doidge, C. ; G. Karolyi; and R. Stulz. Has New York become less competitive in global markets? Evaluating foreign listing choices over time. Working paper, Ohio State University, 2007.

[3] Hostak, P. ; E. Karaoglu; T. Lys; and Y. Yang. An examination of the impact of the Sarbanes - Oxley Act on the attractiveness of U. S. capital markets for foreign firms. Working paper, Northwestern University, 2007.

[4] Piotroski, J. , and S. Srinivasan. Regulation and bonding: the Sarbanes - Oxley act and the flow of international listings, *Journal of Accounting Research* 46 (Supplement 2008): this issue.

§2-18 为什么转向次级市场：公司自愿从 SEC 注销的原因和经济后果

Why do Firms Go Dark? Causes and Economic Consequences of Voluntary SEC Deregistrations

文献来源：Leuz, C., A. Triantis and T. Y. Wang. 2008. Why do Firms Go Dark? Causes and Economic Consequences of Voluntary SEC Deregistrations. *Journal of Accounting and Economics*, 45 (2-3): 181-208.

【摘要】 本文研究的样本是不再向 SEC 报告但仍公开交易的公司，即转向次级市场（go dark）的公司。研究证据表明，影响公司转向次级市场的一个重要原因是 SOX 法案。公司在转向次级市场后，其市场超额回报显著为负。很多公司转向次级市场与暗淡的未来前景、财务困境及 SOX 法案之后增加的合规成本有关。研究结果也表明，控股股东将公司转向次级市场是为了保护其控制权和减少外部监管，这种情况在公司治理和投资者保护较弱时更为明显。最后，本文的结果表明转向次级市场和私有化（go private）是完全不同的经济事件。

一、研究问题

（一）问题的提出

上市公司在满足下列条件之一时可以申请从 SEC 注销：（1）登记在册的股东数（held of record）少于 300 人；（2）登记在册的股东少于 500 人并且在过去三年资产少于 1000 万美元。然而，很多达到该标准的公司实际上拥有成千上万的受益股东，这些股东的股票由机构投资者以机构的名义持有，根据 SEC 规则 12g5-1 的规定，每个机构只算一个在册股东。不少投资者认为该条款对股东不利，因为它使得公司很容易隐藏财务信息。同时，投资者认为一些上市公司利用 SEC 规则 12g5-1 的漏洞转向次级市场，可能逃避监管进而损害投资者的利益。为回应这些投资者的呼吁，SEC 小型公众公司咨询委员会建议 SEC 对规则 12g5-1 进行修订，尽快弥补“在册股东”规定的漏洞。

2003—2004 年间，美国大概有 300 家上市公司因并购、清算、私有化交易之外的原因从 SEC 注销，进而免于承担向 SEC 报告的义务。有些研究者将这股“转向次级市场”的浪潮归咎于 SOX 法案，特别是 SOX 404 条款关于内部控制的规定（McKay，2003；Frigo and Litman，2004）。本文主要从节约成本论和私有利益论两个角度研究了公司从 SEC 注销转向次级市场的原因以及经济后果。论文的逻辑框架见图 2-17。

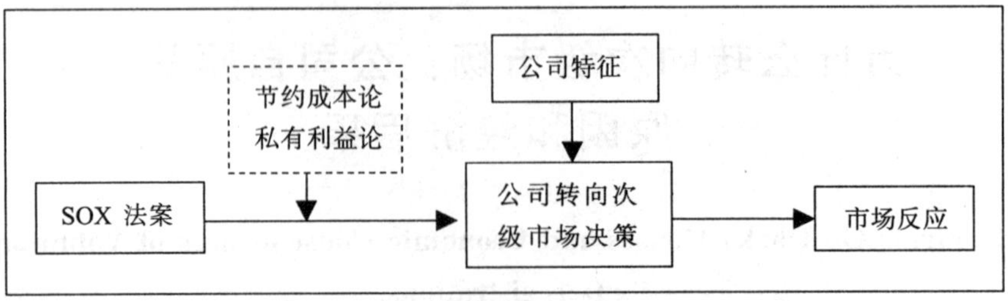

图 2-17　SOX 法案与公司转向次级市场决策

（二）研究意义

第一，公司转向次级市场降低了资本的流动性，并最终会降低资源配置的效率。因此，研究公司转向次级市场的原因非常重要。

第二，公司转向次级市场，意味着公司受到的监管力度降低，管理层或者大股东可能会掠夺投资者的利益。因此，研究公司转向次级市场的经济后果——会不会降低公司的价值并最终损害投资者的利益——是非常重要的。

（三）主要贡献

第一，本文首次利用一个较长期限的较全面的转向次级市场和私有化的注销样本进行分析，为公司转向次级市场的两种经济解释提供了实证证据。

第二，对转向次级市场与退市和私有化进行准确区分。在纽约证券交易所、纳斯达克证券交易所、美国证券交易所和 OTC 市场交易的股票均需遵循向 SEC 的报告义务。转向次级市场和私有化都终止了向 SEC 报告的义务。从 SEC 注销转向次级市场后，这些股票可在粉单市场或其他柜台市场交易；但转向私有化的公司，其股票不在任何市场交易。本文的证据表明，转向次级市场和退市及私有化是完全不同的经济事件。

二、理论假设

（一）转向次级市场的原因与经济后果

本文从两个方面解释了公司为什么转向次级市场：一是节约成本论，二是私有利益论。

节约成本论认为，向 SEC 报告的高昂成本是公司转向次级市场的关键因素。当向 SEC 报告的净收益为负时，管理层选择停止向 SEC 报告，从而节约成本、最大化股东的利益。但是，值得注意的是，即使转向次级市场的决策是为了股东价值最大化，市场反应仍可能为负。此时，负的市场反应并非是投资者预测到转向次级市场后公司的资本成本会增加、流动性降低或失去了作为上市公司的其他好处，而是转向次级市场的决策本身（或公告）可能揭示了关于公司前景的负面信息。

私有利益论则认为市场反应为负的一个原因可能是，外部投资者怀疑，转向次级市场的决定可能是受内部人利益的驱使，而不是追求股东价值最大化。内部控制人，如经理人或大股东，将公司转向次级市场可能是为了规避监管。停止向 SEC 报告后，内部人更容易攫取和保护其私有利益，如额外消费、高额的薪酬、投资对内部人有利的项目等。相反，增加企业的报告要求或者强化其实施的监管事件，如 SOX 法案，则会增加内部人获取私人利益的成本，从而催生其转向次级市场的决策。

节约成本论和私有利益论都表明，转向次级市场的公司和没有转向次级市场的上市公司应该具有很多截然不同的特点。节约成本论表明，与没有转向次级市场的公司相比，转向次级市场的公司在转向次级市场之前就有更多的负回报、更可能处于财务困境、流动性收益更低、成长机会恶化。如果私有利益是转向次级市场的一个原因，本文预期转向次级市场的公司将表现出一些代理问题或者隐匿行为的特征，如会计操纵。此外，经济理论表明，内部人利益凌驾于外部股东之上的程度取决于企业公司治理的强度（如 LaPorta et al.，2000），私有利益在公司治理较弱时将起到更重要的作用。

节约成本和代理动机都表明，公司转向次级市场的理由有很多。因此，本文首先检验了 SOX 法案是否引发了企业转向次级市场的决策，以及影响转向次级市场决策的因素在 SOX 法案之后是否发生了变化，然后检验提出的两种解释对转向次级市场决策的影响程度。

本文还分析了转向次级市场的经济后果，以及转向次级市场的制度背景不同引起的差异。

（二）私有化和转向次级市场

公司私有化与转向次级市场一样，需要在 SEC 注销其证券，并且不再向 SEC 履行报告的义务。也因为这种相似性，转向次级市场常被误解为私有化。然而，转向次级市场和私有化是截然不同的经济事件，有不同的影响因素和经济后果。

由于私有化相当复杂、风险很大而且成本很高，那些没有足够吸引力或者规模不够大、不能引起相关方发动私有化交易的公司可能会选择转向次级市场。而且，缺乏胜任能力的经理人通常没有动机发起或者协助一项最终将导致其出局的私有化交易。即使一家公司是很有吸引力的私有化对象，自我防御的经理人也更倾向于转向次级市场。这些经理人通过使其公司获得更少关注和变得更不透明，还能减少其在未来成为被收购目标的可能性。与私有化公司相比，本文预期转向次级市场的公司规模更小、处境更艰难，并且有较少的成长机会和更糟糕的经营业绩。

三、样本选择和研究设计

（一）样本选择

本文的样本区间是 1998—2004 年。根据前文的理论和假设分析，本文区分了三种样本，分别是转向次级市场的样本、控制样本和私有化样本，由于样本的设计对本文的研究非常重要，下面分别介绍样本的构成。

1. 转向次级市场样本

转向次级市场的样本的筛选过程如下：首先，选择向 SEC 申报 Form 15① 的公司，同时排除以下三类申报者：（1）注销非普通股的申报者；（2）注销了普通股但其他公开证券仍需遵循报告要求的公司；（3）外国公司［这些公司按照规则 12g－4a（ⅰ）、12g－4a（ⅱ）或者 12h－3b（ⅱ）申报 Form 15］。初步得到了 5000 个样本。其次，企业可能因为各种原因注销普通股，为界定转向次级市场的公司，作者排除了清算、收购、合并、撤回注册（registration withdrawals）和私有化交易（包括一些资产少于 1000 美元的壳公司）的样本。最后，作者利用 LiveEdgar（特别是 8－K 报告）、粉单市场网页信息、雅虎财经、场外交易门户网站上的信息，以及 Compustat 和 CRSP 删除的代码等信息确保转向次级市场的公司在申报 Form 15 后仍然公开交易，并且这些公司没有其他需要继续向 SEC 报告的证券。

经过以上的筛选，样本区间有 484 家公司申报 Form 15 并转向次级市场。日交易信息来自 CRSP、Datastream 和 Reuters 数据库；公司财务、治理和所有权结构信息来自 Compustat、Compact Disclosure、IBES 和 First Call。为填补缺失的数据，本文还从向 SEC 申报的资料中手工收集了财务、所有权结构和董事会信息。在申报期及之后有价格数据的样本共 446 个，其中在注销前一年度具有财务信息的样本为 419 个。

2. 控制样本

本文构建了一个由样本期间的 Compustat 中的所有公司构成的控制样本，样本须满足以下条件：在册股东数少于 300 个（10－K 报告第 5 项），或者当公司最近三个会计年度的总资产未超过 1000 万美元时在册股东数少于 500 个。同时排除那些在会计年度已经成为报告公司的公司，因为它们没有资格注销。还排除了在册股东数在 300—500 之间，但其前三个会计年度的资产信息不可得的公司。最终，控制样本由 2 061 家公司组成，包括 7 249 个公司年度的观察值。本文的控制样本为分析转向次级市场决策的影响因素提供了一个可靠的基准。

3. 私有化样本

本文也构建了一个私有化样本，这样转向次级市场的公司可以与那些私有化的公司进行比较，并且可以比较分析 SOX 法案对于私有化和转向次级市场的公司的影响。该样本主要是用 LiveEdgar 来查找那些在递交了 Form 15 之后申报 Schedule 13E－3 的公司，这两项手续表明该公司已经完成了私有化交易和股票注销。最终得到私有化公司样本 436 个。

（二）研究设计

1. 转向次级市场的原因

为了检验转向次级市场的原因，本文采用了 probit 模型，分别将转向次级市场的样本与控制样本和私有化样本进行回归。

$$Prob(going\ dark=1)=\beta_0+\beta_1 Log(assets)+\beta_2 Log(return)+\beta_3 Leverage+\beta_4 Asset\ growth+\beta_5 O\_score+\beta_6 \Delta Log(VOL)+\beta_7 Large\ accruals+\beta_8 FCFProb+\beta_9 Board\ gov+\beta_{10} InstInvest+\beta_{11}$$

① 公司通过向 SEC 申报 Form 15 来注销普通股股票，主要的条件是在册股东少于 300 个。Form 15 要求申报者说明每种证券的名称、仍有申报义务的其他证券种类的名称以及注销适用的其他规则条款。

$$Strong\ state\ reg + \beta_{12} Medium\ state\ reg + \beta_{13} FCFProb \times BoardGov + \beta_{14} FCFProb \times InstInvest + \varepsilon \quad (1)$$

根据前文的假设，模型（1）分别检验公司特征、成本节约动机、代理问题和公司治理特征等对转向次级市场［$Prob(going\ dark=1)$］的影响。公司特征包括：规模（*assets*）、财务杠杆（*Leverage*）、业绩（*return*）和资产增长率（*Asset growth*）；成本节约动机的指标包括财务困境指数（*O_score*）和交易量［$\Delta Log(VOL)$］；代理问题的变量分别是三年应计绝对值与经营现金流的比值的中位数（*LargeAccrual*）和内部融资的最大增长率与行业中值之差（*FCFProb*），前者衡量盈余管理程度，后者是内部人可以操纵的超额现金流；治理特征包括治理变量（独立董事人数 *Board gov*、机构投资者持股 *InstInvest*）和外部监督变量（各个州对财务报告的监管强度 *Strong state reg*、*Medium state reg*）。

2. SOX 法案的影响

为了分析 SOX 法案对公司转向次级市场决策的影响，本文采用了 probit 模型，分别对转向次级市场的样本和私有化样本进行回归。

$$Prob(going\ dark=1\ or\ going\ private=1) = \beta_0 + \beta_1 SOX + \beta_2 SOX\ 404\ enactment\ proposed + \beta_3 SOX\ 404\ enactment\ final + \beta_4 SOX\ 404\ extension + \beta_5 Marke\ treturn + \beta_6 IPO\ volume + Time\ trend + \varepsilon \quad (2)$$

这里主要考察 SOX 法案、SOX 404 条款的征求意见期、最终法案通过期到执行期，对公司转向次级市场和私有化的影响，即主要关注的是 β_1—β_4 的符号与显著性。其他为控制变量，文章还控制了时间趋势。第二部分还将检验模型（1）中影响公司转向次级市场的因素，在 SOX 法案前后的影响是不是会发生变化。

3. 转向次级市场的经济后果

为考察转向次级市场的经济后果，本文检验了转向次级市场的市场反应。采用了传统的事件研究法，选取的三个事件日包括：Form 15 申报日、Form 15 申报日与注销公告日孰早者，以及 13E－3 首次申报日、Form 15 注销公告日与 Form 15 申报日三者孰早者。选取的窗口包括事件当日、事件当日至第 2 日以及事件前后 5 个交易日。本文分别计算了原始回报、基于市场调整和规模调整的回报。

四、实证结果

（一）描述性统计

转向次级市场样本、控制样本和私有化样本的公司特征变量的描述性统计表明，各样本的公司特征有明显差异，例如，与控制样本相比，转向次级市场样本的公司规模（总资产和市场价值）更小、业绩（过去一个年度的股票回报和资产增长）更差，而且更易陷入财务困境（*O－score* 更高）①。

① *O－score* 根据 Ohlson（1980）的财务困境预测模型计算，其值越高表明公司陷入财务困境的可能性越大。

（二）回归结果

1. 转向次级市场的原因

对转向次级市场样本的回归结果表明，转向次级市场的公司规模更小、股价表现更差、财务杠杆更高、资产增长率也更低。这与过去的披露文献关于报告成本和收益的发现一致（如 Healy and Palepu，2001）。

对节约成本动机在转向次级市场决策中的作用的检验发现，公司财务困境指数 *O－score* 显著提高、交易量显著下降的公司更愿意转向次级市场。本文还发现了转向次级市场公司财务困境的进一步证据，包括短期借款比率的大量增长、*ROA* 大幅下降以及现金总资产比率降低。

对代理问题解释的检验发现，转向次级市场的公司盈余管理和超额现金流明显更高。对治理变量（独立董事人数、机构投资者持股）和外部监督变量（各个州对财务报告的监管强度）的检验也同样得到了显著的结果，即代理问题越严重的公司越可能转向次级市场。

本文还引入了超额现金流与董事会治理及机构投资者的交互项。结果发现，交互项系数显著为负，说明在治理较好时，超额现金流对转向次级市场决策的影响较小。

进一步，本文对转向次级市场样本和私有化样本的公司特征和治理特征做了比较。结果表明，两个样本在规模、财务困境程度、业绩表现、盈余管理等方面均存在显著差异，与前文的理论分析和预期一致。

2. SOX 法案的影响

描述性统计发现，2003 年和 2004 年转向次级市场的样本数明显多于以前年度，进一步的季度统计发现，转向次级市场样本从 SOX 法案通过后的那个季度开始增加。SOX 法案增加了公司面临的 SEC 报告成本和外部监管强度，因此，也可能改变节约成本动机和私有利益动机在转向次级市场决策中的角色。通过对比 SOX 法案颁布前后，各个因素对转向次级市场的决策的影响程度，本文发现，财务困境因素在 SOX 法案颁布之后对转向次级市场决策更为重要，而代理问题因素的影响力则变化不大或略有下降。

3. 转向次级市场的经济后果

三个事件日的时间窗口回报都非常显著，说明市场对公司转向次级市场的行为有显著负面反应。

本文还考察了私有化公司的市场反应，结果发现在所有窗口期间，无论原始回报、市场调整的回报还是规模调整的回报均显著为正。说明市场将私有化交易视为未来前景好的信号，与预期一致。

接着，本文将公司日回报对规模组合回报、注销、退市、破产等变量进行回归，以控制转向次级市场以外的其他因素对市场回报的影响。结果发现，市场确实对转向次级市场公告做出了负面反应。为进一步考察两种经济解释的作用，本文用［0，2］窗口回报对财务困境和公司治理变量等进行回归。结果发现，市场对公司面临的外部监管的变化做出了反应，至少对部分公司而言，市场不只是对公司未来前景的坏消息做出了反应。

五、结论

本文为企业转向次级市场的两种解释（节约成本和代理冲突）提供了证据，转向次级市场既不完全是为了节约成本，也不完全是一种机会主义行为。当公司治理较弱或者外部投资者保护较弱时，代理解释扮演了更重要的角色。在考察 SOX 法案对注销的影响时发现，更多的公司转向次级市场很大程度上与该法案有关。一方面，SOX 法案增加了报告成本，特别是加重了小企业的成本负担；另一方面，SOX 法案增加了外部审查，从而加剧了代理冲突，这两方面的原因都使得更多的小企业转向次级市场。

实务中，人们通常将公司注销转向次级市场随意地视为已经私有化。虽然转向次级市场和私有化都解除了遵循 SEC 的报告要求的义务，但二者存在明显的区别，转向次级市场的公司在注销后仍继续公开交易。本文对比研究了 1998—2004 年私有化公司样本和转向次级市场公司样本，发现转向次级市场的公司数目在 SOX 法案后明显增加，而私有化公司数目则无明显变化。这说明私有化和转向次级市场是截然不同的经济事件，当然，也可能是因为一些不太适合私有化的公司将转向次级市场视为次优选择。

（整理人：舒伟）

主要参考文献

[1] Frigo, M., Litman, J., 2004. Give my regrets to Wall Street. *Harvard Business Review* February, p. 43 - 51.

[2] Graham, J., Harvey, C., Rajgopal, S., 2005. The economic implications of corporate financial reporting. *Journal of Accounting and Economics* 40, p. 3 - 73.

[3] Healy, P., Palepu, K., 2001. Information asymmetry, corporate disclosure, and the capital markets: a review of the empirical disclosureliterature. *Journal of Accounting and Economics* 31, p. 405 - 440.

[4] LaPorta, R., Lopez de Silanes, F., Shleifer, A., Vishny, R., 2000. Investor protection and corporate governance. *Journal of Financial Economics* 58, p. 3 - 27.

[5] Lehn, K., Poulsen, A., 1989. Free cash flow and stockholder gains in going private transactions. *Journal of Finance* 44, p. 771 - 787.

[6] McKay, P., 2003. Though their stock is publicly held companies adopt a private mentality. *Wall Street Journal* July 28, C1.

[7] Ohlson, J., 1980. Financial ratios and the probabilistic prediction of bankruptcy. *Journal of Accounting Research* 18, p. 109 - 131.

[8] SEC, April 23, 2006. Final report of the advisory committee on smaller public companies. (Securities and Exchange Commission, Washington, DC.

§2-19 披露政策：对 LTW（2008）的讨论

Disclosure Policy：A Discussion of Leuz，Triantis and Wang（2008）on "Going Dark"

文献来源：Jeffrey L.，Coles. 2008. Disclosure Policy：A Discussion of Leuz，Triantis and Wang（2008）on "Going Dark". *Journal of Accounting and Economics*，45（2-3）：209-220.

【摘要】 Leuz et al.（2008，LTW）检验了从 SEC 报告系统中退出但仍在粉单市场上交易的公司。论文发现 SOX 法案增加了公司退市的可能性，但与传统观念不同的是，法案对于私有化没有显著影响。代理成本较高、成长机会较差、濒临财务困境以及因 SOX 法案增加的合规成本，增加了企业转向次级市场的可能性。本文在评论的基础上，提出了一些改进建议，包括添加更多的控制变量、设定更合适的解释变量，以及更加关注因果关系问题和经济意义的量化。

一、前言

在过去的 20 年里，美国公司治理的重大变化，包括了管理层薪酬对股票表现灵敏度的急剧增加，以及机构投资者比例（institutionalization of U. S. shareholders）的不断增加。薪酬激励的增加带来了积极的结果，同时也引起了公司治理的失效，如安然、世通、泰科、Adelphia 以及 Globle Crossing 的失败案例中，高管薪酬被很多人批判为罪魁祸首。这些类似的事件，反过来又推动了监管的改革，包括 2002 年的 SOX 法案、纽约和纳斯达克证券交易所对企业上市的新管制要求等。

增加薪酬业绩敏感度（PPS）在促进美国经济进步的同时，在某种程度上带来了一些不幸的事件。作者认为正是这方面的治理问题，使得会计披露和透明度的问题以及 JAE 召开的公司治理会议①的主旨变得很重要。

也正是在会计披露变得逐渐重要的经济环境下，LTW（2008）和 JAE 会议的其他论文才尤其显得及时和重要。LTW 检验了从 SEC 注销（即免除向 SEC 报告义务），但仍继续公开交易的公司（也称为转向次级市场，go dark）的原因及经济后果。论文在考虑企业转向次级市场的原因时，不但权衡了企业信息披露的成本和收益，考虑了会计信息的供给与需求，同时分析了管理层避免向 SEC 报告义务的动机等因素，并为这些可能的原因提供了实证证据。LTW 同样检验了 SOX 法案对于公司注销登记和私有化的影响、股票市场对于注销登记公告的反应，也检验了对于终结交易流动性方面披露的影响。

---

① 编者注：2006 年 JAE 在 Northwestern University 召开了一个专题会议："The 2006 Journal of Accounting & Economics Conference on Economic Consequences of Alternative Accounting Standards and Regulation。"

LTW（2008）构建了一个合理的模型来检验研究设计，样本结构和实证的执行情况，总的来说是合适的。下面从三个方面分别进行评述。

二、一个简单的实证框架

本文在评论 LTW（2008）的文章之前，总结了一个在财务会计和公司财务方面对组织特征（或者说“结构”）以及公司“绩效”实证研究通常用到的框架，即“行为—绩效”（conduct - performance）的框架（Himmelberg，2002；Coles et al.，2007），这个框架通常应用在行业组织文化的行为表现中。

所谓公司的结构通常包括管理层薪酬、董事会结构、所有权结构、领导体制、反收购保护，以及债务政策、投资政策、股利政策和产品市场策略等。各种会计选择，比如披露政策和盈余管理，也同样是公司结构的重要部分。业绩衡量包括会计利润、短期和长期的股票收益、债券回报，或者可观察到的行为，比如盈余重述（earnings restatement）、股东派生诉讼①（derivative actions）和 SEC/DOJ/FTC② 的执行活动。其他业绩衡量本质上是估值倍数，比如 P / E 比率、托宾 Q 值，或者现金流的指标和资本成本。实证检验通常做的是：（1）绩效是结构的函数，如企业价值与管理层持股；（2）结构是结构（或结构变化）的函数，如会计披露（或内部控制）与外部董事比例。

本文认为，虽然过去这两种模式的实证检验非常多，但是结果通常是不一致的，主要的原因是不能很好地解决内生性和因果关系的问题。最近的研究证实了“相对结构的方法”（relatively structural approach）能够从计量上有效的解决以上这两个问题（Coles et al.，2007）。LTW（2008）提供了一种相对结构的方法检验公司披露政策的选择。

三、优点

LTW 论文一个显著的优点就是提供了披露的供给与需求变化的成本—收益框架。作者提供了谨慎和理智的论据，特别是相对于同时期关于注销登记的竞争性论文（Marosi and Massoud，2007），LTW 的样本与检验设计得很好，分析以及结果的解释有高度的可靠性和可信性。

LTW 论文的结论是很有新意的，许多评论家认为 SOX 法案导致了上市公司私有化（Holmstromand Kaplan，2003），阻止了一些私有公司公众化，以及导致首次公开发行股票和交易的上市公司逃离美国市场（Zingales，2006）。LTW 指出 SOX 法案后所观察到的注销登记的增加来源于转向次级市场的公司，而不是私有化公司。

这个结果与 SOX 法案导致了大量公司私有化的传统观念不同。SOX 法案增加了注销

① 股东派生诉讼是指当公司的合法权益受到他人侵害，特别是受到有控制权的股东、母公司、董事和管理人员等的侵害而公司怠于行使诉权时，符合法定条件的股东以自己名义为公司的利益对侵害人提起诉讼，追究其法律责任的诉讼制度。

② SEC：美国证券交易委员会；DOJ：美国司法部（Department of Justice），它是美国《反海外腐败法》的联合执法机构；FTC：美国联邦贸易委员会（Federal Trade Commission），是执行多种反托拉斯和保护消费者法律的联邦机构。

登记的倾向，但对于私有交易的概率没有太大影响，LTW 的结论值得重视。

四、一些讨论

以下是作者对于 LTW 论文数据、实证分析以及解释的一些讨论。

首先，样本很可能有偏。尽管 LTW 论文提供了公司正式注销而退市（即转向次级市场）的重要证据，但许多其他公司可能已经非正式地退出了向 SEC 履行报告的义务，通过样本选择过程，可能有很多公司没有包括进来，正式的转向次级市场的公司（通过查看 Form 15）只是冰山的一角，这样样本可能是有偏的。

其次，对于结构是结构回归的实证检验的一些讨论。尽管其中的结论是合理可信的，但是可能存在以下的问题：

1. 遗漏变量

正如前文讨论的那样，披露和管理层财富—绩效敏感度是互补的治理特征时，在右侧包括一些管理层绩效敏感度（PPS）的衡量（比如管理者持股）可能是适当的。并且，其他治理特征的数据更容易获得，因此，在分离对利益的基本影响时，有必要控制住其他治理变量，比如，CEO 和董事长是否合一。

2. 替代解释变量

LTW 使用了 *O - score* 来代理企业财务困境，然而，更合理的 probit 检验依赖于其他的财务困境指标。LTW 认为转向次级市场的部分好处是消除了遵循 SOX 404 条款的成本，而企业是否处于财务困境对 SOX 法案合规成本的压力不尽相同，当企业濒临财务困境时，规避这种合规成本显得更加重要，因此，LTW 控制了 *O - score* 作为财务困境的指标。但是，当企业临近财务困境的可能性更大时，企业规避 SOX 法案合规成本的动机就会越强，该规避行为给企业带来的价值也会更大。因此，本文认为采用 *O - score* 的变化值衡量财务困境的指标更合适。

3. 因果关系问题

有些统计上的相关性无法判明因果。比如，转向次级市场的可能性和机构投资者持股之间在统计上显著负相关。LTW 将这个结果解释为机构投资者持股比例更少意味着外部治理较弱，转向次级市场的公司管理层能够更容易的寻租。但是很可能是一些机构投资者在公司转向次级市场之前会减少股份，目的是为了调整投资组合以符合市场资本总额和资金流动（LTW 控制了这些）的要求，比如，交易场所、偿债能力和交易流动性。

4. 其他问题

LTW 检验了转向次级市场对于交易流动性的影响。LTW 通过交易日的百分比以及交易量的对数（log）来衡量流动性，本文认为 LTW 采用的流动性衡量法相对来说比较粗糙，应该采用更好的衡量方法，比如通过将股票的买卖价差拆分为交易成本、存货持有成本和信息不对称等成分，可以更好地衡量股票的流动性。

总之，作者认为 LTW 关于转向次级市场公司的结论为未来提供了一个有趣的可能研究方向。完全或者部分转向次级市场的公司（即那些证券交易委员会暂停其交易或者没有暂停其交易的公司）的实证研究，为人们更多了解披露提供了一种新的途径。同时，LTW

丰富了以下方面的文献：披露、价格发现和流动性、管理层披露的自由裁量权、SOX 法案的影响以及会计准则和法规的决定因素和后果。

（整理人：舒伟）

主要参考文献

[1] Coles, J., Lemmon, M., Meschke, J., 2007. Structural models and endogeneity in corporate finance: the link between managerialownership and corporate performance. Arizona State University Working Paper.

[2] Healy, P., Palepu, K., 2001. Information asymmetry, corporate disclosure, and the capital markets: a review of the empirical disclosureliterature. *Journal of Accounting and Economics* 31, p. 405 - 440.

[3] Himmelberg, C., 2002. Measuring the real effects of corporate governance: a note for the GCGF research meeting, April 5, 2002, Washington, DC. Columbia University Working Paper.

[4] Holmstrom, B., Kaplan, S., 2003. The state of U. S. corporate governance: what's right and what's wrong. *Journal of Applied Corporate Finance* 15, p. 8 - 20.

[5] Holmstrom, B., Milgrom, P., 1994. The firm as an incentive system. *American Economic Review* 84, p. 972 - 991.

[6] Lanen, W., Thompson, R., 1988. Stock price reactions as surrogates for the net cash flow effects of corporate policy decisions. *Journal of Accounting and Economics* 10, p. 311 - 334.

[7] Leuz, C., Triantis, A., Wang, T. Y., 2008. Why do firms go dark? Causes and economic consequences of voluntary SEC deregistrations. *Journal of Accounting and Economics* this issue, doi: 10.1016/j.jacceco.2008.01.001.

[8] Marosi, A., Massoud, N., 2007. Why do firms go dark? *Journal of Financial and Quantitative Analysis* 42, p. 421 - 442.

[9] Zingales, L., 2006. Is the U. S. capital market losing it's competitive edge? Initiative on Global Capital Markets Working Paper no. 1, University of Chicago.

ξ 2－20　内部控制和管理层预测

Internal Control and Management Guidance

文献来源：Feng，M.，C. Li and S. McVay. 2009. Internal Control and Management Guidance. *Journal of Accounting and Economics*，48（2－3）：190－209.

【摘要】 本文检验了内部控制质量和管理层预测（management guidance）准确性的关系。作者认为，当内部控制无效时，公司管理者预测时可能依靠错误的内部控制报告，因此内部控制无效的公司的预测准确性更低。在差量分析（change analysis）中，这种关系仍成立。而且当内控缺陷涉及与盈余预测特别相关的项目（比如营业收入或营业成本等）时，无效内部控制对预测准确性的影响程度是内控缺陷涉及其他盈余预测项目时的三倍。因此本文认为，内部控制质量在经济上显著影响内部管理报告以及基于这些报告的决策。

一、研究问题

（一）问题的提出

先前的研究主要关注内部控制质量与财务报告盈余的关系，但是作者认为，重大缺陷也能通过降低内部管理报告质量影响管理层预测的准确性。基于此，本文研究了内部控制质量和管理层预测准确性的关系。

论文的逻辑框架见图 2－18。

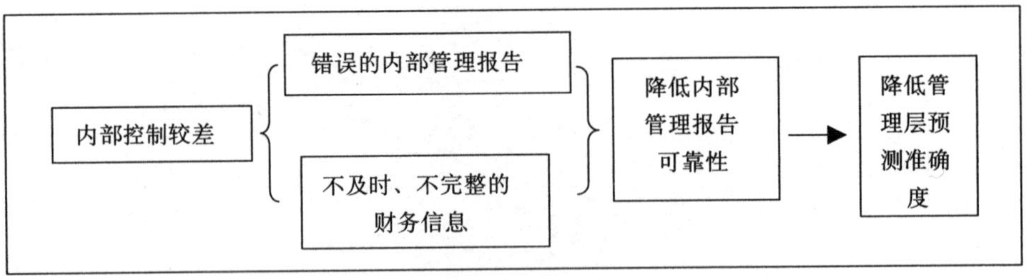

图 2－18　内部控制与管理层预测

（二）研究意义

本文选择研究内部控制质量和管理层预测准确性之间的关系，主要基于以下几个原因：首先，管理层预测是管理层用来建立或改变盈余预期、降低诉讼风险的重要的自愿性披露机制。管理层有动机披露准确的预测。以前的研究认为审计师的存在可以部分缓解内部控制对盈余质量的负面效应。但是管理层预测通常基于未经审计的内部管理报告，因此研究管理层预测有助于我们更好地理解财务报告系统的内部控制质量的效果。其次，内部管理报告是管理者做出日常营运决策的基础。作者研究内部控制质量对管理层预测的影响，对基于内部报告的其他管理决策具有启示意义。

（三）主要贡献

本文的结论补充了财务报告内部控制领域和管理层预测领域的研究，具体表现在以下两个方面：首先，补充了关于 SOX 404 条款收益的讨论。作者发现，好的内部控制系统能提高管理层预测的准确性，并且有助于其他基于内部财务数据的决策的制定。其次，补充了管理层预测领域的研究。研究结果表明，财务信息质量是管理层预测准确度的一个重要的决定因素。这一结论对于投资者和金融分析师具有重要启示意义。

二、研究假设

作者预期，较差的内部控制可以通过两种途径来影响管理层预测所依据的财务数据：第一，重大缺陷会导致错误的内部管理报告。内部管理报告一般不经过审计，也不经过审计委员会的分析，因此这些报告中的错误短期内很难被发现。如果管理者依靠这些错误的报告来形成管理层预测，那么可以预期管理层预测准确度较低。第二，重大缺陷会导致不及时、不完整的财务报告信息。管理者依靠不准确或不完整的内部管理报告来形成管理层预测时，管理层预测也可能更不准确。因此本文提出如下假设：

H1：内部控制无效的公司的管理层预测准确度较低。

为了检验这个假设，作者首先控制已知的管理层预测准确度和内部控制质量的决定因素，检验内部控制质量和管理层预测误差之间的关系。接着，作者检验内部控制质量的变化与管理层预测误差变化的关系。最后，本文区分重大缺陷类型，重点关注影响销售收入或者销售成本的缺陷，本文预测这些缺陷对管理层预测准确度的影响更大。

三、样本选择和研究方法

（一）样本选择

本文选取 2004—2006 年披露内控审计报告（SOX 404 报告）的上市公司作为样本，并剔除缺少盈利预测（点预测或范围预测）和相关财务数据、分析师覆盖数据及股票回报数据的观测值，最后得到 2 994 个公司—年度观测值。相关数据来自 Audit Analytics，First Call，Compustat 和 CRSP 数据库。

（二）研究设计

作者将管理层预测误差定义为，财务报告盈余和管理层预测之差的绝对值除以期初每股资产：

$$ABSERROR = |Realized\ Earnings - Management\ Guidance|/Lagged\ Assets\ per\ Share \quad (1)$$

ABSERROR 受预测误差和财务报告盈余误差的影响。本文主要关注重大缺陷引起的管理层预测误差，但是重大缺陷也会引起财务报告盈余误差。作者认为，重大缺陷对管理层预测的影响更大。首先，重大缺陷会导致不完整的内部管理报告，从而产生不准确的管理层预测。然而财务报告盈余一般不受信息不完整因素的影响，因为交易发生时间和年度财务报告日之间一般有2—3个月的滞后期。其次，审计师的实质性测试可以消除部分财务报告盈余误差，但审计师不太可能纠正内部管理报告中的误差以及基于这些报告而产生的管理层预测。

但是，财务报告盈余中依然存在由重大缺陷带来的误差，考虑到这些误差会给管理层预测误差的估计带来偏误，本文也利用（未审计的）季度报告利润和剔除发生报表重述的年报数据，进行稳健性检验。另外，本文构建了重大缺陷的虚拟变量（*MW*），如果公司披露内部控制无效则取值为1，如果公司披露内部控制有效则取值为0。

1. 是否提供管理层预测

本文假设，内部控制无效的公司有更大的预测误差（更低的预测准确度）。因为公司提供管理层预测是自愿的，本文的样本很可能存在系统性偏差。因此，作者使用了Heckman（1979）的二阶段模型来控制管理层预测的内生性问题。在第一阶段，估计是否提供预测的probit回归：

$$GUIDANCE = b_0 + b_1 LN\_TA + b_2 BIG4 + b_3 BETA + b_4 ABSCHGROA + b_5 STD\_AF + b_6 VOLATILITY + b_7 ORGANIZATIONAL\ CHANGE + b_8 COMPLEXITY + b_9 FINANCIAL\ CHALLENGES + b_{10} MW + b_{11} LN\_ANALYSTS + \sum b_i\ Industry\ and\ Year\ Indicators \quad (2)$$

其中，被解释变量 *GUIDANCE* 为虚拟变量，如果管理者在第t年公布管理层预测则为1，否则为0。参考Ajinkya et al.（2005），模型除了 *MW*，还控制了 *LN_TA*（总资产的自然对数）、*BIG4*（审计师是否为四大）、*BETA*［根据t-1年日回报率估计的Sharpe（1964）市场模型的斜率系数］、*ABSCHGROA*（t-1年到t年ROA变化的绝对值）、*STD_AF*（t年年初分析师预测的标准差）、*LN_ANALYSTS*（t年年初跟踪公司的分析师人数的自然对数）。作者选择其他14个变量代表公司的潜在波动和不确定性，由于这14个变量的高度相关，作者通过主成分分析，形成四个因子（*VOLATILITY*，*ORGANIZATIONAL CHANGE*，*COMPLEXITY* 和 *FINANCIAL CHALLENGES*）并加以控制①。

2. 假设检验模型

为了检验"内部控制问题是否与更大的管理层预测误差相关"，本文估计了以下的模型：

$$ABSERROR = b_0 + b_1 MW + b_2 LN\_TA + b_3 BIG4 + b_4 BETA + b_5 LN\_AGE + b_6 ABSCHGROA + b_7 DISPFOR + b_8 VOLATILITY + b_9 ORGANIZATIONAL\ CHANGE + b_{10} COMPLEXITY + b_{11} FINANCIAL\ CHALLENGES + b_{12} HORIZON + b_{13} ABSREVISION + b_{14} IMR + \sum b_i\ Industry\ and\ Year\ Indicators + \varepsilon \quad (3)$$

其中，模型控制了 *LN_AGE*（年限）、*DISPFOR*（管理层预测公布前的分析师预测的

① 主成分分析的变量定义和结果详见附录一。

标准差）、*HORIZON*（预测公布的时间）、*ABSREVISION*（管理层预测修正的幅度）和*IMR*（基于模型2估计结果计算的逆米尔斯比率）。其余变量定义与前面一致。

四、实证结果

（一）描述性统计

全样本的管理层预测误差*ABSERROR*均值为0.013。其中内控无效公司的管理层预测误差均值（0.024）约是内控有效公司均值（0.011）的两倍，这个差异在统计上显著，与本文的假设一致。

（二）回归分析结果

1. 假设的主要检验结果

对模型（2）进行回归，结果发现，审计质量较高的大型公司更可能提供管理层预测，高风险、难以预测利润的公司更不愿意提供管理层预测。上述结论与以往文献结论一致。另外本文还发现，内控重大缺陷的系数显著为正。

对模型（3）进行回归，结果发现，*MW*的系数显著为正。接着，本文按财务年度进行分年度回归分析，以控制每个公司间潜在的序列相关问题。实证结果发现，在四个分年度回归估计中，*MW*的系数均显著为正。本文的上述实证证据支持H1，即披露内部控制无效的公司倾向于公布更不准确的管理层预测。

2. 内部控制质量差量分析

作者进一步检验内部控制质量变化对管理层预测误差变化的影响。内部控制质量变化（ΔMW）为第t+1年虚拟变量*MW*和第t年虚拟变量*MW*的差值。而管理层预测误差的变化（$\Delta ABSERROR$）为，第t+1年*ABSERROR*和第t年*ABSERROR*的差值。本文预计ΔMW的系数显著为正。而实证结论也支持了这一假设，即ΔMW和管理层预测误差的变化（$\Delta ABSERROR$）显著正相关。

3. 重大缺陷分类

本文按“重大缺陷是否影响销售收入或销售成本”对重大缺陷分类，作者预期影响销售收入和销售成本的重大缺陷对管理层预测准确度的影响最大。

实证结果发现，相对于其他的缺陷来说，影响销售收入或销售成本的重大缺陷的系数为0.014，是其他缺陷系数的三倍多，而且这一差异在统计上也是显著的。在差量分析中上述结论依然成立。因此，实证结论支持论文的预期，即影响销售收入或销售成本的重大缺陷会对管理层预测依据的内部数据产生更大的影响，从而与管理层预测准确度更加相关。

上述三个检验共同支持了作者的假设H1，即内部控制质量与管理层预测准确度在统计上和经济上均存在显著正相关关系。

4. 补充分析

（1）管理层对重大缺陷披露的反应。在确认并对外披露一项重大缺陷后，管理层可能改变他们的预测行为。他们在依靠潜在错误的数据时可能会产生犹豫，也可能会认为市场会因为重大缺陷的存在而对他们的管理层预测大打折扣。

为了检验内部控制质量披露政策的影响，作者区分了在第 t+1 年和第 t 年均报告内部控制无效的公司（*IC_NO IMPROVE* =1）和仅在第 t 年报告内部控制无效并随后修正重大缺陷的公司（*IC_IMPROVE* =1），并以在第 t 年报告内部控制有效的公司作为两组公司的对照组。本文预期，在两年内都披露内部控制无效的公司的管理者很可能会改变他们的披露政策。具体来说，这些管理者知道公司在第 t+1 年存在内控重大缺陷，他们可能在依靠不准确的内部数据来公布第 t+1 年的管理层预测。那么报告内部控制无效的公司的管理者可能会停止提供管理层预测，公布不太准确的管理层预测，或者延迟发出管理层预测，直到重大缺陷修正或内部管理报告更完善为止。检验这些假设的具体模型如下：

$$\Delta GUIDANCE = b_0 + b_1\ IC\_IMPROVE + b_2\ IC\_NOIMPROVE + b_3\Delta LN\_TA + b_4\Delta BIG4 + b_5\Delta LN\_ANALYSTS + b_6\Delta BETA + b_7\ DABSCHGROA + b_8\Delta VOLATILITY + b_9\Delta ORGANIZATIONAL\ CHANGE + b_{10}\Delta COMPLEXITY + b_{11}\Delta FINANCIAL\ CHALLENGES + \varepsilon \quad (4)$$

$$\Delta SPECIFICITY = b_0 + b_1\ IC\_IMPROVE + b_2\ IC\_NOIMPROVE + b_3\Delta LN\_TA + b_4\Delta BIG4 + b_5\Delta LN\_ANALYSTS + b_6\Delta BETA + b_7\ DABSCHGROA + b_8\Delta VOLATILITY + b_9\Delta ORGANIZATIONAL\ CHANGE + b_{10}\Delta COMPLEXITY + b_{11}\Delta FINANCIAL\ CHALLENGES + b_{12}\Delta DISPFOR + b_{13}\Delta HORIZON + \varepsilon \quad (5)$$

$$\Delta HORIZON = b_0 + b_1\ IC\_IMPROVE + b_2 IC\_NOIMPROVE + b_3\Delta LN\_TA + b_4\Delta BIG4 + b_5\Delta LN\_ANALYSTS + b_6\Delta BETA + b_7\ DABSCHGROA + b_8\Delta VOLATILITY + b_9\Delta ORGANIZATIONAL\ CHANGE + b_{10}\Delta COMPLEXITY + b_{11}\Delta FINANCIAL\ CHALLENGES + b_{12}\Delta DISPFOR + \varepsilon \quad (6)$$

其中，$\Delta GUIDANCE$ 是一个虚拟变量，如果管理者在第 t+1 年公布了管理层预测但是在第 t 年没有公布则为 1，如果管理者在第 t+1 年没有公布管理层预测但是在第 t 年公布了则为 -1，如果在公布管理层预测上没有发生变化则为 0。$\Delta SPECIFICITY$ 是平均预测性质的变化，如果第 t 年预测是定性的则 *SPECIFICITY* 取 1，如果预测有一个最大或最小值则 *SPECIFICITY* 取 2，如果预测是一个范围则 *SPECIFICITY* 取 3，如果预测是一个点估计则 *SPECIFICITY* 取 4。$\Delta HORIZON$ 是期末和公布管理层预测之间的平均天数的变化，数字为正表示预测公布得更加及时。本文使用序列 probit 模型估计模型（4），采用普通最小二乘法估计模型（5）和模型（6）。其他控制变量定义与模型（3）一致，不同的是将控制变量的水平值变为年度差异值。

实证结果发现，在第 t 年报告了内部控制无效随后在第 t+1 年报告了内部控制有效的（*IC_IMPROVE*）的公司，其管理者不大可能改变他们公布管理层预测的可能性（$\Delta GUIDANCE$）、也不可能改变管理层预测的性质（$\Delta SPECIFICITY$）和他们公布管理层预测的时间（$\Delta HORIZON$）。相反，在第 t 年和第 t+1 年都报告内部控制无效（*IC_NO IMPROVE*）的公司管理者，更可能停止公布管理层预测，而且即使他们公布了管理层预测，往往也是提供不太准确和不太及时的管理层预测。本文的发现指出了 SOX 404 条款一个意想不到的结果：即持续报告内部控制无效的上市公司，其自愿性披露的频率、准确度和及时性都会下降。

（2）管理层预测的信息含量。本文考虑分析师采纳管理层预测的程度，以及内部控制无效公司的管理层预测采纳度是否更低。作者将样本限制为公司在 SOX 404 条款下第一年披露的内部控制质量数据，并剔除了在管理层预测公布的三天窗口期进行利润宣告的观测值，最后得到 964 个管理层盈余预测观测值。

根据以往研究，本文检验分析师预测修正（*ANALYST_ REV*）与管理层预测变化（*REVISION*）的关系，具体模型如下：

$$ANALYST\_REV = b_0 + b_1\ REVISION + b_2\ MW + b_3\ DOWN + b_4\ REPUTATION + b_5\ AGREE + b_6\ REVISION * MW + b_7\ REVISION * DOWN + b_8\ REVISION * REPUTATION\ + b_9\ REVISION * AGREE + \varepsilon \tag{7}$$

其中，*REVISION* 是管理层预测的修正（管理层预测减去已有分析师预测共识的中位数）除以期初每股总资产。已有分析师预测共识是管理层预测之前达成的最近的共识（2—30 天之间）。*ANALYST_REV* 是分析师预测修正（修正后的分析师预测共识减去已有分析师预测共识）除以期初每股总资产。修正后的分析师预测共识是继管理层预测后更新的预测共识（15 天内）。如果分析师预测没有变化，则 *ANALYST_REV* 为 0。

作者首先不控制其他变量，结果发现，*REVISION* 的系数显著为正，表明分析师采纳管理层预测。而且 $REVISION \times MW$ 交互项的系数显著为负，表明当公司内部控制较差时，分析师会向下修正他们的预测。

然后加入其他控制变量，按模型（7）进行回归。作者控制了三个影响管理层预测采纳的变量：*DOWN*，*REPUTATION* 和 *AGREE*。其中 *DOWN* 为虚拟变量，如果管理层预测低于现有分析师预测共识则为 1，否则为 0。*REPUTATION* 是前三年管理层预测的平均准确度。根据 Hutton and Stocken（2009），如果现有分析师预测误差的绝对值大于，等于或者小于管理层预测误差的绝对值，则 *REPUTATION* 分别取 1、0、-1。*AGREE* 为虚拟变量，管理层预测公布日（-1，1）三天超额回报的符号与管理层预测的修正方向一致则取值为 1，否则为 0。本文将每一个变量与 *REVISION* 相交互，并期望这些交互变量的系数为正。

实证结果发现，在控制其他变量后，*REVISION* 和 $REVISION \times MW$ 的系数都变得不显著。但三个控制变量与 *REVISION* 交互项显著为正。总体来说，分析师并没有对内部控制较差的公司公布的管理层预测有所打折，这表明重大缺陷引起的管理层预测误差可能在重大缺陷披露之前已被纳入分析师预测（Pinello and Skaife，2009）。

5. 稳健性检验

（1）相关遗漏变量

①内在波动性。本文先采用了 Hausman（1978，1983）"遗漏变量"测试来检验是否存在内生性问题，检验结果不能拒绝没有内生性的假设。接着，与 DeFond et al.（2002）类似，作者采用二阶段法来估计联立方程模型。结果发现，控制潜在的联立性偏误后，内部控制质量和管理层预测准确度仍然显著正相关。

②管理能力。有能力的管理者更可能支持并发展内部控制，也更可能公布更准确的管理层预测。为了检验这种可能的解释，作者采用两种管理能力的衡量指标：一是由于能力和任期相关，作者把 CEO 任期作为一个新增的控制变量；二是参考 Demerjian et al.（2006），构建管理能力的衡量指标作为另一个控制变量。本文的实证结果在控制任一管理能力衡量指标后仍保持不变。

（2）管理层预测准确度的衡量

①报告收益误差。无效的内部控制会引起错误的预测和错误的财务报告盈余，两者都会影响本文的管理层预测准确度的衡量指标。本文依赖两种机制以部分纠正实际财务报告盈余：一是由于财务年度截止日与年报报出日之间存在间隔，不完全信息导致的误差会消除。二是审计师执行实质性测试，也会修正一些可识别的错误。

本文预计这两个途径对季度报告的适用度较低，管理层预测和季度报告的盈余可能都含有类似的由重大缺陷引起的误差，从而使预测误差较小。因此，作者猜测内部控制质量和季度管理层预测准确度的关系较弱。作者用季度预测重复检验，实证结果发现，季度回归中，MW 的回归系数仅为年度回归的一半，支持了作者的推断。

另外，考虑到在内部控制无效的公司中，发生盈余重述的公司的财务报告盈余存在更大误差，本文剔除事后进行盈余重述的存在内控重大缺陷的公司，只关注未进行后续盈余重述的存在内控重大缺陷的公司，结果发现 *MW* 的系数仍然显著为正。

②管理层预测准确度的替代变量。使用每个会计年度公布的最后一个预测或第一个预测重新计算管理层预测准确度变量 *ABSERROR* 并回归，实证结果仍与前面一致。作者将 *ABSERROR* 的原有分母（期初每股总资产）替换为期初每股价格、管理层预测的绝对值、过去七年每股收益的标准差，重新进行回归，前面的实证结果也仍然成立。

五、结论

本文检验了内部控制质量和管理层预测准确度之间的关系，发现报告内部控制无效的公司的管理层预测准确度更低，相关结论在差量分析中依然成立。进一步研究发现，影响销售收入或者销售成本的缺陷对管理层预测准确度的影响更大。

文章的缺陷在于：首先，可能存在遗漏变量问题。虽然文章进行了内生性检验，但仍不能排除因为遗漏变量产生的回归错误；其次，本文的结论还受财务报告盈余误差的影响，虽然作者已在稳健性检验中控制了部分影响，但该影响仍不能完全消除。

本文说明内部控制不仅影响财务报告盈余，也影响内部管理报告质量和管理层预测。未来可以进一步研究内部控制质量和基于内部管理报告的决策之间的关系。

（整理人：刘春丽）

附录　因子形成

因子	成分载荷
波动性（*VOLATILITY*）	
现金流波动性（*CASH FLOW VOLATILITY*）	0.654
盈余波动性（*EARNINGS VOLATILITY*）	0.568
销售波动性（*SALES VOLATILITY*）	0.567

续表

因子	成分载荷
组织变革（*ORGANIZATIONAL CHANGE*）	
资产增长率（*ASSET GROWTH*）	0.751
销售增长率（*SALES GROWTH*）	0.514
资产负债率（*LEVERAGE*）	0.508
并购（*M&A*）	0.317
复杂性（*COMPLEXITY*）	
分部（*SEGMENTS*）	0.614
海外交易（*FOREIGN TRANSACTIONS*）	0.579
重组（*RESTRUCTURING*）	0.364
财务挑战（*FINANCIAL CHALLENGES*）	
总资产收益率（*ROA*）	-0.834
亏损（*LOSSES*）	0.739
研发支出（*R&D*）	0.601
特殊项目（*SI*）	0.401

变量定义：

现金流波动性（*CASH FLOW VOLATILITY*）：前七年季度经营活动现金流的标准差。

盈余波动性（*EARNINGS VOLATILITY*）：前七年季度 ROA 的标准差。

销售波动性（*SALES VOLATILITY*）：前七年季度销售收入的标准差。

资产增长率（*ASSET GROWTH*）：t-1 年到 t 年的总资产增长率。

销售增长率（*SALES GROWTH*）：t-1 年到 t 年的销售收入增长率。

资产负债率（*LEVERAGE*）：总负债除以总资产。

并购（*M&A*）：虚拟变量，当公司在第 t 年发生并购时取 1，否则取 0。

分部（*SEGMENTS*）：地区分部和业务分部总数的自然对数。

海外交易（*FOREIGN TRANSACTIONS*）：虚拟变量，当公司第 t 年有海外交易时取 1，否则取 0。

重组（*RESTRUCTURING*）：虚拟变量，当公司第 t 年经历重组时取 1，否则取 0。

总资产收益率（*ROA*）：剔除特殊项目的盈余除以上期总资产。

亏损（*LOSSES*）：虚拟变量，如果公司第 t-1 年和第 t 年的剔除特殊项目的盈余之和小于 0，取值为 1，否则取值为 0。

研发支出（*R&D*）：研发支出除以上期总资产。

特殊项目（*SI*）：特殊项目绝对值除以上期总资产。

主要参考文献

[1] Ajinkya, B., Bhojraj, S., Sengupta, P., 2005. The association between outside directors, institutional investors and the properties of management earnings forecasts. *Journal of Accounting Research* 43 (3), p. 343 - 376.

[2] DeFond, M., Raghunandan, K., Subramanyam, K. R., 2002. Do non - audit service fees impair auditor independence? Evidence from going concern audit opinions. *Journal of Accounting Research* 40, p. 1247 - 1274.

[3] Demerjian, P., Lev, B., McVay, S., 2006. Managerial ability and earnings quality. Working paper, University of Michigan.

[4] Hausman, A., 1978. Specification tests in econometrics. *Econometrica* 46, p. 1251 - 1271.

[5] Hausman, A., 1983. Specification and estimation of simultaneous equations models. Handbook of Econometrics I, p. 391 - 448.

[6] Heckman, J., 1979. Sample selection bias as a specification error. *Econometrica* 47, p. 153 - 161.

[7] Hutton, A., Stocken, P., 2009. Prior forecasting accuracy and investor reaction to management earnings forecasts. Working paper, Boston College.

[8] Pinello, A., Skaife, H., 2009. Financial information quality and analysts' forecasts. Working paper, Georgia State University.

[9] Waymire, G., 1984. Additional evidence on the information content of management earnings forecasts. *Journal of Accounting Research* (Autumn), p. 703 - 718.

§2-21　后SOX时代红利契约的变化

Changes in Bonus Contracts in the Post - Sarbanes - Oxley Era

文献来源：Carter，M. E.，L. J. Luann，and S. L. C. Zechman. 2009. Changes in Bonus Contracts in the Post - Sarbanes - Oxley Era. *Review of Accounting Studies*，14（4）：480 - 506.

【摘要】本文主要研究了在SOX法案实施后公司盈余变化和管理层红利变化之间的关系。根据相关理论，当财务报告体系减少了管理层的自由裁量权时，为了鼓励管理层在经营过程中投入更多的努力，公司会在契约合同设计中更偏重于盈余。然而，SOX法案的实施也增加了管理层的责任，公司可能会通过改变薪酬契约结构来补偿SOX法案给管理层带来的风险。本文联合检验的结果，发现SOX法案的执行及相关的改革促进了盈余管理的减少，同时作为对这些改革的回应，公司在红利契约中更注重盈余情况的经验证据。本文没有发现公司改变了管理层的契约合同来补偿其所承担增大风险的经验证据。

一、研究问题

（一）问题的提出

代理理论认为公司可以通过红利契约来使得风险厌恶及努力厌恶（risk - and effort - averse）的管理者与公司利益相一致。公司通过薪酬契约来鼓励管理者投入努力的程度取决于财务报告环境所允许的管理者自由裁决的程度（Evans and Sridhar，1996）。公司在鼓励管理者投入更多努力和阻止盈余管理之间权衡：在允许管理层更多自由裁量权的财务报告环境下，公司在设计薪酬契约时必须考虑到盈余管理的问题，即以减少激励管理层努力为代价限制盈余管理行为。而在灵活性更小的财务报告环境下，该财务报告环境自身能够有效地遏制盈余管理行为，所以此时公司在契约设计中应通过更注重盈余激励促使管理者投入更多的努力。

SOX法案提高了财务报告错报的处罚力度，加强财务报告监督，提高信息披露要求。因此，SOX法案会在一定程度上减小财务报告环境的灵活性，降低管理者进行盈余管理的动机和能力，进而减少管理者操纵盈余的动机。所以，可以预见SOX法案的实施可能会引起公司盈余与管理层红利之间关系的变化。

基于此，本文主要研究，在后SOX法案时代公司盈余和管理层红利之间的关系是否发生了变化，进而评价SOX法案的效果。

本文的逻辑框架见图2-19。

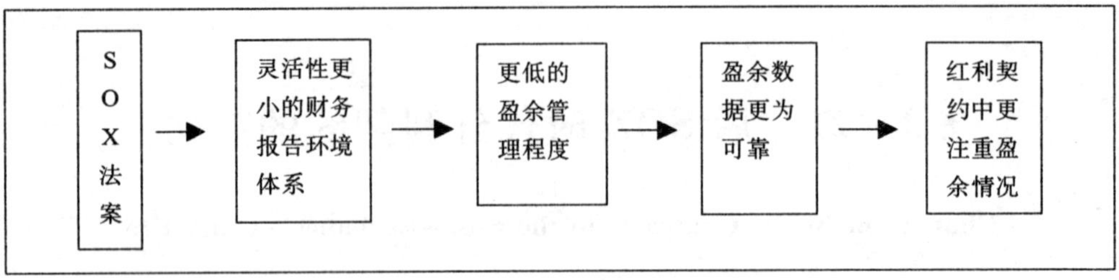

图 2-19　SOX 法案与管理层红利契约

（二）研究意义

SOX 法案作为资本市场最重要的一项改革，旨在规范并促进资本市场的健康发展，那么，SOX 法案是否会带来更为严格的财务报告环境体系，营造更为可信的资本市场？在后 SOX 法案时代如何促使管理层在其经营过程中投入更多的努力？本文通过研究 SOX 法案实施后管理层红利薪酬结构的变化，对上述两个问题进行剖析，进而客观地评价了 SOX 法案的效果，具有重要的政策与现实意义。

（三）主要贡献

SOX 法案实施后管理层的财务报告自由裁量权减少，但是自由裁量权的减少是否带来盈余管理的减少，先前的文献对这一问题尚无一致的结论。与先前文献不同，本文通过对董事会活动（如管理层薪酬契约结构的改变）进行分析（而不是利用传统的盈余管理衡量指标），进而可以更客观地检验盈余管理行为，证实了 SOX 法案促进建立灵活性更小的财务报告环境体系，减少了盈余管理的行为，丰富了盈余管理文献并为设计管理层薪酬提供了经验证据。

二、理论分析

（一）红利契约与管理层投入程度

公司经常依据盈余确定管理层红利契约，以此来鼓励管理者投入更多的努力。然而如果管理层可以同时决定自己的努力程度以及所报告的盈余的话，红利契约可能将会导致盈余管理的出现，考虑到该可能性，公司应在红利契约设计中减少盈余的比重。财务报告的准确程度和财务报告环境体系是相互一致的，更严格的体系会防止盈余管理的出现。如果在后 SOX 法案时代，财务报告环境体系更加严格，公司可以通过更真实的盈余情况来衡量管理层的努力程度（Bedard，2006），管理层的红利契约也会有所改变（Evans and-Sridhar，1996）。因此，如果 SOX 法案带来更严格的财务报告环境体系，作者预期，后 SOX 法案时代，管理层红利契约设计中会更注重企业的盈余变化。

（二）风险因素

由于 SOX 法案给管理层带来了额外的风险，那么在后 SOX 法案时代，如果公司考虑到了管理层所面临的风险的增加，可能会减少盈余变化在红利契约中的使用以补偿风险厌恶的管理层。为了检验风险因素是否存在，作者进行了以下两方面的检验：

第一，SOX 法案对财务错报制定了严格的处罚措施，如果 SOX 法案实施后公司仍然出现财务错报，CEO 和 CFO 将对这些错报承担主要责任，而相对来说，非 CEO/CFO 承担的责任较轻，所以 SOX 法案所带来的额外风险的增加主要是针对 CEO 和 CFO 的。那么，如果非 CEO/CFO 在 SOX 法案实施之后的红利契约中盈余变化比重增加，这个变化主要是来自于财务报告环境体系的变化而非风险的增加；而 CEO 和 CFO 的比重增加则是财务报告体系变化（导致盈余变化比重增加）和风险增加（导致盈余变化比重减少）的净影响。基于此，作者首先分别计算了非 CEO/CFO 和 CEO/CFO 两组样本 SOX 法案实施之后红利契约中盈余变化的比重的增加量，并加以比较。如果前者比后者大，则证实了风险因素的存在。

第二，如果风险因素存在，那么承担主要责任的 CEO 和 CFO 同时也会要求提高固定工资（salary）在总薪酬中的比重，以此来规避风险。所以，作者检验了 SOX 法案实施之后，公司是否增加了 CEO 和 CFO 的固定工资比重。

三、样本选择及研究方法

（一）样本选择

本文的样本区间是 1996—2005 年，其中 1996—2001 年为前 SOX 法案时期，2002—2005 年为后 SOX 法案时期。财务数据来源于 Compustat 数据库，股票回报数据来源于 CRSP 数据库，管理层薪酬数据来源于 ExecuComp 数据库。同先前研究一致，作者剔除了金融行业及公用事业行业，剔除了盈余为负的公司，并剔除了总资产变化较大的公司来避免由于权益的变动对研究结果所造成的影响。最后得到共 19 927 个观测值，其中 11 113 个观测值为 CEO 薪酬数据，8 814 个观测值为 CFO 薪酬数据，这些观测值包含了 1 180 家公司，4 193 名管理者（包括 2 138 名 CEO，2 055 名 CFO）。

（二）研究方法

1. 努力激励（effort incentive）指标

公司为管理层设立的年度目标一般无法观察到，但在 Murphy（2000）的研究中，有 91%的公司在红利契约中都将会计指标作为评价管理者努力程度的标准，并且将上一年度的盈余作为制订下一年红利契约的重要参考因素。基于此，作者用本年度盈余与上年度盈余的差值来衡量公司给予管理者的努力激励。

2. 估计红利与盈余变化的关系

作者用四种模型来估计其关系，分别是“完全线性模型”、“存在一个拐点的模型”、“存在两个拐点的模型”以及“存在一个拐点的对数模型”。具体模型参见如下：

第一，完全线性模型（Pure linear model），其假设盈余与红利是严格线性关系，如模型（1）。

$$BONUS_{ijt} = \alpha_1 + \alpha_2 \Delta E_{jt} + \alpha_3 BTM_{jt} + \alpha_4 RET_{jt} + \varepsilon_{ijt} \quad (1)$$

第二，存在一个拐点的模型（One - kink model），其假设在盈余减少时公司可能不会分发红利，盈余增加时会提高红利的分发，如模型（2）。

$$BONUS_{ijt} = \alpha_1 NEG_{jt} + \alpha_2 POS_{jt} + \alpha_3 NEG\_\Delta E_{jt} + \alpha_4 POS\_\Delta E_{jt} + \alpha_5 BTM_{jt} + \alpha_6 RET_{jt} + \varepsilon_{ijt} \quad (2)$$

第三，存在两个拐点的模型（Two - kink model），其假设将样本分为负盈余，较小正盈余，较多正盈余三个区间，如模型（3）。

$$BONUS_{ijt} = \alpha_1 NEG_{jt} + \alpha_2 SMALL\_POS_{jt} + \alpha_3 LARGE\_POS_{jt} + \alpha_4 NEG\_\Delta E_{jt} + \alpha_5 SMALL\_POS\_\Delta E_{jt} + \alpha_6 LARGE\_POS\_\Delta E_{jt} + \alpha_7 BTM_{jt} + \alpha_8 RET_{jt} + \varepsilon_{ijt} \quad (3)$$

第四，存在一个拐点的对数模型（One - kink - log model），其假设认为红利和负盈余间是线性关系，用对数函数来设定红利与正盈余间的关系，如模型（4）。

$$BONUS_{ijt} = \alpha_1 NEG_{jt} + \alpha_2 POS_{jt} + \alpha_3 NEG\_\Delta E_{jt} + \alpha_4 Ln(POS\_\Delta E)_{jt} + \alpha_5 BTM_{jt} + \alpha_6 RET_{jt} + \varepsilon_{ijt}$$

作者利用 Wilcoxon rank - sum 检验上述 4 种估计红利与盈余变化的关系模型，并从中选择拟合程度最高的模型（残差平方的中位数最小）来拟合红利与盈余变化的关系。结果表明在 SOX 法案实施前后，“存在一个拐点的对数模型”更好地描述了红利与盈余变化的关系，即红利与正向盈余改变是呈凹性关系。

3. 红利契约与努力激励（盈余变化）的关系

作者建立了以下 Tobit 回归模型来检验在后 SOX 法案时期，公司是否在红利契约设计中更注重激励管理层的努力：

$$BONUS_{ijt} = \alpha_1 NEG_{jt} + \alpha_2 POS_{jt} + \alpha_3 NEG\_\Delta E_{jt} + \alpha_4 Ln(POS\_\Delta E)_{jt} + \alpha_5 NEG_{jt} \times POST_t + \alpha_6 POS_{jt} \times POST_t + \alpha_7 NEG\_\Delta E_{jt} \times POST_t + \alpha_8 Ln(POS\_\Delta E)_{jt} \times POST_t + \alpha_9 BTM_{jt} + \alpha_{10} RET_{jt} + \varepsilon_{ijt} \quad (5)$$

其中，$BONUS_{ijt}$是第 t 年第 j 家公司第 i 名管理者的红利薪酬（经上一年总资产调整）；如果第 t 年第 j 家公司经上一年总资产调整的盈余变化为负，则NEG_{jt}取值为 1，如果为正则取值为 0；如果第 t 年第 j 家公司经上一年总资产调整的盈余变化为正，则POS_{jt}取值为 1，如果为负则取值为 0；$NEG_\Delta E_{jt}$为第 t 年第 j 家公司经上一年总资产调整的负盈余变化，如果变化为负则为变化值，如果变化为正则取值 0；$Ln(POS_\Delta E)_{jt}$为第 t 年第 j 家公司经上一年总资产调整的正的盈余变化对数值，如果变化为负则取值 0；如果数据属于 2002 年至 2005 年间，则$POST_t$取值为 1，否则为 0；BTM_{jt}为第 j 家公司在第 t 年末的账面市值比；RET_{jt}第 j 家公司在第 t 年的年度收益。

作者接下来基于 SOX 法案前后期间正向盈余管理减少程度（正向可操纵应计减少程度，DA）将样本公司分为两组，分别为受 SOX 法案影响较大的公司和受 SOX 法案影响较小的公司，来检验这一关系变化是不是由 SOX 法案可以带来更好的财务报告环境体系，降低盈余管理程度所引起的。作者分别计算各公司每年正向 DA 的程度，并计算出每年的变化百分比，并将其进行排序分组（十分位），将那些在 SOX 法案前后期间正向任意性应计减少程度最大的一组认定为受 SOX 法案影响较大的公司。引入新的虚拟变量 $DECR\_EM$（如样本公司为受 SOX 法案影响较大的公司，则取值为 1，否则为 0），建立了模型（6）进行回归分析。

$$BONUS_{ijt} = \alpha_1 NEG_{jt} + \alpha_2 POS_{jt} + \alpha_3 NEG_{jt} \times DECR\_EM_j + \alpha_4 POS_{jt} \times DECR\_EM_j + \alpha_5 NEG\_\Delta E_{jt}$$

$$+\alpha_6 Ln(POS\_\Delta E)_{jt} + \alpha_7 NEG\_\Delta E_{jt} \times DECR\_EM_j + \alpha_8 Ln(POS\_\Delta E)_{jt} \times DECR\_EM_j + \alpha_9 NEG_{jt} \times POST_t + \alpha_{10} POS_{jt} \times POST_t + \alpha_{11} NEG_{jt} \times POST_t \times DECR\_EM_j + \alpha_{12} POS_{jt} \times POST_t \times DECR\_EM_j + \alpha_{13} NEG\_\Delta E_{jt} \times POST_t + \alpha_{14} Ln(POS\_\Delta E)_{jt} \times POST_t + \alpha_{15} NEG\_\Delta E_{jt} \times POST_t \times DECR\_EM_j + \alpha_{16} Ln(POS\_\Delta E)_{jt} \times POST_t \times DECR\_EM_j + \alpha_{17} BTM_{jt} + \alpha_{18} RET_{jt} + \varepsilon_{ijt} \quad (6)$$

4. 风险因素

SOX 法案对公司的管理层提出了更多的要求，管理层（尤其是 CEO 和 CFO）处于更大的风险下，作者接下来检验了该风险在红利契约中的影响。作者扩大了样本，对比 CEO 和 CFO 同其他管理层红利契约的变化，加入虚拟变量（*CEO_CFO*）来区分管理层身份（CEO 或 CFO 取值为 1，否则为 0）进行 Tobit 回归，模型如下：

$$BONUS_{ijt} = \alpha_1 NEG_{jt} + \alpha_2 POS_{jt} + \alpha_3 NEG_{jt} \times CEO\_CFO_{ijt} + \alpha_4 POS_{jt} \times CEO\_CFO_{ijt} + \alpha_5 NEG\_\Delta E_{jt} + \alpha_6 Ln(POS\_\Delta E)_{jt} + \alpha_7 NEG\_\Delta E_{jt} \times CEO\_CFO_{ijt} + \alpha_8 Ln(POS\_\Delta E)_{jt} \times CEO\_CFO_{ijt} + \alpha_9 NEG_{jt} \times POST_t + \alpha_{10} POS_{jt} \times POST_t + \alpha_{11} NEG_{jt} \times POST_t \times CEO\_CFO_{ijt} + \alpha_{12} POS_{jt} \times POST_t \times CEO\_CFO_{ijt} + \alpha_{13} NEG\_\Delta E_{jt} \times POST_t + \alpha_{14} Ln(POS\_\Delta E)_{jt} \times POST_t + \alpha_{15} NEG\_\Delta E_{jt} \times POST_t \times CEO\_CFO_{ijt} + \alpha_{16} Ln(POS\_\Delta E)_{jt} \times POST_t \times CEO\_CFO_{ijt} + \alpha_{17} BTM_{jt} + \alpha_{18} RET_{jt} + \varepsilon_{ijt} \quad (7)$$

四、实证结果

（一）描述性统计

描述性统计显示，在样本期间，CEO 和 CFO 的固定工资占总薪酬的比重逐渐下降，从 1996 年的 40% 降低到 2005 年的 28%，这与公司通过工资来弥补 CEO 和 CFO 在后 SOX 法案时期面临的更多风险是不一致的。在样本期间，CEO 和 CFO 的红利占总薪酬的比重较稳定（18%—22%），除了在 2001 年仅占 14%。在后 SOX 法案时期，红利占薪酬比重逐步增加，到 2005 年，红利占工资（salary）的 127%，占现金薪酬的 45%，说明在后 SOX 法案时期样本公司尽管有较小的盈余变化仍然发放较高的红利。

（二）回归结果

1. 有关红利契约与管理层投入程度的结果

模型（5）的回归结果显示α_3是不显著的，说明公司在考虑红利契约时对较小的负盈余变化和较大的负盈余变化没有区别，公司没有以更低的红利来惩罚管理者带来的负盈余变化。α_8显著为正，表明在 SOX 法案后公司在管理层的红利契约设计中更多的注重正向盈余变化。

模型（6）的回归结果显示α_{16}显著为正，表明受 SOX 法案影响较大的公司在 SOX 法案后会更注重管理层红利契约中的公司盈余变化，所得结果支持作者有关红利契约与盈余变化的预期。

由于红利契约和盈余变化的关系可能不是由于 SOX 法案所带来的更严格的财务报告环境体系，而是由于降低了盈余变化在其他契约中的权重所引起的，作者随后通过以下 4 个方面进行了稳健性检验：（1）考虑到 2002 年以后激励薪酬变化与盈余变化的关系；

（2）在控制了减少股票期权的使用下，公司是否转而更多的在红利契约中考虑盈余的因素（控制其他改革对本文研究的影响）；（3）股票收益在红利契约中的影响；（4）财务报表重述的影响。结果均表明本文得到的结论是稳健的。

2. 有关风险因素的结果

模型（7）结果发现，在 SOX 法案实施前，相比非 CEO/CFO，公司每一美元盈余变化 CEO 和 CFO 得到更多的红利，同时在后 SOX 法案期间红利契约中对盈余变化的关注有所提升，CEO 和 CFO 的红利薪酬中更加注重盈余变化的权重，同作者有关风险因素的第一个预期不一致。

其次，如果公司在制定红利契约时要弥补管理层所面临的新的风险，则应该在薪酬契约中提升工资的比重。但作者发现在 SOX 法案实施后，公司从固定工资薪酬转为激励机制红利，工资薪酬占总薪酬的比例逐渐下降（无论是 CEO 和 CFO 还是其他管理层），同作者有关风险因素的第二个预期也不一致。

综上，作者并没有发现公司在红利契约设计中考虑到风险的因素，表明 SOX 法案带来了更严格的财务报告环境体系、更低的盈余管理程度，进而通过在红利契约中更多的考虑盈余变化来激励管理层投入更多的努力。

五、结论

本文研究了 SOX 法案实施后公司管理层红利薪酬契约的变化，研究结果表明，在 SOX 法案实施后，公司在管理层红利契约中更注重盈余变化的影响，同时那些受 SOX 法案影响更大的公司会更加注重在红利契约中考虑盈余变化的影响。本文没有发现公司会通过改变薪酬契约来抵消管理层面临的 SOX 法案风险。本文的研究结果表明，SOX 法案的实施会带来更为严格的财务报告环境体系，进而降低了盈余管理的程度，使得盈余可以成为衡量管理层努力程度很好的指标，公司可以通过设计更为有效的薪酬契约来激励管理者在经营过程投入更多的努力。

（整理人：曹健）

主要参考文献

[1] Bedard, J.（2006）. Sarbanes – Oxley internal control requirements and earnings quality. Working paper, University of Laval.

[2] Evans, J., & Sridhar, S.（1996）. Multiple control systems, accrual accounting, and earnings management. *Journal of Accounting Research*, 34（1）, p. 45 – 65.

[3] Financial Accounting Standards Board.（2004）. Share – based payment—an amendment of Statements No 123 and 95. Norwalk, CT: FASB.

[4] Murphy, K.（2000）. Performance standards in incentive contracts. *Journal of Accounting and Economics*, 30（3）, p. 245 – 278.

§2-22 基于游说意见函的SOX法案评价

A Lobbying Approach to Evaluating the Sarbanes - Oxley Act of 2002

文献来源：Hochberg，Y. V.，P. Sapienza and A. Vissing - JØRGENSEN. 2009. A Lobbying Approach to Evaluating the Sarbanes - Oxley Act of 2002. *Journal of Accounting Research*, 47（2）：519 -583.

【摘要】在SOX法案征求意见阶段，投资者和公司内部人（corporate insiders）可以发表意见，而这种游说会影响SOX法案最终实施的严格程度。本文通过对这些游说行为进行分析来评估SOX法案对股东价值的影响。绝大多数投资者游说支持执行更加严格的SOX法案，而公司内部人和公司集团（business group）反对执行更加严格的法案。本文认为内部人游说反对执行更加严格规定的公司是受SOX法案影响最大的公司，其游说反对的原因是由于这些公司存在代理问题，而不是考虑SOX法案的执行成本。相对于没有进行游说的相似公司，内部人游说反对SOX法案披露要求条款的公司在SOX法案通过前五个半月的股票累计回报要高出大约7%，这一市场反应与投资者对SOX法案将减少代理问题的期望相一致。最后，作者检验了SOX法案实施后的股票收益，证实了投资者此前对这些法规正面的预期是正确的。

一、研究问题

（一）问题的提出

关于SOX法案对股东价值可能造成的影响主要有两个竞争性观点。该法案的支持者认为，SOX法案将提高公司透明度、改善公司治理及信息披露，从而减少内部人员的不当行为（misconduct）、在职消费和管理不善（包括合法和非法的），由此带来的收益高于合规成本（此观点称为“改进披露与治理观”，improved disclosure and governance view）。反对者认为，公司执行SOX法案的合规成本将大大超过其带来的收益（此观点称为“合规成本观”，compliance cost view）。一项法案的出台需要征求社会各方面的意见，各利益团体都是从自身利益最大化的角度对其发表意见，本文主要通过研究投资者和公司内部人在SOX法案征求意见阶段的游说行为，来探讨SOX法案对股东价值的影响。

本文的逻辑框架见图2-20。

（二）研究意义

自SOX法案颁布以来，各界对其是否有效一直存在着争议。对于SOX法案的经济后

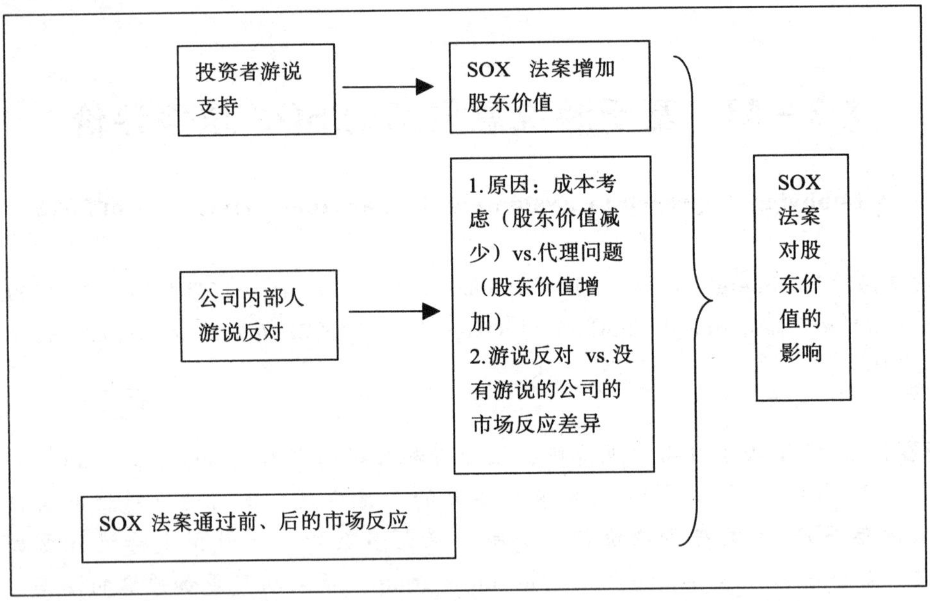

图 2－20 SOX 法案对股东价值的影响：游说的角度

果研究，学术界往往通过市场反应来衡量 SOX 法案对公司股东价值的影响。然而，这些研究都会受到其他因素的影响，学者们很难准确地提取出 SOX 法案本身对股东价值的影响程度。本文以一个较为新颖的角度，利用 SOX 法案征求意见阶段收集到的投资者和公司内部人的游说意见，从股东价值角度客观地评价 SOX 法案的效果。该研究设定巧妙，研究结果更具有说服力，不仅为现有的学术争议提供了新的经验证据，更为政策制定者提供了一定的参考价值，具有重要的现实意义与政策意义。

（三）主要贡献

由于所有上市公司都必须执行 SOX 法案，所以在评价 SOX 法案的效果时有一个很重要的问题：很难找到不受 SOX 法案影响的对照公司。本文通过公司游说行为客观地将游说反对 SOX 法案的上市公司视为受 SOX 法案影响的公司（Dewatripont and Tirole，1999；Grossman and Helpman，1994），将没有进行游说的公司视为不受 SOX 法案影响的公司，这一研究方法的创新很好地解决了检验 SOX 法案经济后果时缺乏对照组的问题，为两种竞争性的观点提供了证据，丰富了现有文献。

二、研究背景及理论分析

（一）研究背景

美国国会于 2002 年 7 月 25 日通过 SOX 法案后，SEC 便开始（2002 年 8 月至 2004 年 6 月）制定 SOX 法案的具体执行措施。SEC 首先发布征求意见稿以征询社会各方面的意见，并根据这些意见来修订具体的执行措施。因此，在征询意见阶段，股东、公司内部人等的游说意见会对 SOX 法案最终实施的严格程度有所影响。

经过了征询意见阶段后，SEC 制定了最终的 SOX 法案，包括 11 章，前 4 章对上市公司后续执行 SOX 法案的合规成本尤为重要。本文将前 4 章归为 3 类条款：审计师独立性条款（Auditor Independence Rules，第 2 章）、公司责任条款（Corporate Responsibility Rules，第 3 章）和加强披露条款（Enhanced Disclosure Rules and PCAOB，第 1、4 章），进而研究不同类别的条款要求对股东价值的影响。

（二）理论分析与研究假设

关于 SOX 法案的影响有两个竞争性的观点。改进披露与治理观认为，SOX 法案可以提高公司透明度，改善公司治理及信息披露，从而减少内部人员的不当行为、在职消费和管理不善，给股东带来的价值高于其执行成本。合规成本观认为，有效的市场可以促使上市公司决定如何以股东价值最大化的方式披露信息以及建立公司治理结构，而强制执行 SOX 法案所需的高额成本反而会给股东价值带来损害。本文所要讨论的重点就是通过分析股东和内部人的游说行为论证哪种观点更加确切。

1. 公司股东的游说行为

区分上述两种竞争性观点的一种方法是直接研究股东对于 SOX 法案施行更严格的法规的态度。根据改进披露与治理观，投资者应该游说支持。而根据合规成本观，投资者应该游说反对。

2. 公司内部人的游说行为

对于公司内部人的态度，分析起来较为复杂。如果内部人游说支持，那么说明内部人与股东的利益一致并且 SOX 法案从总体来讲对股东是有益的。这点同样符合改进披露与治理观。而如果内部人游说反对，则可能有两种不同的原因：第一种是，SOX 法案虽然会给股东带来更大的价值，但对内部人来说并不是好事，它会减少管理层攫取私人利益的可能性，因而公司内部人会游说反对。这一原因符合改进披露与治理观，即 SOX 法案在减轻代理问题上是有效的；第二种是，公司内部人考虑到 SOX 法案的合规成本会给股东价值带来损害，进而游说反对 SOX 法案。这一原因符合合规成本观，即 SOX 法案是成本大于收益的。无论是何种原因，公司内部人游说反对都表示公司是受 SOX 法案影响最严重的公司（正面或负面）。

分析内部人游说反对的原因对人们认识 SOX 法案的影响非常重要。如果游说反对的公司相对于没有游说的公司存在更明显的潜在代理问题的公司特征，那么则符合第一种原因。这些特征包括高盈利、低成长性、公司自留现金较多等。这些特征涉及传统的自由现金流问题，给予管理层更大的空间享受控制权私利；相反，如果游说反对的公司相对于没有游说的公司更符合担心高昂合规成本的特征，那么则符合第二种原因。其中，最直接的特征就是审计费用，同时也是合规成本中最重要的组成部分。相对没有游说的公司，如果游说反对的公司，其审计费用增加的更少或没有明显差异，那么则认为合规成本并不是真正的问题。

3. 法案通过前的股票回报（pre－passage period return）

SOX 法案通过之前的股票回报也为了解公司内部人游说反对的动机和区分 SOX 法案对哪些公司有影响提供了重要的信息：基于改进披露与治理观，游说反对的公司会有正的超额回报，因为投资者认为进行游说反对的公司是代理问题比较严重的公司，而执行 SOX 法案会降低代理成本，因此对这些公司有更正面的预期；相反，基于合规成本观，游说反对的公司则会有负的超额回报。然而大部分游说意见函是在 SOX 法案通过之后提交的，所以上述分析若要成立有一个很重要的前提，就是市场在实际观察到游说行为之前，就已经能够根据公司特征等信息预测到哪些公司是受 SOX 法案影响比较严重的公司。作者对游说反对公司的可预测性进行了分析。

4. 法案通过后的股票回报（post - passage period return）

如果投资者在法案通过前期给予其整体上正面的预期，但是到了法案通过后开始执行的时候，是否真的如投资者预期的那样，执行 SOX 法案的收益会大于成本？还是合规成本过高或者对提高公司披露和治理没起到作用使得投资者的预期没能实现？作者认为有必要检验一下法案通过后的股票回报。如果投资者在 SOX 法案通过前认为其能够增加股东价值并给予正面预期，但在法案通过后觉得 SOX 法案并没有其此前所预想的那样可以增加股东价值，那么，作者预期：相对于没有游说的公司，游说反对的公司会有负的超额回报；而如果 SOX 法案达到了投资者预期的执行效果，游说反对的公司与没有游说的公司的回报应该没有显著的差异。

三、意见函统计结果

本文的研究基于 SEC 网站上披露的 1948 封意见函。这些意见函中，629 封来自公司（包括经理和董事会成员）、216 封来自非投资者团体、125 封来自机构投资者（如养老基金）、240 封来自个人投资者。其他 738 封来自会计师（个人或团体）、律师（个人或团体）、学者以及其他部门（主要包括教堂团体和政府部门等）。作者将这些意见函分为三类：支持（支持征求意见稿的内容或者提倡比征求意见稿更为严格的计量方法）、反对（反对征求意见稿内容或要求延期执行等）、中立采纳（没有明确态度，如支持一些条款但反对另一些，或者少量的不太能识别态度的）。

在对投资者（包括个人投资者和机构投资者）的意见函的统计分析中，作者发现投资者非常明显且比较一致地（79% 的个人投资者和 83% 的机构投资者）支持 SOX 法案严格执行。具体到三类不同的条款：大约 80% 的个人和机构投资者都支持加强披露条款和公司责任条款，机构投资者比较一致地支持审计师独立性条款。可以认为，即使在考虑了合规成本后，投资者仍将 SOX 法案能够带来的增加公司披露与治理视为增加股东价值的行为，符合改进披露与治理观。

在 328 家由经理或董事会成员等签字的上市公司的意见函中，有 288 家持反对意见。正如前文理论所分析的那样，若要探明公司内部人持反对意见的原因需要进行更细致的检验。

四、实证结果

（一）样本选择：倾向匹配得分（propensity - score matching）

在后续的实证检验中，作者剔除了持支持和中立意见的公司，仅检验 288 家持反对态度的公司，参照组选择的是没有进行游说的公司（初始样本来自于 compustat 中所有样本区间内的上市公司）。为了剔除两类样本的固有特征差异（规模、账面市值比、行业等与 SOX 法案无关的因素）对结果的影响，作者采用倾向匹配得分的方法将检验组（游说反对的公司）和参照组（没有游说的公司）相匹配①。基本步骤如下：第一步，作者建立了一个 probit 模型，因变量为是否为反对加强披露条款的公司的虚拟变量，自变量为市值、市值平方项、账面市值比、账面市值比是否缺失的虚拟变量、Fama – French 49 个行业的虚拟变量。作者根据上述模型估计出反对的概率，即为倾向性得分。第二步，作者按照游说反对公司的倾向性得分将这些公司等分为 20 组，然后按照每组的临界值，将整个样本（反对和没有游说的公司）划归在这 20 组内，这样每组内的反对样本和没有游说的样本的倾向性得分最为相近，即这些样本的公司特征最为相近。在后续的回归中，作者会在控制变量中加入代表这 20 组的虚拟变量，由此可以控制固有的特征差异。

（二）公司内部人游说的决定因素

1. 代理问题

基于代理理论和自由现金流理论，以下几个因素会影响代理成本。首先，公司规模可以衡量内部人从公司攫取的潜在资源的多寡，规模越大的公司，分部内部人可以有更多的在职消费，同时也有资本建立帝国，进行对股东价值无益的扩张。作者用市场价值、总资产和主营业务收入作为规模的代理变量。其次，经营性现金流较高以及成长性较低的公司很可能滥用资金。前者作者用［（经营活动产生的净现金流 – 固定投资支出 + 研发费用）/总资产］作为代理变量。后者作者采用了几种代理变量：长期盈余增长预测（采用 2001 年分析师的预测）、权益账面市值比、公司上市时间。再次是公司治理的情况，作者采用了 Gompers et al.（2003）的治理指数，数值越高表示治理越差，管理层攫取越多。此外，作者还考察了前五位管理层的持股比例，持股比例越小，说明公司价值的损害对管理层的影响越小。最后，作者考察了行业的影响，用 Fama – French 49 个行业标准来划分。

作者首先依据游说反对加强披露和建立 PCAOB、反对公司责任、反对审计师独立性和没有游说四组样本分别对上述变量进行描述性统计。结果发现，总体来说，相对没有游说的公司，游说反对的公司具有更大的规模、更高的经营性现金流、更低的成长性、更差的治理、更低的持股比例，这说明游说反对的公司是存在较大代理成本的公司，他们游说反对执行更加严格的法案，是因为 SOX 法案会损害他们的控制权私利，限制他们对公司的攫取，而并非是从公司股东价值最大化的角度考虑。从行业上来看，游说反对的公司集中在发展较为成熟的行业（如，酒类、消费品、机械制造、汽车卡车、石油天然气、公共事业、航运集装箱、交通和批发业等），而发展较为成熟的行业的公司更容易产生代理问题（如规模较大、现金流充裕、成长性低）。此外，金融行业游说反对的也较多，可能是由于 SOX 法案是否适用于该行业的不确定性造成的。除了描述性统计，作者还进行了 probit 多元回归，因变量是是否对特定 SOX 法案（上文提到的三大类）游说反对的虚拟变

① 作者依据反对的具体内容（加强披露条款、公司责任条款、审计师独立性条款）分别设定检验样本以及匹配相应的参照样本。

量，自变量包括规模、经营性现金流、长期盈余增长预测、治理指数以及行业控制变量，结果与描述性统计结果相似。

其次，作者根据历史数据，在SOX法案颁布前，分析了对其他改革进行游说的公司与之后出现丑闻的相关性，作者认为，如果游说反对的公司更容易在日后的经营中发生丑闻，则进一步说明游说反对的行为是由于存在代理问题所驱使。结果显示：那些游说反对的公司更可能在日后的经营中出现丑闻，这也间接佐证具有代理问题的公司更可能去游说反对SOX法案。

2. 合规成本

作者用审计费用作为合规成本的代理变量。作者用了两个模型，因变量分别是2004年的审计费用与2001年审计费用的差（相对公司市值），以及2001年审计费用（相对公司市值）。前者代表的是SOX法案颁布后相对SOX法案颁布前增加的审计费用，而后者指SOX法案颁布前的审计费用水平。两个模型的自变量均包括是否反对三大条款的三个虚拟变量，每个模型中还分别加入/不加入根据匹配得分20等分的组别的虚拟变量。回归的结果显示，如果不加入根据公司特征算出的倾向得分的虚拟变量，在SOX法案颁布前，反对加强披露条款的公司相对于没有反对的公司拥有更低的审计费用；在SOX法案颁布后，反对加强披露条款的公司相对于没有反对的公司，审计费用增加得更少，而其他两大类不显著；而如果加入根据公司特征求出的倾向得分的虚拟变量，无论反对哪类条款，相对于没有反对的公司，审计费用在SOX法案颁布前后都没有显著差异。这说明，一旦控制了公司特征，合规成本的解释不成立。

（三）法案通过前的股票回报

1. 游说行为的可预测性

前文已经提到，若要看法案通过前期的股票回报，首先要证明市场在观察到游说行为前，能够识别哪些是受SOX法案影响最严重的公司。从上文在研究代理成本时采用的probit回归模型中的$Pseudo-R^2$的值（22.5%—38.4%）可以看出公司规模、经营性现金流、长期盈余增长预测、治理指数以及行业控制变量等公司特征指标已经能够较大概率地估计出公司内部人游说反对的可能，而在现实中，投资者拥有更多的信息，预测的准确性比模型更高。为了进一步确定投资者是否能够在事前就估计出哪些公司会游说反对，作者采用事件研究（event study）的方法，计算每封反对意见函样本提交日前后21周（[-10，+10]）的异常回报（abnormal return），发现市场的参与者并没有对公司的游说行为感到惊讶，游说反对的公司没有异常回报，因此投资者事前可以识别出受SOX法案影响最严重的公司。

2. 法案通过前的股票回报

作者选取从2002年2月8日到7月25日（共24周）的事件窗口期来比较游说反对和没有游说的公司在SOX法案通过前的股票回报。

首先作者计算组合层次回报（Portfolio-Level return）：

$$\frac{1}{N_t}\sum_{i=1}^{N_t}(r_{i,t}^{Lobby}-r_{p,t}^{Non-Lobby})$$

$r_{i,t}^{Lobby}$是游说反对的公司 i 在第 t 周的股票回报，N_t是第 t 周拥有股票回报的所有公司的个数，$r_{p,t}^{Non-Lobby}$是跟游说反对的公司 i 相匹配的没有游说的公司的平均股票回报。

另外，作者还计算了 Fama – French 三因素模型①的结果，模型如下：

$$\frac{1}{N_t}\sum_{i=1}^{N_t}(r_{i,t}^{Lobby} - r_{p,t}^{Non-Lobby}) = \alpha + \beta MKT^r\ MKT_{,t} + \beta SMB^r\ SMB_{,t} + \beta HML^r\ HML_{,t} + \varepsilon_t$$

在这个模型中 α 的值就是作者所关心的游说反对的公司相对于没有游说公司的超额回报。

结果显示，两个模型得到的结果相似，相对于没有进行游说的相似公司，内部人游说反对 SOX 法案加强披露条款的公司在 SOX 法案通过前五个半月的股票累计回报要高出大约 7%。而对于另外两类条款，统计结果相对较弱。

进一步，作者基于公司层次回报（Firm – Level return），检验了在 SOX 法案通过前游说反对 SOX 法案的公司与没有游说的累计收益率与无风险收益率（riskless rate）之差是否存在着显著差异。应用的模型为：

$$\sum_{t=1}^{T}(r_{i,t}^{Lobby} - r_{f,t}) = \delta_0 + \gamma_1 I(lobbied\ against\ Enhanced\ Disclosure\ rules) + \gamma_2 I(lobbied\ against\ Corporate\ Responsibility\ rules) + \gamma_3 I(lobbied\ against\ Auditor\ Independence\ rule) + X'_i\beta + \mu_i$$

其中，I（.）为游说具体上述三个方面的虚拟变量，$r_{f,t}$为无风险收益率，X'_i为控制变量组。计算结果与组合层次的结论一致。这一市场反应与投资者对 SOX 法案将减少代理问题的期望相一致，证明了改进披露与治理观。

（四）法案通过后的股票回报

最后，作者选取从 2002 年 7 月 26 日至 2004 年底（共 151 周）的事件窗口期来检验 SOX 法案通过后的市场反应，所采用的方法与上一节计算法案通过前的股票回报相同。结果发现，游说反对加强披露条款的公司与匹配的没有游说反对的公司在 SOX 法案通过后的股票回报没有显著差异。

五、结论

本文研究发现，个人投资者和大型投资集团支持 SOX 法案，而大部分公司内部人反对 SOX 法案，而进一步研究显示游说反对 SOX 法案的公司具有自由现金流方面的代理问题，因而为了个人的控制权私利游说反对，而不是基于对 SOX 法案执行成本的考虑。作者发现在 SOX 法案通过前 24 周，相对于那些具有相似规模、账面市值比和行业特征的没有游说的公司，游说反对 SOX 法案关于加强披露条款的公司有 7% 的累计超额回报，说明股东认为 SOX 法案可以提高公司治理水平，可以增加股东价值。并且在 SOX 法案通过后

① 为了避免股票流动性不同的差异，作者通过在 Ken French 的网站上加总每天的 MKT（市场因素）、SMB（规模因素）和 HML（账面市值因素）来得到每周的 MKT、SMB 和 HML。

两类公司的股票收益不存在显著差别，表明投资者并没有降低对游说公司未来现金流的预期，进而说明 SOX 法案确实提高了公司治理的水平。本文的研究结果为评价 SOX 法案的两种竞争性观点提供了经验证据，SOX 法案会提高公司透明度和公司治理水平以及披露质量、减少公司内部人舞弊或管理不善的问题、对股东来说其带来的收益大于合规成本。

（整理人：曹健）

主要参考文献

[1] Dewatripont, M., and J. Titole. (1999) "Advocates." *Journal of Political Economy* 107: p. 1 – 39.

[2] Gompers, P.; J. Ishii; and A. Metrick. (2003) "Corporate governance and equity prices." *Quarterly Journal of Economics* 118: p. 107 – 155.

[3] Grossman, G. M., and E. Helpman. "Protection for sale." *The American Economic Review* 84 (1994): p. 833 – 850.

§2-23 对 HSVJ（2009）的讨论

Discussion of A Lobbying Approach to Evaluating the Sarbanes - Oxley Act of 2002

文献来源：Karolyi，G. A. 2009. Discussion of A Lobbying Approach to Evaluating the Sarbanes - Oxley Act of 2002. *Journal of Accounting Research*，47（2）：585-595.

一、创新方面

作者认为 HSVJ（2009）以游说活动为工具来检验法案的执行效果非常具有政策意义和时效性。在研究 SOX 法案的方法上的创新也值得称赞。在客观的评价 SOX 法案的效果时有一个很重要的问题就是很难找到不受 SOX 法案影响的对照公司。HSVJ（2009）将游说反对 SOX 法案条款的公司归类为受 SOX 法案影响的公司，没有游说的公司为不受 SOX 法案影响的公司，巧妙地解决了对照公司的问题。这篇文章的结论认为 SOX 法案改进了披露和治理，提高了股东价值。这一结论挑战了 SOX 法案成本过高等负面经济后果的研究，并为 SOX 经济后果的研究提供了新的证据。

二、存在的问题

关于 HSVJ（2009）的研究主要有两个争议：一个是关于游说公司的识别，另一个是对代理问题的衡量。

（一）关于游说的公司是否为受 SOX 法案影响的公司

1946 年美国国会颁布《联邦游说管理法》（Federal Regulation of Lobbying Act），将游说者定义为那些以取得其他利益为目的来游说，进而影响国会立法的个人或机构。然而通过意见函进行游说的成本相对较低，如果有公司向 SEC 提交意见函，其他受 SOX 法案影响不大的公司（不以取得其他利益为目的）也可能具有从众行为（Hillman，Kleim and Schuler（HKS），2004），进而游说反对 SOX 法案，因此通过游说的方式来将公司区分为受 SOX 法案影响的公司和不受 SOX 法案影响的公司可能不是很可靠。

（二）关于代理问题衡量变量的可靠性

关于如何衡量游说者的代理问题存在很大的争议。HSVJ（2009）在原来的工作论文中使用 2001 年的公司规模、盈利情况、未来发展机会、现金持有量以及前五名高管持股比例来衡量代理问题，并认为这些变量在 SOX 法案通过期间是不变的。然而在 SOX 法案通过期间，公司治理机制或代理问题本身可能发生变化，这一变化并不一定是由 SOX 法案所带来，这可能导致 HSVJ（2009）的研究结果发生变化。HSVJ 随后在原模型中加入新的公司治理衡量变量，即 Gompers et al.（2003）公司治理指数和高管薪酬激励水平，并考虑了盈余管理水平及财务丑闻倾向的影响，在一定程度上解决了衡量变量可靠性的问题。

三、未来研究方向

总体来说，HSVJ（2009）通过游说行为区分受 SOX 法案影响和不受 SOX 法案影响的公司的方法为未来研究 SOX 法案效果提供了新的方向，但是在研究公司游说行为尤其在解释公司内部人游说行为以及他们真实意图的时候要特别小心。HSVJ（2009）仅在公司层面探讨了公司游说行为的影响因素，未来可以进一步研究特定行业、特定事件以及制度等因素对公司游说行为的影响，如此将有助于人们更好地理解规则和政策的效果及其带来的广泛的经济影响。

（整理人：曹健）

主要参考文献

[1] Grossman, G. M., and E. Helpman. (1994) Protection for sale. *American Economic Review* 84: 833 - 850.

[2] Hillman, A. J.; G. D. Keim; and D. Schuler. (2004) "corporate political activity: a review and research agenda." *Journal of Management* 30: 837 - 857.

[3] Hochberg, Y. V.; P. Sapienza; and A. Vissing - Jørgensen. (Supplement 2009) "A lobbying approach to evaluating the Sarbanes - Oxley Act of 2002." *Journal of Accounting Research* 47: this issue.

§2-24 SOX内部控制缺陷对公司风险和权益成本的影响

The Effect of SOX Internal Control Deficiencies on Firm Risk and Cost of Equity

文献来源：Ashbaugh - Skaife，D. W.，Collins，W. R.，Kinney JR. and R. Lafond. 2009. The Effect of SOX Internal Control Deficiencies on Firm Risk and Cost of Equity. *Journal of Accounting Research*，47（1）：1-43.

【摘要】 SOX法案要求管理层对公司内部控制的有效性进行评估，并聘请外部审计师进行审计。虽然执行该要求使公司花费较大的成本，但是较低的信息风险让公司享受到较低权益成本的好处。在控制其他的风险因素后，作者发现，存在内部控制缺陷的公司具有更高的异质性风险、系统性风险和权益成本。差分分析（change analyses）发现，经审计师评估的内部控制有效性（包括已经修正的前期披露内部控制缺陷）变化会引起权益成本50%到150%的波动范围。本文的实证结果表明，内部控制缺陷对公司风险评价和权益成本产生显著影响。

一、研究问题

（一）问题的提出

先前研究SOX法案主要集中在分析内部控制报告成本和审计要求上，本文探究了内部控制质量与异质性风险（idiosyncratic risk）和系统风险之间的关系，以及有效的内部控制是否会给企业带来潜在收益。

论文的逻辑框架见图2-21。

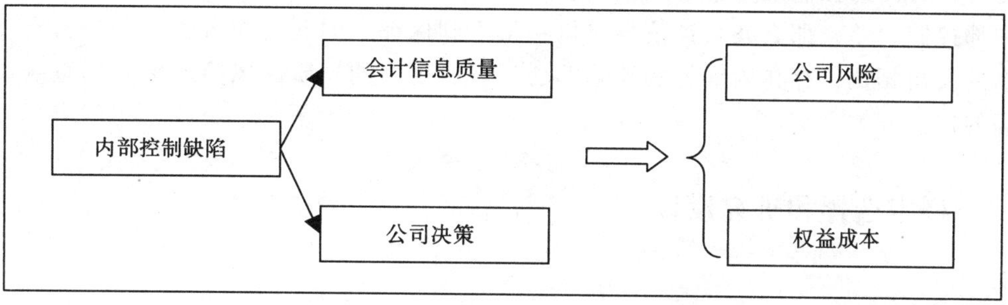

图2-21 SOX内部控制缺陷对公司风险和权益成本的影响

（二）研究意义

SOX 法案要求管理层就公司内部控制运行的有效性进行评价，披露内部控制缺陷，并要求聘请独立审计师进行审计。由此引来学术界和实务界激烈的争论：严格的内部控制监管制度给公司带来的是负担，还是收益？论文通过分析内部控制质量与权益成本之间的关系，为实务界和学术界提供经验证据。

（三）主要贡献

第一，论文的研究丰富了现有信息质量对权益成本影响方面的文献。以往学者在研究信息质量对权益成本的影响时，依赖于研究者自建指标和自愿性披露的主观指标（Botosan，1997；Bhattacharya et al.，2003；Francis et al.，2004）。与以前研究采用的度量信息质量方法不同，作者以内部控制缺陷作为信息质量指标，该指标是一个相对客观的会计信息质量指标。第二，以前的文献在研究信息质量对权益成本的影响时，控制了系统性风险，本文在此基础上作了进一步拓展，在分析了信息质量与权益成本的关系时，不仅控制了系统性风险，还控制了被前人所忽略的异质性风险。第三，论文的研究有助于评估 SOX 法案的经济后果。

二、理论分析

Lambert et al.（2007）通过构建单期资本资产定价模型（a single - period multi security CAPM），将会计信息披露质量和信息系统与公司风险和权益成本相联系。在 Lambert et al.（2007）的研究框架下，会计信息系统的定义非常广泛，不仅包括公司向外部披露的信息，也包括公司的内部控制系统。他们的一个重要观点是，会计信息质量对公司资本成本的影响表现在两方面：（1）直接影响，高质量的会计信息不仅影响公司现金流量本身，还会影响市场参与者对公司现金流量方差和市场总现金流量协方差的评估。（2）间接影响，更高质量的信息和更好的内部控制对企业的决策产生影响，包括经营决策的质量和公司资源在管理者之间的有效配置。

作者认为内部控制质量会影响投资者对公司风险和资本成本的评估，因为如果一个公司的内部控制较差，那么其会计信息质量将得不到保证。因此，作者预期，与具有良好内部控制的公司相比，存在内部控制缺陷的公司具有更高的异质性风险、更高的系统风险以及更高的权益成本。

三、样本选择和研究设计

（一）样本选择

作者以披露内部控制缺陷的公司为初始样本，数据来源于 Compliance Week 和 Glass，Lewis 研究机构报告。此外，作者手工收集补充了 2005 年 9 月后提交内部控制缺陷报告的公司，最后获得1053个研究样本。

（二）研究设计

首先，本文检验了内部控制重大缺陷的市场反应，事件窗口为披露内部控制缺陷前一日至披露后三天的累计超额收益（*BHAR*），检验其均值是否显著异于0。论文首先对市场调整的股票收益率的均值进行T检验，检验其是否显著异于0。然后以披露内部控制缺陷的公司作为样本进行回归，因变量为*BHAR*，解释变量为是否披露内部控制重大缺陷，若公司披露内部控制重大缺陷为1，若公司披露内部控制重要缺陷或一般缺陷，为0，如模型（1）所示。

$$BHAR = \beta_0 + \beta_1 Material\_Weakness + \varepsilon \qquad (1)$$

其次，本文检验了内部控制与风险的关系。作者定义了两种风险指标：异质性风险（*I_RISK*）和市场风险（*BETA*）。*I_RISK*等于模型（2）回归残差的标准差，*EXRET*为公司月股票回报率减去无风险报酬率，*RMRF*为公司月股票收益率与市场收益率之差。然后分别使用模型（3）进行检验，因变量为*I_RISK*，解释变量为*ICD*，如果公司披露至少一个内部控制缺陷，则为1，否则为0。根据以往文献，模型（3）对以下因素进行了控制：经营活动现金流波动性（*STD_CFO*）、资产负债率（*LEV*）、经营活动现金流（*CFO*）、账面市值比（*BM*）、总资产规模（*SIZE*）、股利支付率（*DIVPAYER*）、股票年度回报率（*RET*）。根据Ashbaugh - Skaife et al.（2007）的研究，存在内控缺陷可能性较大的公司具有的特征也同样会影响公司的经营业绩和经营的波动性，从而会影响异质性风险，因此，作者在模型（3）中控制了这些特征重新进行了回归，具体见模型（4）。

$$EXRET = \beta_0 + \beta_1 RMRF + \varepsilon \qquad (2)$$

$$I\_RISK = \gamma_0 + \gamma_1 ICD + \gamma_2 STD\_CFO + \gamma_3 LEV + \gamma_4 CFO + \gamma_5 BM + \gamma_6 SIZE + \gamma_7 DIVPAYER + \gamma_8 RET + \varepsilon \qquad (3)$$

$$I\_RISK = \gamma_0 + \gamma_1 ICD + \gamma_2 STD_{CFO} + \gamma_3 LEV + \gamma_4 CFO + \gamma_5 BM + \gamma_6 SIZE + \gamma_7 DIVPAYER + \gamma_8 RET + \gamma_9 SEGMENTS + \gamma_{10} FOREIGN\_SALES + \gamma_{11} M\&A + \gamma_{12} RESTRUCTURE + \gamma_{13} RGROWTH + \gamma_{14} INVENTORY + \gamma_{15} \%LOSS + \gamma_{16} RZSCORE + \gamma_{17} AUDITOR\_RESIGN + \gamma_{18} RESTATEMENT + \gamma_{19} AUDITOR + \gamma_{20} INST\_CON + \gamma_{21} LITIGATION + \varepsilon \qquad (4)$$

接下来，本文使用模型（5）来检验内部控制缺陷与市场风险的关系，*BETA*等于模型（2）回归得到的系数估计值β_1。然后采用模型（5）和模型（6）进行检验，因变量为*BETA*，解释变量为*ICD*。其他控制变量如上文，此外模型（5）还控制了行业的*BETA*（*INDBETA*）。正如上文所讨论的，作者在模型（5）的基础上控制了公司的基本特征，重新进行了回归，具体见模型（6）。

$$BETA = \gamma_0 + \gamma_1 ICD + \gamma_2 STD\_CFO + \gamma_3 LEV + \gamma_4 CFO + \gamma_5 BM + \gamma_6 SIZE + \gamma_7 DIVPAYER + \gamma_8 COVCFO + \gamma_9 INDBETA + \varepsilon \qquad (5)$$

$$BETA = \gamma_0 + \gamma_1 ICD + \gamma_2 STD\_CFO + \gamma_3 LEV + \gamma_4 CFO + \gamma_5 BM + \gamma_6 SIZE + \gamma_7 DIVPAYER + \gamma_8 COVCFO + \gamma_9 INDBETA + \gamma_{10} SEGMENTS + \gamma_{11} FOREIGN\_SALES + \gamma_{12} M\&A + \gamma_{13} RESTRUCTURE + \gamma_{14} RGROWTH + \gamma_{15} INVENTORY + \gamma_{16} \%LOSS + \gamma_{17} RZSCORE + \gamma_{18} AUDITOR\_RESIGN + \gamma_{19} RESTATEMENT + \gamma_{20} AUDITOR + \gamma_{21} INST\_CON + \gamma_{22} LITIGATION + \varepsilon \qquad (6)$$

然后以全体样本按照模型（7）进行回归，因变量为资本成本 *CC*，解释变量为 *ICD*。在模型（7）中，论文控制了如下因素：公司的 BETA（*BETA*）、总资产规模（*SIZE*）、账面市值比（*BM*）、模型（2）回归得到的残差的标准差（*I_RISK*）、业务分部数量自然对数（*SEGMENTS*）、是否存在海外交易（*FOREIGN_SALES*）、是否发生并购（*M&A*）、是否经历重组（*RESTRUCTURE*）、销售收入是否超额增长（*RGROWTH*）、存货占总资产比（*INVENTORY*）、是否亏损（*LOSS*）、破产风险（*RZSCORE*）、是否发生审计师变更（*AUDITOR_RESIGN*）、是否财务重述（*ARESTATEMENT*）、是否由大型会计师事务所审计（*AUDITOR*）、机构投资者持股比例（*INST_CON*）和是否处于易诉讼风险行业（*LITIGATION*）。

$$CC = \beta_0 + \beta_1 ICD + \beta_2 BETA + \beta_3 SIZE + \beta_4 BM + \beta_5 I\_RISK + \beta_6 SEGMENTS + \beta_7 FOREIGN\_SALES + \beta_8 M\&A + \beta_9 RESTRUCTURE + \beta_{10} RGROWTH + \beta_{11} INVENTORY + \beta_{12} LOSS + \beta_{13} RZSCORE + \beta_{14} AUDITOR\_RESIGN + \beta_{15} ARESTATEMENT + \beta_{16} AUDITOR + \beta_{17} INST\_CON + \beta_{18} LITIGATION + \varepsilon \quad (7)$$

最后，本文检验了内部缺陷与资本成本之间的关系。通过对可供选择的资本成本进行测试，最终基于 Value Line 预期收益率来计算资本成本（*CC*）。

四、实证结果

（一）截面检验的市场反应实证结果

作者分析首次披露内部控制缺陷是否对公司产生负面的市场反应。实证结果显示，当公司报告其存在内部控制缺陷后，公司的股票价格立即下跌。三天的股价均值（中位数）下降 -0.76%（-0.41%），并在 1%（5%）的水平上显著。然后，本文按内控缺陷严重程度进行划分，检验了其市场反应，结果发现重大缺陷（*MATERIAL_WEAKNESS*）的系数为负，但并不显著，这说明市场对不同严重程度的内控缺陷的反应并没有显著差异。

（二）截面检验的风险实证结果

第一，对内部控制缺陷和 *I_RISK* 进行回归分析，结果显示，内部控制缺陷（*ICD*）系数分别为 0.010 和 0.005，至少在 5% 的水平上显著。这表明，在控制经营、财务和其他风险因素后，存在内控缺陷的公司异质性风险更高。

第二，内部控制缺陷和 *BETA* 的回归结果显示，内部控制缺陷系数分别为 0.068 和 0.048，至少在 10% 的水平上显著。这表明，在控制了其他因素后，相对于内控有效的公司，存在内控缺陷的公司市场风险更高。这些实证结果表明，披露内部控制缺陷向投资者传递了更多的风险信息，投资者对这些公司现金流方差（*I_RISK*）和现金流协方差（*BETA*）的估值更大（Lambert et al.，2007）。

（三）资本成本分析

论文对内部控制缺陷和资本成本分三组进行回归分析。第一组回归只控制规模（*SIZE*）

和账面市值比（*BM*），第二组回归控制了规模（*SIZE*）、账面市值比（*BM*）和风险因素（*BETA*、*I_RISK*），第三组回归放入全部控制变量。解释变量内部控制缺陷（*ICD*）系数分别为1.938、1.141和0.667，至少在5%的水平上显著，实证结果表明内部控制缺陷与较高资本成本显著正相关，同时也支持了内控缺陷引起的信息风险与资本成本相关的观点。

以上的截面分析可能只能说明内控缺陷与较高资本成本之间是一种相关关系，并不能说明其因果关系，因此文章又用披露缺陷前后CC的差异ΔCC进行了一系列的检验。结果发现内控缺陷导致较高的信息风险和资本成本。

（四）稳健性检验

论文进行了一些稳健性检验，如考虑应计盈余质量对风险和权益成本的影响、重新设定内部控制缺陷模型、将内部控制缺陷滞后一期等。实证结果没有实质性变化。

五、总结

有效的财务报告内部控制为高质量的会计信息系统和财务报告奠定坚实基础。近期的理论研究认为财务报告内部控制对权益成本有着重要的影响（Lambert et al.，2007）。作者基于SOX法案披露的内部控制缺陷进行分析，实证研究发现，在控制其他风险因素之后，存在内部控制缺陷的公司有更高的异质性风险、系统性风险和权益成本。

（整理人：林东杰）

主要参考文献

[1] Ashbaugh - Skaife, H., Collins, D. W., & Kinney, W. R. 2007. The discovery and reporting of internal control deficiencies prior to SOX - mandated audits. *Journal of Accounting and Economics*, 44 (1), 166 - 192.

[2] Bhattacharya, U., H. Daouk, and M. Welker. 2003. The world price of earnings opacity. *The Accounting Review*, 78, p. 641 - 678.

[3] Botoson, C. 1997. Disclosure level and the cost of equity capital. *The Accounting Review*, 72, p. 323 - 349.

[4] Francis, J., R. LAfond, P. Olsson, and K. S Chipper. 2004. Costs of equity and earnings attributes. *The Accounting Review*, 79, p. 967 - 1010.

[5] Guay, W., S. Kothari; and S. Shu. Properties of implied cost of capital using analysts' forecasts. Working paper, Massachusetts Institute of Technology, 2005.

[6] Lambert, R., C. Leuz, and R. V Errecchia. 2007. Accounting information, disclosure, and cost of capital. *Journal of Accounting Research*, 45, p. 385 - 420.

§2-25　SOX法案对美国资本市场影响的稳健性检验

The Robustness of the Sarbanes Oxley Effect on the U. S. Capital Market

文献来源：Hansen, B., G. Pownall, and X. Wang. 2009. The Robustness of the Sarbanes Oxley Effect on the U. S. Capital Market. *Review of Accounting Studies*, 14 (2): 401-439.

【摘要】 以市场环境、公司特征和遵循SOX法案的成本为主要解释变量，本文检验了美国证券市场公司新上市和摘牌事件（delisting）的影响因素，以及公司摘牌的可能性。结果发现一般市场环境和公司基本特征解释了摘牌事件和公司的退市决策；仅仅当不控制市场环境时，SOX法案与公司摘牌显著正相关。进一步的分组检验表明，实施SOX法案与所有公司的摘牌决策都不显著相关，而执行SOX 404条款与中型和较大型公司的摘牌显著正相关。本文的证据对监管者加强和修正SOX 404条款有参考作用。

一、研究问题

（一）问题的提出

SOX法案颁布后，一些研究（Engel et al., 2007; Leuz et al., 2008）发现SOX法案增加了公司私有化和转向次级市场的可能性，这表明SOX法案的遵循成本超过其收益。部分研究也发现SOX法案实施后，公司摘牌的频率增加（Smith and Cohen, 2007）。本文扩展了他们的研究，在更长的时间窗口内，用更多的样本，以一般市场环境、公司基本特征和遵循SOX法案的成本为主要解释变量，检验了美国证券市场公司上市和摘牌事件的影响因素，以及公司摘牌的可能性。

本文的逻辑框架见图2-22。

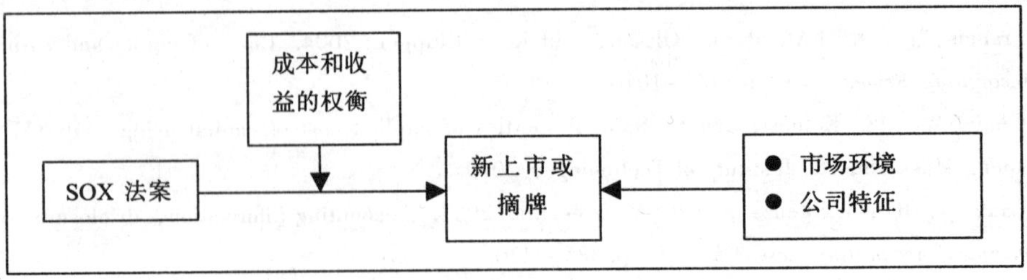

图2-22　SOX法案与公司新上市或摘牌

（二）研究意义

关于SOX法案的争论越来越激烈，其是否增加了公司的负担成为争论的焦点。作者用更长的时间窗口、以更大规模的样本研究了SOX法案的经济后果，结果更稳健，对监管者调整SOX法案有着非常重要的作用。同时为SOX法案实施后，美国证券市场是否失去竞争力的研究提供了新的视角。

（三）主要贡献

第一，本文丰富了SOX法案以及执行SOX 404条款经济后果的研究。

第二，本文发现公司上市和摘牌的决策主要与市场环境和公司自身的盈利水平相关，治理监管的作用并不是那么直接，这主要是因为本文的研究时间序列更长、样本更多。因此，本文比以往关于SOX法案经济后果的研究结论更稳健。

二、文献回顾与理论基础

本文主要研究公司上市和摘牌的决定因素。以往有大量的文献研究了公司上市的时间和原因。从宏观层面来说，公司选择上市是基于资本需求和投资者情绪高涨的推动（Lowry，2003）；从公司层面来说，公司选择上市的概率受公司规模和行业市值账面比影响，通常上市公司具有很好的投资机会和估值（Boehmer and Ljungqvist，2004）。

而关于公司摘牌行为的研究仅限于公司层面。公司摘牌有自愿和非自愿之分。非自愿摘牌（involuntary delisting）则主要是由于违背了监管的要求，如公司流动性显著下降或者股东财富显著损失等原因导致摘牌（Harris et al.，2008）。也有研究认为公司宣布私有化具有良好的市场反应。基于自由现金流假设（Jensen，1986）和Lehn and Poulsen（1989）发现具有更多自由现金流的公司更愿意私有化，并且在私有化交易中如果公司现金流充足，股东会获得更多的溢价。而最近由于SOX法案的出台，一系列的文献研究了SOX法案对公司私有化（Engel et al.，2007）、转向次级市场（Leuz et al.，2008）、选择其他交易所上市（Piotroski and Srinivasan，2008）等决策的影响。

虽然公司上市和摘牌的决策是不同的行为，但是那些影响上市的因素往往也是影响摘牌的因素。除了Fama and French（2004）和Cook and Kieschnick（2005），很少有文献同时研究公司上市和摘牌的决策的影响因素。Fama and French（2004）发现供需环境的变化增加了企业承担的风险，降低了新上市公司的生存几率，Cook and Kieschnick（2005）则发现流动性和其他控制因素影响公司上市和摘牌的决策。

本文扩展了Fama and French（2004）的研究，在更长的时间序列窗口研究了宏观和微观因素对公司上市和摘牌决策的影响。特别地，在控制一系列因素的基础上，检验了法规变化（如SOX法案）对公司上市和摘牌行为的影响。与以往SOX法案的研究一致，本文认为公司选择上市和摘牌是基于成本和收益权衡的原则。

三、样本选择和研究设计

（一）样本选择

本文的初始样本来自 CRSP 数据库。由于 1962 年 CRSP 数据覆盖面有所改变，导致 1962 年前后数据之间的可比性不大，此外，1962 年之前公司摘牌的事件也比较少，因此，作者最终选取了 CRSP 中 1962—2005 年的所有公司作为样本。

（二）研究设计

1. 摘牌事件的时间序列分析

本文假设新上市和摘牌事件是一般市场环境（债务、权益和产品市场）和预期 SOX 法案遵循成本的函数，本文选取了 1962—2005 年的指标进行时间序列分析，回归模型如下：

$$NEWLIST\%_t = \alpha + \beta_1 INVSENT_t + \beta_2 \frac{AveD}{E_t} + \beta_3 \% MERGE_t + \beta_4 DEMUNC_t + \beta_5 \frac{AveB}{M_t} + \beta_6 \% \Delta GDP_t + \beta_7 SOXPASS + \beta_8 SOX\ 404 + \varepsilon_t \qquad (1)$$

$$DELIST\%_t = \alpha + \beta_1 NEWLIST\%_{t-5} + \beta_2 INVSENT_t + \beta_3 \frac{AveD}{E_t} + \beta_4 \% MERGE_t + \beta_5 DEMUNC_t + \beta_6 \frac{AveB}{M_t} + \beta_7 \% \Delta GDP_t + \beta_8 SOXPASS + \beta_9 SOX\ 404 + \varepsilon_t \qquad (2)$$

模型（1）中的被解释变量 $NEWLIST\%_t$ 是每年新上市公司占年初所有公司的比例（1962—2005 年），模型（2）中的被解释变量 $DELIST\%_t$ 则为摘牌公司的比例。

市场环境指标包括：$NEWLIST\%_{t-5}$，$INVESENT_t$，$AveD/E_t$，$\% MERGE_t$，$DEMUNC_t$，$AveB/M_t$ 和 $\% \Delta GDP_t$。具体来说：

$NEWLIST\%_{t-5}$ 是小型年轻公司的指标，是第 t 年之前的 5 年，新上市公司占第 t 年所有上市公司的比例。本文预期近期上市的小型公司的比例越高，未来期间公司摘牌的风险也会越大，即 $NEWLIST\%_{t-5}$ 和 $DELIST\%_t$ 之间的关系为正。

$INVESENT_t$ 是投资者情绪指数。Baker and Wurgler（2006）研究发现投资者情绪导致股票的错误定价，特别是对新上市或者潜在摘牌的公司。如果投资者是乐观的，那么他们会需求更多的上市公司股票，并对摘牌不是很敏感。因此本文预期 $INVESENT_t$ 对新上市显著为正，对摘牌显著为负。

$AveD/E_t$ 是宏观经济的债务资本吸引力指标，以 Compustat 所有上市公司的总负债除以总资产表示。债务融资越多，公司的资金来源越充足，对上市的需求越低，摘牌的公司也会增加。

$\% MERGE_t$ 是美国金融市场公司并购强度的指标。本文预期并购强度越高，新上市的公司可能会越少，因为公司多了一种可以上市的选择。同样的，摘牌的公司也会减少，并购也是从证券市场上退出并规避 SOX 法案成本的一种选择。

借鉴 Cook and Kieschnick（2005），$DEMUNC_t$ 是产品市场环境的指标，特别是指产品

需求的不确定性。产品需求越不确定，对投资者的吸引力越低，新上市的公司会减少，摘牌的公司会增加。

$AveB/M_t$是产品市场增长机会的指标。产品市场成长率越低，新上市的公司越少，摘牌的公司将会增加。

$\% \Delta GDP_t$是宏观经济周期的指标。它与公司新上市的关系为正，与摘牌的关系为负。

衡量 SOX 法案的遵循成本指标为 *SOXPASS* 以及 *SOX* 404，当处于 SOX 通过的 2002 年时，*SOXPASS* 取 1，否则为 0；在 2004 年，SOX 404 条款得以执行，此时，*SOX* 404 变量取值为 1，否则为 0。如果 SOX 法案的通过会增加公司的净成本，SOX 法案后新上市的公司会减少，规避监管的公司也会增多。因此，本文预期这两个指标的系数在模型（1）中显著为负，在模型（2）中显著为正。

2. 公司摘牌决策的截面分析

为了检验公司摘牌决策的影响因素，本文在摘牌决策模型中加入了公司层面的因素，包括公司规模（*logASSETS*）、财务流动性（*CR*）、资产回报率（*ROA*）、交易量（*Turnover*）和负债率（*Leverage*）。然后，本文分别对市场层面因素、公司层面因素和 SOX 法案虚拟变量、全样本等进行回归。主要的模型如下：

$$log\{P(Deslisting) | 1 - P(Delisting)\}_{i,t} = \alpha + \beta_1 Return_{it-1} + \beta_2 logASSETS_{it-1} + \beta_3 Turnover_{it-1}$$
$$+ \beta_4 ROA_{it-1} + \beta_5 CR_{it-1} + \beta_6 Leverage_{it-1} + \beta_7 SOXPASS + \beta_8 SOX\ 404 + \beta_9 NEWLIST\%_{t-5} + \beta_{10} \frac{AveD}{E_t}$$
$$+ \beta_{11} DEMUNC_t + \beta_{12} \frac{AveB}{M_t} + \beta_{13} \% MERGE_t + \varepsilon_t \quad (3)$$

以上的模型都采用聚类（cluster）的标准误，并控制了行业的固定效应。本文预期高回报、高流动性和低负债的大公司摘牌的可能性较低。回报（*Return*）、资产（*logASSETS*）、交易量（*Turnover*）、资产回报率（*ROA*）和累积回报（*CR*）的系数为负。基于以前的文献，本文预期 *SOX PASS* 和 *SOX* 404 的系数为正。

四、实证结果

（一）描述性统计

描述性统计发现，CRSP 上市公司的数量在 1998 年最高，达到 8 378 家。1998—2005 年，数据急剧下降，降低了将近 1/3，到 2005 年只有 5 731 家。摘牌最多的年份是 2001 年，有 710 家，占了上市公司的 9.6%，2002 年 SOX 法案颁布的年度，摘牌的公司仍然比较多，但是低于 1999 年、2000 年、2001 年的数据。非常有意思的是 1996 年新上市的公司最高，有 1 157 家，这可能导致后面几年摘牌的增加（Fama and French，2004）。

（二）回归结果

1. 摘牌事件的时间序列分析

回归结果显示，*SOXPASS* 的系数在两个模型都不显著，*SOX* 404 的系数在新上市的模型中不显著，在摘牌的模型中与预期的符号相反，为负。产品市场的系数在新上市的模型中与预期相反。

此外，$NEWLIST\%_{t-5}$，$INVESENT_t$，$AveD/E_t$、$\%MERGE_t$等一般市场环境变量的系数都非常显著，且与预期方向一致。这些结果表明，一般市场环境解释了摘牌和新上市的行为。其中，债务融资的吸引力和并购强度两个变量的解释力度较大。调整的 R^2 结果显示，一般市场环境解释了大部分的新上市和摘牌的行为，而 *SOXPASS* 和 *SOX* 404 进入到模型中，R^2 并没有发生多大的变化，SOX 法案的影响还需进一步讨论。

2. 公司摘牌决策的截面分析

第一，从公司层面的因素来看，结果与预期一致，那些股票市场和会计回报较低、高负债的小公司更容易摘牌。有意思的是，具有高股票市场流动性的公司也更容易摘牌，R^2 是 9%。

第二，从市场层面的因素来看，与时间序列的回归结果一致，系数大部分显著，但是解释力度 R^2 为 5%。

第三，在公司层面的因素上加入 SOX 法案的指标，虽然 SOX 法案的两个指标都显著为正，但是 R^2 还是 9%，SOX 法案指标并没有解释力度。

第四，在公司层面的因素上加入市场的因素，R^2 增加到 13%，说明市场因素增加了公司层面摘牌的解释力度。

第五，公司层面、市场层面以及 SOX 法案指标的全样本回归结果发现，R^2 并没有增加，还是 13%。但是 *SOXPASS* 的系数与预期相反，显著为负，意味着在控制了公司层面和市场层面的因素后，摘牌比预期要低，*SOX* 404 的系数并不显著。

以上结果表明，公司层面的因素对公司摘牌的可能性具有最大的影响，但是没有一个因素占主导。而 SOX 法案指标的影响很小，这也许是因为这些遵循 SOX 法案成本的指标与公司规模有关。以前的研究表明小公司会承担更大的 SOX 法案遵循成本（Engel et al.，2007），SEC 也多次推迟非加速申报公司执行 SOX 404 条款。为了强调摘牌可能是公司规模的函数，本文对公司规模进行了分组，共分为 5 组，其中，1 组代表规模最小的公司组，5 组的公司规模最大，重新进行了 logit 回归。结果表明，在控制了市场环境和公司基本因素以后，第 1、3 和 4 组的 *SOXPASS* 系数并不显著，倒数第 2 小和最大规模的公司 *SOX-PASS* 与摘牌显著为负，但是符号和预期相反。*SOX*404 的系数，只有中等和较大规模的公司显著为正，其他组的公司都不显著。以上的结果表明 SOX 法案的通过对公司的影响较小，SOX 404 条款并没有显著增加小公司的负担，只有中等和较大规模的公司会有较大的影响，这可能是 SEC 推迟了小型公司执行 SOX 404 条款的时间所致。

（三）稳健性检验

本文做了如下的稳健性检验：（1）将样本依照 CRSP 数据库中对摘牌样本的分类分别进行回归；（2）按照 Engel et al.（2007）和 Leuz et al.（2008）文章中所选取样本的程序来选取公司。本文结论没有变化。

五、结论

在控制了一般市场环境和公司基本特征，特别是规模和利润的情况下，本文检验了SOX法案对美国上市公司的影响。结果显示：

第一，以时间序列分析发现市场环境对公司新上市和摘牌有显著影响，而SOX法案的通过对摘牌没有影响，SOX 404条款的执行仅仅对摘牌有显著的负向关系。

第二，加入公司层面的因素后，公司因素对摘牌有很大的影响，而SOX法案的影响仅仅在排除了市场环境时才显著。

第三，将样本按照公司的规模进行分组后发现，越小的公司和绩效越差的公司越容易被摘牌。SOX法案的通过并没有增加小型公司摘牌的可能性，但SOX 404条款增加了中等规模和较大规模公司摘牌的可能性。

本文的研究补充了SOX法案政策会增加公司成本争论的解释，与以往的研究相比，本文的结论更加稳健。本文的结论表明，摘牌决策与市场总体条件和公司的自身财务绩效有关，而与治理监管没有直接的联系。

（整理人：舒伟）

主要参考文献

[1] Baker, M., & Wurgler, J. (2006). Investor sentiment and the cross section of stock returns. *Journal of Finance* 61 (4), p. 1645 - 1680.

[2] Boehmer, E., & Ljungqvist, A. (2004). On the decision to go public: Evidence from privately - held firms. Working Paper, Texas A&M University and New York University.

[3] Cook, D., & Kieschnick, R. (2005). On the timing of going public and going private transactions. Working Paper, University of Alabama and University of Texas at Dallas.

[4] Engel, E., Hayes, R., & Wang, X. (2007). The Sarbanes - Oxley Act and firms' going - private decisions. *Journal of Accounting and Economics* 44 (1 - 2), p. 116 - 145.

[5] Fama, E., & French, K. (2004). New lists: Fundamentals and survival rates. *Journal of Financial Economics* 73 (2), p. 229 - 269.

[6] Harris, J. H., Panchapagesan, V., & Werner, I. (2008). Off but not gone: A study of NASDAQ delistings. Working Paper, University of Delaware, Goldman - Sachs Group, Inc., and Ohio State University.

[7] Jensen, M. (1986). Agency costs of free cash flow, corporate finance, and takeovers. *American Economic Review* 76 (2), p. 323 - 329.

[8] Lehn, K., & Poulsen, A. (1989). Free cash flow and stockholder gains in going private transactions. *Journal of Finance* 44, p. 771 - 787.

[9] Leuz, C., Triantis, A., & Wang, T. (2008). Why do firms go dark? Causes and economic consequences of voluntary SEC deregistrations. *Journal of Accounting and Economics* 45, p. 181 - 208.

[10] Lowry, M. (2003). Why does IPO volume fluctuate so much? *Journal of Financial Economics* 67, p. 3 - 40.

[11] Pastor, L., & Veronesi, P. (2005). Rational IPO waves. *Journal of Finance* 60, p. 1713 - 1757.

[12] Piotroski, J. D., & Srinivasan, S. (2008). Regulation and bonding: The Sarbanes - Oxley Act and the flow of international listings. *Journal of Accounting Research* 46 (2), p. 383 - 425.

[13] Securities and Exchange Commission (SEC). (2008). Internal control over financial reporting in exchange act period reports of non - accelerated filers and newly public companies: *Federal Register* 73 (26), p. 7450 - 7455.

[14] Smith, P., & Cohen, N. (2007, January 2). Delisting wave hits London. Financial Times.

§2－26 小公司免于证券监管的意外后果——来自SOX法案的证据

Unintended Consequences of Granting Small Firms Exemptions from Securities Regulation: Evidence from the Sarbanes－Oxley Act

文献来源：Gao, F., J. S. Wu and J. Zimmerman. 2009. Unintended Consequences of Granting Small Firms Exemptions from Securities Regulation: Evidence from the Sarbanes－Oxley Act. *Journal of Accounting Research*, 47 (2): 459－506.

【摘要】 本文发现，当小公司有可能豁免执行成本昂贵的法规时，这些公司有动机保持小规模。从2003年至2008年，美国证券交易委员会（SEC）推迟公众持股量少于7500万美元的公司执行SOX 404条款。本文假设并发现其中的一些公司倾向于继续保持在监管要求的门槛之下。此外，本文还发现这些公司保持小公司身份的方式有：减少对外投资、向股东支付更多的现金、减少非关联股东持有的股份数量、披露更多的坏消息以及报告较低的盈余。最后，没有证据表明，公司继续保持小规模是为了维持控制权私利。

一、研究问题

（一）问题的提出

SOX法案为了更好地保护投资者，通过了一系列新的法规，强制上市公司执行，其执行成本非常高。SOX 404条款的规定更为严格，因此遭到了很多小公司的反对。由于担心SOX法案对小公司监管过度，SEC在2002年9月5日引入“加速申报公司”（accelerated filers）和“非加速申报公司”（nonaccelerated filers）的概念[①]，要求加速申报公司在最后期限内提交年度和季度报告（SEC，2002b），并推迟非加速申报公司在最后期限提交年度和季度报告。自2003年以来，SEC多次推迟非加速申报公司SOX 404条款的实施期限。

本文研究的问题是：SOX法案的颁布和执行是否激励公司保持小规模，特别是保持低于7500万美元的规模？如果是，公司将采取什么方式保持小规模？公司保持小规模的动机是什么？

本文的逻辑框架见图2－23。

① “加速申报公司”被SEC定义为在最近会计年度第二季度的最后一个营业日，公共持股量（public float，即非关联方持有的具有投票权和非投票权的普通股总市值）超过7500万美元的公司。一旦公司成为“加速申报公司”，它一直会保持这个分类，直到它被列为“非加速申报公司”。

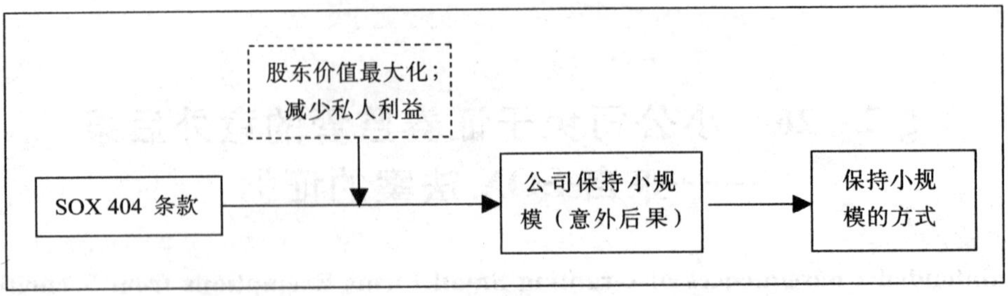

图 2-23 SOX 法案与公司保持小规模决策

（二）研究意义

豁免小公司执行严格的法规（例如 SOX 法案）会产生一些意想不到的后果，导致公司倾向于保持小规模。这种行为可能会降低整个社会的福利（如就业、创造财富和真正的投资），监管者必须思考现有政策的意义。本文的研究能够为这种政策的执行效果提供经验证据。

（三）主要贡献

第一，本文提供了豁免小公司执行监管法规的经济后果的证据。研究结果表明，当小型公司被豁免执行需花耗巨大成本的监管规定时，意想不到的后果之一是，公司有意保持在监管要求的门槛之下。

第二，本文为 SOX 法案的经济后果提供了补充证据，特别是 SOX 404 条款对小型上市公司内部控制的规定。与之前的研究发现一致，SOX 法案对小公司产生了负面的影响，支持了 SOX 404 条款增加小公司净成本的观点。

二、研究假设

作者认为至少有两种理由来解释管理层保持公司小规模的动机：（1）执行 404 条款会降低股东价值。（2）404 条款会减少其私人控制权的利益。本文试图区分这两种动机。在这两种解释下，非加速申报公司管理层通过保持其公众持股量低于 7500 万美元以保持小规模公司的地位。另一方面，如果公司的公众持股量接近于 7500 万美元，他们没有动力去超过这个门槛，因为一旦分类为加速申报公司，就需要面临严格的监管。

因此，本文预测如表 2-4 所示。

表 2-4　研究假设总结[①]

测试	假设	表格	预期符号 Event × NA	影响[②]
1. 在实施 SOX 法案后，相对于控制样本，非加速申报公司更有可能保 持低于 7500 万美元的规模	H1	T6	+	
2. 在实施 SOX 法案后，非加速申报公司保持小规模所采取的方式：				

续表

测试	假设	表格	预期符号 Event × NA	影响②
（1）与投资、支付、非关联股份有关的决策：				
• 在固定资产、无形资产和收购方面减少净投资	H2a	T8	–	价格
• 通过普通股利、额外红利以及股票回购，给股东支付更多的现金	H2b	T8	+	股利：影响价格（不影响包括股利的回报） 回购：影响非关联股份数量
• 降低公司非关联方持有的股份数	H2c	T9	–	非关联股份数量
（2）在第二个会计季度采取的方式：		2ndqtr × Event × NA		
• 披露更多的坏消息	H3a	T10	+	价格（短期）
• 报告更低的会计盈余	H3b	T10	–	价格（短期）
• 内部销售更多股票		T11		
（3）当非加速申报公司的公众持股数量接近7500万美元的门槛时，公司通过H2和H3中的方式保持小规模的可能性会更高	H4	T8&T9		

注：①引自原文第471页，Table 2. Summary of Hypotheses and Findings。

②一些行动（股利和股票回购）由于具有信号传递的作用，可以影响股票收益率。不过，鉴于目前的情况，潜在的信号传递效果的预测是不清楚的。

三、样本选择

本文主要数据来源于Compustat数据库，股票收益和股息宣布日期数据来源于CRSP数据库，收购和股票回购的信息从SDC取得，内部交易数据从Thomson Financial Insider filing data档案资料中取得，新闻披露信息从Factiva数据库收集。剔除了外国公司、金融机构、管制行业的公司、在第t年的第二季度末市值超过1.5亿美元的公司、从Electronic Data－Gathering，Analysis，和Retrieval（EDGAR）数据库中无法确定报告身份的公司或者第t会计年度的第二会计季度末无法获得公众持股量信息的公司，以及除牌时间是在图2－25中时间2之前的公司。最终，选取1999—2005年公司年度观测值的样本为6946个。

在本文的检验中，选择了一组加速申报公司为控制样本，因为大公司可能会与非加速申报公司有较大的区别，本文把低于1.5亿美元市值的公司作为控制样本。事件的观察期间自2003年6月1日（SEC首次延长非加速申报公司执行第404条款的时间）到2005年12月31日（SEC发布新的规定）。为了区分SOX法案的影响，本文还构建了自1999年1月1日至2001年9月1日的控制样本。图2－24是控制期间和事件期间的时间表，图2－25是本文定义的公司年度。

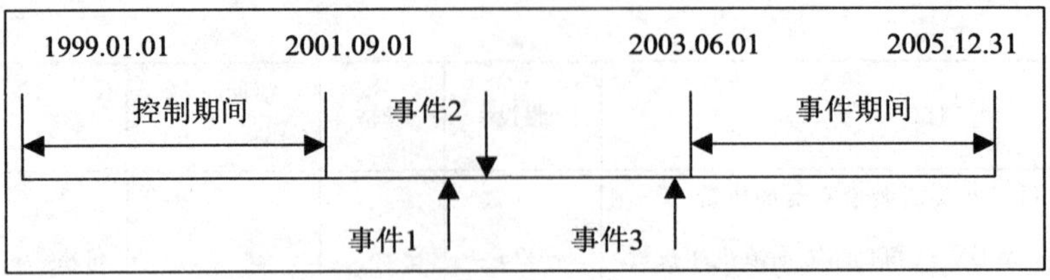

注：①其中事件 1 表示，2002 年 7 月 30 日，SOX 法案立法日；事件 2 表示，2002 年 9 月 5 日，SEC 批准了最终的规则：加速申报 10 - K 和 10 - Q 的登记日期；事件 3 表示，2003 年 5 月 27 日，SEC 批准延迟执行 SOX 404 条款。

②引自原文第 472 页，Fig. 1. Timeline of event period and control period。

图 2 - 24　事件期间和控制期间的时间表

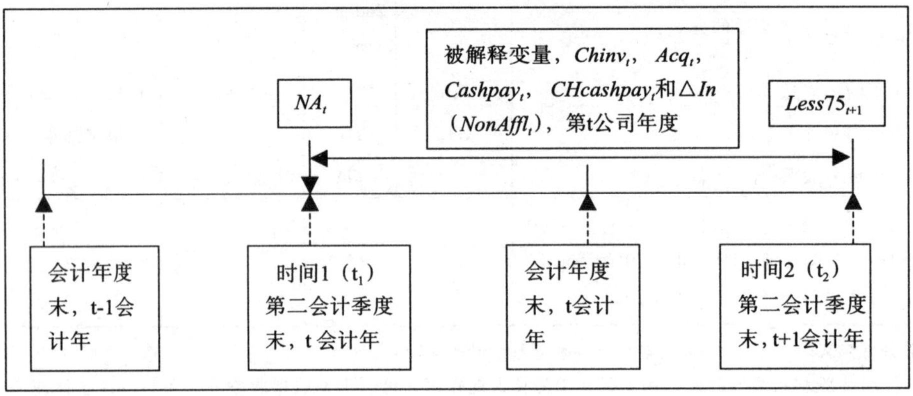

注：①虚拟变量 NA_t，如果是非加速申报公司，取值为 1，否则为 0；虚拟变量 $Less75_{t+1}$，公众持股数量低于 7500 万美元，取值为 1，否则为 0。

②引自原文第 472 页，Fig. 2. Definition of a firm-year based on two consecutive second fiscal quarter-ends。

图 2 - 25　基于两个连续会计（fiscal）季度末的公司年度

四、实证分析与结果

（一）描述性统计

描述性统计结果发现，在事件期间非加速申报公司倾向于保持低于 7500 万美元的门槛，支持了假设 H1；相对于加速申报公司，在事件期间，非加速申报公司投资活动更少、并购活动频率更低，支持了假设 H2a；相对于加速申报公司，在事件期间，非加速申报公司支付了更多的现金，支持了假设 H2b。

（二）研究设计与实证结果

1. 非加速申报公司倾向保持小规模

为了检验假设 H1（在实施 SOX 法案后，相对于控制样本，非加速申报公司更倾向于保持 7500 万美元门槛以下的规模），本文采用以下回归模型进行 logistic 回归（公司的下标在这里和后续的回归模型中不列示）：

$$prob(Less75_{t+1}=1)=Logit\left(\beta_0+\beta_1 NA_t+\beta_2 Event_t+\beta_3 Event_t NA_t+\sum_j \beta_j Controls\right) \tag{1}$$

其中，$Event_t$是虚拟变量，样本区间发生在事件期间（SOX 法案实施后）取值为1，发生在控制期间（SOX 法案实施前）为0。变量NA_t的系数β_1表明在控制期间，非加速申报公司和加速申报公司保持小规模可能性的差别，$\beta_1+\beta_3$衡量了在事件期间的差别，$Event_t NA_t$是 Event 与 NA 的交互项，其系数β_3衡量了控制期间和事件期间两类公司保持小规模的倍差（difference in the differences）。本文预期在实施 SOX 法案后，相对于加速申报公司，非加速申报公司更倾向于保持在7500 万美元以下的规模，因此$Event_t NA_t$的系数β_3显著为正。

模型（1）的回归结果发现交叉项$Event_t NA_t$的系数在1%的水平上显著为正（0.767）。样本公司无条件保持在7500 万美元以下的概率为77%。这些证据支持了 H1，在实施 SOX 法案后，相对于控制样本，非加速申报公司更有可能保持低于7500 万美元的门槛。

2. 非加速申报公司所采取的方式

H2 和 H3 预测了非加速申报公司保持小规模采取的各项方式。本文分别分析了非加速申报公司所采取的各种方式：净投资、分红和股票回购、非关联股份、在第二季度的新闻披露、报告收益、内幕交易，以及以上方式的可能组合。

（1）净投资

本文采用普通最小二乘法（OLS）回归模型（2a）检验假设 H2a：在实施 SOX 法案后，非加速申报公司倾向于减少其净投资。

$$Chinv_t=\beta_0+\beta_1 NA_t+\beta_2 NALrg_t+\beta_3 Event_t+\beta_4 Event_t NA_t+\beta_5 Event_t NALrg_t+\sum_j \beta_j Controls \tag{2a}$$

因变量$Chinv_t$衡量在第 t 年（在图 2－25 中的时间 1 和时间 2 之间的一年间距）经过总资产调整的在净投资方面的变化。$NALrg_t$是虚拟变量，如果在时间 1（图 2－25 中 t1）非加速申报公司的公众持股总数超过4500 万美元，则取值为1，否则为0。

由于公司也可以通过并购进行投资，本文单独采用2b 模型进行回归：

$$prob(Acq_t=1)=Logit(\beta_0+\beta_1 NA_t+\beta_2 NALrg_t+\beta_3 Event_t+\beta_4 Event_t NA_t+\beta_5 Event_t NALrg_t+\sum_j \beta_j Controls) \tag{2b}$$

因变量Acq_t是虚拟变量，如果该公司在第 t 年发生并购活动，取值为1，否则为0。

为检验假设 H2a，预期变量$Event_t NA_t$的系数为负。假设 H4 进一步预期在实施 SOX 法案后，当公众持股量接近7500 万美元门槛时，非加速申报公司有更大的意愿去保持在门槛以下。因此，预期交互项$Event_t NALrg_t$的系数为负。

回归结果支持了以上的预测，在实施 SOX 法案后，相对于加速申报公司，非加速申报公司倾向于减少其净投资以保持小规模。在那些公众持股量接近7500 万美元门槛的非加速申报公司中，这种现象表现得更为强烈。

（2）现金股利和股票回购

本文接下来检验假设 H2b，在 SOX 法案实施后，非加速申报公司通过发放普通股利、额外红利以及股票回购的方式支付给股东更多现金。本文采用以下回归模型进行估计：

$$prob(Cashpay_t=1)=Logit(\beta_0+\beta_1 NA_t+\beta_2 NALrg_t+\beta_3 Event_t+\beta_4 Event_tNA_t+\beta_5 Event_tNALrg_t+\sum_j \beta_j Controls) \quad (3a)$$

$$prob(Chcashpay_t=1)=Logit(\beta_0+\beta_1 NA_t+\beta_2 NALrg_t+\beta_3 Event_t+\beta_4 Event_tNA_t+\beta_5 Event_tNALrg_t+\sum_j \beta_j Controls) \quad (3b)$$

在模型（3a）中的因变量 $Cashpay_t$ 是虚拟变量，如果公司在第 t 年（在图 2 - 25 中从时间 1 到时间 2）发生现金支出（普通股利或额外股利，股份回购），则取值为 1，否则为 0。模型（3b）分析了支付给股东的现金变化，如果所有付给股东的现金支出大于以前年度，$Chcashpay_t$ 为 1，否则为 0。

假设 H2b 预期在实施 SOX 法案后，相对于加速申报公司，非加速申报公司支付更多的现金，以控制公司的规模。本文分别检验现金支出的可能性（模型 3a）和现金支付增加的概率（模型 3b），预期 $Event_tNA_t$ 的系数在两个模型中为正。此外，假设 H4 预期，当公众持股量接近 7 500 万美元门槛时，非加速申报公司会更加倾向于采取在假设 H2 和假设 H3 里提到的方式保持小规模。因此，本文预期 $Event_tNALrg_t$ 系数为正。

模型（3a）与（3b）的回归结果支持了假设 H2b 和假设 H4。

（3）非关联股份（nonaffiliated shares）

假设 H2c 预期，在实施 SOX 法案后，非加速申报公司倾向于减少非关联股份数。本文通过 OLS 回归模型（4）进行估计：

$$\Delta ln(NonAffl_t)=\beta_0+\beta_1 NA_t+\beta_2 NALrg_t+\beta_3 Event_t+\beta_4 Event_tNA_t+\beta_5 Event_tNALrg_t+\sum_j \beta_j Controls \quad (4)$$

因变量 Δln（$NonAffl_t$）是在年度 t（对应图 2 - 25 中的时间 1 和时间 2 的一年期间）非关联股份自然对数的变化。

假设 H2c 预期在实施 SOX 法案后，相对于控制样本而言，非加速申报公司持有的非关联股份数的变化更小。模型 4 中的交互项 $Event_tNA_t$ 系数预期为负。假设 H4 进一步预期，当他们的公众持股量接近 7500 万美元门槛时，非加速申报公司采取措施保持小规模的动机更加的强烈，交互项 $Event_tNALrg_t$ 系数为负。

模型（4）的回归结果发现 $Event_tNA_t$ 系数为负，但不显著，然而 $Event_tNALrg_t$ 系数为负（ -0.043），并且在 5% 的水平上显著。这表示在实施 SOX 法案后，相对于规模较小的非加速申报公司，较大的非加速申报公司非关联股份数变化更小，支持了 H4，当非加速申报公司接近公众持股量接近 7500 万美元门槛时，有更强的动机去保持小规模的状态。

（4）新闻披露

假设 H3a 预期在实施 SOX 法案后，非加速申报公司在第二个会计季度披露更多的坏消息，以暂时压低股价。本文计算了各个季度坏消息相对于好和坏消息总和的比例（$Badnews_q$），公司新闻发布的数据来源于 Factiva 数据库①，采用以下回归模型估计：

① 新闻披露分类见附录（原文附录 B）。

$$Badnews_q = \beta_0 + \beta_1 NA_t + \beta_2 Event_t + \beta_3 Event_tNA_t + \beta_4 2ndqtr_q + \beta_5 2ndqtr_qNA_t + \beta_6 2ndqtr_qEvent_t + \beta_7 2ndqtr_q Event_tNA_t + \sum_j \beta_jControls \quad (5)$$

变量 $2ndqtr_q$ 为虚拟变量，当为第二会计季度时取 1，否则为 0。本文预期 $2ndqtr_qEvent_tNA_t$ 的系数为正。回归结果发现 $2ndqtr_qEvent_tNA_t$ 的系数在 5% 的水平上显著为正（0.289），支持了 H3a。

（5）会计盈余报告

假设 H3b 预期在实施 SOX 法案后，非加速申报公司通过在第二季度报告低的会计盈余以压低股价。本文采用以下回归模型估计：

$$prob(Pst\_UE_q = 1) = Logit(\beta_0 + \beta_1 NA_t + \beta_2 Event_t + \beta_3 Event_tNA_t + \beta_4 2ndqtr_q + \beta_5 2ndqtr_qNA_t + \beta_6 2ndqtr_qEvent_t + \beta_7 2ndqtr_q Event_tNA_t + \sum_j \beta_jControls) \quad (6)$$

模型（6）的因变量为 Pst_UE_q，在第 q 季度非预期盈余（等于第 q 季度 *EPS* 减去去年同时期的 *EPS*）为正，取值为 1，否则为 0。本文预期变量 $2ndqtr_qEvent_tNA_t$ 的系数为负。

回归结果发现交互项 $2ndqtr_qEvent_tNA_t$ 的系数为负（-0.226），并在 10% 的水平上显著。边际影响分析的结果表明，在实施 SOX 法案后，非加速申报公司比控制样本盈余增长低 5.4%。这些结果支持了假设 H3b。

（6）内部交易

非加速申报公司在第二季度确认身份前，可能通过内部交易压低股价。但是本文没有提出正式的预测，因为内部交易会增加非关联公司股份的数量，从而导致公共持股量变化难以预测。本文通过以下模型考察第二季度内部交易行为：

$$InsiderTrading\_r_q = \beta_0 + \beta_1 NA_t + \beta_2 Event_t + \beta_3 Event_tNA_t + \beta_4 2ndqtr_q + \beta_5 2ndqtr_qNA_t + \beta_6 2ndqtr_qEvent_t + \beta_7 2ndqtr_q Event_tNA_t + \sum_j \beta_jControls \quad (7)$$

因变量 $InsiderTrading\_r_q$ 用三种不同的方法衡量：（1）净比例 =（买入 - 卖出）/（买入 + 卖出）。其中，“卖出”是所有内部人在季度 q 购买的所有股票数量，“卖出”是内部人在季度 q 卖出的所有股票数量；（2）买入比例 =（买入）/（买入 + 卖出）；（3）卖出比例 =（卖出）/（买入 + 卖出）。

模型（7）的回归结果发现，因变量为内部净买入时，$2ndqtr_qEvent_tNA_t$ 的系数在 5% 的水平上显著为负（-0.105），这表明在实施 SOX 法案后，相比加速申报公司，非加速申报公司在第二个会计季度末净购买少于 10.5% 的股份。因变量为内部买入时，$2ndqtr_qEvent_tNA_t$ 的系数在 10% 的水平上显著为负（-0.054）；因变量为内部卖出时，在 5% 的水平上显著为正（0.051）。

（7）采取组合方式以保持小规模

①采取组合方式指数。本文构建了一个变量 $Count_t$，表示在第 t 年该公司采取措施的数量，并将其作为下述回归模型的因变量。

$$Count_t = \beta_0 + \beta_1 NA_t + \beta_2 NALrg_t + \beta_3 Event_t + \beta_4 Event_tNA_t + \beta_5 Event_tNALrg_t + \sum_j \beta_jControls \quad (8)$$

控制变量与在模型（2）至模型（4）中的相一致。在没有报告的结果中，本文发现

$Event_t NA_t$的系数在10%的水平上显著为正（0.133），$Event_t NALrg_t$的系数在5%的水平上显著为正（0.215）。这表明在实施SOX法案后，非加速申报公司，特别是较大的非加速申报公司，采取更多的措施去保持小规模的状态。

②各方式之间的选择。正如前面的分析，公司希望保持小规模通常不会同时采取全部方式。方式的选择取决于采取具体措施的成本和效果，以及公司的特定情况。影响公司决策的重要因素是现金产生能力。因此，本文检验公司的现金持有状况对选择保持小规模方式的影响。本文发现在实施SOX法案后，拥有较少现金的非加速申报公司（低十分位数的公司）相对于拥有较多现金的非加速申报公司（高十分位数的公司），其内部交易频率在第二季度更高，并且报告的盈余更低。整体而言，有较弱的证据表明在实施SOX法案后，非加速申报公司在保持小规模公司采取的方式之间进行了选择。

（三）保持小规模的动机

本文试图检验公司保持小规模两种动机：（1）内部人利益；（2）股东价值最大化。

第一，对于内部人利益动机的检验。如果公司保持小规模的动机是为了维持管理层的私有控制利益，本文预期SOX法案实施后，略低于申报门槛的非加速申报公司相比略高于申报门槛的加速申报公司①，其公司治理更差。本文并没有发现SOX法案实施后公司治理较差的公司倾向于保持小规模的证据。相反，实证结果表明公众持股量不超过7 500万美元的公司，其公司治理状况比超过这一门槛的公司好。

第二，对于股东价值化最大动机的检验。本文预期在其他条件保持不变的情况下，拥有海外业务以及更多业务分部的公司面临着更高执行SOX 404条款的成本，更倾向于保持小规模。实证结果表明，相比略高于申报门槛的加速申报公司，略低于申报门槛的非加速申报公司遵循SOX 404条款的成本更高。但是对于两类公司而言，遵循成本在统计上并不显著。

总而言之，本文不能拒绝股东价值最大化作为保持小规模的动机，但是可以拒绝维持内部控制权的私人利益作为保持小规模的动机。

五、结论

SEC多次推迟非加速申报公司（这些公司的公众持股量少于7 500万美元）执行SOX 404条款。本文发现这些公司更希望保持在门槛以下。并且，与加速申报公司相比，非加速申报公司保持小规模采用的方式包括：减少投资、分配更多的现金股利、股份回购和减少非关联股份数、在第二季度披露更多的坏消息、报告更低的盈余以及进行更多的内部交易。最后，本文没有发现公司保持小规模是为了维持内部人的私人利益的证据。

可能并不是每个非加速申报公司都采取措施保持小规模，只有那些认为执行SOX 404条款的成本大于未来增长的机会利益的公司才这样做。但是事前很难确定这些公司，这降

① 略低于申报门槛的公司，即6 500美元≤公司公众持股价值<7 500万美元。略高于申报门槛的公司，即8 500美元≥公司公众持股价值≥7 500万美元。

低了本文检验的效果，但是也使得本文的研究结果更有趣和令人信服。

本文的证据表明，当法规给小型公司带来很大的成本时，这些以公司规模为豁免条件的法规会带来意想不到的后果，这些公司有动力去保持小规模。虽然这个结果支持了公司避免高昂的监管成本，但是并没有说明小公司的豁免规则带来的社会收益是什么。

最后，本文为SOX法案的经济后果提供了更多的经验证据，特别是SOX 404条款对于小型上市公司的影响，支持了以往的研究结果（执行SOX 404条款增加了小公司成本）。

（整理人：舒伟）

附录 消息披露分类

消息	占总消息百分比	
好消息		
新合同或产品	19.28%	
销售公告	10.68%	
盈余增长	7.08%	
销售增长	5.06%	
正的盈余	4.87%	
接收新订单	4.74%	
公司获得奖项或荣誉	3.41%	
产品绩效（Product performance）	1.64%	
其他	4.30%	61.06%
坏消息		
负盈余	5.82%	
销售额下降	5.56%	
盈利减少	3.41%	
修订提交的10-K或会计重述	3.35%	
其他	1.01%	19.15%
中性消息		
召开会议	4.74%	
任命管理人员	3.92%	
公司（高管）出席会议（贸易展或其他公共事件）	3.60%	
董事更换	2.09%	
接到有关上市标准的通知	1.26%	
诉讼和解	1.01%	
其他	3.16%	19.78%
总计		100%

注：在200个样本公司季度观测值中有1 582个消息（包括好消息、坏消息和中立的消息）。分类新闻少于总数的1%时列示在“其他”组。

主要参考文献

[1] Advisory committee on smaller public companies (ACSPC). Final Report of the Advisory Committee on Smaller Public Companies to the U. S. Securities and Exchange Commission. Washington, DC: U. S. Securities and Exchange Commission, April 23, 2006.

[2] Beaver, W.; M. Mcnichols; and R. Price. Delisting returns and their effect on accounting – based, market anomalies. *Journal of Accounting & Economics* 43 (2007): p. 341 – 368.

[3] Engel, E.; R. Hayes; and X. Wang. The Sarbanes – Oxley going – private decisions. *Journal of Accounting & Economics* 44 (2007): p. 146 – 165.

[4] Gao, Y. The Sarbanes – Oxley Act and the choice of bond market by foreign firms. Working paper, University of Chicago, 2007.

[5] Hayes, R. M. Discussion of unintended consequences of granting small firms exemptions from securities regulation: Evidence from the Sarbanes – Oxley Act. *Journal of Accounting Research* 47 (Supplement 2009), this issue.

[6] Iliev, P. The effect of the Sarbanes – Oxley Act (Section 404). Working paper, Brown University, December 25, 2007.

[7] Leuz, C. Was the Sarbanes – Oxley Act of 2002 really this costly? A discussion of evidence from event returns and going – private decisions. *Journal of Accounting & Economics*44 (2007): p. 146 – 165.

[8] Leuz, C.; A. Triantis; and T. Wang. Why do firms go dark? Causes and economic consequences of voluntary SEC deregistrations. *Journal of Accounting & Economics* 45 (2008): p. 181 – 208.

[9] Piotroski, J., and S. Srinivasan. Regulation and bonding: The Sarbanes – Oxley Act and the flow of international listings. *Journal of Accounting Research* 46 (2008): p. 383 – 425.

[10] Securities and Exchange Commission (SEC). Acceleration of Periodic Report Filing Dates and Disclosure Concerning Website Access to Reports. SEC Release No. 33 – 8128. Washington, DC: SEC, 2002b.

[11] Zhang, I. Economic consequences of the Sarbanes – Oxley Act of 2002. *Journal of Accounting& Economics* 44 (2007): p. 74 – 115.

§2－27　对GWZ（2009）的讨论

Discussion of Unintended Consequences of Granting Small Firms Exemptions from Securities Regulation: Evidence from the Sarbanes－Oxley Act

文献来源：Hayes，R. M. 2009. Discussion of Unintended Consequences of Granting Small Firms Exemptions from Securities Regulation: Evidence from the Sarbanes－Oxley Act. *Journal of Accounting Research*，47（2）：507－518.

一、引言

Gao，Wu和Zimmerman（2009，以下简称GWZ）的文章有几个亮点，但是一些研究设计和假设检验值得商榷。

由于美国大多数上市公司都要遵循SOX法案，因此在研究时很难找到不受法案影响的公司，该文的亮点之一在于设计了一个对照组，为研究目标组提供了可供比较的基准。

该文另外一个亮点在于聚焦SOX 404条款对小公司遵循成本的影响。GWZ注意到，遵循SOX 404条款的成本对于小公司的影响是显著的，这为研究SOX法案提供了一个很好的观测样本——研究人员可以观测到为避免遵循这些法规可能采取的措施。

就实证研究的质量而言，该文可能是一篇很好的文献。然而，本文的证据较多的是“提示性的”（suggestive），而不是“结论性的”（conclusive）。下面对H1的设计以及H2至H4的假设检验进行讨论，希望能够帮助GWZ（和未来的研究者）理解SOX 404条款。

二、研究设计

（一）样本选择

GWZ研究设计很重要的问题在于样本的选择，如何设计既遵循SOX法案规模的公司，影响效果却不一样的两组样本是研究设计的一个重点。对于目标组，与会者①建议最小的那些非加速申报公司（比如市值低于2 500万美元）不应该包括在检验样本里，因为这些公司似乎不太可能在一年之内达到7 500万美元的门槛。对于一个公司市值能否达到门槛是由其当前的市值、预期回报和回报的波动所决定的，因此，一个更好的样本选择方法是通过当前市值、预期回报和回报的方差测量得出计量日市值的预期分布（a predicted distribution of measurement－date market value），然后，在目标组中剔除那些市值不可能达到

① 编者注：本文人选JAR2009年召开的一个专题讨论（special issue）。

7 500 万美元的公司。

另外一个问题是控制样本的选择。如前所述，控制样本为市值高于 7 500 万美元，并低于 15 000 万美元的加速申报公司。然而一些市值低于 7 500 万美元的公司，它们的身份仍然可能是加速申报公司①。

（二）倍差分析（difference in the difference）

为了检验假设 H1，GWZ 采用了倍差分析，但是可能会存在以下的问题：

1. 控制期间

控制期间为 1999 年 1 月 1 日至 2001 年 9 月 1 日。GWZ 选择 SOX 法案立法活动之前为控制期间是明智的。然而，在此期间宏观经济相当不景气，市场下滑的影响可能干扰 $Less75_{t+1}$。GWZ 预期非加速申报公司倾向于保持规模在 7 500 万美元门槛以下。但是，分析表明，在 SOX 法案实施前，t 年度为加速申报公司在年末（t+1 年）转化为非加速申报公司的比例高达 0.596，而在 SOX 法案实施之后，这种转化比例仅为 0.262。这说明倍差主要来自于实施 SOX 法案前的影响，控制期间可能不是一个很好的比较基准。

2. SOX 法案实施前后的样本不一致

GWZ 中倍差分析的显著性结论可能受到样本结构变化的影响，即样本在 SOX 实施前后数量并不一致。作者认为样本数量在 SOX 实施之后减少是由于小规模公司从公众市场中退出造成的。然而，非随机地选择那些转向次级市场或者私有化的公司与已经转向次级市场或私有化的公司在受 SOX 法案影响的成本和收益显著不同，而这种不同可能会影响 GWZ 的倍差分析结果。

3. 自相关

描述性统计发现有多个公司同时存在于两个期间。存在多个观测值，这表明标准误由于自相关问题而可能被低估②。GWZ 解释他们已经用聚类（cluster）进行稳健性检验，但是在列表中的结果应该列示经过了聚类后的标准误才合适。

作者建议，为了避免或者减少倍差分析所遇到的问题，可以重新选择在实施 SOX 法案后的控制样本。这个控制样本，可以选择那些在事件期间，市值低于 7500 万美元的加速申报公司。用那些最大的非加速申报公司与这些控制样本能够更好地检验 GWZ 的假设。

三、假设检验

在本部分，主要讨论假设 H2 至 H4，并且关注的是动机和方法，评论这些检验如何更加有说服力。

---

① 确认是否是加速申报公司是以第二会计季度的最后一天为基准，如果市值超过 7 500 万美元则为加速申报公司。但是，一旦成为了加速申报公司的话，并不是说市值低于 7 500 万美元就能回到非加速申报的状态，最终还需要满足 SEC 的认定条件。

② 参见 Bertrand et al.（2004）对倍差方程的系列相关讨论和解决这个问题的方法。

（一）假设 H2（和 H4）

GWZ 的第 2 个假设预期非加速申报公司采用不同的方式去保持小规模的状态。在这些检验中，作者检验了净投资、股利支付、股票回购和关联公司股份数。假设 H4 预期当非加速申报公司规模越接近 7 500 万美元的门槛时，越会采取这些行动。

为了检验假设 H4，作者加入了两个衡量较大规模非加速申报公司的变量，模型的形式为：

$$y = \beta_0 + \beta_1 NA_t + \beta_2 NALrg_t + \beta_3 Event_t + \beta_4 Event_t NA_t + \beta_5 Event_t NALrg_t + \sum_j \beta_j Controls \tag{1}$$

其中，虚拟变量 $NALrg_t$ 衡量非加速申报公司市值是否达到 4 500 万美元（规模较大的非加速申报公司），达到则取 1，否则取 0。NA 是否为非加速申报公司的虚拟变量。GWZ 认为 β_4 衡量规模较小的非加速申报公司（市值低于 4 500 万美元）和加速申报公司在两个时间段的倍差，β_5 衡量规模较大的和规模较小的非加速申报公司在两个时间段的倍差。

如果规模较小的非加速申报公司即使采取了诸如减少投资、对外分配股利以减少市值等方式，也不足以接近门槛，那么 β_4 不是研究关注的系数。如果需要检验规模较大的非加速申报公司与控制组的差别，$\beta_4 + \beta_5$ 才是研究应该关注的。但是论文中没有报告这个系数的结果。

GWZ 在检验假设 H2（和 H4）采用 OLS 或者 Logit 模型，因变量采用水平或者变化值。本文认为一些变量使用差分模型可能存在一些问题，致使结果可能不太稳健，如投资的变化值、非关联股份数的变化值、现金的变化值等。本文建议重新考虑事件期间非关联股东预测模型、使用现金的水平变化进行 Tobit 回归等。

（二）假设 H3（和 H4）

假设 H3 认为非加速申报公司的管理层会降低股票价格以影响市值。GWZ 检验了管理层在第二季度是否尝试以下列方式降低股票价格：新闻披露和降低会计盈余。假设 H4 预期当非加速申报公司规模接近 7 500 万美元时，更可能采取上述行动。

与会者认为 GWZ 采用一个间接的方法来检验这些结果。该假设是管理层采取行动暂时降低股价。大家建议作者直接检验这一结果。直接比较市值低于但接近 7500 万美元的非加速申报公司与加速申报公司的股票价格路径（price path）是否有所不同。鉴于此项建议，一个自然的方法是首先检验在第二季度股价是否下跌，然后探索股价下跌的方式，报告股价下跌可能是一个有说服力的证据。

GWZ 为了解决这一建议，提供了一个稳健性检验。但是结果并没有太大的说服力，GWZ 没有对倍差显著性提供更详细的解释，所以不清楚是否能够拒绝两组样本存在差异的零假设。

GWZ 发现非加速申报公司在第二季度末比第三季度末存在更低的回报。然而，关于回报的计算没有列示新闻披露对回报的影响。在会议讨论中，作者解释他们计算的回报不包括股利，因为“回报包含股利并不反映公司通过支付股利保持小规模”。尽管这是正确的，但剔除分红不能帮助作者确定在第二季度末披露坏消息或者低盈余是否会导致股价下跌。如果公司在第二季度支付了股利，那么人们预期更低的回报，所以不能确定低的回报是否是由于公司采取上述行动造成的，还是由于发放股利造成的。所以，计算回报时需要包括红利。

1. 降低股票价格的方法

（1）信息披露。这里存在的问题是，由于用手工收集新闻披露的信息，GWZ 只收集了样本的一部分。虽然每个季度观测的样本是随机选择的，但是，在控制期间和事件期间，并不是所有的公司都存在第二和第三季度的新闻披露信息。如前所述，目标组和控制组的公司在两个时期并不一致，由于样本组成的不同，研究关注的变量可能出现较大的偏差。使用给定公司在给定年份在第二季度和第三季度的观测值可以帮助控制公司新闻披露政策的偏差。

（2）降低盈余。GWZ 假设非加速申报公司在第二季度报告低盈余，但是第二季度的盈余公告是在确定是否为加速申报报告身份日期之后才披露。那么，在测试日期检验盈余不是一个很有效的办法。因此，对第二季度的盈余预测尚不能下结论。也许检验第一季度的盈余信息可能比检验第二季度的盈余更有效。

2. 其他检验

根据与会者的建议，GWZ 构建了公司采取方式的综合指数，并检验公司是否会在不同方式间进行权衡以保持小规模。结果发现在实施 SOX 法案后，较大的非加速申报公司采取更多的行动以保持在门槛以下。

虽然结果支持作者的预期，但是本文认为在会议后，重新修订的论文的检验结构使得结果的解释更加困难。目前尚不清楚，公司采取的措施越多，市值是否降低得越多。例如，一些公司发现支付股利可能会有效地降低市值，而另一些公司可能需要通过减少投资并减少非关联股份来降低市值。如果每个方式的权重相同，那么综合指数变量假设每个行动在降低市值都是具有相同的效果。由于公司根据它自己所处的环境决定最有效的行动，因此一个替代的方法是 Logit 回归，因变量为虚拟变量，如果公司采取上述的任何行动，则为 1，否则为 0。这种方法允许公司在不同方式之间进行权衡。

四、结论

GWZ 在以下两个方面提供了重要的贡献：

首先，作者提供了一些管理层规避遵循 SOX 404 条款的经验证据。

其次，作者为“明线规则”（bright line）[①] 如何扭曲行为提供经验证据。GWZ 的证据在一定程度上支持了管理层为保持非加速申报公司的身份而对行为进行调整。

虽然 GWZ 的证据足够强烈，但是还可以做得更令人信服。可以更好的利用规模接近 7500 万美元的公司信息；可以重新选择互联网泡沫时代（dot - com bubble days）作为 SOX 法案实施之前的控制时期；限制样本公司规模小于 7 500 万美元；限制的样本在每一

① 这是一种法律中的常用语，主要是指一项具有明晰界定的规则或标准。这里是指 SOX 法案在要求企业是否遵循 SOX 404 条款时，将 7500 万美元作为分界点。

个时期只有一个公司年度观测值，以避免两次评估引起变量的变化。

最后，目前对“SOX法案是否有效”这个重要问题仍然知之甚少，该文丰富了“SOX法案的重要性”的相关研究。SOX法案被认为明显增加了上市公司的负担，公司通过多种方式试图避免这些额外的成本。然而目前仍然不清楚从SOX法案获得的好处。这个悬而未决的问题值得学者们做进一步的研究。

（整理人：舒伟）

主要参考文献

[1] Bertrand, M.; E. Duf Lo; and S. Mullainathan. "How much should we trust differences in - differences estimates." *Quarterly Journal of Economics* 119 (2004): p. 249 - 275.

[2] Engel, E.; R. M. Hayes; and X. Wang. "The Sarbanes - Oxley Act and firms' going - private decisions." *Journal of Accounting & Economics* 44 (2007): p. 146 - 165.

[3] Gao, F.; J. S. Wu; and J. Zimmerman. "Unintended Consequences of granting small firms exemptions from securities regulation: Evidence from the Sarbanes - Oxley Act." *Journal of Accounting Research* 47 (Supplement 2009) this issue.

[4] Leuz, C.; A. Triantis; and T. Wang. "Why Do Firms Go Dark? Causes and Economic Consequences of Voluntary SEC Deregistrations." *Journal of Accounting & Economics* 45 (2008): p. 181 - 208.

§2-28　内部控制法规如何影响财务报告

How does Internal Control Regulation Affect Financial Reporting?

文献来源：Altamuro，J. and A. Beatty. 2010. How does Internal Control Regulation Affect Financial Reporting? *Journal of Accounting and Economics*，49（1-2）：58-74.

【摘要】 由于最近的金融危机，内部控制法规的实施效果受到质疑。为了解决该疑问，本文检验了联邦存款保险公司改进法案（FDICIA）中内部控制条款对于财务报告的影响。这些条款对资产小于5亿美元的美国银行和非美国银行来说是豁免的，为本文的研究提供了两组较好的控制样本。本文采用倍差法（difference-in-differences）进行实证研究，结果表明，相对于豁免银行，FDICIA的强制内控条款提高了受约束公司贷款损失准备金的有效性、盈余持续性和现金流量的可预测性，减少了为达到基准而进行的盈余操纵（benchmark-beating），同时也降低了会计稳健性。相对于年度报告数据而言，采用季度报告数据得出的研究结论更加显著，这意味着审计师在一定程度上替代了内部控制法规的监督作用。

一、研究问题

（一）问题的提出

本文研究内部控制监管对财务报告的影响。1992年，美国颁布了联邦存款保险公司改进法案（FDICIA）。FDICIA允许资产少于5亿美元的存款保险公司免除其内部控制的监管义务。特别是允许这些公司在年度财务报告中，不提供内部控制制度有效性的评价报告和独立公众会计师对管理层内部控制制度有效性陈述的鉴证报告。这些豁免提供了良好的对照组。鉴于此背景，本文通过分析执行公司和豁免公司的财务报告质量特征，研究内部控制监管对财务报告质量的影响。

本文的逻辑框架见图2-26。

（二）研究的意义

本文的研究结论能够为监管层和实务界提供关于内部控制法规的有用信息，而且有助于利益相关者更好地理解内部控制法规的影响。

（三）主要贡献

本文的贡献主要体现在以下几个方面：第一，本文是首篇研究FDICIA内部控制条款

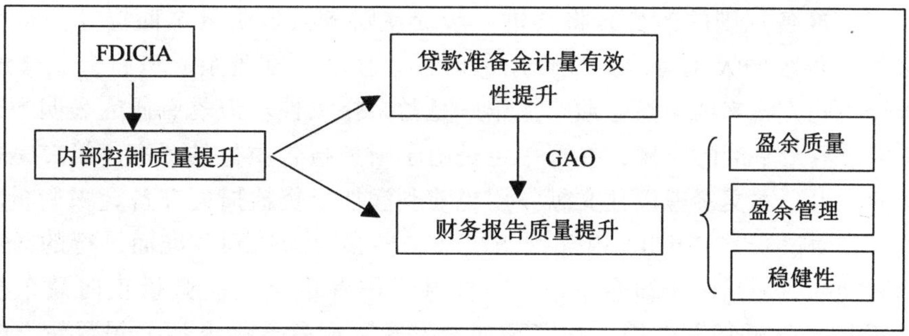

图 2－26　内部控制与财务报告质量

的文献[①]。第二，本文聚焦于单一行业，能够有效地分离并研究最可能受内部控制缺陷影响的科目的有效性的变化，同时也可以探究该变化如何导致的财务报告层次上的变化。第三，本文检验了所有受此规范约束的公司，使本文可以无偏差地评价此规范对于财务报告的影响。第四，本文还通过比较前三季度报告和第四季度报告，评价审计师在多大程度上替代内部控制法规发挥作用，补充了之前文献研究的不足。

二、理论分析

（一）制度背景

为了加强存款保险机构的监管，联邦存款保险法案增加了四个新的章节，从而形成联邦存款保险公司改进法案（FDICIA）。法案要求资产超过 5 亿美元的美国本土银行遵守 FDICIA 第 36 条款（关于内部控制的规定）。第 36 条款要求银行建立独立的审计委员会，并且披露“管理层对财务报告和内部控制的责任书”和“独立公众会计师对内部控制的评价”。其中，管理层责任书必须由 CEO 和财务主管签字。管理层责任书中需明确管理层对于形成财务报告、建立和维护适当的与编制财务报表相关的内部控制结构和程序（structure and procedures），以及遵守法律和法规的责任。责任书还需要提供管理层对于内部控制结构和过程有效性的评价，以及银行当年对法律法规的遵循情况。另外根据第 36 条款的规定，独立公众会计师除了需要对银行财务报告进行独立审计外，还需要对管理层报告中的管理层说明出具报告。

（二）理论分析

如果内部控制监管条款的变化能改进经营活动（operating activities）的计量，作者预期受 FDICIA 约束的公司的当期贷款损失准备金和下一期的贷款冲销金额（charge－off）之间会有一个较强的关系。贷款损失准备金和下一期的贷款冲销金额的关联性更强，表明贷款损失准备金规则的有效性提升，并不一定表明整个财务报告的质量提高。GAO（1991）认为贷款损失准备方面的内部控制问题，将严重影响银行外部报告的整体质量。因此，本

① 注：FDICIA 法案是首个以 COSO 为基础的内部控制法规。

文预期贷款损失准备规则的改变，将会进一步促使财务报告质量全面提高。特别是当贷款损失准备金对于盈余的大小有决定性作用的时候，作者预期盈余质量将会显著地提高。

本文选择不同方式来衡量盈余质量。第一是盈余持续性。但是有研究表明盈余持续性的上升可能是由于盈余平滑的作用，并不一定是由于财务报告质量的提高。第二是盈余预测未来现金流量的能力。本文参考以往文献，用税前利润加上贷款损失准备金来衡量现金流。另外，作者进一步通过研究 FDICIA 内部控制法规怎样影响为达到基准而进行的盈余操纵，以排除盈余持续性的增加是由于盈余平滑的可能性。作者重点关注微量正向盈余操纵。如果盈余持续性增加是由于平滑作用，作者预期会发现进行盈余操纵的公司数量上升；而如果 FDICIA 提高了经营活动的计量方法质量，并且 FDICIA 颁布之前银行采用贷款损失准备进行盈余操纵以求达标的话，那么作者预期受 FDICIA 约束的银行进行盈余操纵的数量将会减少。因此，本文通过检验银行为达到基准而进行的盈余操纵的概率来验证这个假设。

另外，尽管内部控制法规可能提高财务报告质量，但是，自由裁量权的减少也可能导致意想不到的后果。作者认为，充足补充准备（supplemental reserve）的计提体现了会计稳健性。为了检验这种可能性，本文采用 Balland and Shivakumar（2005）的方法，检验受约束公司的当期盈余变化和滞后一期负的盈余变化的关系是否发生了改变。如果发生正向改变，表示会计稳健性降低。最后，作者预期内部控制法规对于财务报告的影响可能具有季度性，因此检验受约束公司前三季度与第四季度在贷款损失准备金的有效性、盈余持续性、预测未来现金流量的能力、盈余操纵、财务报告的稳健性这几方面是否存在差异。

三、样本选择和研究方法

（一）样本选择

本文样本有两个来源：第一个是 Fed Form Y9 - C Regulatory Filing 数据库提供的美国公众银行和私有银行的样本（即 Regulatory 样本）。第二个是从 COMPUSTAT 数据库中获得在美国交易所中交易美国存托凭证（American Depository Receipt，ADR）并遵循美国 GAAP 的国际银行样本（即 COMPUSTAT 样本）。根据这些样本，本文可以将受约束的银行和两组不同的并且不受约束的银行（即资产不超过 5 亿美元的美国银行和国际银行）进行对比。由于 ADR 银行没有季度数据，本文的季度数据分析只限于 Regulatory 样本。

作者从 Y9 - C 数据库中获得 16 191 个美国银行年度数据，67 232 个美国银行季度数据，从 COMPUSTAT 数据库中获得 4 401 个银行年度数据。作者把 1986—1992 年作为 FDICIA 实施前时期，1995—2001 年作为 FDICIA 实施后时期。由于 1993—1994 年是 FDICIA 实施的期间，因此剔除这段时间的观测值。

（二）研究设计

本文采用倍差法消除其他因素对实证结论的影响。本文选取两个控制组：一个是比执行条款的银行规模更小的豁免的美国银行；另外一个是不需执行的国际银行。对于美国银行，本文设置两个虚拟变量进行检验，一个是 $500M$，当公司的总资产同时在第 t 年初和年末均少于5亿美元时取1，否则取0。另一个是 *Post*，当处于 FDICIA 实施后的时期（1992年以后）取1，否则取0。对于非美国银行，本文还设置虚拟变量 *ADR*，即当公司是在美国市场上交易的非美国银行时取1，否则取0。

本文选择 FDICIA 实施前后7年共14年数据作为研究窗口，选取了一个较长的时间窗口，消除了 SOX 法案实施的影响。

1. 年度分析

（1）贷款损失准备金与贷款冲销金额的关系。如果 FDICIA 内部控制法规提高了贷款损失准备金计提的有效性，那么本文会发现当期的贷款损失准备金与下一期的贷款冲销金额有着较强的联系。本文设计下面的模型：

$$CHGOFF_{t+1}=\alpha+\beta_1 Post+\beta_2 500M_t+\beta_3\ Post\times 500M_t+\beta_4 LLP_t+\beta_5\ Post\times LLP_t+\beta_6 500Mt\times LLPt+\beta_7\ Post\times 500Mt\times LLPt+\beta_8 Sizet+\beta_9 Sizet\times LLP_t+\beta_{10} Nonacc_t+\beta_{11} ADR+\beta_{12}\ Post\times ADR+\beta_{13}\ ADR\times LLP_t+\beta_{14}\ ADR\times Post\times LLP_t+e \tag{1}$$

其中，$CHGOFF_{t+1}$为经过期初总资产调整的第 t+1 年贷款冲销金额；LLP_t为经过期初总资产调整的第 t 年贷款损失准备；*Post* 为虚拟变量，当处于 FDICIA 实施后的时期（1992年以后），则为1，否则为0；$500M_t$为虚拟变量，如果在第 t 年期初和期末的总资产大于5亿美元，则为1，否则为0；$Size_t$为以百万美元为单位的第 t 年年初总资产的自然对数；$Nonacc_t$为经过期初总资产调整的第 t 年的违约金额；*ADR* 为虚拟变量，非美国银行则取1，否则取0。

（2）盈余持续性和预测未来现金流量能力。本文采用两种类似但不同的衡量盈余质量的方法：盈余持续性和预测未来现金流的能力。盈余持续性是当期税前盈余（ROA_t）和下期税前盈余（ROA_{t+1}）的回归系数。另外，本文采用剔除当期的贷款损失准备的税前盈余（*EBP*），预测未来现金流量。为了检验 FDICIA 内部控制法规对于盈余质量的影响，本文采用下列回归模型，分别对 Regulatory 和 COMPUSTAT 样本进行回归：

$$ROA_{t+1} \tag{2}$$

或者

$$EBP_{t+1}=\alpha+\beta_1 Post+\beta_2 500Mt+\beta_3\ Post\times 500M_t+\beta_4 ROA_t+\beta_5\ Post\times ROA_t+\beta_6 500M_t\times ROA_t+\beta_7\ Post\times 500M_t\times ROA_t+\beta_8 Size_t+\beta_9 Size_t\times ROA_t+\beta_{10} ADR+\beta_{11}\ Post\times ADR+\beta_{12}\ ADR\times ROA_t+\beta_{13}\ ADR\times Post\times ROA_t+e \tag{3}$$

其中，ROA_{t+1}为经过期初总资产调整的第 t+1 年的税前盈余；EBP_{t+1}为经过期初总资产调整的第 t+1 年的扣除贷款损失准备前的税前盈余。

（3）盈余管理。与 Beatty et al.（2002）的研究类似，本文检验 FDICIA 实施后，执行 FDICIA 的银行是否更倾向于报告较小的正向盈余变化。如果在 FDICIA 内部控制法规实施前，管理层采用会计自由裁量权（accounting discretion）进行盈余管理，本文预期法规实施后，受约束的公司盈余操纵将会减少。本文采用下列回归模型，分别对 Regulatory 和 COMPUSTAT 样本进行回归：

$$Small\_Pos\Delta_t=\alpha+\beta_1 Post+\beta_2 500M_t+\beta_3\ Post\times 500M_t+\beta_4 ADR+\beta_5\ Post\times ADR+B_i Controls_t+e \tag{4}$$

其中 $Small_Pos\Delta_t$是虚拟变量，如果 ROA（经过总资产调整的税前盈余）从第 t-1 年到第 t 年的变化处于 0 到 0.0008 之间则取 1，否则取 0。其他变量的定义与前文一致。

（4）会计稳健性。本文也检验了 FDICIA 内部控制法规是否会使会计稳健性发生变化。本文参考 Ball and Shivakumar（2005）的研究，回归模型如下：

$$\Delta ROA_{t+1} = \alpha + \beta_1 Post + \beta_2 500M_t + \beta_3 Post \times 500M_t + \beta_4 ND + \beta_5 Post \times ND + \beta_6 500M_t \times ND + \beta_7 Post \times 500M_t \times ND + \beta_8 \Delta ROA_t + \beta_9 Post \times \Delta ROA_t + \beta_{10} 500M_t \times \Delta ROA_t + \beta_{11} Post \times 500M_t \times \Delta ROA_t + \beta_{12} ND \times \Delta ROA_t + \beta_{13} Post \times ND \times \Delta ROA_t + \beta_{14} 500M_t \times ND \times \Delta ROA_t + \beta_{15} Post \times 500M_t \times ND \times \Delta ROA_t + \beta_{16} Sizet + \beta_{17} ADR + \beta_{18} Post \times ADR + \beta_{19} ADR \times ND + \beta_{20} Post \times ADR \times ND + \beta_{21} ADR \times \Delta ROA_t + \beta_{22} ADR \times Post \times \Delta ROA_t + \beta_{23} ADR \times ND \times \Delta ROA_t + \beta_{24} ADR \times Post \times ND \times \Delta ROA_t + e \quad (5)$$

其中，ΔROA_{t+n}表示经过期初资产调整的第 t + n 年的税前利润；ND 为虚拟变量，当 ΔROA 为负数时取 1，否则取 0。其他变量的定义与前文一致。

2. 季度分析

由于 FDICIA 要求银行评价整个年度的内部控制环境，而且银行前三季度数据缺少审计师的监督，因此本文预期这个规则对于前三季数据有更大的影响。鉴于此，对于 Regulatory 样本，本文采用季度数据按先前的模型进行回归，以检查前三季和第四季的系数是否不同。

3. 内部控制直接成本

内部控制法规会产生直接和间接的成本。本文通过非利息费用检验执行条款的银行因为履行 FDICIA 内部控制法规而受到的影响。图 2 – 27（原文图 2）为执行银行和豁免银行的非利息费用率对比图，其中非利息费用率等于非利息费用除以总资产。从图 2 – 27 可以看出，在 FDICIA 实施之前，执行银行的非利息费用率比豁免银行低。FDICIA 实施之后，执行银行公司的非利息费用率上升。但是随着时间推移，执行银行与豁免银行的非利息费用率差值逐渐缩小。

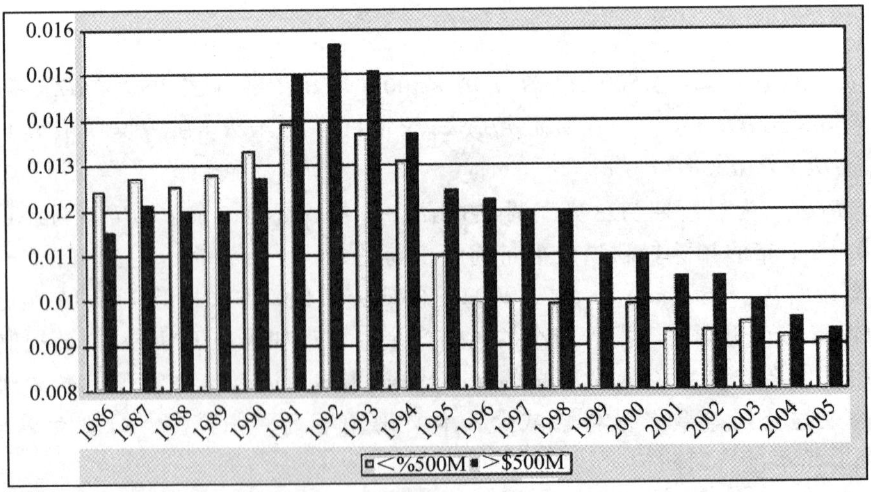

注：引自原文第 65 页，Fig. 2. Ratio of other expenses to assets for effected（4 $ 500M）and unaffected。

图 2 – 27　执行条款银行和豁免银行的非利息费用率对比图

四、实证结果

（一）年度数据回归

本文先按模型（1）进行回归，发现对于两个样本，执行银行的贷款损失准备金的系数（$Post \times 500M_t \times LLP_t$）均显著为正。这表明在 FDICIA 实施后，相对于豁免银行而言，执行银行的应计和经营活动有着更强的联系。$500M_t \times LLP_t$ 和 $ADR \times LLP_t$ 的系数不显著，说明 FDICIA 实施前，执行银行与豁免银行的贷款损失准备金有效性不存在显著差异。这些发现支持了本文两个控制样本选择的适当性。

其次，关于盈余持续性和预测未来现金流量能力模型的检验，本文发现 $Post \times 500M_t \times ROA_t$ 在两个模型中显著为正。这些发现支持了 FDICIA 实施后，相对于豁免，执行银行盈余持续性和预测未来现金流量的能力均提高。预测未来现金流量能力的提高，表明盈余质量的提高并不是单纯的贷款损失准备金变平滑的结果。$Post \times ADR \times ROA$ 在两个模型中显著为负，表明这些盈余质量提高是由于内部控制法规的影响所致。

接下来，本文对模型（4）进行了检验，发现本文所关注的变量 $Post \times 500M_t$ 在 1% 的水平上显著为负，$Post \times ADR$ 在 5% 的水平上显著为正，这些结果均说明相对于不受约束的公司，受约束的公司更少去进行为达基准的盈余操纵。

最后，本文按照模型 5 检验了会计稳健性的变化。本文发现系数 $Post \times 500M_t \times ND \times \Delta ROA_t$ 显著为正，显示在 FDICIA 内部控制法规实施后，受约束的公司降低了确认损失的及时性。这表明由于内部控制法规的影响，财务报告的会计稳健性相对降低。

（二）季度回归数据

首先，对于模型（1），本文用 $Post \times 500M_t \times LLP_q$ 衡量在第四季度中受内部控制法规的影响，用 $Post \times 500M_q \times Q \times LLP_q$ 衡量相对于第四季度，其他三季度受内部控制法规影响。结果发现，$Post \times 500M_t \times LLP_q$ 在 10% 水平上显著为正，表明在第四季度中，相对于不受约束的公司，受约束的公司的贷款损失准备金和贷款冲销金额的关联度稍有提高。$Post \times 500M_q \times Q \times LLP_q$ 显著为正的系数，表明前三季度受内部控制法规的影响大于第四季度。这也说明审计师的存在一定程度上替代了内部控制的作用。

其次，关于盈余持续性和预测未来现金流量能力模型的检验，$Post \times 500M_q \times ROA_q$ 的系数不显著。而变量 $Post \times 500M_q \times Q \times ROA_q$ 在两个模型中显著为正，表明相对于不受约束的公司，受约束的公司第一季度到第三季度的盈余质量由于受到内部控制法规的影响而提高。

最后，本文利用季度数据分别进行了盈余操纵和会计稳健性的回归，没有证据表明前三季度和第四季度有差别。

总的来说，上述结果说明，审计师的存在可以部分替代内部控制法规的作用。前三季度和第四季度的盈余操纵和会计稳健性没有差别，反映了审计师可能较少关注财务报告这些因素，从而使内部控制法规有更普遍的影响。

（三）稳健性测试

本文首先按规模分组和按公众公司、私人公司分组，发现分组并没有改变前面的实证结论。接着，本文先后控制公司增长和公司并购、宏观经济影响、债务市场的影响，实证结论仍与前面基本一致。

五、结论

本文通过研究 FDICIA 内部控制法规，以探究内部控制如何影响财务报告。本文设计两组豁免执行 FDICIA 内部控制法规的控制样本，采用倍差法去检验贷款损失准备的有效性、盈余持续性、盈余预测未来现金流量的能力、盈余操纵和会计稳健性。

本文结果说明 FDICIA 内部控制法规导致贷款损失准备金和贷款冲销金额之间的关联提高，即计提贷款损失准备金的有效性提高。本文还发现了在 FDICIA 实施后，执行的公司盈余持续性、预测未来现金流量能力均提高，盈余操纵减少。总之，这些结果均表明加强公司内部控制监管和报告，能够提高银行业财务报告的质量。此外，本文也发现了内部控制法规降低了会计稳健性。

（整理人：刘春丽）

主要参考文献

[1] Ball, R., Shivakumar, L., 2005. Earnings quality in UK private firms: comparative loss recognition timeliness. *Journal of Accounting and Economics* 39: p. 83 – 128.

[2] Beatty, A., Ke, B., Petroni, K., 2002. Earnings management to avoid earnings declines across publicly and privately held banks. *The Accounting Review* 77: p. 547 – 570.

[3] GAO, 1991. Failed banks: accounting and auditing reforms urgently needed. United States General Accounting Office – Report to Congressional Committees.

§2-29 联邦存款保险公司改进法案、银行内部控制和财务报告质量

The Federal Deposit Insurance Corporation Improvement Act, Bank Internal Controls and Financial Reporting Quality

文献来源：LaFond，R. and H. You. 2009. The Federal Deposit Insurance Corporation Improvement Act，Bank Internal Controls and Financial Reporting Quality. *Journal of Accounting and Economics*，49（1-2）：p. 75-83.

【摘要】 Altamuro and Beatty（2009）检验了联邦存款保险公司改进法案（FDICIA）颁布前后财务报告质量的变化。他们认为，相对于不执行 FDICIA 内部控制法规的银行而言，执行 FDICIA 内部控制法规的银行，其贷款损失准备计量的有效性、盈余持久性和未来现金流的可预测性增加，为达到基准进行的盈余操纵减少。本文主要关注 Altamuro and Beatty（2009）对研究结果的解释，特别关注 FDICIA 内部控制条款对财务报告质量的改进。首先，本文提供了一份关于 FDICIA 的简要概述，以试图评估 FDICIA 内部控制法规的重要性。然后，本文回顾了其他有关内部控制法规的研究文献，以评价 Altamuro and Beatty（2009）的研究观点。接下来，作者补充检验了 FDICIA 实施前后财务报告质量变化的原因。最后，作者在当前的金融危机背景下讨论实证结果，并对未来的研究方向提出建议。

一、引言

为了应对 20 世纪 80 年代末的存款与信贷危机，美国于 1991 年颁布了联邦存款保险公司改进法案（FDICIA）。FDICIA 的目的是重组联邦存款保险公司的银行保险基金资本和改革银行监管制度（Mishkin，1997）。其中 FDICIA 第 36 号条款要求受该条款约束的银行建立独立的审计委员会、执行年度独立审计、评估财务报告内部控制的有效性，并且遵守指定的法规。

Altamuro and Beatty（2009，以下简称 AB）利用 FDICIA 第 36 号条款，以及对资产低于 5 亿美元的银行的条款义务豁免的背景，检验了 FDICIA 内部控制法规对财务报告质量的影响。AB 发现，相对于不执行 FDICIA 内部控制法规的银行而言，执行了 FDICIA 相关内控条例的银行，其贷款损失准备计量的有效性、盈利的持久性和未来现金流量的可预测性都会增加，而盈余操纵会减少。

AB 利用一个独特而有趣的非 SOX 背景，检验了财务报告和内部控制法规的重要问题。下面本文主要关注对 AB 提供的证据的解释，特别关注他们的研究结果是否可以归结

为内部控制法规的影响。本文讨论过程如下：首先，作者对 FDICIA 作了简要概述，以评估内部控制法规在 FDICIA 中的角色。然后，作者回顾了其他有关内部控制法规的研究成果。接下来，本文提供了新的证据来检验 AB 的研究结果的稳健性。最后，作者在当前的金融危机背景下讨论实证结果，并对未来的研究方向提出建议。

二、FDICIA 和内部控制法规

为了应对 20 世纪 80 年代末与 90 年代初的存款与信贷危机，美国颁布了 FDICIA。AB 的研究主要考虑 FDICIA 第 36 号条款。第 36 号条款要求，受约束的银行应建立独立的审计委员会，执行年度独立审计，并对财务报告内部控制的有效性和指定的法规的遵守情况进行评估。而且第 36 号条款对于资产低于 5 亿美元的银行进行豁免。

AB 利用第 36 号条款的豁免银行设计了一个控制样本，但本文认为，控制样本设置的有效性可能存在问题。就银行系统而言，数量相对较少的大银行控制了银行系统的大部分资产。考虑到大银行对于银行系统的重要性，监管机构可能更关注大型银行，从而使得 FDICIA 其他条款对大型银行与小型银行的应用也可能存在不同。因此，AB 的研究结果可能是由于 FDICIA 在大小银行应用上的整体差异，而不能归结于第 36 号条款对于小银行的明确豁免。

三、内部控制和财务报告

关于 SOX 法案的研究中，Ashbaugh – Skaife et al. （2007） 和 Doyle et al. （2007b） 均发现，规模较小的公司更可能报告内部控制缺陷。在随后的研究中，公司规模是重要的控制变量。虽然 AB 的研究控制了银行规模而且进行了与规模相关的稳健性检验，但是大公司内控缺陷较少的结论仍然缺乏足够的说服力。而且 AB 并没有解释清楚财务报告质量的变化是由 FDICIA 第 36 号条款引起的，还是由 FDICIA 法规整体实施引起的。

另外，由于 AB 研究的是一个非 SOX 的背景，虽然如 AB 所指出，SOX 法案是仿照 FDICIA 内部控制法规提出的，但是 SOX 与 FDICIA 在许多重要方面仍然存在显著不同。SOX 带来的监督和检查的成本远远超越了 FDICIA 第 36 号条款。因此，应当关注 FDICIA 和 SOX 的差异。

四、实证结果

本节简要地讨论了 AB 检验方法中一些潜在问题，并提供了额外的分析以试图理解实证结果。

作者认为，AB 检验方法可能存在以下潜在问题：

第一，AB 通过比较 FDICIA 通过之前和之后的 7 年期间执行和不执行法规的银行的财务报告质量的变化来检验内部控制法规的影响。虽然使用较长的测试期间可以增加样本量，但是也要付出相应的代价。很难想象，在这么长的时期里，只有内部控制法规是影响财务报告和银行运行的主要影响因素。

第二，影响样本和控制样本的一个区别是公司规模。不同规模的银行往往具有不同的商业模式。某些宏观经济因素（如利率变化）可能对不同规模银行的影响不同，这种影响很少是与银行规模成线性关系的。

第三，AB 研究中的一个重要测试是，下一年计提的贷款冲销金额对本年度的贷款损失准备金的回归。这个模型可能存在潜在的设定错误，因为银行的贷款期限通常超过一年，而银行可能是通过估计多年累积的或平均的坏账损失来计提贷款损失准备金。而且，由于低信用风险和短期贷款的贷款损失准备金的估计可能更加简单，如果 FDICIA 实施后，大银行收紧贷款的信贷标准并实行更多的短期贷款，也许即使在内部控制没有发生变化的情况下，贷款损失准备金和未来贷款冲销金额的关系也会有所改善。

考虑到以上问题，本文对 AB 结论进行补充分析。作者按银行年末总资产规模将所有观测值近似等分为八个子样本组，其中 1—5 组为不需要执行 36 号条款的银行，6—8 组则对应遵循 36 号条款的银行。

本文对每个子样本组进行下列模型回归：

$$CHGOFF_{t+1} = \alpha + \beta_1 Post + \beta_2 LLP_t + \beta_3 Post \times LLP_t + \beta_4 Nonacc_t + e \quad (1)$$

和

$$ROA_{t+1} = \alpha + \beta_1 Post + \beta_2 ROA_t + \beta_3 Post \times ROA_t + e \quad (2)$$

其中，$CHGOFF_{t+1}$是 t+1 年的贷款坏账损失除以期初总资产；LLP_t是第 t 年贷款损失准备金除以期初总资产；*Post* 为虚拟变量，当 FDICIA 实施后（1992 年以后）取 1，否则为 0；$Nonacc_t$是第 t 年末的不良贷款除以期初总资产；ROA_{t+n}是第 t+n 年的税前利润除以期初总资产。

对于模型（1），作者预期，如果 FDICIA 内部控制法规导致了贷款损失准备金质量改进，那么在豁免银行的样本组（第 1—5 组）中，*Post* × *LLP* 的系数不变（或为负），而在受约束银行的样本组（第 6—8 组）中，*Post* × *LLP* 的系数为正（或不变）。

图 2－28 描述了八个子样本组中 *Post* × *LLP* 回归系数的变化。

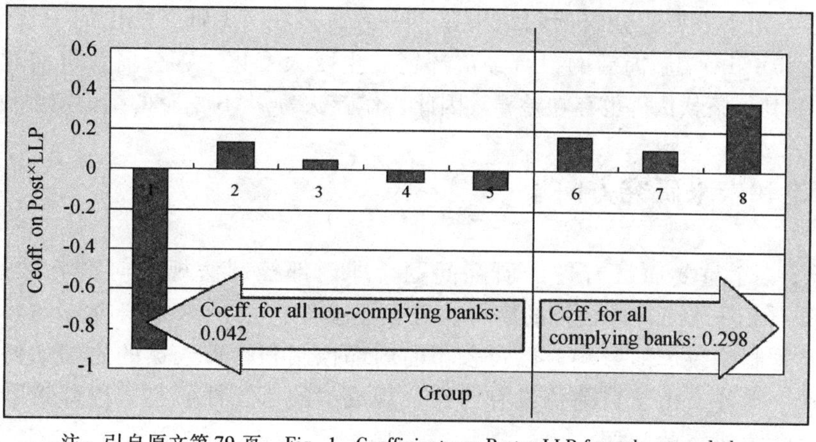

注：引自原文第 79 页，Fig. 1. Coefficients on Post × LLP from the annual charge－off regressions for firms in eight size groups。

图 2－28　Post × LLP 回归系数变化

由图 2－28 可以看出，当跨过是否执行 36 号条款的临界值（即由第 5 组变到第 6 组）时，β_3系数明显增加。而且，第 6 组到第 8 组系数均为正。另外，根据回归结果，只有第 5、6、8 组的回归系数显著。这些结果说明遵循 36 号条款的大型银行的贷款损失准备金质量得到改善。AB 文章中贷款坏账准备的结果是由执行银行的贷款损失准备金质量的改善和豁免银行的不变引起的。

接下来，本文用模型（2）进行盈余持续性测试。图 2－29 描述了八个子样本组中 *Post* × *ROA* 回归系数的变化。

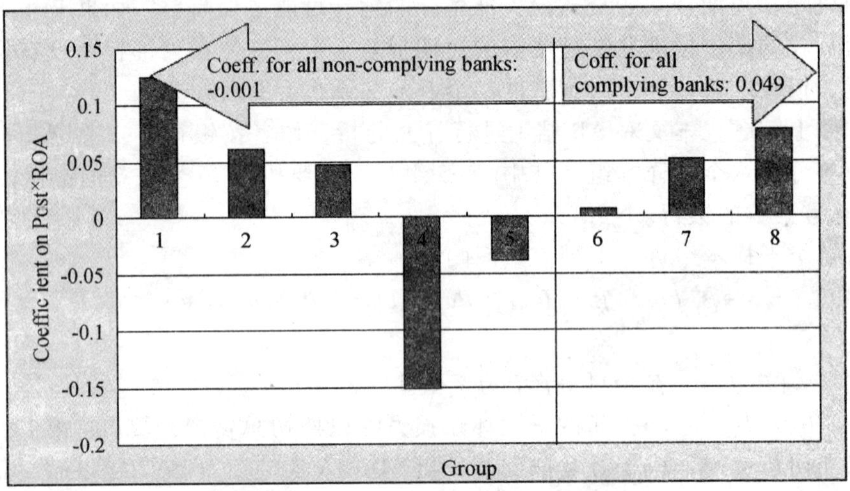

注：引自原文第 82 页，Fig. 2. Coefficients on Post × ROA from the annual earnings persistence regressions for firms in eight size groups。

图 2－29 Post × ROA 回归系数变化

回归结果发现，只有第 1 组和第 4 组的 *Post* × *ROA* 系数显著，而且规模最小的样本组经历了盈余持续性的最大增加。这说明 AB 发现的执行银行和豁免银行的盈余持续性的变化，是由豁免银行的盈余持续性的下降和执行银行的盈余持续性不变引起的。

整体而言，两个模型的分组回归结果并不一致，表明 AB 研究结论的一致性存在问题。鉴于此，加之 FDICIA 实施前后的银行经济环境发生巨大变化，银行监管机构对不同规模银行的 FDICIA 的其他条款执行也存在差异。因此，作者认为，AB 文章的结论需要更多的检验。

五、结论和未来研究方向

AB 分析了一个重要而且有趣的研究问题，即内部控制法规如何影响财务报告质量。本文的讨论重点关注了 AB 对结果的解释，并留下多个开放的未来研究方向。未来的研究应继续检验监管制度改革的影响，以及公司的内部控制和管理人员的激励如何影响公司的财务报表质量。另外，由于目前仍没有内控合规成本的系统性研究，内部控制合规成本和收益也是一个急需研究的问题。

（整理人：刘春丽）

主要参考文献

[1] Altamuro, J. and A. Beatty. How does internal control regulation affect financial reporting? *Journal of Accounting and Economics*, 2010. 49 (1-2): p. 58-74.

[2] Ashbaugh-Skaife, H., Collins, D., Kinney, W., 2007. The discovery and reporting of internal control deficiencies prior to SOX-mandated audits. *Journal of Accounting and Economics* 44, p. 166-192.

[3] Doyle, J., Ge, W., McVay, S., 2007b. Determinants of weaknesses in internal control over financial reporting. *Journal of Accounting and Economics* 44, p. 193-223.

[4] Mishkin, F. S., 1997. Evaluating FDICIA. In: George, G. Kaufman (Ed.), FDICIA: bank reform five years later and five years ahead. JAI Press, Greenwich, CT, p. 17-33.

§2-30 与重大控制缺陷普遍性和细节披露相关的投资风险认知

Perceptions of Investment Risk Associated with Material Control Weakness Pervasiveness and Disclosure Detail

文献来源：Rose, J. M., C. S. Norman, and A. M. Rose. 2010. Perceptions of Investment Risk Associated with Material Control Weakness Pervasiveness and Disclosure Detail. *The Accounting Review*, 85（5）：p. 1787-1807.

【摘要】本文研究投资者是否会根据重大控制缺陷披露、重大控制缺陷普遍性和关于重大控制缺陷普遍性（pervasiveness）的细节解释来调整他们对投资风险的评估。本文对97名和53名非专业投资者分别进行实验室实验，并对47名投资者和28名财富500强董事进行问卷调查。相关结论支持了之前的档案研究结论，即投资者会根据重大缺陷披露调整他们的投资风险评估。更重要的是，作者发现，重大控制缺陷普遍性和披露细节的交互影响与公司董事对详细披露要求的预期收益相反。当重大缺陷披露包括对控制缺陷普遍性特定且详细的讨论时，对于非普遍性缺陷，投资者会增加投资风险评估，而对于普遍性缺陷，投资者会降低投资风险评估。结论表明，上述现象是由于投资者对管理层信任程度不同而导致的。

一、研究问题

（一）问题的提出

在这篇文章中，作者探讨非专业投资者是否会根据重大控制缺陷披露、控制缺陷普遍性和对控制缺陷普遍性的详细解释来调整他们的投资风险评估。本文首先研究非专业投资者的投资风险认知是否受公司重大缺陷披露的影响。接着，本文研究控制缺陷的普遍性对投资者感知到的投资风险的影响。其中，普遍性缺陷是指可能影响整体控制目标的财务报表缺陷和企业层面缺陷。而非普遍性或单独的控制缺陷是指与特定账户和特定披露相关的内控缺陷。最后，本文研究了重大缺陷披露的细节解释对风险评估的影响。

本文的逻辑框架见图2-30。

（二）研究意义

SOX 404条款要求管理层建立并维持适当的财务报告内部控制，并聘请审计师对内部

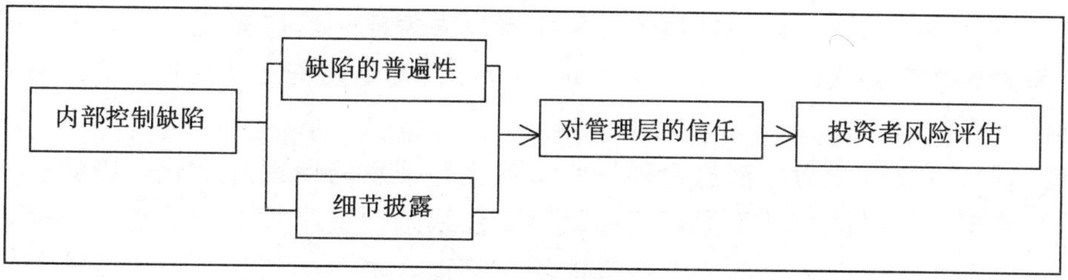

图 2－30 内部控制缺陷与投资者风险评估

控制进行鉴证，旨在提供更准确的财务报告完整性信息。内部控制缺陷披露意味着存在潜在的财务报告不可靠，对投资者而言是有效的风险信号。本文研究了 SOX 404 条款能否发挥提供有用信息、重塑投资者信心的作用，对政策制定者、投资者、管理层和审计师都有一定的借鉴意义。

（三）主要贡献

以往档案研究多关注机构投资者或其他专业投资者的认知，本文从非专业投资者角度采用实验研究方法，研究了投资者的风险认知问题，补充了以往档案研究方法的不足。

二、研究假设

过去的档案研究表明投资者能够识别内部控制缺陷带来的投资风险。作者希望采用实验研究方法，研究非专业投资者能否识别这种差异，从而进一步验证以前档案研究的结论。于是，提出假设 1：

H1：在控制其他因素影响的前提下，对于披露重大控制缺陷的公司，非专业投资者的前瞻投资风险认知高于不披露重大控制缺陷的公司。

相比非普遍性控制缺陷，普遍性控制缺陷更有可能导致误报。而且普遍性缺陷会增加缺陷修正的成本和未来发现其他控制问题的可能性。而 Weber（1988）和 Weber and Bottom（1990）认为，决策者通过评价结果的严重性和可能性来评估风险。因此，作者预期相比非普遍性控制缺陷，投资者对普遍性控制缺陷的投资风险意识会提高。作者提出假设 2：

H2：随着重大控制缺陷普遍性的增加，非专业投资者的前瞻投资风险认知上升。

关于细节解释对投资者风险评估的影响，有两个截然不同的理论。一个是风险心理学理论。该理论认为，当风险项目不可观测或更不可知时，决策者认为其风险性更高。根据 Slovic 风险模型，投资者关于某一重大缺陷知道得越少，其认知的与控制缺陷相关的风险水平更高。因此，在心理学理论下，关于控制缺陷的细节解释越多，投资者认知的投资风险水平越低。而且作者对来自财富 500 强公司的 28 名公司董事进行调查，发现董事们也认为提供控制缺陷的详细披露能够降低投资者的风险认知。

另一个理论是归因理论（attribution theory）。归因理论认为，披露信息的接收者（投资者）会对披露内容形成预期，从而通过对比预期和实际披露的差异决定披露的有效性和信息发布者（管理层）的可信性。而且如果某一信息与信息发布者的动机一致，那么信息接收者会认为这一信息是有偏的且对信息发布者失去信任。具体来说，管理者有动机夸大好消息，而对坏消息轻描淡写（Hutton et al. 2003），因此投资者认为坏消息的披露比好消息的披露更可信。

另外，管理人更可能为坏消息提供一些解释让坏消息的原因外部化，因此投资者预期管理层会对坏消息轻描淡写，不太可能提供普遍性缺陷严重本质的细节解释。而对于披露普遍性缺陷严重本质的公司，投资者更可能给予管理者更多的信任。由于投资者对企业的信任越深，其投资风险认知越低。因此，在归因和信任理论下，对于非普遍性缺陷，更多的细节解释会增加投资者的风险认知。而对于普遍性缺陷，更多的细节解释会减轻投资者的风险认知。

在上述理论下，作者提出零假设：

H3：重大控制缺陷解释水平的提升不会影响投资者的风险认知。

三、样本选择和研究方法

（一）样本选择

实验按照重大内部控制缺陷普遍性水平（低和高）和控制缺陷解释详细程度（低和高）分为四个实验组，形成 2×2 的组间设计。另外还包括一个不存在任何内控缺陷的控制组。作者邀请来自两所大型公立美国高校的 MBA 学生作为实验的参与者，代表非专业投资者。

（二）研究设计

参与者被随机分配到不同组中。参与者阅读案例资料并回答一系列与投资风险和信任有关的问题。案例资料描述了一个制造型企业的具体情况，包括前三年的财务比率数据和前八个季度的季度股票价格数据。读过这些资料后，四个实验组的参与者会收到管理层内部控制报告和审计师对管理层内部控制报告的意见，且管理层和审计师的意见是一致的。

本文主要的自变量是缺陷普遍性和对缺陷的解释程度。在本实验中，高普遍性和低普遍性的控制缺陷都包含缺乏足够的密码与使用权控制。研究还针对缺陷的粗略解释和详细解释区分缺陷。

本文的因变量有三个。第一个是参与者通过阅读管理层内部控制报告和审计师的内部控制报告后，作出的下一年度股票价格下跌的未来风险评估。用 1—9 分来表示，其中 1 表示风险非常低，5 表示风险适度，9 表示风险非常高。第二个因变量是来自于对下面问题的回答，即“控制缺陷披露后，该公司的股票价格将如何反应?”其中，-5 表示显著下降，1 表示无影响，5 表示显著上升。第三个因变量用来衡量对管理层的信任水平，来自于对下列问题的回答，即“你是否相信该公司的管理层准确地描绘了公司的财务状况?”其中，1 表示完全不，5 表示适中，9 表示完全是。

四、实证结果

（一）描述性统计和单变量分析

作者对四个实验组和一个控制组的因变量（未来股票价格下降风险评估）进行描述性统计，得到每个实验组的均值、标准差和样本数。其均值显示控制缺陷普遍性和细节解释对投资风险认知存在潜在的交叉影响，但并不太明显。

（二）假设检验

作者采用 ANOVA 模型检验假设 1，发现相对于四个实验组，控制组的股票下跌风险评估程度更低。这个结果表明，不存在控制缺陷的公司的风险评估均值显著低于存在控制缺陷的公司，从而支持假设 1。

作者进一步采用 ANOVA 模型检验假设 2 和假设 3，其中因变量为参与者对股票下跌风险的评估，自变量为控制缺陷普遍性、细节解释程度及其交叉项。结果发现，控制缺陷普遍性和细节解释的系数均不显著，但是交叉项系数显著。作者进一步根据归因理论，按缺陷普遍性分组进行检验，发现对于非普遍性缺陷，细节解释水平较高的一组的评估风险更高。而对于普遍性缺陷，细节解释水平较高的一组的评估风险更低。这个结论支持了归因理论。

（三）补充分析

1. 关于管理层信任的补充检验

归因理论认为，对管理层的信任受披露预期和实际披露差异的影响。在归因理论下，当管理者对非普遍性重大缺陷进行描述时，投资者认为管理层正试图掩盖坏消息，因此对管理层的信任会下降。相反，当管理层对普遍性缺陷的负面本质详细披露时，投资者对管理者的信任会增加。作者利用 ANOVA 模型检验这一预测，其中因变量为对管理层的信任，自变量为控制缺陷普遍性、细节解释程度及其交叉项，结果发现交叉项系数显著。作者又按缺陷普遍性分组，发现对于非普遍性缺陷，解释水平越高，投资者对管理层的信任越低；而对于普遍性缺陷，解释水平越高，投资者对管理层的信任越高。上述结论支持了归因理论预测的正确性。

进一步的，作者进行路径分析，发现缺陷普遍性和解释水平的交叉项与对管理层信任之间的关系显著为正，而信任与风险评估之间的关系显著为负。另外，交叉项对投资风险评估也存在直接负向影响。这说明，交叉项通过影响对管理层的信任程度间接影响风险评估，同时也直接影响风险评估。即信任能解释交叉项对风险评估的部分影响，但并非全部影响。

2. 关于信任影响投资风险认知的补充检验

作者对另外 47 名 MBA 学生进行调查。参与者回答了以下三个问题：（1）一般而言，公司高管的可信度是否影响公司的市场价值？（1 表示“完全不”，5 表示“适中”，9 表示

“完全是”)；(2）一般而言，公司高管可信度是否影响公司财务披露风险？(1表示“完全不”，5表示“适中”，9表示“完全是”)；(3）一般而言，如果管理层可信度较低，公司的长期财务业绩会受何影响？（-5表示“非常差的业绩”，1表示“无影响”，5表示“非常高的业绩”)。统计结果显示，问题（1）和问题（2）的回答显著异于“完全不”，而且显著高于“适中”。问题（3）的回答显著小于“无影响”[①]。上述结果表明，对管理层可信度的考虑影响投资者信息风险和业绩下降风险的认知。

3. 稳健性检验

如果额外的解释让非普遍性缺陷看起来像普遍性缺陷，或者让普遍性缺陷看起来像非普遍性缺陷，这也可能解释前文的实证结果。为了排除这种解释，作者检验了缺陷的普遍性和细节解释对投资者控制缺陷普遍性评估的影响，结果发现，当公司对低普遍性缺陷提供更多解释时，投资者对缺陷普遍性的评估并没有增加。因此这种假设不成立。

另外，本文的结论也可能是由于披露语言表述假象而导致的。为了排除这种解释，作者进行了一个补充实验。在保持其他实验方法不变的情况下，不向实验参与者提供管理层内部控制报告和审计师对管理层内部控制报告的意见，取而代之的是由外部审计师直接向参与者提供关于控制缺陷的描述和披露。这个新实验排除了管理层隐瞒坏消息、夸大好消息动机的影响。因此，在这个实验中，作者预期由归因理论推导出的结论不再成立。

作者对53位MBA学生进行了上述新实验，结果发现普遍性和细节解释的交叉项不再显著，而且当缺陷解释更详细时，评估的风险会降低，支持风险认知心理学理论。同样在新实验中，普遍性和细节解释不再对管理层信任产生影响。因此，新实验的结论帮助我们排除了这样一种可能性，即解释用词不是影响实验结果的主要因素。

五、结论

本文通过实验研究发现，投资者可以识别内部控制缺陷的普遍性，他们使用这个信息进行投资风险评估。而且对单独且非普遍性的控制缺陷提供详细解释会增加投资者的未来风险评估，对普遍性缺陷提供解释会降低投资者的未来风险评估。文章进一步研究发现，这种现象的根本原因是对管理层信任的变化。

现实中，投资者对风险的判断非常复杂，并不是像之前的会计风险模型和由概率、结果、行为变量得出的财务风险判断模型那么简单。本文为深入了解影响风险判断的复杂过程提供了依据。未来有必要继续深入研究哪些普遍性缺陷对投资者来说是最重要的。

（整理人：刘春丽）

---

① 编者注：原文对这三个问题的统计结果分别为：问题（1）的均值（标准差）为7.36（1.69），问题（2）的为-3.37（1.65），问题（3）的为7.28（1.08）。编者认为问题（2）与问题（3）的标示刻度与统计结果矛盾，问题（2）的统计结果应为7.28（1.08），问题（3）的应为-3.37（1.65）。

主要参考文献

[1] Hutton, A., G. Miller, and D. Skinner. 2003. The role of supplementary statements with management earnings forecasts. *Journal of Accounting Research* 41: p. 867 – 890.

[2] Weber, E. 1988. A descriptive measure of risk. *Acta Psychologica* 69 (November): p. 185 – 203.

[3] Weber, E., and W. Bottom. 1990. An empirical evaluation of the transitivity, monotonicity, accounting, and conjoint axioms for perceived risk. Organizational Behavior and Human Decision Processes 45 (April): p. 253 – 275.

§2-31 SOX法案前后内部交易的信息含量

Information Content of Insider Trades before and after the Sarbanes - Oxley Act

文献来源：Brochet, F. 2010. Information Content of Insider Trades before and after the Sarbanes - Oxley Act. *The Accounting Review*, 85 (2): 419 - 446.

【摘要】 本文检验了SOX 403条款要求公司更及时披露信息的政策下，F4文件备案登记的信息含量。结果发现，SOX法案后，内部股票购买备案（filings of insider stock purchases）时的股票超额回报和交易量比法案前明显增多，内部股票出售备案（filings of insider sales）时的非正常交易量也明显增加，但是股票回报与SOX法案之前并无明显变化。在控制了事前计划的交易、报告时滞、诉讼风险以及内部交易的信息后，内部股票出售备案时的股票回报和SOX法案之间显著负相关。总之，实证证据表明，内部交易的及时披露政策与证券定价相关。结果同样表明，SOX法案减弱了那些已私下获知负面消息的投资者提前出售股票的动机。

一、研究问题

（一）问题的提出

2002年颁布的SOX法案是一项意义深远的联邦法律，意在提高公司治理和财务报告的可靠性。SOX 403条款强调了内部交易的披露问题，修订了1934年的证券交易法16（b）号条款，要求在内部人①股票交易发生的两个工作日内，向证券交易委员会（SEC）报告F4文件备案登记（内部交易信息）。本文主要探讨SOX 403条款是否导致公司向美国的市场参与者提供更及时和更相关的信息。

本文的逻辑框架见图2-31。

（二）研究意义

第一，SOX法案的主要目的是提高公司治理和财务报告的可靠性，从而恢复投资者的信心。SOX 403条款的出台缩短了上市公司披露内部交易的时间，其效果如何，需要实证检验。

---

① 在大多数实证研究中，“内部人”指董事、高管以及持股超过10%的所有者，2002年8月29日以前这些人遵循1934年证券交易法16号条款的申报要求，现在这些人被要求遵循SOX 403条款。本文的分析限制于高级管理团队的成员，他们的交易是最应该被告知的（Seyhun，1998）。

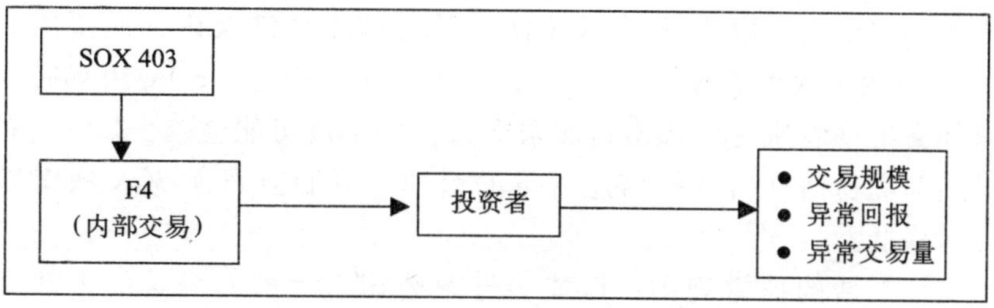

图 2-31　SOX 法案与 Form4（内部交易）的信息含量

第二，内部人往往会利用自身的信息优势提前进行交易，从而获利。各个国家也在不断加强对内部交易的监管，以及对违规内部交易的处罚。如果 SOX 403 条款的出台，能够减少内部人的违规交易行为，减少投资者的信息不对称，无疑会增加公平性，从而恢复投资者的信心。

（三）主要贡献

本文首先发现美国公司内部交易的及时披露会引起重大市场反应，丰富了 SEC 强制披露的信息含量的文献。

其次，本文补充了美国不同经济法规环境下，内部交易行为的文献，拓展了 SOX 法案与管理人员的机会主义行为有关的研究。

二、制度背景和理论分析

SEC 规定董事、高管、主要股东（持股 10% 或以上）必须向 SEC 报告他们的所有权的变化。2002 年 8 月之前，该报告一直遵循 1934 年的证券交易法 16 号条款，即在交易当月结束后的 10 天内以 F4 形式向 SEC 报告。2002 年 8 月 29 日 SOX 403 条款修订了这一条款，要求在内部交易后的两个工作日内报告 F4。从 2003 年 6 月 30 日开始，F4 必须上报电子文档，拥有网站的公司必须在给 SEC 报告后，在网上披露交易信息。

Huddart et al.（2001）发现内部交易的公共披露加速了价格发现（price discovery）。假定当完全相同的内部交易面临不同的披露监管环境时，更及时的信息披露要求会引发更大的价格反应，因为内部人交易的一些私有消息将会过早地被揭示出来。

在公司特征异质的条件下，公司加速申报、网上及时公开发布 F4 都将显著影响交易量。因为：（1）更多的市场参与者将会在内部信号发出的同一时间交易；（2）当市场参与者观察到随后价格波动情况时，他们更可能对信号作出不同的解释。因此，本文预期 SOX 403 条款缩短了内部交易披露的时间，赋予了 F4 更大的信息含量。因为内部交易后披露时间的缩短，使得市场对 F4 更及时的作出反应，而不是对含有私人信息的其他消息来源作出反应。

但是，这种推理假定利用私有信息进行内部交易的程度在 SOX 法案前后是相同的，而事实也许并非如此。公司丑闻使得 SOX 法案得以顺利通过，本文预期内部人不会轻易地做出投机主义的交易行为，因为投资者、媒体和监管机构增强了监管的强度。由于内部股票出售交易比内部股票购买交易更容易受到诉讼和起诉，本文预期内部股票出售交易受监管环境变化的影响更大。由于导致SOX法案的丑闻主要涉及内部股票出售交易，本文预期SOX法案会对内部人的交易行为产生重大的影响。因此，SOX法案后，受私有信息驱动的平均内部交易（特别是内部出售股票交易）的程度可能会减少。在这种情况下，由于更及时披露内部交易信息引发的信息含量的增加，可能会因为SOX法案后减少的投机主义出售行为而降低。

同时，本文预期新的披露规则，可能会导致公司多次披露分解的内部交易信息。如Kyle（1985）交易战略模型预测的一样，考虑到大型内部交易对股票价格的影响，内部人倾向于在数天内交易多次。在旧的报告制度下，内部人可以等到最后期限申报一个单独的F4。而根据SOX 403条款，同一个内部交易必须在每次交易后的两个工作日内申报多个F4。此外，假定等待最后期限统一报告内部交易是约定俗成的规则，那么在法案前，对所有公司的所有内部人来说，他们可能会在相同的日期报告交易。总而言之，法案后，同等数额的内部交易可能导致更多的F4申报。因此，作者预期在SOX法案后，单个F4具有较少的信息含量。

三、样本选择和研究设计

（一）样本选择

本文选择1997—2006年担任公司首席执行官、首席财务官、首席技术官和董事会主席的所有交易（包括通过形式期权获得股份）作为研究对象。本研究的主要数据来自于以下资源：（1）CRSP：股票价格和交易量变量；（2）Compustat：财务信息；（3）Thomson Financial：内部交易数据；（4）I/B/E/S：分析师预测；（5）Stanford Securities Class Action Clearinghouse：诉讼数据；（6）通过在Lexis - Nexis的新闻稿、F4、8 - K表中搜索关键词"10b5 - 1"来获取事前计划交易的信息（pre - planned trades）。

（二）研究设计

1. 变量定义

以往的研究用交易规模、超额回报和异常交易量来衡量信息含量，因此作者首先定义了这些变量。

（1）交易规模（*Trade Size*）。用内部交易的股票数量除以（deflated）同一天发行在外的股票数量，衡量内部交易的规模。一些交易可能会在同一F4里报告，一些F4表格可能会在同一天公布。在这种情况下，交易规模是在同一申报日报告的所有交易的总和，但是分别计算购买股票交易和出售股票交易。

（2）超额回报（*Abnormal Returns*）。为了计算超额回报，本文以市场价值（规模）为基础的5个投资组合和以资产比率的账市比为基础的5个投资组合的交乘①，形成25个

① 预期的回报从Kenneth French教授的网站上得到（http://mba.tuck.dartmouth.edu/pages/faculty/ken.french/data_library.html）。基于规模和趋势投资组合的回报与市场和行业的调整回报的结果类似。

Fama - French 投资组合。然后，用个股收益减去组合收益获得日超额回报 CAR_t。

（3）异常交易量（*Abnormal Trading Volumes*）。本文以对数形式的市场模型计算异常交易量，该模型以 Ajinkyaand Jain（1989）为基础，由 Meulbroek（1992）在非法内部交易的情况下做了扩展，Yermack（1997）和 Heron and Lie（2007）则以股票期权回报做了进一步扩展。回归方程如下：

$$\log(V_{it}) = \alpha_i + \beta_i \log(V_{i,mt}) + \lambda_1 \log(V_{it-1}) + \lambda_2 \log(V_{it-2}) + \eta_1 Mon + \eta_2 Tue + \eta_3 Wed + \eta_4 Thu + \phi_1 Holiday_{it} + \phi_2 Holiday_{it-1} + \rho_i Earnings_{it} + \delta_i Dividend_{it} + \gamma_i Filing_{it} + \varepsilon_{it} \quad (1)$$

V_{it}是交易量，表示公司 i 在第 t 天的全部交易量减去内部交易量之差与发行在外股份之比。$V_{i,mt}$是公司 i 所在交易所上市的所有公司第 t 天的净交易之和除以发行在外股份。V_{it}的滞后项是为了消除残差项的序列相关。*Mon*、*Tue*、*Wed* 和 *Thu* 是星期几的虚拟变量。*Holiday* 是虚拟变量，三天周末假期之前的日期和感恩节后的星期五，取值为 1，否则取 0。*Earnings*（*Dividend*）是虚拟变量，所有盈余（股利）宣告［-3，+3］的窗口日，取值为 1，否则取 0。

主要解释变量是 *Filing*，内部交易申报日和/或者接下来的 1 至 4 个工作日（取决于窗口的选择），取值为 1，否则取 0。对于每个申报日，运用事件日前后 50 天的数据估计模型（1）的系数。模型（1）回归了 53 503 次，每次回归产生了一个系数γ_i，用来衡量异常交易量。这种测量可以解释模型（1）中围绕 F4 文件交易量与正常交易量的日偏差。

作者首先检验有关 F4 的信息含量变化，比较了 2002 年 8 月 29 日前文件中内部购买和出售股票的 *CAR* 和 *Volume* 的均值和中位数，随后的多因素分析探讨了 F4 信息含量的潜在决定因素。

2. 内部交易的信息含量：多因素分析

（1）交易量（*Trading Volumes*）。

为了检验对 F4 反应的交易量和 F4 信息含量的潜在决定因素，作者作了如下回归：

$$Volume_{0,2} = \alpha_0 + \alpha_1 PostSOX + \beta_1 ReportingLag + \alpha_2 10b5\_1 + \beta_2 RecentTrades + \beta_3 TradeSize + \beta_4 TradeSize \times PostSOX + \beta_5 BookToMarket + \beta_6 Size + \beta_7 R\&D + \beta_8 Loss + \beta_9 Restrict + \varepsilon \quad (2)$$

PostSOX 是虚拟变量，SOX 法案后取 1，否则取 0。*ReportingLag* 是 1 加上内部交易和申报之间的交易天数的自然对数。如果几笔交易在同一天申报，则取最早交易的报告时滞。10*b*5_1 是虚拟变量，如果在 F4 报告的交易符合 10*b*5 - 1 规则中定义的计划前交易（pre - planned transactions）取 1，否则取 0。*Recent Trades* 是在前 10 天到前 1 天之间同一个公司所有 F4 中的 *Trade Size* 累积数。*Book - to - Market* 是资产的账面价值除以市场价值。*Size* 是在季度期初的市场价值的自然对数。*R&D* 是虚拟变量，公司在之前会计年度报告了非零的研发费用取 1，否则取 0。*Loss* 是虚拟变量，公司在以前会计年度报告了亏损取 1，否则取 0。*Restrict* 是反映公司是否存在限制内部交易及时性的公司层面指标（Bettis et al.，2000）。

因为购买交易和出售交易存在差异，模型（2）分别对购买交易和出售交易进行了回归。本文选择 3 天的窗口（0，+2）衡量 F4 的市场反应。最重要的自变量是 *PostSOX* 和 *ReportingLag*。如果泄露（leakage）减少了 F4 的信息含量，并且申报日期的延长而使泄露的可能性增加的话，*ReportingLag* 的系数应该为负，这能够捕捉 SOX 403 条款对 F4 的信息含量的影响。然而，*PostSOX* 系数显著为正，也可能只是一种截距效应（intercept effect）。

（2）股票回报（*Stock Returns*）。

本文用下列截面回归方程来检验与内部交易申报日股票回报和 F4 信息含量的潜在决定因素之间的关系：

$$CAR_{0,2} = \alpha_0 + \alpha_1 PostSOX + \beta_1 ReportingLag + \beta_2 CAR_{6m} + \beta_3 CAR_{6m} \times PostSOX + \alpha_2 10b5\_1 + \beta_4 RecentTrades + \beta_5 TradeSize + \beta_6 TradeSize \times PostSOX + \beta_7 BookToMarket + \beta_8 Size + \beta_9 R\&D + \beta_{10} Loss + \beta_{11} Restrict + \varepsilon \quad (3)$$

$CAR_{0,2}$是指从提交 F4 那天起的经账面市值比调整的累积三天的股票回报。CAR_{6m}是 F4 报告第一笔交易后的六个月超额回报。其他变量与方程（2）中的含义一样。

和模型（2）一样，本文对购买交易和出售交易单独作了回归。如果 SOX 法案后 F4 的平均信息含量增加的话，那么 *PostSOX* 的系数对于内部购买交易来说应该为正，对于内部出售交易来说为负。CAR_{6m}的系数衡量围绕披露 F4 的短窗口回报与内部交易所依赖的私有信息之间的关联程度。SOX 403 条款下，如果更加及时地提交文件能够加强短期回报和对私有信息利用的关系，那么 CAR_{6m}和 *PostSOX* 交叉项的系数应该为正。*ReportingLag* 作为交易和公众披露之间的延迟指标，用来衡量 F4 信息泄漏的潜在影响。如果泄漏随着报告时滞（*ReportingLag*）而增加，那么对于提交购买交易（出售交易）文件，系数将为负（正）。总之，SOX 403 条款关于围绕 F4 文件的股票回报的影响能够通过 α_1、β_1、β_3或者它们之间的联合效应显现出来。

四、实证结果

（一）描述性统计

描述性统计显示样本包含了 13 840 个内部购买交易数据（SOX 法案后 5 423 个）和 39 663 个内部出售交易数据（SOX 法案后 29 846 个），这些数据都是可流通股。结果显示 SOX 403 条款对 F4 提交日的分散具有潜在的影响，特别是出售交易。从 F4 提交日的分布来看，SOX 法案后，F4 提交日的分布较广，而 SOX 法案前 F4 提交日集中在 10 日左右。

（二）F4 文件的信息含量

1. SOX 法案前后内部购买申报表的比较

本文主要报告了内部购买的 F4 提交日附近的累积超额回报的均值、中位数和交易量。从累积超额回报来看，与 SOX 法案前相比，SOX 法案后内部购买的 F4 具有更多的信息含量。此外，SOX 法案后，在 SEC 接受 F4 备案后，信息变得更及时。与超额回报的结果类似，SOX 法案后，在 SEC 接受 F4 备案前，异常交易量显著为正。总体而言，以上的结论表明，SOX 法案后，内部购买交易 F4 的市场反应更加快速和强烈。

2. SOX 法案前后内部出售申报表的比较

从内部出售的 F4 提交日附近的累积超额回报的均值、中位数和交易量来看。SOX 法案后与法案前相比，累积超额回报负的更少。如果仅仅只看股票回报，这个结果不能说明

SOX 403 条款比 SEC 第 16 节内部出售条款具有更大的信息含量。但是，法案后交易量均值显著为正，因此平均来看，SOX 法案后内部出售的申报表比法案前产生更多的超额交易。

（三）回归结果

1. F4 申报表信息含量的决定因素

（1）交易量

对于购买来说，*PostSOX* 系数显著为正。相反，对于出售来说，*PostSOX* 系数并不显著。但是 *Trade Size* × *PostSOX* 系数显著为正，说明有关内部出售申报表的交易量单因素结果一定程度上受到了交易规模影响。对于购买来说，*Trade Size* 和 *Trade Size* × *PostSOX* 系数显著为正，说明 SOX 法案前后，大额的内部购买也会引起较大的市场反应，同时，该反应在 SOX 法案后更显著。在信息泄露方面，对于购买和出售来说，*Volume* 和 *ReportingLag* 之间存在显著为负的关系。内部交易和披露之间滞后的时间越长，交易量对披露的反应越低。其他的结果表明，*Volume* 随着公司规模增大而减少。

（2）超额回报

本文分别对购买交易和出售交易的 F4 提交日开始的三天 CAR 值进行估计。

对于内部购买来说，*PostSOX* 系数显著为正。CAR_{6m}和 CAR_{6m} × *PostSOX* 系数显著为正，表明围绕 F4 的回报和内部购买随后的六个月回报正相关。*PostSOX* 的增量影响与以下的解释一致，即内部人的私有信息随着他们购买股票的及时披露被股价吸收。和交易量的回归结果一样，*ReportingLag* 系数显著为负，表明这些申报表的信息含量随着更及时的披露而增加。

对于内部出售交易来说，*PostSOX* 系数显著为负。从 *ReportingLag* 系数为负可以看出，越及时地报告出售交易，披露产生的负向回报程度会越低。这表明内部出售交易和公共披露之间的延滞时间越长，披露会传递越多的坏消息。因为 SOX 403 条款不允许报告的延迟，市场不再能区分及时的报告和不及时的报告，而后者对出售交易的 F4 的信息含量有负面的影响。和购买交易一样，CAR_{6m}系数是显著为正。但是，SOX 法案后，不存在增量的影响。因此，从 *PostSOX* 系数为负可以看出 SOX 法案后，围绕出售 F4 的股票回报，平均来说可能会“缩水”。但是没有证据表明市场参与者预测了内部人出售交易披露的大部分私有信息。

2. 出售交易的 F4 申报表的超额回报：高法规风险和低法规风险

为了补充先前的测试，本文基于公司水平的事前诉讼风险的估计分离了样本，进一步检验内部出售的 F4 申报文件有关的股票回报的决定因素。这就过滤了一些预期会随着 SOX 法案的通过，内部出售的机会主义显著减少的公司。本文预期 SOX 法案后，在事前诉讼风险较高的公司里管理层应该更加小心出售他们的股票，这对 F4 申报文件的信息含量有复合的影响（confounding effect）。为了计算事前诉讼风险，本文采用了与 Rogers and Stocken（2005）相似的方法。基于对事前诉讼风险的估计，那些在给定年度里处在高分位的公司被视为高诉讼风险的公司。

分析的结果和预期的一样，在事前诉讼风险较低的出售交易子样本中，*PostSOX* 系数是显著为负的，但是在事前诉讼风险较高的子样本中并未发现相关结果。这表明，SOX 法案后，当事前诉讼风险较高时，内部人变得更加小心地出售他们的股票，这样，也就减少了与之相关的 F4 的信息含量。这个结果进一步支持了本文的主要实证结论，即 SOX 法案后，内部出售的投机主义行为减少。

3. 内部交易和随后的消息

为了阐明哪些内部人更可能交易，本文采用了另外一种评估内部交易信息的衡量方法。作者用加总的公司季度层面的内部交易数据对三个虚拟变量进行回归，同时每个虚拟变量都会与 *PostSOX* 交乘。虚拟变量用 MBE_{q+n}表示，当季度 q + n 的实际 EPS 至少和分析师在季度 q 期初时预测的 EPS 一样大时，取值为 1，否则为 0。

当因变量是季度的内部购买时（用交易的次数来衡量），$MBE_q \times PostSOX$ 系数和 $MBE_{q\_2} \times PostSOX$ 系数显著为正，表明在 SOX 法案后，当本季度或者前两个季度的未预期盈余（earnings surprise）为正，内部人可能更多地增加购买股票。$Return_{q_1}$系数显著为负，表明内部购买股票更多地发生在股票价格表现较差之后。$Returnq \times PostSOX$ 系数和 $Return_{q\_1,q\_2} \times PostSOX$ 系数不显著，没有证据表明在 SOX 法案后，季度内部购买和随后的股票回报之间有正向的增量联系。

当因变量是内部出售时，MBE_q（MBE_{q_2}）系数显著为正（负），表明在好消息的当期（前两个季度）有更多（更少）的内部出售发生。这与 Ke et al.（2003）的研究结果一致，他们研究发现大量内部出售发生在好消息披露之前的 3 到 9 个季度。对于未来盈余的内部交易，他们更多地避免在盈余宣告日附近交易，以防止被诉讼。然而，$MBE_{q\_2} \times PostSOX$ 系数为负表明，在 SOX 法案后，内部出售不再与 MBE_{q_2} 相关。$Return_{q\_1}$ 系数和 $Return_{q\_1} \times PostSOX$ 系数为正，表明内部人倾向于在价格上升时出售股票，SOX 法案后更是如此。$Return_q$ 和 $Return_{q+1,q+2}$系数显著为正表明，SOX 法案前，在股票回报为负前以及在接下来两个季度股票回报变化不大时，内部人会及时出售股票。然而，$Return_q \times PostSOX$ 系数显著为正，表明 SOX 法案后，内部人在业绩较差的季度避免及时出售股票。综上所述，SOX 法案后，对于未预期盈余（forthcoming earnings surprises）及其股票回报，内部人的知情出售行为减少。

4. 补充检验

（1）与英国的比较

由于英国提交内部交易报告的最后日期在那个时期没有发生变化，本文以同时期英国的样本作为控制组作了同样的分析。本文预期 2002 年 8 月 29 日前后，在英国，内部交易披露的信息含量没有显著变化。对于那些在美国交叉上市公司的内部出售有可能会有变化。随着 SOX 法案的通过，英国上市公司的管理人员也许会伺机出售他们手中的在美国上市公司的股票。在这种情况下，这些公司在 2002 年 8 月 29 日后内部出售的披露可能带来更大的负回报。

实证结果支持了先前的结论，即 SOX 403 条款的颁布，使得内部购买 F4 的信息含量增加。SOX 法案后，美国以及英国在美国交叉上市公司的披露内部出售的回报增加，在严格管制的美国市场，高管在坏消息前出售股票的可能性较低。

（2）其他截止日期：安然公司申请破产保护和强制电子申报

本文检验了在2002年8月29日前，有关F4的超额回报和交易量增加，是不是与安然公司申请破产有关。本文同时检验了2003年6月30日电子申报成为强制要求后，有关F4的超额回报和交易量是不是发生了变化。

结果表明2001年12月2日前后，SOX法案前，F4的信息含量并没有显著不同。因此，没有证据表明有关SOX法案的内部购买（出售）F4的平均信息含量的增加与导致SOX法案颁布的事件有关。

SOX法案后，电子申报的检验结果表明，在2003年6月30日以后，对内部购买F4的平均反应更及时了（在0和+1天回报和交易量显著增加）。一旦检验窗口扩展到+4天，结果不再显著。

（3）稳健性检验。

第一，使用同一内部交易人在SOX法案前后都存在的样本，检查主要的结果是不是变化，结果与原来一样。

第二，检查公允披露规则（Reg FD）的可能影响，Reg FD在2000年10月生效，有可能会增加F4的信息含量。结果表明，围绕SOX法案的内部购买（出售）的F4的信息含量（交易量反应）增加，与Reg FD对公司信息环境的影响无关。

第三，为了说明非SOX 403条款的其他有关SOX法案的经济环境改变是否会影响F4的信息含量，本文检验了SOX法案之前的样本，F4的信息含量是不是随着报告时滞变化，结果表明F4的信息含量的变化主要与强制报告的要求有关。

五、结论

利用1997—2006年所有高管的内部股票购买和出售数据，本研究分析了SOX法案对F4的信息含量的影响。结果发现，对于内部购买来说，SOX法案后，超额回报和超额交易量的均值和中位数，比SOX法案前变化更显著；好消息的回报在SOX法案后增加。对于出售来说，超额交易量的均值，在SOX法案后显著为正，并比SOX法案前大得多，但是股票回报并没有表现出更多的显著负相关。然而，在控制滞后交易报告、公司曾面临事前违规风险、事前计划交易披露和内部出售的其他信息后，本文发现F4的回报和*PostSOX*变量之间负的关系。本文同时发现在SOX法案通过后，由于高法律风险的环境，管理层减少了内部出售的投机主义行为。

总体来说，SOX 403条款对内部出售信息含量及时性具有影响，本文重点关注规则变化的潜在收益，研究发现新的规则减少了公司内部人和投资者之间的信息不对称。未来的研究可以关注F4如何及时地影响同期财务报告披露的信息含量。

（整理人：舒伟）

主要参考文献

[1] Aboody, D., and B. Lev. 2000. Information asymmetry, R&D, and insider gains. *The Journal of*

Finance 55: p. 2747 - 2766.

[2] Ajinkya, B., and P. Jain. 1989. The behavior of daily stock market trading volume. *Journal of Accounting and Economics* 11: p. 331 - 359.

[3] Bettis, C., J. Coles, and M. Lemmon. 2000. Corporate policies restricting trading by insiders. *Journal of Financial Economics* 57: p. 191 - 220.

[4] Fidrmuc, J., M. Goergen, and L. Renneboog. 2006. Insider trading, news releases and ownership concentration. *The Journal of Finance* 61: p. 2931 - 2973.

[5] Heron, R., and E. Lie. 2007. Does backdating explain the stock price pattern around executive stock option grants? *Journal of Financial Economics* 83: p. 271 - 295.

[6] Huddart, S., J. Hughes, and C. Levine. 2001. Public disclosure and dissimulation of insider trades. *Econometrica* 69: p. 665 - 681.

[7] Karpoff, J. 1986. A theory of trading volume. *The Journal of Finance* 41: p. 1060 - 1088.

[8] Ke, B., S. Huddart, and K. Petroni. 2003. What insiders know about future earnings and how theyuse it: Evidence from insider trades. *Journal of Accounting and Economics* 35: p. 315 - 346.

[9] Koh, K., D. Matsumoto, and S. Rajgopal. 2008. Meeting or beating analyst expectations in the post scandal world: Changes in stock market rewards and managerial actions. *Contemporary Accounting Research* 25: p. 1067 - 1098.

[10] Meulbroek, L. 1992. An empirical analysis of illegal insider trading. *The Journal of Finance* 47: p. 1661 - 1699.

[11] Piotroski, J., and D. Roulstone. 2005. Do insider trades reflect both contrarian beliefs and superior knowledge about future cash flow realizations? *Journal of Accounting and Economics* 39: p. 55 - 81.

[12] Rogers, J., and P. Stocken. 2005. Credibility of management forecasts. *The Accounting Review* 80: p. 1233 - 1260.

[13] Rozeff, M., and M. Zaman. 1998. Overreaction and insider trading: Evidence from growth and value portfolios. *The Journal of Finance* 53: p. 701 - 716.

[14] Seyhun, H. N. 1992. Why does aggregate insider trading predict future stock returns? *The Quarterly Journal of Economics* 107: p. 1303 - 1331.

[15] Seyhun, H. N. 1998. Investment Intelligence from Insider Trading. Cambridge, MA: MIT Press.

[16] Skinner, D. 1994. Why do firms voluntarily disclose bad news? *Journal of Accounting Research* 32: p. 38 - 60.

[17] Yermack, D. 1997. Good timing: CEO stock option awards and company news announcements. *The Journal of Finance* 52: p. 449 - 476.

ξ2-32 内部控制缺陷对应计质量的直接和间接影响：来自加拿大独特监管背景的证据

Direct and Indirect Effects of Internal Control Weaknesses on Accrual Quality: Evidence from a Unique Canadian Regulatory Setting

文献来源：Lu, H., G. Richardson, and S. Salterio. 2011. Direct and Indirect Effects of Internal Control Weaknesses on Accrual Quality: Evidence from a Unique Canadian Regulatory Setting. *Contemporary Accounting Research*, 28 (2): 675-707.

【摘要】 目前加拿大在管理层讨论和分析（MD&A）中披露内部控制系统有效性，这种内控披露方式引起很多争论，因为这些内控披露没有对缺陷进行确切定义，没有执行有效性测试，没有得到管理层的直接保证，也没有接受外部审计。加拿大版的 SOX（SOX North）披露成本比美国背景下的披露成本低很多，这种披露的有效性是一个有待检验的重要的实证问题。本文应用普通最小二乘回归（OLS）和基于结构模型的路径分析方法研究了内部控制强度和应计质量的关系，以推断这些披露是否可信。OLS 回归发现，内部控制缺陷和应计质量整体上存在负向净效应，这一结论在单向路径分析中进一步得到证实。单向路径分析进一步证明整体的负效应是由两种效应组成的：一是内控缺陷对应计质量的较大的负向直接效应，二是内控缺陷通过审计师努力程度对应计质量的一个较小的正向间接效应。较小的间接替代效应说明审计师不能完全通过增加实质性测试抵消较差内部控制的影响，也证实了内部控制披露对投资者的作用。整体上，本文的结论证实了低成本的 SOX North 披露是可信的。本文为监管者寻找高成本的美国内控披露模式的替代方案提供了新的证据。

一、研究问题

（一）问题的提出

本文研究加拿大独特的财务报告内部控制披露方式的有效性。加拿大要求内部控制设计缺陷在“管理层讨论和分析”（MD&A）部分披露。这些披露不需要管理层保证和外部审计师审计，也不需要执行有效性测试，因此加拿大的规定比 SOX 法案规定的成本要低很多。

考虑到加拿大信息披露低成本的背景，传统的披露观点认为低成本的信号可能不可信，因此本文第一个研究问题是在 MD&A 中披露的内部控制设计缺陷是否可信。本文通过研究内部控制缺陷披露和应计质量的关系来验证这个问题。若内部控制缺陷披露和应计质量负相关，则说明披露向投资者提供了可信的信息。

另外，在检验内部控制披露和应计质量关系时，之前大部分研究都忽略了外部监督机制对内部控制强度的替代作用，这可能影响研究的结论。因此，本文的第二个研究问题是外部监督机制是否抵消了内部控制缺陷对应计质量的影响。

论文的逻辑框架见图 2－32。

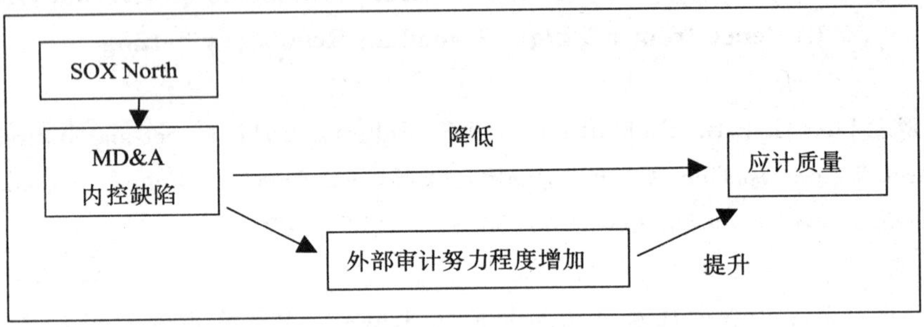

图 2－32 内部控制缺陷与应计质量

（二）研究意义

SOX 法案通过后，SOX 法案执行成本问题一直是争论的焦点。一些评论人认为 SOX 法案高额的合规成本是欧洲公司不断从美国交易市场退市的一个重要原因。而美国以外其他国家的政策制定者也在积极地改进本国的上市规定和公司治理规定，以期寻找美国内控和公司治理法案的替代模式。本文以加拿大低合规成本的制度背景为切入点，为内部控制规范执行收益和成本的讨论提供了新的证据。

（三）主要贡献

本文指明了一种成本更低的内部控制报告方式，为执行内部控制规范的收益和成本的讨论提供了新的证据。另外，本文也检验了审计师通过提升实质性测试补偿内控缺陷的影响，弥补了以往文献研究的不足。

二、理论分析

（一）制度背景

加拿大财务报告内部控制披露规定自 2005 年 9 月获准通过，但为了降低履行成本，该规定分两阶段施行。第一阶段是从 2006—2008 年，公司披露内部控制设计有效性评价。第二阶段是从 2008 年起，公司需要测试内控有效性。加拿大内控规定只要求管理层声明他们已“设计财务报告内部控制，从而合理保证财务报告可靠性以及外部财务报告按照 GAAP 要求编制”，但不要求管理层保证他们已发现并披露所有缺陷。表 2－5 总结了美国 SOX 法案与加拿大内控制度的异同。

表 2－5　　内部控制制度规定：加拿大与美国的对比

项目	美国加速申报公司	美国非加速申报公司	加拿大多伦多证券交易所上市公司
评价内部控制设计有效性	2003 年 8 月 14 日起，按季度披露（SOX302 条）	2003 年起，按季度披露（SOX302 条）	2006 年 6 月 29 日起，按年度披露
内部控制执行有效性	2003 年 8 月 14 日起，按季度披露（SOX302 条）	2003 年起，按季度披露（SOX302 条）	2008 年 12 月 15 日起，按季度披露（2008 年修订的 52－109 规定）
管理层对财务报告内部控制评价的保证	2004 年 6 月 15 日起，按季度和年度披露（SOX404 条 a 款）	2007 年 12 月 15 日起，按季度和年度披露（SOX404 条 a 款）	2008 年 12 月 15 日起，按季度和年度披露（2008 年修订的 52－109 规定）
财务报告内部控制审计	2004 年 6 月 15 日起，按年度披露（SOX 404 条 b 款）		N/A

注：引自原文第 679 页，Table 1. Interral control regulatory requirements：Canada-U. S. comparsion。

作者认为，在加拿大内控制度下，公司是否完全披露了内控设计缺陷是不确定的，主要归结于以下三个原因：第一，规定中没有明确定义应当披露什么样的缺陷。第二，由于缺乏问责机制和其他提升可信度的机制，公司可能不存在真实披露的动机。第三，一般在测试内控执行时，内控设计缺陷才会显现出来。由于加拿大内控规定仅关注期间内内控设计的有效性，而不测试内控执行，设计缺陷可能没有那么容易被识别。因此，加拿大内控披露的可信性令人怀疑。

（二）研究假设

根据 Doyle et al.（2007a），较差的内部控制可能导致财务会计故意和非故意差错的概率上升，这些概率会影响会计应计质量。如果加拿大内控披露是可信的，那么本文预期会得到相同的结果。因此，本文提出假设 1：

假设 1：加拿大上市公司在 MD&A 中披露的内部控制缺陷越多，应计质量越低。

如果本文观察到内控缺陷对应计质量没有影响，一个可能的解释是这种影响被外部审计 100% 替代，使得应计质量不受内控缺陷的影响。在这种解释下，一定水平的应计质量可以通过牺牲部分内控质量同时提升外部监督的水平来达到。因此，在外部审计的努力程度会影响应计质量的前提下，较低的内部控制质量不一定导致较低的应计质量。

已有大量关于内部控制缺陷、审计费用和应计质量的实证证据间接地支持了这种替代作用。很多审计领域的实证研究也认为审计师努力程度和应计质量存在正相关关系。结合上面的分析，本文提出第二个和第三个假设：

假设 2：加拿大上市公司在 MD&A 中披露的内部控制缺陷越多，其审计师努力程度越高，审计费用越多。

假设 3：更高的审计费用反映更高的审计师努力程度，将导致审计后的应计质量更高。

三、样本选择和研究设计

（一）样本选择

本文选取2006年6月29日之前上市的加拿大公司，并剔除数据缺失公司和交叉上市公司，最后得到样本公司470家。公司的内部控制缺陷数、特许会计师（Chartered Accountants，CA）人数、注册管理会计师（CMA）人数和注册会计师（CGA）人数等数据均由博士生手工搜集。本文其他数据来自Compustat数据库和手工补充。

（二）研究设计

1. 内控缺陷和应计质量的直接关系

本文用普通最小二乘法和二阶段回归来检验假设1。根据假设1，本文预期内控缺陷数量和异常应计绝对值存在显著正相关关系。

本文用DD模型计算的异常应计绝对值（*DDAAQ*）来衡量应计质量。本文的分析有三个潜在的假设：第一，2006年内部控制与之前年度内部控制一致。由于规范执行的起始日期事前是不确定的，因此这个假设是合理的。第二，应计质量在时间上是稳定的。本文用2001—2006年6年的数据计算异常应计的绝对值。第三，用2006年审计费用代表2001—2006年的审计师努力程度。

本文用下列模型进行OLS回归：

$$DDAAQ = \beta_0 + \beta_1 NumICW + \beta_2 Assets + \beta_3 Num\ of\ business\ segments + \beta_4 CF\ volatility + \beta_5 Sales\ Volatility + \beta_6 Age + \beta_7 Loss + \beta_8 Return\ on\ assets + \beta_9 Foreign\ transactions + \varepsilon \quad (1)$$

模型（1）的主要解释变量是内部控制缺陷数量（*NumICW*）。本文将内部控制缺陷数量分为四个等级：没有报告缺陷、报告一个缺陷、报告两个缺陷、报告三个及以上缺陷。本文预期*NumICW*的系数显著为正。文章还控制了Doyle et al.（2007a）中显著的控制变量：总资产（*Assets*）、业务分部数量（*Num of business segments*）、现金流波动（*CF Volatility*）、销售波动（*Sales Volatility*）、公司上市年限（*Firm Age*）、损失份额（*Loss Proportion*）、资产回报（*Return on assets*）、是否发生外币交易（*Foreign transactions*）。

2. 假设2和假设3的检验及假设1的进一步检验

本文用结构方程模型中的路径分析来研究内控缺陷数量、审计费用和应计质量之间的关系。文章使用单向循环路径方法，除了预期内控缺陷数量和异常应计绝对值显著正相关外，本文预期内控缺陷数量和审计费用的路径系数显著为正（H2），而且审计费用和异常应计绝对值的路径系数显著为负（H3）。作者用最大似然估计回归模型。本文的路径模型可以用单向路径分析，也可以用双向路径分析。基于理论分析，本文将单向路径分析作为主要检验，并将双向路径分析作为稳健性检验。

（1）审计费用模型

参考以往文献，本文的审计费用模型如下：

$$Audit\ Fee = \beta_0 + \beta_1 NumICW + \beta_2 Assets + \beta_3 Inventory\&Receivables + \beta_4 Current\ assets + \beta_5 Num$$

$of\ business\ segments + \beta_6 Num\ of\ geographic\ segments + \beta_7 Book - to - market\ ratio + \beta_8 Leverage + \beta_9 Return\ on\ assets + \beta_{10} Auditor + \beta_{11} Financial\ industry\ dummy + \varepsilon$ (2)

模型（2）表明审计费用受内控缺陷数量（*NumICW*）和其他决定因素影响。本文用业务分部数量（*Num of business segments*）和地区分部数量（*Num of geographic segments*）控制运营复杂程度，并预期这两个变量系数为正。本文用存货和应收账款（*Inventory & Receivables*）、流动资产（*Current assets*）、资产负债率（*Leverage*）和账面市值比（*Book - to - market ratio*）代表固有风险，并预期前三个系数为正，最后一个系数为负。本文用总资产回报率（*Return on assets*）衡量盈利性，用外部监管（*Auditor*）代表审计师特征，其中 *Auditor* 为虚拟变量，当审计师为四大时取 1，否则取 0。*Financial industry dummy* 为虚拟变量，当公司属于金融行业时取 1，否则取 0。

（2）内控缺陷模型

$$NumICW = \beta_0 + \beta_1 Assets + \beta_2 Age + \beta_3 Num\ of\ business\ segments + \beta_4 Loss + \beta_5 Foreign\ transactions + \beta_6 Inventory + \beta_7 Audit\ committee\ score + \beta_8 Abnormal\ NPAP + \beta_9 Restatment + \beta_{10} Auditor + \beta_{11} Auditor\ change + \varepsilon \quad (3)$$

本文预期总资产（*Assets*）和公司上市年限（*Age*）的系数显著为负。业务分部数量（*Num of business segments*）的系数显著为正。*Loss* 为虚拟变量，当剔除特殊项目的利润为负时取 1，否则取 0。本文预期是否发生外币交易（*Foreign transactions*）和存货（*Inventory*）的系数显著为正。*Audit committee score* 指审计委员会质量得分①，*Abnormal NPAP* 是公司雇佣的专业会计人员超额数量②，本文预期这两个变量系数均显著为负。*Restatment* 为虚拟变量，当公司在 2002—2005 年中任一年有报表重述时取 1，否则取 0。本文预期 *Restatment* 系数显著为正。最后，本文控制是否为四大审计师（*Auditor*）和是否发生审计师变更（*Auditor change*），并预期其系数符号分别为负和正。

（3）应计质量模型

$$DDAAQ = \beta_0 + \beta_1 Audit\ Fee + \beta_2 NumICW + \beta_3 Age + \beta_4 CF\ Volatility + \beta_5 Sales\ volatility + \beta_6 Audit\ committee\ score + \beta_7 Board\ of\ directors\ score + \varepsilon \quad (4)$$

其中，*Board of directors score* 为董事会质量得分③。*Board of directors score* 和 *Audit committee score* 越高，表明董事会和审计委员会的监督质量越高，因此这两个变量系数预期为负。

---

① 作者依据加拿大证券管理局 2004 年发布的最佳实践，推荐构建审计委员会质量指数。指数的具体指标包括：是否所有审计委员会成员都独立，是否所有审计委员会成员都掌握一定的财务知识等。作者手工搜集相关数据，计算得到每个公司的审计委员会质量得分。

② 作者用专业会计人员数量的自然对数对公司规模、风险和复杂性进行回归，回归残差即为专业会计人员超额数量。

③ 作者依据加拿大证券管理局发布的最佳实践，构建董事会质量指数。指数的具体指标包括：董事会主席与 CEO 是否两职合一，薪酬委员会是否由非执行董事（主要是独立董事）构成等。作者手工搜集相关数据，计算得到每个公司的董事会质量得分。

四、实证结果

（一）描述性统计

本文对相关变量进行描述性统计，发现仅在加拿大上市的公司总资产的中位数是2.35亿美元，说明很多公司是小公司。另外，描述性统计还显示，上市公司内部控制缺陷披露数量的均值是0.49；有78%的公司被四大会计师事务所审计，且有7%的公司在2006年更换了审计师。

（二）回归分析结果

1. 内控缺陷和应计质量的直接关系

针对模型（1）回归结果，本文发现，*NumICW* 系数为正，且在5%单尾显著性水平下显著，与预期一致，即内控缺陷越多，应计质量越低。

本文用虚拟变量 *ICW* 替代 *NumICW*，当公司报告一个或更多内控缺陷时 *ICW* 取1，否则取0。本文发现 *ICW* 系数依然显著。

接着，为了控制内部控制缺陷和应计质量联合内生性问题，本文采用二阶段回归。在第一阶段，用 probit 模型估计预期内部控制缺陷的数量。控制变量包括模型（1）中除 *NumICW* 以外的其他解释变量以及模型（3）中的控制变量。在第二阶段，本文用第一阶段估计的内部控制缺陷数量替代 *NumICW*，发现新变量的系数依然显著为正。因此，上述所有回归结果表明，对加拿大上市公司来说，内控缺陷的存在影响其应计质量。

2. 假设2和假设3的检验及假设1的进一步检验

本文对单向路径分析的模型拟合进行检验，发现该模型拟合度较好。接着进行回归分析，模型（2）的回归结果中，*NumICW* 的系数显著为正，支持了本文的假设2。在模型（4）的回归结果中，*NumICW* 和 *Audit Fee* 都与应计质量显著相关，且符号与预期一致，支持本文的假设1和假设3。

本文进一步对回归系数标准化，系数标准化使得直接效应系数和间接效应系数可比。*NumICW* 对 *DDAAQ* 的正的路径系数为0.136，表明 *NumICW* 增加一个标准差，则 *DDAAQ* 增加0.136个标准差。这支持了本文的假设1，即内部控制缺陷对应计质量有直接的负面影响。而间接效应包括内控缺陷数量对审计收费的直接正向影响（系数为0.053）和审计费用对 *DDAAQ* 直接的负向影响（系数为 -0.098），支持假设2和假设3。结合这两个路径，本文发现，净的负向间接影响为 -0.0052，降低了 *NumICW* 对 *DDAAQ* 的正向影响，降低百分比为4%，这进一步支持了前面的假设。

3. 稳健性检验

首先，本文用双向路径分析作为稳健性检验，以控制内部控制、审计师努力程度和应计质量间的内生性问题。本文发现，在双向路径分析中，关键变量的系数的符号和显著性没有变化，假设1、2、3依然得到支持。

其次，本文用修正的 DD 模型构建新的应计质量衡量指标（*BSAQ*），并用这个指标进行相同的回归和路径分析。实证发现前面的结论不受新变量的影响，依然成立。

再次，文章控制了其他可能影响 *NumICW* 的变量。比如财务杠杆（*leverage*）和金融行业虚拟变量（*financial industry dummy*）。还有内部控制风险变量，如销售收入平均增长率（*growth*）和财务困境风险（*Z - score*）。单向路径分析结果依然显著，新加的变量均不显著。而且新加入这些变量后，本文的相关结论并不受影响。

最后，本文用交叉上市和仅在加拿大上市的公司进行稳健性检验。在 OLS 回归中，加入新的交叉项 $Crosslist \times NumICW$ 来捕捉交叉上市的增量影响。本文发现交叉项的系数显著为正，表明交叉上市公司的内控缺陷与应计质量的关系更强。但是，当本文用二阶段回归时，交叉项的系数不显著，即交叉上市公司和仅在加拿大上市的公司没有差异。另外，作者用全样本进行路径分析，分析结果与之前没有差异。

五、结论

在加拿大，财务报告内部控制披露没有对缺陷进行确切定义，没有执行有效性测试，没有得到管理层的直接保证，也没有接受外部审计。公司只需要在 MD&A 中披露内控设计缺陷。由于这些披露的成本远低于美国 SOX 302 条款和 404 条款的要求，因此这些披露的可信度令人怀疑，而且加拿大的这种特殊制度背景也要求我们仔细考虑内部和外部治理机制的替代作用。

本文运用 OLS 回归和二阶段回归发现，内部控制缺陷和应计质量间存在负相关关系。另外，单向路径分析显示，内部控制缺陷通过影响审计师努力程度和审计收费对应计质量也产生一个间接影响。但是外部监督对内控缺陷的替代作用是有限的，因此内控缺陷对应计质量仍有显著的负向净效应。上述结果说明内控缺陷披露是可信的，而外部监督的替代作用是不完全的。

本文的研究存在以下局限性：第一，本文假设审计费用可以完全代表审计师努力程度的变化。但事实上，审计费用也受其他因素影响。因此，这个假定会影响文章结论的可靠性。第二，应计质量替代变量的衡量也可能存在误差，虽然作者已用不同的应计指标进行了稳健性检验，但依然不能排除计量误差对结论的影响。第三，本文假设公司 2001—2006 年内部控制质量是不变的，这可能与实际情况不符，从而影响论文实证结论的科学性。

（整理人：刘春丽）

主要参考文献

[1] Ashbaugh - Skaife, H., D. Collins, W. Kinney, Jr, and R. LaFond. 2008. The effect of SOX internal control deficiencies and their remediation on accrual quality. *The Accounting Review* 83 (1): p. 217 - 250.

[2] Ball, R., and L. Shivakumar. 2006. The role of accruals in asymmetrically timely gain and loss recognition. *Journal of Accounting Research* 44 (2): p. 207 - 242.

[3] Dechow, P., and I. Dichev. 2002. The quality of accruals and earnings: The role of accrual estimation errors. *The Accounting Review* 77 (Supplement): p. 35 - 59.

[4] Doyle, J., W. Ge, and S. McVay. 2007a. Accruals quality and internal control over financial reporting. *The Accounting Review* 82 (5): p. 1141 - 1170.

§2-33 内部控制与条件稳健性

Internal Controls and Conditional Conservatism

文献来源：Goh, B. W., and Li, D. 2009. Internal Controls and Conditional Conservatism, *The Accounting Review*, 86 (3): 975-1005.

【摘要】 本文研究内部控制与条件稳健性（即损失确认及时性）的关系。通过利用SOX法案下披露内部控制重大缺陷的上市公司为样本，研究发现，内部控制质量和稳健性存在正相关关系。进一步的，披露重大缺陷且后续修正缺陷的公司的稳健性高于那些持续存在缺陷的公司。整体来讲，上述实证结果表明，内部控制是一种促进稳健性的机制。本文的研究补充了内部控制对财务报告影响的相关文献。

一、研究问题

（一）问题的提出

2002年，美国颁布SOX法案。SOX法案要求管理层评估和报告内部控制的有效性，并要求审计师对内部控制有效性发表意见。已有不少研究利用内部控制披露数据，关注内部控制质量对盈余质量、资本成本和管理层预测准确性的影响。考虑到内部控制是提升公司治理的重要措施，本文通过研究内部控制质量与财务报告稳健性的关系，以期拓展内部控制对财务报告影响的文献。参考Basu（1997），本文将稳健性定义为收入确认的标准高于损失确认标准。

论文的逻辑框架见图2-33。

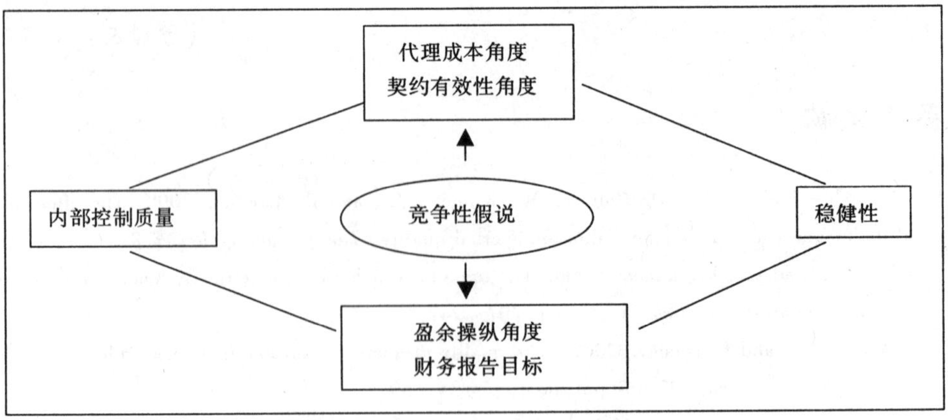

图2-33　内部控制与条件稳健性

（二）研究的意义

稳健性具有一系列的治理优势，比如稳健性可以减轻代理冲突、提升管理者投资决策、提高债务契约效率以及降低诉讼成本。而内部控制也与上述公司治理问题密切相关，本文研究内部控制与稳健性的关系，弥补了以往文献研究的不足，具有重要意义。

（三）主要贡献

本文发现好的内部控制可以促进财务报告的有效性，扩展了内部控制对财务报告影响的相关研究。另外，本文也说明稳健性受公司契约和治理环境的影响，弥补了相关文献研究的不足。

二、研究假设

本文着重研究内部控制质量如何影响财务报告稳健性。一方面，以往的研究表明稳健性可以缓和代理成本、提高契约制定效率，在公司治理中扮演重要角色，而且稳健性还可以降低公司预期的诉讼成本。另一方面，已有的研究也表明稳健性的动机受公司契约和治理环境的影响。考虑到内部控制系统在约束经理人行为、减小代理成本方面所起到的重要作用，作者猜测，内部控制和财务报告稳健性之间可能存在一定的联系。

在此，作者提出一个竞争性假说。一方面，在代理理论框架下，内部控制较好的公司的稳健性更高。具体表现在两个方面：第一，内部控制较好的公司的内部控制环境更好，更可能理解稳健性在减轻代理冲突、降低契约成本、降低诉讼成本方面的优势，因此更有动机披露稳健性更高的财务报告。第二，好的内部控制可以提供更可靠的会计信息，从而促进稳健性在契约制定过程中的应用。与此相反，差的内部控制可能引起非故意的应计估计错误，从而使契约指标存在噪音、不可靠，无法发挥稳健性的治理作用。而且，差的内部控制也会妨碍损失确认，从而降低稳健性。因此，在代理理论框架下，从契约有效性的角度，内部控制和财务报告稳健性之间存在正相关关系。

另一方面，在代理理论框架之外，内部控制和稳健性之间的关系便不易解释。首先，稳健性是否有利于公司和股东这个问题，还存在争议。稳健性会计也会导致盈余平滑或盈余操纵，这样非但不会减少，反而会加剧代理问题。那么，作为减轻代理冲突重要机制的内部控制，就不可能与稳健性存在正相关关系。其次，稳健性也不一定是财务报告必需的属性。如果财务报告的目标是为经济决策提供有用的信息，那么较好的内部控制应当保证财务报表无偏以满足投资者对中立信息的需求，而不是提高财务报告的稳健性（有偏）。

考虑到这两个冲突的观点，本文试图检验内部控制与稳健性的关系，并以内部控制与稳健性无关作为零假设。

假设 1：内部控制质量与稳健性无关。

另外，为了加强本文的结论，本文还检验公司内部控制质量提升后，其稳健性水平是否也会发生变化。据此，本文提出第二个零假设。

假设 2：内部控制较差但后续内部控制质量提升（比如，修正内部控制缺陷）的公司其稳健性与未修正内控缺陷的公司的稳健性不存在差异。

三、样本选择和研究设计

（一）样本选择

本文参考 Doyle et al.（2007a），选取 2003 年 1 月至 2005 年 11 月至少披露一个内控重大缺陷的上市公司为主样本组，没有披露内控重大缺陷的上市公司作为控制样本组。为了避免 SOX 法案执行对本文实证结论的影响，本文选择公司 2000—2001 年的数据来检验假设 1。本文假设公司在 2003 年 1 月至 2005 年 11 月披露内控重大缺陷之前，这些缺陷就已经在公司中存在（Doyle et al.，2007a）。

同时，为了检验假设 2，本文仅关注存在内控重大缺陷的 1 098 个样本公司，同时剔除未披露 SOX 404 意见的 473 个公司和数据缺失的 109 个上市公司，最后得到 516 个上市公司进行假设 2 的检验。本文相关数据来自 Compustat 和 CRSP 数据库。

（二）研究设计——会计稳健性的衡量

1. 盈余变化的持续性（Basu，1997）

从时间序列观点，在当期盈余反映的坏消息会在盈余过程中形成短暂冲击，而好消息则随着预期收益的获得，均匀地分布在未来若干期间内。因此，相比好消息期间，稳健性会使坏消息期间的盈余持续性较低。根据 Basu（1997）模型：

$$\Delta NI_t = \alpha_0 + \alpha_1 D\Delta NI_{t-1} + \alpha 2\Delta NI_{t-1} + \alpha_3 D\Delta NI_{t-1} \times \Delta NI_{t-1} + \varepsilon \quad (1)$$

其中，ΔNI_t为剔除特殊项目后的净利润的变化除以期初总资产。而 $D\Delta NI_{t-1}$为虚拟变量，当 ΔNI_{t-1}小于 0 时取 1，否则取 0。若 $D\Delta NI_{t-1} \times \Delta NI_{t-1}$系数显著为负，表明公司对损失确认比较及时。

为了检验假设 1，本文扩展模型（1）得出模型（2）。

$$\Delta NI_t = \alpha_0 + \alpha_1 D\Delta NI_{t-1} + \alpha_2 \Delta NI_{t-1} + \alpha_3 D\Delta NI_{t-1} \times \Delta NI_{t-1} + \alpha_4 MW + \alpha_5 D\Delta NI_{t-1} \times MW + \alpha_6 \Delta NI_{t-1} \times MW + \alpha_7 D\Delta NI_{t-1} \times \Delta NI_{t-1} \times MW + \alpha_8 MB_t + \alpha_9 D\Delta NI_{t-1} \times MB_t + \alpha_{10} \Delta NI_{t-1} \times MB_t + \alpha_{11} D\Delta NI_{t-1} \times \Delta NI_{t-1} \times MB_t + \alpha_{12} LEV_t + \alpha_{13} D\Delta NI_{t-1} \times LEV_t + \alpha_{14} \Delta NI_{t-1} \times LEV_t + \alpha_{15} D\Delta NI_{t-1} \times \Delta NI_{t-1} \times LEV_t + \alpha_{16} SIZE_t + \alpha_{17} D\Delta NI_{t-1} \times SIZE_t + \alpha_{18} \Delta NI_{t-1} \times SIZE_t + \alpha_{19} D\Delta NI_{t-1} \times \Delta NI_{t-1} \times SIZE_t + \alpha_{20} LIT_t + \alpha_{21} D\Delta NI_{t-1} \times LIT_t + \alpha_{22} \Delta NI_{t-1} \times LIT_t + \alpha_{23} D\Delta NI_{t-1} \times \Delta NI_{t-1} \times LIT_t + \alpha_{24} IND_j + \alpha_{25} D\Delta NI_{t-1} \times IND_j + \alpha_{26} \Delta NI_{t-1} \times IND_j + \alpha_{27} D\Delta NI_{t-1} \times \Delta NI_{t-1} \times IND_j + \varepsilon \quad (2)$$

其中，虚拟变量 *MW* 表示公司是否存在内控重大缺陷，存在内控重大缺陷取 1，否则取 0。如果存在缺陷的公司稳健性更高（低），则 $D\Delta NI_{t-1} \times \Delta NI_{t-1} \times MW_t$系数应当显著为负（正）。

此外，模型（2）还控制了市值账面比（*MB*），资产负债率（*LEV*），期末总资产的自然对数（*SIZE*），虚拟变量 *LIT*，若处于易被诉讼行业的公司取 1，其他取 0。

为了检验假设 2，本文将样本缩小到存在内控重大缺陷的公司，并认为第二年内控审计意见为无保留意见的公司已经完全修正了它的内控重大缺陷。本文在模型（2）中用

FIXED 替代 *MW*，其中 *FIXED* 为虚拟变量，当存在内控重大缺陷的公司在第二年收到无保留内控审计意见时取 1，否则取 0。因此，$D\Delta NI_{t-1} \times \Delta NI_{t-1} \times FIXED$ 系数为负（正）表明存在内控重大缺陷且进行后续修正的公司的稳健性，比未修正内控缺陷的公司更高（低）。

2. 应计基础的损失确认（Ball and Shivakumar，2005）

本文还采用 Ball and Shivakumar（2005）模型：

$$ACCRUAL = \gamma_0 + \gamma_1 DCFO + \gamma_2 CFO + \gamma_3 DCFO \times CFO \tag{3}$$

其中，*ACCRUAL* 等于（剔除特殊项目的净利润 - 经营活动现金流）/期初总资产。*CFO* 为经营活动现金流除以期初总资产。*DCFO* 为虚拟变量，当 *CFO* 小于 0 时取 1，否则取 0。模型（3）中，$DCFO \times CFO$ 的系数为正表示会计稳健性。为了检验假设 1，本文将模型（3）扩展为：

$$ACCRUAL = \gamma_0 + \gamma_1 DCFO + \gamma_2 CFO + \gamma_3 DCFO \times CFO + \gamma_4 MW + \gamma_5 DCFO \times MW + \gamma_6 CFO \times MW + \gamma_7 DCFO \times CFO \times MW + \gamma_8 MB + \gamma_9 DCFO \times MB + \gamma_{10} CFO \times MB + \gamma_{11} DCFO \times CFO \times MB + \gamma_{12} LEV + \gamma_{13} DCFO \times LEV + \gamma_{14} CFO \times LEV + \gamma_{15} DCFO \times CFO \times LEV + \gamma_{16} SIZE + \gamma_{17} DCFO \times SIZE + \gamma_{18} CFO \times SIZE + \gamma_{19} DCFO \times CFO \times SIZE + \gamma_{20} LIT + \gamma_{21} DCFO \times LIT + \gamma_{22} CFO \times LIT + \gamma_{23} DCFO \times CFO \times LIT + \gamma_{24} INDj + \gamma_{25} DCFO \times INDj + \gamma_{26} CFO \times INDj + \gamma_{27} DCFO \times CFO \times INDj + \varepsilon \tag{4}$$

如果存在内控重大缺陷的公司的稳健性更弱（强），则 $DCFO \times CFO \times MW$ 系数预期为负（正）。本文还用 *FIXED* 替代 *MW* 以检验假设 2，如果重大缺陷的修正会提高（降低）会计稳健性，则 $DCFO \times CFO \times FIXED$ 的系数预期为正（负）。其他变量的定义与前面一致。

3. 盈余的信息反应及时性（Basu，1997）

根据 Basu（1997），本文第三个稳健性指标是盈余对信息反应的及时性。如模型（5）所示，用负（正）的市场调节的股票收益率代替坏（好）消息，经济损失与收益确认的不对称性表现为 $DR \times R$ 的系数显著为正。

$$NI = \beta_0 + \beta_1 DR + \beta_2 R + \beta_3 DR \times R + \varepsilon \tag{5}$$

其中 *NI* 为剔除特殊项目的净利润除以期初市场价值，*R* 为经市场调节的个股回报率，*DR* 为虚拟变量，当 *R* 小于 0 时取 1，否则取 0。

为了检验假设 1，本文将模型（5）扩展为模型（6）。若 $DR \times R \times MW$ 的系数显著为负（正），则表示存在内控重大缺陷的公司的稳健性更低（高）。为了检验假设 2，本文将模型（6）的 *FIXED* 替换为 *MW*。若 $DR \times R \times FIXED$ 的系数显著为正（负），则表示后续修正了重大缺陷的公司比未修正重大缺陷的公司，其会计稳健性更高（低）。其他变量的定义与前面一致。

$$NI = \beta_0 + \beta_1 DR + \beta_2 R + \beta_3 DR \times R + \beta_4 MW + \beta_5 DR \times MW + \beta_6 R \times MW + \beta_7 DR \times R \times MW + \beta_8 MB + \beta_9 DR \times MB + \beta_{10} R \times MB + \beta_{11} DR \times R \times MB + \beta_{12} LEV + \beta_{13} DR \times LEV + \beta_{14} R \times LEV + \beta_{15} DR \times R \times LEV + \beta_{16} SIZE + \beta_{17} DR \times SIZE + \beta_{18} R \times SIZE + \beta_{19} DR \times R \times SIZE + \beta_{20} LIT + \beta_{21} DR \times LIT + \beta_{22} R \times LIT + \beta_{23} DR \times R \times LIT + \beta_{24} IND_j + \beta_{25} DR \times IND_j + \beta_{26} R \times IND_j + \beta_{27} DR \times R \times IND_j + \varepsilon \tag{6}$$

四、实证结果

（一）H1 的回归结果

本文先对模型（2）进行回归检验，发现在控制 *MW* 及其相关的交叉项变量之后，调整后 R^2 由 24% 上升至 24.6%，表明内部控制质量对稳健性提供了增量解释。同时，$D\Delta NI_{t-1} \times \Delta NI_{t-1} \times MB_t$ 的系数显著为正，表明存在内控重大缺陷的公司的稳健性更低。

作者对模型（4）和模型（6）进行了检验，回归结果也一致支持内部控制质量和稳健性之间存在显著的正相关关系。

（二）H2 的回归结果

在模型（2）、（4）、（6）中，用 *FIXED* 代替 *MW*，对假设 2 进行回归检验。三个回归结果一致发现，相比未修正内控重大缺陷的公司，修正缺陷公司的稳健性更高。这也为本文前面发现的内部控制质量和稳健性之间的正相关关系提供了进一步的支持。

（三）补充检验

1. 内部控制质量（H1）的自选择问题

本文用了三种方法控制假设 1 中的自选择问题。方法一，使用 Heckman（1979）的二阶段法。其中第一阶段参考 Doyle et al.（2007b）和 Ashbaugh－Skaife et al.（2007），进行重大缺陷影响因素的 Probit 模型回归。方法二，使用 LaLonde（1986）的倾向得分配比法（propesity score－matching）。即基于第一阶段 Probit 回归模型预测的比率，构建配对样本进行回归分析。方法三，将内控重大缺陷的影响因素的交乘项作为控制变量，放入模型（2）、（4）、（6）中进行回归，从而控制这些因素对稳健性的影响。

在所有的检验和回归中，$D\Delta NI_{t-1} \times \Delta NI_{t-1} \times MB_t$ 系数仍然保持显著为正，$DCFO \times CFO \times MB$ 系数和 $DR \times R \times MW$ 的系数依然保持显著为负。也就是说，自选择问题不会影响本文关于假设 1 的结论。

2. 内部控制质量提升（H2）的自选择问题

本文用 Heckman（1979）二阶段法检验假设 2 的自选择问题。作者构建了关于 *FIXED* 的 Probit 回归，影响因素与前面的 *MW* 影响因素一致，并且另外控制了治理因素的影响。使用 Heckman 二阶段法回归结果与没有控制自选择问题时的结果一致。

3. 条件稳健性的其他衡量指标

本文分别用 Knan and Watts（2009）的 C_Score 指标和 Givoly and Hayn（2000）的基于应计的度量方法衡量稳健性，进行假设 1 和假设 2 的检验。回归结果仍与前面一致，即本文前面关于假设 1 和假设 2 的回归结论对不同的稳健性衡量方法依然稳健。

4. 扩展 H2 检验的样本

本文放宽假设 2 样本选择的要求，用 SOX 302 的意见来衡量是否存在内控重大缺陷的修正，重新进行假设 2 的检验，实证结果与前面的检验结论一致。

5. 重大缺陷性质的进一步分析

为了提供内部控制和稳健性关系的进一步证据，作者对重大缺陷的性质进一步分析。参考 Ball（2001）的研究，作者认为存在投资或资产管理相关的重大缺陷的公司更有动机去避免损失及时确认；参考 Doyle et al.（2007a）的研究，作者认为公司层面的重大缺陷比其他重大缺陷的公司稳健性更低。作者将存在至少一个上述重大缺陷的公司划分为严重重大缺陷公司（severe MW－firms）并检验这些公司比其他重大缺陷公司的稳健性是否更低。实证结果表明，存在更严重的重大缺陷的公司的稳健性比一般重大缺陷的公司更低。这一结论为内部控制质量和稳健性之间存在显著正相关关系的结论提供了进一步的证据支持。

五、结论

本文发现，披露内控重大缺陷的公司的稳健性更低，修正内控重大缺陷的公司的稳健性比未修正的公司的稳健性更高。总体来说，实证结果表明，好的内部控制能够促进稳健性。

该文的发现扩展了内部控制对财务报告影响的相关研究，也扩展了稳健性在多大程度上受公司契约和治理环境影响的文献。但本文也存在一定的不足。首先，受相关数据所限，假设 2 检验的样本量相对较少，不足以代表所有上市公司整体。其次，本文只讨论了内部控制质量，没有讨论 SOX 法案的内部控制报告规定的有效性，未能为目前关于 SOX 法案的成本和收益的争论提供直接的证据。

（整理人：刘春丽）

主要参考文献

[1] Ashbaugh－Skaife, H., D. Collins, and W. Kinney. 2007. The discovery and reporting of internal control deficiencies prior to SOX－mandated audits. *Journal of Accounting and Economics* 44 (1－2): p. 166－192.

[2] Ball, R., and L. Shivakumar. 2005. Earnings quality in UK private firms: Comparative loss recognition timeliness. *Journal of Accounting and Economics* 39 (1): p. 83－128.

[3] Basu, S. 1997. The conservatism principle and the asymmetric timeliness of earnings. *Journal of Accounting and Economics* 24 (1): p. 3－37.

[4] Doyle, J., W. Ge, and S. McVay. 2007a. Accruals quality and internal control over financial reporting. *The Accounting Review* 82 (5): p. 1141－1170.

[5] Doyle, J., W. Ge, and S. McVay. 2007b. Determinants of weaknesses in internal control over financial reporting. *Journal of Accounting and Economics* 44 (1－2): p. 193－223.

[6] Givoly, D., and C. Hayn. 2000. The changing time－series properties of earnings, cash flows and accruals: Has financial reporting become more conservative? *Journal of Accounting and Economics* 29 (3): p. 287－320.

[7] Heckman, J. J. 1979. Sample selection bias as a specification error. *Econometrica* 47 (1): p. 153－162.

[8] Khan, M., and R. L. Watts. 2009. Estimation and empirical properties of a firm – year measure of conservatism. *Journal of Accounting and Economics* 48 (2 – 3): p. 132 – 150.

[9] LaLonde, R. 1986. Evaluating the econometric evaluations of training programs with experimental data. *The American Economic Review* 76 (4): p. 604 – 620.

§2-34 SOX法案后重述会引起投资者困惑吗?

Are Investors Confused by Restatements after Sarbanes-Oxley?

文献来源：Burks, J. J. 2011. Are Investors Confused by Restatements after Sarbanes-Oxley? *The Accounting Review*, 86 (2): 507-539.

【摘要】 SOX法案导致了大量的报表重述，监管者担心这使得投资者对重述的数量和严重性感到困惑。这篇文章试图从股票回报和交易量两个角度来探究SOX法案后的重述是否会引起投资者困惑。作者发现SOX法案后的市场对报表重述的初期价格反应为负，但是负面的程度小于SOX法案前发生的重述。为了检验这一结果是否说明市场反应不足（under-react），作者检验了重述后数月内或数年内股票价格漂移（stock price drift）程度。作者发现SOX法案后的漂移负面程度显著小于SOX法案前，这说明股票价格有效性反而在后SOX时期提高了。此外，也没有证据表明后SOX时期的报表重述会产生更大的交易量，意味着投资者之间对重述的判断并没有显著的差异。总体来说，本文并没有发现SOX法案后报表重述会引起投资者困惑的证据。

一、研究问题

（一）问题的提出

2002年7月SOX法案通过后，报表重述频率急剧增加（GAO 2006；GAO 2007），这一现象引起了监管者的注意。由于担心大量的重述会引发不良的市场反应，监管者提议缩减重述的范围，但此举会使公司会计信息无法充分披露，因此这一提议遭到了部分投资者群体的反对。那么监管者的担心是否真的存在，投资者是否会对SOX法案后产生的报表重述感到困惑？本文通过检验SOX法案后首次报表重述的市场反应、股票价格漂移程度以及交易量等来回答这一问题。

本文的逻辑框架见图2-34。

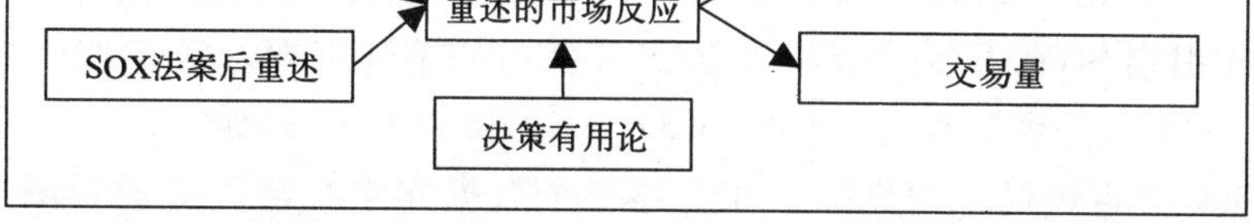

图2-34 SOX法案后的重述与投资者困惑

（二）研究的意义

GAO（2002）的研究表明，SOX 法案前，由于公司会计重述导致股价下跌给投资者带来了巨大损失，影响了投资者对资本市场的信心。本文的研究为 SOX 法案后大量增加的重述是否会对资本市场产生负面影响提供进一步证据，对 SOX 法案的执行是否有利于保护投资者的利益提供经验证据。文章发现投资者困惑并不是缩减重述的充分理由，为相关政策提供了参考。同时文章结论反映出投资者有能力识别因会计方法改变而非因会计错误造成的报表重述，为会计准则制定问题提供了指引。

（三）主要贡献

本文的主要贡献在于：首先，本文拓展了重述对资本市场影响的相关研究。其次，本文也是 SOX 法案经济后果相关研究的补充。

二、理论分析

重述会产生负的市场反应（Palmrose et al.，2004a；Gordon et al.，2008；Hennes et al.，2008；Files et al.，2009）。虽然 SOX 法案引起重述频率急剧增多，但是一些研究发现这些重述通常并非是严重的问题（Burks，2010；Hennes et al.，2008；Plumlee and Yohn，2010；Scholz，2008）。如果很多公司同时进行报表重述，投资者可能会因此感到困惑，一方面可能因为无法识别重大错报而导致市场反应不足，另一方面可能无法识别非重大错报重述导致的过度市场反应。如果市场反应不足，股价会在重述之后继续反应，即产生股价漂移（price drift）的现象。作者首先试图检验这种漂移是否存在，漂移程度较 SOX 法案前程度更大还是更小。然而，对于股价的检验未必能够说明是否有投资者产生困惑，因为股价代表的是市场上投资者的整体信念，即便市场中有困惑的投资者，只要理性投资者有足够大的影响力从而能够修正价格，或者过于乐观和过于悲观的投资者相抵消，股价上可能也不会有显著的反应不足或反应过度。无论是上述两种情况的哪一种，都说明投资者之间的意见产生了分歧，这会使得交易量发生改变。因而作者检验了 SOX 法案后期发生重述后交易量的变化。

三、样本选择和研究方法

（一）样本选择

作者采用的是 GAO（2002）和 GAO（2006）的报告识别重述，因为这两个报告都能够以相同的方式识别 SOX 法案前和 SOX 法案后公司的重述情况。重述期间是从 1997 年 1 月到 2005 年 9 月。相关数据来自 CRSP、Compustat 和 I/B/E/S 数据库。

作者从 2 309 个重述样本中剔除了在上述三个数据库中有缺失值的观测值以及其他不符合要求的观测值，最终得到回归样本 1 226 个，其中 SOX 法案前重述 407 个，SOX 法案后重述 819 个。

（二）研究设计

1. 重述初期股票回报的检验

作者首先使用下列模型检验 SOX 法案后重述初期市场反应。

$$Return_i = \alpha + \beta_1 POSTSOX_i + \beta_2 RSTMTCONTROLS_i + \beta_3 GENERAL\ CONTROLS_i + \varepsilon_i \quad (1)$$

模型中的因变量 $Return_i$ 是经规模调整的买入并持有（buy - and - hold）股票回报。回报的估计窗口分别使用首次披露重述的三天短窗口（-1，+1）（*RETURN_ANNOUNCE*）和从首次重述公告前一天到盈余影响公告①后一天的长窗口（*RETURN_EPISODE*）。盈余影响必须是已经披露的数据，而不是估计的。虚拟变量 *POSTSOX* 的含义为：2002 年 7 月后（含 7 月）的重述公告取 1，否则取 0。两组控制变量分别为重述特征（*RSTMT CONTROLS*）、重述市场反应的一般影响因素（*GENERAL CONTROLS*）。

重述特征变量包括：重述影响的盈余金额除以总资产（*MAG*），是否非负的盈余影响的虚拟变量（*POSITIVE_MAG*）以及两者的交互项，是否因 *SEC* 或审计师反对而重述的虚拟变量（*MGT_PROMPTS*），重述是否仅仅涉及当前财政年度的虚拟变量（*QUARTERLY_ONLY*），在首次披露重述时是否有披露具体受影响的盈余金额的虚拟变量（*NO_INITIAL_MAG*），首次披露重述与披露盈余影响金额之间相隔是否 30 天以上的虚拟变量（*LONG_MAG_DELAY*），公司是否有严重欺诈行为的虚拟变量（*FRAUD*），是否有较轻欺诈行为的虚拟变量（*FRAUD_LOWLEVEL*），重述是否仅影响税前经营性收入而不影响非现金项目的虚拟变量（*CORE*），重述是否涉及多种错误的虚拟变量（*MULTIPLE*）。

重述的市场反应的一般影响因素变量包括：公司规模、重述前 180 天的股票回报等；芝加哥股权交易所回报窗口期波动指数（*VOLATILITY_INDEX*）；回报窗口期的所有未预期盈余（*ESURPRISE* or *ESURPRISE_EPISODE*）以及公布的盈余是否等于或超过（meet or beat）一致预测估计（MBE）。

2. 长期股价漂移（price drift）的检验

（1）计算超额回报。本文借鉴了 Lyon et al.（1999）的方法计算超额买入并持有（abnormal buy and hold）股票的回报，以此来衡量股价漂移。首先，按照年初普通股市值将所有在纽交所（NYSE）上市的公司进行十等分，然后按照临界值，将纳斯达克（Nasdaq）和美国证券交易所（AMEX）的公司分入这 10 组中，再把最低的一组五等分，由此就生成了 14 组。再把每一组按照账面市值比进行五等分，由此生成 70 个基准组。作者计算每个公司的回报，然后一个基准组的所有公司回报的平均值即为该组的平均回报。用报表重述公司的回报减去相应区间内的基准组平均回报，即为超额回报。

（2）计算虚拟组合的经验分布（empirical distribution of "pseudo - portfolios"）。作者首先将报表重述公司随机地与一个无报表重述的公司（参照公司）相匹配（同属一个规模和账面市值比组别），将这些参照公司按照小节（1）的方法生成 70 个虚拟组合。然后，求每个参照公司的超额回报，并且计算一个虚拟组合中所有参照公司的超额回报的中值。

① 盈余影响公告是指公司公布该重述对公司盈余的影响。盈余影响必须是已经披露的数据，而不是估计的。

将这一过程重复 1 000 次，形成这些中值的经验分布。

（3）计算漂移程度。作者选取三个计算漂移的区间（horizons），分别是首次披露报表重述或披露盈余影响公告的两天后的 6 个月、1 年和 2 年。报表重述后区间内的股价漂移程度的计算方式为区间内超额回报的中位数，并且如果该值落入上述虚拟组合的经验分布的前、后 2.5% 区间，则表示统计上显著。

（4）按照重述特征分组。作者接下来将样本分别按照报表重述问题的严重性、公告回报（announcement return）以及未能解释的公告回报（unexplained announcement return）分成四等份，分别检验每种分组中最高组和最低组的漂移程度。按重述问题的严重性分组的方法是：作下述五个变量 MAG，*NO_INITIAL_MAG*，*LONG_MAG_DELAY*，*FRAUD*，以及是否重述（包括 *CORE* 和 *MULTIPLE* 的虚拟变量）的主成分分析（principle components analysis），按得分分成四组。公告回报按照数值大小分成四等份；未能解释的公告回报的计算方法为用 SOX 法案前的样本，以短窗口公告回报为因变量做方程（1）的回归，然后用估计的系数分别预测 SOX 法案前和 SOX 法案后的样本。

（5）用 Fama - French 模型检验漂移。作者又用如下的 Fama - French 三因素模型来计算漂移：

$$R_{pt} - R_{ft} = \alpha + \beta_1 (R_{mt} - R_{ft}) + \beta_2 SMB_t + \beta_3 HML_t + \varepsilon_t \tag{2}$$

因变量是报表重述公司组合月回报率，一个公司发生报表重述后的第一个月开始进入该月的组合中，一直到区间结束为止（本文中分别选择了 6 个月、12 个月和 24 个月三个区间）。组合月回报率的计算方法是，用该月度进入组合中的所有公司的回报率的中值减去无风险报酬率（1 个月国债利率）。三因素分别为：按市值权重计算的加权平均市场回报减去无风险报酬率；规模因子（SMB），为小公司组合月回报率减去大公司组合月回报率的差；净资产市值比因子（HML），为高净资产市值公司组合的月回报率减去低净资产市值公司的月回报率。作者用加权最小二乘（weighted least - squares）对模型（2）进行回归，截距项的大小反映超额回报（即漂移）的程度。

3. 交易量的检验

作者采用下列模型检验了 SOX 法案后重述对交易量的影响。

$$VOLUME_i = \alpha + \beta_1 POSTSOX_i + \beta_2 RSTMT\ CONTROLS_i + \beta_3 GENERAL\ CONTROLS_i + \varepsilon_i \tag{3}$$

作者参照 Garfinkel and Sokobin（2006）的模型，计算了重述公告三天窗口期［-1，+1］的经过市场以及公司正常回报水平调整过的超额换手率。计算步骤如下：

（1）计算每个公司换手率：交易量除以总发行量；

（2）用 NYSE 和 AMEX 普通股信息来计算市场范围内的换手率；

（3）计算（1）-（2），即为市场调整过的换手率；

（4）计算三天事件窗口期［-1，+1］平均市场调整过的换手率；

（5）计算（-250，-31）平均市场调整过的换手率；

（6）用（4）-（5）即得到经过市场以及公司正常回报水平调整过的超额换手率（VOLUME，下文简称为超额交易量）。

四、实证结果

（一）描述性统计

作者首先对SOX法案前后的各变量进行描述性统计，分别报告了不同组别中各变量的均值和中位数及其差异情况。通过比较SOX法案前后 *RETURN_ANNOUNCE* 与 *RETURN_EPISOD* 的均值和中位数，发现：报表重述的市场反应在SOX法案前后均为负，但SOX法案后市场对重述反应的负面程度比SOX法案前显著降低。进一步，作者将 *RETURN_ANNOUNCE* 与 *RETURN_EPISOD* 每年的情况进行统计，发现非欺诈性的报表重述，在2002—2003年间负面的市场反应程度明显下降，而对于欺诈性的报表重述，则没有这样的趋势。描述性统计还显示，VOLUME在SOX后期显著下降。此外，SOX法案后期的报表重述所反映问题的严重程度也下降了。

（二）回归分析结果

1. 重述初期股票回报检验结果

作者对回归模型（1）进行参数估计，两个时间窗 *RETURN_ANNOUNCE* 与 *RETURN_EPISOD* 的回归结果显示，*POSTSOX* 的系数均显著为正，表明相对于SOX法案前，SOX法案后的重述所引起的股票市场负面影响减弱了。

2. 长期股价漂移检验结果

全样本中，SOX法案后首次重述公告后6个月，持有超额回报呈显著的负向漂移，但漂移不超过1年或2年。SOX法案后重述后的负面漂移明显低于SOX法案前。子样本检验中，SOX法案后超过30天才披露盈余影响的重述，在最初公告后6个月内，超额回报有着显著的负向漂移。以下三类重述——有欺诈性质的，有重大错报的最高四分位组，不清楚盈余影响的最高四分位组，在最初公告后6个月和1年内，超额回报有着显著的负向漂移。其他子样本均未呈现显著的负向漂移。但在盈余影响公告披露后，全样本和所有子样本的统计结果显示，股价漂移减小了但统计上没有证据表明显著异于0。以上实证结果表明，SOX法案后由重述引起的长期股价负向漂移比SOX法案前显著降低。最初公告后的股价漂移源于公司缓慢地释放重述信息，而不是投资者定价偏误。

作者采用Fama-French三因素模型进一步检验长期股价的漂移情况。全样本与子样本的检验结果均显示，SOX法案后的重述使股票月回报有着明显的负向漂移，与前述持有超额回报检验结果并不一致。然而，与前述检验结果相同的是，SOX法案后股票回报负向漂移显著低于SOX法案前。总之，买入并持有超额回报和三因子模型的检验结果都表明，SOX法案后尽管重述大量增加了，但投资者的定价效率却更高。

3. 交易量检验结果

对SOX法案后重述公告前后三天交易量，本文用模型（3）进行了回归分析，回归结果显示，*POSTSOX* 系数为正，但并不显著异于零。交易量没有显著增加，检验结果没有提供投资者意见不一致的证据。

4. 稳健性检验结果

作者进行了一系列的稳健性检验：（1）加入重述特征交互项 *MAG×FRAUD*；（2）增加 SOX 法案后会计报告中监控力度增强的四类事项[①]作为虚拟变量；（3）以重述公司每月股票回报的均值替代中位数；（4）更换事件的研究窗口；（5）重新限制样本范围。检验表明，结论没有发生变化。

五、结论

本文通过考察 SOX 法案前后股价和交易量的变动情况，研究了 SOX 法案后重述对市场的影响。作者发现 SOX 法案后重述初期股票价格比 SOX 法案前负面反应更小，SOX 法案后重述没有引起长期股价漂移。重述导致的 SOX 法案后股价负面漂移比 SOX 法案前更小，市场定价效率显著更高。作者检验重述公告前后交易量增长情况，没有发现 SOX 法案后投资者意见分歧增加的证据。

本文的研究结果减轻了对 SOX 法案后重述引起投资者困惑的担忧。然而，本文研究关注的只是重述公司自身的资本市场后果，但 SOX 法案后的大量重述可能会影响整个资本市场的投资者信心。故本文认为，将来可进一步检验重述的宏观影响，或者是监管者担忧的其他方面，如：编制重述的成本。

从准则制定的角度来看，研究结果显示投资者能够适应越来越多的重述，为了更好地了解投资者是否有能力处理其他类型的财务报表修正，将来可进一步探讨由于会计准则或者报告主体中发生变化的会计修正。2005 年，由于会计准则发生变化，公司开始修改前期的财务报表，那么投资者适应程度的证据将会帮助准则制定者决定是否应推行更多的追溯调整。

（整理人：盛巧玲）

主要参考文献

[1] Burks, J. J. 2010. Disciplinary measures in response to restatements after Sarbanes - Oxley. *Journal of Accounting and Public Policy*, 29 (3): p. 195 - 225.

[2] Files, R., E. P. Swanson, and S. Tse. 2009. Stealth disclosure of accounting restatements. *The Accounting Review*, 84 (5): p. 1495 - 1520.

[3] Gordon, E. A., E. Henry, M. Peytcheva, and L. Sun. 2008. Disclosure credibility and market reaction to restatements. Working paper, Rutgers University.

[4] Garfinkel, J. A., and J. Sokobin. 2006. Volume, opinion divergence, and returns: A study of post - earnings announcement drift. *Journal of Accounting Research*, 44 (1): p. 85 - 112.

① 四类事项指：(1) 安达信事务所倒塌后其客户重新审计。(2) 经理人必须证明财务报表符合 SEC No. 4 - 460 的规定。(3) 经理人必须证明财务报表符合 SOX 302 条款的规定。(4) 经理人必须按照 SOX 404 条款评估内部控制的有效性。

[5] Hennes, K. M., A. J. Leone, and B. P. Miller. 2008. The importance of distinguishing errors from irregularities in restatement research: The case of restatements and CEO/CFO turnover. *The Accounting Review*, 83 (6): p. 1487 - 1519.

[6] Impacts, Regulatory Responses, and Remaining Challenges. GAO - 03 - 138. Washington, D. C.: GAO. 2006. Financial restatements: update of public company trends, market impacts, and regulatory enforcement activities. *GAO - 06 - 678. Washington, D. C.: GAO.*

[7] Lyon, J. D., B. M. Barber, and C. Tsai. 1999. Improved methods for tests of long - run abnormal stock returns. *The Journal of Finance*, 54 (1): p. 165 - 201.

[8] Palmrose, Z. - V., V. J. Richardson, and S. Scholz. 2004a. Determinants of market reactions to restatement announcements. *Journal of Accounting and Economics*, 37 (1): p. 59 - 89.

[9] Plumlee, M., and T. L. Yohn. 2010. An analysis of the underlying causes attributed to restatements. *Accounting Horizons*, 24 (1): p. 41 - 64.

[10] Scholz, S. 2008. The changing nature and consequences of public company financial restatements. The U. S. Department of the Treasury.

[11] U. S. Government Accountability Office (GAO). 2002. Financial statement restatements: trends, market impacts, regulatory responses, and remaining challenges. *GAO - 03 - 138. Washington, D. C.: GAO.*

§2－35 快速申报要求和 SOX 404 条款是否影响 10－K 报表的及时性？

Did Accelerated Filing Requirements and SOX Section 404 Affect the Timeliness of 10－K Filings?

文献来源：Impink, J., M. Lubberink, B. Praag, and D. Veenman. 2012. Did Accelerated Filing Requirements and SOX Section 404 Affect the Timeliness of 10－K Filings? *Review of Accounting Studies*, 17 (2): 227－253.

【摘要】 本文考察了 SOX 相关规定对 10－K 报表披露及时性的影响。研究发现，"加速申报"和"大型加速申报"企业申报期限的缩短与申报延迟的变化并没有显著关系。进一步研究表明，虽然 404 条款对内控有效的企业的申报及时性没有影响，但是披露了内控缺陷的企业中有一半的企业发生了披露延迟。并且，存在 404 条款所定义的重大缺陷的企业在 10－K 报表披露之前的延迟预告窗口有显著为负的超额市场回报。最后，管理层没有对延迟披露作出有力解释的企业，在延迟预告窗口期间的负面市场反应更强。

一、研究问题

（一）问题的提出

本文研究的主要问题是：(1) SOX 法案后，企业财务报表申报期限的变化和 SOX 404 条款内控披露要求是否影响年度财务报表（10－K）申报的及时性？(2) 申报延迟预告的市场反应如何？(3) 发生申报延迟的企业在延迟预告（12b－25 表格）中对延迟原因的解释是否影响延迟披露的 10－K 报表的市场反应？

本文的逻辑框架见图 2－35。

（二）研究意义

年度财务报表披露的及时性是会计研究领域的重要话题。SOX 法案的出台不仅缩短了 10－K 报表的申报期限，而且 SOX 404 条款中对内控披露的严苛要求直接增加了企业的遵循成本。SOX 法案之后，10－K 报表申报的及时性是否受到影响以及申报延迟是否影响投资者的决策都是很重要的研究话题。本文的研究有助于监管者和投资者评估 SOX 法案的相关影响，因而具有重要意义。

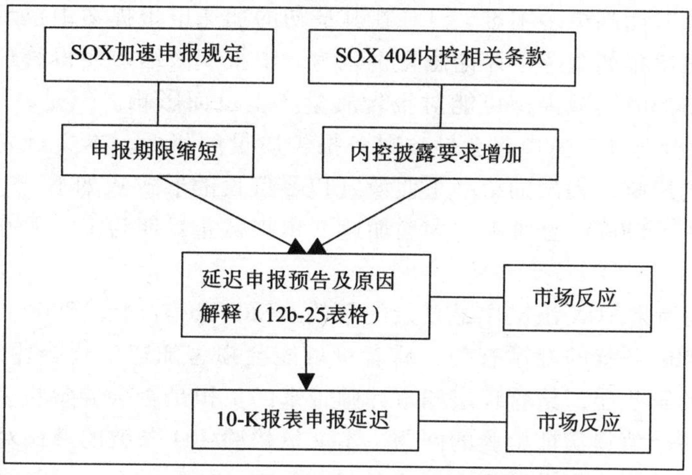

图 2-35　加速申报、SOX 404 条款与 10-K 报表申报延迟

（三）主要贡献

首先，本文丰富了 10-K 报表申报延迟和 12b-25 表格经济后果方面的文献。其次，本文提供了 SOX 法案关于加速申报截止日期规定的影响方面的证据，研究发现，申报期限的变化与申报延迟没有显著关联。第三，本文检验了延迟申报 12b-25 表格的两种解释的市场反应，即 SOX 内控相关原因和缺乏有意义的解释的情况，这是以前文献没有检验过的。最后，本文也丰富了 SOX 404 条款（包括申报截止日期）和内控缺陷披露的经济后果方面的文献。

二、理论分析

（一）制度背景和监管变化

SEC 规定了在美注册的企业申报年报和季报的期限。对于财务年度在 2003 年 12 月 15 日之前结束的企业，年度财务报表（10-K）的法定截止日期是年度结束后 90 天，季度财务报表（10-Q）的法定截止日期是季度结束后 45 天。SOX 409 条款缩短了申报期限，要求财务年度结束日在 2003 年 12 月 15 日或之后的“加速申报”企业，在年度结束后 75 日（40 日）内申报年报（季报）；财务年度结束日在 2006 年 12 月 15 日或之后的“大型加速申报”企业（公众持股市值超过 7 亿美元），在年度结束后 60 日内申报；“加速申报”和“大型加速申报”企业的季度报告须在季度结束后的 40 日内申报。证券交易法 12b-25 条款还规定，不能及时申报的企业应当在截止日到期后的一个工作日内提交 12b-25 表格告知证监会，并解释延迟申报的原因。企业提交 12b-25 表格后将自动为 10-K（10-Q）报表获得 15 天（5 天）的展期。未及时申报可能导致停牌或者退市。

（二）研究假设

申报期限的缩短旨在让投资者更及时地获得相关信息，但是也使得管理层和审计师在遵循加速申报条款时面临更多困难。SEC 在其最初的加速申报提案中也承认，申报期限的缩短可能增加延迟申报的概率。评论意见也认为，申报期限缩短使得管理层、审计师和董事会审核相关报告的时间减少，可能对报告质量产生负面影响。但是，Krishnan and Yang（2009）的研究没有发现加速申报会导致财务报告质量的降低。本文首先考察申报期限的缩短对申报延迟的影响，提出的第一个假设（以零假设的形式）如下：

假设 1：2003（2006）的加速（大型加速）申报截止日期与 10 - K 申报延迟的概率增加无关。

404 条款被认为是 SOX 法案中最复杂的条款。Ettredge et al.（2006）的证据表明，审计延迟的增加与 404 条款的遵循有关，后者也可能会损害加速申报企业及时申报的能力。在 404 条款生效的第一年，给管理层和审计师带来的负担是否会导致更多申报延迟及对申报展期的要求是一个值得实证检验的问题。本文欲检验 404 条款的遵循对 10 - K 报表及时性的影响，提出的第二个假设（以零假设的形式）如下：

假设 2：遵循 SOX 404 条款与申报延迟的增加无关。

当然，延迟申报本身也反映出内控的有效性。内控的职能就是确保财务报告的可靠性，较弱的内部控制可能导致审计师的工作范围扩大，从而管理层和审计师需要更多时间来准备 10 - K 报表（Hogan and Wilkins，2008）。本文拟对存在重大内控缺陷企业与内控有效的企业在申报及时性方面的差异进行检验。如果延迟披露是内控不足导致的一个结果，那么在需遵循 404 条款的年份，存在重大缺陷的企业更有可能发生申报延迟。因此，本文提出第三个假设（以零假设的形式）如下：

假设 3：与未报告重大缺陷的企业相比，报告了重大内控缺陷的企业延迟申报的可能性不会更大。

在 12b - 25 表格的第三部分，管理层需对不能准时申报的原因作出解释。过去的研究显示，12b - 25 表格的平均市场反应为负，并且反应的大小与管理层提供的解释有关（Feldman et al.，2006；Bryant - Kutcher et al.，2007）。本文在前人研究的基础上增加了对“未披露解释”和 SOX 内控相关解释的分析。如果延迟申报与 SOX 404 条款定义的重大缺陷有关，那么 12b - 25 表格的解释可能会在 10 - K 报表披露前泄漏内控有效性方面的信息。Beneish et al.（2008）发现，302 条款的披露导致了负面市场反应，但是没有发现 10 - K 报表中 404 条款定义的重大缺陷的披露有价格反应。然而，如果延迟披露与内控缺陷有关，而市场却对 10 - K 报表中 404 条款重大缺陷的披露没有明显的价格反应，则可能是因为相关信息在 12b - 25 表格中已经提前泄漏。本文拟检验 12b - 25 表格中 SOX 内控相关解释的市场反应，提出如下的假设（以零假设的形式）：

假设 4：在 12b - 25 表格中披露重大缺陷不会导致负面的股价反应。

由于对延迟原因的解释没有明确规定或指南，12b - 25 表格中对延迟原因的解释可以很简短也可以很详细。过去的实证证据表明，管理层有延迟披露坏消息的倾向（例如 Kothari et al.，2009）。同样的，管理层在申请延迟披露时，也可能隐藏坏消息而未能在 12b - 25 表格中提供有意义的解释。因此，作者预期不对延迟原因作有意义的解释可以解读为坏消息，并提出最后一个假设（以零假设的形式）：

假设 5：在 12b - 25 表格中对申报延迟未作解释不会导致负面的股价反应。

三、样本选择和研究设计

（一）样本选择

本文选取标准普尔（Compustat）基础年度数据库中在纽约证券交易所（NYE）、美国证券交易所（AMEX）和纳斯达克（NASDAQ）上市，并且财务年度结束日在1999年12月31日到2006年12月31日之间的所有上市公司，剔除了数据缺失的样本，最后获得38 414个公司年观察值；由于其他变量部分数据也存在缺失，最后进入回归分析的样本为36 876个。

作者从审计分析数据库（Audit Analytics）的未及时申报者信息和分析表中获得了延迟申报公告（即12b－25表格）的数据。该数据库包含了2000年以来未及时申报10－K报表的数据及对延迟原因的解释。在所选的38 414个样本中，有3 207个样本发布了延迟公告。另外通过EDGAR数据库补充了85个未及时申报样本，最后获得3 292个向SEC要求延迟申报的样本（即申报了12b－25表格的样本）。

为了确认延迟申报，作者首先通过确定财务年度结束日来计算申报截止日期。若财务年度结束日在2003年12月15日或之后，本文将市值（在第二季度末计算）超过7 500万美元的非小型申报企业界定为“加速申报”企业；若财务年度结束日在2006年12月15日或之后，则将市值大于7亿美元的企业界定为“大型加速申报”企业。加速申报企业的申报截止日期为财务年度结束后75天，大型加速申报企业为财务年度结束后60天，剩余样本为财务年度结束后90天。通过比较截止日期和实际申报日期，本文确定了4 217个10－K报表延迟申报的观察值。

但是，由于本文是用总市值来区分“（大型）加速申报”企业和其他企业（总市值往往大于或等于“公众持股”价值，即market value based on public float），前述方法可能导致“（大型）加速申报”企业的数量被高估。作者手工排除了798个被错误分类的观察值，最后确定了3 419个实际申报日期晚于法定截止日期的观察值。

（二）对12b－25表格解释的分类

审计分析数据库将12b－25表格中的解释分为62类。本文发现3 207家延迟申报样本在其12b－25表格中提供了7 231条理由，即平均每个样本（firm－year）有2.25条理由。作者将审计分析数据库的62类（7 231条解释）归为5类（3 922条解释）。前四类借鉴了Alford et al.（1994）的分类，分别是：会计/审计问题、资产购置/处置、财务困境及其他。当管理层将延迟申报的原因归咎于SOX内控评价、缺陷识别或两者兼有时，本文将其归为会计/审计问题。另外，本文增加了第五个分类“未披露解释”，即未作有意义的解释。对于审计分析数据库中没有，而在EDGAR找到的85个额外的12b－25表格申报样本，作者对其披露的解释进行手工分类，结果是：45条会计/审计问题相关的解释，15条资产收购/处置方面的解释，3条财务困境，45条其他，7条未披露。加上审计分析数据库获得的3 207个样本的3 922条解释，共获得3 292个样本和4 016条解释。

（三）回归模型

多元回归分析控制了影响申报及时性的企业特征。规模较小的企业更有可能延迟申报（Alford et al.，1994；Bryant – Kutcher et al.，2007）。本文用年末市值的自然对数［ln（*MV*）］来控制企业规模。12b – 25 表格关于延迟申报的一类解释是财务困境，因此本文控制了资产负债率（*LEV*）（Alford et al.，1994）。延迟申报的企业往往业绩不佳（Alford et al.，1994），因此本文控制了财务年度股价变动（*BHAR*）和是否发生亏损（*LOSS*）。另外，三个交易所的延迟申报规则不同，用两个虚拟变量（*AMEX* 和 *NASDAQ*）来控制交易所的影响。

Ge and McVay（2005）和 Doyle et al.（2007）发现，报告重大内控缺陷的企业其业务复杂程度更高、规模更小、会计盈余更低，并且更有可能聘请大型会计师事务所。本文用虚拟变量（*BIGN*）来控制企业是否聘请 N 大会计师事务所，并且预计大型事务所及时申报相关报表的压力更大。业务复杂程度影响收集和核实信息所需的精力从而影响申报及时性，本文用报告分部数量（*BUSSEG*）衡量复杂程度。过去的文献也发现内控缺陷与并购重组等活动有关，管理层在解释延迟申报的理由时也会提到这方面的原因，因此本文控制了并购（*M&A*）和重组（*RESTRUCT*）变量。审计师变更也可能影响内控缺陷（Ashbaugh – Skaife et al.，2007）和报告及时性（Schwartz and Soo，1996），因此本文也控制了审计师变更（*ΔAUDITOR*）。最后，8 – K 报表会披露破产、清算、重大损失和控制变动等事项，与 Alford et al.（1994）一样，作者预测重大经济事项的数量（*FILINGS_8K*）对申报延迟也有影响。

综上所述，本文构建下面的模型来检验延迟申报的影响因素：

$$NEWLATE_{it} = \beta_0 + \beta_1 ln(MV_{it}) + \beta_2 LEV_{it} + \beta_3 BHAR_{it} + \beta_4 LOSS_{it} + \beta_5 AMEX_{it} + \beta_6 NASDAQ_{it} + \beta_7 BIGN + \beta_8 BUSSEG + \beta_9 M\&A_{it} + \beta_{10} RESTRUCT + \beta_{11} \Delta AUDITOR_{it} + \beta_{12} FILINGS\_8K_{it} + \varepsilon_{it} \quad (1)$$

四、回归结果

（一）加速申报和 SOX 404 条款对 10 – K 报表及时性的影响

模型（1）是基础回归，其结果显示，与预测一致，规模较小和负债率较高的企业更有可能延迟申报；业绩较差的企业也更多地发生申报延迟。聘请大型事务所当年延迟申报的可能性并没有减少，发生并购、业务复杂程度较高的企业更容易发生申报延迟。重组活动（*RESTRUCT*）及 8 – K 报表中披露的重大经济事件数量（*FILINGS_8K*）增加了申报延迟的概率。

为了检验加速申报和 SOX 404 条款的影响，作者在模型（1）a 中加入变量 *AF*2003（2003 年加速申报）和 *LAF*2006（2006 年大型加速申报）。结果发现，*AF*2003 对申报延迟并没有显著影响，*LAF*2006 则与申报延迟显著正相关，说明之前准时申报的大型加速企业在申报期限缩短至 60 日后更有可能发生申报延迟。

坊间有证据指出，大型加速企业在 2006 财务年度的申报延迟与 2006 年发现的期权回溯丑闻（options backdating scandal）有关（Graybow，2007；Taub and Cook，2007）。作者从华尔街日报（2007）收集了与期权回溯有关的公司清单并在回归模型中纳入虚拟变量*BD*2006（在期权回溯清单的公司取1，其他取0）。73家清单企业中有36家属于大型申报企业。模型（1）b将该变量纳入回归，结果*LAF*2006对因变量的影响不再显著。该结果表明，排除了期权回溯的影响后，申报期限的缩短并没有导致延迟申报的增加。

模型（1）c增加了*IC*2004—2006等3个虚拟变量，若企业在相应的年份需遵循SOX 404条款则该变量取1，否则取0。结果发现，三个虚拟变量的系数都显著为正，表明遵循内控条款增加了申报延迟的概率。但是在控制了重大内控缺陷［模型（1）d中纳入*MWIC*与*IC*2004—2006的交乘项，即*MWIC*×*IC*2004—2006］后，*IC*2004—2006的系数不再显著，*MWIC*×*IC*2004—2006的系数则显著为正，表明只有当存在重大内控缺陷时，遵循404条款才会增加延迟申报的可能性。

（二）12b－25表格及延迟解释的市场反应

通过计算申报当天和第1天，即（0，1）窗口的累计超额回报，本文检验了12b－25表格的市场反应。日超额回报是指CSRP的日除权初始回报与交易所（NYSE/AMEX/NASDAQ）年度截止日规模相近企业日平均回报之差（CSRP的“erdport1”文件）。选择（0，1）作为事件窗是因为测试表明对12b－25表格的反应主要集中在这两天。样本期间有2 793个样本披露了12b－25表格，并且10－K报表在12b－25表格披露后至少两天才披露。虽然12b－25表格允许披露多个理由来解释延迟原因，但是统计发现，80%的样本只陈述了某一类理由。

总样本的平均价格反应（*CARNT*）是－1.03%。每一类解释的市场反应都显著为负，其中财务困境的负面市场反应最为强烈（－2.11%），会计/审计问题的反应最小（－0.83%），资产收购/处置、未披露和其他原因的平均价格反应分别为－1.46%、－1.44%和－1.16%。

如前所述，会计/审计问题包括SOX内控相关解释：302条款实施问题或404条款的内控要求，财务报告内控（ICFR）相关的重大缺陷，或披露控制（disclosure control）准备。本文设定了虚拟变量*ICSOX*，当申报延迟是因为SOX内控相关问题时取1，否则取0。另外，作者将会计/审计问题分为包含*ICSOX*解释的延迟和未包含*ICSOX*解释的延迟两组，结果发现非*ICSOX*的会计/审计相关原因的延迟其*CARNT*并不显著异于0，而*ICSOX*的会计/审计相关申报的平均*CARNT*为－1.28%，并且在1%的水平上显著。对SOX相关解释进一步分类发现，实施SOX相关条款和解释重大缺陷的*CARNT*分别为－1.13%和－1.135%，并且都在5%的水平上显著。

（三）重大缺陷市场反应的补充检验

本文进行了两个补充检验。首先，检验12b－25表格中*ICSOX*相关解释的市场反应与随后的10－K报表中实质性缺陷的披露之间的关系。该检验以一个预测404条款重大缺陷的模型为基础（Ge and McVay，2005；Ashbaugh－Skaife et al.，2007；Doyle et al.，2007），并增加了12b－25表格申报者的虚拟变量（未申报12b－25表格则取0），以及

CARNT 和 *ICSOX* 的交乘变量。在控制了其他变量后，回归结果显示，12b－25 表格申报与重大内控缺陷的披露显著正相关（p 值 <0.01）；*ICSOX* 变量的系数也显著正相关，表明 *ICSOX* 相关解释增加了重大缺陷的披露概率。另外，*ICSOX*×*CARNT* 的系数显著为负，表明 *ICSOX* 相关解释的负面市场反应越强烈，则 10－K 报表中披露重大缺陷的概率越大。

其次，作者检验了预先申报 12b－25 表格与随后的 10－K 报表中披露重大缺陷的市场反应之间的关系。平均而言，未披露重大缺陷的样本在 10－K 报表披露的（0，1）窗口有 －0.13% 的累计超额回报。如果将样本分为预先申报了 12b－25 表格的组（n＝533）和未预先申报该表格的组（n＝541），则 10－K 报表的市场反应分别为 0.30% 和 －0.47%。这两组样本的市场反应有显著差异，表明预先在 12b－25 表格中披露重大缺陷有助于缓解 10－K 报表中正式披露重大缺陷带来的负面市场反应。对影响 10－K 报表延迟申报市场反应的因素的多元回归分析也表明，重大缺陷的及时披露能够显著降低延迟申报时的负面市场反应。

五、结论

本文考察了 10－K 报表申报的及时性。受 SOX 法案后财务报告披露截止期限的监管变化的启发，本文检验了 2003 年和 2006 年生效的申报截止日期变化和 2004 年生效的内控披露条款对 10－K 报表申报及时性的影响。另外，作者还检验了申报延迟原因不同解释的市场反应，特别是市场对 SOX 遵循和内控缺陷方面引起的延迟的反应。

通过对 1999—2006 年 10－K 报表披露及时性的考察，作者发现，9% 的样本公司发生了延迟申报，这些延迟申报中有 94% 的样本通过申报 12b－25 表格将延迟申报告知了 SEC。研究没有发现 2003 年和 2006 年的加速申报条款对 10－K 报表申报的及时性有显著影响。进一步的，本文发现，对延迟申报未能作出有意义的解释可能导致负面的市场反应；在 12b－25 表格中阐述内控相关解释的样本有显著为负的市场反应。但是，预先披露内控缺陷能够缓解 10－K 报表正式披露重大缺陷后的负面市场反应的程度。这些结果表明，404 条款重大缺陷的披露能够影响投资者决策。未来研究 404 条款披露要求的市场反应时，应考虑延迟申报预告（12b－25 表格）可能产生的超前影响（Preemptive effect）。

（整理人：刘瑾）

主要参考文献

［1］ Alford, A. W., Jones, J. J., & Zmijewski, M. E. 1994. Extensions and violations of the statutory sec form10－K filing requirements. *Journal of Accounting and Economics*, 17（1－2）, p. 229－254.

［2］ Ashbaugh－Skaife, H., Collins, D. W., & Kinney, W. R., Jr.（2007）. The discovery and reporting of internal control deficiencies prior to sox－mandated audits. *Journal of Accounting and Economics*, 44（1－2）, p. 166－192.

［3］ Beneish, M. D., Billings, M. B., & Hodder, L. D. 2008. Internal control weaknesses and informationun certainty. *The Accounting Review*, 83（3）, p. 665－703.

[4] Bryant - Kutcher, L., Peng, E. Y., & Zvinakis, K. 2007. The impact of the accelerated filing deadline ontimeliness of 10 - K filings. Working paper, Colorado State University.

[5] Doyle, J., Ge, W., & McVay, S. 2007. Determinants of weaknesses in internal control over financialreporting. *Journal of Accounting and Economics*, 44 (1 - 2), p. 193 - 223.

[6] Ettredge, M. L., Sun, L., & Li, C. 2006. The impact of SOX section 404 internal control quality assessment on audit delay in the SOX era. *Auditing: A Journal of Practice & Theory*, 25 (2), p. 1 - 23.

[7] Feldman, R., Rosenfeld, B., Lazar, R., Livnat, J., & Segal, B. (2006). Computerized retrieval and classification: An application to reasons for late filings with the Securities and Exchange Commission. *Intelligent Data Analysis*, 10 (2), p. 183 - 195.

[8] Ge, W., & McVay, S. (2005). The disclosure of material weaknesses in internal control after the Sarbanes - Oxley act. *Accounting Horizons*, 19 (3), p. 137 - 158.

[9] Hogan, C. E., & Wilkins, M. S. (2008). Evidence on the audit risk model: Do auditors increase audit feesin the presence of internal control deficiencies? *Contemporary Accounting Research*, 25 (1), p. 219 - 242.

[10] Kothari, S. P., Shu, S., & Wysocki, P. D. 2009. Do managers withhold bad news? *Journal of Accounting Research*, 47 (1), p. 241 - 276.

[11] Krishnan, J., & Yang, J. S. 2009. Recent trends in audit report and earnings announcement lags. *Accounting Horizons*, 23 (3), p. 265.

[12] Schwartz, K. B., & Soo, B. S. 1996. The association between auditor changes and reporting lags. *Contemporary Accounting Research*, 13 (1), p. 353 - 370.

§2-36 SOX 法案与外国公司对债券市场的选择

The Sarbanes-Oxley Act and the Choice of Bond Market by Foreign Firms

文献来源：Gao，Y. 2011. The Sarbanes-Oxley Act and the Choice of Bond Market by Foreign Firms. *Journal of Accounting Research*，49（4）：933-968.

【摘要】这篇文章通过对比 SOX 法案执行期前后外国公司（非美国公司）对债券市场的选择来检验法案的经济后果。在控制了公司特征、债券特征、公司所在国特征和市场情况之后，作者发现外国公司在 SOX 法案之后减少了在美国公共债券市场发债。进一步研究发现：在美国证券市场上市、遵循国际会计准则（IFRS），以及发行大量债券的外国公司在后 SOX 法案时期更可能会选择美国公共债券市场（U.S. public bond market）发债。本文首次为 SOX 法案如何影响债务融资策略以及改变国际债券市场的资本流动提供了证据。

一、研究问题

（一）问题的提出

非美国公司（后文称为外国公司）可以通过三个债券市场来借美元：美国公共债券市场（U.S. public bond market，同时也被称为 Yankee bond market）、欧洲美元（the Eurodollar）债券市场和 144A 条例（Rule 144A）债券市场。美国公共债券市场受到美国证券法、SEC 以及美国法律体系的监督。1933 年美国证券法规定，在美国公共债券市场发行债券的公司，首先要在 SEC 注册，并且提供募集说明书，包括发行前两年的财务报告。这份募集说明书通常要比发行人母国的披露要求更加详细。比如，净收益和股东权益必须要符合美国的公认会计准则（GAAP）。1934 年证券法进一步规定，发行人必须在发行债券之后披露补充信息和定期报告。SOX 法案覆盖了所有向 SEC 登记的公司。因此，美国公共债券市场的发行人必须遵循 SOX 法案的要求进行申报。而欧洲美元和 144A 条例债券市场相比美国公共债券市场，管理较松。欧洲美元市场向美国以外的国家发行美元主导的债券，因为该市场不属于任何一个国家的管辖，所以也不受到 SOX 法案的影响。144A 条例债券市场允许公司在美国发行美元主导的债券，但是不需要在 SEC 登记，这个市场的发行人也不受 SOX 法案的影响。

上述三个债券市场的特征为作者检验 SOX 法案如何影响外国公司对债券市场的选择行为提供了一个独特的制度背景。具体的，本文主要的研究问题是：（1）在 SOX 法案实施前后，外国公司对债券市场的选择是否发生变化；（2）影响在美国公共债券市场发债的几个主要因素［包括：在美国上市、遵循国际会计准则（IFRS）、发行大量债券等］是否会随着 SOX 法案的执行也相应发生变化。

本文的逻辑框架见图 2－36。

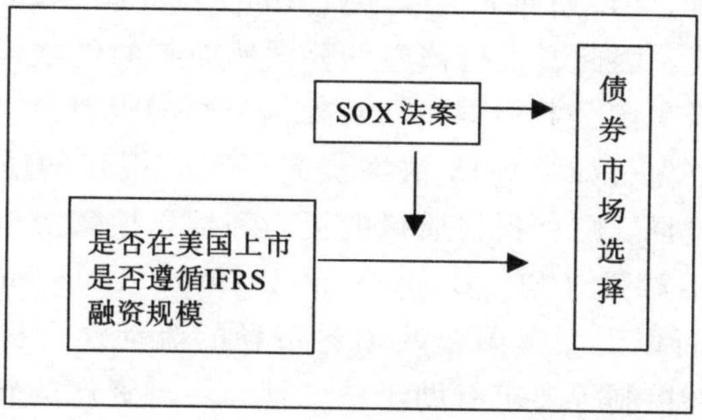

图 2－36　SOX 法案对外国公司选择债券市场的影响

（二）研究意义

本文首次检验了 SOX 法案如何影响公司债务融资的选择以及如何改变国际债券市场间的资本流动。美国债券市场是仅次于欧洲市场的为外国公司提供公共债务融资的第二大市场，据统计，相比美国权益资本市场，美国公共债券市场为外国公司提供更多的资金，所以增加对债务融资市场的认识与研究是非常有必要的。此外，本文的研究对象是非美国公司，使人们注意到 SOX 法案不仅影响到美国公司，还会影响其他国家的公司。同时，在 SOX 法案执行以后，对于政策的制定者、学者及其他参与者来说，一个比较重要的课题就是美国的债券市场是否仍然具有竞争力。如果 SOX 法案使得外国公司在美国发行债券减少，那么会给美国投资者和外国公司都带来影响。

（三）主要贡献

首先，扩展了人们对 SOX 法案经济后果的研究。以往的很多研究都是检验 SOX 法案对上市公司及股票市场的影响，而本文则侧重于从债券市场入手。特别的，为了避免权益资本市场的溢出效应，作者采用外国公司作为研究对象。已有的对权益融资的认识不能推广到 SOX 法案对债务融资的影响，因为 SOX 法案对债权人和股权人的影响不同（Defond et al.，2011）。同样，因为母国制度的差异，也不能从 SOX 法案对本国债券发行人的影响推广到对外国公司债券发行人的影响，所以本文有增量贡献。其次，本文与交叉上市以及采用国际会计准则等文献相联系，补充了现有文献。

二、理论分析

SOX 法案对于在美国公共债券市场发行债券的公司来说既产生成本，也可以带来好处。

从成本角度分析，为了执行 SOX 法案，美国公共债券市场发行人与美国上市公司及国外交叉上市的公司一样，都要承担高昂的合规成本，以及面临核心经营精力被分散、创新精神被抑制等问题（如，Solomon et al.，2004；Butler and Ribstein，2006），进而损害公司价值。此外，因为 SOX 法案是为了更好地统一管理层和股东的利益，可能会加剧股东和债权人的利益冲突（如，Chava et al.，2009；DeFond et al.，2011），而附加于债权人身上的任何成本都会被定价，因此，发行债券的公司所面临的借款成本会提高。基于上述原因，SOX 法案或许会降低美国公共债券市场对外国公司的吸引力。①

从收益角度分析，首先，如果 SOX 法案提高了财务报告的质量，那么债权人更容易对公司的信用风险进行监督。财务报告质量的提高和信息披露质量的提高有助于降低债权人与债务人之间的信息不对称（如，Healy et al.，1999；Leuz and Verrecchia，2000）。可以预见，在 SOX 法案执行以后，美国公共债券市场的流动性会提高。其次，SOX 法案的反舞弊条款以及加强内部控制等要求有助于减少管理层对资产的转移，降低违约风险。这是因为，诉讼风险的增加以及管理层所面临的惩罚会降低他们对风险的偏好，从而减轻债务合约中的代理问题。这些都会使债权人降低借款成本。以上两点就是 SOX 法案为在美国公共债券市场发债的公司可能带来的好处。

综上所述，外国公司在 SOX 法案执行之后，是否选择美国公共债券市场，其实是一个成本收益权衡的过程。作者在这里没有给出明确的预期。如果净收益为正，那么其将会选择留在（或进入）美国公共债券市场，否则就会离开。具体结论如何，需要实证结果来验证。

三、样本选择和研究方法

（一）样本选择

债券数据来源于 Thomson Financial ONE Banker’s deal 数据库，作者选取了 1990—2006 年间发行不可转换债券的非财务公司为样本。因为要获得财务数据，所以样本只能选择上市公司。此外，样本中还不包括具有买入期权的 80 个样本以及 159 个在 Worldscope data 数据库中没有母国信息的样本。经过这些筛选流程，最终得到有效样本为 804 家公司发行的 1686 笔债券。

（二）研究设计

本文选择了美国公共债券市场（*Yankee* = 1）、欧洲美元以及 144A 条例三大债券市场作为研究对象，后两者作为不需执行 SOX 法案的参照组（*Yankee* = 0）。本文采用了如下 logit 模型来检验 SOX 法案对债券市场选择的影响：

$$Prob(Yankee=1)=F[\beta_0+\beta_1\times Post\_SOX+\beta_2\times ADR+\beta_3\times IFRS+\beta_4\times Firm\_Size+\beta_5\times$$

① 但是这里值得注意的是，在美国公共债券市场发债的外国公司与在美国交易所上市的公司在执行 SOX 法案时存在一些差别。后者股票所有权非常分散，如果想要规避 SEC 的报告要求或逃避 SOX 法案，成本非常高；而在美国公共债券市场上的债务发行人，按照规定当公司少于 300 个美国实益持有人（beneficial holder）或者少于 500 个美国实益持有人同时少于 1 000 万美元的资产，就可以暂缓向 SEC 申报及执行 SOX 法案。这说明债务发行人可以用较低的成本规避向 SEC 申报材料并且停止执行 SOX 法案。

$Bond\_Size + \beta_6 \times Rating\_High + \beta_7 \times Rating\_Medium + \beta_8 \times Rating\_None + \beta_9 \times Bond\_Life + \beta_{10} \times Senior + \beta_{11} \times Put + \beta_{12} \times Creditor\_Right + \beta_{13} \times Disclosure + \beta_{14} \times Dev + \beta_{15} \times CA + \beta_{16} \times EU + \beta_{17} \times Index\_Diff\_Euro + \beta_{18} \times Index\_Diff\_144A]$ (1)

因变量为是否在美国公共债券市场发行债券的虚拟变量。

主要自变量 *Post_SOX*，如果样本是在 SOX 法案实施之后，取值为 1，否则为 0。

控制变量包括以下几部分：

（1）公司特征：是否在美国上市（*ADR*）、是否采用 IFRS（*IFRS*）、公司规模（*Firm_Size*）；

（2）债券特征：债券面值（*Bond_Size*）、债券评级（*Rating_High*，*Rating_Medium*，*Rating_None*）、债券期限（*Bond_Life*）、是否是高级别债券（*Senior*）以及是否是具有看跌期权（put option）的债券（*Put*）；

（3）母国特征：债权人保护水平（*Creditor_Right*）、披露需求（*Disclosure*）、母国经济发展水平（*Dev*）、母国是否为加拿大（*CA*）（加拿大的公司更倾向于在美国发行债券）、公司是否在发债的时候是欧盟成员（*EU*）；

（4）市场情况：债券发行一个月前美国债券市场的指数回报（index return）与欧洲美元（或 144A 条例）债券市场的指数回报的差（*Index_Diff_Euro*，*Index_Diff_144A*）。

四、实证结果

（一）描述性统计

作者统计了美国公共债券市场与非美国公共债券市场两组样本的各个自变量的均值，以及在 SOX 法案前后各市场的变量的变化情况。从整体数据来看，在美国公共市场发行债券的公司更可能同时在美国证券市场上市、资产规模更大、债券发行额更大、未评级的债券更少、评级债券的级别更高以及债券还款年限更长。债券发行人的母国的投资者保护会更强、披露的要求更严格或者经济更发达。加拿大的公司更可能选择美国债券市场，但欧盟成员国更喜欢另外两个市场。按照 SOX 法案前后分别考察，绝大部分上述特征没有太大变化，仅母国投资者保护及欧盟成员国偏好等指标在 SOX 法案后期不显著。

描述性统计结果还显示：对全体样本来说，SOX 法案执行后，在美国上市的公司数量、公司的规模和披露的水平都有所提高；上述变化在美国公共债券市场发债的样本组中更显著。

（二）回归分析结果

1. SOX 法案对在美国公共债券市场发债的影响

从模型（1）的回归结果看出，主要检验变量 *Post_SOX* 的系数显著为负，即 SOX 法案之后，在美国公共债券市场发行债券的外国公司减少。同时从概率分析来看①，SOX 法

① 即连续变量每增加一个单位或虚拟变量由 0 变到 1，选择美国公共债券市场的概率的变动。

案之后，选择美国公共债券市场的概率减小了大约86%。

2. 在美国上市、遵循IFRS、发行债券数量等因素对债券市场选择的影响：SOX法案前后比较

作者进一步将样本分为SOX法案前和SOX法案后两个子样本，分别进行回归，以此来分析影响债券市场选择的几个因素是否在SOX法案前后发生变化，并用卡方检验来显示两列的差异是否显著。结果表明：（1）在美国证券市场上市的公司在SOX法案前后都喜欢在美国公共债券市场发债，并且SOX法案之后，这个偏好更加明显，说明SOX法案的严格使没有在美国证券市场上市的外国公司离开了美国债券市场，原先就在美国股票和债券市场同时存在的公司，SOX法案对其的影响相应较小。（2）是否采用国际会计准则的公司在SOX法案之前对债券市场的选择没有显著差异，然而在SOX法案之后，这种差异较为明显，原因在于采用国际会计准则的公司，其遵循SOX法案的成本会较低。（3）发行债券规模越大的公司在SOX法案之后更倾向于在美国公共债券市场发债。正如上文分析的那样，SOX法案提高了市场的流动性，降低了公司的违约风险，进而降低了公司的债务成本。发行债券额越多的公司，节约的债务成本越多，所以对于发行债券额较多的公司留在美国公共债券市场的收益要超过成本。（4）作者还发现，欧元区成员国的债权人在SOX法案之后，更倾向于尽量避免在美国公共债券市场发债，这意味着，这些成员国因为要强制执行国际会计准则，所以有效地降低了他们在欧洲美元债券市场上发行债券的成本。

3. 稳健性检验

作者还进行了补充分析，将参照组区分为欧洲美元债券市场和144A条例市场，结论不变。并且作者发现SOX法案之后，债权人更愿意去欧洲美元债券市场，这主要是因为该市场是世界最大的债券市场且监管强度小于144A条例市场。

五、结论

通过实证检验，作者发现在SOX法案实施之后，外国公司更不愿意选择在美国公共债券市场上发行债券，但是如果这些外国公司在执行SOX法案之前同时也在美国上市，或者遵循IFRS，或者发债的规模较大，那么它们相对其他公司会在SOX法案之后更愿意选择美国公共债券市场。这些发现与SOX法案的执行对外国公司的成本收益分析是一致的，即若能够获得的收益大于成本，则会选择美国公共债券市场，否则会选择其他市场。实证分析显示，在SOX法案执行之后，是否在美国上市以及是否遵循IFRS成为外国公司选择债券市场的主要影响因素。

本文的局限性有以下几点：首先，本文的实证结果可能不仅仅是由于SOX法案本身的影响产生的，而很可能是由于在一系列丑闻发生之后，同时期美国的制度环境发生了改变，进而影响了外国公司对债券市场的选择，比如SEC的执法力度加强，公司被要求增加信息披露，以及对公司财务报告的检查更加严格等。其次，仅从一个事件研究来得出因果关系不太准确。最后，作者的研究设计仅考察了外国公司是选择在美国公共债券市场还是另外两个债券市场发行债券，没有考虑受SOX法案影响，公司可能还有其他选择，如在

本国债券市场发行债券（issue bonds locally）、向国际银团申请贷款（obtain international syndicated bank loans）、在传统私人市场上发债（place bonds in the traditional private market）或者以其他货币卖掉债券并且将收益换成美元（sell bonds in other currencies and swap the proceeds back to US dollars）。

（整理人：孙烨）

主要参考文献

[1] Butler, H. N., and L. E. Ribstein. 2006. The Sarbanes – Oxley Debacle: What We've Learned; How to Fix It. Washington, DC: The AEI Press.

[2] Chava, S.; D. Livdan; and A. Purnanandam. 2009. Do shareholder rights affect the cost of bank loans. *Review of Financial Studies*, 22, p. 2973 – 3004.

[3] Defond, M.; M. Hung; E. Karaoglu; and J. Zhang. 2011. Was the Sarbanes – Oxley Act good news for corporate bondholders? . *Accounting Horizons*, 2011, p. 465 – 485.

[4] Healy, P., A. Hutton, and K. Palepu. 1999. Stock performance and intermediation changes surrounding sustained increases in disclosure. *Contemporary Accounting Research*, 16, p. 485 – 520.

[5] Leuz, C., and R. Verrecchia. 2000. The economic consequences of increased disclosure. *Journal of Accounting Research*, 38, p. 91 – 124.

[6] Solomon, D., and C. Bryan – Low. 2004. Companies complain about cost of corporate – governance rules. *Wall Street Journal*, February 10, 2004, A1.

§2-37 财务报告质量对债务契约的影响：来自内部控制缺陷报告的证据

The Impact of Financial Reporting Quality on Debt Contracting: Evidence from Internal Control Weakness Reports

文献来源：Costello, A. M., and R. Wittenberg-moerman. 2011. The Impact of Financial Reporting Quality on Debt Contracting: Evidence from Internal Control Weakness Reports. *Journal of Accounting Research*, 49 (1): 97-136.

【摘要】 本文研究了财务报告质量如何影响债权人在几种监督机制间的选择。发现当公司披露内部控制重大缺陷时，债权人会减少在借款合同中使用财务约定事项（financial covenants）和以财务比率为基础的绩效定价条款（financial-ratio-based performance pricing provisions），相应地增加使用价格和抵押保护，以及以信用评级为基础的绩效定价条款（credit-rating-based performance pricing provisions）。本文还发现：由内部控制缺陷引起的债务契约变更与由报表重述所引起的债务契约变更存在显著的差异，对于后者，债权人加强了对管理层行为的监管，但是没有降低对财务报表数字的使用。

一、研究问题

（一）问题的提出

本文研究的主要问题是：当财务报告质量出现问题时，债权人会如何更改债务契约？特别地，当财务报告质量较低时，债权人是否降低以会计数字为基础的契约条款的使用，取而代之选用以非会计数字为基础的契约条款？本文用是否存在内部控制重大缺陷来衡量财务报告的质量。

本文的逻辑框架见图2-37。

（二）研究意义

一个债务契约是多种契约条款的组合，债权人在考虑借款契约时会对债务人进行评估以选择合适的条款。所以在研究财务报告质量对贷款契约的影响时，详细讨论与分析不同契约条款间的权衡非常重要。

（三）主要贡献

第一，本文是首篇关注财务报告质量下降如何导致债权人在以财务数字为基础和以非

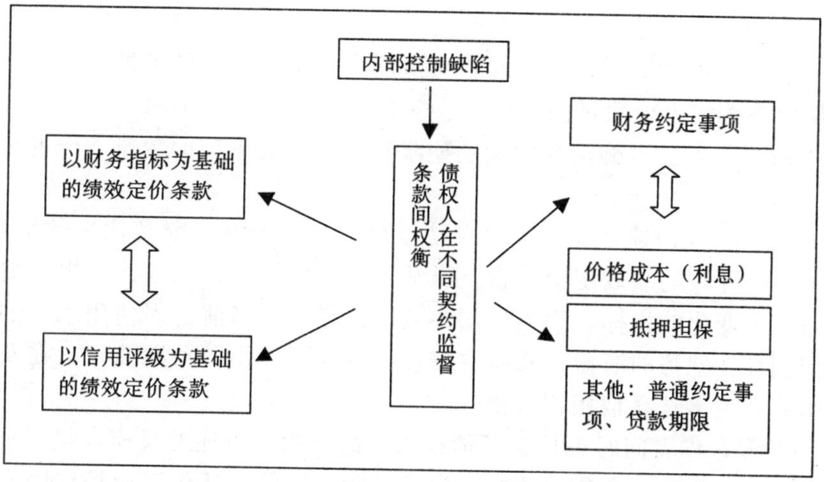

图 2-37 财务报告质量对债务契约的影响

财务数字为基础的债务契约监督机制之间进行取舍的文献，而非单纯地关注于财务报告质量下降如何导致整体债务契约条款更加严格。

第二，本文拓展以往关于财务报告可靠性与债务契约条款关系的研究。以往研究采用盈余质量（Francis et al.，2005；Bharath et al.，2008）和财务报告及时性（Zhang，2008；Ball et al.，2008）等指标作为财务报告质量的代理变量，但这些方法都存在模型上的局限性，而本文使用的内部控制缺陷这一指标是一个更为客观并且较为全面的方法。

第三，本文的结论也是对研究财务报告质量与资本成本关系文献的一个补充。在对资本成本的研究中，现有很多研究都是基于权益成本，但并未得到一致的结论。比如，Beneish et al.（2008）、Hammersley et al.（2007）和 Ashbaugh-Skaife et al.（2009）发现存在内控缺陷的公司具有较高的资本成本，而 Ogneva et al.（2007）发现在控制了公司特征之后内控缺陷对权益成本没有影响。权益成本的衡量需要大量的假设和估计，且选用的模型不同，也会影响结论。而相对来说，债务成本的衡量较为直接和客观。

第四，本文从债权人角度探索重大内控缺陷披露的信息有用性，对 SOX 法案成本收益争论提供经验证据。

二、理论分析

本文具体的研究包括以下几点：

（1）内控缺陷是否会影响财务约定事项作为事后监督工具的使用。内控缺陷向债权人传达了这样的信息：财务约定事项作为反映债务人信用水平指标的有效性降低了，因此作者预期债权人会减少使用财务约定事项作为事后监督工具。

（2）内部控制缺陷是否能够增加债务价格成本（即利息率）。作者预期内部控制缺陷会通过以下两个途径增加债务价格成本：第一，内控缺陷使债权人降低了对财务约定事项的信赖，因此会用提高利率的方式进行补偿；第二，内控缺陷很有可能引起重大的财务错报，降低了公司的信用，增加了不确定性，因此增加了债务的代理成本，债权人在定价时会给予考虑。

（3）公司存在内控缺陷，债权人是否更可能会要求公司提供抵押。作者预期债权人要用抵押来补偿财务约定事项数量的降低。

（4）内控缺陷是否会影响债务的偿还期限和普通约定事项的数量，作者对此没有明确的预期。

（5）如果公司存在内控缺陷，债权人是否会减少使用基于财务比率的绩效定价条款，转而使用基于信用评级的绩效定价条款。通常情况，债权人将财务比率视为更及时地反映当前公司信用水平变化的指标，因为信用评级往往滞后于当前公司信用水平的变化。但是当公司内部控制存在缺陷的时候，意味着报告质量较低，作者预期债权人在及时性和可靠性间进行权衡后会更多选择信用评级指标。

（6）作为参照，作者同时也检验了债权人对财务报表重述的反应。报表重述通常被认为管理层存在错报的过失，会使得债权人失去对管理层的信任。而内控缺陷则不同，它主要反映的是公司的复杂性、资源的不充足以及财务错报的可能性。因此，作者预期，发生内控缺陷，债权人未必会限制经理的行动，但是会减少他们对财务信息的依赖，而更多依靠非财务信息来判断。

三、样本选择和研究设计

（一）样本选择

作者从 Audit Analytics 数据库中获得 SOX 302 条款下披露的内部控制缺陷数据，从 DealScan 数据库中获得银行贷款数据，在剔除了缺失数据之后，最终得到贷款数据 2828 笔（涉及 788 家公司，鉴于研究设计的需要，必须保证样本中每家公司在内控缺陷报告前后都至少有一笔贷款）。

（二）研究设计

为了控制公司特征对内控缺陷的影响，作者采用了一个较为严谨的研究设计：检验存在内控缺陷的公司，在缺陷披露前后及缺陷修正前后新增贷款成本的差异，而非比较存在内控缺陷和不存在内控缺陷的公司间的差异。作者的分析包括三个阶段：内控缺陷首次披露的三年以前、内控缺陷首次披露尚未更正至首次披露无保留的内控报告意见的这段时间以及内控缺陷被更正三年以后。作者用了一个较长的分割期，这是考虑到内控缺陷会有一个长期的声誉效应，有可能即便公司更正了内控缺陷，债权人仍然视公司的财务报告质量较低。

作者采用了如下的模型来检验：

$$Contractual\_term = \alpha + \beta_1 Uncorrected + \beta_2 Corrected + \sum \beta_i (Control_1) \quad (1)$$

模型的左边分别放入各种债务契约项目，包括财务约定事项、利息率、是否抵押、普通约定事项、贷款年限以及是否采用以会计为基础的绩效定价条款。模型右边的自变量 *Uncorrected* 是虚拟变量，1 表示债务在缺陷披露尚未更正至首次披露无保留的内控意见报告的阶段发生，否则为 0；自变量 *Corrected* 是虚拟变量，1 表示债务在缺陷修正后发生，否则为0；模型还控制了其他与债务有关的控制变量①，包括是否是机构定期贷款、是否是循环贷款、利息率、财务约定事项、是否担保、债务额、债务期限、债权人个数、主要的债权人是否曾经借债给公司、债务合约中是否有绩效定价条款、公司规模、公司债务评级、资产负债率、固定资产比例等。作者感兴趣的是β_1和β_2。

此外，作者为了考察债权人与债务人长期合作关系对结论的影响，还在模型（1）的基础上，加入了*Uncorrected*×*Relationship Lender*，*Corrected*×*Relationship Lender*这两个交互项，其中*Relationship Lender*是虚拟变量，1表示债务合约主牵头行（lead arrangers）曾经是债务人过去五年内的主牵头行，否则为0（后文将加入交互项的模型称为扩展模型）。

四、实证结论

（一）描述性统计

从描述性统计看出，样本中的公司平均利息率高于LIBOR252个基本点，高于相同样本区间所有上市公司的平均值（LIBOR上浮198基本点），说明由于存在内控缺陷的公司风险更高，所以其承担更高的借款价格成本。每笔借款平均有1.64个财务约定事项和4.35个普通约定事项。76%的样本具有绩效定价条款（其中，65%是以财务比率为基础的）。样本中82%的借款需要抵押。一个银团贷款平均有6.7个借款人（低于同期全体公众公司的平均9个借款人）。

（二）回归分析结果

1. 以财务约定事项个数作为因变量的回归结果

基于模型（1）的回归结果显示，β_1（*Uncorrected*）系数为-0.36，且显著，表明在内部控制缺陷发生且未更正期间签订的债务合约的财务约定事项个数比未发生内控缺陷阶段的个数平均降低了21.9%（按照描述性统计，未发生内控缺陷阶段的平均个数为1.64，那么0.36/1.64=21.9%）。β_2（*Corrected*）系数仍然显著为负（-0.500），表明内部控制缺陷修正后，财务约定事项个数仍然小于未披露内控缺陷时期的个数，说明即便内部控制缺陷得到了修正，债权人仍无法信任财务约定事项作为外部监督工具，反映出内部控制质量具有长期声誉效应。扩展模型中，β_1和β_2的系数仍显著为负，但交互项系数不显著，说明债务人与债权人间的关联在此模型中影响不大。

2. 以利息率作为因变量的回归结果

模型（1）的回归结果显示，披露内控缺陷会导致较高的利率。*Uncorrected*的系数显著为正，表明一个未更正的缺陷会使得利息率增加29个基本点，即相比没有内控缺陷前增加11%。相反，*Corrected*的系数不显著，意味着内控缺陷更正之后，贷款价格成本没有显著提高。扩展模型的结果显示交互项系数显著为负，表明在未更正内控缺陷期间，相比存在关联贷款的样本，非关联贷款公司的利率显著增加。

① 当下述控制变量为因变量时，则不做控制变量。

3. 以是否抵押的虚拟变量为因变量的回归结果

模型（1）的回归结果显示，*Uncorrected* 和 *Corrected* 的系数均显著为正，表明内控缺陷披露后，银行贷款被抵押的概率增加了。*Uncorrected* 的系数为 0.282，表明相对没有报告内控缺陷时期，报告且未更正内控缺陷时期抵押概率增加了 3%。*Corrected* 的系数为 0.494，表明相对没有报告内控缺陷的时期，更正内控缺陷后抵押概率仍增加 8%。作者测试了扩展模型，结果不显著。

4. 以普通约定事项和贷款期限为因变量的回归结果

模型（1）结果显示 *Uncorrected* 和 *Corrected* 的系数不显著，说明内控缺陷对这些指标的影响不大。作者测试了扩展模型，同样结果不显著。

5. 以是否以财务报告指标作为绩效定价条款的虚拟变量为因变量的回归结果

模型（1）结果表明，*Uncorrected* 的系数显著为负，表明披露内控缺陷且尚未更正期间相对未披露内控缺陷期间，采用财务比率为基础的定价条款的比率降低了 20%。这个分析要求样本必须在披露内控前后都有绩效定价条款（或以财务比率为基础或以信用评级为基础），所以此结果说明，债权人在设立定价条款时的基础由财务比率转向了信用评级。*Corrected* 的系数不显著，说明内控缺陷更正后相比未发现内控缺陷时期没有显著变化。作者也测试了扩展模型，同样没有发现显著结果。

6. 内控缺陷严重性对贷款条款影响的结果分析

作者采用两种方法来估计内控缺陷的严重程度。

首先，用 Doyle et al.（2007b）的方法，将单个内控缺陷分为公司层面的重大缺陷[①]和会计层面的重大缺陷。作者发现在样本中有 93.9% 的贷款与至少有一个公司层面缺陷的公司有关。作者将公司层面的内控缺陷的个数加总，如果高于样本的中位数，则定义为内控缺陷严重的公司（*Company - High* = 1，否则为 0）。然后在原模型（1）的基础上，加入了 *Uncorrected* × *Company - High* 和 *Corrected* × *Company - High* 两个交互项。因变量分别为（1）财务约定事项个数；（2）利息率；（3）是否担保的虚拟变量；（4）是否采用以财务比率为基础的绩效定价条款的虚拟变量。*Uncorrected* × *Company - High* 的交互项的结果在各回归中均显著，且各自的符号表明，内控缺陷严重程度越大，对贷款条款的影响越大［影响的方向与模型（1）相同］。*Corrected* × *Company - High* 的交互项的结果在（1）、（3）中显著，且各自的符号表明，内控缺陷严重程度越大，对贷款条款的影响越大［影响的方向与模型（1）相同］。该交叉项的结果在（2）、（4）中不显著。

其次，作者用内控缺陷是否与舞弊有关来判定缺陷的严重程度。此样本中，8.6% 的缺陷与舞弊有关。重点关注 *Uncorrected* 和 *Corrected* 分别与 *Fraud* 的交互项。结果显示，与舞弊相关的缺陷在财务约定事项、利率和抵押三个层面上的债务契约变化更明显，绩效定价条款的选择上并没有发现显著差异，可能的原因是在绩效定价样本中与舞弊相关的缺陷较少（2.8%）。

7. 有关内控缺陷和报表重述比较的结果分析

---

① 公司层面的缺陷包括：董事会，审计委员会和其他公司治理的事项；公司规模，财务限制和其他限制事项；披露不足；关账程序，政策或者及时性事项；财务记录被第三方控制；信息技术，使用和安全事项；高级管理层语气或自我交易事项；人员不足和职责分离问题。

内控缺陷和报表重述都反映财务报告质量较差，作者在本节中分析了两者的区别：第一，报表重述通常是由于以前的过失或错报造成的，并且披露的同时也会更正以前的数字。相反，内控缺陷预示着公司的内部控制报告不足以预防或检测潜在的会计错报。第二，报表重述通常与激进的会计政策和管理层过失有关，而内控缺陷通常与公司规模小、成立时间短、成长性高、复杂性高、发生重组活动和资源不足有关。第三，虽然报表重述和内控缺陷都会增加会计数字报告的不确定性，但是重述同时会引起显著的真正的"财富效应"。报表重述不但改变了历史财务数据（通常是降低过去的利润），也会影响未来利润（通常是减少），使得投资者对公司价值的估计降低。

作者选择了2002年9月到2008年12月覆盖了内控缺陷样本期间的报表重述数据。将该数据分为在报表重述披露前没有披露内控缺陷和此前已披露内控缺陷两类。对于前者，作者将报表重述发生三年前和三年后的贷款条款进行对比；对于后者，由于存在内控缺陷的影响，作者对比了内控缺陷与报表重述披露之间发生贷款的项目与报表重述披露后两年的贷款项目。这样做是为了确保结果是在控制了内控缺陷影响之后的增量影响。

（1）在报表重述披露前没有披露内控缺陷的样本。结果显示，相比报表重述之前，报表重述发生后的借款有更高的利息率，更高概率的抵押，更多的普通约定事项以及更短的贷款期限。后两项与正文中对内控缺陷样本的检验结果不同：普通约定事项的增加可以将其解释为对管理层经营、投资和融资活动的限制；而更短的借款期限迫使管理层再融资更频繁。这说明当发生报表重述，投资者会限制管理层的活动。

结果还显示，债权人没有降低财务约定事项。同时，在绩效定价条款方面，结果没有显示债权人在签约时从以财务比率为基础的绩效定价条款向信用评级为基础转移，这与内控缺陷的结果明显不同，说明当发生报表重述，债权人没有明显降低对财务指标的依赖。

综上可以看出，由内部控制缺陷而引起的债务契约的变更与由报表重述所引起的债务契约的变更存在显著差异。如果债权人发现财务报告质量较低与公司的复杂性和资源的不足（如存在内控缺陷）有关，会降低他们对财务指标的使用，而转向使用非财务指标；而如果发生报表重述，债权人会限制管理层的活动。

（2）在报表重述披露前已有内控缺陷披露的样本。该样本的结果仅在普通约定事项和借款期限两个回归模型中显著，说明相对内控缺陷，报表重述更加促使债权人监督管理层行为。同时也说明，在后SOX时代，内控缺陷为债权人提供了财务报告质量降低的早期信号，所以债权人在公司实际发生报表重述之前就调整了利息率和抵押。

8. 稳健性检验

（1）跨期分析。如前文所述，样本公司要求三个时期均有贷款数据，这使得前述检验面临样本选择偏误（survivorship bias）问题，因为如果债务人在债务市场上借款的时间比较长，债权人对公司将有更好的了解，会影响债权人的监督行为。

为了解决这个问题，作者采用了倍差（difference - in - difference）方法进行检验。首先，为每一个存在内控缺陷的样本找一个不存在内控缺陷的配对样本（时间一致、规模以及资产负债率最接近）。然后，根据缺陷样本披露和修改缺陷的时间，模拟出配对样本对应的阶段之后，仿效模型（1）进行倍差分析，结论基本不变。

（2）作者还进行了一系列稳健性检验，包括贷款契约条款的联合决定因素等，结论基本不变。

五、结论

很多现有的研究表明财务报告质量影响着债务契约条款，但是很少有实证证据表明财务报告质量如何影响债权人对监督机制的选择（Armstrong et al.，2010）。特别地，前人的研究指出，如果财务报告质量较低，债权人会要求整体上更为严格的条款，但是他们没有关注债权人在几种监督机制之间的权衡。本文最大的亮点就是关注了财务报告质量下降如何导致债权人在以财务数字为基础和以非财务数字为基础的债务契约监督机制之间进行取舍。作者发现当公司公布重大内控缺陷的时候，债权人降低了财务约定事项和以财务比率为基础的绩效定价条款，取而代之的是价格和抵押保护，以及以信用评级为基础的绩效定价条款。作者还发现，由内部控制缺陷而引起的债务契约变更显著不同于由报表重述所引起的变更，对于后者，债权人加强了对管理层行为的监管，但是没有降低他们对财务报表数字的使用。

（整理人：孙烨）

主要参考文献

[1] Armstrong, C.; W. Guay; and J. Weber. The role of information and financial reporting in corporate governance and debt contracting. Working paper, University of Pennsylvania, 2010. Available at http://papers.ssrn.com/sol3/papers.cfm?abstract id = 1571138.

[2] Ashbaugh - Skaife, H.; D. Collins; W. Kinney JR.; and R. Lafond. 2009. The effect of SOX internal control deficiencies on firm risk and cost of equity. *Journal of Accounting Research*, 47, p. 1 - 43.

[3] Ball, R., and L. Shivakumar. 2008. Earnings quality at initial public offerings. *Journal of Accounting and Economics*, 45, p. 324 - 349.

[4] Beneish, D., M. Billings, and L. Hodder. 2008. Internal control weaknesses and information uncertainty. *The Accounting Review*, 83, p. 665 - 703.

[5] Bharath, S., J. Sunder; and S. V. Sunder. 2008. Accounting quality and debt contracting. *The Accounting Review*, 83, p. 1 - 28.

[6] Doyle, J.; W. Ge; Ands. Mcvay. Accruals Quality and Internal Control over Financial Report - ing. *The Accounting Review* 82 (2007b): p. 1141 - 1170.

[7] Francis J., R. Lafond, P. Olsson, and K. Schipper. 2005. The market pricing of accruals quality. *Journal of Accounting and Economics*, 39, p. 295 - 327.

[8] Ogneva, M., K. Subramanyam, and K. Raghunandan. 2007. Internal control weakness and costof equity: Evidence from SOX Section 404 disclosures. *The Accounting Review*, 82, p. 1255 - 1297.

[9] Hammersley, J., L. Myers, and C. Shakespeare 2007. Market reactions to the disclosure of internal control weaknesses and to the characteristics of those weaknesses under section 302of the Sarbanes Oxley Act of 2002. *Review of Accounting Studies*, 13, p. 141 - 165.

[10] Zhang, J. 2008. The contracting benefits of accounting conservatism to lenders and borrowers. *Journal of Accounting and Economics*, 45, p. 27 - 54.

ξ2-38　内部控制披露、监督机制和债务成本

Internal Control Disclosure, Monitoring, and Cost of Debt

文献来源：Dhaliwal, D., C. Hogan, R. Trezevant and M. Wilkins. 2011. Internal Control Disclosure, Monitoring and Cost of Debt. *The Accounting Review*, 86 (4): 1131-1156.

【摘要】作者检验了公司依据 SOX 404 条款首次报告至少存在一个重大内控缺陷对债务成本变动的影响，发现披露重大内控缺陷会使公司公开交易债券的利率上升。作者还检验了信用评级机构以及银行的监督对这一关系的影响，发现若公司没有受到很好监督时，则这一关系更加显著。补充分析显示银行的监督作用占主导，该结论与在债务市场中银行是更有效的委托监督者的观点一致。最后，文章建议未来的研究可将监督机制对债务成本和权益成本的不同影响相比较。

一、研究问题

（一）问题的提出

文章试图检验在 SOX 404 条款下公司首次披露至少存在一个重大内控缺陷与债务成本变动之间的关系，同时检验信用评级机构以及银行的监督作用、公司披露重大缺陷的事前概率等对这一关系的影响。作者还考察了推迟 SOX 404 条款的首次报告对债务成本的影响。

本文的逻辑框架见图 2-38。

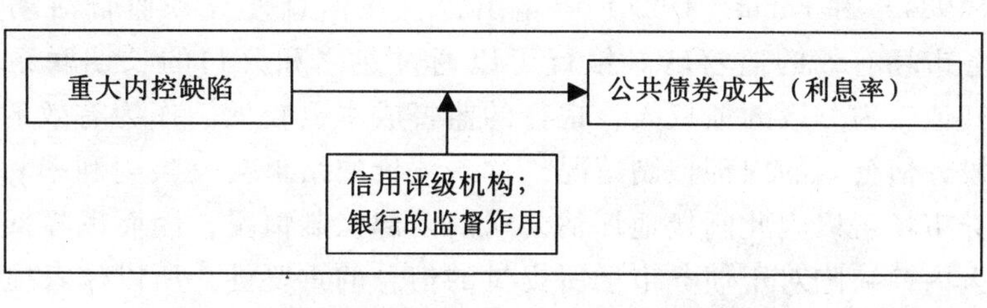

图 2-38　内部控制披露、监督机制和债务成本

（二）研究意义

这篇文章检验了 SOX 法案的一个潜在收益：为公共债务市场提供新的信息。检验 SOX 法案的收益是一个重要的课题，有许多公司的高层认为执行 SOX 法案的成本大于其所带来的收益（O'Sullivan, 2006），对此的争论一直在持续。本文从债务契约的角度，用

实证的方法来探讨SOX法案的经济后果，有助于为政策的制定者提供参考。

（三）主要贡献

（1）文章所检验的债务成本相对资本成本更容易定义和计量；（2）本文首次检验了信用评级机构和银行的监督作用对SOX 404条款报告所引起的市场反应的影响，并将两者进行了对比，论证了银行是债务市场中主要的监督者；（3）这篇文章的结果可以与前人如Ashbaugh－Skaife et al.（2009）对重大内控缺陷与权益资本成本关系的研究相比较。

二、理论分析和研究假设

（一）内部控制与债务成本

作者认为内部控制的重大缺陷会增加公司的债务成本。首先，债权人用财务数字来评价公司的违约风险以及决定债务人是否符合协议约定事项的要求，如果内部控制缺陷导致财务报告数字的准确度下降，债权人面临的估计风险增加，并且评价客户的能力下降，会相应提高债务成本。其次，内部控制存在缺陷使得经理人更容易侵占、滥用现金流，增加了违约风险，因而增加了债务成本。基于上述分析，作者提出假设：

H1：相对于没有披露重大缺陷的公司，根据SOX 404条款首次披露重大缺陷的公司，其债务成本会增加更多。

（二）监督效应和债务成本

评级机构在对公司进行相应的评估时会考虑公司的内部控制质量，其对公司的评级在某种程度上已经间接包含了对内部控制的评估，因此公司评级降低了SOX 404条款首次披露重大内控缺陷给债务市场提供的信息的重要性。所以作者提出假设：

H2a：与有评级的公司相比，披露重大缺陷会增加债务成本的关系在未评级的公司中更显著。

Diamond（1984）和Fama（1985）等指出银行在信息搜寻和监督活动上具有竞争优势，所以是债务市场有效的监督者。银行可以通过建立和公司的长期联系来获得私有信息，同时相比其他较为分散的债权人，银行的监督成本也较低。作为有效的监督者，银行会在借款的时候评估公司的内部控制情况，这一评价的结果会反映到利率和贷款合同的细节条约上。债券市场可以因此间接地评估公司的内部控制情况，因而也降低了SOX 404条款首次披露重大内控缺陷对于债务市场所提供的信息的重要性。所以作者提出假设：

H2b：与有银行监督的公司相比，披露内控重大缺陷会增加债务成本的关系在没有银行监督的公司中更显著。

（三）推迟递交SOX 404报告与债务成本

根据穆迪投资者服务公司的观点，推迟递交SOX 404报告可能表明当公司和审计师完成对公司内部控制的评价后对内部控制缺陷的性质和程度具有不确定性。这种不确定性可能预示着财务报告的质量存在问题。推迟递交报告的公司会：（1）暂时停牌；（2）相应推迟递交经审计的财务报表；（3）违反贷款协议和/或合同。这些都会使得债权人所面临的不确定性增加。基于此，作者提出假设：

H3：相比及时递交的公司，推迟递交首次 SOX 404 报告的公司贷款成本会更高。

（四）报告重大缺陷的事前概率和贷款成本

Ashbaugh - Skaife et al.（2009）认为相对于报告重大缺陷事前概率较高的公司，报告重大缺陷的事前概率比较低的公司，事后在根据 SOX 302 或 404 条款递交报告时披露了重大缺陷，其权益资本成本增长的较多。推演到贷款成本上，作者提出假设：

H4：与报告重大缺陷事前概率较高的公司相比，披露内控重大缺陷会增加债务成本的关系在报告重大缺陷事前概率较低的公司中更显著。

三、样本选择和研究设计

（一）样本选择

本文的最初样本来自在 2004 年 11 月 3 日—2006 年 3 月 3 日期间，根据申报的 10 - K 表格判断其是否依照 SOX 404 条款披露重大内控缺陷公司，数据来源于 Audit Analytics Internal Control 数据库。贷款成本数据来自 National Association of Securities Dealers（NASD）Trade Reporting and Compliance Engine（TRACE）固定收入证券交易数据。所有属于 NASD 成员的经纪人/经销商有义务通过 TRACE 系统报告公司债务工具相关交易。文章最终选取 531 个无重大内控缺陷的样本和 46 个有重大缺陷的样本。

（二）研究设计

作者采用了倍差（difference - in - difference）研究的方法，主要检验的模型如下：

$$\Delta Spread = \alpha_0 + \beta_0 \times MW + \beta_1 \times \Delta DefaultRisk + \beta_2 \times \Delta Size + \beta_3 \times \Delta CFO + \beta_4 \times \Delta Leverage + \beta_5 \times \Delta CFVol + \beta_6 \times \Delta TrsYTM + \beta_7 \times \Delta Restructure + \beta_8 \times \Delta WireDown + \beta_9 \times \Delta M\&A + \beta_{10} \times \Delta Restate + \varepsilon \quad (1)$$

因变量 $\Delta Spread$ 是用首次申报 SOX 404 报告之后的［+3，+45］天内平均债券利率减去之前的［-45，-3］天内的平均债券利率之差。主要关心的自变量 MW 是虚拟变量，公司在首次申报的 SOX 404 报告中披露重大内控缺陷为 1，否则为 0。

为了检验假设 2a 和 2b，作者在模型中加入了是否被评级机构监督/是否被银行监督的虚拟变量，以及其与变量 MW 的交互项，如下：

$$\Delta Spread = \alpha_0 + \beta_0 \times MW + \beta_1 \times Monitored + \beta_2 \times MW \times Monitored + \beta_n \times Model1\,Control + \varepsilon \quad (2)$$

为了比较不同监督机构的监督作用，在模型（3）中，将两个变量放入一个方程中：

$$\Delta Spread = \alpha_0 + \beta_0 \times MW + \beta_1 \times Rated + \beta_2 \times MW \times Rated + \beta_3 \times Bank + \beta_4 \times MW \times Bank + \beta_5 \times Rated \times Bank + \beta_6 \times MW \times Rated \times Bank + \beta_n \times Model1\,Control + \varepsilon \quad (3)$$

为了检验假设3，作者将样本公司在会计年度年底后90天内没有提交首次SOX 404报告划分为延迟申报者，否则为准时申报者。对于每个准时或延迟申报者，作者用其在90天截止日为临界点的［+3，+45］天内的平均可追溯贷款的利率减去［-45，-3］天内的平均可追溯贷款的利率作为因变量（即变动的利率）。将是否延迟申报的虚拟变量作为主要的解释变量。

为了检验假设4，作者首先借鉴Ashbaugh - Skaife et al.（2009）的方法，建立一个估计模型，根据公司特征计算出其存在内部控制缺陷的概率，并将该指标及其与MW的交互项放入模型（1）中。

上述所有模型的控制变量包括以下内容：基于Ohlson（1980）模型计算的破产风险（*DefaultRisk*）、公司规模（*Size*）、现金流（*CFO*）、资产负债率（*Leverage*）、现金流波动率（*CFVol*）、国库券利率（*TrsYTM*）、是否发生重组（*Restructure*）、是否减值（*WireDown*）、是否发生并购（*M&A*）、是否发生报表重述（*Restate*）。所有控制变量均为首次申报SOX 404条款之后减去申报SOX 404条款之前的差值。

四、实证结论

（一）描述性统计

作者对各个变量在没有内控缺陷的样本公司和存在内控缺陷的样本公司间分别进行了描述性统计并进行了分组检验，并且各变量统计分为SOX 404报告前、后期。单因素分析发现相比没有内控缺陷的公司，具有内控缺陷的公司规模更小、利润更少，并且更可能陷入财务困境。同时发现，虽然两组样本借款利率在SOX法案开始实施后均比之前的要高，但是有缺陷的样本组贷款利率增加得更多。

（二）回归分析结果

1. 有关H1至H4的结果分析

（1）模型1的回归结果显示变量*MW*的系数显著为正，证实了假设1，在首次执行SOX 404条款时，披露重大缺陷的公司相比没有重大缺陷的公司贷款利率增加更多。

（2）针对模型2的回归，作者分别验证了评级机构和银行的监督作用对*MW*与贷款利率正相关关系的影响。模型中β_2的系数均显著为负，证实了假设2a和2b。

（3）模型3检验评级机构和银行监督作用的联合影响，结果显示，银行的监督作用包含了信用评级机构的监督作用，即无论公司处在哪个信用评级水平，银行的监督作用都会减弱内控缺陷与贷款利率正相关关系的影响，说明银行的监督作用是主要驱动因素。

（4）假设3检验的回归结果显示，在加入其他控制变量后，是否延迟申报的虚拟变量系数显著为正，证实了假设3。

（5）假设4的回归结果显示，在事先预期内部控制缺陷概率较小的样本，事后真正所发生的内部控制缺陷对债务成本的影响，比事先预期存在内控缺陷概率较大的样本要更显著，符合作者的预期。

2. 补充性检验

（1）缺陷的严重程度对结果的影响。作者按照 Moody's Investors Service（2004）将内控缺陷分为公司层面和会计层面，发现两种缺陷的结果没有显著差异。

（2）其他稳健性检验。作者还进行了其他稳健性检验，如对 DealScan 数据库的分析以及信用评级改变的检测等。结果表明本文的结论是稳健的。

五、结论

作者检验了公司依据 SOX 404 条款首次报告至少存在一个重大内控缺陷对债务成本变动的影响，发现披露重大内控缺陷会使公司公开交易债券的利率增加。其次作者检验了信用评级机构以及银行的监督对这一关系的影响，发现若公司没有被监督，则这一关系更加显著。补充分析显示银行的监督作用占主导，该结论与在债务市场中银行是有效的授权监督者一致。再次，作者发现延迟递交首次 SOX 404 报告相比及时递交的公司贷款成本会更高；债务成本与重大内控缺陷的正相关关系在报告重大缺陷事前概率较低的时候相对其事前概率较高的时候更显著。最后，文章建议未来的研究可将监督机制对债务成本和权益成本的不同影响相比较。

文章的局限性有以下几点：第一，样本的规模较小；第二，可能缺失关键的控制变量。

（整理人：孙烨）

主要参考文献

[1] Ashbaugh - Skaife, H., D. W. Collins, W. R. Kinney, Jr., and R. LaFond. 2009. The effect of SOX internalcontrol deficiencies on firm risk and cost of equity. *Journal of Accounting Research*, 47, p. 1 - 43.

[2] Diamond, D. 1984. Financial intermediation and delegated monitoring. *The Review of Economic Studies*, 51, p. 393 - 414.

[3] Fama, E. 1985. What's different about banks? . *Journal of Monetary Economics*, 15, p. 29 - 39.

[4] Moody's Investors Service, Inc. 2004. Moody's Special Comment: Section 404 Reports on InternalControl: Impact on Ratings Will Depend on Nature of Material Weaknesses Reported. New York, NY: Moody's Investor Services, Inc.

[5] Ohlson, J. 1980. Financial ratios and the probabilistic prediction of bankruptcy. *Journal of Accounting Research*, 18, p. 109 - 131.

[6] O'Sullivan, K. 2006. The case for clarity. CFO (September 1), 64 - 69. Available at: http: //www. cfo. com/article. cfm/7851741/c_ 7873404.

§2-39 内部控制缺陷和银行贷款合约：来自 SOX 404 条款的证据

Internal Control Weakness and Bank Loan Contracting: Evidence from SOX Section 404 Disclosure

文献来源：Kim，J.，B. Y. Song and L. Zhang. 2011. Internal Control Weakness and Bank Loan Contracting: Evidence from SOX Section 404 Disclosure. *The Accounting Review*，86（4）：1157-1188.

【摘要】 本文采用依据 SOX 404 条款披露内控缺陷情况的公司作为样本，对比了披露内控缺陷与没有披露内控缺陷的公司银行贷款合约中各种特征的差异，发现如下结果：第一，在控制了其他影响债务合同条款的变量后，具有内控缺陷的公司比没有内控缺陷的公司贷款利率高 28 个基本点。第二，具有公司层面内控缺陷的公司比具有会计层面内控缺陷的公司，承担更高的借款利率。第三，债权人会给予存在内控缺陷的公司更严格的非价格条款。第四，有内控缺陷的公司每笔贷款协议中的债权人的数量更少。第五，公司组间分析显示银行在公司披露内控缺陷后会比披露前调高贷款利率，并且在公司修正了这些缺陷后，调低贷款利率。

一、研究问题

（一）问题的提出

本文试图研究内部控制缺陷如何影响公司的银行借款成本，包括价格成本（利率）和非价格成本（抵押、限制性条款数量）以及债权人数量等债务合约特征。

本文的逻辑框架见图 2-39。

（二）研究意义

首先，在美国和世界上大部分国家，银行贷款都是外部融资的主要来源，因此，研究内部控制质量对银行贷款成本的影响具有现实经济意义。其次，相比其他根据模型估计的资本成本，银行贷款成本直接来源于双方签订的贷款合同，减少了计量上的误差，并且合同条款的丰富性使得本文不仅可以检验价格成本还能验证非价格成本。

（三）主要贡献

首先，补充了有关财务报告质量在私人债务市场中的作用相关文献。尽管前人已经发

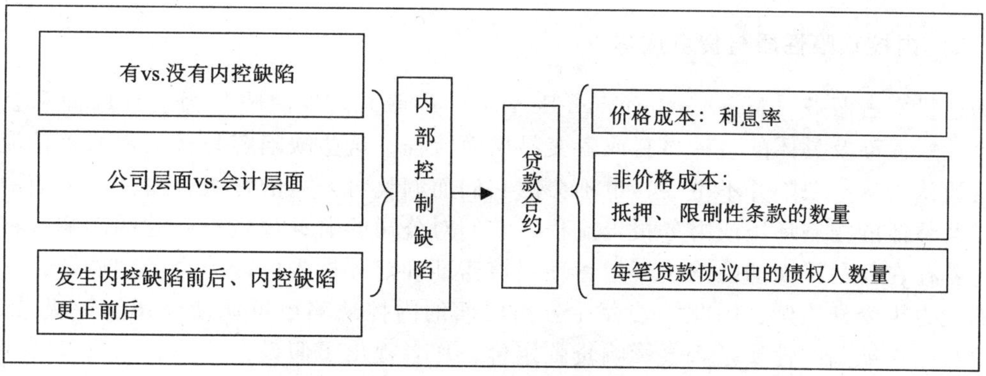

图 2－39 内部控制缺陷和银行贷款合约

现内部控制缺陷与盈余质量相关，而盈余质量又与贷款成本相关，进而可以推演本文所要研究的内容，但是作者指出了文章区别于以往研究的不同之处：（1）采用应计项目等方法计量的盈余质量有计算方法上的偏误，而本文选用经审计的内控缺陷比较明确且直接反映了较低的盈余质量。（2）抛开计量上的问题，盈余质量捕捉到的是公司对外财务报告中线下科目（bottom line item）的质量。但是财务报告还包括很多信息，而银行具有强大的信息捕捉能力，可能会比较容易通过分析年报附注发现这些线下信息。相反，内控缺陷的披露反映的是整个信息产生系统的质量，进而反映的是由此产生的各类信息的质量，包括财务报告附注的信息以及其他非线下信息。（3）相对于公共市场上的股东和债券持有人，商业银行和其他私有债权人具有获取私有信息上的优势，他们可以以相对较低的成本克服较低盈余质量所带来的风险。但是若存在内部控制上的缺陷，即便是内部人也无法克服由此而引起的信息质量降低，所以内部控制缺陷可以衡量综合信息质量（包括内部私有信息和外部公开信息的质量）。

其次，文章对债务合同契约的研究也有贡献。本文试图论证内部控制缺陷所产生的信息风险会被包含在借款价格中，并且它是不同于传统信用风险的风险因素。

再次，本文还考察了银行在事前订约及事后监督是否考虑了公司层面和会计层面内控缺陷的差异。

最后，文章拓展了 SOX 法案执行的经济后果在私有债务契约方面的文献。

二、理论分析

（一）内控缺陷和贷款成本

债权人不仅仅要求补偿基本的信用风险，还要求补偿与不完全信息有关的风险。不完美的内部控制制度会在财务报告形成过程中产生故意的报告偏误和非故意的会计误差，增加了信息风险，因而债权人会要求更高的风险补偿，使得债务人所面临的借款成本增加。因此作者提出假设：

H1：控制其他影响因素，相对于没有内控缺陷的公司，披露内控缺陷的公司的贷款利率更高。

（二）内控缺陷性质与贷款成本

穆迪投资者服务（Moody's Investors Service）将重大内控缺陷分为会计层面和公司层面。会计层面涉及具体的会计科目或者交易层面流程，这些缺陷容易被正常的审计流程发现。穆迪认为这些缺陷并不重要，也不会因它们而调整对公司的评级。而公司层面的重大缺陷涉及整体的控制环境或财务报告流程，它们对公司的财务报告有广泛的影响。穆迪公司认为若存在公司层面的缺陷，不但管理层披露准确财务报告的能力会受到质疑，其控制公司的能力也受到质疑，因此，若存在公司层面的内控缺陷更可能使公司的评级被调整。为了检验内控缺陷的性质是否会影响贷款定价，作者提出了假设：

H2：控制其他影响因素，具有公司层面内控缺陷的公司比具有会计层面内控缺陷的公司借款利率更高。

（三）内控缺陷与非价格贷款合约条款

债权人在制定贷款合约的时候会使用非价格条款（连同价格条款一起）来降低：（1）由股权人和债权人的代理冲突而产生的代理成本；（2）债权人面对的信息风险；（3）借贷双方的潜在冲突。作者预期相比不存在内控缺陷的公司，银行会给予存在内控缺陷的公司更加严格的非价格条款。具体提出如下两个假设：

H3：控制其他影响因素，存在内控缺陷的公司相比不存在内控缺陷的公司，在债务合约中要求抵押的可能性更高。

H4：控制其他影响因素，存在内控缺陷的公司相比不存在内控缺陷的公司，在债务合约中使用的限制性条款数量更多。

（四）内控缺陷与贷款协议中债权人数量

银团①（Syndicate Loan）的相关文献表明，当债务人具有信息风险的时候，一个债务合约中债权人数量就会较少，这是因为债权人在对债务人进行事后监督的时候，需要收集私有信息。如果银团中的债权人数量较多，很容易出现“搭便车”的行为（Dennis and Mullineaux，2000；Sufi，2007），因而影响对债务人的事后监督的效果。因此，作者提出如下假设：

H5：控制其他影响因素，存在内控缺陷的公司相比不存在内控缺陷的公司，在一个贷款协议中的债权人数量更少。

三、样本选择和研究设计

（一）样本选择

本文最初的债务样本来源于 Loan Pricing Corporation DealScan 数据库，样本区间为

① 银团贷款又称为辛迪加贷款（Syndicated Loan），是由获准经营贷款业务的一家或数家银行牵头，多家银行与非银行金融机构参加而组成的银行集团（Banking Group）采用同一贷款协议，按商定的期限和条件向同一借款人提供融资的贷款方式。

2005—2009 年。内控缺陷数据来源于 Audit Analytics 数据库，财务数据来源于 Compustat 数据库。最终样本为 3164 笔贷款（facility - level）。

（二）研究设计

文章中检验内部控制缺陷对贷款合同影响的基本模型为：

$$Loan\_Feature = \alpha_0 + \alpha_1 Weak + \alpha_2 Loan - specific\_Control + \alpha_3 Borrower - specific\_Control + \alpha_4 Economy - wide\_Control + (Year\_Indicators) + (Industry\_Indicators) + \varepsilon \quad (1)$$

因变量意味着以下任何一个债务合同特征：（1）价格条款，包括所有借款成本的利率（the drawn all - in spread，*AIS*），用实际的借款利率（计算时包括借款产生的费用）减去基准利率（伦敦银行间拆借利率，*LIBOR*）；（2）非价格条款，包括贷款是否被担保的虚拟变量（*DSecured*），每笔贷款中财务限制性条款的数量（*FinCovIndex*），以及每笔贷款中普通限制性条款的数量（*GenCovIndex*）；（3）债务合约中债权人的数量（*NLenders*）。

变量 *Weak* 是虚拟变量，如果根据 SOX 404 条款向 SEC 申报的经审计的公司财务报告相关的内部控制失效时取值为 1，否则为 0。

为了检验 H2，作者将变量 *Weak* 替换为两个虚拟变量，*Company_ICW* 和 *Account_ICW* [后文分析中称为模型（2）]：前者 1 表示存在任何公司层面的内控缺陷（以及该公司内部控制评估不完整），否则为 0；后者 1 表示存在任何会计层面的内控缺陷，否则为 0。如果前者的系数比后者大，则 H2 成立。

模型的控制变量如下：（1）债务特征：债务期限（*Maturity*）、债务额（*Loan - size*）、借款人个数（因变量若为借款人个数则该变量不控制）（*Nlenders*）、债务是否具有业绩定价条款（*Performance_Pricing*）；（2）债务人特征：规模（*Size*）、资产负债率（*Leverage*）、市账值比（*MB*），盈利能力（*Profitability*），固定资产比例（*Tangibility*）、现金流波动性（*CashVol*）、违规风险（综合三个衡量违约风险的模型）（*RDefault_RiskRestate*）、是否发生财务报表重述（*Restate*）、盈余质量（*AbsAccr*）、审计师是否为四大（*Big4*）、公司年龄（*Age*）、公司分部个数（*NSegment*）、存货量（*Inventory*）、是否发生并购（*M&A*）、是否发生重组（*Restructure*）、是否存在外国销售收入（*Foreign*）、收入增长率（*Sale_Growth*）、是否存在亏损（*Loss*）等；（3）宏观经济特征：*Credit_Spread*，指 BAA - 和 AAA - 级别公司债券的收益率（yield）之差；*Term_Spread*，指 10 年期和 2 年期美国国债收益率（yield）之差；（4）*Loan_Type_Indicators* 和 *Loan_Purpose_Indicators* 用来控制不同类型和不同目的的贷款在合约中价格和非价格条款的潜在差异。

四、实证结果

（一）描述性统计

单因素分析表明存在内控缺陷的样本公司相比没有内控缺陷的样本公司贷款利率更高，贷款额更小，具有更多的限制性条款，更可能是抵押贷款，以及具有更少的债权人。

（二）回归结果分析

1. 有关 H1 至 H4 的结果分析

当因变量均为利率时，模型（1）中，*Weak* 的系数为 28.189，在 1% 水平下显著。模型（2）中，*Account_ICW* 系数为 7.093，不显著，*Company_ICW* 系数为 43.656，在 1% 水平下显著，偏 F 检验的结果显示后者的系数显著大于前者，在 5% 水平下显著。上述结果与 H1 和 H2 的预期一致，说明在私有债务合同中，内部控制质量起到了比较重要的作用，银行即便有较强的收集和处理公开与私有信息的能力，也不能完全地克服内部控制缺陷所带来的信息问题。在控制了其他因素后，具有内控缺陷的公司比没有内控缺陷的公司利率平均高出 28 个基准点，这一结果在统计上和经济上都比较显著。此外，模型（2）的结果表明，银行可以克服会计层面的内部控制缺陷，但却不能克服公司层面的内部控制缺陷。在因变量是其他贷款特征指标时，结果均与预期一致：存在内控缺陷的公司相比没有内控缺陷的公司，更需要抵押，有更多财务限制性条款和普通限制性条款，在银团中拥有更少的债权人。并且与前面的结论一致，公司层面的内部控制缺陷对非价格债务成本及债权人个数的影响显著大于会计层面的内部控制缺陷。

2. 补充检验和稳健性检验

作者在文末对一个重要问题进行了补充检验：SOX 404 条款对于债权人（特别是具有信息优势的债权人，如银行）来讲是否具有新的信息含量。如果 SOX 404 条款具有新的信息含量，那么在 SOX 404 条款前后，债务合同条款的项目将会发生变化。实证结果表明，从利率上来看，具有内控缺陷的公司在出具 SOX 404 报告后期相比前期利率提高，且如果样本在 SOX 302 条款中没有披露内控缺陷，利率提高得更明显；在 SOX 404 报告中不存在内控缺陷的公司，报告后期比前期利率降低；在缺陷修正的样本中，修正后相比修正前（披露后）利率降低。这些结论反映出，从利率成本上来看，SOX 404 报告对于债权人有新的信息。

同时作者指出，文章的结果可能有另一种解释，即内部控制缺陷仅仅反映的是两类公司违约风险的差异，而非是由于财务报告的不可靠。如果这一说法成立，那么是否存在内控缺陷应该可以作为实际违约或破产的预测指标，但如果检验发现两者并不存在显著关联，则可排除这一可能性。作者采用 Cox（1972）比例风险模型（proportional hazard model）来估计内控缺陷预测实际违约的能力，违约数据来源于 Moody's Corporate Default Risk Service。作者发现：没有证据表明内部控制缺陷（无论是公司层面还是会计层面）可以有效预测实际违约，所以这一解释可以排除。

此外作者还检验了在一个贷款协议层面（Deal - level）[①] 样本的分析结果，以及几种贷款成本（价格与非价格）的联合影响，结论不变。

① 正文的检验是基于 facility - level 的样本，不同的 facility 有不同的贷款额度、利率、非价格条款等。一个贷款协议 Deal 中可能存在一个或一个以上 facility。

五、结论

本文以 SOX 404 条款披露内控缺陷情况的公司作为研究对象，对比了披露内控缺陷与没有披露内控缺陷的公司银行贷款合约中各种特征的差异，发现如下结果：第一，在控制了其他影响债务合同条款的变量后，具有内控缺陷的公司比没有内控缺陷的公司贷款利率高 28 个基本点。第二，具有公司层面内控缺陷的公司比具有会计层面内控缺陷的公司，负担更高的借款利率。第三，债权人会给予具有内控缺陷的公司更严格的非价格条款。第四，相对没有内控缺陷的公司，存在内控缺陷的公司的债权人的数量更少。第五，公司组间分析显示银行在公司披露内控缺陷后会比披露前提高贷款利率，并且在公司修正了这些缺陷后，降低贷款利率。

（整理人：孙烨）

主要参考文献

[1] Cox, D. R. 1972. Regression models and life - tables. *Journal of the Royal Statistical Society*, *Series B*, 34, p. 187 - 220.

[2] Dennis, S., and D. J. Mullineaux. 2000. Syndicated loans. *Journal of Financial Intermediation*, 9, p. 404 - 426.

[3] Sufi, A. 2007. Information asymmetry and financing arrangements: Evidence from syndicated loans. *Journal of Finance*, 62, p. 629 - 668.

ξ2-40 重大内控缺陷的多重连续年份分析

An Analysis of Multiple Consecutive Years of Material Weaknesses in Internal Control

文献来源：Gordon，L. A.，and A. L. Wilford. 2012. An Analysis of Multiple Consecutive Years of Material Weaknesses in Internal Control. *The Accounting Review*，87（6）：2027-2060.

【摘要】 本文重新检验了重大内控缺陷和权益资本成本间的关系，重点关注了缺陷的更正。本文区分了首次披露缺陷和连续多年（2年、3年、4年以上）存在重大缺陷的样本，通过研究发现，如果公司没有修正任何重大缺陷，那么连续多年存在重大缺陷的公司将比首次披露缺陷的公司承担更高的权益资本成本。但是，如果重大缺陷的数量下降（如修正部分缺陷），那么市场会将其视为正向信号，公司的权益资本成本也会有所降低。同时，现有研究在内控缺陷与资本成本之间关系的结论上存在着分歧，本文的研究为该分歧提出了解释。

一、研究问题

（一）问题的提出

自SOX 404条款颁布以来，资本市场已披露了数年公司的内部控制缺陷数据，而早前针对内部控制缺陷和权益资本成本的研究仅仅考察了内控缺陷首次披露两年内的情况，且未能得到一致的结论。本文利用多重连续年份样本，旨在重新检验内控缺陷和权益资本成本的关系。特别地，作者试图检验，如果样本公司在多重连续年份内（2年、3年、4年或以上）都未曾修正重大内控缺陷，其权益资本成本将如何变化。此外，作者还考察了重大内控缺陷的数量和类型对权益资本成本的影响。

本文的逻辑框架见图2-40。

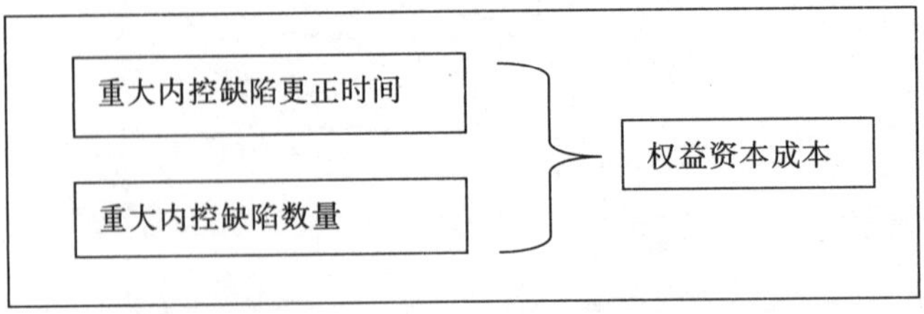

图2-40 重大内控缺陷更正时间与数量对权益资本成本的影响

（二）研究意义

首先，以往的研究多关注于内控缺陷的披露是否会引起投资者对公司财务报告质量的重新评估，进而影响权益资本成本，而本文注意到有些公司存在重大内控缺陷但却迟迟不愿（或无法）修正，有些公司却能及时修正，这一现象是否会被市场捕捉，进而影响公司的权益资本成本，这是值得探讨的话题。其次，研究重大内控缺陷的修正是非常有趣且重要的话题，因为它是内控系统建设的重要一环，同时修正内控缺陷是否能为公司带来实质性的利益也是内控系统的建设者、投资者和监管部门所关注的问题。

（三）主要贡献

回顾以往关于内控缺陷和权益资本成本的研究，作者发现先前的研究并未得到一致的结论。比如，Ogneva et al.（2007）发现在控制了公司特征和分析师预测偏误之后，根据SOX 404条款披露的重大内控缺陷并未对公司权益资本成本产生显著影响。Beneish et al.（2008）的研究与上述结论一致，但发现根据SOX 302条款披露的重大内控缺陷与公司权益资本成本存在显著正相关关系。Ashbaugh－Skaife et al.（2009）的研究却指出SOX 302和404条款所披露的重大内控缺陷均能显著地影响权益资本成本，并且认为他们的研究之所以与Ogneva et al.（2007）等研究存在差异是由于模型设定和样本选择的不同。

在考察内控缺陷的修正对权益资本成本的研究时，上述的文献均采取两年期的短期样本，即考察披露缺陷后第二年修正缺陷对权益资本成本的影响，得到的结论也并不一致：Ogneva et al.（2007）和Beneish et al.（2008）发现没有足够的证据表明修正缺陷能降低权益资本成本。而与此相反，Ashbaugh－Skaife et al.（2009）则发现修正缺陷有利于降低权益资本成本。

上述的文献并没有将内控缺陷的修正作为主要的考察对象，且仅选取短期内修正缺陷的样本进行分析。本文将研究的重点放在重大内控缺陷的修正，回顾分析六年（2004—2009）期间公司内控缺陷的修正情况。并且作者还关注了重大缺陷的部分修正问题，认为即便公司没有立刻修正全部的重大缺陷，缺陷数量的降低也会在一定程度上影响投资者对公司的评价。作者的研究补充了人们对内控缺陷如何影响融资成本的认识，并在一定程度上解释了现有研究结论上的分歧。

二、理论分析

如果公司披露其内部控制存在重大缺陷，那么就意味着它向市场传递了一个明确的信号：公司披露的财务报告不可靠，因此投资者会提高权益资本成本以补偿他们因内控缺陷而增加的风险溢价。Lambert et al.（2007）的理论模型指出，财务报告信息质量会从直接和间接两个角度影响权益资本成本。直接的影响是财务报告质量改变了市场对公司的现金流与其他公司现金流的协方差估计，进而使得公司权益资本成本逐渐降低并接近无风险利率，并且这一影响是不能分散的（not diversifiable）。间接的影响是会计信息披露质量会对公司的经济决策产生影响，因此会影响公司预期的价值。

作者根据已有的理论和实证分析，提出如下几点假设：

H1：某年披露重大内控缺陷的公司，其权益资本成本比未披露重大内控缺陷公司更高。

H2：与没有连续多年披露重大缺陷的公司相比，连续多年披露重大内控缺陷的公司的权益资本成本更高。

H3：公司重大内控缺陷存在的年份越久，对权益资本成本的负面影响就越大。

H2 和 H3 所关注的是内控缺陷的彻底修正，作者在分析时将存在重大内控缺陷的样本公司分为两类，即在某一年之后，重大内控缺陷完全不存在的公司（所有重大缺陷均已修正）和仍然存在重大内控缺陷的公司（完全没有修正重大缺陷）。然而，仍有可能的是，公司虽然仍然存在重大内控缺陷，但与之前相比，已经对一部分重大缺陷进行了修正，缺陷的数量已经减少，所以作者提出假设 4 检验这种情况下权益资本成本的变化。

H4：部分重大内控缺陷在某年修正后，对公司权益资本成本有正的影响（即会降低权益资本成本）。

三、样本选择和研究方法

（一）样本选择

作者从 Audit Analytics 数据库中获取了从 2004 年 11 月到 2009 年 12 月公司根据 SOX 404 条款披露的内控缺陷数据，同时剔除了（1）重复的样本；（2）存在多年内控缺陷但年份不连贯的样本[①]；（3）在 SOX 302 条款阶段披露重大内控缺陷，但在 SOX 404 条款阶段未披露缺陷的样本；（4）控制变量和权益资本成本存在缺失数据的样本。最终有 16946 个观测值，包含 1140 个存在内控缺陷以及 15806 个不存在内控缺陷的观测值[②]。

（二）研究设计

为了检验 H1 至 H3，作者构建了模型（1）：

$$CE_i = \beta_0 + \beta_1 \times MW1_i + \beta_2 \times MW2_i + \beta_3 \times MW3_i + \beta_4 \times MW4_i + \beta_5 \times MKT\_CAP_i + \beta_6 \times AGE\_FIRM_i + \beta_7 \times LOSS_i + \beta_8 \times SL\_GR_i + \beta_9 \times FCR_i + \beta_{10} \times AVGPRED\_ER_i + \varepsilon_i \quad (1)$$

其中，因变量 CE 是权益资本成本，作者为了降低计量方式误差对结论的影响，根据以往文献（Claus and Thomas，2001；Gebhardt et al.，2001；Gode and Mohanram，2003；Easton，2004；和 Hail and Leuz，2006）计算了五种权益资本成本，分别进行回归[③]。自变

① 例如，如果公司在 2004 年及 2006 年度披露重大内控缺陷，但 2005 年度不存在重大内控缺陷，这类样本将被剔除。

② 在具体分析数据时采用的样本数因权益资本成本方法不同而存在差异。

③ 在列示结果的时候，作者仅列示了根据 Hail and Leuz（2006），即计算前四种方法的平均数，所得到的权益资本成本的分析结果，其他几种方法进行分析所得到的结论相近。

量 $MW1$ 是虚拟变量，当公司在本年度 i 内披露重大内控缺陷但此前并未披露重大内控缺陷[①]时，取值为 1，否则为 0；$MW2$、$MW3$、$MW4$ 为虚拟变量，若公司截至年度 i，已经连续 2 年、3 年、4 年或更多年份[②]披露重大内控缺陷取值为 1，否则为 0。$\beta_1 - \beta_4$ 的结果均用来验证 H1，作者预期其显著为正。H2 和 H3 预期在连续年份存在重大内控缺陷的样本公司，其内控缺陷对权益资本成本的负面影响将比首次披露内控缺陷的样本公司更明显，并且缺陷存续时间越长，权益资本成本越大。因此 $\beta_2 - \beta_4$ 的系数应大于 β_1，且更显著。同理，β_3、β_4 的系数要分别大于 β_2、β_3。

为了检验 H4，作者在模型（1）的基础上加入了 NW 变量，表示重大内控缺陷的数量［见模型（2）］。作者试图检验，重大内控缺陷的数量是否会对权益资本成本产生增量的影响。

$$CE_i = \beta_0 + \beta_1 \times MW1_i + \beta_2 \times MW2_i + \beta_3 \times MW3_i + \beta_4 \times MW4_i + \beta_5 \times NW_i + \beta_6 \times MKT\_CAP_i + \beta_7 \times AGE\_FIRM_i + \beta_8 \times LOSS_i + \beta_9 \times SL\_GR_i + \beta_{10} \times FCR_i + \beta_{11} \times AVGPRED\_ER_i + \varepsilon_i \quad (2)$$

根据以往的文献，作者选取了如下的控制变量：公司的规模（公司市值的对数 MKT_CAP）、公司存续年限（公司在 CRSP 数据库中存续的年限 AGE_FIRM）、财务稳定性（采用是否亏损的虚拟变量 $Loss$，若公司两年的经常性收益的总和为负取值 1，否则为 0）、公司复杂性（采用是否存在外币交易的虚拟变量 FCR，若公司有外币交易，取值 1，否则为 0）、公司波动性（采用极端销售额来衡量 SL_GR）以及分析师预测误差（$AVGPRED\_ER$）。所有回归分析均采用聚类—异方差矫正标准误（cluster - robust standard errors），并且控制了时间和行业固定效应。

四、实证结果

（一）描述性统计

在 16 946 个观测值中，有 1 140 个存在重大内控缺陷，占总样本的 6.73%。其中有 828 个观测值首次披露内控缺陷；212 个观测值连续 2 年存在重大内控缺陷；71 个连续 3 年存在重大内控缺陷；29 个连续 4 年及以上存在重大内控缺陷。

单因素分析结果显示：存在重大内控缺陷的样本组，其权益资本成本的均值和中位数均显著大于不存在重大内控缺陷的样本组；连续 2 年存在重大内控缺陷的样本组，其权益资本成本的均值和中位数显著大于首次披露重大内控缺陷的样本组；连续 3 年存在重大内控缺陷的样本组与连续 2 年存在重大缺陷样本组的权益资本成本的差异不大；而连续 4 年存在重大内控缺陷的样本组，其权益资本成本的均值和中位数显著小于连续 3 年存在重大内控缺陷的样本组，但是其重大内控缺陷的数量显著下降。作者通过统计 $MW1$ 至 $MW4$ 平均重大内控缺陷数量和披露重大内控缺陷的公司数量，发现有些公司虽然连续几年都存在

---

① 在样本选择环节，作者已经删除了存在不连续披露内控缺陷的样本，即现存的样本仅限于：在样本观测值所在年份 i 首次披露内控缺陷和截至样本观测值所在年份 i 连续多年（2 年以上）存在内控缺陷。

② 样本中存在连续 5—6 年均披露重大内控缺陷的观测值，但非常少，所以作者将其与 $MW4$ 合并。

重大内控缺陷，但是重大内控缺陷的数量逐步减少，说明这些公司对内控重大缺陷进行了部分修正。

（二）回归分析结果

1. 针对模型（1）、（2）的回归结果分析

基于上述描述性统计的结果，作者注意到有些存在重大缺陷的样本公司会部分修正其内控缺陷，这可能会对 H2 和 H3 的结论产生影响。所以作者在采用模型（1）进行分析的时候，去掉了部分修正的样本[①]。模型（1）的回归结果显示：*MW*1 的系数为正但不显著，说明如果公司首次披露重大缺陷，权益资本成本并没有显著高于未披露缺陷的公司；*MW*2 至 *MW*4 的系数显著为正，这说明在连续 2 年及以上存在重大内控缺陷的样本组中，H1 成立。*MW*2 至 *MW*4 的系数均大于 *MW*1，且显著性较高；*MW*4 的系数显著大于 *MW*3 的系数，同时，*MW*3 的系数显著大于 *MW*2；上述结果均支持 H2 和 H3。上述分析结果表明，连续多年不修正重大内控缺陷的公司会比立刻修正缺陷的公司承担较高的权益资本成本。

为了验证 H4 关于部分修正的假设，作者采用全样本分别对模型（1）和模型（2）进行回归。模型（1）的结果显示 *MW*2 和 *MW*3 的系数显著为正，后者比前者系数大且显著性略高，*MW*1 和 *MW*4 的系数不显著，模型（2）与模型（1）结果相近，*NW* 的系数显著为正。上述结果说明部分修正对于投资者来说也是一个内控建设改善的积极信号：即便重大缺陷依然存在，公司部分修正内控缺陷的行为仍然能使其降低权益资本成本，结论支持 H4。

2. 本文实证结论与前文研究的统一

前人针对重大内控缺陷与权益资本成本的关系结论存在分歧。Ogneva et al.（2007）（下文称 OSR）选取 2004 年 11 月到 2006 年 1 月区间内根据 SOX 404 条款披露的重大内控缺陷数据，得出其对权益资本成本没有显著影响的结论。而 Ashbaugh - Skaife et al.（2009）（下文称 ACKL）选取从 2003 年 11 月到 2005 年 9 月根据 SOX 302 和 404 条款披露的重大内控缺陷数据，得出其对权益资本成本有显著影响的结论。本文的结论与后者相似。为了解释这些分歧，作者重复了 OSR 和 ACKL 的研究，发现缺陷的类型可以解释这些差异。首先，如果 ACKL 的研究不包括 SOX 302 条款的数据，得出的结论与 OSR 基本相近，而 SOX 302 条款的缺陷数据类型多为公司层面（entity - level）[②] 的缺陷，这些缺陷反映出的问题较为严重，往往更被投资者所关注。此外，如果将本文的样本区间分为早期（OSR 样本区间，即 2004 年 9 月到 2006 年 1 月）和晚期（2006 年 2 月到 2009 年 12 月），发现早期的样本缺陷类型与 OSR 的样本缺陷类型很相近，回归的结果也与 OSR 接近，而晚期的样本类型与 OSR 有很大不同，但与 ACKL 中 SOX 302 条款的缺陷类型相近，所以对其进行回归的结果与 ACKL 相近。

（三）补充检验

作者进行了如下的稳健性检验：

---

① 部分修正的样本指虽然连续两年以上均存在重大内控缺陷，但重大缺陷的数量减少的样本。

② 包括会计人员资源、胜任能力和培训；信息技术，软件，安全和使用；职务分离；控制设计等。

（1）替换了不同的控制变量，结论没有变化。（2）将因变量设定为权益资本成本的变化值，结论没有变化。（3）采用倍差分析法（difference - in - differences）去除遗漏和未能观察到的固有差异对本文结论的影响。作者将样本分为四组，每组为连续的 2 年（2004—2005 年，2005—2006 年，2006—2007 年，2007—2008 年），每组的样本均为在第一年披露了重大内控缺陷的观察值，并且根据第二年缺陷修正情况将其分为完全修正缺陷组和未修正缺陷组，并分别计算两年权益资本成本的差值，再加以比较。四组结果均显示：完全修正缺陷组的权益资本成本第二年比第一年的减少量要大于未修正组，与本文主要结论一致。（4）将股票回报作为因变量，考察市场反应，结论与权益资本成本的变化相近，重大内控缺陷存在的年份越长，市场的反应越负面。（5）作者进一步探讨了为什么有些公司迟迟不修正重大内控缺陷。首先，可能有些缺陷公司没有能力短期内立刻修正。为了检验这个可能性，作者分析了公司披露的缺陷类型，发现那些持续存在的缺陷大多属于最难修正的公司层面的缺陷，符合缺陷类型导致修正时间差异的解释；其次，公司没有足够的财务资源修正缺陷，这类公司往往是已经陷入财务困境的公司，描述性统计中是否亏损的虚拟变量数据支持这一解释，即重大缺陷持续存在的公司很大可能是财务亏损的公司；最后，公司的监管环节薄弱，没有较好地履行监督职能来督促管理层修正缺陷。但是，作者未能直接地论证这一解释。

五、结论

本文从重大内控缺陷修正的角度来探讨内控缺陷对权益资本成本的影响。作者发现重大内控缺陷会对权益资本成本产生显著的负面影响，同时市场会惩罚一直不修正缺陷的公司，给予它们较高的资本成本。如果公司不修正任何缺陷，那么缺陷持续时间越长，权益资本成本越高。但是，如果公司进行了部分的修正，使得重大缺陷的数量下降，那么即便仍然存在重大缺陷，市场也会降低权益资本成本。本文的主要优点是采用了更为丰富、时间跨度更大的样本区间，本文的结论也为先前的研究分歧给出了合理的解释。作者认为未来的相关研究可从代理问题和以技术为基础的内控监督系统（technology - based internal control monitoring systems）的逐渐完善两个方面进行更为深入的探讨。

（整理人：孙烨）

主要参考文献

[1] Ashbaugh - Skaife, H., D. W. Collins, and W. R. Kinney. 2007. The discovery and reporting of internal control deficiencies prior to SOX - mandated audits. *Journal of Accounting and Economics* 44 (1 - 2): p. 166 - 192.

[2] Beneish, M. D., M. Billings, and L. Hodder. 2008. Internal control weaknesses and information uncertainty. *The Accounting Review* 83 (3): p. 665 - 703.

[3] Claus, J., and J. Thomas. 2001. Equity premia as low as three percent? Evidence from analysts' earnings forecasts for domestic and international stock markets. *Journal of Finance* 56 (5): p. 1629 - 1666.

[4] Easton, P. D. 2004. PE ratios, PEG ratios, and estimating the implied expected rate of return on equity capital. *The Accounting Review* 79 (1): p. 73 – 95.

[5] Easley, D., and M. O'Hara. 2004. Information and the cost of capital. *Journal of Finance* 59 (4): p. 1553 – 1583.

[6] Francis, J., R. LaFond, P. Olsson, and K. Schipper. 2004. Costs of equity and earnings attributes. *The Accounting Review* 79 (4): p. 967 – 1010.

[7] Francis, J., R. LaFond, P. Olsson, and K. Schipper. 2005. The market pricing of accruals quality. *Journal of Accounting and Economics* 39: p. 295 – 327.

[8] Gebhardt, W. R., C. M. C. Lee, and B. Swaminathan. 2001. Toward an implied cost of capital. *Journal of Accounting Research* 39 (1): p. 135 – 176.

[9] Gode, D., and P. Mohanram. 2003. Inferring cost of capital using the Ohlson – Juettner model. *Review of Accounting Studies* 8 (4): p. 399 – 431.

[10] Hail, L., and C. Leuz. 2006. International differences in cost of equity: Do legal institutions and securities regulation matter? *Journal of Accounting Research* 44 (3): p. 485 – 531.

[11] Lambert, R., C. Leuz, and R. Verrecchia. 2007. Accounting information, disclosure, and the cost of capital. *Journal of Accounting Research* 45 (2): p. 385 – 420.

[12] Ogneva, M., K. R. Subramanyam, and K. Raghunandan. 2007. Internal control weakness and cost of equity: Evidence from SOX section 404 disclosures. *The Accounting Review* 82 (5): p. 1255 – 1297.

§2-41 内部控制报告类型对财务报表审计报告使用者信心的影响

The Effect of Type of Internal Control Report on Users' Confidence in the Accompanying Financial Statement Audit Report

文献来源：Asare, S. K., and A. Wright. 2012. The Effect of Type of Internal Control Report on Users' Confidence in the Accompanying Financial Statement Audit Report. *Contemporary Accounting Research*, 29 (1): 152-175.

【摘要】本文通过建立模型，检验财务报告内部控制（internal control over financial reporting, ICOFR）披露如何影响使用者对财务报告标准审计报告（standard unqualified audit report, SAR）的信心。模型认为，两份审计报告传递的信息一致性决定报告使用者的信心。基于该模型，本文研究发现公司层面（entity-level）的重大缺陷比会计层面（account-specific）的重大缺陷，对使用者的信心影响更大，同时也影响投资判断。

一、研究问题

（一）问题的提出

美国联邦法律要求审计师对上市公司的内部控制和财务报告发布联合审计报告，许多公司在接到标准无保留审计意见的同时也接到了否定的内控审计报告（Ge and McVay, 2005）。本文研究否定的财务报告内控审计和标准无保留审计报告之间的不一致性，是否会影响投资者对财务报告的信心和投资决策。

本文的逻辑框架见图2-41。

上述模型中，内控报告是投入，分为无保留的和否定的两种类型。使用者对内控报告的处理过程包括：第一步对信息风险和鉴证风险（verification risk）、控制质量和审计师的客观性进行评价；第二步是一致性检验，使用者比较期望的SAR和审计师出具的审计报告，如果和预期一致，则加强了使用者对标准审计报告的信心，反之，则降低信心。该模型的实质是探究使用者对SAR的信心是否取决于他们对接受到的内控报告和标准审计报告信息的一致性评价。

（二）研究意义

之前的研究表明SAR能降低财务信息的风险，是一种有效的资源分配工具（Church

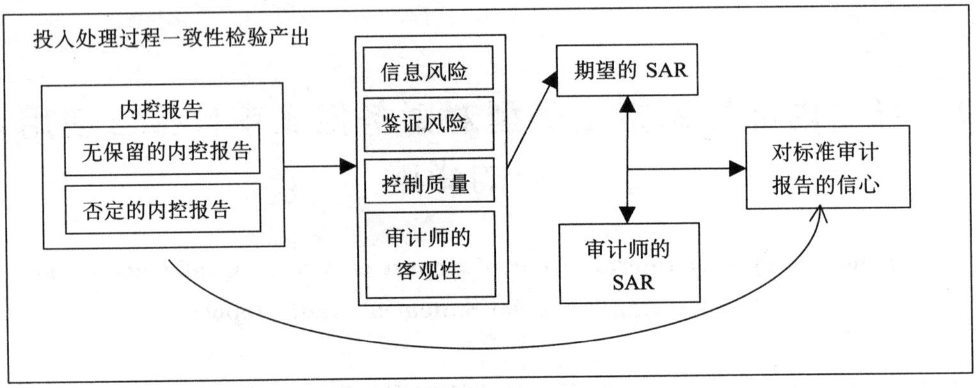

图 2-41　采用整合审计报告评估 SAR 信心的框架

et al.，2008），但并未考虑 ICOFR 与 SAR 之间关系的影响。否定的 ICOFR 报告是否会降低 SAR 使用者的信心，扭曲 SAR 的功能，是一个很重要的研究问题。此外，本文的研究有助于改进监管者、审计师和使用者之间的沟通。

（三）主要贡献

第一，证实了否定的内控报告会给财务报告使用者对标准无保留审计意见的信心造成负面影响；第二，本文构建了一个理论模型，来描绘内控报告和 SAR 使用者的信心之间的关系；第三，本文表明报表使用者对 SAR 的信心与其投资分析相关，因此本文识别出了否定的 ICOFR 对公司的另一种潜在成本。

二、理论分析和研究假设

（一）ICOFR 披露的直接影响

当客户的内部控制存在重大缺陷时，审计准则要求审计师发表否定的内控报告。重大缺陷分为两类：公司层面和会计层面。公司层面的内部控制强调高管层面和多项会计科目的控制，会计层面的控制强调特定的科目或周期。根据审计准则第五号公告，确定缺陷的严重程度，不是依据该缺陷是公司层面的还是会计层面的，而是依据该缺陷导致重大错报的概率。

经验研究表明，使用者认为公司层面的重大缺陷比会计层面的重大缺陷更严重（Moody's Investors Service，2004；Leech，2004；Nicolaisen，2004；Doyle et al.，2007b；Hammersley et al.，2008），怀疑审计师在公司层面内控存在重大缺陷情况下审计的能力（Moody's Investors Service，2004；Leech，2004），认为公司层面内控缺陷的鉴证风险较高。如果财务报告使用者怀疑审计师的能力，他们对标准无保留审计报告的信心将会降低。

假设 1：相比于会计层面的内控重大缺陷，当公司出现公司层面的内控重大缺陷时，使用者对标准审计报告的信心更低。

使用者是否会基于对 SAR 的信心对公司的前景作出不同判断？虽然有一些研究检验了内控报告的信息含量，但是这些研究没有阐明与之相关的 SAR 报告对使用者作出投资判断的影响。当公司的财务报告是标准无保留意见，而内控报告为否定意见时，会降低使用者对 SAR 的信心，进而增加财务报告的信息风险（Church et al.，2008）。而风险越高，使用者越难估计未来现金流和现金流的方差（Lambert et al.，2007）。进一步，当存在重大缺陷时，使用者预期，管理层滥用职权和财务报告舞弊的概率更高（PCAOB，2007b）、不能识别的重大错报的风险更大（Doyle et al.，2007）、管理低效的风险更大（Ashbaugh－Skaife et al.，2007）、修复内控缺陷的成本更高（Ashbaugh－Skaife et al.，2008）。财务信息风险上升，导致分析师预期股票价格下跌。

因此，本文假设使用者对 SAR 信心的下降将影响使用者对股票价格的评估，导致分析师作出不利的股票推荐，即使用者对 SAR 的信心和股票推荐之间的关系是通过对股票价格下跌的评估间接性产生的。因此，当控制了股票价格的评估后，SAR 的信心和股票推荐之间关系将会消失。

假设 2：使用者对 SAR 的信心和股票推荐之间的关系是通过对股票价格下跌的评估间接性产生的。

假设 1 认为否定的 ICOFR 报告中的重大缺陷会降低使用者对 SAR 的信心①，但是比较否定的和无保留的内控报告对 SAR 的使用者的信心影响也很重要。当内控报告是无保留时，信息风险和鉴证风险相对较低，进一步地，当两份报告都是无保留时，信息的一致性相对更高。据此，作者提出本文第三个假设。

假设 3：与无保留的内控报告相比，否定的内控报告将降低使用者对 SAR 的信心。

（二）信息风险和鉴证风险的中介作用

图 2－42 表明 ICOFR 和 SAR 信心之间的关系，使用者从内控报告评估信息风险和鉴证风险。对于信息风险，使用者在内控报告的基础上，评估财务报告出现错报的概率和数量。对于鉴证风险，本文认为使用者会评估审计师审核重大缺陷的能力（Moody's Investors Service，2004）。由于公司层面重大缺陷的广泛性，作者预期对鉴证风险的评估随着重大缺陷的存在及其严重性的增加而增加。据此提出以下假设：

假设 4：使用者对信息风险的评估随着重大缺陷的存在及其严重性的增加而增加。

假设 5：使用者对鉴证风险的评估随着重大缺陷的存在及其严重性的增加而增加。

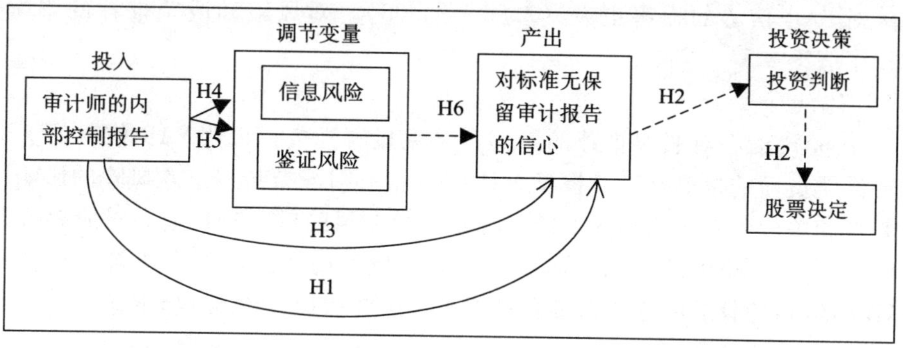

图 2－42　内控报告、标准审计报告和投资决策之间的假设关系

① 同时认为公司层面缺陷比会计层面的更严重。

最后，模型表明，信息风险和鉴证风险能够影响 ICOFR 和使用者对 SAR 信心之间的关系，如图 2－42 中虚线所示。因此作者提出以下假设：

假设 6：ICOFR 报告通过信息和鉴证风险间接影响使用者对 SAR 的信心。

三、研究设计和结果

本文采用实验的方法来验证上述假设。

（一）实验 1

1. 实验过程

实验 1 是为了比较使用者收到否定的 ICOFR 和 SAR 时，对 SAR 的信心评估、投资判断和投资决策的差异性以检验假设 1 和假设 2。

实验 1 的参与者是 65 名证券分析师。在过去的两年中，平均每个人负责分析 10.98 家公司。参与者能理解和评价控制缺陷的信心均值为 3.5，使用内控报告进行投资分析的程度均值为 3.3（上述两个数据都是 7 分制表，不使用为 1，充分使用为 7，下同）。参与者需要单独完成一个案例分析，其任务是评价投资吸引力和审计报告。该案例来自真实的上市公司，材料包括财务报告摘要和关键的比例指标、三年经审计财务报告和当年未经审计的第一季度财务报告（更改了公司的名字，且所有的财务信息都乘上一个常数）。上市公司的背景信息包括了财务报表标准的审计意见和否定的内控报告，参与者被随机分配存在会计层面或公司层面的重大缺陷的情形。为了确定内控缺陷的类型，本文从 PCAOB 第 2 号审计准则中获取每种缺陷的描述，据此，导致否定内控意见的缺陷被描述为与销售相关或与公司层面缺陷相关。随后，参与者被要求评价该公司最近季度普通股票的投资吸引力，并对以下三点作出判断：（1）对前一年度标准无保留审计报告的信心；（2）在接下来两年内，股票显著下跌（20%）的投资风险；（3）股票推荐。

2. 结果

（1）描述性统计结果。

对标准审计报告的信心的均值为 3.54（7 分位制）。比较会计层面和公司层面，公司层面的缺陷对 SAR 信心的损害更大（2.86 对 4.08）。对风险和股票推荐的影响也一样。该结果支持了假设 1。

（2）回归结果。

模型 1 是 SAR 信心对股票推荐的影响，系数显著为负，说明 SAR 信心的下降使得参与者更可能给予负面的投资推荐。模型 2 是 SAR 信心对股票价格下跌风险的影响，和预测一致，也是负相关的关系。模型 3 的结果显示，控制风险后，SAR 信心对股票推荐不存在显著的影响，说明对 SAR 信心完全通过股价下跌风险间接影响投资决策。也就是说，使用者对 SAR 的信心是股票推荐的间接影响因素，因此假设 2 得到了支持。

模型 1：$SR=\beta_o+\beta_1 CAR+\varepsilon$

模型 2：$IR=\beta_o+\beta_1 CAR+\varepsilon$

模型 3：$SR=\beta_o+\beta_1 CAR+\beta_2 IR+\varepsilon$

最后，本文估计了一个路径模型，来检验假设模型和数据的拟合优度。拟合优度支持了模型（$\chi^2=3.236$，$p=0.198$）。

与前面的分析一致，ICOFR 和 SAR 信心存在显著的正相关关系（$b=0.36$，$p=0.002$），这支持了假设 1。SAR 的信心对投资判断存在显著的负面影响（$\beta=-0.41$，$p=0.001$），但是在控制了投资风险后，SAR 的信心不再对股票推荐产生显著的影响（$\beta=-0.08$，$p=0.395$），这支持了假设 2。

（二）实验 2

1. 实验过程

相比实验 1，实验 2 作了三个改变。第一，对中介变量（intervening variables）提出直接的测量，检验上述模型并消除替代性解释；第二，包括了无保留的内控报告条件；第三，实验 2 的参与者是普通的投资者，有助于把实验 1 的结果推广到另一个重要的使用群体。

实验 2 的参与者是 EMBA 的学生，平均每人有 6 年的工作经历。对内控缺陷的理解和评价信心的均值为 4.4（7 分制，1 是没有信心，7 是最高信心），理解和评价财务报告和审计报告信心的均值分别为 4.8 和 4.76。除了介绍与实验 1 相同的背景外，还增加一些问题来确定控制质量、信息风险、鉴证风险、审计师的客观性、投资判断和审计报告的联合效应。

此外，实验参与者还被问到以下两个问题：（1）公司的财务报告类型（a. 公允并符合 GAAP；b. 不公允且不符合 GAAP）；（2）内控报告（a. 有效的；b. 与销售有关的重大缺陷；c. 公司层面的重大缺陷）。实验结果显示没有实验参与者错误地划分 SAR 报告和无保留内控报告类型，但有三个人把存在会计层面重大缺陷 ICOFR 错误划分为有效内控报告，两个人将公司层面的缺陷错误地划分为与销售有关的缺陷。

2. 结果

普通投资者对内控无保留 SAR 信心的均值为 5.05，对会计层面缺陷 SAR 信心的均值为 4.24，对公司层面缺陷 SAR 信心的均值为 3.04，并且三者之间都存在显著差异，这个结果支持了假设 1 和假设 3。

信息风险包括以下四个变量，并且它们在无保留的和否定的 ICOFR 报告之间存在显著的差异：（1）对审计后的财务报表没有重大错报的信心；（2）财务报表包含错报的概率；（3）错报的数量；（4）中报中存在重大错报的概率。配对分析中，相对于存在会计层面缺陷和公司层面缺陷，无保留内控报告的信心更高，而存在会计层面缺陷的信心高于存在公司层面缺陷的信心。收到合格 ICOFR 的公司，其财务报告中存在错报的概率和错报的数量显著低于存在缺陷的公司。该结果支持了假设 4①。

对于鉴证风险，配对分析显示，无保留的内控报告和存在公司层面缺陷的否定内控报告，鉴证风险存在显著的差异，而存在会计层面缺陷的否定内控报告和存在公司层面缺陷的否定内控报告鉴证风险也存在显著的差异，但是无保留的内控报告和存在会计层面的缺

① 只有“中报中包含重大错报的概率”在会计层面的缺陷和公司层面的缺陷之间不存在显著的差异。

陷否定内控报告鉴证风险不存在显著差异，这支持了假设5。

假设6认为在控制信息风险和鉴证风险后，ICOFR和SAR的信心之间不存在显著的相关关系。为了检验上述假设，本文将SAR的信心与信息风险和鉴证风险进行回归，并加入了ICOFR类型虚拟变量。在第一阶段的分层回归中，两个虚拟变量（无保留的内控报告与会计层面缺陷的内控报告，无保留的内控报告与公司层面缺陷的内控报告）都显著。在第二个阶段，虚拟变量都不显著。在控制ICOFR报告类型后，信息风险中财务报告中没有错报的信心和鉴证风险都显著，这支持了假设6。

四、结论

实验1的研究发现，分析师在评估否定的ICOFR时，公司层面缺陷对SAR信心的负面影响比会计层面的缺陷更大。同时，分析师对SAR的信心与股票价格下跌的风险和股票推荐相关。实验2的结果显示，与无保留的内控报告相比，普通的投资者面对否定的内控报告时，SAR的信心更低。投资者对信息风险和鉴证风险的评价缓解了ICOFR和SAR信心之间的关系。

与其他会计实证论文不同，本文最大的特点是采用实验方法来研究分析师和普通投资者的心理行为，为以后的研究提供了新的视角。本文的研究结论发现，审计报告和内控报告之间存在内在的联系，这为政策制定者提供了重要的参考。

（整理人：周美华）

主要参考文献

[1] Ashbaugh - Skaife, H., D. Collins, and W. Kinney. 2007. The discovery and reporting of internal control deficiencies prior to SOX - mandated audits. *Journal of Accounting and Economics*, 44 (1/2): p. 166 - 192.

[2] Ashbaugh - Skaife, H., D. Collins, W. Kinney, and R. LaFond. 2008. The effect of SOX internal control deficiencies and their remediation on accrual quality. *The Accounting Review*, 83 (1): p. 217 - 250.

[3] Ashbaugh - Skaife, H., D. Collins, W. Kinney, and R. Lafond. 2009. The effect of internal control deficiencies on firm risk and cost of equity capital. *Journal of Accounting Research*, 47 (1): p. 1 - 43.

[4] Credit Suisse First Boston. 2005. Section 404: Now appearing in 10 - Ks near you. March 11, 2005.

[5] Church, B., S. Davis and S. McCracken. 2008. The auditor's reporting model: a literature overview and research synthesis. *Accounting Horizons*, 22 (1): p. 69 - 90

[6] Doyle, J., W. Ge, and S. McVay. 2007b. Determinants of weaknesses in internal control over financial reporting. *Journal of Accounting & Economics*, 44 (1 - 2): p. 193 - 223.

[7] Ge, W., and S. McVay. 2005. The disclosure of material weaknesses in internal control after Sarbanes - Oxley Act. *Accounting Horizons*, 19 (3): p. 137 - 158.

[8] Hammersley, J., L. Myers, and C. Shakespeare. 2008. Market reactions to the disclosure of internal control weaknesses and to the characteristics of those weaknesses under section 302 of the Sarbanes Oxley Act of 2002. *Review of Accounting Studies*, 13 (1): p. 141 - 165.

[9] Lambert, R., C. Leuz, and R. Verrecchia. 2007. Accounting information, disclosure, and cost of capital. *Journal of Accounting Research*, 45 (2): p. 385 – 420.

[10] Leech, T. 2004. Moody's questions ability to audit around deficiencies. *Compliance Week* 7: p. 1 – 4.

[11] Moody's Investors Service. 2004. *Special comment: Section* 404 *reports on internal control: Impact on ratings will depend on nature of material weaknesses reported.* New York: Moody's Investors Service.

[12] Nicolaisen, D. T. 2004. Keynote speech at 11th annual mid – western financial reporting symposium. Chicago, IL. October 7.

§2-42 SOX法案对外国公司在美上市吸引力的影响

An Examination of the Impact of the Sarbanes - Oxley Act on the Attractiveness of U. S. Capital Markets for Foreign Firms

文献来源：Hostak, P., T. Lys, Y. Yang, and E. Carr. 2013. An Examination of the Impact of the Sarbanes - Oxley Act on the Attractiveness of U. S. Capital Markets for Foreign Firms. *Review of Accounting Studies*, 18 (2): 522 - 559.

【摘要】本文检验了2002年SOX法案通过以后，自愿退市（voluntary deregistration）是为了规避SOX法案引起的合规成本以维护投资者利益，还是为了保护管理层或控股股东（MCOs）的控制权租金（control rent）。本文发现，与没有选择退市的外国公司相比，选择自愿退市的外国公司平均而言，公司治理更差，SOX法案通过后负面的市场反应更弱，在宣布退市决定时股票价格显著下降。文章还发现，退市选择与SOX法案的合规成本有关。总体来说，本文的结果表明代理成本和合规成本影响了在美上市外国公司的退市决定。

一、研究问题

（一）问题的提出

为了回应一系列公司治理失败事件，2002年7月30日美国总统布什签署了SOX法案。该法案旨在提高公司披露的准确性和可靠性，恢复投资者对美国资本市场的信心，提高在美上市公司的治理质量。为了达到该目的，SOX法案建立了更严格的内部控制、审计、信息披露、管理层行为和责任等方面的标准。

SOX法案支持者强调其对公司治理的提升作用，反对者则认为法案会带来高昂的合规成本。DeFond et al.（2011）和Zhang（2007）根据权益或债券市场反应评估SOX法案的净收益，然而，上述研究很难把SOX法案前后其他世界性事件的影响分离出来。因此，这篇文章主要研究了SOX法案带来的合规成本和治理收益，检验SOX法案通过以后，在美上市的外国公司自愿退市是出于合规成本还是保护管理层或控股股东（MCOs）的控制权租金的考虑。

本文的研究框架如图2-43所示。

（二）研究意义

以往的研究多集中于SOX的合规成本，本文同时考虑SOX的公司治理作用和合规成

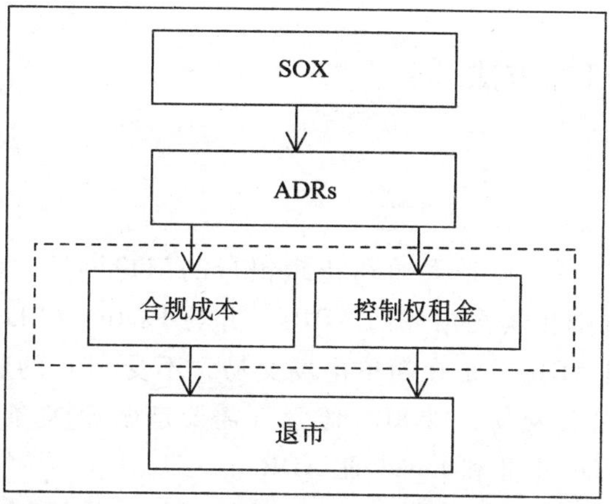

图 2-43　SOX 法案与 ADR 公司退市

本，为 SOX 法案成本与收益相关争论提供实证证据。这篇文章的研究对象是在美国上市的 ADRs（American Depositary Receipts），使人们注意到 SOX 法案不仅影响到美国本国公司，还会影响世界其他国家的公司退出美国市场的决定。

（三）主要贡献

首先，作者使用在美国上市的退市外国公司，研究其在退市决策过程中，SOX 法案合规成本的影响。与检验本土公司退市事件相比，外国公司股票仍然在其本国流通，其退市导致的流动性损失较小，交叉上市的公司退市成本更低。因此，该研究受到更少混合效应（confounding effects）的影响。其次，以往的研究主要检验 SOX 的合规成本及 SOX 通过以后交叉上市收益的下降，本文发现 MCOs 的控制权租金在退市决策上起到很重要的作用，这是以往研究所忽略的。

二、理论分析

通过一些强制措施，SOX 法案显著地改变了美国企业的公司治理。这些要求包括：审计委员会、薪酬委员会和治理委员会应包括独立董事、提高独立董事比例、禁止向管理层贷款、限制审计师提供非审计服务、增大对管理层犯罪行为的处罚、加快内部人交易的披露以及 CEO 和 CFO 对财务报告的承诺。SOX 法案增加了公司透明度及监管力度，降低了 MCOs 的控制权租金。然而，SOX 法案的合规成本同时还增加了交叉上市的成本。坊间证据（anecdotal evidence）表明，ADRs 的退市决定受到合规成本和公司治理成本的影响。

公司治理成本和合规成本共同影响 ADRs 的退市决定，但对控股股东和非控股股东的影响并不一致。若公司出于合规成本考虑而退市，控股股东和非控股股东都能从中获益。如果公司基于治理成本考虑，作出退市决定，将使控股股东获益，但损害非控股股东利益。

如果 SOX 法案的合规成本和控制权收益的损失之和超过在美国上市的收益，MCOs 将决定退出美国市场。作者预期，SOX 法案带来的更高的合规成本及控制权收益损失将增加外国公司退市的可能性。

三、样本选择和研究方法

（一）样本选择

作者通过访问纽约银行、摩根大通和花旗银行的门户网站，收集 1997 年 1 月 1 日到 2006 年 4 月 30 日间自愿退出美国市场的 ADRs，并与 Factiva 和 LexisNexis 的退市公告数据交叉核对。由于 Level Ⅰ ADRs[①] 是在粉单市场交易，不受 SEC 的监管，而 Level Ⅱ和 Level Ⅲ ADRs 在美国交易所公开交易，受 SEC 监管（需要遵循 SOX 条款），所以，文章使用的退市外国公司仅仅包括 Level Ⅱ和 Level Ⅲ ADRs。

首先，本文剔除因财务困境、并购、重组或不满足交易所规定而退市的样本；其次，剔除来自加拿大的 ADRs；最后，本文得到了 37 个 Level Ⅰ和 87 个 Level Ⅱ和 Level Ⅲ的自愿退市的外国公司。作为比较，本文同时收集了 1997—2006 年间，LSE（London Stock Exchange）自愿退市的交叉上市公司作为一组控制样本。

在横截面测试中，作者使用的是 Level Ⅱ和 Level Ⅲ ADRs（包括退市公司与没退市公司），样本期间为 2002 年 1 月 1 日到 2006 年 12 月 31 日。初始控制样本是从 SEC 网站获得的 1 344 个外国公司，剔除加拿大 ADRs、债券和优先股 ADRs、OTC 和小盘股 ADRs、不是交叉上市的外国公司，然后剔除金融公司、2006 年 12 月 31 日不在 SEC 目录的外国公司及数据缺失的公司，最后得到 2006 年末仍在 SEC 目录中的公司 253 个（全样本）。作者还从中选择来自同一国家及发行 ADRs 比例最近的公司作为配对样本。

母国股票价格和市场指数数据来自 Thomson Financial 和 Yahoo Finance，当公司在多个交易所（均在母国）交易时，作者选择交易量最大所在市场的数据。财务数据来自 COMPUSTAT、DataStream、WorldScope、Thomson Financial、North American COMPUSTAT、SEC 的 Form 20 - Fs 以及公司主页的年度报告。公司治理变量来自 Form 20 - Fs 或年度报告。

（二）研究设计

横截面分析使用以下模型：

DEREG = Governance Proxies + Compliance Proxies + Cross_listing Benefits + Country_level Factors (1)

CAR = Governance Proxies + Compliance Proxies + Cross_listing Benefits + Country_level Factors (2)

其中，因变量 *DEREG* 为公司是否在样本期间选择退市，*CAR* 是退市决定公告日前后各 5 天，共 11 天的累计超额收益。

Governance Proxies 用 6 个公司治理的变量表示，包括 *CEOCHAIR*，*NUMDRT*，*OUTDRTPCT*，*SEPARATION*，*FIVEOWN*（%），*CEOCHAIROWN*（%）。*CEOCHAIR* 是 CEO 和

---

① 编者注，Level Ⅰ公司除了不受 SEC 监管外，还不需要发布年报和不需要遵从美国会计准则。Level Ⅱ和 Level Ⅲ公司需要发布年报和遵从美国会计准则，但 Level Ⅲ公司可以在美国市场实现再融资，而 Level Ⅱ不能。

董事长是否由同一个人担任，*NUMDRT* 为董事会董事数量，*OUTDRTPCT* 是董事会中外部董事的比例。*SEPARATION* 表示一个公司是否有以下三种情况之一，分别是：金字塔结构、控制权和现金流权是否分离、特殊投票权协议，当存在上述情况之一时取 1，其他取 0。*FIVEOWN* 是最大 5 个股东持股合计数，*CEOCHAIROWN* 为 CEO 和董事长持股合计数。其他公司治理变量还包括，*FINREP*（财务报告质量，当公司盈余与股价相关性高于样本中值时取 1，其他取 0）、*DEBT*（经行业调整的资产负债率）及 *SOXRET*（每个公司对 SOX 事件的市场反应）。

Compliance Proxies 是指代表 SOX 法案合规成本的变量，包括 *LNSOXFEE*、*SEGMENTS* 和 *SIZE*。其中，*LNSOXFEE* 是作者通过一个模型估计出来的合规成本（详见原文附录部分），*SEGMENTS* 是业务分部数量，*SIZE* 为总资产的自然对数。

Cross - listing Benefits 代表交叉上市经济收益的变量（为了控制 SOX 法案以外的退市动机），分别用北美市场销售情况（*NORTHAMSALES*）、成长机会（*MTB* 和 *DMTB*）、获利能力（*ROA*、*DROA* 和 *DROAF*1）、市场流动性（*LIQ* 和 *DLIQ*）、退市的成本（*ADRDOLLAR* 和 *ADRPCT*）表示。

Country - level Factors 代表影响在美国交叉上市公司的一些国家层面的公司治理因素。*PRINC* 是国家层面的公司治理指数，是由 *GOV_WB*、*MKTTOGDP*、*MILKEN*、*COMMONLAW* 通过主成分分析得出。*GOV_WB* 是世界银行公司治理得分，*MKTTOGDP* 为母国上市公司总市值与该国 GDP 的比值，*MILKEN* 是 Milken 公司的融资能力指数（Capital Access Index），*COMMONLAW* 代表公司的母国是否是一个普通法（common law）国家。

四、实证结果

（一）描述性统计

单变量分析的结果显示，与控制组公司相比，选择退市的公司两权分离程度、前 5 大股东持股比例以及 CEO 和董事长持股比例更高、SOX 事件日有更高的回报及董事会规模更小。但在 LSE 样本中，退市公司内部人持有股份更少，独立董事比例更高，资产负债率更低。

在合规成本方面，与控制组公司相比，选择退市的公司支付更高的 SOX 相关审计费用，公司规模更小。但在 LSE 样本中，退市企业有更多的业务分部。

（二）股票价格分析

1. SOX 事件的市场反应

参考 Jain and Rezaee（2006）、Livak（2007）和 Zhang（2007），本文选择 7 个事件（详见附表 1）研究 SOX 法案的市场反应。结果显示，除了事件 3 和事件 7，全样本的其他事件和 SOX 事件总体均有显著为负的市场反应。配对控制组除事件 1 和事件 6 市场反应为负但不显著外，其他事件和 SOX 事件总体市场反应均显著为负。相反，退市公司在事件 3 和事件 7 有显著为正的收益，但其他事件的市场反应并不显著。作者使用 LSE 市场数据并没有发现类似结果。

本文研究的事件中，有两个事件涉及 ADRs 的影响。事件 2 使得这些外国公司执行 SOX 法案的可能性增加，结果显示两个控制组的市场反应均显著为负，退市公司的超额回报不显著异于 0。事件 6 降低了外国公司豁免执行某些 SOX 条款的可能性，结果显示两个控制组的超额收益均小于 0，但只有全样本控制组的显著为负。

然而，LSE 市场样本，退市公司与非退市公司在 SOX 事件日的超额收益不存在显著差异，表明美国市场上，选择退市和没选择退市的公司在 SOX 事件日的市场反应差异，不是由同时期的世界性的事件所致。

退市公司有更高的超额收益，表明这些公司可以从 SOX 法案实施中获得收益（通过降低 MCOs 的控制权租金），或者投资者（正确）预期这些公司将会选择退市，从而规避 SOX 法案相关合规成本。为了区分上述两个假设，作者研究退市公告日的价格反应。

2. 退市公告的价格反应

若退市公告日出现正的超额收益，说明 SOX 法案的合规成本大于公司治理提升获得的收益。这意味着退市是完全符合股东的利益。若退市公告日出现负的超额收益，表明投资者认为：（1）MCOs 让公司退市以保护其私有收益，或（2）公司在交叉上市的经济收益降低了。

通过研究退市公告前后 30 天的市场反应，发现美国市场的退市公告前后 5 天存在显著为负的超额收益，但是在 LSE 市场没有发现显著的超额收益。通过研究不同区间的累计超额收益得出类似结论。上述结果不支持投资者预期到公司最终通过退市规避合规成本的假设。然而，该结果同时支持以下两个假设：（1）SOX 法案对退市公司有正的净影响，但退市决定使得该收益不能继续（因为 MCOs 让公司退市以保护其私有收益）；（2）投资者预期退市公司的未来收益会较低（即，交叉上市的收益降低了）。LSE 市场退市公司没有发现超额收益，说明后一假设并不成立。

为了得出进一步证据，作者把样本按退市公告中的退市原因进行分组。组Ⅰ包含直接或间接提及 SOX 法案的公司；组Ⅱ包含涉及上市成本或明显包含“不成比例”、“过度地”或与之类似的词语，但没有直接提及 SOX 法案的公司；组Ⅲ包含没有提及上市成本，或者提到上市成本的同时还提及低交易量、经营重点转移或改变上市地点重新选择交易所的公司。

正如组Ⅰ和组Ⅱ公司声称的一样，如果退市的主要原因是 SOX 带来的合规成本超过公司治理收益，与组Ⅲ相比，组Ⅰ和组Ⅱ公司将有更弱的负向市场反应。若组Ⅰ公司退市是为了规避监管，但利用合规成本作为借口，那么组Ⅰ公司的负向市场反应的程度将最大。如果是投资者预期退市公司的未来收益会较低，那么三个分组之间的超额收益将不存在差异。结果表明，组Ⅰ公司比组Ⅱ和组Ⅲ公司的超额收益显著更低，组Ⅲ的超额收益略低于组Ⅱ。

3. 事件研究的解释及总结

总体来说：

（1）与非退市公司相比，退市公司在 SOX 事件前后有“正”的超额收益，可能是投资者能够预期到该公司最终会退市，但退市公告日显著为负的市场反应并不支持上述观点。

（2）LSE 市场没有发现退市公司与非退市公司的市场反应有显著差异，因此，美国市场中退市公司有“正”的超额收益不是世界性事件导致的。

（3）虽然退市公司声称退市是因为高昂的合规成本，但退市公告日显著为负的市场反应，说明退市决策的主要原因不是合规成本。

（4）退市公司在 SOX 事件日的显著为“正”的超额收益和在退市公告日的显著为负的超额收益，说明 SOX 法案对退市企业的公司治理具有正面影响。

（5）市场反应的结果不支持投资者预期美国上市收益将降低的观点。

（三）退市决定的多元回归分析

模型（1）的回归结果显示，公司治理较弱的企业更可能退市。其中，董事会规模更大、外部董事比例更高的企业，选择退市的可能性更低；具有控制权增强机制（control-enhancing mechanisms）的公司（*SEPERATION*）以及投资者认为 SOX 的净影响（*SOXRET*）越大的公司更可能选择退市。结果支持代理冲突假设：受 SOX 法案影响而降低了 MCOs 的私有利益的公司更可能会选择退市。

此外，业务分部数量与退市决定显著正相关，而企业规模与退市决定显著负相关，但 SOX 法案后估计的审计费用增加数（*LNSOXFEE*）并不显著。总体来说，具有更高合规成本的公司更可能选择退市。

（四）LSE 市场比较

LSE 市场并没有引入类似于 SOX 法案的监管制度，与 SOX 法案相关的上市成本和治理变量不能解释 LSE 公司的退市原因。通过对 LSE 样本进行对比分析，可以区分美国市场横截面分析结果是否由于世界性事件所导致的。回归结果显示，LSE 样本代理成本变量和合规成本变量均对公司的退市决定没有显著影响。因此，美国市场的结论并不是世界性事件所致。

（五）退市公告回报的多元回归分析

如果退市决策是受代理成本和合规成本的影响，投资者将在公司宣告退市决定时把这些因素反映到股价中。作者使用公告日母国市场的 11 天窗口累计超额收益作为因变量。

代理成本假设认为，若公司治理较弱，在其宣布退市时将有更低的市场反应，因为这些公司选择退市以使其免于 SOX 监管，将导致股东有更大损失。合规成本假设认为，公司治理较弱的公司，由于这些公司的合规成本相对更高，在公告日的市场反应将更高。结果发现外部董事比例（*OUTDRTPCT*）和前 5 大股东持股比例（*FIVEOWN*）与累计超额收益显著正相关，公司具有控制权增强机制（*SEPARATION*）与累计超额收益显著负相关，支持代理成本假设。但反映公司合规成本的变量均不显著异于 0。

五、结论

本文研究了 ADRs 退市原因及其经济后果，重点研究 ADRs 选择退市的原因，主要是为了规避SOX加强公司治理导致的成本，还是为了规避SOX相关合规成本。结果发现公司SOX相关的治理成本和合规成本均影响公司退市决策。总体来说，退市决定没有使非控股股东受益，公司治理水平更差。退市公司在国会讨论SOX条款事件前后股价没有显著下降，但在公告退市方案时股价显著下跌。因此，公司治理较弱的企业更可能选择退市，SOX法案为这些公司的非控股股东带来净收益。

在横截面分析时，公司治理变量可能存在内生性问题，且这些变量可能同时反映了代理冲突和合规成本，对于该问题作者使用多个变量衡量企业的公司治理水平和合规成本，以及利用LSE市场作对比，降低了内生性问题对本文结论的影响。

附录 事件描述和时间

事件	日期	描述
1	7/8—7/10/2002	参议院讨论萨班斯法案；萨班斯法案可能获得通过；参议院通过一个修订案，加强犯罪行为的处罚
2	7/11—7/12/2002	参议员 Dorgan 引入修正案以“明确要求高管对财务报告的保证适用于外国公司”
3	7/18—7/21/2002	众议院共和党领导人放弃降低参议院法案强度的努力；协商委员会开始就法案的形式和内容进行讨论
4	7/24—7/26/2002	参议院和众议院就最后规则达成一致，SOX法案获得通过
5	8/2—8/4/2002	SEC发布一个监管建议，“公司季报和年报应披露鉴证报告”，该条款同样适用于外国公司
6	10/8—10/9/2002	SEC主席 Harvey Pitt 在金融时报会议和英格兰威尔士特许会计师协会会议上发言，SEC对外国公司持开放态度
7	10/22—10/23/2002	SEC发布一个监管建议，“SOX 404、406和407条款的信息披露”中要求增加一系列新的披露。这些规则，外国公司也不能获得豁免

注：引自原文第540页，Table 4：Market response to SOX encutment events for deregistering and control firms。

（整理人：黄敬昌）

主要参考文献

[1] DeFond, M. L., M. Hung, E. Carr, and J. Zhang. 2011. Was the Sarbanes – Oxley Act good news for corporate bondholders? *Accounting Horizons*, 25 (3): p. 465 – 485.

[2] Jain, P., and Rezaee, Z. (2006). The Sarbanes – Oxley Act of 2002 and security market behavior: Early evidence. *Contemporary Accounting Research*, 23, p. 629 – 654.

[3] Litvak, K. (2007). The effect of the Sarbanes – Oxley Act on non – US companies cross – listed in the US. *Journal of Corporate Finance*, 13, p. 195 – 228.

[4] Zhang, I. X. 2007. Economic consequences of the Sarbanes – Oxley Act of 2002. *Journal of Accounting and Economics*, 44 (1 – 2): p. 74 – 115.

§2-43　SOX法案与交叉上市外国私人发行人

The Sarbanes - Oxley Act and Cross - Listed Foreign Private Issuers

文献来源：Li, X. 2014. The Sarbanes-Oxley Act and Cross-Listed Foreign Private Issuers. *Journal of Accounting and Economics*, 58 (1): 21 -40.

【摘要】本文研究了2002年SOX法案对交叉上市的外国私人发行人的短期和长期影响。关于短期和长期影响的检验结果表明，该法案的遵循成本显著大于其遵循收益，从而减少了交叉上市公司的净收益。

一、研究问题

（一）问题的提出

在一系列公司丑闻后，美国国会为了加强公司治理与财务报告，于2002年通过了SOX法案。SOX法案给美国上市公司带来了巨大的遵循成本。除了美国公司外，还有至少1 300家对美国证券交易委员会（以下简称SEC）具有报告义务的外国私人发行人（foreign private issuers，以下简称FPIs）也受到SOX法案的影响。因此，本文研究了SOX法案对交叉上市FPIs的短期和长期影响。

本文的基本逻辑框架见图2-44。

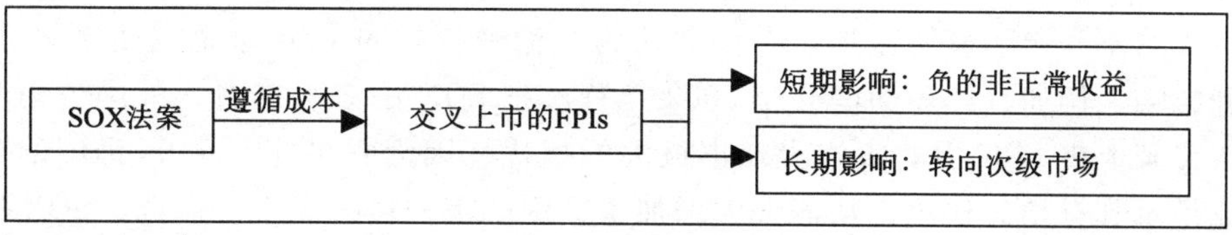

图2-44　SOX法案与交叉上市FPIs

（二）研究意义

FPIs是美国市场的重要组成部分，通过在美国交叉上市，FPIs通常会获得更大的透明度、更高的声誉以及更好的交易流动性。同时，FPIs的出现也提升了美国市场作为世界金融中心的地位。然而，考虑到SOX法案具有较高的遵循成本，FPIs可能离开美国市场。本文通过分析SOX法案对交叉上市FPIs的影响效果，为其对SOX法案作出怎样的反应提供了经验证据。

（三）主要贡献

第一，有助于理解长期以来一直存在的关于管制效果的基本争论（Landis，1938；Coase，1960；Stigler，1964；Becker，1968）。目前，关于管制的价值尚未得出一致结论，如强制性披露要求的影响后果并不明确，从而导致有人呼吁要大幅修改或废除美国证券市场管制。本文研究 SOX 法案对 FPIs 的短期与长期影响，有助于进一步理解管制的效果。

第二，补充了 SOX 法案与在美上市 FPIs 的相关文献。FPIs 是美国市场的重要组成部分，但由于 FPIs 更加集中的所有权结构使其面临各种不同的代理问题，故关于美国公司的研究结论可能无法直接适用于 FPIs，因此本研究是对相关文献的（Jain and Rezaee，2006；Zhang，2007；Li et al.，2008；Chhaochharia and Grinstein，2007；Marosi and Massoud，2007；Leuz et al.，2008）一个有益补充。

二、理论分析

FPIs 的不同背景以及潜在的各种代理问题可能使其遵循 SOX 法案的成本特别高，从而导致这些 FPIs 离开美国市场。Karmin and Lucchetti（2006）发现，由于存在较高的遵循成本，后 SOX 法案时期更多的 FPIs 选择只在母国上市，还有很多 FPIs 退出了美国市场。本文认为，由于存在较高的遵循成本，SOX 法案可能在短期和长期都会对交叉上市 FPIs 造成很大的负向影响。

关于 SOX 法案在短期对交叉上市 FPIs 可能造成的影响，本文认为，SOX 法案较高的遵循成本会加剧 FPIs 的非正常收益。并且，由于场外交易且具有向 SEC 报告义务的 FPIs 必须遵循 SOX 法案，而场外交易但不具有向 SEC 报告义务的 FPIs 无须遵循 SOX 法案，故作者预期，SOX 法案相关事件对场外交易且必须遵循 SOX 法案的 FPIs 具有显著的负向影响，而对场外交易但无须遵循 SOX 法案的 FPIs 几乎没有影响。

另外，SOX 法案不仅在短期对交叉上市 FPIs 带来一定的不利影响，而且对不同特征公司所造成的不利影响有所差异。有证据认为，治理较好的 FPIs 会遭受更多来自 SOX 法案的不利影响。例如，当美国国会于 2002 年首次把 SOX 法案引进时，外国公司和政府对该法案在交叉上市 FPIs 中的实施表现出极大的担忧，因为它可能与 FPIs 母国的监管规定相矛盾或是对其有妨碍作用，从而大大增加了美国上市公司的成本。因此，SOX 法案在短期对治理较好 FPIs 的不利影响是否更大，需在实证分析中对此进行检验。

关于 SOX 法案的长期影响，在后 SOX 法案时期造成转向次级市场的 FPIs 数目增加，其首要原因是 SOX 法案越来越高的遵循成本。除此之外，越来越小的成长潜力、更加严重的代理问题也可能导致这一结果（Leuz et al.，2008）。若在后 SOX 法案时期，FPIs 转入次级市场是由于 SOX 法案遵循成本增加，则可以预测到 FPIs 转向次级市场后将具有较高的收益，因为转向次级市场可以规避昂贵的遵循成本；相应地，若 FPIs 转向次级市场是由于越来越小的成长潜力，则可预测 FPIs 转入次级市场后将具有较低的收益；类似地，若 FPIs 转向次级市场是由于更加严重的代理问题，则可预测到 FPIs 转向次级市场后将具有较低的收益。

三、研究方法

（一）样本选择与数据来源

在研究围绕 SOX 法案相关事件的所有交叉上市 FPIs 的非正常收益时，作者整理了 SOX 法案最终通过前所有的立法事件，以及后 SOX 法案时期与该法案条款实施相关的所有 SEC 立法事件（详见附录 A），最终样本包括 23 个事件，共 82 个交易日。

交叉上市 FPIs 样本的获取途径如下：选择 CRSP 中 1999 年 1 月 1 日至 2003 年 12 月 31 日股份代码在 30 至 39 之间的二级 ADRs 和三级 ADRs，以及 Compustat 中国家代码为 9 和 49 的在美国直接上市的加拿大与以色列公司。合并这两类样本即产生交叉上市的 FPIs 样本。然后，作者从 Compustat 获得交叉上市 FPIs 的相关会计数据，从 CRSP 获得美国股票收益数据，从 Datastream 获得母国股票收益数据。

关于场外交易（OTC）的 FPIs：作者从纽约存托凭证服务银行（the Bank of New York Depositary Receipt Services）、OTC 电子公告牌（the OTC Bulletin Board）、美国国家报价局粉单市场（the National Quotation Bureau's Pink Sheets）获得场外交易的 FPIs 名单，并从 SEC 网站识别出在场外交易且必须遵循 SOX 法案（OTC－complying）的 FPIs。同样的，对于场外交易的 FPIs，作者也从 Datastream 获得其在美国和母国的股票收益。

通过整理，作者最终获得 524 个含有美国收益数据的交叉上市 FPIs 样本，其中有 376 个样本含有母国收益数据。同时，作者也获得 96 个含有美国收益数据的场外交易且具有向 SEC 报告义务的 FPIs 样本、164 个含有母国收益数据的场外交易且具有向 SEC 报告义务的 FPIs 样本、603 个含有美国收益数据的场外交易但没有向 SEC 报告义务的 FPIs 样本、523 个含有母国收益数据的场外交易但没有向 SEC 报告义务的 FPIs 样本。

在分析 SOX 法案的长期影响时，为了获得在 1995 年至 2006 年间转向次级市场的交叉上市 FPIs 名单，作者根据 CRSP 与 Compustat 整理了从 1995 年 1 月到 2005 年 12 月之间所有的交叉上市 FPIs 的相关资料，并通过筛选最终获得 52 个包含母国市场股票收益的转向次级市场的 FPIs 样本。

（二）研究设计

1. SOX 法案的短期影响：围绕 SOX 法案相关事件的非正常收益

围绕 SOX 法案相关的立法与实施事件，本文分析了交叉上市 FPIs 样本的非正常收益。参考 Brown and Warner（1985），作者用模型（1）来计算非正常收益：

$$A_{i,t} = R_{i,t} - \alpha_i - \beta_i R_{m,t} \tag{1}$$

其中，$R_{m,t}$是在基准指数下日期 t 时的收益，α_i，β_i是 Brown and Warner（1985）的市场模型在 1999 年 1 月 1 日至 2001 年 12 月 31 日期间的 OLS 估计参数。同时，承袭 Brown and Warner（1985）的研究，本文也采用同等权重的非 FPIs 母国指数作为基准。

2. SOX 法案短期影响：用于横截面分析的变量

本文在用 OLS 对交叉上市 FPIs 在事件期（event period）的反应进行横截面分析时，

分别采用 FPIs 在美国市场的非正常收益和在母国市场的非正常收益作为因变量，具体模型如下：

$$Abnormal\ return = \alpha + \sum \beta_i \cdot Main\_variables + \sum \gamma_i \cdot Control\_variables + \varepsilon \quad (2)$$

其中，因变量 *Abnormal return* 分别为 FPIs 在美国市场的非正常收益和在母国市场的非正常收益。*Main_variables* 为主要的解释变量，参考 La Porta et al.（1998），作者采用 4 个国家层面的公司法律计量指标，分别为股东权利（*Shareholder rights*）、司法效率（*Judicial efficiency*）、法律规则（*Rule of law*）和会计准则（*Accounting standard*）；参考 La Porta et al.（2006），作者采用 2 个证券法律计量指标，即公共执行（*Public enforcement*）、披露标准（*Disclosure standard*）；作者还考虑了与机构监管相关的两个公司层面变量，即机构大额持股（*II block*）、分析师跟踪（*Analyst coverage*）、非机构大额持股（*Non - II block*）。

Control_variables 为控制变量，包括国家金融发展水平［*Log*（*GDP*）］、公司规模［*Log*（*TA*）］、固定资产比重（*PPEPCT*）、销售增长率（*Sales growth*）、股份短期出售（*Short sale*）、时区（*Time zone*）、非流动性（*Illiquidity*）和同步性（*Synchronicity*）。

另外，在横截面分析中，本文也研究了 FPIs 转向次级市场（*Going - dark*）的影响因素。作者用下面的 Probit 模型对 FPIs 转向次级市场的概率进行了估计：

$$Prob(Going\ dark = 1) = b_0 + b_1 Corporate\_law + b_2 Securities\_law + b_3 Blockholdings + \sum b_i Firm\_characteristics + \zeta \quad (3)$$

其中，*Corporate_law* 和 *Securities_law* 分别代表公司法律计量指标和证券法律计量指标，所包含的变量与上文相同。*Blockholdings* 代表持股指标，用非机构大额持股（*Non - II block*）表示。*Firm_characteristics* 代表公司特征，主要包括交叉上市市场价值（*Cross - listing market cap*）、美元交易量（*U. S. volume*）、销售增长率（*Sales growth*）和公司规模［*Log*（*TA*）］。

3. SOX 法案的长期影响：转向次级市场的样本

在对 SOX 法案长期影响进行分析时，本文对 SOX 法案前后时期转向次级市场的 FPIs 数目、它们在次级交易市场的非正常收益以及它们的特征分别作了比较，从而检验 SOX 法案是否会大大增加遵循成本。其中，在考察非正常收益时作者采用了母国市场收益，原因在于因不符合 12g 3 - 2（b）条款中关于免除登记的法规（请参见附录 B），FPIs 在注销后极少选择在美国交易。

在前 SOX 法案时期，本文对转入次级市场前后的交叉上市 FPIs 特征进行中位数分析，并研究了这些特征在不同时期的变化情况。同样，在后 SOX 法案时期，本文也对此作了类似探讨。

关于文中所研究的 FPIs 特征，作者主要从以下几方面的变量进行考察：

第一，基于公司财务的 5 个变量，包括公司价值（*Tobin's Q*）、销售增长率（*Sales growth*）、资产收益率（*ROA*）、净资产收益率（*ROE*）和盈余管理（*Earnings management*）；

第二，反映董事会特征的 3 个变量，即董事会规模（*Board size*）、非执行董事（*Non - executive directors*）、独立主席（*Independent chairman*）；

第三，反映持股者特征的 3 个变量，第一大股东持股比例（*Largest holding*）、机构大额持股（*II block*）和非机构大额持股（*Non – II block*）；

第四，与分析师预测相关的 4 个变量，即预测离差（*Forecast dispersion*）、预测误差（*Forecast error*）、矫正波动性（*Revision volatility*）和分析师跟踪（*Analyst coverage*）。

第五，本文还考虑了流动性（*Liquidity*）。

四、实证结果

（一）描述性统计

本文报告了交叉上市 FPIs 样本在国家层面的统计概要。根据统计结果发现，非机构大额持股比例（non – institutional blockholdings）在 20% 以上的只有 63 个样本，仅占样本总数的 12.9%，因此，关于 FPIs 的研究也应该考虑在所有权分散的公司中存在的管理层代理问题。鉴于这一点，作者在后文的分析中既涉及管理层代理问题，也涉及控股股东代理问题。

此外，本文发现，拥有非机构大额持股的 FPIs 转向次级市场的比例较高，而拥有非机构大额持股的 FPIs 需要征得控股股东的同意才能转向次级市场，表明这些股东在转向次级市场的决策中发挥重要作用。统计还发现，拥有控股股东的 FPIs 转向次级市场的比例在前 SOX 法案时期与后 SOX 法案时期没有明显变化。进一步地，研究发现许多转向次级市场的 FPIs 缺乏实质性的非机构持股，表明逃离少数股东的保护可能不是 FPIs 转向次级市场的唯一原因。

（二）回归分析

1. SOX 法案的短期影响：围绕 SOX 法案相关事件的非正常收益

本文发现，美国 524 个交叉上市 FPIs 的总非正常收益为 –9.63%，母国 376 个交叉上市 FPIs 的总非正常收益为 –12.97%，表明 SOX 法案对交叉上市 FPIs 具有很大的负向影响。通过追踪 SOX 法案相关事件的发展，本文发现，在美国和母国市场中，前 SOX 法案立法事件的非正常收益分别为 –9.55% 和 –11.05%，说明投资者对 SOX 法案给 FPIs 所带来的显著成本感到非常失望。同时发现，对于与 SEC 所提议法规相关的事件而言，美国与母国市场中的非正常收益分别为 3.59% 和 2.11%，这两个市场中轻微的价格反弹说明 SEC 对实施 SOX 法案条款所提出的法律规定提高了投资者信心。

对两种场外交易的 FPIs（即 OTC – complying FPIs 和 OTC – exempt FPIs）的分析结果表明，SOX 法案相关事件对在场外交易且必须遵循 SOX 法案的 FPIs 具有显著的负向影响，而对在场外交易但无须遵循 SOX 法案的 FPIs 几乎没有影响。

以上两个结果均支持本文的结论，即交叉上市 FPIs 的显著为负的非正常收益是由遵循 SOX 法案引起的。

另外，本文针对交叉上市 FPIs 在 SOX 法案事件期间的反应进行如下稳健性测试：

第一，利用每个国家的 FPIs 样本，本文创建了 36 个同等权重的国家证券投资组合

(equal - weighted country portfolios)，并估算出它们的非正常收益。结果发现，无论在美国市场还是在母国市场，估计系数仍为负且在1%水平下显著，研究结论并未发生显著改变。

第二，本文借鉴Morck et al.（2000），剔除在Datastream数据库中交叉上市FPIs的日收益绝对值超过25%的样本，研究结果并未发生实质性变化，说明收益异常值不太可能对本文结果造成较大影响。

第三，由于直接上市的加拿大和以色列FPIs占研究样本的40%，这些FPIs的表现可能与美国存托凭证（ADRs）有所不同，例如，SEC历来对加拿大的FPIs给予更多的责任免除。因此，作者在分析中剔除了这些FPIs样本，结果发现，本文的研究结论仍然稳健。

第四，作者也采用摩根士丹利资本国际公司的国家指数（MSCI country indexes）作为基准，结果发现，非正常收益在1%水平下仍然是显著的。

第五，作者采用估计期的市场调整收益来估计标准差，结果发现，估计系数依然为负且在1%水平下显著。

第六，作者采用事件期而非估计期的市场调整收益来估计标准差，结果发现，非正常收益在1%水平下仍然显著。

另外，目前许多其他国家也对公司治理进行立法改革，这些改革虽然一般都本着SOX法案的宗旨，但在适用范围上却有更多局限，在其他地方几乎没有一项立法改革与SOX法案完全重合。因此，为了避免干扰，本文剔除了处于母国改革时期的交叉上市FPIs，结果仍与前文一致。

总之，上述各项检验的结果表明，SOX法案给交叉上市FPIs带来了大量的净成本，并且该结论非常稳健。

2. SOX法案的短期影响：横截面分析

本文对单个FPIs在82个事件日的非正常收益进行横截面分析。结果发现，交叉上市FPIs在事件日的反应与公司治理指标显著相关，这与FPIs在事件日的反应是由SOX法案引起的观点一致。除了股东权利以外，所有系数显著的公司治理计量指标都与非正常收益负相关，表明SOX法案对治理较好的FPIs具有更加不利的影响或具有更低的收益。因此，本文认为，SOX法案的相关措施虽然结合了美国与母国中现有的管制机制和公司治理机制，但在提升投资者保护水平方面却超过了最佳效果。

另外，通过Probit模型，本文也获得了交叉上市FPIs转向次级市场的概率，并对交叉上市FPIs转向次级市场决策的决定因素进行推断。研究发现，会计准则（*Accounting standard*）、非机构大额持股（*Non - II block*）对交叉上市FPIs转向次级市场的决策具有正向影响，而交叉上市FPIs的市场价值（*Cross - listing market cap*）、销售增长率（*Sales growth*）和公司规模［*Log*（*TA*）］对上述决策具有负向影响。通过Probit回归，本文发现，公司若有更好的会计准则和更多的控制股权，将更可能转向次级市场，而更加依赖美国资本市场的公司更不可能转向次级市场。

总之，本文的研究结果表明，SOX法案对治理更好的FPIs具有更加不利的影响。

3. SOX法案的长期影响：转向次级市场的交叉上市FPIs的退市与注销

本文分析了自SOX法案通过后的几年里公司与股东的长期反应。通过对比前后SOX法案时期转向次级市场的FPIs数目、它们在次级交易市场的收益以及它们的各种特征，本文检验 SOX 法案是否会造成遵循成本的实质性增加。

在实证分析之前，作者指出，对前面理论分析所提及的三种可能原因的测试结果都可能相对较弱，因为本文的研究样本较小，无法用多元回归控制其他效应，并且上述三种结果并不是相互排斥的。然而，若大量的独立性测试结果与某个原因高度一致，则本文将得到更强的推论。

本文发现，在后 SOX 法案时期，转向次级市场 FPIs 的数目有实质性的增加，这与 Leuz et al.（2008）和 Marosi and Massoud（2008）的研究一致，说明在 SOX 法案通过后，有更多的 FPIs 决定离开美国市场和摆脱美国的管理体制。并且，作者也发现，虽然上市和退市可能被其他因素影响，但总体证据表明，它们并不会导致后 SOX 法案时期转向次级市场 FPIs 数目的增加。

同时还发现，在前 SOX 法案时期，转向次级市场 FPIs 在退市与注销时的非正常收益都为负。在后 SOX 法案时期，这两种收益都显著为正且绝对值比前 SOX 法案时期相对更高。同时，检验表明，前后 SOX 法案时期的非正常收益存在显著差异。另外，作者针对不同的事件窗口也得出类似结果，因此，对转向次级市场 FPIs 收益的实证结果支持第一种原因，即在后 SOX 法案时期转向次级市场 FPIs 数目的增加是因为 SOX 法案的遵循成本越来越大。

为进一步估算 SOX 法案的影响，本文也比较了在前后 SOX 法案时期转向次级市场 FPIs 的治理特征。结果发现，在后 SOX 法案时期，转向次级市场的 FPIs 有更好的治理特征，这支持上述第一种原因。

在稳健性检验中，本文还纳入了 6 个没有退市但自愿注销的 FPIs 样本，结果仍然一致。

总之，本文结果不仅表明 SOX 法案增加了转向次级市场 FPIs 的净成本，而且也表明，这一净成本超过了 FPIs 从交叉上市中所获得的净收益。虽然从任何单一测试中得出的证据相对较弱，但所有单独测试结果的一致性共同提供了更强的推论。

五、结论

本文研究了 SOX 法案对交叉上市 FPIs 的短期与长期影响。短期与长期影响的分析结果表明，SOX 法案的遵循成本显著超过其遵循收益，从而减少了交叉上市 FPIs 的净收益。本文结果也表明，在对交叉上市 FPIs 的研究中，同时考虑管理层代理问题和控股股东代理问题是有必要的。并且，虽然大量关于 FPIs 的文献把研究焦点集中于在所有权集中的公司中存在的控股股东代理问题，但作者发现，存在大股东控股的 FPIs 不到 20%，因此未来关于 FPIs 的探讨可以考虑股权分散的公司中存在的管理层代理问题。

（整理人：杜静）

附录 A：

与 2002 年 SOX 法案通过和 SEC 法规相关的事件

事件	事件日期	事件描述	事件窗口
1	1/17/2002	SEC 主席 Harvey Pitt 建议建立会计监督委员会	1/17—18
2	2/11—12/2002	众议院提出立案	2/11—15
	2/14/2002	众议院提出 3763 号立法提案	
3	4/22/2002	委员会发布关于 3763 号立法提案的报告	4/22—26
	4/24/2002	众议院通过 3763 号立法提案	
	4/25/2002	参议院司法委员会批准立法	
4	6/11/2002	报告参议院立法的进度	6/11—13
	6/12/2002	标志萨班斯法案的产生	
5	6/18/2002	参议院银行委员会批准 S. 2673 提案	6/18—19
6	6/25/2002	向参议院正式提出 S. 2673 提案	6/25—26
7	7/3/2002	委员会对 S. 2673 提案做了报告	7/3—5
8	7/8—12/2002	参议院审议 S. 2673 提案	7/8—17
	7/15/2002	参议院通过 S. 2673 提案。众议院提出 H. R. 5118 提案	
	7/16/2002	众议院通过 H. R. 5118 法案	
9	7/19/2002	众议院和参议院进行会议商讨	7/19—22
10	7/24/2002	发布会议报告	7/24—26
	7/25/2002	国会通过会议报告。布什总统将签署该法案	
11	7/30/2002	布什签署了 2002 年 SOX 法案。304 条款和 402 条款立即生效	7/30—31
12	8/2/2002	SEC 批准并发布法规以保证 302 条款实施。SEC 规定 FPIs 必须遵循 SOX 要求	8/2—5
13	8/6/2002	SEC 批准并发布法规以保证 403（a）条款实施	8/6—7
14	8/27/2002	SEC 批准并发布最终法规以保证 302 条款和 403（a）条款的实施	8/27—30
	8/29/2002	SEC 发布最终法规以保证 403（a）条款实施	
15	10/16/2002	SEC 通过相关法规以保证 303 条款、404 条款、406 条款和 407 条款的实施	10/16—23
	10/18/2002	SEC 发布法规以保证 303 条款实施	
	10/22/2002	SEC 发布法规以保证 404 条款、406 条款和 407 条款实施	
16	10/30/2002	SEC 批准法规以保证 401（a）条款、401（b）条款和 306（a）条款的实施	10/30—31
	11/4/2002	SEC 发布法规以保证 401（a）条款实施	11/4—7
	11/5/2002	SEC 发布法规以保证 401（b）条款实施	
17	12/18/2002	SEC 批准相关法规以保证 403 条款实施	12/18—21
	12/20/2002	SEC 发布法规以保证 403 条款实施	
18	1/8/2003	SEC 批准并发布相关法规以保证 301 条款实施	1/8—9
19	1/15/2003	SEC 批准并发布最终法规以保证 306（a）条款、401（b）条款、406 条款和 407 条款的实施	1/15—16

续表

事件	事件日期	事件描述	事件窗口
20	1/22/2003	SEC 批准最终法规以保证 401（a）条款实施	1/22—23
	1/28/2003	SEC 发布最终法规以保证 401（a）条款实施	1/28—29
21	4/1/2003	SEC 批准最终法规以保证 301 条款实施	4/1—2
	4/9/2003	SEC 发布最终法规以保证 301 条款实施	4/9—10
22	4/24/2003	SEC 批准最终法规以保证 303 条款和 403 条款的实施	4/24—25
	5/7/2003	SEC 发布最终法规以保证 403 条款实施	5/7—8
	5/20/2003	SEC 发布最终法规以保证 303 条款实施	5/20—21
23	5/27/2003	SEC 批准最终法规以保证 404 条款实施	5/27—28
	6/5/2003	SEC 发布最终法规以保证 404 条款实施	6/5—6

注：引自原文第 25 页，Table 1 Events pertaining to passage of the 2002 Sarbanes - Oxley and related Securities and Exchange Commission（SEC）rules。

附录 B：FPIs 如何取得向 SEC 报告的义务以及 FPIs 如何转向次级市场？

在美上市或交易的本土公司与外国公司如果具有 13（a）条款所述的向 SEC 报告义务，则这些公司被要求遵循 SOX 法案。在当前的法规下，一个公司主要通过如下路径获得 13（a）条款所述的向 SEC 报告义务：（1）在国家证券交易所上市，并且在 12（b）条款下登记公司证券信息；（2）在 12（g）条款下自愿登记权益证券信息或拥有 500 个以上记名持股者且 1 000 万美元以上总资产的公司登记相应的权益证券信息，而 FPIs 登记权益证券信息需有 300 个以上有利的美国持股者；（3）在 15（d）条款下提高并登记债务或权益资本。

关于对 SEC 具有报告义务的 FPIs，如果其提高了在美国的资本，则只能暂缓但不能终止报告义务。这些 FPIs 必须始终满足 12（g）条款对资产和持股者的门限要求，从而避免向 SEC 报告。如果 FPIs 只在美国上市，它们可通过退市来终止 12（b）条款所要求的报告义务。然而，若 FPIs 满足 12（g）条款的标准，它们会自动遵循 12（g）条款所述的报告义务。这些退市的 FPIs 只有在其没有超过资产和持股者门限值时才能选择注销。在注销后，12g3 - 2（b）条款关于免除登记的法规至少在 18 个月内不适用于 FPIs。在这种情况下，FPIs 若在 18 个月内超过资产和持股者门限值，则必须重新进行登记。

另外，新发布的 12h - 6 条款提供了另一种注销方式。若最近 12 个月在美上市证券的日均交易量不超过全球证券日均交易量的 5%，则该条款可进一步允许所有报告的 FPIs 选择注销。FPIs 一旦注销，12g3 - 2（b）条款关于免除登记的法规将对其适用。同时，修正的 12（g）条款也允许 FPIs 在资产和持股者门限值以下时选择注销。

主要参考文献

[1] Marosi, A., Massoud, N., 2008. You can enter but you cannot leave… U. S. securities markets and foreign firm. *Journal of Finance*. 63, p. 2477 - 2506.

[2] Landis, J., 1938. The Administrative Process. Yale University Press, New Haven, CT.

[3] Coase, R., 1960. The problem of social cost. *Journal of Law and Economics*. 3, p. 1 - 44.

[4] Stigler, G., 1964. Public regulation of the securities market. *Journal of Business*. 37, p. 117 - 142.

[5] Becker, G., 1968. Crime and punishment An economic approach. *Journal of Political Economics*. 76, p. 169 - 217.

[6] Karmin, C., Lucchetti, A., 2006. New York loses edge in snagging foreign listings. *Wall Street Journal*, January 26.

[7] Brown, S., Warner, J., 1985. Using daily stock returns The case of event studies. *Journal of Financial Economics*. 14, p. 3 - 31.

[8] La Porta, R., Lopez - de - Silanes, F., Shleifer, A., 2006. What works in securities laws? *Journal of Finance*. 61, p. 1 - 32.

[9] La Porta, R., Lopez - de - Silanes, F., Shleifer, A., Vishny, R., 1998. Law and finance. *Journal of Political Economics*. 106, p. 1113 - 1155.

[10] Morck, R., Yeung, B., Yu, W., 2000. The information content of stock markets Why do emerging markets have synchronous stock price movement. Journal of Financial Economics. 58, p. 215 - 260.

[11] Jain, P., Rezaee, Z., 2006. The Sarbanes - Oxley Act of 2002 and capital market behavior: early evidence. *Contemporary Accounting Research* 23, p. 629 - 654.

[12] Zhang, X., 2007. Economic consequences of the Sarbanes - Oxley Act of 2002. *Journal of Accounting and Economics* 44, p. 74 - 115.

[13] Li, H., Pincus, M., Rego, S., 2008. Market reaction to events surrounding the Sarbanes - Oxley Act of 2002. *Journal of Law and Economics* 51, p. 111 - 134.

[14] Chhaochharia, V., Grinstein, Y., 2007. Corporate governance and firm value: the impact of the 2002 governance rules. *Journal of Finance* 62, p. 1789 - 1825.

[15] Leuz, C., Triantis, A., Wang, Y., 2008. Why do firms go dark? Causes and economics consequences of voluntary SEC deregistrations. *Journal of Accounting and Economics* 45, p. 181 - 208.

§2-44 财务报告内部控制重大缺陷的披露会提升投资效率吗?

Does Investment Efficiency Improve After the Disclosure of Material Weaknesses in Internal Control over Financial Reporting?

文献来源：Cheng, M., D. Dhaliwa, and Y. Zhang. 2013. Does Investment Efficiency Improve After the Disclosure of Material Weaknesses in Internal Control over Financial Reporting? *Journal of Accounting and Economics*, 56 (1): 1-18.

【摘要】本文提供了财务报告质量和投资效率之间因果关系的直接证据。在 SOX 法案背景下，通过检验披露内部控制缺陷公司的投资行为，发现在披露内部控制缺陷之前，处于融资约束（无融资约束）的公司表现为投资不足（投资过度）。更重要的是，发现这些公司披露内部控制缺陷后，投资效率显著提升。

一、研究问题

（一）问题的提出

本文基于以前研究，利用 SOX 法案要求公司披露内控缺陷（internal control weaknesses，简称 ICW）的规定，研究财务报告质量与投资效率的因果关系。作者试图检验以下两个问题：(1) 在披露 ICW 的前一年，融资约束（无融资约束）的 ICW 公司，是否显著地投资不足（投资过度）；(2) 披露 ICW 后的年度，投资不足和投资过度是否均显著减少。

本文的逻辑框架如图 2-45 所示。

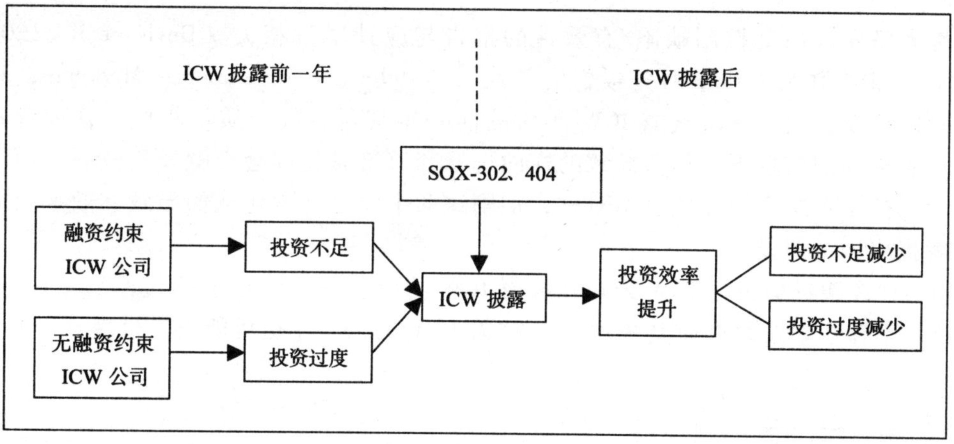

图 2-45 财务报告内部控制重大缺陷的披露与投资效率

（二）研究意义

以往的研究发现，财务报告质量较低的公司面临融资约束（无融资约束）时，将出现投资不足（投资过度）。这些研究的重要性在于指出公司财务报告质量与真实的投资效率相关联。然而，这些研究并没有为这种关联建立因果关系。本文的研究，利用 SOX 法案要求公司披露重大财务报告内部控制缺陷（ICW），为这种因果关系提供直接证据。

（三）主要贡献

第一，为财务报告质量①和投资效率之间的关系补充了新的文献。与基于横截面分析的研究相比，本文通过检验公司披露 ICW 前后投资效率的变化，为财务报告质量和投资效率之间的因果关系提供更直接的证据。

第二，本文为执行 SOX 法案下（特别是 404 条款）成本和收益的争论提供了新的证据。大众媒体和实务者均认为 404 条款增加了公司股东和管理者的负担，可能会导致公司资源的配置不当。根据这些关注点，Berger et al.（2005）、Zhang（2007）和 Li et al.（2008）的研究发现了执行内部控制审计和报告成本的证据。但是，另外一些研究发现了实施 SOX 法案的收益，如为经理人市场提供信息（Li et al.，2010）、提升了财务报告的质量（Altamuro and Beatty，2010）和降低了资本成本。作者通过研究披露 ICW 前后的变化，结果发现 ICW 披露提升了投资效率，为这个争论提供了新的证据。

二、理论分析

投资过度和投资不足不仅与管理者的动机和监管环境有关，还与资金的可获得性有关。当公司拥有丰富的财务资源时，更可能投资过度，而当公司的财务资源受约束时，更可能投资不足。因此，借鉴 Biddle et al.（2009），本文关于 ICW 影响公司投资的分析也以财务资源的可得性为条件。

（一）ICW 和投资水平

研究者已发现内部控制缺陷/有效性的报告与应计质量相关（Doyle et al.，2007b），他们将 ICW 报告作为低质量财务报告的替代（Costello and Wittenberg - Moerman，2011）。因此，可以预期公司在首次披露 ICW 年份的前一年其财务报告质量较低。管理者和外部资金提供者之间的信息不对称所导致的逆向选择和道德风险都会影响投资效率，而一个不健全的内部控制系统会增加信息不对称，加剧这两个问题的激化从而导致非效率投资。由此，作者提出以下假设：

H1a：存在融资约束的 ICW 公司在披露 ICW 的前一年更可能投资不足。

H1b：不存在融资约束的 ICW 公司在披露 ICW 的前一年更可能投资过度。

① 本文将 ICW 报告作为低质量财务报告的替代。

（二）ICW 的披露和投资水平

本文第二组假设的创新点在于公司首次披露 ICW 后投资效率的变化。本文预测披露 ICW 会导致公司发生重要变化，这些变化预期会提升财务报告质量，减少逆向选择和道德风险等代理问题，转而提升投资效率。

首先，本文预期公司披露 ICW 会减少逆向选择。一方面，ICW 公司在披露 ICW 后很可能会提升财务报告内部控制系统，这将增加财务信息的质量（Nicolaisen，2004）。而且，一旦投资者和董事会认识到内部控制系统薄弱，他们很可能会要求管理者披露更多和更高质量的信息（Feng et al.，2009）。因此，加强信息披露和提高信息质量，信息不对称的范围和逆向选择都会减少。另一方面，预测到这些变化，投资者可能会降低其要求的回报率（资本成本）（Lambert etal.，2007）。这种较低的成本缓解了投资不足，因为当公司面临很好的投资机会时，管理者更容易获取资金（Myers and Majluf，1984）。

其次，披露 ICW 将导致董事会和市场中介机构加强监管力度，从而减少道德风险问题。他们加强监管能帮助减少财务报告偏差或错误的数量，减少建立“企业帝国”的投资行为。由于投资者预期加强审查将减少管理者过度投资的动机，他们将事先下调资金配给，从而使得有融资约束的 ICW 公司减少了事后投资不足。

因此，本文用 ICW 的披露作为财务报告质量提升的衡量变量，来检验披露 ICW 后公司是否会提升投资效率。这种设定有助于揭示财务报告质量和投资效率之间的因果关系，由此作者提出第二组假设：

H2a：存在融资约束的 ICW 公司在披露 ICW 后的年度较少发生投资不足。

H2b：不存在融资约束的 ICW 公司在披露 ICW 后的年度较少发生投资过度。

三、样本选择和研究方法

（一）样本选择

1. ICW 公司样本

本文的研究以 2004—2007 年首次披露重大 ICW 的公司为样本，样本来自 AuditAnalytics 数据库，不包括 2002 年和 2003 年是因为这两年鲜有 ICW 的披露，并剔除了根据 20 - F 和 10 - K/QSB 进行披露的外国公司和小公司，将数据与 Compustat 用 CIK 标识符合并后，获得了 2004—2007 年在 10 - K 和 10 - Q 表格中首次披露内部控制信息的 1696 家公司样本。进一步从数据库中获得以下各种变量信息，包括财务信息和盈余质量变量（*Compustat*）、公司上市年限（*CRSP*）、公司监督治理变量（*RiskMetrics*）、财务分析师跟踪（*IBES*）和机构持股变量（*Thomson Reuters*）。最终，获得 T - 1 年、T + 1 年和 T + 2 年的 ICW 样本分别为 545 个、439 个和 388 个。

2. 控制样本

本文运用两种不同的方式选择内部控制有效的控制样本。第一种是混合样本（pooled sample），主要从 AuditAnalytics 选择满足以下条件的所有公司：（1）2004—2007 年间没有披露 ICW 的公司；（2）可以获得所有变量的信息。在 T－1 年、T＋1 年和 T＋2 年分别产生了 4 999 个、4 050 个和 3 145 个控制样本。这一样本含量大于下文中配对样本含量，因此解释力更强。第二种样本选择方式是根据模型（2）的倾向得分配比法（propensity－score matching），在 T－1 年、T＋1 年和 T＋2 年配对样本数分别为 502 个、424 个和 374 个。

值得注意的是，混合样本和配比样本（matched sample）的规模在事件年度是递减的。作者检验了一组持续经营到 T＋2 年的公司，并分别标注为“混合幸存样本”（pooled sample of survivors）和“配比幸存样本”①（matched sample of survivors）。在混合幸存样本中，有 374 个 ICW 公司和 3130 个控制公司。分别在 T－1 年、T＋1 年和 T＋2 年用倾向得分法对混合幸存样本进行配比，每一事件年度获得 282 个配对。

（二）研究设计

1. 混合样本分析

为了检验混合样本的两组假设，本文分别检验了第 T－1 年、T＋1 年和 T＋2 年的投资效率。为了控制异方差、序列相关和横截面相关的影响，作者在公司层面和年度层面对标准差进行聚类。具体的，本文的回归模型设定如下：

$$Investment_t = a_0 + a_1 \times Weak + a_2 \times Weak \times OverFirm_{t-1} + a_3 \times OverFirm_{t-1} + \sum b_i \times WeakDeterminant_{i,t-1} + \sum c_i \times INVDeterminant_{i,t-1} + \sum d_{1i}\, GOV_{i,t-1} + \sum d_{2i}\, GOV_{i,t-1} \times OverFirm_{t-1} + e_t \quad (1)$$

因变量 *Investment* 是全部的投资总额（研究开发费用加上资本投入和并购支出，扣除固定资产出售金额），乘以 100 再除以上一年度总资产。*Weak* 是虚拟变量，当公司披露 ICW 时值为 1，否则为 0。

用变量 *OverFirm* 来区别一个既定的公司更可能投资过度还是投资不足。为了构造 *OverFirm*，本文参考以往文献，现金充裕和低负债的公司更可能过度投资，在 t－1 年末将每个样本公司的现金余额和负债率分成 10 组并进行均值调整，使得范围在 0 和 1 之间。检验 H1a 和 H1b，重点在虚拟变量 *Weak* 和它与 *OverFirm* 的交互效应，在公司首次披露 ICW 之前，如果 *OverFirm* 等于 0，就属于融资约束，更可能投资不足，预期 *Weak* 的系数（即a_1）为负；如果 *OverFirm* 等于 1，则公司是无融资约束的，更可能投资过度，预期 *Weak* 和 *Weak* × *OverFirm* 的系数之和（即$a_1 + a_2$）为正。

在检验第二组假设时，本文关注于第 T＋1、T＋2 年而非第 T 年本身。之所以这样选择是因为披露 ICW 后，不能预知企业董事会和其他利益相关者对其披露的 ICW 作出反应需要多长时间，如果企业披露 ICW 可以消除（减轻）投资不足或投资过度的程度，那么a_1和$a_1 + a_2$应不显著（较低程度）。

模型（1）中的控制变量包括三组：（1）重大内部控制缺陷的影响因素（*WeakDeterminant*），包括企业规模（*LogAsset*）、上市年限（*Age*）、财务困境（*Losses*，*Z－score*）、复杂程度（*Nseg*、*Foreign*）、增长率（*Extrgrow*）、重组（*Rest*）。（2）投资水平的影响因素

① 配比幸存样本是指能持续经营到 T＋2 年的配比公司。

（*INVDeterminant*），包括托宾 Q（*Q*）、现金流（*CFOsale*）、现金流的标准差［δ（*CFO*）］、销售额标准差［δ（*Sales*）］、投资标准差［δ（*Investment*）］、市账比（*Mkt - to - book*）、固定资产比例（*Tangibility*）、财务杠杆（*Leverage*）、行业财务杠杆（*Ind Leverage*）、是否发放股利（*Dividend*）、营业周期（*OperatingCycle*）、公司年限（*Age*）、破产风险（*Z - score*）、企业规模（*LogAsset*）及是否亏损（*Loss*）。（3）其他治理机制（*GOV*），包括公司治理指数（*G - score*）、机构投资者比例（*Institutions*）、财务分析师跟踪（*Analysts*）和应计质量（*AQ*）。为了控制这些变量在投资过度和投资不足情况下的不同影响，在模型中加入变量（即监督/治理变量，尤其是应计质量变量）及其与 *OverFirm* 变量的交叉项。进一步的，与 Biddle et al.（2009）一致，本文在模型中加入了行业固定效应，参考 Fama - French（1997）的 48 个行业分类以控制不同行业对投资效率的影响。

2. 倾向得分配比样本分析

为了更有效地控制 ICW 样本和控制样本之间各方面的差异，借鉴 Armstrong et al.（2010），本文采用倾向得分配比法，每个 ICW 公司配比一个控制公司，该配比公司有着与 ICW 公司相似的可以观察到的所有相关变量。具体地，在回归的第一阶段包括所有的 ICW、投资水平的决定因素和治理变量。第一阶段的估计模型如下：

$$Weak = a_0 + a_1 \times OverFirm_{t-1} + \sum b_i \times WeakDeterminant_{i,t-1} + \sum c_i \times INVDeterminant_{i,t-1} + \sum d_{1i}\,GOV_{i,t-1} + e_t \quad (2)$$

模型（2）中变量的定义与模型（1）中一致，也增加了行业固定效应变量以控制行业因素。通过模型（2）可以得到每个企业每年的倾向得分。然后我们给每一个待分析的样本寻找控制样本，这些控制样本选取的依据是，在同一年度内倾向得分差距在 0.01 之内。每个 ICW 公司和它的配比公司除了财务报告内部控制的有效性不相似外，其他变量均非常相似（包括变量 *OverFirm*）。第二阶段比较内部控制缺陷样本和其控制样本分别在其给定的条件下过度投资和投资不足的水平，以检验 H1a 和 H1b。分别考察存在内部控制缺陷的样本和其控制样本在 T - 1、T + 1 和 T + 2 年度投资水平变化，以检验 H2a 和 H2b。另外，还建立如下模型以检验本文假设：

$$Investment_t = a_0 + a_1 \times Weak + a_2 \times Weak \times OverFirm_{t-1} + a_3 \times OverFirm_{t-1} + e_t \quad (3)$$

模型（3）包括了 *OverFirm* 及其与 *Weak* 的交互项，因为非效率投资的决定因素是根据既定公司在特定条件下投资过度或投资不足的可能性。类似上一种方法，在 T - 1 年，当企业可能发生投资不足（投资过度）的情况下，系数a_1（$a_1 + a_2$）显著为负（正），则 H1a 和 H1b 得到验证；而在 T + 1 和 T + 2 年，系数a_1（$a_1 + a_2$）不显著，则 H2a 和 H2b 得到了验证。

四、实证结果

（一）描述性统计

从描述性统计来看，T - 1 年有 545 家 ICW 公司和 4999 家控制公司，分别占混合样本数据的10%和90%。ICW公司和控制公司总投资的均值（中位值）占前一年度总资产分别为13.56%（9.73%）或12.72%（9.37%）。这些数据与之前的研究非常相似。其他的控制变量总体上也与这些研究相一致，表明本文的样本是有代表性的。

对ICW公司和控制公司在T-1年、T+1年和T+2年的分级检验显示，T-1年，混合样本检验支持H1b，但不支持H1a。混合幸存样本均不支持H1a和H1b；T+1年和T+2年混合样本和混合幸存样本的检验均支持H2b，但不支持H2a。

（二）回归分析结果

1. 基于混合样本T-1年度特定条件下的非效率投资检验

T-1年估计结果显示，混合样本和混合幸存样本的*Weak*系数均显著为负，说明投资不足的可能性较高时，ICW公司比控制公司更少地投资，结果支持H1a，两种样本的*Weak*和*OverFirm*之间的交互影响系数及系数之和显著为正，结果支持H1b。因此，结论证明公司披露ICW之前，重大的ICW对投资效率产生不利影响。总体而言，在给定公司可获得融资条件下，这些不利的影响表现为投资过度或投资不足，并且在经济上和统计上两者都是显著的。在考虑盈余质量和各种公司治理机制的影响后，其结果仍然稳健。

2. 基于混合样本的披露ICW后非效率投资变化的检验

检验结果表明，混合样本的*Weak*的系数是显著为负，表明之前估计投资不足的ICW公司，在T+1年投资继续显著减少，混合幸存样本*Weak*的系数在T+1年是不显著的，在T+2年混合样本和混合幸存样本的*Weak*系数分别变得不显著和微弱显著性，表明投资不足在T+2年消失了。对于投资过度，*Weak*和*OverFirm*×*Weak*的系数之和在T+1年两种样本中都为负，在T+2年也是不显著的，表明ICW公司的投资过度在最初披露后的第二年被修正了。

检验比较T-1年和T+2年间*Weak*系数及*Weak*和*OverFirm*×*Weak*的系数和的变化在统计上是显著的（在0.1水平或更好），为第二组假设提供了附加的支持，即披露ICW后导致ICW公司投资过度和投资不足的情况减少。

总之，实证结果表明，ICW公司在披露ICW前（T-1年）的非效率投资，在披露ICW后消失了（*disappears*），支持H1a、H1b、H2a和H2b。混合样本的分析中，投资过度在首次披露后的第一年（T+1）完全消失了，而投资不足直到第二年（T+2）统计上才变得不显著。这可能是因为减少投资过度比减少投资不足更容易，因为后者需要筹集额外的资金。

3. 倾向得分配比样本结果

检验提供了T-1年根据混合样本和幸存混合样本对数模型的估计值。检验的结果与之前的文献总的来说是一致的。一方面，重组费用（*Rest*）、国外收入（*Foreign*）和高增长率（*Extrgrow*）与既定的公司报告内部控制缺陷的可能性是正相关的；另一方面，公司规模（*LogAsset*）与披露ICW是负相关的。两个样本的logit模型平均的伪R^2（pseudo-R-squared）分别为17%和25%，表明模型的拟合性较好。

基于配比样本和配比幸存样本，在T-1年、T+1年和T+2年分别根据模型（3）进行回归，结果显示，总体上支持H1a、H1b、H2a和H2b。两种公司之间的不同，理论上仅仅在于它们财务报告内部控制的有效性，为 ICW 披露可以显著提升投资效率提供了进一步的支持。

4. 补充分析

本文进行了以下补充分析：（1）公司修复 ICW 和没有修复 ICW 的影响；（2）检验资本支出（*Capex*）和非资本支出（*Non - Capex*）；（3）检验公司层面 ICW 与会计层面 ICW。补充分析的结果均支持作者的实证发现。

五、结论

本文分析了公司首次披露 ICW 前后，财务报告内部控制缺陷与投资效率之间的关系。发现在首次披露 ICW 的前一年，相对于控制公司，当运营环境更易于投资过度（投资不足）时，ICW 公司会投资过度（投资不足）。然而，这些非效率投资在披露重大缺陷后的第二年就消失了。

本文的发现支持了作者关于无效的财务报告内部控制对投资效率会产生显著负面影响的假设。披露 ICW 会导致股东和公司其他利益相关者加强监管，并提升公司财务报告质量。这些变化缓解了代理问题，例如逆向选择和道德风险，因此提升了公司财务报告的质量。通过检验披露 ICW 环境下投资效率的变化，本文为财务报告质量和投资效率之间的因果关系提供了更直接的证据。本文是第一个结合 SOX 法案研究财务报告内部控制缺陷与投资效率之间关系的文献，也是少数为财务报告内部控制相关法规的潜在效益提供证据的研究之一。

（整理人：谢晖）

主要参考文献

[1] Altamuro, J., Beatty, A., 2010. How does internal control regulation affect financial reporting. *Journal of Accounting and Economics* 49, p. 58 - 74.

[2] Berger, P., Li, F., Wong, F., 2005. The Impact of Sarbanes - Oxley on cross - listed companies. Working Paper. University of Chicago.

[3] Biddle, G. C., Hilary, G., Verdi, R., 2009. How does financial reporting quality relate to investment efficiency? *Journal of Accounting and Economics* 48, p. 112 - 131.

[4] Costello, A., Wittenberg - Moerman, R., 2011. The impact of financial reporting quality on debt contracting: evidence from internal control weakness reports. *Journal of Accounting Research* 49 (1), p. 97 - 136.

[5] Doyle, J., Ge, W., McVay, S., 2007b. Accruals quality and internal control over financial reporting. *Accounting Review* 82, p. 1141 - 1170.

[6] Fama, E., French, K., 1997. Industry costs of equity. *Journal of Finance* 43, p. 153 - 193.

[7] Francis, J. R., Martin, X., 2010. Acquisition profit ability and timely loss recognition. *Journal of Accounting and Economics*49, p. 161 - 178.

[8] Feng, M., Li, C., McVay, S., 2009. Internal control and management guidance. *Journal of Account-*

ing and Economics 48, p. 190 – 209.

[9] Li, H., Pincus, M., Rego, S., 2008. Market reaction to events surrounding the Sarbanes – Oxley act of 2002 and earnings management. *Journal of Law and Economics* 51, p. 111 – 134.

[10] Li, S., Sun, L., Ettredge, M., 2010. Financial executive qualifications, financial executive turn over, and adverse SOX 404 opinions. *Journal of Accounting and Economics* 50, p. 93 – 110.

[11] Myers, S., Majluf, N., 1984. Corporate financing and investment decisions when firms have information that investors donot have. *Journal of Financial Economics* 13, p. 187 – 221.

[12] Nicolaisen, D. T., 2004. Keynote Speech at 11th Annual Midwestern Financial Reporting Symposium. October 7, Chicago, IL.

[13] Zhang, I., 2007. Economic consequences of the Sarbanes – Oxley Act of 2002. *Journal of Accounting and Economics* 44, p. 74 – 115.

§2－45 内部控制审计与管理者法律责任对内部控制决策、投资者信心和市场价格的交互影响

The Interactive Effects of Internal Control Audits and Manager Legal Liability on Managers' Internal Controls Decisions, Investor Confidence, and Market Prices

文献来源：Wu，Y.，and B. Tuttle. 2014. The interactive Effects of Internal Control Audits and Managet Legal Liability on Managers' Internal Controls Decisions，Investor Confidence，and Market Prices. *Contemporary Accounting Research*，31：444－468.

【摘要】会计监管的根本目的是通过提升财务信息的可靠性来促进投资者的信心。为此，最近颁布两种监管机制要求：管理层承担财务报告内部控制（internal controls over financial reporting，简称 ICFR）的法律责任和强制实施内部控制审计（Internal control audits，简称 IC Audits）。关于 IC Audits 是否会提升财务信息的可靠性进而提升投资者的信心①［特别是存在管理者责任（Manager Liability，简称 ML）的情况下］，各界对此持有不同的观点。本文通过研究这两种监管机制单独和联合是否影响投资者和管理者的行为，为这种争论提供证据。

本文通过实验研究，检验 ML 和 IC Audits 对市场价格的影响及其原因。实验结果表明投资者的反应并没有真实反映管理者的行为，因为投资者是在一个更为模糊的决策背景下作出决定。本文发现：首先，ML 和 IC Audits 各自独立地促使管理者通过增加对内控的投入来提升财务报告的可靠性。而且，IC Audits 能提升管理者披露的准确性，而 ML 并不能提升。相反，尽管这两种监管机制是独立的，投资者信心和市场价格的实证结果却显示，投资者认为两者可相互替代。这说明监管法规对管理者和投资者产生不同的影响，这对政策制定者有重要的启示。进一步地，从管理效率方面看，无论是提升投资者信心还是市场价格，IC Audits 和 ML 可能都是不必要的。

一、研究问题

（一）问题的提出

美国国会于 2002 年通过的 SOX 法案同时实施 ML 和 IC Audits。SOX 302 条款要求 CEO 和 CFO 保证已经建立有效的 ICFR，并及时评估和承担违法责任。SOX 404 条款要求

① 本文定义投资者信心为“对管理层财务披露的准确性和可靠性方面的信心”。

审计师为保证 ICFR 有效提供鉴证。基于这种背景，作者研究了 IC Audits 和 ML 是如何影响内部控制、投资者信心及市场价格的。作者试图检验以下三个问题：（1）ML 和 IC Audits 中任何一种监管机制的存在，是否会增加管理者对 IC 的投入；（2）在控制管理者 IC 投入后，ML 和 IC Audits 中任何一种机制的存在是否会增强管理者有效披露 ICFR 的准确性；（3）投资者是否认为 ML 和 IC Audits 之间是替代关系，当 ML 和 IC Audits 都缺失时，投资者的信心是否低于存在其中任何一种机制或者两种机制都存在的情况，投资者预期市场价格降低的程度（折价）是否高于存在其中任何一种机制或者两种机制都存在的情况。

本文的逻辑框架见图 2-46。

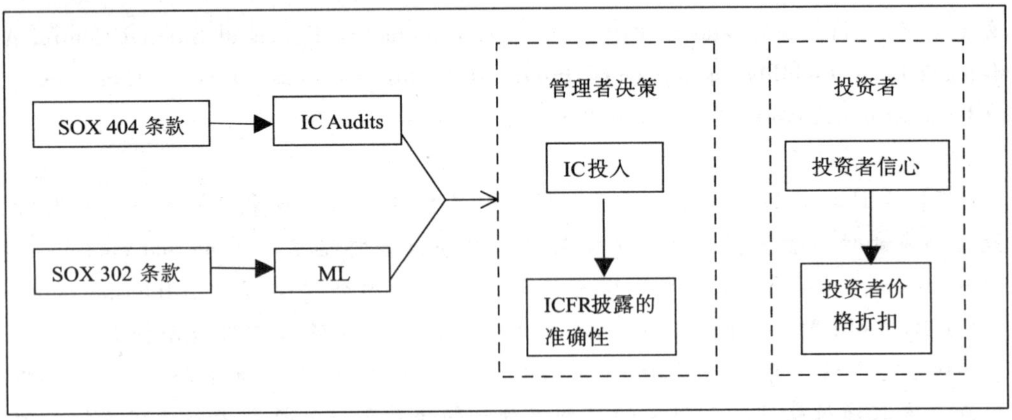

图 2-46　内控审计与管理者法律责任作用于内控决策、投资者信心和市场价格的互动效应

（二）研究意义

ML 和 IC Audits 是否可以增加投资者对财务报告披露准确性的信心，一直是学术界争议的焦点。SOX 法案通过后，ML 和 IC Audits 的监督作用再度引起关注。本文研究了两种监管机制如何独立和共同影响投资者的信心和管理者行为，不仅为激烈争论的学术界提供了实证证据，更为监管者、管理层和投资者提供了重要的实务指导。本文发现，即使不存在 ML 和 IC Audits，仍然可以激励管理层提高 ICFR；同时，管理层和投资者缺失 ML 时的 IC Audits 反应也不同。本文的结论有助于政策制定者了解 ML 和 IC Audits 如何单独或联合影响财务报告可靠性和市场价格，为他们更好地理解不同监管方式的作用提供指导和帮助。

（三）主要贡献

首先，本文扩展了 ML 和 IC Audits 如何单独或联合影响投资者认知的文献，本文的研究结果有助于了解两种监管机制的相互影响作用。

其次，本文的研究为学术界关于是否需要 IC Audits 的激烈争论提供了实验证据，拓展并丰富了相关的文献。

二、理论分析

（一）ML 和 IC Audits 对管理者内部控制投入和 ICFR 披露的影响

管理层是否被惩罚取决于 ICFR 无效的概率和投资者与监管者认为 ICFR 无效的概率。因此，管理层有动机增加对 IC 的投入，确保 ICFR 披露的有效性，以减少管理层错误披露 ICFR 的可能性。类似的，IC Audits 促使管理层增加对 IC 的投入，以减少非标内控审计意见的可能性。作者作出如下假设：

H1a：当 ML 存在时，管理者将增加对 IC 的投入。

H1b：当 IC Audits 存在时，管理者将增加对 IC 的投入。

尽管 ML 和 IC Audits 通过增加 IC 投入来间接提高 ICFR 披露的准确性，但是在控制了 IC 投入后，每种监管机制通过促使管理者避免激进地披露 ICFR，直接地提高了 ICFR 披露的准确性。同样的，IC Audits 也直接影响 ICFR 披露的有效性，因为如果管理层激进地披露 ICFR，将会被出具非标内控审计意见。作者引出如下假设：

H2a：在控制 IC 投入后，当 ML 存在时，管理者披露 ICFR 的准确性将增强。

H2b：在控制 IC 投入后，当 IC Audits 存在时，管理者披露 ICFR 的准确性将增强。

（二）ML 和 IC Audits 对投资者信心和折价的影响

投资者对财务报告可靠性的信心在很大程度上依赖于对管理者 ICFR 披露可信度的预期（Mercer，2004）。若不存在监管机制，管理层将利用信息不对称的优势，避免对 IC 投入，披露激进的 ICFR，从而降低投资者对 ICFR 披露可信度的预期和对公司盈余可靠性的信心。

根据 JDM 文献（比如，Budescu et al. 1988；Bowen et al. 1994），投资者只能区分是否存在模糊性，无法有效识别模糊性的增量变化。ML 和 IC Audits 中任何一个单独地存在和同时存在对增加投资者信心的作用上是等效的。因此，投资者有可能认为这两种机制的相互作用是一种替代的方式。作者作出如下假设：

H3a：投资者认为 ML 和 IC Audits 之间是替代关系，当这两种监管机制都缺失时，投资者的信心要低于至少一种机制存在的情况。

H3b：投资者认为 ML 和 IC Audits 之间是替代关系，当这两种监管机制都缺失时，折价要高于至少一种机制存在的情况。

声誉是投资者推断管理者披露策略的重要方式，并可能影响投资者对管理者当前阶段披露准确性的预期。因此，作者补充研究了声誉可能存在的中介作用。

三、样本选择和研究方法

（一）样本选择

本文实验参与者选自一所大型公立大学的 76 名 MBA 学生。将这 76 名参加者分为 19

个组合，每个组合中有4名参与者。经问卷调查，67.6%的参与者曾经持有股票、债券和/或其他的市场投资。对未来他们是否有可能投资股票、债券和/或其他的市场投资的调查问题，用“1”表示完全没有可能，用“9”表示非常有可能，回答的均值是8.18。实验参与者的平均工作经验是3.6年（标准差是3.11）。大约61%的参与者是男性，大约43%的参与者本科专业为商科。

（二）研究设计

本文用了一个2（ML缺失或存在）×2（IC Audits缺失或存在）组间设计，分别为：（1）当ML缺失时，没有监管机制去处罚ICFR披露的非有效性；（2）当ML存在时，若管理者将无效ICFR披露为有效ICFR，将被没收投资者支付的高于实际盈余的部分（也就是非法所得），并支付一笔固定的罚款；（3）当IC Audits缺失时，在对盈余定价前，投资者只能从管理者处得到ICFR有效性的信息；（4）当IC Audits存在时，在对盈余定价前，投资者不仅可以通过管理者得到ICFR有效性的信息，而且可以从审计师获得ICFR有效性的真实状态，这个真实状态的准确率达95%。根据管理者在每个条件下的最优IC投入，设计出两个在管理者IC投入上近似等效的监管机制。

这个实验利用Z－Tree软件（Fischbacher，2007）来进行实施和分析。用四个市场对四种处理条件进行分析。在一个市场内的每个组合，假设一名参与者是管理者，另外三名参与者是投资者，这些投资者出资购买管理者的盈余。一旦分配好角色后，角色将贯穿整个实验。每组实验大约花费90分钟，包括3次练习回合和后面的21次实验回合，参与者不知道回合的次数。每次回合包含以下两个阶段（见图2－47）：

1. 阶段一：管理者的决定

管理者在每一个回合开始时拥有1 000元的实验币，他必须决定对ICFR投入多少元（不超过100元）。管理者在IC投入的每元钱都会增加ICFR有效的可能性，但是会减少用于实现盈余的货币数量。一旦管理者决定在IC上投入多少货币后，管理者被告知ICFR是有效状态的可能性。根据这个信息，管理者披露给投资者其认为的ICFR是否有效。

每个组合的真实盈余计算方法为：1 000元初始实验币扣除花费在投入于IC的部分后，乘以一个从0.70至1.27之间随机选择的收益乘数。管理者收到的可报告盈余范围的可靠性依赖于ICFR的真实状态。当ICFR有效时，会计系统生成的可报告盈余范围是随机地分布在真实的盈余数字周围；当ICFR无效时，会计系统生成错误的财务报告并导致夸大盈余。根据会计系统提供的范围，管理者选择一个盈余数字提供给投资者。当IC Audits缺失时，投资者仅从管理者获得ICFR有效性的信息。当IC Audits存在时，投资者从两方面获得信息：管理者披露的ICFR和审计师的IC意见。当投资者已经获得管理者披露的ICFR，以及审计师审计后，管理者不可以再修正他们披露的ICFR。

2. 阶段二：投资者决定

每名投资者评估他/她对管理者报告盈余的信心。通过询问投资者，测量出投资者对管理者报告盈余的信心程度，共分为1至7个等级（“1”表明非常低的信心，“7”表明非常高的信心）。

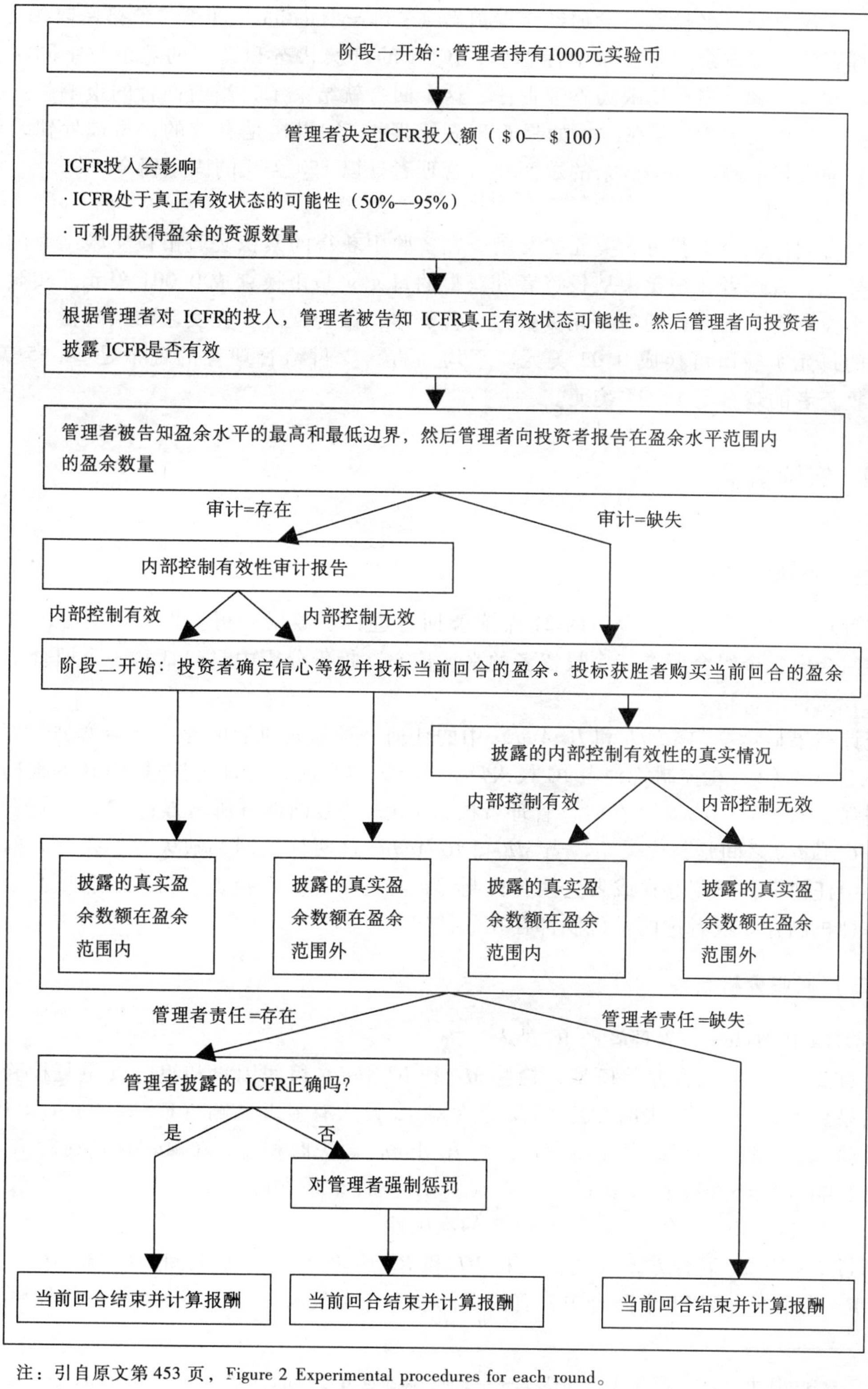

注：引自原文第453页，Figure 2 Experimental procedures for each round。

图2-47 每个回合的实验程序

在每一组合，三名投资者参加维克瑞拍卖（Vickrey auction，即第二价格密封拍卖①），购买管理者的真实盈余。当公布中标者后，ICFR 的真实状态和真实的盈余数字同时公布给管理者和投资者。当市场缺失管理责任，这个回合就结束了，当前回合的报酬就进行支付和计算。当市场上 ML 存在时，如果管理者错误披露 ICFR 是有效的，将被处罚，没收投资者之前支付的高出真实盈余的数额并对管理者处以 150 美元的固定罚金。

3. 现金支出

参与者被保证至少获得 5 美元的奖励。在实验中获得的累积实验币在实验结束的时候转换成美元。管理者在拍卖中从投资者处获得的每元实验币换算成 0.001 美元。实验开始时，每个投资者一次性收到 500 元贷款做运营资本，该贷款需要在实验结束时偿还。投资者收益的每元实验币可换成 0.02 美元。平均而言，支付给管理者的现金是 24.35 美元，支付给投资者的现金是 13.24 美元。

四、实证结果

（一）描述性统计

作者对来自 3 个练习回合后的 21 个实验回合进行了数据分析。投资者信心的分析包括每个回合中每个组合所有三个投资者的平均信心。折价分析中只包括每一个回合中获胜的投资者支付的价格。

统计结果显示：（1）*ML* 和 *IC Audits* 中的任何一种监管机制的存在都会增加管理者在 IC 上的投入；（2）在控制管理者 IC 投入后，当 *ML* 存在时，管理者披露 ICFR 的准确性并没有增强，而当 *IC Audits* 存在时，管理者披露 ICFR 的准确性有所增强；（3）投资者认为 *ML* 和 *IC Audits* 之间是替代关系，当 *ML* 和 *IC Audits* 这两种机制都缺失时，投资者的信心低于其中任何一种机制存在或者这两种机制都存在的情况，而投资者折价的程度高于其中任何一种机制存在或者这两种机制都存在的情况。

（二）回归分析结果

1. H1a 和 H1b——管理者的 IC 投入

通过 2 × 2 × 21 混合方差模型，检验 *ML* 和 *IC Audits* 组间因素和组内（重复检验）因素。结果显示：与 *ML* 缺失时相比，*ML* 存在对 IC 投入有显著影响（$F = 2.22$；$p < 0.08$，单侧检验），因此，实证结果支持 H1a；与 *IC Audits* 缺失时相比，*IC Audits* 存在对 IC 投入有显著影响（$F = 5.97$；$p < 0.01$，单侧检验），实证结果支持 H1b。

2. H2a 和 H2b——管理者 ICFR 披露的准确性

通过 2 × 2 × 21 混合方差模型，检验 *ML* 和 *IC Audits* 组间因素之间的影响。*ICFR_DISCLOSURE* 表示在全部 21 个回合中，管理者的披露正确反映了真实 ICFR 状态的频率。*IC_*

① 在这种拍卖中，竞买者同样以密封的形式独立出价，商品也出售给出价最高的投标者。但是，获胜者支付的是所有投标价格中的第二高价，所以它被称为第二价格密封拍卖。

SPENDING 表示管理者在21个回合中对内部控制投入的平均值。*ICFR_DISCLOSURE* 为因变量，*IC_SPENDING* 为协变量。当 *ML* 存在（缺失）时，*ICFR_DISCLOSURE* 均值为14.60（13.56）。在控制 *IC_SPENDING* 之后，*ML* 对 *ICFR_DISCLOSURE* 没有显著影响（$F=0.16$，$p=0.35$，单侧检验）。但 *IC Audits* 对 ICFR_*DISCLOSURE*（$F=4.25$，$p=0.03$，单侧检验）存在显著影响，因此，实证结果不支持H2a，但支持H2b。

3. H3a和H3b——投资者信心和折价

通过2×2×21混合方差模型，检验 *ML* 和 *IC Audits* 对投资者行为的交互影响。其中因变量为 *CONFIDENCE*（投资者对管理层报告盈余的信心）和 *DISCOUNT*（投资者对管理层报告盈余的折价）。当 *ML* 和 *IC Audits* 都缺失（存在）时，*CONFIDENCE* 的均值是3.21（4.44），当 *IC Audits* 缺失（存在），而 *ML* 存在（缺失）时，*CONFIDENCE* 的均值是4.56（4.12）。结果支持H3a。用 Buckless and Ravenscroft（1990）对比权重（contrast weights）的方法对H3a进行检验，结果依然支持H3a。

折价等于1减去购买价格除以管理者所报告的盈余，当 *ML* 缺失（存在）时，*DISCOUNT* 的均值是6.3%（4.5%），当 *ML* 和 *IC Audits* 都缺失（存在）时，*DISCOUNT* 的均值是8.8%（3.3%）。当 *IC Audits* 缺失（存在），而 *ML* 存在（缺失）时，*DISCOUNT* 的均值是5.6%（3.2%），结果支持H3b。用 Buckless and Ravenscroft（1990）对比权重的方法对H3b进行检验，结果依然支持H3b。

4. 补充分析——管理者声誉

随着时间的推移，声誉能够在理论上帮助投资者推断管理者的报告策略，因此，管理者声誉可能影响投资者对管理者当前报告可信度的理解。本文补充分析管理者声誉对投资者行为的作用。使用在当前回合之前管理者准确披露ICFR有效的频率或次数来代替管理者ICFR披露的声誉（*REPUTATION*）。本文用 Muller et al.（2005）的方法对变量进行调节，探讨管理者声誉对准确披露ICFR的解释，在某种程度上是否反映 *ML* 和 *ICAudits* 对 *CONFIDENCE* 和 *DISCOUNT* 的互动效应。总体来说，结果与之前的研究一致（比如，Hirst et al.，1999；Mayhew，2001），管理者的声誉会影响投资者对管理者报告盈余的信任度，最终影响投资者的定价决策。

五、结论

作者运用实验的方式，研究了ML和IC Audits对投资者信心和股票价格影响的交互效应，以及ML和IC Audits对投资者信心和股票价格的影响。作者发现：

首先，ML和IC Audits对于IC投入的影响是正向的，IC Audits比ML的影响更强。

其次，在控制管理者IC投入后，IC Audits会提升管理者ICFR披露的准确性，而增加ML却不能达到相似的结果。当IC Audits存在时，管理者的IC投入策略更稳定，即IC Audits能够使管理者更持续地提供关于ICFR有效性的准确信息。

最后，ML和IC Audits对投资者信心和市场价格的反应的交互影响是替代的。当两种监管机制都存在，对比只有其中一种机制存在的情况，投资者信心和股票价格没有提升。另外，补充分析显示，管理者准确披露ICFR的声誉至少部分解释了为什么投资者认为ML

和 IC Audits 是互相替代的。结论表明，当管理者获得准确披露 ICFR 的声誉时，两种监管机制对于提升投资者对管理者报告盈余的信心可能变得不必要了。

本文的结论可以给政策制定者以启示，它证实了监管可能对管理者和投资者产生不同的影响。而且，ML 和 IC Audits 对提高投资者信心和市场价格可能都不是必需的。本文的研究局限是采用实验法，可能会固有地增加某种变量的显著性。同时，本文研究重点仅针对盈余被夸大的情况，且只检验了货币处罚一种情况。

（整理人：谢晖）

主要参考文献

[1] Bowen, J., Z. L. Qiu, and Y. Li. 1994. Robust tolerance for ambiguity. *Organizational Behavior and Human Decision Processes*. 57: p. 155 - 165.

[2] Buckless, F. A. and S. P. Ravenscroft. 1990. Contrast coding: A refinement of ANOVA in behavioral analysis. *The Accounting Review* 65 (4): p. 933 - 945.

[3] Budescu, D. V., S. Weinberg, and T. S. Wallsten. 1988. Decisions based on numerically and verbally expressed uncertainties. *Journal of Experimental Psychology: Human Perceptions and Performance*. 14: p. 281 - 294.

[4] Deloitte. 2006. Preparing for certification in the absence of mandatory auditor attestation. Available onlineat http://www.deloitte.com/view/en_CA/ca/services/.

[5] Fischbacher, U. 2007. z - Tree: Zurich toolbox for ready - made economic experiments. *Experimental Economics*10 (2): p. 171 - 178.

[6] Hirst, E., L. Koonce, and J. Miller. 1999. The joint effect of management's prior forecast accuracy and the form of its financial forecasts on investor judgment. *Journal of Accounting Research* 37 (*Supplement*): p. 101 - 124.

[7] Mayhew, B. W. 2001. Auditor Reputation Building. *Journal of Accounting Research* 39 (3): p. 599 - 617.

[8] Mercer, M. 2004. How do investors assess the credibility of management disclosures? *Accounting Horizons* 18 (3): p. 185 - 196.

[9] Muller, D., C. M. Judd, and V. Y. Yzerbyt. 2005. When moderation is mediated and mediation is moderated. *Journal of Personality and Social Psychology* 89 (6): p. 852 - 863.

§2-46　SOX 404 条款能否降低公司不透明度？——来自交叉上市公司的数据

Did SOX Section 404 Make Firms Less Opaque? Evidence from Cross-Listed Firms

文献来源：Arping，S.，and Z. Sautner. 2013. Did SOX section 404 Make Firms Less Opaque? Evidence from Cross-Listed Firms. *Contemporary Accounting Research*，30（3）：1133-1165.

【摘要】本文从分析师盈余预测的角度对 SOX 404 条款能否减少交叉上市公司不透明度进行检验。作者将在美国交叉上市的欧洲公司与其他欧洲公司进行对比，结果发现，SOX 法案后交叉上市公司和非交叉上市公司的不透明度都有所降低，而交叉上市公司的降低程度更为显著。在稳健性分析中，本文控制了同期的美国卖方分析师监管政策、公司退市、公司冒险行为变化的影响，结果表明，SOX 法案对于提高公司披露质量有显著影响。

一、研究问题

（一）问题的提出

SOX 法案被认为是美国公司治理历史上最为重要的变革之一，其目标是“通过提高公司披露信息的准确性和可靠性来为投资者提供更好的保护”。在 SOX 法案的实施过程中，这一目标是否实现？本文主要的研究问题是：SOX 404 条款的实施能否降低公司的不透明度？

本文的逻辑框架见图 2-48。

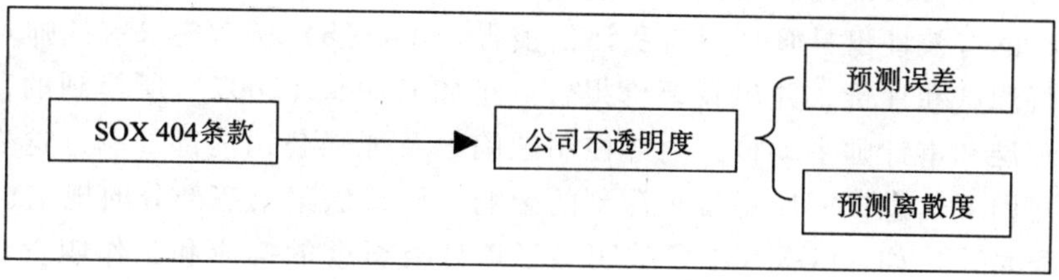

图 2-48　SOX 404 条款与公司不透明度

（二）研究意义

SOX 法案旨在通过提高公司披露信息的准确性和可靠性，为投资者提供更好的保护，本文从公司透明度的角度对 SOX 法案的实施是否达到这一目标进行了检验，具有重要的政策与实际意义。

（三）主要贡献

第一，本文为目前对于 SOX 法案经济后果的争论提供了新的实证证据。以往的很多研究采用事件研究法来构建 SOX 法案经济后果的事前衡量方法，其中 Litvak（2007）发现 SOX 法案相关条款公布后，同非交叉上市公司相比，交叉上市公司的股价下降，这表明投资者认为 SOX 法案具有负面价值效应。本文则聚焦于对 SOX 经济后果的事后衡量，从 SOX 法案可能有利的一面（对于公司透明度的影响）的角度切入，研究了 SOX 法案对公司的真实影响。

第二，本文丰富了交叉上市研究的文献。先前研究表明，当非美国公司在美国交叉上市后，会降低资本成本、获得更高的估值等，如 Lang et al.（2003）发现交叉上市公司盈余预测误差更低，受到更多分析师的关注。上述收益主要是由公司从较差的治理环境转移到较严格的治理环境，以及提升的公司透明度要求所带来的。本文在控制了同时期其他改革及影响后，通过研究美国公司治理制度的改革是否对交叉上市公司产生影响，为此提供了直接的证据。

第三，以往的文献研究了国际货币基金组织的特殊数据公布准则（International Monetary Fund's Special Data Dissemination Standard，SDDS）（Tong，2007）、场外交易公司报告准则（Bushee and Leuz，2005）等公司披露政策变革的经济后果，本文则探讨了 SOX 法案的经济后果，补充了公司透明度及信息披露政策变革经济后果的相关文献。

二、理论分析和研究假设

本文的基本假设是，公司信息披露的质量和数量的改进有助于提高财务分析师准确预测公司盈余的能力。而 SOX 法案通过一系列公司治理和信息披露规定，可能会提高公司信息披露的质量和数量（e. g.，Coates，2007；Holmstrom and Kaplan，2003；Kroszner，2004）。

第一，信息披露的质量。SOX 法案第四部分，即 SOX 404 条款，要求管理层和外部审计师对公司财务报告内部控制出具评估报告。404（a）条款要求管理层对财务报告内部控制架构和流程的有效性出具管理层自我评估报告。404（b）条款要求审计师对管理层自我评估报告进行测试和评价，并出具评价报告。正如 Coates（2007）所提到的，SOX 404 条款将促使管理层和审计师主动披露内部控制缺陷以及加强公司内部控制，这表明 SOX 404 条款很可能对财务信息披露质量带来深刻的影响。SOX 法案第三部分的规定也可能会影响信息披露的质量，比如，SOX 301 条款明确了审计委员会的构成和工作职责，SOX 302 条款要求 CEO 和 CFO 保证年度报告已经披露了所有重要信息，并相对客观地陈述了财务环境和财务状况。SOX 906 条款包含了类似的保证要求，并对故意出具虚假保证的行为规定了刑事处罚细则。此外，SOX 法案第二部分对于审计师独立性及审计师轮换的规定和第八部分检举者保护的规定使得公司财务报告受到更严格的审查。这些都有助于提高公司信息披露的质量。

第二，信息披露的数量。SOX 法案第四部分要求增加披露信息，如表外业务（401 条款）、预估收益（401 条款）、内幕交易（403 条款）、财务环境或经营的重大改变（409 条款），这些额外信息的披露应当有助于分析师更准确地预测公司盈余。

本文的基本研究假设是 SOX 404 条款提高了公司信息披露的质量和数量，使得分析师对于公司盈余的预测更为准确，分析师之间盈余预测的一致性更高。但是，交叉上市公司分析师盈余预测质量的提高并不一定是由 SOX 法案的实施所带来的，也可能是由美国卖方分析师监管政策对分析师行为产生的影响所引起的（如，全球统一结算条款，Global Settlement），本文将在后文对此进行区分。

三、样本选择和研究设计

（一）样本选择

本文选择来自欧洲 15 国（EU - 15）的交叉上市公司作为初始样本，样本区间为 2001 年到 2007 年。预测盈余和实际盈余的数据来源于 I/B/E/S Detail History file，本文选择分析师在上一个报告期后的第一个季度作出的对本年盈余的预测作为预测盈余，若分析师在此期间提供了多个预测，则选择分析师作出的第一个预测为预测盈余。剔除缺乏计算透明度指标的数据以及少于三个分析师预测数据的公司—年度观测值，剔除样本区间内退市的公司、场外交易的公司、有私人持股的公司，得到一个非平衡样本（unbalanced sample），包括 1923 家公司，7666 个公司—年度观测值。其中交叉上市为 468 个公司—年度观测值，7198 个公司—年度观测值为非交叉上市的控制样本。

（二）研究设计

本文采用倍差法进行回归分析（difference - in - differences regression setting），对可能影响分析师预测结果的因素进行控制。基本实证模型如下：

$$Opaqueness_{it} = POST\ SOX_t \times Cross-Listed_i + POST\ SOX_t + Cross-Listed_i + X_{it} + y_i + \varepsilon_{it}$$

其中，t 代表年度，i 代表公司，$POSTSOX$ 为虚拟变量，2005 年之后（含 2005 年）取 1，否则取 0。$Cross-Listed$ 为虚拟变量，样本公司为交叉上市公司取 1，否则取 0。本文关注的是交叉项 $POST\ SOX \times Cross-Listed$ 的系数。

因变量是公司不透明度，用预测误差（*Forecast Error*）和预测离散度（*Forecast Dispersion*）来衡量。

预测误差衡量的是分析师盈余预测偏离实际盈余的程度，为预测盈余的平均值与实际盈余的差值除以实际盈余的绝对值，即

$$Forecast\ Error = \left| \frac{Mean_{Estimate} - Actual}{Actual} \right|$$

预测离散度衡量的是分析师之间的盈余预测的分散程度，为预测盈余的标准差除以预测盈余的平均值的绝对值（变异系数），即

$$Forecast\ Dispersion = \left| \frac{SD_{Estimate}}{Mean_{Estimate}} \right|$$

控制变量包括公司规模［*Log*（*Firm Size*）］、财务杠杆（*Leverage*）、虚拟变量 *Loss*（公司上一年盈余为负取 1，否则取 0）、虚拟变量 *Quarter Report*（公司披露季度报告取 1，否则取 0）、分析师数量（*Analyst Number*）。

四、实证结果

（一）描述性统计

描述统计表明，和 Lang et al.（2003）发现一致，相比于非交叉上市公司，交叉上市公司规模更大，得到更多分析师的关注。同时，交叉上市公司财务杠杆更高、β 值更大、股价波动更加剧烈、预测误差均值更低，但在其他方面二者没有显著区别。

（二）SOX 404 条款与预测误差、预测离散度的回归分析

实证结果显示，交叉项系数显著为负，相对于控制样本，SOX 法案后交叉上市公司的预测误差和预测离散度都显著降低。另外，从 SOX 法案前到 SOX 法案后，相对于非交叉上市公司，交叉上市公司的预测误差降低了 37.4%（标准差的 25%），本文的结果在经济意义上同样显著。

同时，预测质量的提高可能不是因为 SOX 法案的实施降低了公司的不透明度，而是 SOX 法案的实施降低了公司采取冒险行为（risk taking）的可能性（e. g.，Bargeron et al.，2010；Litvak，2008），从而提高了盈余的可预测性。为排除这一可能，作者控制公司冒险行为后重新进行回归，交叉项系数同样显著为负，结果基本不变。

（三）进一步识别：SOX 404 条款 VS. 全球统一结算条款

2003 年出台的全球统一结算条款（Global Settlement of Conflicts of Interest Between Research and Investment Banking）目的是减少分析师和投行之间的利益冲突，降低分析师扭曲盈余预测的动机。这对美国分析师的行为造成一定的影响，在某种程度上，与非交叉上市公司相比，美国分析师更倾向于对交叉上市公司进行分析预测，那么交叉上市公司盈余预测质量的提高可能是由于全球统一结算条款对分析师行为带来的影响所导致的，而不是实施 SOX 法案引起的。因此，本文设计了一系列检验，拟将全球统一结算条款效应从 SOX 法案效应中分离出来。

全球统一结算条款在 2003 年 4 月生效，SOX 法案部分条款在 2002 年生效，部分则在 2003 年以后生效，并给予国外上市公司更长的时间调整以遵循 SOX 404 条款。根据全球统一结算条款和 SOX 法案生效日期的不同，本文采用移动窗口回归法，选择 2003 年、2004 年、2005 年、2006 年初作为“试验”日期（“treatment” date）来取代前文区分 SOX 法案后期的标准（即 2005 年后），对于每一个“试验”日期，选取试验日期前两年以及后两年共四年作为样本区间，将试验日期前的预测质量和试验日期后（*POST* 2003；*POST* 2004；*POST* 2005；*POST* 2006）的预测质量进行对比。如果交叉上市公司不透明度的降低主要是由于全球统一结算条款的生效而不是 SOX 法案的实施，则在较早期的窗口中（如

2003 年、2004 年)，交叉项［*POST*（2003—2006） ×*Cross - Listed*］系数应为负且显著异于0，在较晚期的窗口中，交叉项系数则不具有统计显著性。类似地，如果 SOX 404 条款的影响相对于 SOX 其他条款可以忽略不计的话，在较晚期的窗口中，交叉项系数也不具有统计上和经济上的显著性。

结果显示，当因变量为预测误差时，随着时间向后推移，交叉项系数显著性不断增强，在较早期的窗口中，交叉项系数几乎为 0，而在较晚期的窗口中，交叉项系数则显著为负。当因变量为预测离散度时，在较早期的窗口中，交叉项系数显著为负，而在较晚期的窗口中（当“试验”日期为 2006 年时），交叉项系数仍然显著为负。因此，本文在很大程度上排除了之前得到的结果是由全球统一结算条款引起的可能性。作者还发现，相对于其他 SOX 条款，SOX 404 条款对于来自欧洲 15 国的交叉上市公司不透明度降低的影响更为显著。

同时，由于全球统一结算条款的实施增加了对分析师的监管程度，这可能会导致一些分析师自愿或非自愿离开这个行业，从而对分析师的构成造成影响，进而影响盈余预测的质量。为避免这个问题，本文选取 SOX 法案前和 SOX 法案后都进行盈余预测的分析师，重新计算预测误差和预测离散度，再进行回归分析，回归结果基本不变。全球统一结算条款可能还会对分析师行为产生影响，为此，本文剔除了那些兼顾预测美国本土公司盈余的分析师，也就是那些最有可能受 Global Settlement 影响的分析师，结果保持不变。

（四）其他可能影响本文结果的政策法规

2000 年发布的公平披露法规（Regulation Fair Disclosure）也有可能对交叉上市公司产生影响（Crawley et al.，2009)，但由于公平披露法规是在 2000 年发布的，作者认为其对 SOX 法案后（2005 年及以后）公司盈余预测质量提高的影响可以忽略。

欧洲同期的相关披露法规的变化也可能对本文的结果产生影响，尤其是 2005 年国际财务报告准则（IFRS）的采用。相对于在较为严格的美国监管环境下的交叉上市公司，欧洲相关披露法规的变化对降低非交叉上市公司不透明度的影响更为显著。然而，交叉上市公司不透明度的降低反而更为明显，可以认为本文的结果是低估而不是高估了 SOX 法案对于交叉上市公司透明度的影响。

（五）稳健性检验

本文借鉴 Abadie and Imbens（2011）采用的偏差修正近邻匹配估计法（The bias - corrected nearest - neighbor matching estimator)，将每个试验组公司（交叉上市公司）和一个或多个控制组公司（非交叉上市公司）进行匹配，从而估计 SOX 法案对于试验组公司的预测误差和预测离散度的平均效应，这种方法也可以纠正不完美匹配（Imperfect matching）所带来的偏差。结果同样显著为负，再次支持了前文的发现。

本文还进行了其他的稳健性检验，包括将非平衡样本替换为平衡样本、选择分析师作出的最后一个预测而非第一个预测、在年度层面而非公司层面聚集标准差［clusters standard errors at the year（instead of firm）level］、将退市公司重新纳入样本当中、SOX 法案后的分界点设为2006年而非2005年、剔除市值低于7 500万美元的公司样本、在1%而非5%的水平上进行自变量winsorize处理、剔除来自英国的交叉上市公司（原样本占比最大，为29%）、剔除来自荷兰的交叉上市公司（交叉上市公司占比过大）、剔除金融行业的公司样本（交叉上市公司占比过大）、剔除服务行业的公司样本（交叉上市公司占比过小）、忽视时间序列维度，采用SOX法案前和SOX法案后的平均值进行回归。这些检验大都支持本文的结果。

五、结论

本文通过交叉上市公司的数据，对SOX法案是否能够减少公司不透明度进行了检验。结果发现，SOX法案后交叉上市公司和非交叉上市公司的不透明度都有所降低，而交叉上市公司的降低程度更为显著。进一步分析表明，相比于其他SOX条款，SOX 404条款对于降低交叉上市公司不透明度的作用更为显著。

本文主要有以下局限性：第一，尽管本文已经排除了全球统一结算条款和欧洲采用国际财务报告准则对本文结果的影响，但仍不能排除其他系统性事件对结果可能造成的影响。第二，本文的研究结果建立在SOX法案的政策效应没有较大延迟的前提下。第三，本文得出的SOX 404条款效应的结果仅针对交叉上市公司而言，相对于美国公司，SOX 404条款后来自欧洲15国的交叉上市公司不透明度的降低更为显著。

（整理人：何漪漪）

主要参考文献

[1] Abadie, A., and G. Imbens. 2011. Bias – corrected matching estimators for average treatment effects. *Journal of Business and Economic Statistics* 29 (1): p. 1 – 11.

[2] Bargeron, L., K. Lehn, and C. Zutter. 2010. Sarbanes – Oxley and corporate risk taking. *Journal of Accounting and Economics*49 (1): p. 34 – 52.

[3] Bushee, B., and C. Leuz. 2005. Economic consequences of SEC disclosure regulation: Evidence from the OTC bulletin board. *Journal of Accounting and Economics* 39 (2): p. 233 – 264.

[4] Coates, J. 2007. The goals and promise of the Sarbanes – Oxley Act. *Journal of Economic Perspectives* 21 (1): p. 91 – 116.

[5] Crawley, M., B. Ke, and Y. Yu. 2009. Why do cross – listed firms voluntarily adopt Regulation Fair Disclosure? Working paper, Indiana University.

[6] Holmstrom, B., and S. Kaplan. 2003. The state of US corporate governance: What's right and what's wrong? *Journal of Applied Corporate Finance* 15 (1): p. 8 – 20.

[7] Kroszner, R. 2004. The economics of corporate governance reform. *Journal of Applied Corporate Finance*16 (1): p. 42 – 50.

[8] Lang, M., K. Lins, and D. Miller. 2003. ADRs, analysts, and accuracy: Does cross – listing in the U. S. improve a firm's information environment and increase market value? *Journal of Accounting Research* 41 (2): p. 317 – 345.

[9] Litvak, K. 2007. The effect of the Sarbanes – Oxley Act on non – US companies cross – listed in the US. *Journal of Corporate Finance* 13 (2 – 3): p. 195 – 228

[10] Litvak, K. 2008. Defensive management: Does the Sarbanes – Oxley Act discourage corporate risk – taking? Working paper, University of Texas Austin Law School.

[11] Tong, H. 2007. Disclosure standards and market efficiency: Evidence from analysts' forecasts. *Journal of International Economics* 72 (1): p. 369 – 396.

§2-47 SOX法案与非上市公司的退出策略

The Sarbanes-Oxley Act and Exit Strategies of Private Firms

文献来源：Bova，F.，M. Minutti-Meza，G. Richardson，and D. Vyas. 2014. The Sarbanes-Oxley Act and Exit Strategies of Private Firms. *Contemporary Accounting Research*，31（3）：818-850.

【摘要】 自SOX法案生效以来，关于其成本和收益的讨论一直持续。现有的学术研究多从上市公司的角度来讨论，这篇文章另辟蹊径，分析SOX法案的合规成本对非上市公司（private firms）退出策略的影响。非上市公司从私人市场（private market）退出转而进入公开市场（public market）有两个途径：一是被现有上市公司收购；二是IPO。本文研究发现：（1）SOX法案的合规成本使得非上市公司更愿意通过被现有上市公司收购的方式离开私人市场；（2）被收购公司的交易估值乘数（deal multiples）与其被收购前SOX合规水平正相关。上述研究表明SOX产生的成本不但限制了非上市公司退出策略的选择空间，并且会导致那些在并购前未达到SOX规范标准的非上市公司的交易估值乘数降低。

一、研究问题

（一）问题的提出

SOX法案的执行迫使上市公司建立成本更高的财务报告控制体系以监督内部交易流程。非上市公司不需要执行SOX法案，这就意味着当其离开私人市场转而进入公开市场成为上市公司的时候需要增加新的SOX合规成本。如果非上市公司被一家上市公司收购，而后者已经拥有一套符合SOX要求的内控体系，那么所需的新增合规成本就会很低；而如果非上市公司选择IPO上市，就会付出相对较高的SOX合规成本。因此，作者预期，SOX法案会对非上市公司退出私人市场策略的偏好产生影响。此外，如果非上市公司现有的财务报告和内控体系与SOX要求的标准差距较大，被收购后会产生较高的合规成本，那么作为收购方的上市公司会给予其较低的交易估值乘数（lower deal multiplies）。基于此，文章主要研究以下两个问题：（1）在SOX法案实施前后，非上市公司通过被上市公司收购和IPO两种方式退出私人市场的偏好是否发生变化？（2）SOX法案实施后，如果被收购的非上市公司预期会有较高的SOX合规成本，那么它的估值乘数是否会更低？

本文的逻辑框架见图2-49。

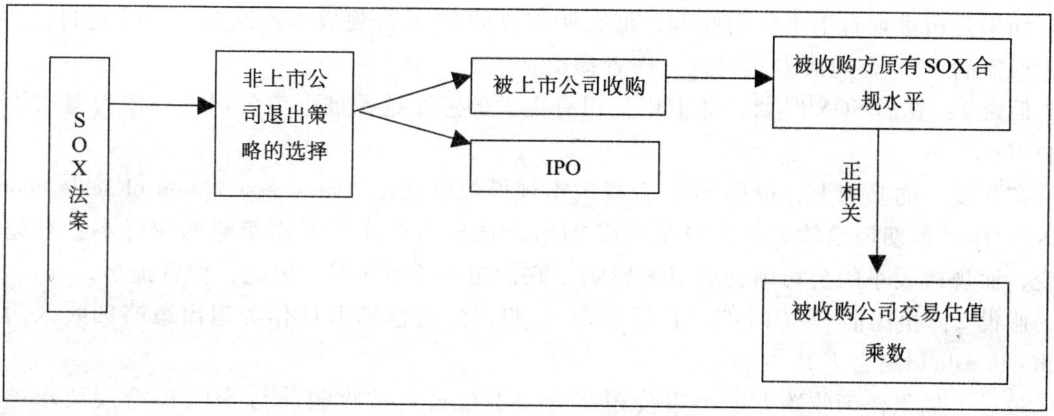

图 2-49 SOX 法案对非上市公司退出策略的影响

（二）研究意义

本文研究 SOX 合规成本如何影响非上市公司离开私人市场进入公开市场的策略选择，具有很强的现实意义：非上市公司如何进入公开市场是非常重要的课题，因为非上市公司能够在公开市场上融资，就会获得更多的现金流支持，便于这类公司进行创新和提供更多的就业机会。同时，公司以何种方式进入公开市场也非常重要，IPO 的公司比被收购的公司更能实现价值，推广创新。SOX 法案的颁布与实施间接地影响了非上市公司的退出策略，可能使得其放弃 IPO 而被迫卖掉公司。关于此话题的讨论，可以帮助学者、实务界和政策制定者了解 SOX 法案对财务报告体系的严格要求如何对社会产生了实质的成本。

（三）主要贡献

首先，这篇文章补充了现有文献关于 SOX 成本和收益的讨论，特别是针对社会净收益（net benefit for society）的讨论。Karolyi（2009）总结出两类研究问题：第一类是讨论 SOX 对股东价值的影响；第二类是对上市公司私有化（go private）或者非上市公司在美国或国外交易所上市决策的影响。本文对上述两类问题都有贡献。其次，本文在研究设计上也试图解决以前文献没有讨论的问题，包括：（1）本文选用英国公司作为参照以解决参考标准的困境（benchmark dilemma）：即无法找到既上市却又不需执行 SOX 法案的参照组；（2）"价格效应"（price-effect）研究：通过寻找变量来刻画收购前非上市公司 SOX 合规所需成本，来检验合规成本高的公司是否在收购过程中获得较低的估值乘数。

二、理论分析

非上市公司有两种方式可以进入公开市场：一是被上市公司收购；二是 IPO。SOX 法案对上市公司的财务报告和内控体系提出了更高的要求，尤其是 404 条款强制要求所有上市公司聘请审计师对内部控制进行审计。非上市公司不需要执行 SOX 法案，所以无论其以何种方式进入公开市场，都需要花费资金和时间提升现有的财务报告和内控体系水平。

然而如果公司被现有上市公司收购，那么所需要的 SOX 合规成本预期会小于公司自己 IPO 上市所需的 SOX 合规成本。因此，作者提出：

假设 1：在后 SOX 时期，非上市公司有更大的意愿选择被上市公司收购作为退出策略而非 IPO。

在假设 1 的基础上，根据 SOX 合规成本规模效应假设（mild assumption of scale economies），作者预期规模较大的公司在 SOX 前后，选择 IPO 作为退出策略的偏好不会有显著改变，而规模较小的公司则会有显著影响，它们更不愿意 IPO。因此，作者提出：

假设 2：相比前 SOX 时期，在后 SOX 时期，公司选择 IPO 作为退出策略的收入门槛（sales threshold）会上升。

最后，如果作为收购方的上市公司认为非上市公司被收购前与 SOX 的合规要求差距很大，收购后将付出较高的合规成本，那么会给予后者较低的交易估值乘数（lower deal multiples）。因此作者提出：

假设 3：后 SOX 时期，作为被收购方的非上市公司的交易估值乘数与收购前预期的 SOX 合规水平正相关。

三、样本选择和研究方法

（一）样本选择

本文的研究需要美国与英国两个国家的样本，后者作为没有受到 SOX 法案影响的参照组，以排除 SOX 之外其他因素对公司上市决策的影响。

1. IPO 与被收购倾向分析的样本选择

作者从 SDC IPO 数据库中获得 1994—2009 年美国 IPO 公司的数据，从 Pratt's Stats 数据库以及 EDGAR 数据库获得了同时期的被上市公司收购的非上市公司数据，在剔除了不符合要求及缺失数据后，分别得到 IPO 和被收购的公司样本 2 735 个和 1 003 个。同样，作者分别从 SDC IPO 数据库和 SDC Mergers and Acquisitions 数据库得到英国 IPO 和被收购的样本 1266 个和 249 个。

2. 收购交易估值乘数检验的样本选择

此部分的检验组是美国被上市公司收购的 1003 家非上市公司样本。作者选择了三个参照组。第一个参照组是 249 家英国非上市公司被本国上市公司收购的样本。第二个参照组是 1 140 家美国非上市公司被本国非上市公司收购的样本，数据从 Pratt's Stats 获得。第三个参照组是 1 050 家美国上市公司被本国上市公司收购的样本，数据从 SDC's Merger and Acquisitions 数据库获得。

（二）研究设计

为了检验假设 1 和假设 2，作者建立了以下两个模型：

$$\ln\left(\frac{p_i}{1-p_i}\right) = \alpha_i + \beta_1 \times SOX_i + \beta_2 \times SIZE_i + \sum \beta_i industry - related\_factors + \sum \beta_i market$$

$$- timing\_factors + \sum \beta_i deal - related\_factors + \sum \beta_i demand\_for\_fund\_factors + RF + \varepsilon_i \quad (1)-1$$

$$\ln\left(\frac{p_i}{1-p_i}\right) = \alpha_i + \beta_1 \times SOX \times SIZE\_SMALL_i + \beta_2 \times SOX \times SIZE\_LARGE_i + \beta_3 \times SIZE_i + \sum \beta_i industry - related\_factors + \sum \beta_i market - timing\_factors + \sum \beta_i deal - related\_factors + \sum \beta_i demand\_for\_fund\_factors + RF + \varepsilon_i \quad (1)-2$$

P_i 代表了公司 i 选择 IPO 的概率。*SOX* 是虚拟变量，若样本属于 2003 年以后的年份，则为 1，否则为 0。*SIZE* 是主营业务收入的自然对数，*SIZE_LARGE* 和 *SIZE_SMALL* 是将 *SIZE* 根据总样本的中位数划分的两个虚拟变量。作者预期在美国样本组中，模型(1) -1 中 β_1 的系数显著为负（假设 1）。模型(1) -2 中，*SOX × SIZE_SMALL* 和 *SOX × SIZE_LARGE* 的系数也预期显著为负，前者负效应更大（假设 2）。同时，作者预期在英国样本组，*SOX*、*SOX × SIZE_LARGE* 和 *SOX × SIZE_SMALL* 的系数不显著。此外，作者还将美国样本和英国样本放在一起，用“倍差法”（difference - in - difference）：在模型(1) -1 中加入 SOX 与虚拟变量 *US*、*UK* 的交互项；在模型(1) -2 中加入 *SOX × SIZE_LARGE* 和 *SOX × SIZE_SMALL* 与虚拟变量 *US*、*UK* 的交互项。作者预期仅有 *SOX*、*SOX × SIZE_LARGE* 和 *SOX × SIZE_SMALL* 与 *US* 的交互项显著为负，而与 *UK* 的交互项均不显著。

控制变量中，行业因素包括以下几个变量：行业集中度 *HHI*（赫芬达尔指数）；虚拟变量 *PB*，1 = 根据 Rajan and Wulf（2006）得到的 CEO 在职消费水平，非上市公司所在行业居前五位，且 CEO 与分部经理的在职消费得分差异大于 1，否则为 0；行业平均资产负债率；行业平均有形资产比率 *IND_TAN*；行业平均市账值比 *IND_MTB*；高科技行业虚拟变量 *HIT_ECH*；以前年度行业平均分析师误差 *IND_FERROR*。市场控制变量包括：热门 IPO 市场（hot IPO market）；股权风险溢价。非上市公司资金需求：*HML*（即由较高账面价值/市值比的股票组成的资产组合与较低账面价值/市值比的资产组合的收益差）；*SMB*（即由较大规模的股票组成的资产组合与较小规模的资产组合的收益差）；3 个月短期国库券利率（无风险利率 RF）。交易相关的控制变量 *LIQUIDITY*：收购非上市公司时用现金购买的股票的比例以及 IPO 中提供的二级股票的比例。

为了检验假设 3，作者建立了以下两个模型：

$$SALES/EV = \alpha_0 + \beta_1 \times COMP_i + \beta_2 \times SIZE_i + \beta_3 \times GROWTH + \beta_4 \times MARGIN + \beta_5 \times R\&D + \beta_6 \times LEVERAGE + \beta_7 \times WORKING\_CAP + \varepsilon_i \quad (2)$$

$$SALES/EV = \alpha_0 + \beta_1 \times SOX \times COMP\_HIGH_i + \beta_2 \times SOX \times COMP\_LOW_i + \beta_3 \times SIZE_i + \beta_4 \times GROWTH + \beta_5 \times MARGIN + \beta_6 \times R\&D + \beta_7 \times LEVERAGE + \beta_8 \times WORKING\_CAP + \varepsilon_i \quad (3)$$

SALES/EV 是收入乘数的倒数（the inverse sales multiple），用被收购方的总收入除以企业价值（权益资本的卖价加上总负债减去当期负债）。*COMP* 表示被收购方收购前的 SOX 合规程度，*COMP_HIGH* 和 *COMP_LOW* 分别代表合规程度高和低的虚拟变量。作者选用以下四个变量指代合规程度。

1. 规模（营业收入的自然对数）

作者认为 SOX 合规成本具有规模效应，即规模较大的公司 SOX 的合规成本较低。来自 Audit Analytics（2009）的证据显示，2007 年上市公司中，规模较大的加速申报公司中 7.9% 的公司存在内控缺陷，而非加速申报公司[①]中有 30.7% 的公司存在内控缺陷。由此推广到在非上市公司的设定中，预期大规模的非上市公司比小规模的非上市公司 SOX 合规水平更高。因此，模型（2）中作者用规模 *SIZE* 作为合规水平 *COPM* 的代理变量，模型（3）中用虚拟变量 *LARGE*（*SMALL*）作为 *COMP_HIGH*（*COMP_LOW*）的代理变量，用 *SIZE* 是否等于或大于（小于）中位数衡量。

2. 审计师质量（是否是四大）

Audit Analytics（2009）发现 48.4% 被本地所审计的公司披露了内部控制否定意见，而被安永、普华、毕马威和德勤四大国际会计师事务所审计的公司出具内部控制否定意见的仅占 3.8%、5.9%、7.4% 和 8.3%。因此，可以认为被四大事务所审计的公司内部控制质量较高。此外，DeFond and Lennox（2011）也提供了相似的证据。因此，本文在模型（2）中也选用是否是四大的虚拟变量 *BIG4* 作为合规水平的代理变量，四大审计代表高合规水平。在模型（3）中，放入虚拟变量 *BIG4* 和 *NONBIG4*（1 = 非四大审计），分别代表 *COMP_HIGH* 和 *COMP_LOW*。

3. 交易时间（deal time）

本文选用的第三个合规水平的代理变量是尽职调查（due - diligence）的时间。对于被收购方是非上市公司的样本，时间计算公式为收购方申报 8 - K（宣告收购事项日）和 8 - K/A（向收购方股东披露被收购公司的经审计的年报）之间间隔天数的自然对数。对于被收购方是上市公司的样本，时间计算公式为 SDC Platinum 披露的收购公告日和生效日之间间隔的天数的自然对数。Brantley（2005）指出在后 SOX 时期，上市公司收购非上市公司要对以下内容进行额外的重点关注：确保财务报告真实反映公司财务状况，复核公司的重大事项会计政策和表外融资结构，检查其现有的披露控制和内控体系来决定需要进行多大的改进以使其能够达到收购方的标准。因此，作者预期如果被收购方的 SOX 合规水平较高，上市公司就不需要太多的时间进行调查，因此在模型（2）中以交易时间作为合规水平的代理变量，交易时间越短，合规水平越高。模型（3）中，放入虚拟变量 *LONG*（*SHORT*）作为 *COMP_HIGH*（*COMP_LOW*）的代理变量，用交易时间是否等于或大于（小于）中位数衡量。

4. 预期内控缺陷

作者借鉴 Ashbaugh - Skaife et al.（2007），选取几个公司特征变量，建立是否存在内控缺陷的预测模型。首先，选择从 SOX 开始执行到 2010 年期间所有上市公司的数据进行 logistic 回归：因变量为是否存在内控缺陷的虚拟变量，缺陷数据来自于所有在 Audit Analytics 数据库中根据 SOX 302 和 SOX 404 披露内控缺陷的公司数据。自变量是可能会影响内控缺陷的若干公司特征：规模、毛利率、营业收入增长率、资产负债率和是否是四大事务所审计的虚拟变量。回归之后得到如下回归方程：

$ICW = -2.8634 - 0.030 \times SIZE - 0.00001 \times MARGIN - 0.0001 \times SALES\_GR + 0.0004 \times$

① Non - accelerated filers，定义为截至公司第二财报季度的最后一天公众持股量（public float）小于 0.75 亿美元的上市公司，即规模较小的上市公司。

LEV − 0.1010 × *BIG*4

之后，将非上市公司的数据代入上述模型，得到存在内控缺陷的概率（*PRED_ICW*）。在模型（2）中以 *PRED_ICW* 作为合规水平的代理变量，*PRED_ICW* 越大，合规水平越低。在模型（3）中以虚拟变量 *LARGEP*（*SMALLP*）作为 *COMP_HIGH*（*COMP_LOW*）的代理变量，用内控缺陷是否等于或大于（小于）中位数衡量。

模型（2）和（3）的控制变量包括：规模（*SIZE*）、成长性（营业收入增长率）（*GROWTH*）、营业毛利率（*MARGIN*）、研发费用（*R&D*）、资产负债率（*LEVERAGE*）和营运资本（*WORKING_CAP*）比率。

四、实证结果

（一）描述性统计

描述性统计结果显示：美国样本选择 IPO 的公司的平均营业收入在 SOX 前后分别为 2.18 亿美元和 4.60 亿美元。T 检验结果显示，前后差异明显。英国样本选择 IPO 的公司的平均营业收入在 SOX 前后没有显著增加。美国非上市公司被本国上市公司收购的样本的营业收入在 SOX 前后平均分别为 0.47 亿美元和 0.79 亿美元，被收购企业的价值在 SOX 前后平均分别为 0.54 亿美元和 1.2 亿美元。

（二）回归分析结果

1. 退出策略的选择

模型(1) − 1 的 logit 回归结果显示：SOX 的系数显著为负（系数 = −1.600，t = −3.27），与预期相符。模型(1) − 2 的 logit 回归结果显示：*SOX* × *SIZE_SMALL*（系数 = −2.189，t = −4.08）和 *SOX* × *SIZE_LARGE*（系数 = −1.162，t = −2.27）的系数也显著为负。前者比后者系数更小，且差异显著。上述结果与假设 1 和假设 2 的预期一致，即 SOX 法案影响了非上市公司的退出策略，使其策略分布从 IPO 向被上市公司收购转移，并且这种转移对规模较小的公司影响更大。

在英国样本组里，模型(1) − 1 和模型(1) − 2 中 *SOX*、*SOX* × *SIZE_SMALL* 和 *SOX* × *SIZE_LARGE* 的系数均不显著。在全样本组里，*SOX*、*SOX* × *SIZE_SMALL*、*SOX* × *SIZE_LARGE* 和 *US* 的交互项均显著为负，而与 *UK* 的交互项均不显著，进一步验证了 SOX 对非上市公司退出策略的影响。

2. “价格效应”检验

模型（2）和模型（3）是对“价格效应”的检验：即检验 SOX 的合规成本是否会影响到被收购方的交易估值乘数。其中对模型（2），作者分别采用 SOX 前期和 SOX 后期的样本进行回归。模型（3）将所有样本放在一起。

在检验组：即美国非上市公司被本国上市公司收购的样本组中，模型（2）的回归结果显示：后 SOX 时期，被收购方的交易估值乘数的倒数与其被收购前的 SOX 合规水平显著负相关，并且比 SOX 前期更为显著。模型（3）的回归结果显示：*SOX* 与 *COMP_HIGH*

(4 种代理变量）的交互项系数均显著为负，而 SOX 与 *COMP_HIGH*（4 种代理变量）的交互项系数不显著，与作者预期相符。作者同样检验了其他三个参照组，均没有发现上述结论，可见 SOX 法案的确对被收购方的价值产生影响。

3. 补充性检验

(1) SOX 对其他非上市公司退出策略的影响。作者将检验扩展到其他可能的退出策略，除了正文的国内 IPO 和被国内上市公司收购之外，还包括国外 IPO、被国外公司收购、被国内的非上市公司收购。作者统计了在 SOX 前后，每种退出策略的公司数与总公司数的比例。实证数据显示，国内 IPO 的比例在 SOX 后期比 SOX 前期减少的比例为 21.35%。其他上述四种退出方式增加的比例依次为 1.61%、0.95%、6.91% 和 11.88%。由此表明，国内 IPO 的吸引力相对其他四种在显著下降。

(2) 信息不对称、SOX 和交易估值乘数。对于假设 3 的另一种解释是：如果 SOX 的合规性降低了买家的信息不对称程度，那么当收购方估算被收购方价值时会给予较低的折价率，进而提高了买价。为了排除这一可能，作者控制了信息不对称的代理变量 *PERC_CASH*，即收购方购买时所用的现金占总支付额的比例。作者假定买卖双方的信息不对称程度越低，买方更愿意采用现金的方式购买。在控制了 *PERC_CASH* 之后，假设 3 的结论仍然成立。

(3) SOX 和 IPO 交易收益（deal proceeds）。作者也检验了 SOX 与 IPO 交易收益的关系，发现 IPO 交易收益并没有受到被收购方收购前 SOX 合规水平的影响。

(4) 从 SDC data 数据库中选择非上市公司被收购样本。此外，作者还采用 SDC data 数据库中非上市公司被本国上市公司收购的样本替代正文中 Pratt's Stats 数据库，正文中没有采用是因为 SDC 的样本量较小，但为了使得数据库一致，作者在这里做稳健性检验。对于假设 1 和假设 2 的检验，结论不变；对于假设 3 的检验，两个合规代理变量（*SIZE* 和 *DEAL TIME*）结果不显著，这可能是由于样本量减小的原因。

五、结论

本文发现了 SOX 的一个经济后果：如果 SOX 的合规成本降低了非上市公司进入公开市场（无论是通过 IPO 还是被上市公司收购）的概率，则间接地限制了公司融资的能力，进而降低了非上市公司成长能力和与世界其他公司竞争的能力。本文虽然不能提供直接证据，但实证分析表明 SOX 的确影响了非上市公司退出策略的选择：相对 IPO 更偏向被上市公司收购，而且也减少了被收购方的收益。事实上，监管部门也注意到了 SOX 合规成本对小企业的影响，美国众议院近期通过了 HR4173，豁免小规模上市公司执行 SOX 404b；同样，SEC 也不断推迟非加速申报公司执行 SOX 法案的时间。这些行动似乎表明美国监管部门也非常警惕 SOX 对小规模上市公司或希望上市的非上市公司的影响。

（整理人：孙烨）

主要参考文献

[1] Ashbaugh - Skaife, H., D. Collins, and W. Kinney Jr. 2007. The discovery and reporting of internal control deficiencies prior to SOX - mandated audits. *Journal of Accounting and Economics* 44 (1): p. 166 - 192.

[2] Audit Analytics. 2008. 404 Dashboard - Year 4 Update. Available online at http: //auditanalytics. com/doc/AuditAnalytics_SOX 404_AICPA_Conf_12_08. pdf, retrieved June 10, 2013.

[3] Brantley, J. 2005. Lessons of Sarbanes - Oxley for M&A transactions. *Corporate Finance: a Euromoney Publication* June: p. 6 - 8.

[4] DeFond, M. and C. Lennox. 2011. The effect of SOX on small auditor exits and audit quality. *Journal of Accounting and Economics* 52 (1): p. 21 - 40.

[5] Karolyi, G. 2009. Discussion of a lobbying approach to evaluating the Sarbanes - Oxley Act of 2002. *Journal of Accounting Research* 47 (2): p. 585 - 595.

[6] Rajan, R., and J. Wulf. 2006. Are perks purely managerial excess? *Journal of Financial Economics* 79 (1): p. 1 - 33.

§2－48 SOX 404条款是有效的吗？掩饰内控缺陷的后果

Does SOX 404 Have Teeth? Consequences of the Failure to Report Existing Internal Control Weakness

文献来源：Rice, S. C., D. P. Weber, and B. Wu. Does SOX 404 Have Teeth? Consequences of the Failure to Report Existing Internal Control Weaknesses. *The Accounting Review*, forthcoming.

【摘要】 本文检验了多种可以作为SOX 404条款强制执行机制的处罚措施。作者关注存在财务重述的公司，在这些公司当中，部分公司在重述以前已经按照相关规定报告了内控缺陷，另一部分公司在重述以后才承认存在内控缺陷，没有证据表明掩饰内控缺陷的公司其管理者和审计师更有可能受到处罚。相反，对于在重述之前就已报告内控缺陷的公司来说，在重述后更可能遇到集体诉讼、管理层和审计师变动等处罚；对于SEC的处罚，实证结果类似。这些结果表明，内控缺陷的披露会增加管理层以不了解实际情况为理由推脱重述责任的难度；SOX 404条款的公共和私人强制执行机制可能无法为遵守SOX 404条款提供较强的动机；这些结果也许能解释为什么大多数财务重述来自于先前声称内控有效的公司。

一、研究问题

（一）问题的提出

SOX法案出台以后，有证据表明部分存在重大内控缺陷的公司在SOX 404报告中宣称其内控是有效的，直到发生财务重述后才发现其掩饰内控缺陷的行为。因此，SOX 404条款的有效性和SOX 404报告的可靠性令人担忧。本文旨在检验未按照SOX 404条款规定报告内控缺陷的行为是否会产生相应的实质性后果。在本文的分析当中，作者基于监管、法律和人力市场三个角度，考虑了多种可以作为SOX 404条款强制执行机制的处罚措施。这些处罚措施涵盖了公共和私人层面。具体来说，包括以下几个问题：根据SOX 404条款的规定，及时披露内控缺陷是减少了还是增加了财务重述后以下几种情况的可能性：（1）面临SEC会计与审计信息强制性披露（AAERs）；（2）面临集体诉讼；（3）管理层变动；（4）审计师变动。

本文的逻辑框架见图2－50。

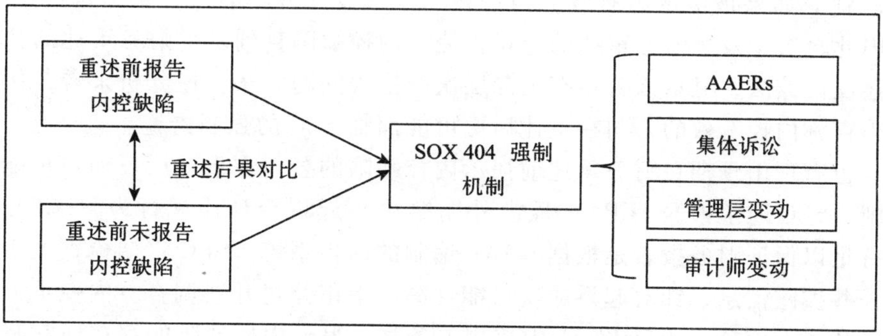

图 2-50 掩饰内部控制缺陷的后果

（二）研究意义

SOX 404 条款要求公司和审计师对于财务报告内部控制有效性发表正式意见。该条款旨在增加投资者对财务报告可靠性的信心。然而，关于 SOX 404 报告的可靠性和 SOX 404 条款的有效性存在较大争议（McKenna，2012；Rice and Weber，2012；Plumlee and Yohn，2010）。本文研究未按照 SOX 404 条款规定报告内控缺陷的后果，该后果可能影响管理层和审计师发现和披露内控缺陷的动机，进而影响 SOX 404 条款的有效性，本文的研究具有重要的现实意义。

（三）主要贡献

本文主要有三方面的贡献。首先，本文研究结果显示，在其他因素相同的情况下，在财务重述之前掩饰内控缺陷的公司面临 SEC 处罚的概率并非更高（在一些情况下甚至更低）。该结果说明 SOX 404 条款的公共强制执行机制可能无法为发现和披露内控缺陷提供较强的动机。其次，先前的研究表明 SOX 404 条款的强制执行机制与其目标可能不符，研究未按照 SOX 404 条款规定报告内控缺陷的后果可以为此提供经验证据，并可以解释为什么大多数财务重述来自于先前声称内控有效的公司。最后，本文补充了对报告重述经济后果的研究（e. g.，Palmrose and Scholz，2004；Palmrose et al.，2004；Desai et al.，2006；Kravet and Shevlin，2010），论证了财务重述前的内控缺陷披露是财务重述相应后果的重要决定因素，因此未来关于重述的研究应该考虑该因素。

二、理论分析

（一）AAERs

AAERs 是 SEC 针对会计相关违规行为的强制措施。SOX 法案第 3 章规定违反 SOX 法案视作违反 1934 年出台的证券法。因此，SOX 404 条款规定的内控鉴证适用于上市公司财务报告以及其他信息披露相同的监管。证券法（15 U. S. C. §78j）第 10（b）条款和相关的 SEC Rule 10b-5（17 C. F. R. §240. 10b-5）禁止上市公司对于重大事项作出虚假或误导性陈述。如果被鉴定为有效的内控在后来被发现并不有效，那么构成违反 10b－5 的行为。因此，对于发生财务重述的公司，掩饰内控缺陷直到发生财务重述的行为会被视为进一步违反证券法，显示该公司有更深层次的报告问题。从上述分析来看，作者预期在财务重述前宣称内控有效的公司在重述后更可能面临 SEC 的强制措施。

然而，也有理由预期在财务重述前揭示内控缺陷的公司在重述后反而更可能面临 SEC 的强制措施。SEC 通常根据 FCPA（反海外贿赂法）起诉会计违规行为。FCPA 要求公司设计并维持足以保证财务报表是根据 GAAP 编制的内控系统。SEC 定期检查上市公司财务报表以及公共披露信息，针对起诉成功可能性高的上市公司开展调查。内控重大缺陷的披露实际上承认了上市公司违反 FCPA 内控相关条款，另外内控缺陷的存在通常暗示公司可能存在会计问题，因此，作者预期重述前内控缺陷披露会增加重述后面临 SEC 调查和 AAERs 的可能性。进一步地，之前报告的内控缺陷会增加管理层以不了解实际情况为理由推脱财务错报责任的难度，从而削弱管理层巧言推诿的能力。

综上所述，遵循 SOX 404 条款的规定及时披露内控缺陷是否会增加财务重述后面临 AAERs 处罚的可能性需要实证检验。

（二）集体诉讼

掩饰存在的内控重大缺陷是除财务报告错报之外的又一错报，可能被原告用作误导性陈述的证据。因为违反 SOX 法案的行为被视为违反证券法，所以对内控有效性的错报会使上市公司容易受到根据 10b－5 的指控，一些法律专家认为这会大大增加诉讼发生的可能性（Butler and Ribstein，2006）。因此，及时地披露内控缺陷可以反映管理层忠实的行为并且避免管理层被认为在误导投资者。另外，报告存在的内控缺陷可以减少股票以高估价格交易的时间，从而减少财务重述时股价下跌的幅度。这会间接地降低公司面临的诉讼风险。上述分析说明如果公司在财务重述前报告内控缺陷，在重述后面临集体诉讼的可能性更小。

同时，至少有两个理由预期报告内控缺陷反而会增加公司在财务重述后面临诉讼的可能性。首先，重述之前披露内控重大缺陷会减轻原告证明管理层了解发生错报可能性的负担，进而提高证明被告故意的可能性。由于管理层已经承认了内控存在重大缺陷，因此管理层难以合理地宣称自己对财务报告中的错报是不知情的。其次，报告内控缺陷会吸引集体诉讼律师的注意，使公司成为律师的潜在目标。集体诉讼律师事务所有专门的人员负责搜寻新闻故事和其他公开披露的信息以识别可以作为诉讼潜在目标的公司。由于内控缺陷和潜在会计问题之间的联系，根据 SOX 404 条款出具的否定意见会吸引律师事务所的注意，从而增加在之后的财务重述中发生诉讼的可能性。

由于上述矛盾的观点，对于发生财务重述的公司，作者没有预测及时报告内控缺陷和发生集体诉讼可能性之间相关关系的方向。

（三）管理层变动

作者研究了财务重述前报告内控缺陷是否会影响重述导致管理层变动的可能性。对于在财务重述以前宣称内控有效的公司来说，如果其未报告内控缺陷的行为被理解为管理层不称职或者故意隐瞒的信号，作者预期管理层更可能发生变动。

同时，Li et al.（2010）的研究显示，通常来说存在内控缺陷的公司更可能发生管理层变动，这是由于董事会寻求提高其财务报告在投资者眼中的可信度。尽管内控问题存在于全部样本公司中，但是对于在财务重述之前就已报告内控缺陷的公司来说，管理层明确意识到内控问题的存在但却无法阻止其出现在错报中，因此，作者预期在重述前报告内控缺陷的公司更可能发生管理层变动。

由于上述矛盾的观点，哪种影响起主导作用还需要实证检验。

（四）审计师变动

作者研究了财务重述前内控缺陷的披露是否会影响重述后发生审计师变动的可能性。如果审计师对实际存在重大内控缺陷的公司出具内控有效的意见，说明会计师事务所存在审计失败，作者预计财务重述前收到根据 SOX 404 条款出具的无保留意见的公司在重述后更可能发生审计师变动。

同时，之前的研究显示内控缺陷的报告会增加审计师变动的可能性，这是由于公司可能会通过解雇审计师来增强其财务报告的可信度，同时审计师也会主动辞职来规避风险（Ettredge et al.，2011；Huang and Scholz，2012）。在审计师意识到存在内控缺陷但是却无法阻止财务报告错报发生的情况下，作者预计上述两种影响（解雇和辞职）会同时增强。

综合上述观点，作者没有预测报告存在内控缺陷和发生审计师变动可能性之间相关关系的方向。

三、样本选择和研究方法

（一）样本选择

作者在 Audit Analytics 数据库中选取了截至 2010 年年末所有在美国注册成立的公司所发布的财务重述报告，重述的会计年度均结束于 SOX 404 条款生效（2004/11/14）之后。作者将财务重述报告与错报期间发布的 SOX 404 报告匹配，剔除重述日先于错报期间和缺乏必要数据的观测值，最终得到可用的 659 个观测值作为全样本。在全样本中，有 134 家公司在重述前报告了存在的内控重大缺陷，剩余 525 家公司则没有报告。

在重述前没有报告内控缺陷的 525 家公司中，有 314 家公司在重述后明确承认错报期间存在内控重大缺陷。在重述前报告内控缺陷的 134 家公司中，有 120 家公司重述后明确承认重述与内控缺陷相关。作者将上述公司样本合并，共 434 家公司，作为约束子样本。

（二）研究设计

作者运用如下 probit 模型进行实证分析：

PENALTY = *f*（*REPORTICW*，*RESTATEMENTSEVERITY*，*FIRM CHARACTERISTICS*，*AND OTHER CONTROLS*）

PENALTY 代表作者调查的各项可能的强制机制之一（例如：AAERs、集体诉讼、管

理层变动或者审计师变动）。自变量 *REPORT ICW* 是虚拟变量，代表公司是否在财务重述以前报告内控缺陷（1 代表报告，0 代表不报告）。

控制变量如下所示：

RESTATEMENT SEVERITY 包括报告利润的变化幅度（*REST MAGNITUDE*）、明显改变的会计账户数目（*REST COUNT*）、财务重述涵盖的年份（*REST YEARS*）、收入是否被重述（*REST REVENUE*）和财务重述宣告日股票的超额回报率（*CAR*）。根据 Hennes et al.（2008），作者还控制了重述是由无意错误还是故意行为所导致的。如果重述是由于舞弊或者 SEC 或董事会所发起的独立调查所导致的，*IRREGULARITY* 被取值为 1，否则为 0。每种以处罚变量为因变量的回归有相应的关于公司特征和其他因素的控制变量，接下来分别阐述。

1. AAERs

作者从 SEC 网站上取得 AAER 信息，并构建 AAER 变量，如果公司由于财务重述而面临 SEC 强制措施，则取值为 1，否则为 0。在 AAER 模型中，作者添加了公司规模（*SIZE*）、相应投资者损失严重程度（*PREVIOUS RETURN*）、股票交易活跃程度（*SHARE TURNOVER*）、错报期间最后一年的销售增长率（*SALES GROWTH*）等控制变量。

2. 集体诉讼

作者从 Stanford Securities Class Action Clearing House 获取诉讼数据，并构建虚拟变量 *LITIGATION*，如果与财务重述相关的诉讼被提出则取值为 1，否则为 0。因为许多诉讼被驳回，因此作者也构建了虚拟变量 *LIT EXCL DISMISS*，如果诉讼被提出而且没有被驳回则取值为 1，否则为 0。

同 AAER 模型一样，作者也控制了 *SIZE*、*PREVIOUS RETURN*、*SHARE TURNOVER*、*SALES GROWTH* 等变量。作者还控制了财务重述前股票回报率的标准差和偏度（*RETURN STD DEV*、*RETURN SKEWNESS*）。作者添加了虚拟变量 *BIG4*，用以控制公司的审计师是否是四大会计师事务所。最后，作者还添加了 *LIT INDUSTRY* 来控制行业因素所影响的诉讼风险。

3. 管理层变动

作者通过 Audit Analytics 的数据识别高管变动，构建虚拟变量 *MGT TURN*，如果在重述后的一年内发生了 CEO 或 CFO 变动，则取值为 1，否则为 0。进一步地，作者将 CEO 和 CFO 分开进行研究。除重述严重程度以外，作者还控制了公司规模（*SIZE*）、重述前股票回报率（*PREVIOUS RETURN*）和公司近期业绩（*ROA*）。

在将管理层变动作为因变量时，作者剔除了重述前一年发生管理层变动的样本。因为这些样本公司的重述可能是由于新管理者不赞成之前的会计实务造成，这也保证了本文所研究的管理者至少签署了一份被错报的财务报告（以及相应的 SOX 404 报告）。

4. 审计师变动

与管理层变动类似，作者通过 Audit Analytics 的数据识别审计师变动，构建虚拟变量 *AUD TURN*，如果在重述后的一年内发生了审计师变动，则该变量取值为 1，否则为 0。进一步地，作者将解雇和主动辞职分开进行研究。除了重述严重程度，作者还控制了 *PREVIOUS RETURN* 和 *SALES GROWTH*。最后，由于之前研究显示如果审计师是四大或者公司规模较大，审计师变动成本较大，因此，作者还添加了 *BIG4* 和 *SIZE* 作为控制变量。

在将审计师变动作为因变量时，作者剔除了重述前一年发生审计师变动的样本。因为这些样本公司的重述可能是由于审计师变动所导致的，这也保证了作者所研究的审计师至少签署了一份被错报的财务报告和相应的 SOX 404 报告。

5. 自选择问题的控制

由于在研究设计中样本的选择并不是随机的，作者承认报告内控缺陷可能具有内生性问题。如果存在某些因素在影响是否报告内控缺陷的同时，也与作者研究的多种处罚措施相关，那么在概率模型中得到的参数估计值是存在偏差的。为解决这一问题，作者运用倾向得分匹配法构建备择样本，依据影响报告内控缺陷可能性的因素对样本中的公司进行匹配（Rosenbaum and Rubin, 1983）。作者利用 Rice and Weber（2012）中的模型对公司报告内控缺陷的倾向进行估计，并运用替换法对样本公司进行匹配，使样本公司的倾向差距限制在 0.03 以内（Morgan and Harding, 2006; Roberts and Whited, 2011）。

上述方法可以合理地确保研究结果不是来源于报告内控缺陷的公司和不报告内控缺陷的公司之间的可观测差异。

四、实证结果

（一）描述性统计

大约 10% 的样本公司由于财务重述面临诉讼，然而 *LIT EXCL DISMISS* 的平均数（0.061）显示大部分诉讼最终被驳回了。大约 7% 的样本公司受到 SEC 的 AAER 处罚，发生管理层变动和审计师变动的比例分别大约为 28% 和 10%。

（二）回归分析结果

1. AAERs

在全样本和倾向得分匹配样本中，*REPORT ICW* 的参数估计值均为正，但仅在倾向得分匹配样本中具有统计显著性。相应的边际效应表明，在其他因素不变的情况下，倾向得分匹配样本公司如果在重述前披露内控缺陷将比不披露内控缺陷多 6% 的可能性面临 AAER。由于 SEC 不太可能对相对轻微的违规行为进行处罚，作者构建了一个对投资者损害较大的样本组，并用 AAER 模型对其进行研究。研究发现在对投资者损害较大的样本组中，*REPORT ICW* 的参数估计值同样不显著。在对约束样本组进行敏感性检验后，发现与全样本结果一致，*REPORT ICW* 的参数估计值为正但是不显著。

综上，没有证据表明掩饰内控缺陷直到发生财务重述会增加面临 SEC 处罚的可能性。相反，尽管不显著，但是有证据表明报告内控缺陷会帮助 SEC 识别强制措施成功率高的公司并且提供具有法律效力的违反 FCPA 的证据，使得管理层很难以不知情为由推脱重述责任。

2. 集体诉讼

作者在全样本中对以 *LITIGATION* 和 *LIT EXCL DISMISS* 为因变量分别回归，也在倾向得分匹配样本组中对以 *LIT EXCL DISMISS* 为因变量回归，发现 *REPORT ICW* 的参数估计值均显著为正。估计的边际效应显示重述前披露内控缺陷将比不披露内控缺陷多5%到7%的可能性面临诉讼。在对投资者损害较大的样本组中，*REPORT ICW* 的参数估计值同样显著为正。在约束样本组中，*REPORT ICW* 的参数估计值为正，但不显著。

无论报告的内控缺陷是否是导致重述的直接原因，报告内控缺陷会引起集体诉讼律师的注意，从而使公司成为诉讼的可行目标，上述研究结果与该分析一致。进一步地，以 *LIT EXCL DISMISS* 为因变量的回归结果说明报告内控缺陷会使得管理层很难以不知情为由推诿重述责任，从而减轻了原告证明被告行为故意性的负担。

3. 管理层变动

在全样本、倾向得分匹配样本组和约束样本组中以 *MGT TURN* 为因变量分别进行回归，发现 *REPORT ICW* 的参数估计值均显著为正。相应的边际效应显示重述前披露内控缺陷将比不披露内控缺陷多15%到26%的可能性发生管理层变动。作者还对CEO变动和CFO变动分别进行了回归，发现 *REPORT ICW* 的参数估计值均显著为正。CEO和CFO的边际效应分别为7%和10%。

公司为了提高财务报告的可信度，会更换明确了解内控问题但是没有阻止其在错报中发生的管理人员，研究结果与该观点一致。

4. 审计师变动

在全样本和倾向得分匹配样本组中以 *AUD TURN* 为因变量分别进行回归，发现 *REPORT ICW* 的参数估计值均显著为正。相应的边际效应显示重述前披露内控缺陷将比不披露内控缺陷多6%到9%的可能性发生审计师变动。进一步地，作者分别对审计师解雇和审计师主动辞职进行回归分析，发现将审计师解雇作为因变量时 *REPORT ICW* 的参数估计值不显著，将审计师主动辞职作为因变量时 *REPORT ICW* 的参数估计值均显著为正。相应的边际效应显示在重述之前收到SOX 404报告负面意见的公司在重述后发生审计师变动的可能性比没收到反面意见要高4%。约束样本组的回归结果显示 *REPORT ICW* 的参数估计值均为正，且显著，边际效应同样为4%。

研究结果表明，重述前收到SOX 404报告负面意见的公司在重述后更可能发生审计师变动，并且这些变动主要由审计师辞职造成。该结论与此观点一致，即审计师会为了规避风险而主动向高风险客户请辞，而不是由于未能及时报告内控缺陷而受到解雇。

（三）补充分析和敏感性测试

1. 处罚发生时间和处罚之间的相关性

为了研究各种处罚措施之间是否相关，一种处罚措施是否由其他处罚措施驱动，作者研究了处罚发生的时间和一种处罚是否发生于另一种处罚之前或之后。本文发现各种处罚措施之间存在一定的相关性，但是该相关性受到足够限制使得没有一种处罚措施是受到其他处罚驱动所导致的。

2. 不可观测因素所导致的内生性问题

倾向匹配得分解决内生性问题的局限是该方法只能消除包含在匹配模型中的可观测因素的影响。作者进一步探讨了由不可观测因素导致的内生性问题。通过双变量概率估计，发现两个残差项不存在显著的相关性，因此由不可观测因素所导致的内生性问题不是一个显著问题。

3. 故意错报导致的财务重述

对于未根据 SOX 404 条款报告内控缺陷可能是由于未能发现内控缺陷，也有可能是故意隐瞒内控缺陷的问题，作者构建了一个样本组，仅包括被认定为故意错报的样本公司。作者对该样本重新进行回归分析，仍然发现没有证据表明 SOX 404 条款具有强制执行机制。

4. 经济处罚

作者对 AAERs 和集体诉讼的罚款额度进行了研究，发现在重述前报告内控缺陷的公司和未报告内控缺陷的公司在罚款额度上是类似的，即没有证据表明 SOX 404 条款的执行会受到罚款额度的影响。

五、结论

本文选取适用 SOX 404 条款同时发生财务重述的公司作为样本进行研究，发现仅有少部分公司根据 SOX 404 条款要求及时报告内控缺陷；大部分公司在财务重述后才承认内控缺陷。进一步地，本文发现，没有证据表明未按规定发现并披露内控缺陷的公司在重述后更可能受到处罚，相反，及时报告内控缺陷的公司在重述后反而更可能面临处罚。这些结果表明，内控缺陷的披露会使管理层难以宣称自己对导致重述的内控问题不知情。

综上所述，本文研究结果表明 SOX 404 条款的强制执行机制可能无法为发现并披露内控缺陷提供较强动机。在某些情况下，反而可能会促使掩饰内控缺陷直至该缺陷不得不在财务重述中揭露。本文研究结果可以解释为什么大部分财务重述来自之前宣称内控有效的公司。由于内控报告中较高程度的主观判断和评估内控有效性的内在困难，较难对内控报告实施严格的强制执行机制。但是从公共政策的角度来看，没有更严格的强制执行机制，SOX 404 条款将很难实现其增强投资者对财务报告可靠性信心的目标。

（整理人：朱昊然）

主要参考文献

[1] Bulter, H., and L. Ribstein. 2006. The Sarbanes - Oxley Debacle: How to Fix It and What We've Learned. Washington, D. C.: American Enterprise Institute Press.

[2] Desai, H., C. Hogan, and M. Wilkins. 2006. The reputational penalty for aggressive accounting: Earnings restatements and management turnover. *The Accounting Review* 81 (1): 83 - 112.

[3] Ettredge, M., J. Heintz, C. Li, and S. Scholz. 2011. Auditor realignments accompanying implementation of SOX 404 ICFR reporting requirements. *Accounting Horizons* 25 (1): 17 - 39.

[4] Huang, Y., and S. Scholz. 2012. Evidence on the association between financial restatements and auditor resignations. *Accounting Horizons* 26 (3): 439 - 464.

[5] Kravet, T., and T. Shevlin. 2010. Accounting restatements and information risk. *Review of Accounting Studies* 15 (2): 264 - 294.

[6] Li, C., L. Sun, and M. Ettredge. 2010. Financial executive qualifications, financial executive turnover, and adverse SOX 404 opinions. *Journal of Accounting and Economics* 50 (1): 93 – 110.

[7] McKenna, F. 2012. Lying with numbers. *Forbes* (Number 5): 44 – 48.

[8] Morgan, S., and D. Harding. 2006. Matching estimators of causal effects: Prospects and pitfalls in theory and practice. *Sociological Methods and Research* 35 (1): 3 – 60.

[9] Plumlee, M., and T. Yohn. 2010. An analysis of the underlying causes attributed to restatements. *Accounting Horizons* 24 (1): 41 – 64.

[10] Palmrose, Z. – V., V. Richardson, and S. Scholz. 2004. Determinants of market reactions to restatement announcements. *Journal of Accounting and Economics* 37 (1): 59 – 89.

[11] Palmrose, Z. – V., and S. Scholz. 2004. The circumstances and legal consequences of non – GAAP reporting: Evidence from restatements. *Contemporary Accounting Research* 21 (1): 139 – 180.

[12] Rice, S., and D. Weber. 2012. How effective is internal control reporting under SOX 404? Determinants of the (non –) disclosure of existing material weaknesses. *Journal of Accounting Research* 50 (3): 811 – 843.

[13] Rosenbaum, P., and D. Rubin. 1983. The central role of the propensity score in observational studies for causal effects. *Biometrika* 70 (1): 41 – 55.

[14] Roberts, M., and T. Whited. 2011. *Endogeneity in Empirical Corporate Finance.* Working paper, University of Pennsylvania and University of Rochester.

第三部分

内部控制与审计

§3-1　SOX法案对审计和内部控制强度的影响

The Effects of Sarbanes-Oxley on Auditing and Internal Control Strength

文献来源：Patterson，E. R.，and J. R. Smith. 2007. The Effects of Sarbanes-Oxley on Auditing and Internal Control Strength. *The Accounting Review*，82（2）：427-455.

【摘要】本文用策略模型研究了SOX法案对审计和内部控制强度的影响。在本文提出的策略模型中，审计师可以运用资源进行内部控制测试和实质性程序测试，管理层则可以选择内部控制的强度和欺诈的数额。本文发现，当内部控制强度可以提供管理层欺诈的可能性的信息时，内部控制测试对于审计师来说是非常有价值的工具。本文还发现，SOX法案可以诱导产生更强的内部控制体系，并减少管理层欺诈，但是它并不一定能够引起更高的内部控制测试水平。本文的模型表明，随着SOX法案的颁布，审计风险会有所提高。

一、研究问题

（一）问题的提出

本文研究SOX法案对审计强度及公司内部控制强度的影响。具体来说，本文用策略模型探讨了SOX法案如何影响公司对内部控制的选择以及审计师对内部控制测试程度的选择。作者比较了两个模型，一个是基准模型（benchmark model），另一个是受到SOX法案影响后的模型（SOX setting model）。两个模型的主要区别是，管理层是否会因为设计并维护一个较弱的内部控制体系而受到惩罚，在SOX模型中，管理层会因此受到惩罚，而在基准模型中则不会，这也反映出了SOX 302条款对管理层责任的要求。

本文的逻辑框架见图3-1。

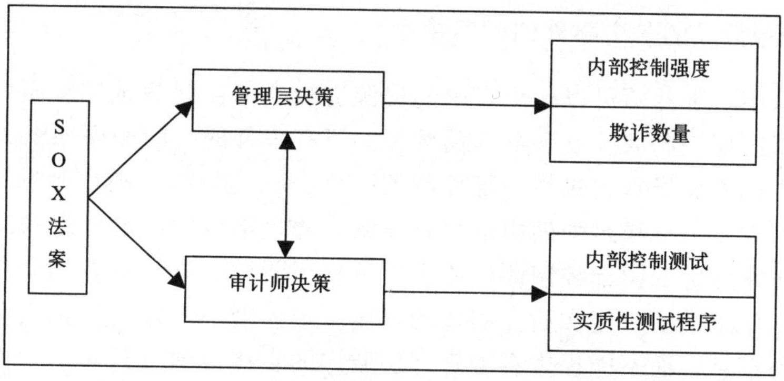

图3-1　SOX法案对审计和内部控制强度的影响

（二）研究意义

商业欺诈是学术界和实务界普遍关心的问题。在 SOX 法案之前，审计师有责任发现并阻止公司的欺诈行为。而 SOX 法案的颁布，主要强化了管理层对公司欺诈的责任。管理层被要求强化公司的内部控制体系，并对公司的内部控制负责，同时发布公司的内部控制报告。一系列的要求是为了保证公司管理层发布准确的财务报告。因此，本文通过研究 SOX 法案对管理层和审计师的行为选择的影响，不但帮助投资者更全面地了解 SOX 法案之后，管理层欺诈行为、审计师面临的审计风险和审计努力的变化；同时，帮助政策制定者评估 SOX 法案的效果。

（三）主要贡献

第一，运用策略模型评价了 SOX 法案的经济效率。本文的模型分析认为，只有当 SOX 法案对内部控制测试水平的要求不会太高时，SOX 法案才是经济有效的，否则，SOX 法案会同时增加无谓的审计成本和审计费用。

第二，本文的分析性研究发现与很多实证研究的结果是一致的，这是对研究 SOX 法案的文献的一个理论补充。例如，本文分析发现，SOX 法案之后，公司普遍增强了其内部控制体系，同时减少了管理层欺诈，这与 Roberts（2006）、Cohen et al.（2005）等发现 SOX 法案之后可操控性盈余水平显著下降的结论是一致的。

二、理论基础：策略模型描述

本文在基准模型中分析了 SOX 法案之前的所有公司和 SOX 法案通过后但不受 SOX 法案影响的公司（如，美国的非上市公司，英国和加拿大的公司等）的内部控制和审计问题。

基准模型假定包括：审计师的控制测试是为了评估公司内部控制的强度，强的内部控制体系可以阻止或检测出重大财务错报，同时，在给定的审计风险水平下，强的内部控制体系可以使审计师更少地采用实质性测试程序。不论内部控制的强弱，管理层都可能凌驾于内部控制之上而做出欺诈行为，只是凌驾于较强的内部控制体系会更困难，且成本更高。随着内部控制体系的增强，管理层欺诈获得的净收益会下降。

（一）模型中涉及的各个事件的时间顺序

在基准模型中，审计师可以运用有限的资源进行内部控制测试和实质性测试程序，管理层则可以选择内部控制的强度和欺诈的数额。所有事件的时间顺序如图 3－2 所示。

在该模型中，管理层首先选择内部控制的强度，$s \in [0,1]$，随之是欺诈的数量 $\alpha \geqslant 0$。其中，诚信的管理层会选择最强的内部控制体系，并且不会做出欺诈行为。管理层的行为在时间上优先于审计师的内部控制测试或实质性程序测试。审计师首先会对公司进行内部控制测试，并在此基础上决定实质性测试的程度。本模型中，控制测试只会提供有关公司内部控制强度的信息，而不能提供有关管理层欺诈的直接证据，只有实质性程序测试才可以检测出欺诈。

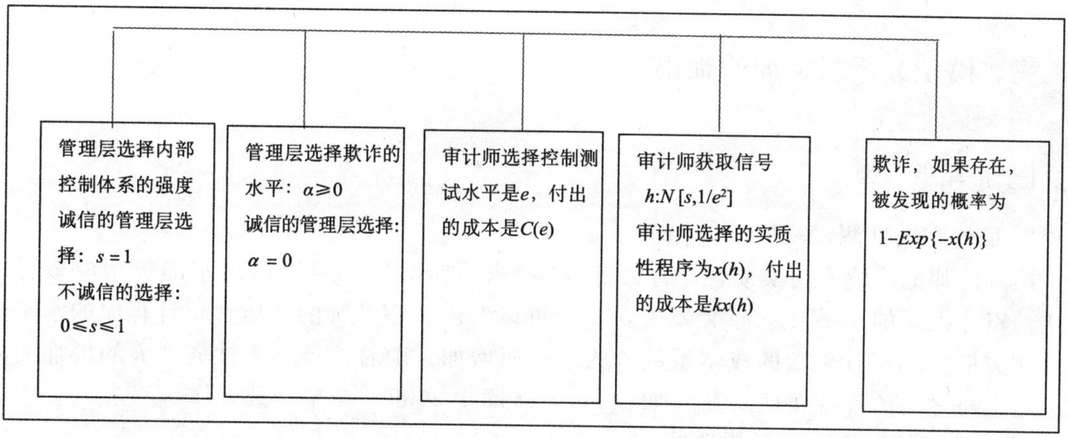

注：引自原文第430页，Figune 1 Timeline of Action Choices。

图3－2 行为选择的时间表

控制测试的水平 e 会产生一个正态分布的统计数 h，其均值为 s，方差为 $1/e^2$。审计师获得信号 h 的信息后，选择的实质性程序水平为 $x(h)$。另外，模型运用贝叶斯法则推导出了审计师估计的管理层是非诚信的概率水平，记为：$\Pr(D \mid h,s,e)$①。当存在管理层欺诈行为并被审计师检查出欺诈性的错报的概率为 $1-Exp\{-x(h)\}$。

（二）收益结构

在基准模型中，作者还分别评估了审计师和管理层的收益成本，并用模型对审计师和管理层的成本收益进行量化描述②（详见原文的公式2、3、4）。

首先，对于审计师来说，其成本包括执行审计工作时的成本（包括控制测试成本以及执行实质性审计程序的成本）以及审计失败的预期成本。假定当管理层存在欺诈，而审计师未检查出欺诈错报时，审计师面临的惩罚成本（与管理层的欺诈水平成正比）是 $L\alpha$ $(L>0)$，管理层存在欺诈而未被检查出来的概率是 $\Pr(D \mid h,s,e)Exp\{-x(h)\}$，因此，审计师审计失败的成本为：$\Pr(D \mid h,s,e)Exp\{-x(h)\}L\alpha$；同时，审计师执行实质性审计程序的成本是 $kx(h)$，执行控制测试时的成本是 $C(e)$ ［$C(e)$ 的一阶导数和二阶导数均为正］，三部分的成本共同组成了原文公式3中审计师的所有成本。

其次，对于非诚信的管理层来说，其收益结构包括未检查出的欺诈行为带来的收益 αR，预期检查出欺诈后受到的惩罚 αP 以及凌驾于内部控制的成本 $s^2\omega\alpha$③。这三部分成本共同组成了原文公式4中管理层的所有成本。

① 运用贝叶斯法则推断管理层是非诚信的概率为：$\Pr(D \mid h,s,e)=\dfrac{f(h \mid s,e)\theta}{f(h \mid s,e)\theta+f(h \mid 1,e)(1-\theta)}$，摘自原论文的公式1。

② 原文中公式2、3分别代表了审计师在执行第二阶段实质性程序测试时的成本公式和加入控制测试成本后的审计师的总成本公式；公式4描述的是管理层的预期成本收益公式。

③ 凌驾于内部控制的成本是内部控制水平 s 的严格凸函数，因此，本文使用了最简单的凸函数公式 s^2，其次，凌驾成本还会随着欺诈数量 α 的增加而增加。

三、模型分析与定理的提出

（一）基准模型分析

1. 最优实质性测试程序的选择

用审计师的总成本对实质性程序水平 $x(h)$ 求一阶导后，可以得出基准模型中最优的实质性审计程序的水平（见原文公式6[①]）。可以看出，审计师的实质性审计程序的水平随着欺诈数量 α 和审计失败的成本系数 L 的增加而增加，随着执行实质性成本 k 的增加而降低。这也与之前的一些实证研究（如，Smith et al.，2000）结果一致。

2. 审计师控制测试水平的选择

用审计师的总成本对控制测试的水平 e 求一阶导后，可以得出最优的控制测试的水平（见原文公式7和8[②]），该结果也暗示了实质性程序水平的单位变化与控制测试水平的单位变化之间的负向关系，也就是说，控制测试水平每增加一个单位，实质性程序水平会相应地降低固定的单位。

3. 管理层欺诈数量的最优选择

用管理层的总成本对欺诈数量 α 求一阶导后，得出管理层的最优欺诈数量，该数量与审计师的实质性程序测试的努力、欺诈获得的收益、管理层是非诚信的概率、内部控制的强度以及凌驾内部控制的成本等直接相关，具体见原文中的公式10[③]。

4. 基准模型的均衡结果

基于以上的模型分析后，本文得出基准模型中的一个定理和一个推论。

定理一认为，由各种选择 $\{s,\alpha,e,x(h)\}$ 表示的内部控制博弈模型存在一个均衡结果，该结果使得审计师和管理层的选择都达到最优。

推论认为，在基准模型中，当凌驾于内部控制的成本为正时（$\omega>0$），非诚信的管理层绝不会选择最强的内部控制体系，他的选择只会是 $s<s_{Max}=1$。

通过对基准模型的分析，作者发现，非诚信的管理层没有动力选择最强的内部控制体系，并不是因为他没必要将一个自己可以凌驾的体系设计得很强，而是因为如果审计师无法从控制测试中得到任何有用的相关信息，便会放弃控制测试。相比于可以检测出欺诈的实质性测试，管理层更希望审计师使用控制测试，更多的控制测试可以降低实质性程序测试的水平。

（二）SOX法案对内部控制博弈模型的影响

SOX法案之前，审计师的控制测试只会被视为支持审计师对公司财务报表发表审计意

① 摘自原论文的公式6：$x(h)=Log(\frac{\alpha \Pr(D\mid h,s,e)L}{k})$。

② 摘自原论文的公式7：$-k\frac{dE(x(h))}{de}=C'(e)$；摘自论文的公式8：$\frac{dE(x(h))}{de}=\frac{C'(e)}{-k}<0$。

③ 摘自原论文的公式10：$\alpha=\frac{k(R+P)}{\theta L(P+s^2\omega)}$。

见的辅佐性测试程序，并且该程序并不是必须要执行的。SOX 法案增加了审计师对公司内部控制评估的责任，要求审计师对公司内部控制的充分性（sufficiency）发表审计意见。同时，对审计师发现的内部控制重大缺陷，管理层将会受到严重的惩罚。因此，在分析 SOX 法案的影响时，本文又加入了一个严格的外生变量，内部控制的有效水平 q，其中 $q\in[0,1]$。也就是说，如果审计师认为公司的内部控制水平低于 q 时，便认为该公司的内部控制是不充分的。同时假定，当管理层因为没有设计一个充分的内部控制（$h<q$），其面临的惩罚是 V。因此，与基准模型相比，管理层的总成本多出一部分：$F(q\mid s,e)V$。另外，在 SOX 404 条款的要求下，审计师执行的控制测试水平必须达到不低于 SOX 法案要求的控制测试水平，即 $e\geqslant e_{SOX}>0$。

与基准模型相比，SOX 法案模型的不同点包括：管理层的总成本发生了变化，进而影响了最优的内部控制水平的选择（s），审计师选择的控制测试水平的均衡结果变成了 e_{SOX}。假定在基准模型和 SOX 模型中，审计师的控制测试水平的均衡结果分别用 e_B 和 e 表示。

本文提出了第二个定理：SOX 法案的执行使得公司提高了内部控制体系的强度 s，同时降低了管理层欺诈的数量 α。在 SOX 法案下，如果 $e_B>e_{SOX}$，对内部控制的测试会降低到 $e\geqslant e_{SOX}$的水平；如果 $e\leqslant e_{SOX}$，对内部控制的测试会增加到 $e=e_{SOX}$的水平。在 SOX 模型下，管理层会因为没有设计一个充分的内部控制而受到惩罚，因此，管理层会提高了内部控制体系的强度 s。内部控制体系的增强也直接导致了管理层欺诈数量的下降。

本文的第三个定理是关于 SOX 法案对审计师的实质性程序测试的影响。定理三认为：执行 SOX 法案会导致（1）当 $e_{SOX}>e_B$ 时，审计师执行实质性测试程序的水平会降低；（2）当 $e_B>e_{SOX}$时，审计师的预期总成本会降低。定理三表明 SOX 法案可能会带来一定的效率。SOX 法案颁布后，控制测试水平的提高降低了审计师的实质性程序测试水平，当控制测试的水平下降时，审计师的预期总成本会降低。

与基准模型相比，SOX 模型中有两个关键的变量：审计师的最低控制测试水平 e_{SOX}和管理层因为未能设计并维持一个有效的内部控制所面临的惩罚 V。SOX 法案并未对审计师错误评估内部控制做出相关的惩罚规定。审计师错误评估内部控制的唯一后果便是审计失败的成本。因此，本文进一步分析了 SOX 法案的环境下，审计师审计失败的成本是否会发生变化，这种变化又会对审计师和管理层的内部控制行为选择产生什么样的影响。本文的定理四具体阐述了分析结果：在 SOX 环境下，如果审计失败的成本系数（L）增加，那么，会导致内部控制水平提高（s），控制测试水平降低（e），管理层的欺诈数量下降（α）。而在基准模型中，只有管理层的欺诈数量会随着 L 的增加而降低。定理四的结果表明，SOX 法案环境下，审计失败对均衡结果的影响更为广泛，它不止影响管理层欺诈的数量，还会影响内部控制的强度和审计师选择的控制测试水平。

在 SOX 模型中，变量 q 与 SOX 法案对内部控制严格程度的要求相关。q 值越高，审计师对控制测试的重视程度越高。一般认为，q 值越高，公司设计的内部控制强度（s）也越高。本文的定理五则不同意该观点。定理五认为：在 SOX 环境下，（1）如果 q 低于管理层对内部控制强度选择的均衡结果 s，那么增加 q 值会提高公司的内部控制强度 s；（2）如果 q 高于管理层对内部控制强度选择的均衡结果 s，那么增加 q 值会降低公司的内部控制

强度 s。定理五表明，如果 SOX 法案设置很高的 q 值，即对内部控制水平的要求过于苛刻的话，公司遵循 SOX 法案的规定变得更加困难，管理层更可能选择建立更弱的内部控制体系而接受惩罚。

本文最后提出了 SOX 模型下的一个推论，该推论假定，如果管理层设计并维护一个较弱的内部控制体系，而 SOX 法案对管理层的处罚程度无限大时，管理层选择的均衡结果会变为 $s=1$；$\alpha=\frac{k(R+p)}{\theta L(P+\omega)}$。而审计师选择的均衡结果为：$e=e_{SOX}$；$x=Log(\frac{R+P}{P+\omega})$。即，在面临特别严厉的惩罚时，管理层还是会选择最强的内部控制强度，而审计师选择的内部控制测试水平则为 SOX 法案要求的最低控制测试水平。

四、结论

本文用策略模型分析了 SOX 法案对内部控制的影响。研究发现，SOX 法案总体上提高了公司的内部控制的强度，并减少了管理层的欺诈数量。对于审计师而言，其控制测试的水平可能提高也可能降低，变化的方向取决于审计师在 SOX 法案前执行的控制测试水平与 SOX 法案要求的最低控制测试程度的孰高孰低。一些实证研究发现审计师的控制测试水平在 SOX 法案之后有所提高，但这种提高更可能来自于与 SOX 法案启动程序相关的成本。

另外，本文发现 SOX 法案之后，内控体系的增强伴随着管理层欺诈数量的下降也与先前的一些实证研究结果相一致（如：Roberts，2006；Cohen et al.，2005 等）。

最后，本文的模型表明，SOX 法案对内部控制水平的要求程度影响了 SOX 法案的有效性。如果 SOX 法案对内部控制的要求过于苛刻，那么 SOX 法案将达不到预期的效果，因为管理层宁愿选择接受惩罚，而不会遵循相关的规定。此外，SOX 法案通过增强公司的内部控制强度，潜在地降低了审计的成本，并提高了审计的效率。当然，过高的 SOX 法案要求也会扭曲审计的效能。

（整理人：陈莹）

主要参考文献

[1] Cohen, D. A., A. Dey, and T. Z. Lys. 2005. Trends in earnings management in the pre – and post – Sarbanes Oxley periods. Working paper, Northwestern University.

[2] Roberts, C. R. 2006. Under the spotlight of SOX. *Knight Ridder Tribune Business News* (July 23): 1.

[3] Smith, R., S. Tiras, and S. Vichitlekarn. 2000. Internal control assessment and substantive testing in audits for fraud. *Contemporary Accounting Research* 17 (2): p. 327 – 356.

ξ3-2 公司治理、审计质量和SOX法案：来自内部审计外包的经验证据

Corporate Governance, Audit Quality, and the Sarbanes-Oxley Act: Evidence from Internal Audit Outsourcing

文献来源：Abbott, L. J., S. Parker, G. F. Peters, and D. V. Rama. 2007. Corporate Governance, Audit Quality, and the Sarbanes-Oxley Act: Evidence from Internal Audit Outsourcing. *The Accounting Review*, 82 (4): 803-835.

【摘要】 本文主要研究了内部审计外包给外部审计师的影响因素以及对审计独立性的影响。作者指出，某些类型的内部审计（如，不会重复发生的非常规性内部审计[①]）外包行为并不会产生审计师和客户之间的经济连结（economic bonding），甚至，当把这类内部审计外包给外部审计师时，还可能提高其审计的范围和内容。但是，外包常规性的内部审计工作可能会产生经济连结，同时影响外部审计师的独立性。本文研究发现，当企业拥有独立性高、主观能动性强和财务专家较多的审计委员会时，更不可能将常规性的内部审计外包给外部的审计师。而外包非常规性内部审计的行为与有效的审计委员会之间并不存在显著的负向关系。同时，当内部审计外包给其他服务提供者时，无论外包何种类型的内部审计，均与有效的审计委员会不相关。总之，本文的研究结果支持有效审计委员会对企业总体审计范围的监督作用，同时，肯定了审计委员会对外部审计师独立性的影响。

一、研究问题

（一）问题的提出

考虑到对外部审计独立性的影响，SOX法案[②]严格限制企业将任何形式的内部审计外包给为企业提供审计服务的外部审计师。然而，国际内审协会（IIA，1994，1996）则认为内部审计外包是提高内部和外部审计独立性的有效手段之一。在内部审计外包的争论之下，暗含着两种截然相反的假设：一是外包给外部审计师的所有内部审计（无论何种类型）都会影响审计师的独立性和审计质量，这也是有关非审计服务研究文献中的主流观

① 在原论文中，作者将EDP审计（电子数据处理审计）和专业咨询项目等归类为非常规性的内部审计活动。而常规性内部审计活动主要是指对子公司的财务报告审计、内部控制评估和其他常规性的内部审计职能等。

② SOX 201条款严格限制外部审计师为其客户提供与内部控制、财务系统或财务报告相关的任何形式的内部审计外包活动。

点；二是内部审计外包主要是一个管理职权的范畴概念，越来越多的研究关注有效的审计委员会对企业内部审计外包的影响。鉴于先前研究的争论，本文的研究主要考虑了不同类型的内部审计外包对外部审计的行为是否会产生不同的影响。同时，考察了审计委员会对内部审计和外部审计的监管作用。

本文的逻辑框架见图 3-3。

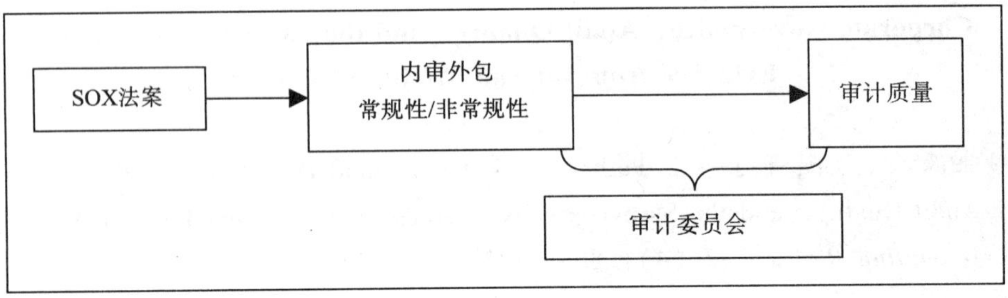

图 3-3　SOX 法案对审计质量的影响

（二）研究意义

非审计服务是否会影响外部审计的独立性在学术界一直存在着争议。而在实务界，内部审计外包的活动越演越烈，直到 2000 年达到了外包活动的顶峰。为了保障外部审计的独立性，提高审计质量，SOX 法案严格限制任何形式的内部审计外包活动，而这种规定的合理性也引发了很多学者的研究。SOX 法案的此项规定能在保障审计质量的同时，最大化企业利益吗？如何在审计质量与企业利益最大化之间寻求平衡，不仅是政策制定者需要思考的问题，也是学者们不懈研究的动力。

（三）主要贡献

第一，通过区分不同类型的非审计服务，扩展了审计质量和非审计服务的研究文献。先前很多研究都假定所有的非审计服务都会影响审计的独立性，而本文发现，不同类型的非审计服务对审计质量的影响程度不同。

第二，补充了审计委员会在公司治理中作用的相关文献。本文发现，有效的审计委员会有能力识别和区分不同类型的非审计服务对审计质量的影响。

第三，本文对评估 SOX 法案的作用有一定的启示。SOX 法案认为所有的内部审计外包行为都会损害审计师的独立性和审计质量，而本文区分常规性的外包行为和非常规性的外包行为后，发现这两种类型的外包行为对审计独立性的影响并不相同。本文的研究结果表明，放松规定的限制，有选择性的外包可以创造更大的价值。

二、研究假设

有效的审计委员会能够提高企业对总体审计质量的需求（Abbot and Parker，2000；Dezoort et al.，2002）。而内部审计外包，特别是外包常规性内部审计活动时，会对审计的独立性产生威胁（Beck et al. 1988）。当外部审计师与管理层就财务报告和内部控制的意见出现分歧时，这种分歧的可能性与审计师从该客户那里获得的收入呈反比（DeAngelo，1981）。当外部审计师同时为客户提供非审计服务时，上述关系会被进一步夸大，因为提供非审计服务可以帮助审计师获得一系列的经济租金（Parkash and Venable 1993）。外包常规性的内部审计刚好具有重复性的特征，因此可以为审计师创造连续性的经济租金，进而威胁审计师的独立性。但是，国际内审协会（IIA，1996）则指出，内部审计活动，如EDP审计，外包给外部服务提供者（无论是外部审计师还是其他服务提供者）可以带来经济上的规模效应。企业雇佣专业人士或发展自身的EDP系统存在一定的难度，且成本巨大，外包EDP审计的经济效益优势显著。本文预期有效的审计委员会与高质量的审计需求相关，不仅会降低内部审计外包带来的成本节约的吸引力，甚至会减小外包常规性内部审计活动可能对内部控制和审计独立性产生的威胁。因此，本文预期，有效的审计委员会对常规性的内部审计外包活动产生一定的影响。

假设1：审计委员会的有效程度与将常规性内部审计活动外包给外部审计师的程度负相关。

美国反虚假财务报告委员会（The Treadway Commission）和Raghunandan and McHugh（1994）指出，当内部审计直接向审计委员会报告时，内部审计才会更加有效。审计委员会在企业组织结构中保持着更高的独立性，能够更好地执行内部审计的职能。当然，前提是审计委员会自身是一个有效的监督机构。因此，本文提出第二个假设：

假设2：如果审计委员会是有效的，同时，可以单独或联合决定首席内部审计师的雇佣，那么审计委员会的有效程度与将常规性内部审计活动外包给外部审计师的程度负相关。

假设2与假设1的不同之处在于，假设2进一步强化了审计委员会的有效性。

由于常规性内部审计外包活动对审计独立性的威胁更大（DeAngelo，1981；Beck et al.，1988；Parkash and Venable，1993），因此，有效的审计委员会对常规性外包活动的限制更加明显；相反，由于非常规性的外包活动的不重复发生性以及更低的外包成本，非常规性内部审计外包对外部审计的独立性影响的可能性较低。基于以上的讨论，本文提出第三个假设：

假设3：审计委员会的有效程度与将非常规性内部审计活动外包给外部审计师的程度不相关。

三、样本选择和研究设计

（一）样本选择

本文通过问卷调查的方法，向美国财富1 000强企业的首席内部审计师或类似职位的人员询问他们公司在2000年有关内部审计外包的情况。选择企业在2000年的内部审计外包情况主要是出于两点考虑：首先，在2000年之前，很少有相关规定限制企业外包内部审计活动的选择和性质；其次，1990年中后期，大量的企业选择外包内部审计活动，直到2000年外包活动达到了顶峰。调查问卷设计的主要问题包括：（1）企业在过去的一年是否存在内部审计外包活动。(2) 内部审计外包服务的提供者是谁?(是企业当前的外部会计师事务所还是其他的会计师事务所或者其他服务提供者) (3) 在过去的一个会计年度,外部服务提供者和内部审计师大约为内部审计花费多少时间?最终,作者获得了287份有效的问卷回复,回复率达到了29%。在这287份有效回复中,219家企业都是非银行业。

(二) 研究设计

作者从问卷中获取了企业进行内部审计外包活动的各种类型(*DV*),包括外包的数量、性质(常规性和非常规性外包活动)等;外包活动的数量用变量*OUTAUD%*表示,由外包活动提供者(外部审计师或其他服务提供者)在内部审计上花费的时间除以企业在内部审计耗费的总时间来衡量。另外,本文用四个变量分别区分了企业外包的性质和外包服务的提供者:*AUDRTMIX%*;*AUDNRMIX%*;*OSPRTMIX%*;*OSPNRMIX%*。前两个变量是,当外部审计师为企业的内部审计提供服务时,常规性内部审计和非常规性内部审计占企业外包内部审计活动的百分比分别是多少;后两个变量是指,当其他服务提供者为企业的内部审计提供服务时,常规性内部审计和非常规性内部审计占企业外包内部审计活动的百分比分别是多少。

本文的回归模型如下:

$$DV = b_0 + b_1\ln(ASSETS) + b_2RDSALES + b_3TROUBLE + b_4RECINV + b_5RISKIND + b_6ASSTGROW + b_7ROA + b_8FORSALES\% + b_9GOVRNK + b_{10}ACE + b_{11}AUTHORITY + b_{12}ACE \times AUTHORITY + \varepsilon \quad (1)$$

其中,*DV*代表了企业内部审计外包活动的各种类型。作者同时区分了外包的数量、性质和外包服务提供者。当检验外包活动的程度时,*DV*用变量*OUTAUD%*表示;当检验有效审计委员会对不同外包服务的性质和外包服务提供者的外包程度产生的影响时,*DV*则分别用*AUDRTMIX%*、*AUDNRMIX%*、*OSPRTMIX%*、*OSPNRMIX%*与*OUTAUD%*的乘积表示。

本文的主要解释变量有两个:第一个是审计委员会的有效性*ACE*,这是一个虚拟变量,当企业的审计委员会全部由独立的董事构成,且包含至少一个财务方面的专家,同时每年至少开会4次时,该变量取值为1,否则为0。第二个解释变量衡量审计委员会是否具有决定首席内部审计师的聘用权限,用变量*AUTHORITY*表示,当审计委员会可以决定首席内部审计师的任留时,该变量取值为1,否则为0。

在控制变量中,作者分别控制了企业规模(*ASSETS*)、资产组成(*RDSALES*、*RECINV*、*FORSALES%*)、成长性(*ASSTGROW*)、盈利性(*ROA*)、财务状况恶化程度(*TROUBLE*)、是否处在高诉讼风险的行业(*RISKIND*)以及企业公司治理指数(*GOVRNK*)等变量。

四、实证结果

(一) 描述性统计

当对外包给外部审计师、外包给其他服务提供者和没有外包活动的三组企业的各个变量作差异分析时，本文发现外包给外部审计师的企业，更不太可能具有有效的审计委员会，审计委员会对内部审计师的管控力度更小。

（二）回归结果分析

第一，当因变量 *DV* 表示外包活动的程度，即 *OUTAUD%* 时，*ACE* 的系数显著为负，说明有效的审计委员会可以抑制企业的内部审计外包活动。交互项的系数 b_{12} 显著为负，说明当审计委员会有权决定首席内部审计师的聘用时，外包活动的数量得到了进一步的抑制。

第二，本文进一步分析了外包活动的性质，即因变量 *DV* 表示企业总体外包活动中由外部审计师提供，且外包活动为常规性内部审计的部分或非常规性内部审计的部分，即分别为：*AUDRTMIX%* ×*OUTAUD%* 或 *AUDNRMIX%* ×*OUTAUD%*。结果显示，只有当企业外包常规性审计部分作为因变量（*AUDRTMIX%* ×*OUTAUD%*）时，*ACE* 和 *ACE* ×*AUTHORITY* 的系数才显著为负，分别验证了假设 1 和假设 2，审计委员会的有效程度与企业将常规性内部审计活动外包给外部审计师的程度负相关，当审计委员会有权决定内部审计师的任留时，该负相关程度更强。当用外包非常规性内部审计部分作为因变量时（*AUDNRMIX%* ×*OUTAUD%*），*ACE* 和 *ACE* ×*AUTHORITY* 的系数均变得不再显著，结果支持了假设 3。

第三，本文检验了当其他外部服务者为企业提供外包服务时，审计委员会的有效性对外包活动的影响。即分别用 *OSPETMIX%* ×*OUTAUD%* 和 *OSPNRMIX%* ×*OUTAUD%* 表示 *DV* 的回归结果，此时，*ACE* 和 *ACE* ×*AUTHORITY* 的系数均变得不再显著。该结果表明，有效的审计委员会不仅可以识别外包活动的类型，还可以识别外包活动提供者的身份。此外，作者用外包审计业务公司的子样本，即外包给外部审计师的所有企业作了线性回归，发现有效的审计委员会与外包数量的显著负向关系依然存在。

第四，在敏感性测试部分，作者检验了审计委员会在多大程度上影响企业外包的决定，使得本文的研究更加完整。作者根据 Raghunandan et al.（2001）的研究方法，检验了审计委员会查阅内部审计提案的决定因素，这里的内部审计提案包括项目/计划和预算、财务报告的相关结果、内部控制和企业对法律法规的遵循等。研究结果表明，独立有效的审计委员会更可能执行内部审计的监督职能，即更可能查阅内部审计的各种提案情况。同时，审计委员会与内部审计师的私下沟通（private communication）更能促进他们之间的了解。并且，当企业的审计委员会更加有效时，该私下沟通的效果会更好。总之，这项检验的结果表明审计委员会在内部审计外包决策中发挥着至关重要的作用。

五、结论

本文研究了 SOX 法案中企业内部审计外包的相关规定，即限制企业将任何形式的内部审计外包给为企业提供审计服务的外部审计师。SOX 法案并没有区分外包活动的性质：常规性内部审计和非常规性内部审计，法案认为无论审计师承担何种形式的内部审计外包活动都会影响其独立性。然而，本文的实证研究却发现，由于非常规性内部审计活动的非重复发生性和专有属性（specialized nature），外部审计师承担这类内部审计活动不仅可以给企业带来成本节约等好处，而且也不会影响其自身审计的独立性。同时，有效的审计委员会具有保证企业整体审计质量的作用，它会识别和考虑不同外包类型对审计独立性带来的不同影响。本文的研究结果也说明，当企业的公司治理较弱时，SOX 法案对内部审计外包的限制可以阻止企业作出有损审计独立性的内部审计外包决定。

（整理人：陈莹）

主要参考文献

[1] Abbott, L. J. , and S. Parker. 2000. Audit committee characteristics and auditor choice. Auditing: *A Journal of Practice & Theory* 19 (spring): p. 47 – 66.

[2] Beck, P. J. , T. J. Frecka, and I. Solomon. 1988. An empirical analysis of the relationship between MAS involvement and auditor tenure: Implications for auditor independence. *Journal of Accounting Literature* 7: p. 65 – 84.

[3] DeAngelo, L. 1981. Auditor independence, low – balling and disclosure regulation. *Journal of Accounting and Economics* 3 (2): p. 113 – 127.

[4] DeZoort, F. T. D. Hermanson, D. Archambeault, and S. Reed. 2002. Audit committee effectiveness: Asynthesis of the empirical audit committee literature. *Journal of Accounting Literature* (21): p. 38 – 75.

[5] Institute of Internal Auditors (IIA) . 1994. The IIA's Perspective on Outsourcing Internal Auditing: Professional Briefing for Chief Audit Executives. *Professional Issues Pamphlet* 94 – 1. Altamonte Springs, FL: IIA.

[6] Institute of Internal Auditors (IIA) . 1996. The Institute consolidates its evolving view of outsourcing internal auditing. IIA Today (March/ April): p. 1 – 4.

[7] Institute of Internal Auditors (IIA) . 1994. *The IIA's Perspective on Outsourcing Internal Auditing. A Professional Briefing for Chief Audit Executives.* Professional Issues Pamphlet 94 – 1. Altamonte Springs, FL: IIA.

[8] Parkash, M. , and C. Venable. 1993. Auditee incentives for auditor independence: The case of non-audit services. *The Accounting Review* (January): p. 113 – 134.

[9] Raghunandan, K. , and J. McHugh 1994. Internal auditors' independence and interactions with audit committees: Challenges of form and substance. *Advances in Accounting* 12: p. 313 – 333.

[10] Raghunandan, K. , W. J. Read, and D. V. Rama. 2001. Audit committee composition, grey directors, and interaction with internal auditing. *Accounting Horizons* 15 (June): p. 105 – 118.

ξ3-3　存在内部控制缺陷时，审计师会提高审计收费吗？基于审计风险模型的证据

Evidence on the Audit Risk Model: Do Auditors Increase Audit Fees in the Presence of Internal Control Deficiencies?

文献来源：Hogan, C. E., and M. S. Wilkins. 2008. Evidence on the Audit Risk Model: Do Auditors Increase Audit Fees in the Presence of Internal Control Deficiencies? *Contemporary Accounting Research*, 25 (1): 219-242.

【摘要】 本文探讨了审计风险模型在审计实务中的应用。通过研究审计收费和内部控制缺陷之间的关系，探讨审计师是否会对披露内部控制缺陷公司付出更多的审计努力。本文的研究涉及财务报告的内部控制、一般公认会计准则（GAAP）、审计风险模型、审计费用和SOX法案。研究发现，披露内部控制缺陷的公司，其审计费用显著较高。

一、研究问题

（一）问题的提出

本文探讨了审计风险模型在审计实务中的应用。具体来说，通过研究审计收费和内部控制缺陷之间的关系，探讨审计师是否会对披露内部控制缺陷的公司付出更多的审计努力，即提高审计收费。

本文的逻辑框架见图3-4。

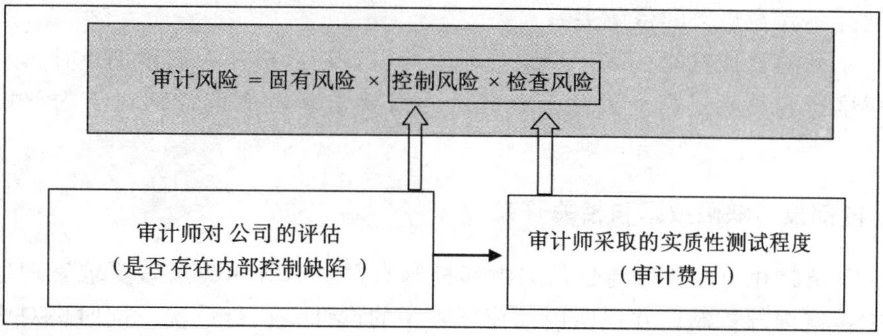

图3-4　内部控制缺陷和审计费用：基于审计风险模型

（二）研究意义

自21世纪以来，一系列财务丑闻的发生以及2002年SOX法案颁布之后，审计师对控制风险的敏感程度可能会有所改变，而有关这方面的审计文献也没有得出一致的结论。因此，重新考虑审计师对于内部控制缺陷的反应是有必要的。

（三）主要贡献

本文的研究在审计文献方面具有增量贡献，证实了审计努力对公司内部控制的敏感性。先前的研究发现审计风险因素和审计努力的关系是错综复杂的。并且，之前的很多研究都具有样本规模小或研究单一会计师事务所的局限性。虽然一些研究发现了审计努力和固有审计风险之间的关系，但是并没有实证证据表明，审计努力对其所依赖的公司内部控制也具有敏感性（Felix et al.，2001；Hackenbrack and Knechel，1997；O'Keefe et al.，1994）。本文在此基础上研究审计努力与增加的控制风险之间关系，丰富了相关文献。

二、理论基础

（一）审计风险模型

依据美国审计准则（SAS）第47号规定中的讨论，审计风险模型表述如下：

审计风险 = 固有风险 × 控制风险 × 检查风险

通过对客户的评估，审计师确定客户的固有风险和控制风险。为了把总体审计风险控制在一个可以接受的水平内，审计师必须尽量降低检查风险。通过增加实质性测试可以减少检查风险。当审计师认为内部控制不能被信赖时，审计准则要求增加额外的实质性测试（见SAS第55号［AICPA1989］和SAS第78号［AICPA1996］）。

然而，先前的文献对审计师在面临风险因素时是否增加实质性测试没有得出一致的结论。例如，Mock and Wright（1999）并没有发现证据表明客户审计风险和审计计划具有相关性。Hackenbrack and Knechel（1997）以及Felix et al.（2001）发现审计努力程度和内部控制之间并不存在显著的依赖关系。

经过一系列的会计丑闻，审计和监管环境变得日趋严格，人们预期审计师对内部控制风险的敏感度也会有所提高。因此，本文认为需要重新考虑审计师对于内部控制缺陷的反应。

（二）内部控制缺陷披露和相关研究

SOX 302条款和404条款与公司的内部控制有关。SOX 302条款要求管理层在季度和年度报告中披露内部控制，并说明内部控制程序的设计和执行情况，同时，对内部控制的有效性作出结论，并且要求公司披露在该季度发生的任何重大的财务报告内部控制缺陷。SOX 404条款则要求上市公司的管理层对财务报告内部控制有效性出具报告，另外，还要求审计师审计和报告财务报告内部控制的有效性，包括管理层的评价过程。

Raghunandan and Rama（2006）以及 Hoitash et al.（2005）发现无论公司是否按照 SOX 404 条款的要求披露了重大缺陷，加速申报公司 2004 年度的审计收费明显高于 2003 年度的审计收费，同时，他们还发现，披露重大缺陷的公司的审计费用显著高于未披露重大缺陷的公司的审计费用。然而，他们的部分结论是可以预期的，审计师在与 SOX 404 条款相关的报告中会不断增加审计测试和文件记录，这些成本提高了审计收费。

Ashbnugh - skaife et al.（2007）和 Doyle et al.（2007）都发现，披露内部控制缺陷的公司，其应计质量也越低。其中的一种解释是审计师可以识别出增加的控制风险，并据此试图调整他们的审计程序以增加发现潜在错报和错误的可能性。本文从内部控制风险与审计收费的角度检验了审计师对于控制风险的反应。

三、样本选择和研究设计

（一）样本选择及特征

内部控制缺陷的披露数据是从 Compliance Week 数据库中得到的。Compliance Week 数据库涵盖了公司在年报、季报、重大事项公告、招股说明书、月度发布信息的所有披露情况。本文的样本期间从 SOX 302 条款或要求披露 8 - K（重大事项公告）文件的生效日开始，而并非从对 SOX 404 条款的“提前适用”起算。不使用 SOX 404 条款的原因是，在 2004 年和 2005 年，审计收费可能反映了对文件记录和对公司内部控制缺陷采取的补救措施所做出的努力（如 Raghunandan and Rama，2006；Hoitash et al.，2005），而并非增加的实质性审计程序。因此，为控制由于文件记录和内控补救措施带来的审计费用的提高，本文采用了 302 条款生效之前的财务数据和审计费用数据，并基于以下假设：内部控制缺陷存在于按照 302 条款披露之前的会计年度。

从 2003 年 11 月 1 日到 2004 年 11 月 30 日，Compliance Week 共列示了 529 个新的披露或者重大披露的更新。这 529 个披露对应了 COMPUSTAT 数据库中的 452 个公司。扣除对先前披露内部控制的更新，最终得到 410 家不同的样本公司。

（二）控制样本

为了评价样本公司的内部控制缺陷和审计费用的关系，本文选择了未包含在 Compliance Week 清单上的公司，即未披露内部控制重要缺陷或重大缺陷的公司，作为控制样本。样本之间以相同两位数的行业编码进行匹配，并保证控制样本能从 COMPUSTAT 中获取充分的数据。配对的公司一年只允许出现一次。在考虑了所有数据限制和控制数据后，本文最终得到 284 个披露内部控制缺陷的公司（*ICD*）以及 6 451 个行业配对的公司。

（三）相关财务数据的获取

所有相关的财务数据都是从 COMPUSTAT 数据库中得到的。对于应计项目的计量，本文采纳了 Kothari et al.（2005）的方法计算了业绩调整后的异常应计项目的绝对值（*ABSAAC*）。具体公式如下：

$$\frac{TotalAccruals}{laglasset}=\gamma_0+\gamma_1\left(\frac{1}{laglasset}\right)+\gamma_2\left(\frac{\Delta REV}{laglasset}-\frac{\Delta AR}{laglasset}\right)+\frac{\gamma_3 PPE}{laglasset}+\varepsilon \tag{1}$$

（四）研究设计

为验证控制其他已知的影响审计费用的因素后，内部控制缺陷对审计费用的影响，本文建立了以下模型：

$$LNFEE=\alpha_0+\alpha_1 LNASSETS+\alpha_2 LSEG+\alpha_3 INVREC+\alpha_4 QUICK+\alpha_5 DA+\alpha_6 ROA+\alpha_7 OAVAR+\alpha_8 ABSAAC+\alpha_9 GROWTH+\alpha_{10} FOREING+\alpha_{11} MERGER+\alpha_{12} YE+\alpha_{13} LOSS+\alpha_{14} OPINION+\alpha_{15} BIG4+\alpha_{16} INITIAL+\alpha_{17} YR03+\alpha_{18} YR04+\alpha_{19} IC+\varepsilon \tag{2}$$

模型中因变量为审计费用的自然对数（*LNFEE*）。主要的自变量为 *IC*，当公司披露内部控制缺陷时，取值为1，否则为0。

对于控制变量，模型主要控制了影响审计费用的其他公司特征因素，包括：公司的规模（*LNASSETS*）、业务复杂程度（*LSEG*）、流动性（*INVREC*、*QUICK*、*DA*）、盈利性（*ROA*）、收入波动（*ROAVAR*）、异常应计项目（*ABSAAC*）、是否存在国外业务（*FOREING*）和兼并活动（*MERGER*）等。此外，回归模型还控制了会计师事务所的特征：是否为四大事务所审计（*BIG4*）、发表的审计意见情况（*OPINION*）、审计任期（*INITIAL*）等。

本文采用的是披露内部控制问题的前一个会计年度的数据，因为本文关注的是在披露缺陷前增加实质性测试带来的审计费用的增加，而不是由于文件记录和内控补救措施带来的审计费用的增加。

四、实证结果

（一）描述性统计

本文列示了样本公司和行业配对公司的内部控制披露情况以及相关的审计费用的描述性统计。相对于行业配对公司，内控缺陷公司具有以下显著性特征：规模较小、盈利低、流动性差、营运现金流低以及异常应计值较高。同时，无论是否消除了公司规模的影响，内控缺陷公司的审计平均收费都显著高于行业配对公司的审计平均收费。

为进一步研究内部控制缺陷对审计费用的影响，本文将内部控制缺陷按严重程度和类型细分为：重要缺陷和重大缺陷。结果发现相对于披露非重大缺陷的公司（如披露重要缺陷或其他缺陷），披露内部控制重大缺陷的公司规模更小、盈利能力更差、审计费用更高。

（二）回归结果

在不包含内部控制缺陷变量（*IC*）的回归中，结果发现，审计费用随着公司规模（*LNASSETS*）和复杂程度（*LSEG*）的增加而增加，而公司的流动性（*INVREC*、*QUICK* 和 *DA*）和盈利性（*ROA*）的增加会降低审计费用。对于出现亏损（*LOSS*）、有国外业务（*FOREING*）或兼并活动（*MERGER*）、聘任四大审计师（*BIG4*）的公司，其审计费用较高。同时，收入波动（*ROAVAR*）越大，异常应计项目（*ABSAAC*）越大，审计费用越高。

加入了 *IC* 变量后，发现其系数显著为正。本文又进一步将 *IC* 细分为重大缺陷（*IC_MW*）和重要缺陷（*IC_SIGNDEF*），结果显示，无论重大缺陷还是重要缺陷，其系数均显著为正。实证结果表明，披露内控缺陷公司的审计费用显著高于没有披露内部控制缺陷的公司，同时，披露重大缺陷的公司对审计费用的影响系数为0.347，显著高于重要缺陷系数，表明内部控制的缺陷程度也显著影响审计费用。

（三）审计师规模、任期和安达信效应

通过对比不同的审计特征，本文深入检验了审计收费和内部控制缺陷的关系。实证结果发现，(1) 如果四大的客户存在内部控制缺陷，他们的审计费用会显著增加。(2) 在审计内控缺陷客户时，相比于非四大会计师事务所，四大更可能增加他们的审计收费。(3) 初始审计存在低价揽客（lowballing）的现象。对存在内控缺陷的公司而言，如果当年由任期超过两年的会计师事务所审计，其审计费用存在溢价；如果当年由初始审计的会计师事务所审计，则该审计费用的审计溢价会更高。(4) 只要不存在内部控制缺陷，即使是前安达信的审计客户，在一个新的审计工作中，审计费用的总体趋势依然保持在一个比较低的水平。然而，当前安达信客户存在内部控制缺陷时，增加的审计费用显著高于存在内控缺陷的非前安达信客户的审计费用。

总之，以上结果表明，如果审计收费可以作为审计师努力程度的替代，当审计客户存在内部控制缺陷时，审计师确实会执行更多的实质性测试，尤其是四大会计师事务所或首次接受该公司的审计业务的事务所。其次，前安达信的审计客户的审计费用对控制风险更加敏感。

（四）稳健性检验

本文从多个方面检验了实证结果的敏感性，如考虑了内控缺陷存在的时间长短；使用了内控缺陷严重程度的替代性的归类方法；加入了可能忽略的影响变量，等等。所有检验均支持原实证结果。

五、结论

本文考察了对于随后披露内部控制缺陷的、具有控制风险的公司，审计师是如何反应的。实证结果显示，在控制了规模、风险和盈利能力后，公司的审计费用显著较高。并且，存在内控缺陷公司的审计费用随着内部控制缺陷的严重程度的增大而增加。

本文暗含的两个重要假设是：第一，审计费用能充分反映审计师的努力程度；第二，审计师为维持一个可以接受的总体审计风险，正如审计风险模型所示，一定会增加审计努力。

以上两个假设也构成了论文的重要局限性。本文的实证结果无法排除一个最有可能的替代性的解释：对于存在内部控制缺陷的公司，其审计费用的增加正是由于存在内部控制缺陷进而带来的风险溢价造成的，而并非审计师增加了实质性测试程序，即审计师的努力程度。

（整理人：陈莹）

主要参考文献

[1] American Institute of Certified Public Accountants (AICPA), 1983. Statement on Auditing Standards No. 47: Audit risk and materiality in conducting an audit. New York: AICPA.

[2] American Institute of Certified Public Accountants (AICPA), 1989. Statement on Auditing Standards No. 55: Consideration of internal control in a financial statement audit. New York: AICPA.

[3] American Institute of Certified Public Accountants (AICPA), 1996. Statement on Auditing Standards No. 78: Consideration of internal control in a financial statement audit: An amendment to SAS – 55. New York: AICPA.

[4] Ashbaugh – Skaife, H., D. Collins, and W. Kinney, 2007. The discovery and reporting of internal control deficiencies prior to SOX – mandated audits. *Journal of Accounting and Economics*, 44 (1 – 2): p. 166 – 192.

[5] Ashbaugh – Skaife, H., D. Collins, W. Kinney, and R. LaFond, 2007. The effect of internal control deficiencies and their remediation on accrual quality. Working paper, University of Wisconson.

[6] Doyle, J., W. Ge, and S. McVay, 2007. Determinants of weaknesses in internal controls over financial reporting. *Journal of Accounting and Economics* 44 (1 – 2): p. 193 – 223.

[7] Doyle, J., W. Ge, and S. McVay, 2007. Accruals quality and internal control over financial reporting. *The Accounting Review* 82 (5): p. 1141 – 1170.

[8] Felix, W. L., A. A. Gramling, and M. J. Maletta, 2001. The contribution of internal audit as a determinant of external audit fees and factors influencing this contribution. *Journal of Accounting Research* 39 (3): p. 513 – 534.

[9] Hackenbrack, K. E., and W. R. Knechel. 1997. Resource allocation decisions in audit engagements. *Contemporary Accounting Research* 14 (3): p. 481 – 500.

[10] Hoitash, R., U. Hoitash, and J. Bedard. 2005. Internal control quality and audit pricing under the Sarbanes – Oxley Act. Working paper, Suffolk University.

[11] Kothari, S. P., A. J. Leone, and C. E. Wasley. 2005. Performance – matched discretionary accrual measures. *Journal of Accounting and Economics* 39 (1): p. 163 – 197.

[12] O'Keefe, T. B., D. A. Simunic, and M. T. Stein. 1994. The production of audit services: Evidence from a major public accounting firm. *Journal of Accounting Research* 32 (2): p. 241 – 261.

[13] Mock, T. J., and A. M. Wright. 1999. Are audit programs risk – adjusted? *Auditing: A Journal of Practice & Theory* 18 (1): p. 55 – 74.

[14] Raghunandan, K., and D. Rama. 2006. SOX Section 404 material weakness disclosures and audit fees. *Auditing: A Journal of Practice & Theory* 25 (1): p. 99 – 114.

§3-4 管理层评估会对审计师判断有影响吗：一个来自于SOX 404条款内部控制评估的实验研究

Reducing Management's Influenceon Auditors' Judgments: An Experimental Investigation of SOX 404 Assessments

文献来源：Earley, C. E., V. B. Hoffman, and J. R. Joe. 2008. Reducing Management's Influence on Auditors' Judgments: An Experimental Investigation of SOX 404 Assessments. *The Accounting Review*, 83 (6): 1461-1485.

【摘要】 管理层通常要对账户余额或内部控制的信息进行汇总，而审计师必须收集证据来评估这些信息是否公允。在这种情况下，管理层被认为是“先行者”（first mover），审计师被视为“后发者”（second mover）。当审计师是后发者时，他们很容易受到知识性偏差的影响，不能忽略先前已处理的信息（Fischhoff, 1977）。具体来说，由于从管理层获取的信息可能是不正确或有偏差的，审计师必须针对具体问题进行独立评价（例如，年终账面价值、会计估计或内部控制）。本研究探讨审计师作为“后发者”的一般性问题，即调查管理层对内部控制缺陷的严重性分类是如何影响审计师对财务报告内部控制缺陷的初步评估。研究发现，管理层“先行者”的角色影响了审计师的判断。作者重新构建财务报告内部控制缺陷评估任务，要求审计师评估财务报告内部控制缺陷可能性和严重性，以分析是否能够减少管理层对审计师判断的影响。研究发现，重新构建这种任务可以减少管理层“先行者”的角色对审计师判断的影响。

一、研究问题

（一）问题的提出

审计师常用的一种实用审计方法是，以客户准备好的数据作为起点，然后测试数据是否公允。由于管理层处于“先行者”的地位，而审计师处于“后发者”的地位，这样就存在着审计师的判断容易受到管理层判断扭曲的风险，他们无意识地受到了“知识偏差”（knowledge bias）或无法忽略先前接收信息的影响（Fischhoff, 1977）。

SOX 404条款要求公司管理层及其审计师应当记录、测试和评估财务报告内部控制的有效性，并且每一方都应当对发现的内部控制缺陷作出独立的结论。在这个过程中，管理层通常被认为是“先行者”，因为管理层可以在审计师介入之前将发现的内部控制缺陷加以补救，这样就可以避免公开披露财务报告内部控制检查和评估结果带来的负面影响。审计师对管理层财务报告内部控制缺陷的分类（如一般缺陷、重要缺陷和重大缺陷）的理解，会影响其后续测试和评估。因此，在本文中，作者做了两个实验：第一个实验是测试审计师在财务报告内部控制缺陷严重程度上是否表现出了“知识偏差”以及管理层对审计师判断的潜在影响是由于对管理层分类的有意认知偏差，还是无意识认知偏差；第二个实验是检验重新构建内部控制缺陷评估任务的潜在修正影响。

本文的逻辑框架见图 3－5。

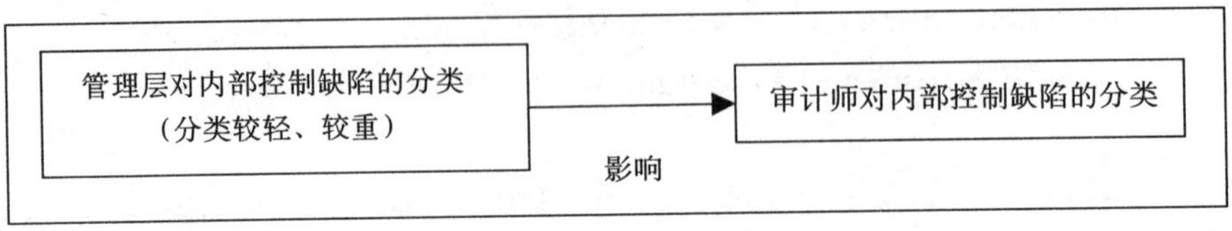

图 3－5　管理层评估对审计师判断的影响

（二）研究的意义

财务报告内部控制缺陷分类是一种重要的、高风险的判断，因为即使是发现一个重大缺陷，审计师都要出具非标准审计意见。事实上，SOX 404 条款实施后，很多公司在其年度报告中未发现和披露其存在的重大缺陷（Ge and McVay，2005；Jonas et al.，2005），而且管理层对内部控制缺陷的分类可能会影响审计师最终的评估判断。越来越多的审计师辞职与未正确披露内控重大缺陷相关（Ashbaugh－Skaife et al.，2007）。因此分析管理层作为“先行者”是否对审计师“后发者”的行为产生影响具有重要的意义。

（三）主要贡献

本文的主要贡献在于：以前的研究发现管理层提供的财务信息能够左右审计师（McDaniel and Kinney，1995；Kennedy，1995），但是审计师通过努力最终亦能够得到实际结果（actual outcome）。然而在非结构化的任务（unstructured tasks）中，可能并没有披露真实结果或陈述。本文测试审计师们在财务报告内部控制缺陷上是否表现出了知识偏差，以及其对财务报表的影响，补充了先前的研究。

二、理论分析与研究假设

PCAOB 要求审计师形成独立的认知判断。财务报告内部控制准则要求审计师对财务报告内部控制缺陷进行分类，决定其是否达到了重要缺陷或重大缺陷水平，并需对客户内部系统形成独立评价（如 AS No. 2，第 108、110、111 段）。然而，先前的心理学及会计学文献都表明，审计师在作出独立评价报告之前很有可能受到管理层对缺陷分类的影响。尽管审计师起初可能会认为管理层对缺陷的认定对他们有所帮助，减少了他们的审计时间（或提高了他们的工作效率），但是这样做也影响了他们的判断，降低了审计效率。Kennedy（1995）将这种“知识偏差的诅咒”（the curse of knowledge bias）描述为“不能忽视已拥有的信息”（being unable to disregard information already processed）。McDaniel and Kinney（1995）的研究表明，当审计师对账户余额实施进一步分析程序时，无法忽视管理层事先提供的汇总数据（如账面价值等）。他们发现那些没有收到管理层提供的账面金额数据的审计师在鉴定错报上，比那些先使用管理层提供的账面金额作出的判断更为有效。

在一定的程度上，管理层对财务报告内部控制缺陷的分类若正确，“知识偏差”是不会对审计师后续的测试和评估带来负面影响的。但是，以下两个原因可能导致管理层评价不正确：第一，在SOX法案之前，管理层没有要求去测试和评价内部控制有效性，他们可能无法胜任该任务；第二，由于管理层比较倾向于避免将发现的缺陷归类为重大缺陷，他们存在机会主义行为，甚至试图弱化任何被发现的内部控制缺陷的严重性。因此，管理层对缺陷的分类可能是主观的（有意的或者无意的）。鉴于管理层提供的分类信息可能是不正确或者存有偏差，审计师们应当拒绝使用并作出独立于管理层分类的自我判断。然而由于“知识偏差”是一种硬性的（无意的）负面影响，审计师可能会受到管理层分类的影响。为此，本文提出了第一个假设：

H1：审计师对财务报告内部控制缺陷的分类作出判断时，会受到管理层最初分类的影响。并且审计师的分类判断也会因收到的管理层分类不同而变化。

尽管PCAOB希望审计师能够独立地对财务报告内部控制缺陷进行分类，然而一些学者依然认为，由于审计师是经济行为者（Antle，1982），审计师认为在管理层内部控制评估上会有一些有用的信息。这种经济行为观点表明审计师应当有意地使用管理层信息，因为他们认为这样做会更有可能作出正确的评估。当审计师有意地使用管理层分类时，一个理性的审计师应当仍然保持职业怀疑态度，并思考管理层在财务报告内部控制缺陷分类上的动机。也就是说，当管理层分类过于自利时，一个具有职业怀疑精神的审计师不应当使用（或应当较少依赖）管理层的分类。例如，当财务报告内部控制缺陷介于重大缺陷和重要缺陷之间，而管理层将这种缺陷分类到重要缺陷而不是重大缺陷时，一个理性的审计师较少依赖管理层的评估判断。如果审计师有意地使用管理层的信息，那么其在分类不太严重（或更有利于管理层）时，对管理层分类的依赖应当更少一些。因此，本文提出了第二个假设：

H2：内部控制缺陷分类对管理层越有利，审计师对财务报告内部控制缺陷的评估受到管理层分类的影响也就越少。

Kennedy（1995）认为“知识偏差”可以通过认知重组工作干预得以纠正。PCAOB准则要求审计师分析每个缺陷是否有可能导致财务报表重大错报，以及可能的错报程度（AS No. 2，paragraph 131 and AS No. 5，Appendix A）。AS No. 3要求审计师记录重要发现及事项，包括“财务报告重要缺陷或重大缺陷的存在”。心理学研究发现，形成并记录结果会促使认知工作重组，这种工作在评估管理层分类时能够减少认知偏差的影响（Renkl，1997）。当解决不良的结构化任务时，要求每个人作出解释能够提高他们的工作表现（Renkl，1997；Renkl et al.，1998；Earley，2001）。Earley（2001，2003）发现，当审计师解释管理层提供的信息是否合理时，他们后续审计判断的准确性得到了提高。如H1预测，审计师将受到管理层缺陷分类的影响，但当审计师开始记录可能影响财务报告内部控制重大缺陷时，他们应当能够以不同的观点来看待这项工作，并且能够更好地理解内部控制缺陷最终是如何影响财务报告的过程。经过这种记录过程之后作出的判断，应当是基于财务报告内部控制缺陷如何影响财务报告的分类，而不是基于管理层对缺陷的分类。为此，本文提出了第三个假设：

H3：与没有记录内部控制缺陷对财务报告影响而作出的缺陷分类判断相比，审计师记录后作出的判断会与管理层对该缺陷的分类更不一致。

三、样本选择和研究设计

（一）样本选择

实验一的参与者是97名来自国际四大会计师事务所从事审计工作的审计师，他们的工作经验都在2年到12年之间（平均为4年）。这些参与者都参加了公司内部控制的培训课程，并且参与者至少有一年的SOX 404条款的工作经验。

实验二的参与者是25名来自国际四大会计师事务所从事审计工作的审计师，和实验一的参与者一样，他们也参加了公司内部控制的培训课程。实验二的参与者工作经验大多在2年至10年之间（平均为4年）。参与者的SOX 404条款工作经验平均为432小时。其中一位参与者不能完成任务，排除这个参与者，最后有24个有用的回复。实验二是在一个单独的房间进行的。

（二）研究设计

实验一的目的是为测试H1和H2。在实验中，要求参与者不要互相交流。同时还配备有实验管理员监督，以确保参与者遵守指示。在实验的最后阶段，完成背景调查问卷，其中包括参与者的背景和工作经验的问题。

为了检验H1和H2，作者采用了3×6的实验设计，其中有一个参与者间变量（between - participants variable）和一个参与者内变量（within - participant variable）。参与者间变量是管理层内控缺陷分类，在三个层面上变化（未提供分类、分类设置1、分类设置2）。参与者内变量是案例，在六个层面上变化。因变量是对财务报告内部控制问题的评估，用1—11点刻度来衡量，其中1=一般缺陷，6=重要缺陷，11=重大缺陷。参与者根据内容对内部控制缺陷进行评价。

在实验中，每一个参与者都会收到六个内部控制缺陷案例，这些案例均处于两类内部控制缺陷之间。案例3和案例5是一般缺陷或在重要缺陷之间（CD/SD），案例1、案例2①、案例4和案例6是在重要缺陷和重大缺陷之间（SD/MW）。对于每一种相同情形，一半参与者得到一个管理层评估为严重的缺陷分类（如重大缺陷），而另一半参与者得到一个管理层评估为不严重的缺陷分类（如重要缺陷），这分别是分类设置1和分类设置2。作为对照，本文设置第三组参与者，该参与者没有得到管理层对内控缺陷的分类。

实验二是为了检验H3。首先让参与者如同实验一一样对案例进行初始评估，然后让参与者依据每个客户对内部控制问题的描述初步判断问题的严重程度。之后要求参与者考虑案例中的内部控制缺陷在没有被发现或修正的情况下可能对财务报表产生的影响，对案

① 案例2实验失败，因为参与者认为案例2是处于一般缺陷和重要缺陷之间。

例进行第二次评估。

四、实验结果

作者首先对实验一的结果进行了统计分析。对于案例3、案例5，作者计算2×3的ANOVA值，$F=5.25$，$p<0.01$；对于案例1、案例4、案例6计算3×3的ANOVA值，$F=4.04$，$p<0.02$，这表明管理层对于内部控制缺陷的分类影响了审计师的判断，支持H1。然而实验一的统计结果并不支持H2。这表明，作者发现当管理层对财务报告内部控制缺陷的分类较轻或对管理层有利时，审计师更容易受到管理层缺陷分类的影响。

本文对实验二的结果进行了统计分析，分别计算参与者在记录之前的评估值和在记录之后的评估值，以及它们之间的均值差异。案例3的均值差异的t值为3.18，在1%的水平上显著；案例6的均值差异的t值为1.76，在5%的水平上显著；案例1的均值差异的t值为1.53，在10%的水平上显著。实验结果表明与没有执行记录财务报告内部控制缺陷作出判断相比，审计师记录后作出的判断会与管理层对该缺陷的分类不同。

五、结论

本文探讨管理层对内部控制缺陷的严重性分类是如何影响审计师对财务报告内部控制缺陷的初步评估。研究发现，管理层“先行者”的角色影响了审计师的判断。作者重新构建财务报告内部控制缺陷评估任务，即要求审计师评估财务报告内部控制缺陷可能性和严重性的陈述，以分析是否能够减少管理层对审计师判断的影响。研究发现，重新构建这种任务可以减少管理层“先行者”的角色对审计师判断的影响。

本文的局限在于：没有深入分析管理层对内控问题的评价和分类是如何影响审计师对于内部控制测试的流程和审计意见；没有分析内部审计人员是否帮助管理层分类内部控制缺陷问题。这些都是今后可以努力的方向。

（整理人：林东杰）

主要参考文献

[1] Antle, R. 1982. The auditor as an economic agent. *Journal of Accounting Research*, 20, p. 503 – 527.

[2] Ashbaugh – Skaife, H., D. Collins, and W. Kinney. 2007. The discovery and reporting of internal control deficiencies prior to SOX – mandated audits. *Journal of Accounting and Economics*, 44, p. 166 – 192.

[3] Earley, C. E. 2001. Knowledge acquisition in auditing: Training novice auditors to recognize cue relationships in real estate valuation. *The Accounting Review*, 76, p. 81 – 97.

[4] Earley, C. E. 2003. A note on the use of self – explanation as a training tool for novice auditors: The effects of outcome feedback timing and level of reasoning on performance. *Behavioral Research in Accounting*, 15, p. 111 – 124.

[5] Fischhoff, B. 1977. Perceived informativeness of facts. *Journal of Experimental Psychology: Human*

Perception and Performance, 3, p. 349 – 358.

[6] Ge, W., and S. McVay. 2005. On the disclosure of material weaknesses in internal control after the Sarbanes – Oxley Act. Working paper, University of Michigan.

[7] Jonas, G., A. Rosenberg, M. Doss, and G. Cihak. 2005. Section 404 reporting on internal control: Our early experience. *Moody's Investor Service Special Comment* (April).

[8] Kaplan, S. E., E. O'Donnell, and B. Arel. 2008. The influence of auditor experience on the persuasiveness of information provided by management. *Auditing: A Journal of Practice and Theory*, 27, p. 67 – 84.

[9] Kennedy, J. 1995. Debiasing the curse of knowledge in audit judgment. *The Accounting Review*, 70, p. 249 – 273.

[10] McDaniel, L. S., and W. R. Kinney, Jr. 1995. Expectation – formation guidance in the auditor's review of interim financial information. *Journal of Accounting Research*, 33, p. 59 – 76.

[11] Renkl, A, R. Stark, H. Gruber, and H. Mandl 1998. Learning from worked – out examples: The effects of example variability and elicited self – explanations. *Contemporary Educational Psychology*, 23, p. 90 – 108.

[12] Renkl, A. 1997. Learning from worked – out examples: A study on individual differences. *Cognitive Science*, 21, p. 1 – 29.

§3-5　“承认”或“否认”：管理层的说服策略会影响审计师对内部控制偏差的评估吗？

Concede or Deny: Do Management Persuasion Tactics Affect Auditor Evaluation of Internal Control Deviations?

文献来源：Wolfe，C. J.，E. G. Mauldin，and M. C. Diaz. 2009. Concede or Deny: Do Management Persuasion Tactics Affect Auditor Evaluation of Internal Control Deviations? *The Accounting Review*，84（6）：2013-2037.

【摘要】 在内部控制审计中，由于内部控制问题评估和结论具有主观性，使得管理层试图说服审计师降低对已观察到的控制偏差评估的严重程度。作者通过实验分析106位高级审计经理在受到管理层“承认”或“否认”的说服策略之后，如何评估可能隐含重要缺陷的IT或人工控制偏差。作者发现，对于IT控制偏差，审计师评估缺陷的重要性降低，与管理层“否认”相比，审计师更接受管理层承认的充分解释；对人工控制偏差，研究并没有发现承认与否认的结果存在差异。

一、研究问题

（一）问题的提出

控制偏差是一种内部控制问题，也是内部控制缺陷的证据之一。被评估为重要缺陷的偏差必须向审计委员会报告，严重到一定程度还会导致被出具SOX 404条款否定审计意见，并需要实施相应的整改措施（PCAOB，2007第65、75、80段）。因此，管理层有动机说服审计师将所观察到的控制偏差认定为非重要缺陷。职业怀疑态度要求审计师忽视管理层的劝说策略（PCAOB，2007第4段）。然而，评估重要缺陷是复杂和主观的，这也就给管理层采用说服策略影响审计师的判断创造了条件。作者研究了两种说服战略：“承认”，即管理层承认内部控制缺陷存在的策略；“否认”，即管理层否认内部控制缺陷存在的策略；并研究了管理层说服策略如何降低审计师对重要缺陷的评价，对两种说服策略下的IT和人工控制偏差进行比较。

本文的逻辑框架见图3-6。

（二）研究意义

研究这个问题能为审计实务提供指导。第5号审计准则规定在评估内部控制缺陷时，审计师应当保持职业怀疑态度，并且发表独立的审计意见。当审计师缺乏职业怀疑态度

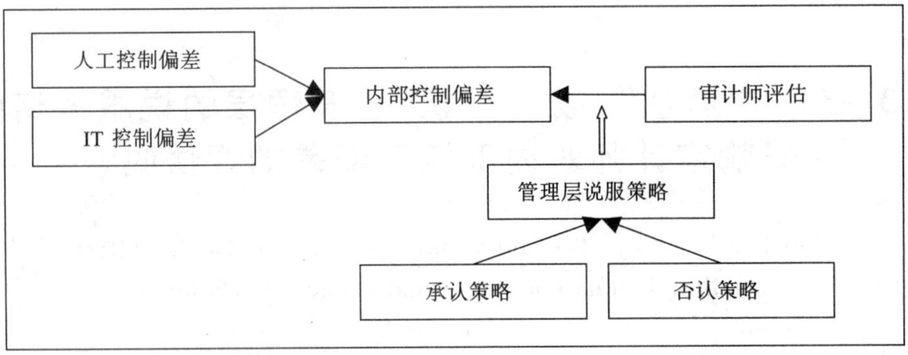

图 3-6　管理层的说服策略是否会影响审计师对内部控制偏差的评估

时，管理层的说服策略会降低审计师对一个潜在重要缺陷的评估。当评估的严重性降低到重要缺陷水平以下时，就不需要将缺陷告知审计委员会，改变审计师对内控缺陷的累积分析（accumulation analyses），同时避免内控缺陷的及时修正（PCAOB，2007 第 65、75、80 段）。

（三）主要贡献

本文研究管理层的说服策略与不相关信息（irrelevant information）相互作用，扩展了审计解释方面的文献，也丰富了 SOX 404 条款内部控制审计方面的文献，同时，本文为评价内控缺陷时保持职业怀疑、形成独立观点提供借鉴。

二、理论分析

"承认"（"否认"）是接受（拒绝接受）失败的过失（Tata，2002），"承认"和"否认"的成本和收益不同（Kim et al.，2004、2006）。"承认"的成本是因为接受对失败的过失而产生的惩罚。"承认"的收益传递了承担失败责任的信号，可以避免将来的失败（Kim et al.，2004；Ohbuchi et al.，1989；Schwartz et al.，1978）。相反，"否认"的成本是拒绝为失败事件负责，这也意味着没有必要去纠正相关行为。因此，"否认"会引起人们担忧相关过失在未来依然存在的可能性。

承认内部控制缺陷的成本是承认"偏差是内部控制失败"，管理层必须接受失败的责任，因为他们对内部控制负责（PCAOB，2007 第 75 段），而这些控制偏差是可以预防的，这就证实了内控缺陷的存在性。就其收益而言，承认传递出一个积极的信号，管理层勇于承担责任。然而，接受对内控偏差负责会反向影响审计师对偏差重要性的评估。作者预期承认的成本超过收益，使得承认成为一种并非有效的说服策略。

一个 IT 控制偏差可能包括技术因素和人工因素，而人工控制偏差只包括人工因素（AICPA，2006）。IT 控制的技术因素是高度可靠的，因为该控制被正确设计和实施（Jackson，2007）。只有人工因素才会造成正确设计和实施的 IT 控制出现失败和偏差（Jackson，2007；Gansler and Lucyshyn，2005）。因此，在 IT 控制偏差中，技术因素是不相关、非特征信息，承认技术因素的偏差可以减轻管理层可能受到的惩罚程度，降低了承认 IT 控制偏差时的成本，使得“承认”成为IT控制偏差下相对有效的说服策略。据此提出论文的第一个假设：

H1：在IT控制偏差的情况下，当管理层使用“承认”的说服策略时，审计师会降低其对缺陷重要性的评估；但是在人工控制偏差的情况下，无论管理层使用“承认”或“否认”的说服策略，审计师对缺陷重要性的评估没有差异。

为了给审计师的评估过程提供进一步的证据，作者还检验了审计师对管理层解释充分性的判断。解释的充分性是影响判断的主要因素（Bies et al.，1988；Shapiro et al.，1994；Hareli，2005）。说服策略首先必须增加解释的充分性，才能有效地改变接下来的判断（Bies and Shapiro，1987；Barton and Mercer，2005）。因此，作者提出第二个假设：

H2：在IT控制偏差的情况下，当管理层使用“承认”说服策略时，审计师能感知到管理层的解释更加充分；但是在人工控制偏差的情况下，无论管理层使用“承认”或“否认”的说服策略，审计师感知管理层解释的充分性没有差异。

三、样本选择与研究设计

（一）样本选择

实验的参与者来自参加一个国际培训会议的四大会计师事务所高级审计经理。剔除了4名未充分回应项目的参与者，最终得到106个样本。参与问卷调查的审计师平均拥有三年的工作经验，他们大都接受过SOX 404条款和第2号审计准则的培训（89.62%），大多数人还接触过SOX 404审计工作（86.79%）。

（二）研究设计

研究实验是让高级审计经理阅读一个案例材料，然后评估两种内控偏差。实验材料提供了一个制造公司的背景资料、财务报告汇编、收入交易流程的描述、审计师识别内控偏差的相关信息和审计师与客户经理的对话内容。审计师评估内控偏差中的潜在重要缺陷的严重性。所有的偏差都被设计成一个或多个不重要的财务报表错报，而产生这种错报的根源是员工不按程序办事。

在IT控制偏差的设计中，其中一个偏差是违反密码政策，导致从一个被盗的电脑上发出虚假销售订单（IT-1）。第二个偏差涉及系统漏洞，员工错误地给入侵者提供了获取客户采购卡信息的渠道（IT-2）。在人工控制偏差的设计中，其中一个偏差是不恰当的信贷审批越权行为（人工-1），第二个是未记录的销售折扣（人工-2）。

作者将IT和人工控制偏差以及“承认”或“否认”的设置随机地分配给实验者。在实验中，还控制了这两种控制偏差情况的顺序性的影响。实验管理者首先介绍实验材料，然后将含有信息表、一般说明、背景问题以及实验任务等材料装在信封中，分发给参与者。

每个自变量都分成两种情况：说服策略（“承认”或“否认”），控制偏差类型（IT或人工）和控制偏差分类（第一种或第二种）。其他变量的测量都是采用11分制。因变量代表评估内控缺陷的严重程度，用“没有缺陷”和“重要缺陷”来表示，另一个因变量是可感知的管理层解释的充分性，用“不充分”和“非常充分”来表示。为了检验推断，作者还衡量了审计师分配给管理层承担内控偏差的责任程度，用“无责任”和“完全责任”来表示。与每种内控偏差相关的控制变量都遵循第5号审计准则的规定。作者用“极小可能”和“可能”表示财务报表错报的可能性；用“不重要的”和“重要的”衡量财务报表错报的程度；用从“负向影响”到“正向影响”衡量修正控制偏差的效果。

四、实验结果

本文首先进行了单变量分析，统计结果显示，对于IT控制偏差，与“否认”策略相比，“承认”策略使得审计师对其缺陷重要性评估更低（对IT－1控制偏差为5.74：7.30，$p=0.028$；对IT－2控制偏差为8.00：9.36，$p=0.042$），感知到的管理层解释更充分（对IT－1控制偏差为6.22：4.22，$p<0.001$；对IT－2控制偏差为6.19：3.41，$p<0.001$）。对于人工控制偏差，无论是人工－1还是人工－2，“承认”和“否认”策略下审计师对其缺陷重要性和管理层解释充分性没有显著差异。然后本文进行了多变量分析，统计结果显示，“承认”和“否认”策略，IT控制和人工控制的组间交互在评估内部控制缺陷重要性和感知到管理层解释充分性上存在显著差异。单变量分析和多变量分析统计结果支持了本文的假设1和假设2。

五、结论

本文分析管理层说服策略如何影响审计师对IT控制偏差和人工控制偏差的评估，研究发现，在IT控制偏差中，相对于“否认”策略，当管理层采用“承认”策略时，审计师对缺陷重要性的评估更低，同时审计师感知管理层解释的充分性更高。然而，没有证据表明这种差异在人工控制偏差中存在。

这篇论文的局限在于：论文没有对所有控制偏差进行实验研究；受限于实验的限制，论文没有分析管理层与审计师之间的互动结果。这些都是今后可以努力的方向。

（整理人：林东杰）

主要参考文献

[1] American Institute of Certified Pubic Accountants（AICPA）. 2006. *Understanding the Entity and Its Environment and Assessing the Risks of Material Misstatement*. Statement on Auditing Standard No. 109. New York：AICPA.

[2] Barton, J., and M. Mercer. 2005. To blame or not to blame：Analysts' reactions to external explanations for poor financial performance. *Journal of Accounting and Economics*, 39, p. 509－533.

[3] Bies, R. J., and D. L. Shapiro. 1987. Interactional fairness judgments：The influence of causal accounts. *Social Justice Research*, 1, p. 199－218.

[4] Bies, R. J., D. L. Shapiro, and L. L. Cummings. 1988. Causal accounts and managing organizational conflict – Is it enough to say it's not my fault? *Communication Research*, 15, p. 381 – 399.

[5] Gansler, J. S., and W. Lucyshyn. 2005. Improving the security of financial management systems: What are we to do? *Journal of Accounting and Public Policy*, 24, p. 1 – 9.

[6] Hareli, S. 2005. Accounting for one's behavior – what really determines its effectiveness? Its type or its content? *Journal for the Theory of Social Behaviour*, 35, p. 359 – 372.

[7] Jackson, R. A. 2007. The human side of risk. *Internal Auditor*, 64, p. 38 – 44.

[8] Kim, P. H., C. D. Cooper, D. L. Ferrin, and K. T. Dirks. 2004. Removing the shadow of suspicion: The effects of apology versus denial for repairing competence – versus integrity – based trust violations. *Journal of Applied Psychology*, 89, p. 104 – 118.

[9] Kim, P. H., K. T. Dirks, C. D. Cooper, and D. L. Ferrin. 2006. When more blame is better than less: The implications of internal vs. external attributions for the repair of trust after a competence – vs. integrity – based trust violation. *Organizational Behavior and Human Decision Processes*, 99, p. 49 – 65.

[10] Ohbuchi, K., M. Kameda, and N. Agarie. 1989. Apology as aggression control: Its role in mediating appraisal of and response to harm. *Journal of Personality and Social Psychology*, 56, p. 219 – 227.

[11] Schwartz, G., T. Kane, J. Joseph, and J. T. Tedeschi. 1978. The effects of remorse on the reactions of a harm – doer. *British Journal of Social Psychology*, 17, p. 293 – 297.

[12] Shapiro, D. L., E. H. Buttner, and B. Barry. 1994. Explanations: What factors enhance their perceived adequacy? *Organizational Behavior and Human Decision Processes*, 58, p. 346 – 368.

[13] Tata, J. 2002. The influence of accounts on perceived social loafing in work teams. *The International Journal of Conflict Management*, 13, p. 292 – 308.

§3-6 后SOX时期管理层对审计师选择的影响及对审计师独立性的损害

Management Influence on Auditor Selection and Subsequent Impairments of Auditor Independence during the Post-SOX Period

文献来源：Dhaliwal, D. S., P. T. Lamoreaux, C. S. Lennox, and L. M. Mauler. Management Influence on Auditor Selection and Subsequent Impairments of Auditor Independence during the Post-SOX Period. *Contemporary Accounting Research*, Forthcoming.

【摘要】本文研究了后SOX时期，审计师的聘任由审计委员会“直接负责”的情况下，管理层对审计师选择的影响。研究发现，SOX法案实施后，在选择“四大”的企业里，管理层对审计师的选择仍然有显著的影响，并且该影响不会因为高质量的审计委员会的存在而减弱。SOX法案认为，管理层对审计师选择的影响会导致不利后果，因此本文也检验了管理层关联对审计质量的影响（审计质量用非标意见的概率和正好达到或超过分析师盈利预测的概率衡量）。本文没有发现一致证据表明聘任与管理层有关联的审计师对审计质量有显著影响，也没有发现审计委员质量对两者的关系有显著影响。

一、研究问题

（一）问题的提出

本文研究的主要问题是：（1）SOX法案实施后，管理层是否仍然对审计师的选择决策有显著影响？（2）这种影响是否如立法所预测的那样会损害审计师的独立性，进而损害审计质量？

本文的逻辑框架见图3-7。

（二）研究意义

SOX 301条款要求，由完全独立的审计委员会“直接负责审计师的聘任、薪酬和监督”，以消除管理层对外部审计师的影响，并使审计师与董事会及股东的动机一致。在此背景下，本文检验了SOX法案实施前后管理层对审计师选择，进而对审计质量的影响，以及审计委员会质量对关联审计师的聘任及审计质量的影响，为法案的实施效果提供了实证证据，拓展和丰富了审计师选择和审计质量方面的文献，因此具有重要的理论和现实意义。

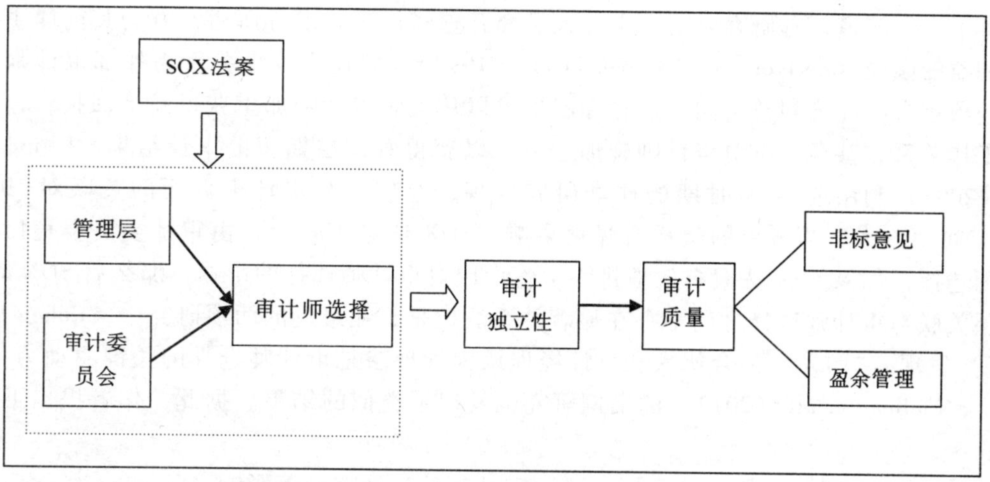

图 3－7 SOX 法案、审计师选择与审计质量

（三）主要贡献

本文的贡献主要有四点：（1）首次为后 SOX 时期管理层对审计师选择的影响提供了大样本证据，是对现有文献的补充；（2）没有发现管理层参与审计师选择将造成不利影响的一致证据，能激发对 SOX 法案相关条款的质疑和反思；（3）过去关于审计师选择的研究多是关于 N 大和非 N 大的选择，本文研究了 N 大之间的选择，以及后 SOX 时期管理层和审计委员会在审计师选择过程中各自的相对重要性，丰富了该领域的文献；（4）过去关于管理层—审计师关联的研究关注的是雇佣曾在外部审计师事务所任职的员工的后果，本文研究当管理层曾经在外部审计师事务所任职时对审计师选择的影响，为该领域的研究提供了一个新的视角。

二、研究背景与研究假设

（一）研究背景

20 世纪 90 年代末至 21 世纪初，大量财务报表舞弊事件的发生将审计师的独立性问题推到了风口浪尖。SOX 法案包含了多项改善审计师独立性、促使审计师与董事会激励一致的条款，其中就包括将管理层排除在审计师聘任决策之外（301 条款）。SOX 法案要求审计委员会直接负责审计师的选聘。Fiolleau et al.（2012）的一项田野调查发现，管理层通常会参与、协调甚至主导审计师的提案和招标过程。如果说管理层参与审计师选择过程降低了审计师的独立性，那么 SOX 法案实施后，审计委员会直接负责审计师选择将增强审计师独立性。但是，还没有文献利用大样本数据对这一条款的实施效果进行检验。

（二）研究假设

1. 管理层关联与审计师选择

管理层在外部审计师事务所的任职经历为通过档案资料追踪管理层对审计师选择的影

响提供了一个渠道。有研究表明，审计人员离开曾经任职的事务所后，有为其前雇主提供经济利益的倾向（如 Iyer，1988；Iyer et al.，1997）。聘任审计事务所为外部审计师就代表了一项重大的经济利益。同时，管理层也可以从关联审计师那里获得经济回报，包括良好的工作关系，甚至可以对审计师施加影响，以获得管理层期望的审计结果。Lennox and Park（2007）利用前 SOX 时期的样本研究发现，经理人与审计事务所的关联对 1995—2000 年间"五大"事务所的聘任有显著影响。SOX 法案生效后，由审计委员会直接负责审计师选择，如果 SOX 法案有效地排除了管理层对审计师选择的影响，那么后 SOX 时期，管理层关联与审计师选择之间不存在显著关系。但是，在最近的两项研究中，Cohen et al.（2010）发现，"四大"的合伙人和审计经理认为管理层是审计师选择的关键驱动力（key driver），Fiolleau et al.（2012）的案例研究也发现了类似的结果。据此，作者提出下面的假设：

假设 1a：后 SOX 时期，管理层关联对审计师的选择有显著影响。

虽然 SOX 301 条款旨在消除管理层对审计师聘任的影响，一个更保守的预期是，该条款能够降低而不是完全消除管理层的影响。据此，本文提出下面的假设：

假设 1b：与前 SOX 时期相比，后 SOX 时期，管理层关联对审计师选择的影响显著较小。

审计委员会的质量和关注度可能会影响管理层干预审计师选择的能力。一方面，高质量的审计委员会可能会避开与管理层有关联的事务所以回避潜在的独立性威胁；另一方面，高质量的审计委员会在审计师决策时更有可能直接处理独立性和质量问题，而不关注是否存在管理层关联。因此，本文对审计委员会质量与是否聘任有管理层关联的审计师之间的关系不作预测。

2. 管理层关联与审计质量

SOX 法案认为，管理层影响审计师选择会导致不利后果，因此将审计师的选择交给审计委员会。SOX 法案实施后，管理层对审计师选择的影响可能仍然存在（Fiolleau et al.，2012；Cohen et al.，2010）。如果管理层与审计师的关联会降低审计师的独立性，那么本文预测，后 SOX 时期，聘请关联审计师的企业被出具"非标"审计意见的概率更小。据此，本文提出下面的假设：

假设 2a：后 SOX 时期，聘任关联审计师的企业，其审计师出具"非标"审计意见的概率降低。

经理人都有达到或超过盈利预测的动机，过去文献也常用达到或刚好超过分析师预测的概率来衡量盈余管理。如果管理层选择关联审计师是为了自身利益的话，那么，与未聘请关联审计师的企业相比，聘请关联审计师的企业刚好达到或超过盈利预测的概率更高。据此，本文提出下面的假设：

假设 2b：后 SOX 时期，聘任关联审计师的企业，其达到或者刚好超过盈利预测的概率增加。

当然，管理层影响审计质量的能力可能受审计委员会质量及其履职程度的影响。高质量的审计委员会对财务报告过程有更多监督，因此，本文预测，高质量的审计委员会可以降低聘任关联审计师带来的负面影响。据此，本文提出下面的假设：

假设2c：高质量的审计委员会能够降低聘任关联审计师对其后续审计质量的不利影响。

三、样本选择和研究方法

（一）样本数据

首先，本文通过 Auditor - Trak（1995—2000）数据库和 Audit Analytics（2001—2009）数据库收集了1995年1月1日至2009年12月31日“四大”审计师事务所聘任的所有数据。然后，本文排除了发生审计师变更但是代理人报告和10 - K报表数据不全的公司、外国私人发行企业、金融服务企业、由于安达信倒闭而改聘“四大”的情形以及控制变量数据缺失的样本，最后获得2 145个改聘某个“四大”为外部审计师的样本。作者手工收集了管理层的简历信息，以便确定管理层与聘任的审计师事务所是否存在关联（管理人员是否曾在所聘请的事务所任职）。本文所指的管理层包括CEO和所有与财务、会计有关的管理人员（CFO、CAO、总会计师等）。同时，本文还手工收集了审计委员会的会计专长、会议频率及规模方面的信息，以便对审计委员会质量进行衡量。

在研究管理层关联与审计质量的关系时，在上述样本的基础上，本文考察了发生审计师变更后两个财务报表结束日的审计意见和盈利预测情况，即样本跨度为1995年1月1日至2010年12月31日。最终获得的审计意见样本为2 302个，分析师预测样本为1 860个。

（二）研究设计

1. 管理层关联与审计师选择

本文采用下面的Logistic模型来检验管理层关联对审计师选择的影响。

$$Pr(APPTXX=1)=F(\beta_0+\beta_1 MGMTXX+\beta_2 SPEC+\beta_3 FBIG5+\beta_4 MATCHXX+\varepsilon) \tag{1}$$

其中，因变量 *APPTXX* 表示将要聘请的事务所（安永、德勤、毕马威或普华永道），因此，随着因变量不同，将会有4个独立的回归。例如，当企业聘请安永（Ernst & Young）为新任审计师事务所时，*APPTEY* 取1，当企业聘请“四大”中的其他三家事务所时，*APPTEY* 取0。主要的解释变量为 *MGMTXX*，当企业的管理人员曾在新任审计师事务所××任职，则 *MGMTXX* 取1，否则取0，假设1a预测β_1显著为正，即事务所与管理层存在关联时，被选中的概率更高。模型（1）还控制了新任审计师的行业专长（*SPEC*）、前任审计师事务所的规模（*FBIG5*）以及企业与审计师事务所现有客户的匹配程度（*MATCHXX*）。当新任审计师事务所在公司所属行业有专长时，*SPEC* 取1，否则取0；当前任审计师事务所是“四大”或者“五大”时，*FBIG5* 取1，否则取0；当企业与新任审计师事务所的既有客户的匹配程度高于与其他三大事务所既有客户的匹配程度时，*MATCHXX* 取1，否则取0。

本文用下面的模型（2）检验SOX法案实施前后，管理层关联对审计师选择的影响。其中，若样本属于2004年1月15日以后，则变量 *POST* 取1，否则取0。根据假设1a的预测，$\beta_1+\beta_3$的系数显著为正，即管理层关联对审计师选择有正面影响；根据假设 1b 的预测，β_3显著为负，即 SOX 法案实施后，管理层关联对审计师选择的影响减弱。模型（2）使用的控制变量与模型（1）一致。

$$Pr(APPTXX=1)=F(\beta_0+\beta_1 MGMTXX+\beta_2 POST+\beta_3 POST\times MGMTXX+\beta_4 FBIG5+\beta_5 MATCHXX+\beta_6 SPEC+\varepsilon) \quad (2)$$

本文用下面的模型（3）检验审计委员会质量对关联审计师选择的影响。

$$Pr(HIREDAFF=1)=F(\beta_0+\beta_1 AC\_MEET+\beta_2 AC\_SIZE+\beta_3 AC\_ACC\_EXP+\beta_4 \%IND\_BOARD+\beta_5 MEET\_BOARD+\beta_6 RECENT+\beta_7 DISMISSAL+\beta_8 SPEC+\beta_9 LNAT+\beta_{10} ZSCORE+\beta_{11} LIT+\varepsilon) \quad (3)$$

因变量为关联审计师的聘任（*HIREDAFF*），当企业聘请与管理层有关联的事务所为新任审计师事务所时，因变量 *HIREDAFF* 取 1，否则取 0。主要的检验变量为审计委员会质量。本文用三个变量衡量审计委员会质量，分别是审计委员会会议频率（*AC_MEET*）、审计委员会规模（*AC_SIZE*）和审计委员会会计专长（*AC_ACC_EXP*）。前文没有对审计委员会质量与审计师选择的关系作出预测。此外，模型（3）还控制了独立董事的比例（*IND_BOARD*）、董事会会议频率（*MEET_BOARD*）、经理人过去五年内是否在关联事务所任职（*RECENT*）、前任事务所是否由公司主动解聘（*DISMISSAL*）、新任审计师的行业专长（*SPEC*）、公司规模（*LNAT*）、财务困境指数（*ZSCOR*）和是否属于高诉讼风险行业（*LIT*）等因素。

2. 管理层关联与审计质量

由于管理层关联对审计师选择的影响可能无法完全消除，而 SOX 法案将管理层排除在审计师选择决策之外旨在增强审计师的独立性，接下来本文对管理层关联与审计质量的关系进行检验。本文用发表非标审计意见的概率和达到或刚好超过盈利预测的概率来衡量审计质量，分别建立下面两个模型：

$$Pr(GC=1)=F(\beta_0+\beta_1 HIREDAFF+\beta_2 POST+\beta_3 POST\times HIREDAFF+\beta_4 LAG\_GC+\beta_5 LNAT+\beta_6 STDEARN+\beta_7 LOSS+\beta_8 MTB+\beta_9 LIT+\beta_{10} ZSCORE+\beta_{11} ROA+\beta_{12} SPEC+\beta_{13} ACCRUALS+yearFE+industryFE+e) \quad (4)$$

模型（4）的因变量为发表非标意见的概率（*GC*），当审计意见为非标意见时 *GC* 取 1，否则取 0。解释变量包括是否聘请关联审计师（*HIREDAFF*），是否在 SOX 法案实施以后（*POST*）及二者的交互变量（*POST×HIREDAFFF*）。假设 2a 预测，系数$\beta_1+\beta_3$显著为负。控制变量包括上期是否非标意见（*LAG_GC*）、公司规模（*LNAT*）、收益波动率（*STADEARN*）、是否亏损（*LOSS*）、是否高诉讼风险行业（*LIT*）、财务困境指数（*ZSCOR*）、资产收益率（*ROA*）、新任审计师的行业专长（*SPEC*）、净收益与现金流差额（*ACCRUALS*）以及年份和行业固定效应（*yearFE*、*industryFE*）等。

$$Pr(JUST\ MEET=1)=F(\beta_0+\beta_1 HIREDAFF+\beta_2 POST+\beta_3 POST\times HIREDAFF+\beta_4 MVE+\beta_5 NOA+\beta_6 DOWNREV+\beta_7 FIRMAGE+\beta_8 SPEC+\beta_9 ANALYSTS+\beta_{10} STDEV+\beta_{11} LEV+\beta_{12} HORIZON+\beta_{13} POUSE+yearFE+industryFE+e) \quad (5)$$

模型（5）的因变量为达到或者刚好超过盈利预测的概率（*JUST MEET*），当公司实际盈余刚好等于或者超过预测盈余 2 美分以内时 *JUST MEET* 取 1，否则取 0。解释变量与模型（4）一致，假设2b预测，系数（$\beta_1+\beta_3$）显著为正。控制变量主要有公司市值（*MVE*）、净经营资产（*NOA*）、是否发生分析师预测下调（*DOWNREV*）、上市年限（*FIRMAGE*）、新任审计师的行业专长（*SPEC*）、作出盈利预测的分析师人数（*ANALYSTS*）、预测标准差（*STDEV*）、资产负债率（*LEV*）、预测期间（*HORIZON*）、每股盈余是否高于上期值（*POUSE*）以及年份和行业固定效应（*yearFE*、*industryFE*）。

四、实证结果

（一）描述性统计

描述性统计显示，样本期间共有2 145个样本发生了审计师变更。其中，1 725个审计师变更发生在SOX法案生效之前，420个变更发生在SOX法案生效以后。对SOX法案前后审计师变更与管理层关联情况的统计发现，在2 145个样本中，有81家企业的高层管理人员曾经在安永工作过，分别有107家、79家和77家的高层管理人员有在普华永道、德勤和毕马威任职的经历。总的来看，当管理层与“四大”中的某一事务所存在关联时，关联事务所被聘任为新任审计师的概率为47.7%，当该关联不存在时，该事务所被聘任为新审计师的概率为25%，两者之间存在显著差异。

对审计师选择模型相关变量的统计发现管理层关联的公司规模较小、更容易发生亏损，其前任审计师事务所更有可能是“非四大”；选择关联事务所为新任审计师事务所的公司，其审计委员会会议频率较低，更多的在5年之内雇佣了曾在关联事务所任职的管理人员，这些企业更可能主动解聘前任审计师。

（二）多元回归分析

1. 管理层关联与审计师选择

模型（1）和模型（2）的回归样本为总样本减去前任审计师事务所为某“四大”的样本。例如，当因变量为*APPTEY*时，回归样本为总样本（2 145个）减去前任审计师事务所安永的样本（233个），回归样本为1 912个。模型（1）的回归结果表明，除了德勤外，在因变量为另外三家“四大”的回归中，管理层关联（*MGMTXX*）的系数都显著为正，验证了假设1a。从经济显著性来看，管理层关联可以使得KPMG、EY、DT和PWC被聘任的概率分别增加20%、27%、8.5%和21%。模型（2）的回归结果显示，后SOX法案时期与管理层关联的交互变量（$POST \times MGMTXX$）的系数在所有四个回归中都不显著，表明SOX法案前后，管理层关联对审计师聘任的影响并没有显著变化。

模型（3）的回归样本为存在管理层关联的样本（$MGMTXX=1$）。模型（3）的回归结果显示，审计委员会质量变量中，只有审计委员会会议频率（*AC_MEET*）对是否聘任关联审计师有显著影响，但是该系数在后SOX时期子样本回归时不显著。审计委员会规模（*AC_SIZE*）和会计专长（*AC_ACC_EXP*）的系数都不显著，即没有一致证据表明审计委员质量对关联审计师的聘任有显著影响。

2. 管理层关联与审计质量

对审计意见样本统计发现，样本期间，约有 138 家发生审计师变更的企业被出具了非标意见，约占样本总量（2 302 个）的 6%，SOX 前后分别为 122 家和 16 家。模型（4）的回归结果显示，是否被出具非标意见与是否聘请关联审计师没有显著的相关关系。对审计委员会质量与审计意见类型，以及审计委员会质量与管理层关联交互项与审计意见类型的检验发现，审计委员会规模较大（*AC_SIZE*）的公司聘请关联审计师后被出具非标审计意见的概率增大，但是关联审计师（*HIREDAFF*）的系数显著为负，表明即使存在高质量的审计委员会，聘请关联审计师的公司被出具非标审计意见的概率整体上还是降低了。但是由于非标审计意见的样本过小（非标意见样本只占 6%），本文不能从这一回归结果中得出强有力的结论。

对分析师预测样本的统计发现，样本期间有 425 家企业达到或者刚好超过了分析师的盈利预测，约占总样本（1 860）的 23%。模型（5）的回归结果显示，管理层关联（*HIREDAFF*）的系数不显著，即聘请与管理人员有关联的审计师并没有增加或者减少管理层运用盈余管理达到分析师预测的概率，假设 2b 没有得到支持。进一步的，本文检验了审计委员会质量对管理层关联与为达到分析师预测进行的盈余管理之间的关系的影响，结果发现，审计委员会质量变量本身及其与管理层关联的交互变量的系数都不显著，假设 2c 也没有得到支持。

3. 补充分析

（1）审计委员会关联。考虑到审计委员会关联可能影响审计师选择，本文检验了审计委员会关联与审计师选择的关系。类似的，本文用 *ACXX* 表示审计委员会关联，当审计委员会有委员曾经在四大中某一事务所（××事务所）任职时，*ACXX* 取 1，否则取 0。在模型（1）中加入 *ACXX* 变量进行回归，结果发现 *MGMXX* 的系数仍然显著为正，*ACXX* 的系数则不显著，表明审计委员会关联对审计师选择没有显著影响，管理层关联对审计师选择的影响则是稳健的。

（2）非正常应计。过去的文献常用非正常应计衡量盈余管理，借鉴 Menon and Williams（2004）的做法，本文检验了聘任关联审计师（*HIREDAFF*）对非正常应计的影响。结果发现，SOX 法案实施前后，关联审计师的聘任对非正常应计水平的影响都不显著。这与前文中关联审计师的聘任对以盈利预测为目的的盈余管理的影响不显著也是一致的。

五、结论

本文检验了 SOX 法案前后，管理层关联对审计师选择的影响以及聘任关联审计师对审计质量的影响。研究表明，管理层关联对“四大”审计师的选择有显著影响，而且这种影响在 SOX 法案实施后并没有减弱，也没有因为高质量的审计委员会而减弱。研究也发现，没有一致证据表明，聘任关联审计师会损害审计独立性进而降低审计质量。

当然，本文的研究也有一定的局限性：（1）本文只限于新任审计师为四大时的审计师更换样本，事实上，SOX 法案之后，很多企业改聘非四大为外部审计师；（2）管理层过去的任职信息属于自愿披露，可能存在有管理人员曾在四大任职而不披露的情况，而且管理层对审计师选择的影响无法直接观察；（3）选择了关联审计师的样本非常小，这可能也是管理层关联对审计质量的影响不显著的原因之一。未来研究可以继续探讨管理层与审计师关联的其他方式（非任职关联）及管理层影响审计师的具体途径，从而为管理层关联、审计师选择及审计质量之间的关系提供更多证据。

（整理人：刘瑾）

主要参考文献

[1] Cohen, J., G. Krishnamoorthy, and A. Wright. 2010. Corporate governance in the post Sarbanes - Oxley era: Auditor experiences. *Contemporary Accounting Research*, 26 (1): p. 65 - 122.

[2] Fiolleau, K., K. Hoang, K. Jamal, and S. Sunder. 2012. How do regulatory reforms to enhance auditor independence work in practice? *Contemporary Accounting Research*, 30 (3): p. 864 - 890.

[3] Iyer, V. M., E. M. Bamber, and R. M. Barefield. 1997. Identification of accounting firm alumni with their former firm: Antecedents and outcomes. *Accounting, Organizations, and Society*, 22 (3 - 4): p. 315 - 336.

[4] Iyer, V. M. 1998. Characteristics of accounting firm alumni who benefit their former firm. *Accounting Horizons*, 13 (1): p. 18 - 30.

[5] Lennox, C. and C. Park. 2007. Audit firm appointments, audit firm alumni, and audit committee independence. *Contemporary Accounting Research*, 24 (1): p. 235 - 258.

§3-7　内控监督技术的潜在收益研究

Examining the Potential Benefits of Internal Control Monitoring Technology

文献来源：Masli, A., G. F. Peters, V. J. Richardson, and J. M. Sanchez. 2010. Examining the Potential Benefits of Internal Control Monitoring Technology. *The Accounting Review*, 85 (3): 1001-1034.

【摘要】本文分析了旨在提高监督效率的内部控制技术对公司的潜在收益。本文以实施内部控制技术的公司作为样本进行分析，研究发现实施内部控制监督技术（internal control monitoring，以下简称 ICM）的公司，内部控制缺陷更少、审计费用增幅较低、在 SOX 法案后年度报告延时较少。

一、研究问题

（一）问题的提出

本文研究旨在提高监督效率的内部控制监督技术对公司的潜在收益，分析实施内部控制监督技术是否有助于帮助公司减少内部控制缺陷、降低审计费用和提高报告的及时性。

本文的逻辑框架见图 3-8。

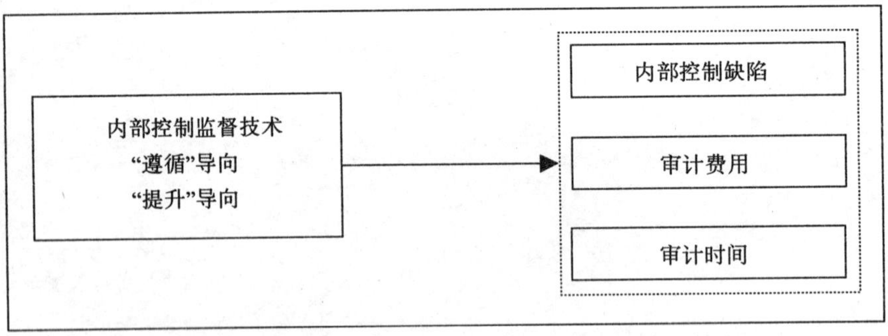

图 3-8　内控监督技术的潜在收益

（二）研究意义

本文的研究具有现实意义，越来越多的监管规定和商业压力要求公司实施成熟的内部控制监督技术（Coderre, 2006）。COSO 认为内部控制监督技术的提高有利于提高经营效率与效果，保证内部控制流程的实现（COSO, 2009a）。2009 年 1 月，COSO 发表内部控制监督指引，呼吁公司重视内部控制监督技术（2009a，2009b，2009c）。尽管内部控制监督技术理论上可行，但是目前并没有任何具体的经验证据支持 COSO 和相关人员的主张，实务界对实施内部控制监督技术的收益是否超过其成本表示怀疑（Dewan et al.，2007）。基于此，作者聚焦于公司实施内部控制监督技术是否存在潜在收益，希冀为相关的争论提供经验证据。

（三）主要贡献

本文有以下三点贡献：

首先，本文的研究是第一个证实如 COSO 所主张的 ICM 活动有利于提高内部控制系统的强度和外界对内部控制系统审计的效率，以及减少内控成本。

其次，丰富了会计信息系统（accounting information systems，AIS）的文献。Dehning and Richardson（2002）和 Melville et al.（2004）认为 IT 技术为公司带来的经济利益难以计量，与传统的财务计量方法（如 ROA）不同，本文衡量 IT 技术收益的方法更直接和清晰。

最后，丰富了 IT 技术审计的文献。一些学者集中于分析审计师采用 IT 技术的应用和对审计判断的影响（Messier，1995；O'Donnell and David，2000；Brazel et al.，2004；O'Donnell and Schultz，2003；Bible et al.，2005；Bedard et al.，2007；Dowling and Leech，2007；Dowling，2009）。然而现有文献很少涉及与鉴证相关的 IT 应用的收益研究，本文的研究丰富了这方面文献。

二、理论分析与研究假设

内部控制监督技术致力于为整个内部控制流程提供服务，并且满足 SOX 404 条款的要求。内部控制监督的功能包括中央数据储存、权限分配、沟通交流、工作安排和任务验收等。这些功能可以使管理层和相关负责小组更有信心保证内控质量。此外，根据 COSO 的监督流程，上述这些技术也是具体内部控制活动的一部分（COSO，2009a）。这些技术包括制定安全政策、维护信息完整性的活动、监督业务系统管理和风险的工具、会计违规的预警界面以及职责分离的维护工具。总之，有效的 ICM 技术可以避免公司陷入内部控制缺陷。因此，本文提出第一个假设：

H1：实施 ICM 技术的公司更不容易出现内部控制重大缺陷。

SOX 法案要求外部审计师对管理层内部控制的自我评估报告进行评价。已有研究表明，自 SOX 法案要求管理层和审计师评价内部控制后，公司的审计费用显著上升。Raghunandan and Rama（2006）通过分析 660 家制造业公司，发现 2004 年的审计费用的中位数比 2003 年上升 128%。COSO（2009a）认为，有效的监督策略体现了公司管理和减少组织风险的能力，同时，ICM 技术能够有效提升外部鉴证流程和证据搜集的效率，可以减少审计师进行审计工作所耗用的时间和精力。因此，本文提出第二个假设：

H2：与没有实施 ICM 技术的公司相比，实施 ICM 技术的公司在 SOX 法案后的审计费用增长幅度更少。

Ettredge et al.（2006）研究发现 SOX 404 条款实施后，年度审计报告延迟显著增加，他们认为这是由于 SOX 404 条款要求外部审计师实施相应的内部控制审计，外部审计师为了应对 SOX 法案的要求，需要增加审计工作量（Knechel and Payne，2001；Ettredge et al.，2006）。而 ICM 技术可以提高审计效率，例如 ICM 技术可以为文档管理提供全面服务，提高自动化业务流程，及时为审计师提供数据，生成审计线索等。总之，ICM 技术可以减少因 SOX 404 条款而带来的审计延迟。因此，本文提出第三个假设：

H3：与没有实施 ICM 技术的公司相比，实施 ICM 技术的公司审计延迟增加得更少。

先前研究表明 IT 收益取决于公司 IT 投资战略的本质。Dehning et al.（2003）将 IT 战略划分为三类，分别是自动化（automate）、信息化（Informate）和提升（transform）。自动化是指用自动化业务流程替代人工操作；信息化是指为管理层、员工和客户提供决策有用信息；提升是指业务流程根本性变革。参考前人的研究，作者将实施 ICM 技术的战略目标分为两类："遵循"（compliance）和"提升"（transformative）。

以"遵循"为导向的公司实施 ICM 技术，主要是为了满足 SOX 法案的要求，以减少遵循的复杂性和成本，主要关注于对内部控制监督流程标准化，包括内部控制报告、监督和测试等具体业务流程。以"提升"为导向的公司实施 ICM 技术，不仅仅是满足 SOX 法案的要求，公司将 ICM 技术融入整个公司的风险管理与合规管理及信息系统中。作者认为"提升"导向比"遵循"导向的 ICM 技术会产生更多的效益。因此，本文提出第四个假设：

H4：与采用"遵循"为导向的 ICM 技术相比，采用以"提升"为导向的 ICM 技术对鉴证结果的影响更大。

三、样本选择和研究设计

（一）样本选择

为了辨别公司是否实施 ICM 技术，利用关键词"SOX information technology"、"SOX-software"、"Sarbanes - Oxley solution"，手工搜集了 2003—2006 年上市公司年报，共获得与 SOX 法案相关的 ICM 技术样本 152 家。剔除数据缺失样本 13 家，最后得到 139 个样本实施 ICM 技术。为了与 Doyle et al.（2007）相对应，本文采用全样本作为控制样本，而不采用配对样本，以避免样本选择的偏差。

（二）研究设计

为了检验 H1，参照 Doyle et al.（2007）的内部控制缺陷的研究设计设定模型（1）。

$$Weaknesses_{t+1} = f(\beta_0 + \beta_1 SOX\ ICM_t + \beta_2 Assets_{t+1} + \beta_3 FirmAge_{t+1} + \beta_4 Loss_{t+1} + \beta_5 BankruptcyRisk_{t+1} + \beta_6 Segments_{t+1} + \beta_7 ForeignTransactions_{t+1} + \beta_8 Merger_{t+1} + \beta_9 ExtremeSalesGrowth_{t+1} + \beta_{10} Restructuring_{t+1} + \beta_{11} Trend_{t+1} + error\ term) \quad (1)$$

因变量 *Weaknesses* 定义为公司根据 SOX 404 条款报告内部控制重大缺陷数量。被解释变量为 *SOX ICM*，若公司实施 SOX 法案相关的 ICM 技术为 1，否则为 0。作者预期 *SOX*

ICM 的系数显著为负，表明实施 ICM 技术可以减少内部控制缺陷。为了检验 H4，作者将 *SOX ICM* 变量进一步划分为 *SOX ICM Transform* 和 *SOX ICM Comply*，前者表示，如果公司实施 SOX 法案相关的 ICM 技术是以“提升”为目标，则赋值为 1，否则为 0。后者表示，如果公司实施的 ICM 技术以“遵循”为目标，则赋值为 1，否则为 0。

此外，模型（1）还控制了公司规模（*Assets*）、公司上市年限（*FirmAge*）、是否亏损（*Loss*）、Altman 的破产风险（*BankruptcyRisk*）、业务分部数量（*Segments*）、是否存在外币交易（*ForeignTransactions*）、是否发生并购（*Merger*）、是否超额增长（*ExtremeSalesGrowth*）、重组费用（*Restructuring*）、宏观影响（*Trend*）。*SOX ICM* 根据 t 期是否实施 ICM 技术进行判断，因变量和其他控制变量的值均为 t+1 期。

为了检验 H2，与没有实施 ICM 技术的公司相比，实施 ICM 技术的公司在 SOX 法案后的审计费用增长幅度更少，作者参照 Raghunandan and Rama（2006）审计费用的模型进行检验。如模型（2）所示，因变量 *ΔAuditFees* 代表 t+1 年比 t 年审计费用增加的比率。审计费用指全部费用。主要检验变量为 *SOX ICM*，本文预期其系数显著为负。控制变量均为 t+1 年与 t 年的差值，包括净应收和存货与总资产比例（*ReceivableandInventory*）、是否存在外币交易（*ForeignTransactions*）、业务分部数量（*Segments*）、流动资产与流动负债之比（*Liquidity*）、资产负债率（*Leverage*）、资产回报率（*ROA*）、审计师是否出具可持续经营意见（*GoingConcern*）、审计师是否为四大（*Big4*）、是否报告内部控制缺陷（*Weakness*）、宏观影响（*Trend*）。

$$\Delta Audit\ Fees_{t+1} = f(b_0 + b_1 SOX\ ICM_t + b_2 \Delta Assetst_{t+1} + b_3 \Delta ReceivablesandInventory_{t+1} + b_4 \Delta ForeignTransactions_{t+1} + b_5 \Delta Segments_{t+1} + b_6 \Delta Liquidity_{t+1} + b_7 \Delta Leverage_{t+1} + b_8 \Delta ROA_{t+1} + b_9 \Delta GoingConcern_{t+1} + b_{10} \Delta Big4_{t+1} + b_{11} \Delta Weakness_{t+1} + b_{12} \Delta Trend_{t+1} + \varepsilon) \qquad (2)$$

为了检验 H3，参照 Ettredge et al.（2006）关于审计延迟的模型，建立模型（3），其中 *Audit Delays* 表示审计报告日距离财务报告期期末（fiscal year end）的天数。*ΔAudit Delays* 代表 t+1 年比 t 年审计延迟天数变动的比率。预期 *SOX ICM* 的系数显著为负，表示实施 ICM 技术的公司比没有实施的公司在审计时间延迟上更少。其他控制变量包括公司规模（*Assets*）、资产回报率（*ROA*）、资产负债率（*Leverage*）、是否出具可持续报告（*GoingConcern*）、是否发生资产重组（*Restructuring*）、业务分部数量（*Segments*）、是否发生亏损（*Loss*）、是否发生报表重述（*Restatement*）、审计费用（*AuditFees*）、是否存在内控缺陷（*Weakness*）、是否发生审计师变更（*AuditorChange*）、宏观影响（*Trend*）。

$$\Delta Audit\ Delays_{t+1} = f(b_0 + b_1 SOX\ ICM_t + b_2 \Delta Assetst_{t+1} + b_3 \Delta ROA_{t+1} + b_4 \Delta Leverage_{t+1} + b_5 \Delta GoingConcern_{t+1} + b_6 \Delta Restructuring_{t+1} + b_7 \Delta Segments_{t+1} + b_8 \Delta Loss_{t+1} + b_9 \Delta Restatement_{t+1} + b_{10} \Delta AuditFees_{t+1} + b_{11} \Delta Weakness_{t+1} + b_{12} \Delta AuditorChange_{t+1} + b_{13} \Delta Trend_{t+1} + \varepsilon) \qquad (3)$$

四、实证结果

（一）描述性统计

本文对实施 ICM 技术的公司与没有实施 ICM 技术的公司进行分组描述性统计，初步的证据表明实施 ICM 技术的内部控制缺陷更少、审计费用增幅较低、在 SOX 法案后审计延迟增加得更少。

（二）实证结果

1. 实施 ICM 技术的公司与内部控制缺陷之间的关系

作者进行了三组回归，第一组为基准模型（如模型 1），第二组加入了 *Restatement*、*GoingConcern*、*Audit Fees*、*Absolute Accruals*（应计水平绝对值）等控制变量，第三组回归为控制自选择问题后的回归模型。*SOX ICM* 的系数分别为 -0.103、-0.161、-0.100，均在 10% 的水平上显著，实证结果表明实施 ICM 技术的公司，存在更少的内部控制缺陷。

然后本文将 *SOX ICM* 变量进一步划分为 *SOX ICM Transform* 和 *SOX ICM Comply*，并重新进行回归，实证结果显示 *SOX ICM Transform* 和 *SOX ICM Comply* 两个变量均显著为负，这意味着无论是“遵循”导向技术，还是“提升”导向技术，均使得公司存在更少的内部控制缺陷；然而它们的系数之间并不存在显著差异。

2. 实施 ICM 技术的公司与审计费用增幅之间的关系

模型（2）的回归结果显示，*SOX ICM* 变量的系数显著为负，实证结果表明，与没有实施 ICM 技术公司相比，实施 ICM 技术的公司在 SOX 法案后的审计费用增长幅度更少。

然后，作者将 *SOX ICM* 变量进一步划分为 *SOX ICM Transform* 和 *SOX ICM Comply*，并重新进行回归，实证结果显示 *SOX ICM Transform* 和 *SOX ICM Comply* 两个变量均显著为负，但是它们的系数之间并不存在显著差异。

3. 实施 ICM 技术的公司与报告延期之间的关系

模型（3）的回归结果显示，*SOX ICM* 变量的系数显著为负，表明实施 ICM 技术的公司比没有实施 ICM 的公司在审计时间延迟上增加得更少。

同样的，作者将 *SOX ICM* 变量进一步划分为 *SOX ICM Transform* 和 *SOX ICM Comply*，并重新进行回归，实证结果显示 *SOX ICM Transform* 的系数显著为负，*SOX ICM Comply* 的系数为负，但并不显著，两者系数存在显著差异，这支持 H4。

4. 稳健性检验

（1）选择配对样本，作者按照总资产规模相近、两位 SIC 行业代码、是否四大、是否发布 SOX 404 报告选择配对样本；（2）考虑高管变更的影响，作者在回归模型中加入 *New CEO* 变量，如果在当年和前一年发生 CEO 变更则为 1，否则为 0；（3）考虑内生性的影响，采用二阶段回归重新进行分析；（4）内部控制缺陷的计量问题，采用 Tobit 模型重新进行回归分析。作者进行上述稳健性检验，实证结果没有发生变化。

五、结论

本文分析了旨在提高监督效率的内部控制技术对公司的潜在影响。本文研究发现实施内部控制监督技术的公司，内部控制缺陷更少、审计费用增幅较低、在 SOX 法案后年度报告延时增加的比率更低。

今后可以在以下方面进行拓展研究：内部控制监督技术与其他规则遵循之间的关系，

尽管本文检验了SOX法案遵循的结果，但是仍然需要研究其他规则下的内部控制监督技术的收益；其次，尽管ICM技术与审计效率和时效显著相关，但其是否能够提高内部和外部审计质量仍然有待实证检验；此外，COSO认为内部控制监督技术不仅仅为财务报告服务，还为整个公司治理系统服务，信息技术如何影响内部控制监督仍然是一个开放的问题。

（整理人：林东杰）

主要参考文献

[1] Bedard, J. C., M. L. Ettredge, and K. M. Johnstone. 2007. Using electronic audit work paper systems in audit practice: Task analysis, learning, and resistance. *Advances in Accounting Behavioral Research*, 10, p. 29 – 53.

[2] Bible, L., L. Graham, and A. Rosman. 2005. Comparing auditors' performance in paper and electronic work environments. Journal of Accounting, *Auditing and Finance*, March, p. 27 – 42.

[3] Brazel, J. F., C. P. Agoglia, and R. C. Hatfield. 2004. Electronic versus face – to – face review: The effects of alternative forms of review on auditors' performance. *The Accounting Review*, 79, p. 949 – 966.

[4] Coderre, D. 2006. Global Technology Audit Guide: Continuous Auditing Implications for Assurance, Monitoring, and Risk Assessment. Montvale, NJ: The Institute of Internal Auditors.

[5] Committee of Sponsoring Organizations of the Treadway Commission COSO. 2009a. Guidance. Guidance on Monitoring Internal Control Systems, Vol. I. Durham, NC: COSO.

[6] Committee of Sponsoring Organizations of the Treadway Commission COSO. 2009b. Application. Guidance on Monitoring Internal Control Systems, Vol. II. Durham, NC: COSO.

[7] Committee of Sponsoring Organizations of the Treadway Commission COSO. 2009c. Examples. Guidance on Monitoring Internal Control Systems, Vol. III. Durham, NC: COSO.

[8] Dehning, B., and V. J. Richardson. 2002. Returns on investments in information techonlogy: A research synthesis. *Journal of Information Systems* 16 (1): 7 – 30.

[9] Dehning, B., V. J. Richardson, and R. W. Zmud. 2003. The value relevance of announcements of transformational informational technology investments. *Management Infofmation Systems Quarterly* 27 (4): 637.

[10] Dewan, S., V. Gurbaxani, and C. Shi. 2007. Investigating the risk – return relationship of information technology investment: Firm – level empirical analysis. *Management Science*, 53, p. 1829 – 1842.

[11] Dowling, C. 2009. Appropriate audit support system use: The influence of auditor, audit team and firm factors. *The Accounting Review*, 84, p. 771 – 810.

[12] Dowling, C., and S. A. Leech. 2007. Audit support system design and decision aids: Current practice and opportunities for future research. International *Journal of Accounting Information Systems*, 8, p. 92 – 116.

[13] Doyle, J., W. Ge, and S. McVay. 2007. Determinants of weaknesses in internal control over financial reporting. *Journal of Accounting and Economics*, 44, p. 193 – 223.

[14] Ettredge, M. L., C. Li, and L. Sun. 2006. The impact of SOX Section 404 internal control quality assessment on audit delay in the SOX era. *Auditing: A Journal of Practice and Theory*, 25, p. 1 – 23.

[15] Knechel, W. R., and J. L. Payne. 2001. Additional evidence on audit report lag. *Auditing: A Journal of Practice and Theory*, 20, p. 137 – 146.

[16] Melville, N. , K. Kraemer, and V. Gurbaxani. 2004. Review: Information technology and organizational performance: An integrative model of IT business value. *Management Information Systems Quarterly*, 28, p. 283 – 322.

[17] Messier, W. 1995. Research in and development of audit – decision aids. In Judgment and Decision – Making Research in Accounting and Auditing, edited by Ashton, R. , and A. Ashton, p. 207 – 230. New York, NY: Cambridge University Press.

[18] O'Donnell, E. , and J. David. 2000. How information systems influence user decisions: A research framework and literature review. *International Journal of Accounting Information Systems*, 1, p. 178 – 203.

[19] O'Donnell, E. , and J. J. Schultz. 2003. The influence of business – process – focused audit support software on analytical procedures judgments. *Auditing: A Journal of Practice and Theory*, 22, p. 265 – 279.

[20] Raghunandan, K. , and D. V. Rama. 2006. SOX Section 404 material weakness disclosures and audit fees. *Auditing: A Journal of Practice and Theory*, 25, p. 99 – 104.

ξ3-8　SOX法案对小型会计师事务所的退出及审计质量的影响

The Effect of SOX on Small Auditor Exits and Audit Quality

文献来源：DeFond, M. L., and C. S. Lennox. 2011. The Effect of SOX on Small Auditor Exits and Audit Quality. *Journal of Accounting and Economics*, 52 (1): 21-40.

【摘要】本文发现，SOX法案之后，超过600家的会计师事务所退出审计市场，这些事务所的审计客户数量小于100家SEC客户（clients）。与未退出的会计师事务所相比，退出的会计师事务所的审计质量更低，这里审计质量的标准是：（1）规避AICPA同业互查以及未遵循PCAOB的准则；（2）同业互查报告和PCAOB监管报告中的缺陷严重程度。此外，退出的会计师事务所的审计客户接受了后任会计师事务所的更高质量的审计，这里的审计质量是指发表可持续经营审计意见的可能性。本文的研究结果表明，PCAOB的监管提高了审计质量的整体水平，因为它促使低质量的会计师事务所退出审计市场。

一、研究问题

（一）问题的提出

本文研究了SOX法案对审计市场结构和审计服务质量的影响。具体的，作者研究了美国的小型会计师事务所在SOX法案颁布之后退出审计市场的情况，以及未退出审计市场的小型会计师事务所的审计质量在SOX法案前后的变化。

具体来说有两个研究问题，一是研究退出市场的小型会计师事务所的质量是不是更低；二是在一些会计师事务所退出后，整个审计市场的审计质量是否有所提高。

本文的逻辑框架见图3-9。

（二）研究意义

第一，在美国，小型会计师事务所（主要是指审计客户数量低于100家）对监管者来说非常重要，因为截止到2008年，小型会计师事务所的数量占据了整个会计师事务所的97%，并且其业务涵盖了美国34%的上市公司。然而，较少文献研究小型会计师事务所审计质量的横向差异，因为大多数的研究只是比较N大会计师事务所和非N大会计师事务所的审计质量，所有的非N大会计师事务所被假定为一组同质的公司。所以，对小型会计师事务所的研究非常重要。

第二，SOX法案中设置了很多可以影响审计市场结构和审计服务质量的条款，目的是

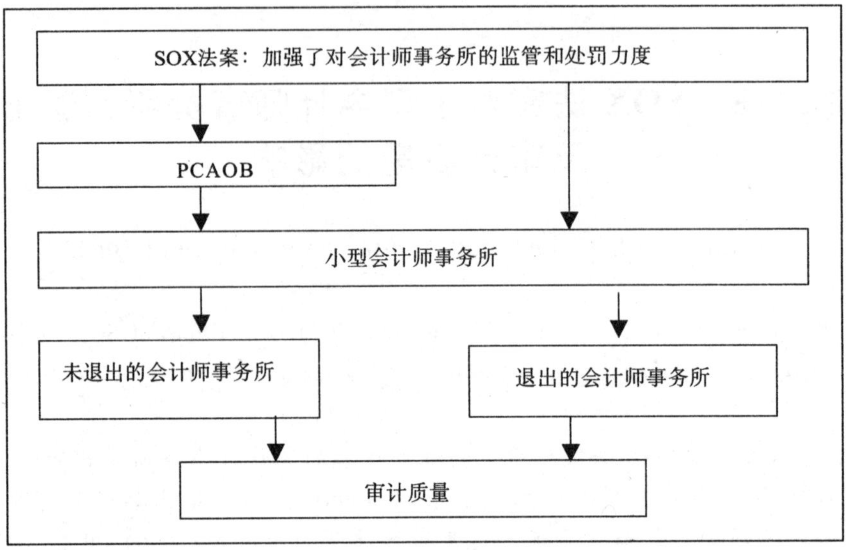

图 3-9　SOX 法案对小型会计师事务所的退出及审计质量的影响

为了提高美国资本市场的整体审计质量水平，比如，SOX 法案通过增强监管力度，提高了上市公司审计师的审计成本；要求审计师更严格地遵循审计准则；对审计师的失职行为给予更严厉的惩罚，等等。本文的主要研究目的是，了解 SOX 法案带来的制度上的变化对小型会计师事务所审计质量的影响。因此，本文的结果能够给监管者的决策提供经验证据。

（三）主要贡献

第一，间接评估了 SOX 法案的作用和效果，是对研究 SOX 法案经济后果的一系列文献的补充。研究结果发现 SOX 法案显著改变了小型会计师事务所的市场结构，减少了小型会计师事务所的数量，显著增加了现有会计师事务所的规模和客户集中度。更重要的是，SOX 法案对提高审计质量发挥了重要作用，因为它促使低质量的会计师事务所退出了审计市场。

第二，本文同时检验了 PCAOB 的监管是否可以提高审计质量。这也是对现有两篇工作论文的一个补充（Carcello and Mastrolia，2008；Gramling et al.，2011）。这两篇文章的研究设计是比较某个会计师事务所在受到 PCAOB 监管前后的审计质量。因此，他们的研究对象是仍然在审计市场的小型会计师事务所，而本文是以小型会计师事务所是否退出审计市场为切入点，研究在 PCAOB 登记及接受 PCAOB 的监管之后，小型会计师事务所的审计质量是否会有所提高，或者是否选择直接退出审计市场。

二、理论分析

SOX 法案要求 PCAOB 加强对审计行业的监管，增加了会计师事务所审计上市公司的成本。PCAOB 的监管在审计市场改革中发挥着矫正作用，即，通过识别和纠正低质量的审计执业，提高审计质量。

（一）PCAOB 监管对小型会计师事务所的影响

SOX 法案之后，小型会计师事务所的执业成本更高。主要原因有：

（1）SOX 法案之后，PCAOB 要求会计师事务所严格遵循高标准的审计准则，包括：要求会计师事务所增加一系列执业领域的投资，如接受及保持客户关系的程度、合伙人薪酬和业务审核、审计师独立性和员工培训等。上述固定成本增加的比例对小型会计师事务所来说更高，因为相比于大型会计师事务所，它们拥有更少的客户、合伙人和员工，更难以将这些增加的执业成本顺利转嫁给客户，同时保持更高的审计独立性。

（2）PCAOB 的监管者总爱在一些细小琐碎和不重要的审计缺陷上批评指责审计师，并怀疑审计师的职业判断，这无疑增加了本身运营就不如大所规范的小型会计师事务所的成本。此外，有研究发现（Lennox and Pittman，2010），PCAOB 对小型会计师事务所的检查范围更广。

（二）PCAOB 监管对低质量的会计师事务所的影响

PCAOB 的监管会给低质量的会计师事务所带来更高比例的执业成本。主要有两点原因：

（1）由于 PCAOB 的监管，低质量的事务所面临更严格的监管环境和更严厉的惩罚。PCAOB 更容易发现低质量会计师事务所的审计失败。

（2）低质量的事务所在 PCAOB 登记和接受监管会给自身带来更高的成本。SOX 法案之后，所有的有资格审计上市公司的会计师事务所（public company auditors）都要求在 PCAOB 登记。低质量的事务所在 PCAOB 登记备案会引来监管者更多的注意力。因此，低质量事务所退出审计市场不失为经济可行的方案。

（三）SOX 法案之后审计质量的变化

小型会计师事务所数量的减少，不仅会改变审计市场的结构，更会影响审计质量。其他条件不变时，会计师事务所数量减少，增加了每个会计师事务所的客户数量。但是，会计师事务所规模的增加是否会增加审计质量仍很难判断。理论和实证研究都认为，规模大的会计师事务所具有更高的审计质量（如：DeAngelo，1981）。然而，会计师事务所可能很难应对突然增加的审计客户，由于人力资源的限制等，会计师事务所规模的增加可能会损害审计质量。因此，未退出市场的小型会计师事务所由于审计客户数量的增加，审计质量是否因此而提高仍然是个有待检验的实证问题。

此外，SOX 法案同样会影响审计质量的需求方。SOX 法案要求公司管理层保证财务报告的准确性，并对不可靠的财务报告承担个人责任。同时，SOX 法案要求更严厉的犯罪惩罚，并且要求发生财务报告重述公司的管理层放弃因高估业绩而获得的奖金。SOX 法案的这些要求增加了管理层对高质量审计的需求，迫使低质量的会计师事务所退出审计市场。因此，在本文中，作者认为，并不仅仅是 PCAOB 监管的执行影响了审计质量的变化，很多其他因素同样会影响审计质量的市场需求和供给。

三、样本选择和研究设计

（一）样本选择

本文的样本取自 Audit Analytics Database 中的审计意见文件，涵盖了2001—2008年在SEC备案的所有公司的审计报告。这些文件包括120 441份审计业务，其中33 533（27.8%）的审计业务是由客户数量少于100家的会计师事务所承担的。100家审计客户的划分是沿用了PCAOB的标准。本文只研究小型会计师事务所的退出情况，是因为除了安达信会计师事务所之外，并没有大型的事务所退出审计市场。退出市场的会计师事务所是指不再审计在SEC备案的公司的事务所，或者在整个样本期间都未在PCAOB登记备案的事务所。

（二）小型会计师事务所规避及接受 AICPA 行业互查和 PCAOB 监管的情况

在2004年启动PCAOB监管之前，所有审计SEC备案公司的AICPA的会员（会计师事务所）按照要求每三年都要进行一次同行互查。因为同行互查的规定只是针对AICPA的会员，因此避免成为AICPA会员的会计师事务所可以规避同行互查。2003年10月之后，所有的有资格审计上市公司的会计师事务所必须在PCAOB备案，且其资料可以在PCAOB网站查询。在2004—2008年，按照要求共有945家小型会计师事务所，应该在PCAOB登记备案。然而，41家事务所并没有按照要求登记，2007年，SEC对这些事务所进行了处罚。

（三）研究设计

1. 退出市场的小型会计师事务所的审计质量（auditor quality）

在美国，很多小型会计师事务所出于成本收益的考虑，不会参加AICPA的同行互查或不在PCAOB登记备案以避开监管。本文首先实证检验了退出市场的会计师事务所是不是更可能避开AICPA的同行互查或PCAOB的监管（是否参与行业互查及PCAOB监管是本文衡量审计质量的一种方法）。其次，对于接受AICPA行业互查和PCAOB监管，但又退出的小型会计师事务所，通过检查它们收到的同行互查报告和PCAOB的监管报告判断它们的审计质量。由于同行互查报告与PCAOB监管报告完全不同，因此，本文分别在两个期间（2001—2003年和2004—2008年）进行了实证分析。

其中，2001—2003年间的回归模型如下：

$$EXIT_i = \beta_0 + \beta_1 REVIEWED_i + \beta_2 REVIEWED_i \times PR\_WEAK_i + \beta_3 REVIEWED_i \times WEAK\_ENGAGE_i + \beta_4 REVIEWED_i \times WEAK\_QC_i + \beta_5 REVIEWED_i \times MOD\_ADV_i + \beta_6 REVIEWED_i \times \Delta PR\_MKTSH_i + \beta_7 AUDITOR\_SIZE_i + \beta_8 \% CLIENT\_DEREG_i + \beta_9 MISMATCH_i + \varepsilon \quad (1)$$

其中，$EXIT_i$ 是虚拟变量，如果会计师事务所退出了审计市场，取值为1，否则为0。虚拟变量 $REVIEWED_i$ 是本文关注的主要自变量，当会计师事务所接受同行互查时，该值取1，否则为0。如果β_1显著为负，则表示在2001—2003年，规避监管机构审查的会计师事务所更容易退出市场。同时，本文使用四个变量来描述同行互查报告的情况，包括 PR_WEAK_i、$WEAK\_ENGAGE_i$、$WEAK\_QC_i$ 和 MOD_ADV_i，分别表示同行报告中披露的缺陷的总数量、执行业务活动中的缺陷、质量控制活动中的缺陷，以及是否收到保留或否定同业意见。如果退出的会计师事务所的审计质量较低，那么以上四个变量的系数均显著为正。

另外，本文用模型（2）分析了2004—2008年退出市场的会计师事务所的情况，回归模型如下：

$$EXIT_i = \beta_0 + \beta_1 NON\_COMPLY_i + \beta_2 INSPECTED_i + \beta_3 INSPECTED_i \times PCAOB\_WEAK_i + \beta_4 INSPECTED_i \times P\&D_i + \beta_5 INSPECTED_i \times ERROR_i + \beta_6 INSPECTED_i \times NO\_TEST_i + \beta_7 INSPECTED_i \times INADEQUATE_i + \beta_8 INSPECTED_i \times PERVASIVE_i + \beta_9 INSPECTED_i \times \Delta PCAOB\_MKTSH_i + \beta_{10} AUDITOR\_SIZE_i + \beta_{11} \% CLIENT\_DEREG_i + \beta_{12} MISMATCH_i + \varepsilon \quad (2)$$

其中，因变量 $EXIT_i$ 的定义同模型（1）。虚拟变量 NON_COMPLY_i 是本文关注的主要的变量，如果会计师事务所在2004—2008年未在PCAOB登记备案，该变量等于1，否则为0。本文预测 β_1 显著为正，即未在PCAOB登记的会计师事务所退出市场的可能性更高。这也说明，退出市场的事务所大都会有意规避监管者的检查。对于在PCAOB登记的会计师事务所，本文又进一步分析了PCAOB的监管报告内容，将会计师事务所执业方面的缺陷分成五种类型：未能设计和实施适当的审计程序、未能识别并报告出会计差错、未能测试或评估某项的认定、审计程序不充分和"普遍发生的"审计失败（pervasive failures）等，并分别用变量：$P\&D_i$、$ERROR_i$、NO_TEST_i、$INADEQUATE_i$ 和 $PERVASIVE_i$ 表示。这些代表缺陷的变量分别与虚拟变量 $INSPECTED_i$（会计师事务所接受PCAOB监管时取1，否则为0）交互，如果所有交互项的系数显著为正，则表明在接受PCAOB监管的会计师事务所中，退出市场的会计师事务所的审计质量更低。

2. 未退出会计师事务所的审计质量

以退出市场的会计师事务所的审计客户为研究对象，检验它们是否从后任会计师事务所那里得到更高质量的审计。审计质量是以发表可持续经营审计意见的可能性来衡量。对公司可持续经营发表审计意见需要大量的主观职业判断，这一主观性使得低质量的审计师更容易发表不适当的"干净"审计意见。也就是说，低质量的审计师更不愿意发表非标准的可持续经营意见。先前很多文献（如：Craswell et al.，2002；DeFond et al.，2002）都以审计师发表可持续经营审计意见的比率（Going Concern Rate）作为审计质量的衡量。对于该部分的分析，本文运用模型（3）实证对比了由于前任会计师事务所的退出，审计客户前后任会计师事务所的审计质量。回归模型如下：

$$GC_{jt} = \beta_0 + \beta_1 EXIT_{jt} + \beta_2 PRE\_EXIT_{jt} + \beta_3 AUDITOR\_SIZE_{jt} + \beta_4 ENTRY_{jt} + \beta_5 POST\_ENTRY_{jt} + \beta_6 CLIENT\_DEREG_{jt} + \beta_7 OLD_{jt} + \beta_8 NEW_{jt} + \beta_9 LTA_{jt} + \beta_{10} LOSS_{jt} + \beta_{11} REPORT\_LAG_{jt} + \beta_{12} LEVERAGE_{jt} + \sum \beta(YEARDUMMIES) + \varepsilon \quad (3)$$

其中，因变量 GC_{jt} 是虚拟变量，如果公司j在t年收到了非标准的可持续经营审计意见，取值为1，否则为0。为了更好地理解自变量，假设某一公司在某个期间由会计师事务所X审计，当X退出审计市场后，该公司由后任事务所S审计，如果一个公司是由会计师事务所X或S审计的，那么变量 $EXIT_i$ 取值为1，否则为0，也就是说，$EXIT_i$ 为0代表了由未退出市场的会计师事务所审计的所有公司。当公司j在t年由退出市场的会计师事务所审计时，PRE_EXIT_{jt}取值为1，否则为0。这样，虚拟变量PRE_EXIT_{jt}衡量了退出的会计师事务所和后任的会计师事务所在发表可持续经营意见可能性上的差异，即审计质量的差异。模型还控制了会计师事务所的规模（$AUDITOR\_SIZE_{jt}$）、审计客户是否注销在SEC的备案情况（$CLIENT\_DEREG_{jt}$）、会计师事务所变更（NEW_{jt}），以及审计客户特征（LTA_{jt}、$LOSS_{jt}$、$LEVERAGE_{jt}$）等控制变量。

四、实证结果

（一）描述性统计

（1）样本期间49%的小型会计师事务所退出了审计市场。整个样本期间，退出的会计师事务所远远多于新进入市场的会计师事务所，因此，小型会计师事务所的数量显著下降。退出数量最多的年份与SOX法案颁布（2002），PCAOB登记备案规定（2003）和监管要求（2004）相吻合。然而，对于新进入的会计师事务所数量，在进入年份上没有显著的规律性，也就是说，SOX法案并没有对新进会计师事务所的数量产生影响。

（2）为了描述参与同行互查期间的小型会计师事务所的情况，本文将样本期间分为两段：PCAOB监管前期，即2001—2003年；PCAOB监管期，即2004—2008年。描述性统计发现，2001—2003年间，共有1064家小型会计师事务所，其中，746家注册成为AICPA的会员，即接受同行互查。进一步分析746家会计师事务所收到的同行互查报告的情况，并将同行互查报告分为：标准无保留意见、保留意见和否定意见，结果发现：在这746家事务所中，394家（52.8%）收到了“干净的”行业互查意见。近一半的事务所被同行查出有一个或多个缺陷（包括执业缺陷和质量控制缺陷）。其中，执业缺陷比质量控制缺陷出现得更加频繁。

另外，517家事务所接受了PCAOB的监管调查，其余的事务所在接受监管前已经退出了市场。PCAOB会对会计师事务所的审计质量进行评估，并披露在审计执业过程中出现的缺陷。在接受监管的517家事务所中，295家（57.1%）事务所没有审计业务执行的缺陷。其余事务所有一个或多个业务执行上的缺陷。

最后，作者通过组间差异分析，发现规避行业互查的会计师事务所更不太可能在PCAOB登记备案。这也说明，事务所规避行业互查是为了避免监管机构的审查。

（二）回归结果分析

1. 退出的会计师事务所的审计质量

结果发现，$REVIEWED_i$的系数显著为负，即，在2001—2003年，退出市场的会计师事务所更不太可能接受同行互查。对于接受同行互查但又退出市场的会计师事务所，分析其同行互查报告发现，相对于未退出市场的会计师事务所，其同行报告中披露的缺陷总数量、执行业务活动缺陷数量和质量控制活动的缺陷数量显著增加，并且退出市场的会计师事务所更容易收到保留或否定意见的同行报告。

模型2的回归结果显示，所有缺陷变量的交互项的系数都显著为正，也就是说，相对于未退出市场的会计师事务所，退出市场的事务所的审计质量相对更低。

2. 部分会计师事务所退出后，现存会计师事务所的审计质量是否得到提高？

模型 3 中主要变量的单变量分析结果发现：（1）小规模的会计师事务所发表可持续经营意见的比率显著高于 N 大所。主要原因是，小规模事务所的审计客户的整体财务状况不佳。（2）相比于后任会计师事务所，退出市场的前任会计师事务所更不太可能发表可持续经营意见。回归结果表明，无论如何调整控制变量，PRE_EXIT_{jt}的系数 β_2 都显著为负，这也与退出的会计师事务所更不愿意发表可持续经营意见的预期一致。

（三）敏感性测试

本文还做了一系列的敏感性测试，如，试图从审计质量的供给和需求效应解释会计师事务所的退出现象。作者认为，如果小型会计师事务所的退出是因为公司对高质量的审计需求造成的，那么可以预期，客户主动解雇低质量的会计师事务所的频率更高。本文的描述统计发现，在 Audit Analytics 数据库里 1233 家小型会计师事务所中，有 878 家事务所经历了至少一次的审计师变更。而在这 878 家事务所中，接近一半（416 家）的事务所退出了审计市场。虽然不能完全排除审计质量需求效应导致更多的小型会计师事务所退出市场的解释，但是，审计质量的供给效应，即为了规避监管者的检查，出于成本效益的考虑，部分会计师事务所退出了市场，还是可以部分地解释会计师事务所的退出现象。

此外，本文还考虑了审计客户自愿取消在 SEC 注册的影响，调整了小型会计师事务所的定义，考虑了其他衡量会计师事务所规模的方法，以及分析了监管风险对会计师事务所退出的影响，等等。结果与前述结论一致。

五、结论

SOX 法案之后，接近一半的小型会计师事务所退出了审计市场，直接导致了未退出的小型会计师事务所的审计客户集中度增加了近一倍。本文的主要研究目的是解释为什么会计师事务所会选择退出市场，以及审计市场结构的变化如何影响审计质量。结果发现，SOX 法案之后，超过 600 家的小型会计师事务所退出审计市场。与未退出的会计师事务所相比，退出的会计师事务所的审计质量更低。本文的实证结果表明，SOX 法案不但改善了美国审计市场的总体结构，而且也提高了未退出会计师事务所的总体审计质量。

本文的局限性在于，实证结果严重依赖于审计质量衡量的可靠性。不难看出，本文在衡量审计质量时，用了完全不同的两套衡量指标。对于退出市场的会计师事务所的审计质量的衡量，本文假设规避 AICPA 同行互查或未在 PCAOB 登记的会计师事务所的审计质量更低；对于既接受同行互查又在 PCAOB 登记的退出的会计师事务所，根据同行互查报告的执业缺陷判定审计质量。同时，当对比未退出会计师事务所和退出的会计师事务所的审计质量差异时，则以审计师发表非标准的可持续经营意见的比率衡量审计质量。

（整理人：陈莹）

主要参考文献

[1] Craswell, A. T. , Stokes, D. J. , Laughton, J. , 2002. Auditor independence and fee dependence. *Journal of Accounting and Economics* 33, p. 253 – 275.

[2] Carcello, J. , Mastrolia, S. , 2008. The effect of PCAOB inspections on Big 4 audit quality. Working Paper, University of Tennessee.

[3] DeFond, M. , Raghunandan, K. , Subramanyam, K. R. , 2002. Do non – audit service fees impair auditor independence? Evidence from going concern audit opinions. *Journal of Accounting Research* 40, p. 1247 – 1274.

[4] American Institute of Certified Public Accountants (AICPA), 1996. Statement on Auditing Standards No. 78: Consideration of internal control in a financial statement audit: An amendment to SAS – 55. New York: AICPA.

[5] DeAngelo, L. , 1981. Auditor size and audit quality. *Journal of Accounting and Economics* 3, p. 183 – 199.

[6] Gramling, A. A. , Krishnan, J. , Zhang, Y. , 2011. PCAOB inspections of small accounting firms and auditor reporting decisions. Working Paper, Kennesaw State University.

[7] Lennox, C. , Pittman, J. , 2010. Auditing the auditors: evidence on the recent reforms to the external monitoring of audit firms. *Journal of Accounting and Economics* 49, p. 84 – 103.

§3-9 内部控制有效性的披露是否需要 SOX 404（b）要求的内控审计？一项对美国规模较小的上市公司的自然实验

Do Control Effectiveness Disclosures Require SOX 404（b）Internal Control Audits? A Natural Experiment with Small U. S. Public Companies

文献来源：Kinney, J. W. R. , and M. L. Shepardson. 2011. Do Control Effectiveness Disclosures Require SOX 404（b）Internal Control Audits? A Natural Experiment with Small U. S. Public Companies. *Journal of Accounting Research*, 49（2）: 413 -448.

【摘要】 本文以 SOX 法案［302, 404（a）和 404（b）］对披露内部控制有效性及内控审计的多种执行情况为出发点，评估了美国规模较小的上市公司执行法案的相对表现。本文分别以披露的内部控制缺陷比率和审计费用作为公司执行 SOX 404（b）条款的收益和成本。研究发现，不管是首次执行还是免于执行 SOX 404（b）条款的小公司，其披露的内部控制重大缺陷的比率都显著高于往年。至于审计成本，在 2004 年就执行 404（b）条款的公司，其审计费用较往年增加了近一倍，并在随后的年份里保持高位，而获得 404（b）条款豁免的公司，其审计费用的年增长率为 10% 左右。本文认为，对于规模较小的上市公司来说，管理层的内部控制报告和传统的财务审计相结合是一个符合成本效益的替代方案，小公司应免于全面适用并执行 SOX 404（b）条款。

一、研究问题

（一）问题的提出

本文以 SOX 法案中有关内部控制条款［SOX 302, 404（a）和 404（b）］的执行时间和要求不同公司分步执行的特点，将美国的中小公司划分在三种 SOX 法案体制（regime）内（LL, HL 和 HH①），通过对比不同体制下公司执行 SOX 法案的增量成本和收益，最终分析出一套适合中小公司的最为经济可行的方案。

本文的逻辑框架见图 3 -10。

（二）研究意义

本文是为了响应 SEC 有关降低中小公司执行 SOX 404 条款的成本所做的研究。2002

① 后文有详细解释。

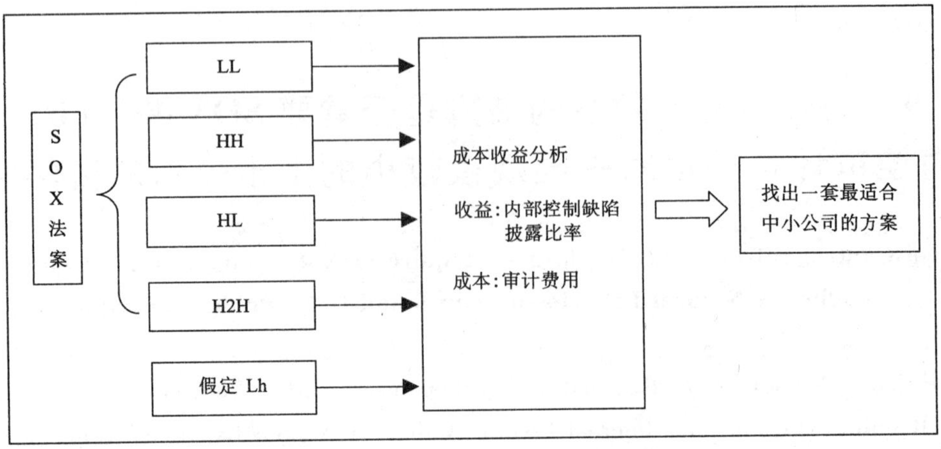

图 3-10 SOX 法案对中小公司的影响

年之前，无论是上市公司的管理层还是审计师都没有义务和责任去评估、审计并报告公司财务报告内部控制（Internal Control over Financial Reporting，以下简称 ICFR）的有效性。2002 年 7 月，SOX 法案的颁布极大地增加了对美国上市公司 ICFR 信息披露的要求。法案中多个条款对公司 ICFR 披露及审计提出了多项要求。其中，SOX 302 条款要求公司管理层“鉴定”披露的内部控制的有效性；SOX 404（a）条款要求管理层在对 ICFR 进行正式评估程序的基础上，出具管理层报告；SOX 404（b）条款要求注册会计师审计管理层的 ICFR 报告，同时提供一份对 ICFR 的评估报告［103（a）］。对于加速申报公司，SOX 404 条款首次生效日期为 2004 年。由于执行 SOX 404 条款的高成本让很多中小公司难以承担，中小公司（即非加速申报公司）执行 404 条款的日期被多次推迟。最终中小公司被永久豁免适用 SOX 404（b）条款，同时，SEC 希望研究出一套替代性的方案降低中小公司 ICFR 审计的成本负担（U. S. Congress，2009，2010）。

本文正是在上述的背景中，通过对比分析处于不同内控披露和内控审计法规要求下，中小公司执行 SOX 法案的增量成本和收益，力求探索出一套适用中小公司的、符合成本效益的可行替代方案。

（三）主要贡献

首先，本文通过实证分析中小公司的非有效内部控制披露比率和审计费用的变化情况，提出了对中小公司执行 ICFR 审计的有效替代方案。

其次，本文挑战了一个重要的研究课题：公司内部控制的最优政策管制是怎样的？尤其是在政策不断变化的背景下，对政策评估的研究非常重要。这为以后的研究者开辟了一个新的研究方法和思路。

二、理论分析与研究假设

（一）ICFR 披露和内控审计的政策变化

在美国，《国外反贪污法案》（The Foreign Corrupt Practices Act，U. S. Congress，1977，

1988）要求所有的上市公司维持一个适度成本的内部控制，但是并不要求向投资者披露或审计 ICFR。1993 年，美国注册会计师协会（AICPA）为自愿接受 ICFR 有效性的审计建立了行业准则。但研究发现，自愿披露内部控制并出具认定报告的公司不足 3%，并且没有一家公司自愿接受 ICFR 审计（McMullen et al.，1996）。2002 年，SOX 法案的颁布，不仅要求上市公司的管理层对公司财务报告的内部控制出具评估报告［SOX 404（a）］，还要求注册会计师审计管理层的 ICFR 报告并且单独出具 ICFR 审计报告［SOX 404（b）］。由此看来，SOX 法案对内部控制有效性的强制披露和审计在市场导向需求方面是有限的。

SOX 404（b）和 103 对成本的预期可能受到了参议院委员会和一些其他国会成员的误导。在美国参议院版本的 SOX 法案的建议书中提到，“高质量的审计一般都会涉及对内部控制的充分测试”。这也就意味着，SOX 404（b）要求的内控审计并不会要求审计师们付出实质性的更多的精力，他们只是将“涉及的内部控制测试”结果报告出来而已。然而在实务中，SOX 404（b）条款和 103 条款中强制性的 ICFR 审计给公司带来的成本负担是超过预期的。出于对小公司成本负担的考虑，2007 年，两项应用指引得以“改革”，它们分别是出台了管理层运用 SOX 404（a）的指引和用 AS5 代替 AS2 为 404（b）提供应用指引。自此，非加速申报公司从 2007 年起适用 SOX 404（a）条款，而永久的被豁免适用 SOX 404（b）条款。对审计师来说，审计准则 2 号要求他们在审计过程中实施广泛的 ICFR 审计程序，在 SOX 404（a）应用指引出台之前，管理层通常关注和遵循审计准则 2 号中的流程。审计准则第 5 号则提倡一个自上而下的方法，审计师需采用风险导向的审计方法。以 SOX 法案为基础的内部控制管理层报告和内控审计法案总结在表 3－1 内。

表 3－1　　以 SOX 为基础的内部控制管理层报告和 ICFR 审计法案

年份		2002	2003	2004—2006	2007—2008
加速申报公司	管理层		条款 302	条款 404（a）	SEC 的关于 404（a）条款的管理层应用指引
	审计师	AU550	AU550	条款 404（b） 条款 103，AS2，AU550	条款 404（b）， 条款 103，AS5，AU550
非加速申报公司	管理层		条款 302	条款 302	SEC 的关于 404（a）条款的管理层应用指引
	审计师	AU550	AU550	AU550	AU550

注：①AU550（PCAOB［2003］），名为“含有已审计财务报表的文件中的其他信息”。在含有已审计财务报表的文件中含有其他信息时（如 10－K 文件），财务报表的审计师“应当阅读其他信息”，如果审计师“发现并认定其他信息中含有对事实的虚假陈述”，审计师须提请公司修改该虚假陈述。如果管理层拒绝修改对事实的错误陈述，审计师需要考虑退出现在的审计活动。

②引自原文第 425 页，Table 2 SOX－Based Management Reporting and IEFR Auditing Regimes since 2002。

（二）内部控制披露的不同体制状态

本文根据不同规模的公司在不同时间执行 SOX 302、404（a）和 404（b）条款的要求，把 2003—2008 年的公司划分在四种体制状态内，具体总结如表 3－2 所示。

表 3-2　　　　内部控制体制

体制	描述	相应法案条款	首次生效时间
LL	无管理层报告 无 ICFR 审计	302	2002
HH	高管理层努力：管理层出具内控报告 高审计努力：ICFR 审计	404（a）和 404（b）	2004
HL	高管理层努力：管理层出具内控报告 无 ICFR 审计	404（a）	2007
H2H	HL 之后一年进入 HH	404（a）之后一年同时 适用 404（a）和 404（b）	2008
Lh	无管理层报告 无 ICFR 审计 稍微增强的传统财务审计	假定	假定

资料来源：McVAY, S. E., Discussion of Do Control Effectiveness Disclosures Require SOX 404（b）Internal Control Audits? A Natural Experiment with Small U. S. Public Companies. *Journal of Accounting Research*, 2011. 49（2）: p. 449-456。

2004 年之前，所有的美国中小公司都处在 LL 体制内，从 2004 年开始，一部分规模相对较大的公司（加速申报公司）开始适用 404（a）和 404（b）条款，因此，其所处的体制状态也就从 LL 转变为 HH，而非加速申报公司一直处在 LL 体制状态下，直到 2007 年，404（a）条款在所有中小公司内适用，这些非加速申报公司从 LL 转变为 HL，而 2008 年，部分非加速申报公司因规模增长转变为加速申报公司，其所处的体制状态也从 HL 转为 HH（H2H）。其具体流程如图 3-11 所示。

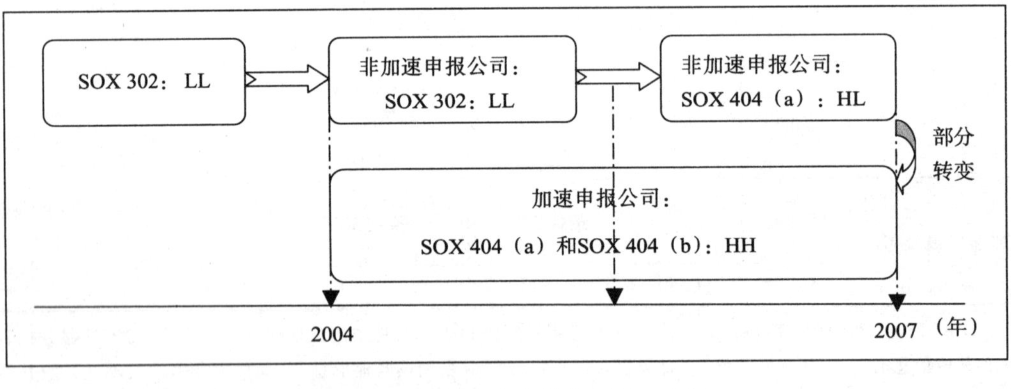

图 3-11　美国中小公司体制转变流程

本文依据公司的申报状态将美国的中小公司分为三组：非加速申报公司、持续加速申报公司和首次成为加速申报的公司。“非加速申报公司”是指在 2004—2008 年仍属于非加速申报的公司，并且免除了 ICFR 审计，但是，从 2007 年开始，它们被要求披露管理层对 ICFR 有效性的评估（HL），即 2007 年，这些公司从 LL 转变为 HL。“持续加速申报公司”是指那些规模稍大的小公司，它们很可能符合 2004 年之前加速申报公司的规模要求，并且在2004—2008年继续成为加速申报公司，也就是说，在2004—2008年五年的时间里，它们一直保持着HH的状态。最后，在2003—2008年间的某个时间里，由于公司市值（public float）规模的增长，进而转变为加速申报公司被称为“首次成为加速申报公司”，它们在成为加速申报公司的当年，从LL转变为HH或者从HL转变为HH（H2H，即2008年首次成为加速申报的公司）。

LL是所有公司的对比状态，本文通过体制变化分析了HH和HL的影响，它们分别和同一公司的LL状态对比，对2008年首次成为加速申报的公司，还可以对比其从HL到HH体制的变化。这里唯一遗漏的一个组合是LH，由于没有LH数据，本文假设一种体制状态LH，即没有额外的管理层努力和存在ICFR审计的影响，只需要稍微增强的是传统财务审计。具体来说，注册会计师分析所有识别出的重大错报是否由无效的ICFR造成，并决定是否在审计报告中披露该重大缺陷。

（三）有关SOX 404法案的预期收益与成本

对ICFR的评估、披露和审计的收益主要是提醒投资者关注重大缺陷，并不断促进管理层调整并改进更有效的内部控制。有效的内部控制可以生成更可靠的内部数据，从而更好地作出内部决策、提高运营效率、降低雇员舞弊。同时，良好的内部控制可以提高会计信息质量，降低公司的资本成本（Ashbaugh - Skaife et al.，2009）。

至于ICFR的成本，本文认为主要有直接成本和间接成本两部分。直接成本主要是审计费用，间接成本主要是一些难以估计和获得的内部成本，如雇员的时间成本、外部咨询费用等。

本文分别以披露的内部控制缺陷比率和审计费用作为公司执行SOX 404（b）条款的收益和成本。

（四）研究预测

本文通过比较那些在某个特定年份因ICFR披露状态发生改变的公司，其披露非有效控制的比率和审计费用的逐年差异，并将此差异与控制组，即那些没有改变ICFR披露状态的公司相对比，三种体制（LL，HL和HH）状态间的转换为预测提供了主要依据。

预测1：对于首次成为加速申报的公司，在2004—2007年从LL转变为HH时，披露非有效控制的可能性和审计费用相对于没有变化的公司，都有所增长。

预测2：对于非加速申报公司，从2006年的LL转变为2007年的HL时，其披露非有效控制的可能性相对于没有变化的公司增大了，但是审计费用没有明显变化。

预测3：对于2008年首次成为加速申报的公司从2007年的HL转变为2008年的HH（如：H2H的情况），相对于没有变化的公司，其审计费用有所增长。我们无法对披露非有效控制的可能性的变化作出预测，因为ICFR审计带来的任何正面效应都可能会被2007年执行HL发现的控制缺陷的修正所减弱。

三、样本选择和研究设计

（一）样本选择及特征

本文依据 Audit Analytics 数据库记录的公司市值规模将所有的中小公司划分为三组。这里的中小公司是指在2003会计年度结束时，市值小于或等于3亿美元的所有美国公司，且它们在2003年备案的10-K表格[①]中都含有（未经审计的）SOX 302条款要求披露的内部控制鉴证报告（LL）。

持续加速申报公司是指：2003年末市值在1.5亿到3亿美元之间，且从2004—2008年一直适用HH体制的加速申报公司，记作CAFs；

首次成为加速申报公司是指：2003年末市值小于1.5亿美元，但2004年开始便适用ICFR审计的公司，或者在2005—2008年首次适用HH体制的公司，记作FAFs；

持续非加速申报公司是指：在整个样本期间（2003—2008年）都不存在ICFR审计的公司，记作NAFs。

最后，从2003—2008年，共得到3364个公司的样本数据，其中包括1589个NAFs，379个CAFs和从2004—2008年1396个FAFs。

内部控制有效性的披露和审计费用的数据也来自 Audit Analytics 数据库。根据ICFR的二分法衡量方法，通过查阅公司10-K文件中对控制的描述，将内部控制分为"有效的"（零重大缺陷）和"非有效的"（一个或多个重大缺陷）。对于2003年所有的样本公司，2004—2006年的NAFs公司以及首次成为加速申报公司之前的FAFs公司，依据SOX 302条款，本文用备案的10-K表格中管理层年末对ICFR有效性的评价作为LL体制下ICFR有效性的初始评估。为确定CAFs公司在HH体制下以及2004—2008年的FAFs公司ICFR的有效性，本文使用审计师出具的ICFR有效性的审计意见（有效的，或非有效的）衡量，对2007年和2008年在HL体制下的NAFs公司，本文依据SOX 404（a）条款，管理层对ICFR的报告来衡量内部控制的有效性（有效的，或非有效的）。

（二）研究设计

为了检验前一年披露了有效的IFCR之后，当年又披露非有效ICFR的可能性以及审计费用的变化情况，当控制了其他因素之后，本文用以下的回归模型进行检验。

$$MWchg_t = \alpha + \beta_1 \times NAF + \beta_2 \times YEAR + \beta_3 \times HH_{04} - FAF + \beta_4 \times HH_{04} - CAF + \beta_5 \times HH_{05} + \beta_6 \times HH_{06} + \beta_7 \times HH_{07} + \beta_8 \times HL_{07} + \beta_9 \times H2H_{08} + \beta_{10} \times RESTATE + \beta_{11} \times BIG_8 + \beta_{12} \times AUDchg + \beta_{13} \times LOSS + \beta_{14} \times TAgrow + \beta_{15} \times ACQ_{t-1} + \varepsilon \quad (1)$$

$$AFChg\% = \alpha + \beta_1 \times NAF + \beta_2 \times YEAR + \beta_3 \times HH_{04} - FAF + \beta_4 \times HH_{04} - CAF + \beta_5 \times HH_{05} + \beta_6 \times HH_{06} + \beta_7 \times HH_{07} + \beta_8 \times HL_{07} + \beta_9 \times H2H_{08} + \beta_{10} \times MWchg_t + \beta_{11} \times RESTATE + \beta_{12} \times BIG_8 +$$

① SEC要求所有的在美国上市的公司在每个财政年度末后的90天之内（拥有75百万美元资产的公司必须在60天之内），递交10-K表格，内容包括公司历史、结构、股票状况及盈利等情况。

$\beta_{13} \times AUDchg + \beta_{14} \times LOSS + \beta_{15} \times TAgrow + \beta_{16} \times ACQ_{t-1} + \varepsilon$ （2）

模型（1）和模型（2）的因变量分别代表了内部控制披露比率的变化和审计费用的变化。本文定义：$MWchg_t = MW_t - MW_{t-1}$，其中，当第 t 年报告非有效的内部控制时，$MW_t = 1$；否则为 0；当第 t－1 年报告非有效的内部控制时，$MW_{t-1} = 1$，否则为 0；另外，$AFchg\%_t = [(AF_t - AF_{t-1})/AF_{t-1}] \times 100$，其中，$AF_t$ 是指 t 年的审计总费用，AF_{t-1}是 t－1 年的审计总费用。

在模型的右侧，主要的自变量都是以虚拟变量的形式描述了的各个体制的情况。例如：$HH_{04} - CAF$ 取值为 1，代表在 2004 年属于持续加速申报的公司，且其处于高管理层努力和高审计努力的体制中，否则为 0；$HH_{04} - FAF$ 取值为 1，则代表在 2004 年首次成为加速申报的公司，且其处于高管理层努力和高审计努力的体制中，否则为 0；HH_t 取值为 1，分别表示在 2005 年、2006 年或 2007 年首次成为加速申报的公司，且其处于高管理层努力和高审计努力体制中，否则为 0；HL_{07}变量定义为：在 2007 年属于非加速申报的公司，处于高管理层努力，低审计努力的体制中，取值为 1，否则为 0；NAF 取值为 1，代表公司为非公司加速申报公司，否则为 0；等等。在两个回归模型中，作者还控制了公司特征［如：是否处于亏损状态（*LOSS*）、是否发生财务报表重述（*RESTATE*）、成长性（*TAgrow*）等］，是否由八大会计师事务所审计（BIG_8）以及年份等。

四、实证结果

（一）描述性统计

（1）本文报告了三组样本公司在公司规模、盈利能力以及审计费用与总资产的比率上的差异。NAFs 公司的总资产显著低于 CAFs 和 FAFs 的公司，并且，CAFs 公司的资产增长速度最快。每年有近一半的 NAF 公司都处于亏损状态。CAFs 和 NAFs 公司收益的中位数分别为 1030 万和 500 万美元。NAFs 公司的审计费用占资产的平均比率为 0.69%，在 CAFs 和 FAFs 中，这一比率分别是 0.23% 和 0.31%，这也反映出，尽管在 NAFs 公司中没有 ICFR 审计，它们仍承受着比例不当的成本负担。

（2）对公司非有效内部控制披露比率和审计费用的均值逐年变化的描述结果发现：三组样本的初始披露比率和审计费用 2004 年较 2003 年大幅增加，此后，三组样本呈现出三个不同的变化模式。第一，对 NAFs 的公司来说，其非有效内部控制的披露比率逐年增加，并在 2007 年从 LL 转变为 HL 时，披露比率的增加幅度在所有分组及年份位列第二，并成为最高比率。第二，与 NAFs 组公司相反，CAFs 组公司在 2004 年之后披露比率逐年下降，表明之前所有已知的缺陷修正多于新发现的重大缺陷。CAFs 组公司的审计费用在 2004 年增加了近一倍，但在随后的年份中增长速度适中。第三，由于首次适用 HH，FAFs 公司在 2004 年的披露比率增加了近 19%，但随后几年适用 HH 的公司的披露比率的增加都低于 5%。同样，与 CAFs 组公司相反，FAFs 的审计费用增加的幅度逐年降低，并且在 2007 年出现大幅下降。FAF 审计费用增加的下降表明，随着时间的推移，审计师的学习积累以及效率的提高。

（二）回归结果

模型（1）的回归结果显示，所有的 HH_t 变量的系数都为正，这就意味着，相对于控制组公司，首次适用 HH 的 CAF 公司以及 2004—2007 年间的 FAF 公司，其披露的非有效内部控制的比率有所增加。模型（2）中所有 HH_t 变量的系数均显著为正，表明在 2004—2007 年首次成为加速申报公司的审计费用平均增长了（18%—55.2%）。总之，LL 体制之后的 HH 体制带来了非有效内部控制披露比率和审计费用的增长。根据预测，当 NAFs 公司在 2007 年首次执行 HL 体制时，其非有效内部控制披露比率较前一年有所增加，而审计费用不会增加。两个回归模型中，HL_{07} 系数正好验证了该预测。为了对比，本文注意到模型（1）中 HH_{07} 和 HL_{07} 的差额显著为负，而审计费用变化（模型 2）中两者的差额显著为正。这些结果表明，控制了其他因素之后，HL 体制可能是 HH 体制的一个更为经济有效的替代，因为它可以促使公司披露更多的重大缺陷，且审计费用增加不明显。本文最后一个预测是 H2H 体制下，2008 年的 FAFs 公司的重大缺陷披露比率和审计费用的变化情况。模型（1）的 $H2H_{08}$ 系数不显著，而模型（2）中 $H2H_{08}$ 的系数显著为正。这些结果表明，结合 AU550 的应用，HL 体制可以充分发现公司的重大缺陷，相对而言，HH 体制在增加重大缺陷披露的比率上贡献不大，但会显著增加审计费用。

（三）对增强的财务审计的推断（Lh）

本文认为即使没有 ICFR 审计，审计师仍可能发现重大缺陷，因为一些重大缺陷可以导致虚假的财务报告，而审计师可以通过实施实质性测试发现这些错报，并最终导致年末的调整或要求调整。无论是 AS2 或 AS5，PCAOB 准则都要求“整合”财务报告与 ICFR 审计，即要求审计师将发现的错报“追根究底”，以确定该错报是否由重大缺陷所致。以上论述说明，在实务中，增强传统的财务审计可能识别出相当一部分小公司的非有效的内部控制，尽管这种审计并不大可能发现这些公司的所有重大缺陷。

增强的财务审计（Lh）既不强制要求出具管理层报告，也不需要 ICFR 审计，因此避免了执行 SOX 404（a）和 404（b）的成本。然而，在 Lh 体制下，审计师需要：（1）分析所有已知错报，并确定该错报是否由一个或多个重大缺陷所致；（2）考虑在财务报表审计过程中注意到的其他重大缺陷。进一步地，如果确认重大缺陷的存在，那么审计师需要在审计报告中增加缺陷的说明段部分。

在假定的 Lh 体制下，非有效内部控制的识别是从 Audit Analytics 数据库中获得的，Audit Analytics 会将有关 ICFR 管理层的 10 - K 报告和审计报告依据性质和识别的重大缺陷对内部控制的有效性进行分类，其中一个类别是名为重要的和/或众多的审计师/年末调整①（*MNAdj*）。本文认为 *MNAdj* 在某种程度上表明公司的非有效 ICFR 可能在 Lh 体制下被发现的部分。本文列示了对替代方案 Lh 的分析，结果显示，披露非有效内部控制的公

① 代表的情形是：关于重大缺陷的解释数目和/或年末调整的规模，包括审计师建议的调整。这些调整也包括附注以及审计师认为需要更正的相关错误。太多调整或者审计师建议的年末调整是财务报告中存在潜在重大错报的初步证据（来自 Audit Analytics 网页的定义）。

司，其*MNAdj*比率的范围为30.9%到72.7%。也就是说，在没有管理层努力或ICFR审计努力的情况下，30.9%到72.7%的应该披露重大缺陷的公司会披露非有效的内部控制。此外，本文还发现，在2007年和2008年的Lh体制下，假定能被发现具有重大缺陷（即被归类为*MNAdj*）的公司比率分别为8.8%和11.8%，且其增量的审计费用非常低。以上结果均表明，审计师在Lh体制下“对错报的追根究底”可能发现公司存在非有效的内部控制，而相应付出的审计努力远远低于HH体制下的审计努力。

五、结论

本文以SOX法案［302，404（a）和404（b）条款］对披露内部控制有效性及内控审计的多种执行情况为出发点，评估了美国规模较小的上市公司执行法案的相对表现。研究结果表明，在较小规模的上市公司中，管理层评估ICFR的有效性，审计师监督检查管理层的报告可能是对ICFR审计一个经济有效的替代方案。

本文的主要局限性体现在以下几个方面：

第一，不能确定样本公司ICFR的真实有效性，以及该有效性随时间推移的自然变化或随SOX法案要求或可能修正的变化。

第二，对执行SOX法案带来的预期收益和成本的衡量存在争议。由于很多收益和成本都无法准确计量，也给本文的研究带来了困难。

（整理人：陈莹）

主要参考文献

［1］Ashbaugh – Skaife, H. , D. Collins, and W. Kinney, 2009, “The effect of SOX internal control deficiencies on firm risk and cost of equity.” *Journal of Accounting Research* 47 (2009): p. 1 – 43.

［2］McVAY, S. E. , Discussion of do control effectiveness disclosures require sox 404 (b) internal control audits? a natural experiment with small U. S. public companies. *Journal of Accounting Research*, 2011. 49 (2): p. 449 – 456.

［3］McMullen, Raghunandan, Rama, Internal control reports and financial reporting problems. *Accounting Horizons* 10 (1996): p. 67 – 75.

§3-10 对 Kinney and Shepardson（2011）的讨论

Discussion of Do Control Effectiveness Disclosures Require SOX 404（b）Internal Control Audits? A Natural Experiment with Small U. S. Public Companies

文献来源：McVay, S. E. 2011. Discussion of Do Control Effectiveness Disclosures Require SOX 404（b）Internal Control Audits? A Natural Experiment with Small U. S. Public Companies. *Journal of Accounting Research*, 49（2）：449-456.

一、前言

自 1977 年的《国外反贪污法案》（Foreign Corrupt Practices Act）出台后，在 SEC 登记的公司都必须建立一个符合成本效益的能够保证交易和资产安全的内部控制体系。在 2002 年 SOX 法案出台之前，“符合成本效益”这一术语使得公司在执行法案和测试内部控制上有很大的自由，因为他们完全可以选择依赖现成的审计实质性测试。此外，除银行业之外，公司只有在 8-K 表格[①]中披露审计师变更时，才被强制要求披露内部控制存在的问题。SOX 法案的颁布极大地拓宽了对美国上市公司 ICFR 信息披露的要求，同时也引发了人们对公司内部控制质量的广泛讨论。

Kinney and Shepardson（2011）也加入了研究 SOX 法案的热潮中，他们通过考察 SOX 法案中有关内部控制条款［SOX 302，404（a）下和 404（b）］的要求及公司的分步执行情况，将中小公司划分在三种体制（LL，HL 和 HH）中，并对比不同体制下，公司执行法案的增量成本和收益。最终，分析出一套适合中小公司的最为经济可行的体制方案，即：管理层的 ICFR 报告和增强的传统审计相结合，既能使中小公司披露非有效的内部控制，又能显著降低其内控审计成本。

本文主要针对 Kinney and Shepardson（2011，以下简称 KS）的文章作出一些讨论和分析。

二、对公司执行有关内部控制条款的成本和收益的讨论

如何识别并完善衡量公司遵循内部控制披露法案和建立并维护有效内部控制的成本和收益是困扰很多研究者的一个重要问题。现有研究的固有缺陷是仅仅依赖一些可以计量的

① 在美国，SEC 要求所有的上市公司在发生重大事件时必须及时向 SEC 备案，并提交 8-K 表格。触发 8-K 表格的重大事件包括：公司法人或经营范围的变更，收购、重大的财产损失准备等财务事项，涉及公司治理的重大事项，证券交易的重大事项等。

成本或收益来研究 SOX 法案对公司的影响，包括 KS 的研究。

在 KS 的研究中，他们分别以披露的内部控制缺陷比率和审计费用作为公司执行 SOX 404（b）条款的收益和成本。本文认为 KS 没有很好地区分出两个成本概念：执行 404 条款的成本与建立及维护有效内部控制的一般成本。值得注意的是，SOX 404 条款并没有要求公司的管理层维护一个有效的内部控制（如修正内控缺陷是自愿的），相反，SOX 404 条款要求管理层记录并测试内部控制，并将评估的内部控制的有效性情况记录在 10－K 文件内［SOX 404（a）］。审计师必须评估公司内部控制的有效性［SOX 404（b）］。因此，公司承担了执行 SOX 404（a）条款的大部分成本（主要是内部成本），如管理层的评估成本、雇员的时间成本、内部审计成本以及咨询费用等。所有的这些成本都是难以准确衡量的。执行 SOX 404（b）条款的成本主要是增加的审计费用，正如 KS 所指，这部分费用一般都会等于或稍低于中小公司的内部成本。以上这两部分成本才真正构成了公司执行 SOX 404 条款的所有成本，而且对于本身就维持着良好内部控制的公司来说，这项成本相对会比较低。

KS 认为，内部控制条款给公司带来的主要收益有三个：更高的盈余质量、更低的资本成本和更有效的经营决策。然而，这些收益主要是源于公司内部控制的提高。正如之前所提，SOX 404 条款并不要求管理层维持一个有效的内部控制，也就是说对内部控制出现的问题进行修正完全是公司自愿的行为。也许，内部控制条款的最大收益是帮助投资者和其他财务报表使用者更有效地区分公司的内部控制质量。

三、维持有效内部控制的决定因素

在 KS 的文章中，他们指出 SOX 法案对内部控制有效性的强制披露和审计在市场导向需求方面是有一定局限性的。换句话说，内部控制和对内部控制的审计只是 SOX 法案强制规定的，而不是市场导向促成的，单从市场的供给和需求来分析，市场对内部控制的需求并不高，公司并不需要建立并维持一个较强的内部控制。因此，本文又探讨了公司维持有效内部控制体系的决定因素。运用审计师是否决定依赖公司内部控制的选择模型，结合以最大化有效内部控制收益和股东权益为目标的管理层对内部控制的选择模型，发现维持有效内部控制的市场导向的需求不足。如果审计师选择实施实质性程序而非依赖公司的内部控制，会降低内部控制给公司带来的收益，进而减弱公司对内部控制体系的投资，并最终导致公司内部控制质量的降低。

四、对 KS 论文的一些讨论

以下是本文对于 KS 论文的变量、实证分析以及解释的一些讨论。

第一，KS 的结论强烈依赖于对代理变量和研究设计的选择。首先，KS 以披露非有效控制的比率替代各种体制下（LL，HL，HH 和 H2H）的收益。然而，披露得越多并不一定代表体制越好。尤其是在加速申报公司和非加速申报公司披露非有效内控的比率分布不同时，该代理变量的局限性会变得尤为重要。其次，KS 的研究设计夸大了 HH 和 HL 体制下审计成本的差异，即KS比较的是一年的变化值，如果考虑了累积变化情况，会发现执行HL时，审计费用增加的幅度达到了执行HH时审计费用增加幅度的一半。使用累积审计费用的变化是合理的，因为公司适用SOX 404条款的期限被多次推迟。也就是说，在2007年之前，非加速申报公司在何时适用404条款的问题上面临重大不确定性。因此，我们并不能了解他们的反应，以及审计费用是否能真实反映出HL的体制［其中可能包含公司对SOX 404（a）和SOX 404（b）条款的预期因素］。具体来说，很多中小公司的管理层会通过夸大SOX 404（b）带来的高成本，进而游说政策制定者取消SOX 404（b），同时，公司在SOX 404（a）条款下重大缺陷的披露比率也被夸大了。中小管理层可能会在评估内控时更加小心和努力，以此使政策制定者信服SOX 404（b）是多余的，因此，在SOX 404（a）下的重大缺陷披露比率被高估了。

第二，针对KS假定的Lh体制的一些讨论。首先，KS对公司重大缺陷比率的认定需要一个很强的因果假设，即对错报的认定先于对重大缺陷的认定。然而，重大缺陷也可能在控制测试阶段被识别出来，显示财务报表存在重大错报。Audit Analytics数据库并不能区分二者，即从错报到重大缺陷和从重大缺陷到错报。其次，如果Lh是对内部控制审计的有效替代体制，不难预测，SOX 302条款下（LL）重大缺陷的披露比率会更高。

总之，内部控制数据的可获得性是所有实证研究者的固有缺陷，限制了所有实证研究的结果。

五、结论

KS论文的重要性在于挑战了一个重要的研究课题：公司内部控制的最优政策体制是怎样的？尤其是在政策不断变化的背景下，对政策评估的研究课题非常重要。正如KS提到的，SOX法案对内部控制有效性的强制披露和审计在市场导向需求方面是有局限性的，一个可能的解释是，审计师是否依赖公司的内部控制是公司建立和维持有效的内部控制体系的关键因素。KS在没有一个更有效的综合选择模型下，对最合适的内控管制给出了看法。然而，读者在理解KS结果时，应该意识到KS在衡量不同制度的成本和收益时选取的代理变量是有局限性的。

（整理人：陈莹）

§3－11 内部审计外包与财务报告的错报或舞弊风险：SOX 法案错了吗？

Internal Audit Outsourcing and the Risk of Misleading or Fraudulent Financial Reporting: Did Sarbanes－Oxley Get It Wrong

文献来源：Prawitt，D. F.，N. Y. Sharp，and D. A. Wood. 2012. Internal Audit Outsourcing and the Risk of Misleading or Fraudulent Financial Reporting: Did Sarbanes－Oxley Get It Wrong. *Contemporary Accounting Research*，29（4）：1109－1136.

【摘要】 SOX 法案严格限制公司将任何形式的内部审计外包给为公司提供审计服务的外部审计师，其背后暗含的假设是内部审计外包行为会产生审计和客户之间的经济绑定（economic bonding），导致审计师在审计工作中不够客观，所审计的财务报表的可靠性降低。然而，另一种观点则认为，内部审计服务可以创造出"知识外溢效应"（knowledge spillover），审计师在财务报表审计时对公司的了解会更加全面，审计更有效果。本文研究了 SOX 法案前，有外包内部审计活动的公司，其财务报表错报或发生舞弊的风险情况。与知识外溢效应的观点一致，本文发现 SOX 法案前，与完全自主的内部审计活动或外包给其他第三方的内部审计活动相比，将内部审计外包给外部审计师时，公司的会计风险更低。如果说 SOX 法案禁止公司内部审计外包的行为是为了保证外部财务报告的质量，那么本文的研究结果则说明该规定是不够成功的。

一、研究问题

（一）问题的提出

SOX 法案严格限制公司将任何形式的内部审计外包给为公司提供审计服务的外部审计师，其背后暗含的假设是内部审计外包行为会产生审计和客户之间的经济绑定（economic bonding），导致审计师在审计工作中不够客观，所审计的财务报表的可靠性降低。然而，另一种观点则认为，内部审计服务可以创造出"知识外溢效应"（knowledge spillover），审计师在财务报表审计时对公司的了解会更加全面，审计更有效果。

考虑到两种完全相反的观点，本文研究了 SOX 法案前，有内部审计活动外包的公司，其会计风险的高低情况。所谓会计风险，是指公司财务报表发生错报或舞弊的风险。同时，本文区分了不同的外包服务提供者——外部审计师或其他第三方对会计风险的影响情况。

本文的逻辑框架见图 3－12。

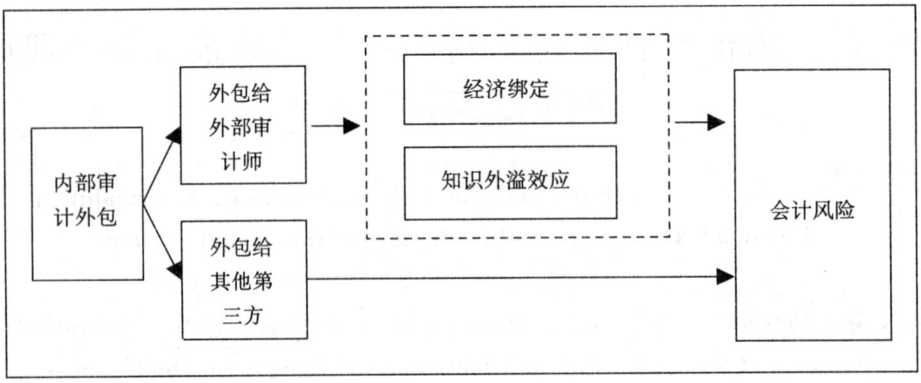

图 3－12　内审外包对会计风险的影响

（二）研究意义

内部审计外包是否会影响外部审计的质量一直是学术界争议的话题。而 SOX 法案严格限制公司的内部审计外包的活动再一次引发了对这一研究问题的激烈争论。研究该问题不仅可以评估 SOX 法案的合理性和有效性，更为政策制定者的决策提供了新的建议和方向。同时，非上市公司并不适用 SOX 法案的这一规定，很多学者倡导非上市公司效仿上市公司，遵循 SOX 法案对内部审计外包的规定，本文的研究也为非上市公司的内部审计活动提供了借鉴。

（三）主要贡献

第一，先前文献在审计师提供的非审计服务与财务报告质量之间的关系问题上一直没有一致的结论，很大程度上是因为没有区分非审计服务的类型。本文以某一特定的非审计服务类型——内部审计为研究点，为两者之间的关系提供了实证证据，补充了非审计服务的文献。

第二，本文的研究也间接评价了 SOX 法案禁止内部审计外包的政策效应，结果发现，该法案的这一规定并不成功，这也为非上市公司考虑内部审计外包时提供了一个参考。

第三，本文为公司治理中利益相关者之间相互依赖程度的增加是如何影响财务报告质量的，提供了经验证据。

二、理论分析

（一）非审计服务与会计风险

学术界对于非审计服务如何影响整体财务报告质量有两种完全不同的观点。经济绑定观点认为财务报告的审计师同时为公司提供非审计服务，出于担心失去非审计服务收入的考虑，一般不会站出来指责客户的不当会计处理（如 Simunic，1984）。该观点也意味着该类型的公司具有很高的会计风险。相反，知识溢出效应观点则认为审计师为公司提供非审计服务，有助于审计师更好地了解公司的组织结构，扩大整体的审计范围，降低了公司的会计风险。学者们在区分这两种观点时，尝试设计了多种不同的因变量，包括：可操纵性盈余、财务重述、审计师发表的可持续经营意见、会计稳健性等。最终发现并没有确凿的证据证明提供非审计服务会导致审计失败（Francis，2006）。

在以上文献的基础上，本文以特定的非审计服务——内部审计为切入点，检验了内部审计外包与财务报告质量之间的关系。内部审计通过影响公司的风险评估（Asare et al.，2008），保护公司资产安全（Coram et al.，2008），影响公司内部控制的强度（Lin et al.，2010）以及公司总体的监管情况（COSO，2004）等，直接影响了公司财务报告的质量。此外，财务报告审计师可能利用内部审计的工作执行外部审计，增强了内外部审计师之间的知识交流（Felix et al.，2001）。

（二）内部审计外包与会计风险

赞成完全自主的内部审计活动的支持者认为，外部审计师不如内部审计师了解公司的各方面情况，缺乏对公司的责任感，同时，还可能会选择不太适合公司情况的审计方法等（Grant Thornton，2007）。然而，很多学者却发现，外部审计师比内部审计师更加客观（Gloveret al.，2008），同时，外部审计师面临着更强的法律约束，这使得他们在处理审计问题上更加慎重，进而影响了财务报告的质量（Ahlawat and Lowe，2004）。

Kinney et al.（2004）研究了 SOX 法案前，非审计服务，包括审计师提供的内部审计服务，是否与更低的财务报告质量相关。结果发现两者之间并没有显著的负向关系。没有显著的结果可能是由样本规模的限制造成的，他们也没有区分不同的外包服务提供者。本文的研究大大扩展了 Kinney et al.（2004）的样本量，同时考虑了不同的内部审计外包安排，区分对比了不同外包服务提供者对财务报告质量的影响。

考虑到经济绑定与知识溢出效应两个完全不同的观点，本文事前并没有对内部审计外包与会计风险的关系作出任何预测，而是直接实证检验两者之间的关系。

三、样本选择和研究设计

（一）样本选择及特征

为了检验内部审计外包与会计风险之间的关系，本文以 Audit Integrity 公司采用的会计风险衡量方法（AR）来计算衡量公司的会计风险程度（*LLP*）。Audit Integrity 公司运用所有公开可用的数据评估公司财务报告信息的可靠性，其中考虑的很多因素包括影响发生错报或舞弊的一些因素。该公司的目标是“运用公开财务信息区分出舞弊公司和非舞弊公司”（Audit Integrity，2005）。Price et al.（2011）还为 Audit Integrity 公司设计的会计风险衡量方法的有效性提供了证据，发现该方法优于学术界衡量公司风险的任何其他方法。

内部审计外包的情况来自国际内部审计协会的 IIA GAIN 数据库，该数据库通过问卷调查的方法，搜集了各种组织机构的首席审计师的问卷回复，包括上市公司、私营公司、教育机构、子公司和分公司以及政府机构等。该问卷大约为 30 页，几乎涵盖了内部审计活动的各方面。问卷中的问题在 2000—2002 年没有发生过任何改变。

其他控制变量来自 Compustat，CRSP 和 RiskMetrics 数据库等。最终的数据涵盖了 2000 到 2002 年 37 个行业，159 家公司，共 334 个公司—年度的观测值。

（二）研究设计

1. 会计风险模型

为了控制内生性，即内部审计外包与会计风险可能相互作用、互为因果或存在遗漏变量，本文用倾向得分匹配方法（propensity score matching）将控制组和实验组公司通过各种公司特征相匹配，在匹配时，尽量缩小其他所有变量的差异，凸显测试变量（内部审计外包）的差异。本文用 logistic 模型（1）获取各个公司的倾向得分：

$$Outsrc_{EA} = \beta_0 + \beta_1 IndOutsrc_{EA} + \beta_2 IAQuality + \beta_3 AuditSpecialist + \beta_4 IASize + \beta_5 AuditFees + \beta_6 Assets + \beta_7 Leverage + \beta_8 Complexity + \beta_9 AuditTunure + \beta_{10} NAFees + \beta_{11} TimeEA + \beta_{12} Gindex + \beta_{13} ACExpert + \beta_{14} AC\% Ind + \beta_{15} ACSize + \beta_{16-20} IndustryDummies + \beta_{21-22} YearDummies + \xi \quad (1)$$

模型（1）中的因变量 $Outsrc_{EA}$ 是虚拟变量，如果公司将自身的内部审计活动外包给外部审计师时取值为 1，否则为 0。有关自变量，作者主要从五个方面评估倾向得分匹配方法模型：行业中领头公司将内部审计外包给外部审计师的情况、内部审计师和外包的外部审计师的质量、与外包相关的成本因素、公司和外部审计师的关系和组织中重大的公司治理因素在外包活动中的角色等。得到每个公司年度的倾向得分后，本文将那些把内部审计活动外包给外部审计师的公司与没有外包活动的公司按照分数的接近程度匹配，并要求两个匹配公司的差异在 0.05 分以内。

2. 回归模型

为了更准确地对比公司外包内部审计和其他变量对会计风险的影响，本文用模型（2）进行多元回归分析：

$$AR = \beta_0 + \beta_1 IAQuality + \beta_2 Outsrc_{EA} + \beta_3 Outsrc_{BigN} + \beta_4 Outsrc_{other} + \beta_5 ACExpert + \beta_6 AC\% Ind + \beta_7 ACSize + \beta_8 AuditSpecialist + \beta_9 NAFees + \beta_{10} Gindex + \beta_{11} AssetsTimeEA + \beta_{12} Leverage + \beta_{13} Complexity + \beta_{14} Loss + \beta_{15} \mathrm{Return} + \beta_{16} CFO + \beta_{17} SalesGrowth + \beta_{18} MB + \beta_{19} Age + \beta_{20} FinRaised + \beta_{21} FinNeed + \beta_{22} NYSE + \beta_{23-28} IndustryDummies + \beta_{29-30} YearDummies + \varepsilon \quad (2)$$

其中，因变量 AR 代表公司的会计风险，用来自 Audit Integrity 公司的数据库对各个公司的会计风险评级进行衡量。该评级取值从 0 到 100 分，0 分表示公司的会计稳健性最强，100 分表示公司的会计风险最高。

主要解释变量是三个虚拟变量：$Outsrc_{EA}$；$Outsrc_{BigN}$；$Outsrc_{other}$，分别代表了内部审计外包服务的三个提供方：公司财务报告的会计师事务所，其他 N 大所（即非公司的财务报告的事务所）和其他服务提供方（非会计师事务所）。

控制变量为一系列的公司特征，如财务杠杆（*Leverage*）、复杂程度（*Complexity*）、亏损情况（*Loss*）、销售增长（*SalesGrowth*）、财务需求（*FinNeed*）等，模型中还控制了会计师事务所的相关特征，如审计费用（*NAFees*）、是否具有行业专长（*AuditSpecialist*）等。

四、实证结果

（一）描述性统计

描述性分析结果表明 $Outsrc_{EA}=1$ 和 $Outsrc_{EA}=0$ 两组公司在以下几个变量上存在显著差异：内部审计质量（*IAQuality*）、审计专业性（*AuditSpecialisit*）、非审计服务费用（*NAFees*）和财务杠杆（*Leverage*）等。这也表明倾向得分方法可以消除这些变量在不同组间的差异性。另外，本文的样本主要来自纽约证券市场的上市公司，因此本文的研究结论可能不会具有普遍性。这一点值得读者注意。

经过 PSM 匹配后，作者分别识别了 $Outsrc_{EA}=1$ 和 $Outsrc_{EA}=0$ 两组各 72 个公司—年度观测值，并采用该数据作模型（2）的回归分析。

（二）回归结果分析

模型（2）多元回归分析的结果显示，$Outsrc_{EA}$ 的系数显著低于 $Outsrc_{BigN}$ 和 $Outsrc_{other}$ 的系数，结果说明与外包给其他 N 大所或外包给其他第三方相比，将内部审计外包给外部审计师时，公司的会计风险更低。同时 *QutsrcrEA* 系数本身显著为负，说明与完全自主的内部审计活动相比，将内部审计外包给外部审计师时，公司的会计风险可以下降。实证结果支持了“知识外溢效应”的假说。

此外，本文做了进一步的敏感测试，如不再使用倾向得分方法后重新回归模型结果；考虑内部审计活动的类型（常规性的内部审计活动与非常规性的内部审计活动）等。改变了会计质量的衡量方法（绩效匹配操纵性应计，Kothari et al.，2005）；稳健性检验结果与原结论一致。本文还做了一个补充性检验，检验了审计活动外包与会计风险之间的关系是否取决于内部审计外包的比重；结果表明，公司外包给外部审计师的内部审计活动越多，其会计风险下降的幅度越大。实证结果进一步验证了“知识外溢效应”的观点。

五、结论

本文研究了 SOX 法案前，公司内部审计的外包与会计风险之间的关系。作者具体区分了不同外包服务的提供方（外部审计师或其他第三方）对会计风险的影响。研究结果支持了“知识外溢效应”的观点，结果显示，与完全自主的内部审计活动或外包给其他 N 大所或其他第三方的内部审计活动相比，将内部审计外包给外部审计师时，公司的会计风险更低。

本文的局限性主要体现在以下三个方面：

（1）实证结果的有效性取决于对会计风险变量和内部审计外包的衡量。在衡量会计风险时，由于小样本的限制，本文不能选择会计重述作为会计质量的指标，本文用利润增加的可操纵性应计来代替会计质量，得到了类似的结果，但是可能结果有偏差。此外，内部审计外包的数据来自 IIA 的数据库，该数据库是以问卷调查为基础整理而成，问卷调查的数据可能不具有代表性，可靠性也可能较弱。

（2）尽管实证结果支持了“知识外溢效应”的观点，但是仍然不能忽略其他解释的可能性。一种可能的解释是：外部审计师使用了客户的内部审计工作，增大了审计师的责任和声誉资本。因此，审计师更有动机提高审计的独立性。

（3）一些不可观察的变量同时影响着会计风险和公司内部审计外包决策，难以解决和彻底避免内生性问题。

（整理人：陈莹）

主要参考文献

[1] Ahlawat, S. S., and D. J. Lowe. 2004. An examination of internal auditor objectivity: In – house versus outsourcing. *Auditing: A Journal of Practice & Theory* 23 (2): p. 147 – 158.

[2] Asare, S. K., R. A. Davidson, and A. A. Gramling. 2008. Internal auditors' evaluation of fraud factors in planning anaudit: The importance of audit committee quality and management incentives. *International Journal of Auditing*12 (3): p. 181 – 203.

[3] Audit Integrity, LLP. 2005. The Audit Integrity AGR model: Measuring accounting and governance risk in public corporations. White Paper, available at http://www.auditintegrity.com/documents/Audit_Integrity_AGR_White_Paper.pdf.

[4] Coram P., C. Ferguson, and R. Moroney. 2008. Internal audit, alternative internal audit structures and the level of misappropriation of assets fraud. *Accounting and Finance* 48 (4): p. 543 – 559.

[5] Committee of Sponsoring Organizations of the Treadway Commission (COSO). 2004. Enterprise Risk Management – Integrated Framework. COSO.

[6] Francis, J. R. 2006. Are auditors compromised by nonaudit services? Assessing the evidence. *Contemporary Accounting Research* 23 (3): p. 747 – 760.

[7] Felix, W. L., A. A. Gramling, and M. J. Maletta. 2001. The contribution of internal audit as a determinant of external audit fees and factors influencing this contribution. *Journal of Accounting Research* 39 (3): p. 513 – 534.

[8] Grant Thornton. 2007. Outsourcing internal audit. Available a thttp://www.grantthornton.ca/mgt_papers/MIP_ Outsrcng – Intrnl – Audit.pdf.

[9] Glover, S. M., D. F. Prawitt, and D. A. Wood. 2008. Internal audit sourcing arrangement and the external auditor's reliance decision. *Contemporary Accounting Research* 25 (1): p. 193 – 213.

[10] Kinney, W. R., Z. V. Palmrose, and S. Scholz. 2004. Auditor independence, non – audit services, and restatements: Was the U. S. government right? *Journal of Accounting Research* 42 (3): p. 561 – 588.

[11] Kothari, S. P., A. J. Leone, and C. W. Wasley. 2005. Performance matched discretionary accrual measures. *Journal of Accounting and Economics* 39 (1): p. 163 – 197.

[12] Lin. S., M. Pizzini, and M. E. Vargus. 2010. The role of the internal audit function in the disclosure of material weaknesses. *The Accounting Review* Forthcoming.

[13] Price, R. A., N. Y. Sharp, and D. A. Wood. 2011. Detecting and predicting accounting irregularities: A comparison of commercial and academic risk measures. *Accounting Horizons* Forthcoming.

[14] Simunic, D. A. 1984. Auditing, consulting, and auditor independence. *Journal of Accounting Research* 22 (2): p. 679 – 702.

§3-12 内部审计职能与内部控制重大缺陷的披露

The Role of the Internal Audit Function in the Disclosure of Material Weaknesses

文献来源：Lin, S., M. Pizzini, M. Vargus, and I. R. Bardhan. 2011. The Role of the Internal Audit Function in the Disclosure of Material Weaknesses. *The Accounting Review*, 86 (1), 287-323.

【摘要】本文检验了内部审计职能（internal audit function, IAF）在依据 SOX 404 条款披露内部控制重大缺陷中所发挥的作用。本文采用来自 214 家公司的数据，检验了重大缺陷披露与 IAF 属性（IAF attributes）和 IAF 活动（IAF activities）的关系。结果表明，重大缺陷的披露与内审人员的教育水平、现场工作质量保证技术（quality assurance techniques）的使用程度、财务报告相关的内审活动强度以及对于内控缺陷修正的后续监督都显著负相关。执行 SOX 404 条款的时点和后续的监督表明 IAF 质量的这些方面有助于减少重大缺陷的发生。此外，本文还发现，重大缺陷披露的可能性与在审计工作中采用评级方法和内外部审计的协调程度显著正相关，表明这些活动提高了执行 SOX 404 条款流程的有效性。

一、研究问题

（一）问题的提出

管理层最终要对建立和维持良好的财务报告内部控制负责，并对其有效性进行评价。内部审计则为管理层履行这一职能提供支持（Institute of Internal Auditors, IIA, 2004, 3）。另外，外部审计准则同样将内部审计视为财务报告过程中的重要角色。尽管 IAF 的职责与财务报告内部控制密切相关，却很少有研究为此提供经验证据。值得关注的是，Prawitt et al.（2009）的研究发现，内部审计能够减少激励制度设计中可能存在的缺陷，进而提高财务报告质量，以此为基础，本文做了进一步的扩展，主要研究内部审计职能在依据 SOX 404 条款披露内部控制重大缺陷中所发挥的作用。

本文的逻辑框架见图 3-13。

（二）研究的意义

SOX 法案要求管理层对财务报告内部控制负责，内部审计则为管理层履行这一职能提供支持。尽管内部审计在财务报告内部控制中扮演着重要角色，但目前很少有实证研究为此提供证据。本文通过检验内部审计职能与内控缺陷披露的关系，为此提供了经验证据，

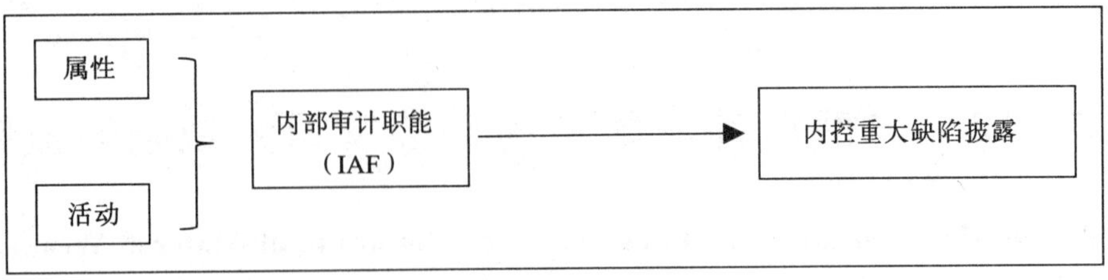

图 3-13　内部审计职能与内控重大缺陷披露的关系

对决定 IAF 人员配备和活动的管理者、提供审计指引的准则制定者，以及负责执行 SOX 404 条款流程的外部审计师都具有重要参考意义。

（三）主要贡献

第一，本文通过检验内部审计职能与重大缺陷的关系，既扩展了内部审计的文献，也扩展了财务报告内部控制的文献。

第二，先前几乎没有实证研究将审计工作实践与审计异常的预防或发现直接联系起来，本文则识别出了那些与重大缺陷的预防和发现直接相关的内部审计实践和程序。

第三，很多研究关注外部审计与内部审计职能之间的关系，但目前没有研究检验内部审计的介入能否提高外部审计工作的有效性。本文发现与内部审计的协调使得外部审计更可能发现重大缺陷，弥补了这一研究的空白。

二、理论分析和研究假设

IAF 质量和重大缺陷披露之间的整体关系取决于 IAF 的属性和活动是如何影响重大缺陷的存在、发现和披露的。如果财务报告内部控制的有效性随着 IAF 质量的提高而提高，那么 IAF 质量应当与存在内部控制问题的可能性负相关，与发现并披露内控缺陷的可能性正相关。

IAF 质量越高，越能够防止管理层对内部控制问题处置不力，促使管理层将内部控制制度落实到位。另外，能力更强的 IAF 更可能在内部控制问题初露端倪时，对其进行识别和修正，防止其进一步恶化为重大缺陷。公司存在的内控缺陷减少了，公开披露重大缺陷的可能性自然也就减少了。

如果一个重大缺陷已经存在，那么本文预期，更高质量的 IAF 具有更强的识别能力，能够提高缺陷披露的可能性。这里分两种情况进行讨论：第一，假设外部审计师不能识别出所有的重大缺陷。当一个外部审计师没有发现的重大缺陷被 IAF 识别出的时候，缺陷披露的可能性将会提高①，只有当这个缺陷在报告期末（year-end）前被管理层修正时，才能避免被披露。第二，假设外部审计师能够识别出所有的重大缺陷。若 IAF 在报告期末前检测出内控缺陷，给了管理层一个修正缺陷的机会，有可能减少公开披露的缺陷。但是，

① IIA 指南规定，IAF 要将其发现的所有重要内控问题向管理层和董事会报告。SOX 404 条款要求高级管理层披露所有的重大缺陷。因此，管理层和审计委员会同时违反 SOX 法案的规定，对重大缺陷不予披露的可能性为 0。

一方面，Ettredge et al.（2006）和 PCAOB reviews of AS No. 2（PCAOB，2005、2007b）认为，公司一般是在期末或接近期末时执行 SOX 404 条款流程，并没有足够的时间让管理层对发现的重大缺陷进行修正；另一方面，相对于外部审计师，管理层往往倾向于低估缺陷的严重性（Bedard and Graham，2011），从而没有采取足够有力的措施对其进行修正。综合这两方面的原因，本文认为 IAF 能力越强，发现已存在的重大缺陷的可能性越高，由于管理层无法及时（在报告期末前）成功修正已发现的重大缺陷，从而披露重大缺陷的可能性也越高。

基于 Prawitt et al.（2009）和专业指南（AICPA，1991；IIA，2008），本文对 IAF 质量衡量如下：一是内审人员能力；二是内审独立性；三是 IAF 相关投入；四是 IAF 活动的性质和范围。因为前三个衡量维度针对的是组织执行内部审计的特征，本文将其归为 IAF 属性（IAF attributes），最后一个衡量维度是 IAF 活动的性质和范围，针对的是由绩效标准（Performance Standards）（IIA 2008）指导的 IAF 实务。

（一）IAF 属性

1. 内审人员能力

IIA 属性标准（IIA Attribute Standards）规定，内部审计人员要拥有与其职责相符的知识、技能和其他能力（IIA 2008）。为了能够发现内部控制的违规情况，内部审计人员必须对公司的运营、业务流程和程序理解透彻，并有足够的能力设计和实施相应的测试程序来判定业务流程和程序是否按预期运行（Clark et al.，1980）。

2. 内审独立性

IIA 准则（IIA Standards）要求，在开展审计工作时，内部审计人员须保持独立性和客观性（IIA，2008）。独立的 IAF 在评估和向审计委员会报告内控问题时，更不容易被管理层所左右。

3. IAF 相关投入

实务界和学术界都主张，管理层应增加对 IAF 的投入以提高 IAF 质量（e. g.，Gramling et al.，2004；Ge and McVay，2005）。IAF 投入越多，管理层越可能雇用和留用更具胜任能力的内审人员以提高 IAF 咨询和鉴证活动的有效性。对于内部控制缺陷披露影响因素的研究发现，内部控制投入越少的公司，越有可能披露内部控制缺陷（Ashbaugh－Skaife et al.，2007；Doyle et al.，2007a）。近期外部审计实证研究表明，与小型会计师事务所相比，大中型的会计师事务所可以投入的资源更多，能更加有效的执行 SOX 合规流程以发现和披露更多的内部控制缺陷（Bedard et al.，2009；Bedard and Graham，2011）。因此，本文预期，IAF 投入越多，企业越能强有力执行 SOX 404 条款规定的管理层评估财务报告内部控制的相关程序。

综上所述，一方面，内审人员能力、内审独立性以及 IAF 相关投入能提高 IAF 质量，进而减少重大缺陷存在的可能性。另一方面，如果一个重大缺陷已经存在，更高质量的 IAF 更可能发现该缺陷。鉴于 IAF 属性对重大缺陷披露的影响是双向的，本文提出以下不定向的假设：

H1：企业报告重大缺陷的可能性与内审人员能力、独立性和相关投入显著相关。

（二）IAF 活动的性质和范围

AICPA 和 IIA 指南认为，以下因素与财务报告流程相关：一是现场工作质量保证技术的使用；二是将财务报告流程纳入审计范围；三是对控制有效性等级或总结意见进行沟通；四是跟进先前已识别的控制问题；五是内外部审计师的协调（AICPA，1991；IIA，2008）。

第一，现场工作质量保证技术的使用。现场审计质量对于发现内部控制缺陷是至关重要的。Schneider（1984，1985）和 Brown and Karan（1986）发现，外部审计师更关注 IAF 的工作绩效而非能力或独立性。质量保证技术有助于确保 IAF 现场工作是有效的和适当的。

第二，将财务报告流程纳入审计范围。由于财务报告内部控制只是公司整体内部控制的一部分，所以外部审计师在确定他们是否能够借鉴 IAF 工作成果时，必须评估 IAF 活动与财务报表审计的相关性（SAS No. 65；AICPA，1991）。本文预期，IAF 对于财务报告的关注将同时影响内部控制重大缺陷的存在和发现的可能性。

第三，对控制有效性等级或总结意见进行沟通。对被审计的运营单元或职能部门的风险状况出具意见时，较为简洁的方式是评分或评级，IIA 为此提供了专门的指南。评分可以激励管理层加强内部控制以避免较低的得分，也促进了监督系统的设计与执行。因此，内部控制缺陷存在的可能性得以降低。另外，本文预计 IAF 评分能够提高内部和外部审计师执行的针对 SOX 404 条款的审计程序的有效性，从而更容易发现已存在的重大缺陷。

与 IAF 属性类似，鉴于以上 IAF 活动对重大缺陷披露的影响是双向的，本文提出以下不定向的假设：

H2：企业报告重大缺陷的可能性与现场工作质量保证技术的使用程度、针对财务报告活动的 IAF 活动强度，以及是否使用评分方法显著相关。

第四，跟进先前已识别的控制问题。IIA 绩效标准和 SOX 法案指南要求审计总监建立和维护一个有效的系统，以监测先前所发现的控制问题的处置情况（IIA，2008、2002）。一是后续监督程序促使管理层在内控问题初露端倪之时，对其进行修正，防止其进一步恶化为重大缺陷；二是当企业或外部审计师在报告期末之前识别出一个重大缺陷时，如果管理者能在期末前将其修正，就可以避免对其进行披露。由此可见，IAF 后续监督程序可以促使管理层及时修正已识别的缺陷。本文预期：

H3：执行 IAF 后续监督程序的公司，报告重大缺陷的可能性更低。

第五，内外部审计师的协调。内部审计准则和外部审计准则都鼓励审计师的工作应当互相协调。作为企业的“内部”内控专家，内部审计人员拥有公司控制、运营和财务报告流程的具体信息，可以为外部审计师实施审计准则第五号（AS No. 5）中的自上而下、风险导向的审计方法提供帮助（PCAOB，2007a）。与内部审计的协调可以提高外部审计师对错报风险进行评估的能力，从而使其在评价和测试相关控制点时，更恰当地分配审计资源（Hogan and Wilkins，2008；PCAOB，2007a）。此外，在某种程度上，与内部审计的协调减少了外部审计师的时间压力，审计有效性随之提高（McDaniel，1990）。由此可见，内外部审计师的协调将提高外部审计师执行 SOX 404 条款的整体有效性，从而使其更可能识别出并披露重大缺陷。当然，这一结论的前提假设是大多数外部审计师在期末执行 SOX 404 条款的相关测试，并没有足够的时间让管理层对发现的重大缺陷进行修正。实际上，外部审计与内部审计的协调在整年内都可以而且确实会发生，但是，有理由认为，外部审计师针对财务报表和报告流程的审查程序在报告期末最为严格。因此，与内部审计协调所带来的效益主要体现在期末的时候（Frankel et al. , 2002；Brown and Pinello，2007；Bedard et al. , 2009）。在同时考虑内外部审计师协调所带来的效益和外部审计师工作时间的特殊性（大多数在期末）的情况下，本文预期：

H4：内外部审计师协调的公司更有可能报告重大缺陷。

三、样本选择和实证模型

（一）样本来源

内部审计的数据来源于 GAIN 数据库（通过调查的方式收集企业内部审计的相关信息），内部控制重大缺陷披露的数据来源于 EDGAR，财务数据来源于 Compustat，股票回报的数据来源于 CRSP，审计费用和报表重述的数据来源于 Audit Analytics，机构投资者的数据来源于 CDA/Spectrum。本文内部审计初始样本来源于在 2003 年和 2004 年进行调查所获得的 1 356 份回复，剔除缺失财务、股票回报、10 - K 报告、股票信息、必要的内审数据，以及仅在 SOX 302 条款下报告重大缺陷的和非加速申报公司的观测值，并仅选择 2004 年的调查数据，最终样本数为 214 个。

（二）实证模型

本文采用如下 logit 模型进行回归分析：

$$Prob(MW=1)=\beta_0+\beta_1 EXPERIENCE+\beta_2 EDUCATION+\beta_3 CERTIFICATION+\beta_4 TRAINING+\beta_5 CAEAC+\beta_6 CAEOFFICER+\beta_7 IASIZE+\beta_8 FIELDWORKQA+\beta_9 IAGRADE+\beta_{10} FINANCIALFOCUS+\beta_{11} FOLLOWUP+\beta_{12} COORDINATION+\beta_{13} SEGMENTS+\beta_{14} FOREIGNTRANSACTIONS+\beta_{15} M\&A+\beta_{16} RESTRUCTURE+\beta_{17} SALESGROWTH+\beta_{18} INVENTORY+\beta_{19} MARKETVALUE+\beta_{20} LOSS+\beta_{21} CFO+\beta_{22} SHUMWAY+\beta_{23} AGE+\beta_{24} AUDITORSPECIALIST+\beta_{25} BLUERIBBONAC+\beta_{26} ISO9000+\beta_{27} RESTATEMENT+\beta_{28} AUDITORRESIGN+\beta_{29} INSTITUTIONALOWNERSHIP+\beta_{30} REGULATEDINDUSTRY+\varepsilon$$

其中：因变量 *MW* 是虚拟变量，如果公司披露了内部控制重大缺陷则取值 1，否则为 0。自变量包括：

内审人员能力：内审人员从事审计工作的平均年限（*EXPERIENCE*）、本科和研究生的平均学习年限（*EDUCATION*）、获得审计资格证的专业人员所占的比例（*CERTIFICATION*）和平均每人每年培训时间（*TRAINING*）。

独立性：内审总监与审计委员会的沟通情况（*CAEAC*）、内审总监是否属于公司的高级管理层（*CAEOFFICER*）。

IAF 相关投入：IAF 每年总运营成本/总资产（*IASIZE*）。

现场工作质量保证技术的使用程度：质量保证技术包括直接监督、工作底稿独立审查、审计客户反馈、同行评议和工作底稿检查等。GAIN 调查设置了相关问题来分别衡量这些项目的使用频率（0：从不；1：偶尔；2：经常），本文通过计算平均得分来衡量质量保证技术的使用程度（*FIELDWORKQA*）。

针对财务报告活动的 IAF 活动强度（*FINANCIALFOCUS*）：GAIN 调查将以下五项活动划分为财务报告活动：内部会计控制的适当性；财务记录的准确性、可靠性和完整性；财务报告对管理控制和决策的有用性；会计准则变更的影响；对外报告的中期季度财务业绩。另外，还包括 GAAP 合规审计频率。GAIN 调查设置了相关问题来分别衡量针对这六个项目的 IAF 活动频率（0：从不；1：偶尔；2：经常），本文通过计算平均得分来衡量针对财务报告活动的 IAF 活动强度：

是否使用评分方法（*IAGRADE*）：若最终内部审计报告包括一个“等级”或“得分”则取值为 1，否则为 0。

是否执行 IAF 后续监督程序（*FOLLOWUP*）：若内部审计人员对先前所发现的控制问题的处置情况进行正式的监督则取值为 1，否则为 0。

内外部审计师的协调（*COORDINATION*）：若存在内外部审计师的协调则取值为 1，否则为 0。GAIN 调查认为存在协调的情况包括：借调内审员工给外部审计师；对特定的地点、产品或职能开展完全或部分审计；开展联合年度审计计划会议；进行联合风险或控制会话。

控制变量：一是公司复杂程度（业务和地区分部数目，*SEGMENTS*；是否存在外币交易，*FOREIGNTRANSACTIONS*）；二是组织重大变化（重组比例，*RESTRUCTURE*；并购比例，*M&A*；销售增长率，*SALESGROWTH*）；三是存货和产品过时成本（平均存货/总资产，*INVENTORY*）；四是可投入内控的资源（股票总市值的自然对数，*MARKETVALUE*）；五是财务困境（公司无法保证足够的内控投入），包括亏损比例（*LOSS*）、平均经营现金流量/总资产（*CFO*）和破产可能性（*SHUMWAY*）；六是公司成立年限（*AGE*）；七是外部审计师是否为行业专家（*AUDITORSPECIALIST*）；八是公司在多大程度上采用了蓝带委员会（Blue Ribbon Committee）建议（*BLUERIBBONAC*）；九是企业是否获得 ISO 认证（*ISO9000*）；十是与盈余重述和审计师辞任相关的已存在的内控问题（是否发生重述，*RESTATEMENT*；是否发生审计师辞任，*AUDITORRESIGN*）；十一是可能与内控重大缺陷披露相关的外部监督机制，包括机构投资者持股比例（*INSTITUTIONALOWNERSHIP*）、是否处于金融行业或公共事业行业（*REGULATEDINDUSTRY*）。

四、实证结果

（一）描述性统计

描述性统计表明，披露重大缺陷的公司，其内部审计人员更可能在审计报告中使用评级方法，实施的财务报告审计更少。同时，和先前研究相似，披露重大缺陷的公司规模更小，更可能发生重组、亏损或审计师辞任，更不可能获得 ISO9000 认证，经营现金流量更少，破产风险更高，外币调整更多。

（二）多元回归结果

1. H1——内审人员能力、独立性和相关投入

在衡量内审人员能力的四个变量中，只有 *EDUCATION* 与公司报告重大缺陷的可能性显著相关，而其他三个变量（*EXPERIENCE*，*CERTIFICATION* 和 *TRAINING*）以及衡量内审独立性（*CAEAC*、*CAEOFFICER*）和 IAF 相关投入（*IASIZE*）的变量都不显著，因此实证结果不支持 H1。

2. H2——现场工作质量保证技术的使用程度，针对财务报告活动的 IAF 活动强度，以及是否使用评分方法

FIELDWORKQA 和 *FINANCIALFOCUS* 的系数显著为负，表明随着现场工作质量保证技术的使用，以及针对财务报告流程的 IAF 活动的加强，所报告的内部控制重大缺陷在减少。*IAGRADE* 与公司报告重大缺陷的可能性显著正相关，表明评级方法提高了 SOX 404 条款风险评估的有效性，从而更可能识别出已存在的重大缺陷。

3. H3——执行 IAF 后续监督程序

结果显示，IAF 对先前识别出的内控问题进行后续监督能够显著地减低公司报告重大缺陷的可能性，这表明对先前识别出的内控问题进行跟进能够促使管理层及时对其进行修正。

4. H4——内外部审计师的协调

结果显示，当内外部审计师互相协调时，公司更可能报告重大缺陷，这表明在与内部审计人员进行协调时，外部审计师能够提高其执行 SOX 404 条款的有效性。

上述发现具有很强的实践意义：企业可以通过采用现场工作质量保证技术，增强针对财务报告活动的 IAF 审计活动以及跟进先前所识别出的内控问题来提高财务报告内部控制的有效性。

重大缺陷披露（*MW*）和执行 IAF 后续监督程序（*IAGRADE*）以及内外部审计师协调（*COORDINATION*）之间的正相关关系表明，这些活动能够通过改善风险评估来提高执行 SOX 404 条款流程的有效性。这也说明了建议公司和外部审计师采用风险导向的方法来执行 SOX 404 条款的相关监管指南是恰当的（SEC，2007；PCAOB，2005、2007b）。同时，这也与近期发布的 PCAOB（2005，2007a）指南相一致（该指南鼓励外部审计师积极借鉴其他人员的工作成果）。

（三）敏感性分析

第一，加入控制变量 *SOX*（IAF 数据的区间是 SOX 前（2002 年之前）还是 SOX 后（2002 年之后）），结果没有明显变化。第二，加入公司治理控制变量公司治理指数 *GINDEX*（2002 年和 2004 年的平均 G－index 得分），除 *IAGRADE* 和 *FOLLOWUP* 的系数不显著外，其他变量的实证结果与先前基本一致。第三，对外部审计师是否为四大进行控制，实证结果也没有明显差异。

五、结论

本文利用IIA关于企业内审的调查数据，检验了内部控制重大缺陷披露与IAF属性和IAF活动的关系。结果表明，相比于IAF属性，IAF活动与重大缺陷的披露更为相关。在衡量IAF属性的变量中，只有内审人员教育水平与重大缺陷的披露显著相关。而在IAF活动的相关变量中，现场工作质量保证技术的使用程度、针对财务报告活动的IAF活动强度以及对先前所识别出的内控问题的后续监督都与报告重大缺陷的可能性显著负相关，IAF评级方法的使用以及内外部审计师的协调程度都与重大缺陷披露的可能性显著正相关。总之，本文的结果对决定IAF人员配备和活动的管理者，提供审计指引的准则制定者，以及负责执行SOX 404条款流程的外部审计师都具有重要意义。

本文存在的一些局限性：第一，样本规模小并存在同质性，同时又设置了较多控制变量，从而降低了统计检验的有效性，无法确定IAF属性相关变量不存在统计意义上的显著性到底是因为统计检验无效还是确实是由于IAF属性对内控问题的存在和发现同时具有相反方向的作用。第二，具有相对成熟的内部审计职能的大公司更可能参与GAIN调查。这使得本文可能无法对没有参与调查的那些公司得出结论。尽管存在这些局限性，本文的研究结果还是能够提高对IAF在财务报告内部控制中作用的理解。

（整理人：何漪漪）

主要参考文献

[1] American Institute of Certified Public Accountants (AICPA). 1991. The Auditor's Consideration of the Internal Audit Function in an Audit of Financial Statements. Statement on Auditing Standards No. 65. New York, NY: AICPA.

[2] Ashbaugh - Skaife, H. D. Collins, and W. Kinney. 2007. The discovery and reporting of internal control deficiencies prior to SOX-mandated audits. *Journal of Accounting and Economics* 44 (1 - 2): p. 166 - 192.

[3] Bedard, J. C., and L. Graham. 2011. Factors affecting the severity of Sarbanes - Oxley Section 404 internal control deficiencies: Archival evidence. *The Accounting Review* 86 (3): forthcoming.

[4] Bernard, J. C., R. Hoitash, and U. Hoitash. 2009. Evidence from the United States on the effect of auditor involvement in assessing internal control over financial reporting. *International Journal of Auditing* 13 (2): p. 105 - 125.

[5] Brown, P. R., and V. Karan. 1986. One approach for assessing the operational nature of auditing standards: An analysis of SAS 9. *Auditing: A Journal of Practice & Theory* 6 (1): p. 134 - 147.

[6] Brown, L., and A. S. Pinello. 2007. To what extent does the financial reporting process curb earnings surprisegames?. *Journal of Accounting Research* 45 5: p. 947 - 981.

[7] Clark, M. E., T. E. Gibbs, and R. G. Schroeder. 1980. Evaluating internal audit departments under SAS No. 9: Criteria for judging competence, objectivity, and performance. The Woman CPA . 22 (July): p. 8 - 11

[8] Doyle, J. W. Ge, and S. McVay. 2007a. Determinants of weaknesses in internal control over financial reporting. *Journal of Accounting and Economics* 44 (1 - 2): p. 193 - 223.

[9] Ettredge, M. L. , C. Li, and L. Sun. 2006. The Impact of SOX Section 404 Internal Control Quality Assessment on Audit Delay in the SOX Era. *Auditing: A Journal of Practice & Theory* 25 (2): p. 1 - 23.

[10] Frankel, R. M. , M. F. Johnson, and K. K. Nelson. 2002. The relation between auditors' fees for nonaudit services and earnings management. *The Accounting Review* 77 (s - 1): p. 71 - 105.

[11] Ge, W. , and S. McVay. 2005. The disclosure of material weaknesses in internal control after the Sarbanes - Oxley Act. *Accounting Horizons* 19: p. 137 - 158.

[12] Gramling, A. A. , M. J. Maletta, A. Schneider, and B. K. Church. 2004. The role of the internal audit function in corporate governance: A synthesis of the extant internal auditing literature and directions for future research. *Journal of Accounting Literature* 23: p. 194 - 244.

[13] Hogan, C. E. , and M. S. Wilkins. 2008. Evidence on the audit risk model: Do auditors increase audit fees in the presence of internal control deficiencies? . *Contemporary Accounting Research* 25 (1): p. 219 - 242.

[14] Institute of Internal Auditors (IIA). 2002. Practice Advisory 1110 - 2: Chief Audit Executive (CAE) Reporting Lines. Available at: http: //som. csudh. edu/depts/adjunct/mabohebeish/ACC% 20336/PA% 20ADVISORY/Practice_ Advisory_ 1110 - 2. pdf .

[15] Institute of Internal Auditors (IIA) . 2004. Internal Auditing's Role in Sections 302 and 404 of the Sarbanes-Oxley Act. Available at: http: //www. theiia. org/iia/download. cfm? file = 1655.

[16] Institute of Internal Auditors (IIA) . 2008. International Standards for the Professional Practice of Internal Auditing. Available at: http: //www. theiia. org/guidance/standards-and-guidance/ippf/standards/.

[17] McDaniel, L. S. 1990. The effects of time pressure and audit program structure on audit performance. *Journal of Accounting Research* 28 (2): p. 267 - 285.

[18] Prawitt, D. F. , J. L. Smith, and D. A. Wood. 2009. Internal audit function quality and earnings management. *The Accounting Review* 84 (4): p. 1255 - 1280.

[19] Public Company Accounting Oversight Board (PCAOB) . 2004. An Audit of Internal Control Over Financial Reporting Performed in Conjunction With an Audit of Financial Statements. Auditing Standard No. 2. Washington, D. C. Available at: http: //www. pcaobus. org/Rules/Rules_of_the_Board/Auditing_Standard_2. pdf.

[20] Public Compung Accounting Oversight Board (PCAOB) . 2005. Report on the Initial Implementation of Auditing Standard No. 2, An Audit of Internal Control Over Financial Reporting Performed in Conjunction with an Audit of Financial Statements. Release No. 2005 - 023. November 30. Washington, D. C. Available at: http: //pcaobus. org/Inspections/Pages/PublicReports. aspx .

[21] Public Compung Accounting Oversight Board (PCAOB) . 2007a. An Audit of Internal Control Over Financial Reporting That Is Integrated with An Audit of Financial Statements. Auditing Standard No. 5. Washington, D. C. Available at: http: //www. pcaobus. org/Standards/Auditing/Pages/Auditing_Standard_5. aspx .

[22] Public Compung Accounting Oversight Board (PCAOB) . 2007b. Report on the Second - Year Implementation of Auditing Standard No. 2, An Audit of Internal Control Over Financial Reporting Performed in Conjunction with an Audit of Financial Statements. Release No. 2007 - 004. April 18. Washington, D. C. Available at: http: //pcaobus. org/Inspections/Pages/PublicReports. aspx .

[23] Securities and Exchange Commission (SEC). 2007. Commission Guidance Regarding Management's Report on Internal Control over Financial Reporting Under Section 13 (a) or 15 (d) of the Securities Exchange Act of 1934. Release Nos. 33 - 8810, 34 - 55929. Washington, D. C. : SEC.

§3-13 SOX 404条款下内部控制缺陷的识别和严重性分类

Detection and Severity Classifications of Sarbanes - Oxley Section 404 Internal Control Deficiencies

文献来源：Bedard, J. C, and L. Graham. 2001. Detection and Severity Classifications of Sarbanes - Oxley Section 404 Internal Control Deficiencies. *The Accounting Review*, 86 (3): 825 -855.

【摘要】 本文分析SOX 404条款下内部控制缺陷的识别和严重性分类。尽管内部控制审计测试的成本收益权衡一直有争议，但是以往研究并没有检验审计师和客户在识别内部控制缺陷时的不同，也没有检验审计师在判断内部控制严重性时考虑的因素。研究发现，审计师通过控制测试检测出3/4的未修正内部控制缺陷。当发生财务错报时，审计师将内部控制缺陷判定为更严重的缺陷。在没有发生财务错报的情况下，内部控制缺陷严重性分类依赖于公司和内部控制缺陷的特征，这意味着在没有内部控制失败的客观证据时，这种判断过程是十分复杂和微妙的。研究还发现，公司经常低估内部控制缺陷的严重程度，但是这种倾向在SOX 404条款控制流程得到精心设计、内部控制实施较好的公司中发生的概率较低。

一、研究问题

（一）问题的提出

本文分析SOX 404条款下内部控制缺陷识别和严重性分类。SOX 404条款要求管理层和审计师评估财务报告内部控制的有效性，披露在资产负债表日没有修正的严重内部控制缺陷，以提高公司财务报告的可靠性。重大缺陷的披露包含缺陷的识别和分类两个过程（Leone, 2007），但是要区分这两个过程，需要以内部控制缺陷的信息为基础。本文将利用大型会计师事务所提供的内部控制缺陷数据，分析以下两个问题：一是公司和审计师对内部控制缺陷识别的作用分别是什么？二是影响审计师对已识别的内部控制缺陷严重性分类的因素是什么？

本文的逻辑框架见图3-14。

（二）研究意义

人们对审计师在公司，特别是非加速申报公司内部控制评估和测试所起到的作用存在激烈争论，本文可以为这一重要问题提供经验证据。

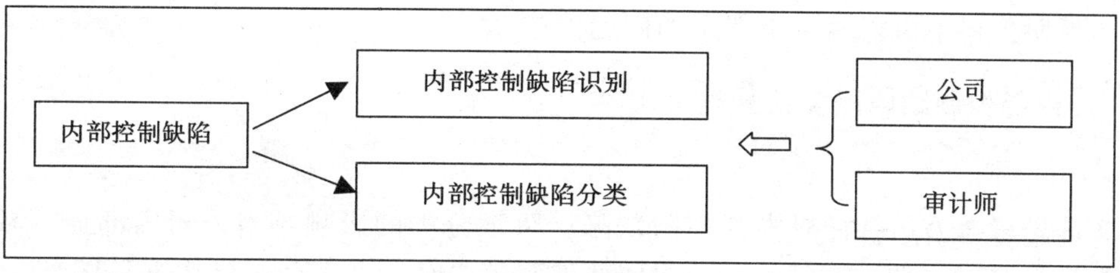

图 3－14 SOX 404 条款下内部控制缺陷的识别和严重性分类

（三）主要贡献

第一，先前的研究并没有区分审计师和客户对 ICD 的识别（Leone，2007）。本文的研究表明，审计师识别了将近 3/4 的 ICD，特别是那些严重的和普遍的缺陷。

第二，本文的结果为 SOX 404（b）条款的争论提供了经验证据，强调了审计师在缺陷识别过程中的作用。

第三，本文的研究扩展了 Kinney and Shepardson（2010）对 SOX 404 的研究。Kinney and Shepardson（2010）研究了 SOX 404 审计意见的披露，然而控制无效的审计意见只是控制评价的结果，并不是 SOX 404 条款的主要目的，本文的研究为 SOX 404 条款实施的结果提供了更多的证据。

第四，本文丰富了审计师对 ICD 分类的研究，探讨了审计师对哪些公司层面和会计层面控制的考虑将会影响财务报告质量。

第五，本文的研究补充了 Earley et al.（2008）的行为实验，他们发现客户的分类会影响审计师的判断，本文的档案研究发现客户的分类程度低于审计师，意味着审计师会调高客户的观点。

二、理论分析

（一）内部控制缺陷识别

本文预期，识别 ICD 的能力随着从事该项工作人员的专业知识和独立性提高而提高。与客户相比，审计师更独立，受到教育和培训较多，经验更多，因此能识别出更多的 ICD。同时，聘请 SOX 404 条款顾问的公司因顾问的专业知识及独立性能识别出更多的 ICD，当顾问来自大型会计师事务所时，这种识别能力更强。此外，拥有内部审计部门的公司识别 ICD 的能力也更强。

本文进一步考察公司流程设计的独立性。如果公司管理层没有参与到报告流程中，管理层发挥的影响将会较少，本文预期，公司识别 ICD 能力与执行 SOX 404（a）过程的独立性显著正相关。本文还考虑了 IT 在 SOX 404（a）流程中的整合及 SOX 404（a）执行时间对识别 ICD 的影响。

本文也研究了公司识别出的内控缺陷的性质，这个问题对理解在当前规则下，非加速申报公司会遗漏哪些控制缺陷具有重要的意义，由于缺少相关知识和自我评价的固有挑战，本文预期公司不可能报告更严重的问题。

（二）内部控制缺陷严重性分类

1. 公司特征

本文首先考虑公司特征对内部控制缺陷严重性分类的影响。当公司内部控制较好时，单独的ICD仅是一项偶发事件；当公司内部控制较弱时，由于存在与其他ICD产生交互作用等潜在问题，审计师可能认为该内部控制缺陷实际上更为严重。本文预期，内控质量较低的公司往往存在更严重的ICD。

其次是公司执行SOX 404（a）条款的力度。顾问的专业性和独立性能够使公司更好地识别ICD的严重性，但是这种特征也可能导致在年底前修正严重的ICD。因此本文没有对大公司或其他SOX 404条款下顾问的直接效应作出预期，而是预期独立的SOX 404（a）流程与ICD严重性正相关。

本文最后还考虑了内部审计的作用，提出了竞争性假设。一方面，如果内部审计参与到内部控制设计过程中，内部审计人员比公司其他人员更善于识别ICD的严重性；另一方面，如果公司拥有良好的内部审计，那么其存在严重的ICD更少（Felix et al.，2001；Lin et al.，2011）。同时也考虑了信息技术的影响，较好的使用信息技术可以更容易识别ICD，减少人工出错的可能，也可能预示拥有良好的内部控制，因此，对其符号不做预期。

2. 审计师特征

考虑到审计师对ICD更深刻的认识和更强的客观性，本文预期，被审计师识别的ICD将更可能被划入严重的类别，审计师比公司更能识别出严重的ICD，而且审计师对于已经识别出的ICD严重性划分更有信心。第二个因素是审计师执行测试程序的时长，审计师执行测试的时间越早，识别和正确划分ICD的能力越强。第三个因素是审计师取得证据的来源，本文预期，通过实质性测试识别或存在于财务错报中的缺陷，将更可能被判定为严重的ICD。

3. ICD类型

本文首先考虑了公司层面的内控缺陷对分类严重性的影响，包括IT通用控制（ITGC），财务报告流程的控制，COSO内部控制五要素中的控制环境、控制监督、风险评估。其次，在会计层面ICD上，本文预期与收入账目和税务相关的ICD会被划入更严重类别。

三、样本选择与研究设计

（一）样本选择

本文的数据主要来源于一些大型的会计师事务所。由于公司与会计师事务所签订保密协议，限制了本文对公司身份进行识别。本文随机选取2004—2005年规模较小的非管制行业的加速申报公司（销售收入等于或小于1亿元）。对公司规模的限制可以将研究结论推广到10 000多家更小的不受SOX 404（b）条款影响的上市公司，以及在其他国家上市的公司。最终的样本共包含3 990个ICD。

（二）研究设计

1. 内部控制缺陷识别

模型（1）的因变量为 *DETECTED_CLIENT*，当 ICD 由公司发现时赋值为 1，当 ICD 由审计师发现或者由公司和审计师一起发现时，其值为 0。解释变量 *CONSULTANT_BIG6*，若公司将执行 SOX 404（a）部分或全部外包给六大会计师事务所时为 1，否则为 0；*CONSULTANT_OTHER*，若公司将 SOX 404（a）的执行外包给规模较小的会计师事务所或其他时为 1，否则为 0；*REPORT_INDEPENDENT*，若 SOX 404（a）的执行结果向审计委员会和外部审计师报告时为 1，否则为 0；*INTERNAL_AUDIT*，若公司有内部审计部门为 1，否则为 0；*IT_INTEGRATION*，本文利用审计师评价公司整合 IT 的有效性的得分来衡量；*MONTHS_PRIOR_CLIENT*，公司开始对内部控制进行评价至资产负债表日的月份数；*SD* 为内部控制重要缺陷数量；*MW* 为内部控制重大缺陷数量；*ENTITY* 若存在公司层面的 ICD，则 *ENTITY* 为 1，否则为 0；*FYE_2004* 为年度虚拟变量。回归模型如模型（1）：

$$DETECTED\_CLIENT = \beta_0 + \beta_1 CONSULTANT\_BIG6 + \beta_2 CONSULTANT\_OTHER + \beta_3 REPORT\_INDEPENDENT + \beta_4 INTERNAL\_AUDIT + \beta_5 IT\_INTEGRATION + \beta_6 MONTHS\_PRIOR\_CLIENT + \beta_7 MW + \beta_8 SD + \beta_9 ENTITY + \beta_{10} LNASSETS + \beta_{11} FYE\_2004 + \varepsilon \quad (1)$$

由于识别 ICD 的能力随着从事该项工作人员的能力和独立性提高而提高，本文预期 *CONSULTANT_BIG6*、*CONSULTANT_OTHER*、*REPORT_INDEPENDENT*、*INTERNAL_AUDIT* 的系数显著为正。由于在执行 SOX 404 流程中有效整合 IT 能够更好地识别严重的 ICD，所以公司的 IT 若控制得更好，存在严重问题的可能性会更小。因此本文不对 *IT_INTEGRATION* 的符号作出预期。本文预期 *MONTHS_PRIOR_CLIENT* 的符号显著为正，因为公司执行 SOX 404（a）测试时间越长，越容易识别 ICD，而本文认为公司将更少可能识别严重的 ICD，因此 *SD*、*MW* 和 *ENTITY* 的符号显著为负。

2. 内部控制缺陷严重性分类

在分析该问题时，本文提出两个回归模型。模型（2）的因变量为 *SD/MW*，当 ICD 是重要缺陷或重大缺陷时为 1，当 ICD 是一般控制缺陷时为 0；模型（3）的因变量为 *MW*，当 ICD 是重大缺陷时为 1，当 ICD 是重要缺陷时为 0。

$$SD/MW = \beta_0 + \beta_1 IC\_RELIANCE + \beta_2 TOTAL\_MW\_SQRT + \beta_3 CONSULTANT\_BIG6 + \beta_4 CONSULTANT\_OTHER + \beta_5 INTERNAL\_AUDIT + \beta_6 IT\_INTEGRATION + \beta_7 DETECTED\_AUDITOR + \beta_8 MONTHS\_PRIOR\_AUDITOR + \beta_9 MISSTATEMENT + \beta_{10} DETECTED\_SUBS + \beta_{11} ENTITY\_CONTROLENVIR + \beta_{12} ENTITY\_MONITORING + \beta_{13} ENTITY\_INFOCOM + \beta_{14} ENTITY\_RISKASSESS + \beta_{15} ENTITY\_GENERAL\_LEDGER + \beta_{16} ENTITY\_ITGC + \beta_{17} ACC\_REVENUES + \beta_{18} ACC\_TAXES + \beta_{19} ACC\_PURCHASES + \beta_{20} ACC\_COMPENSATION + \beta_{21} ACC\_FIXEDINTANG + \beta_{22} ACC\_LIABILITIES + \beta_{23} ACC\_TREASURY + \beta_{24} DESIGN + \beta_{25} INEFFECTIVE + \beta_{26} INSUFFICIENT\_TESTING + \beta_{27} LNASSETS + \beta_{28} LEVERAGE + \beta_{29} CFOTA + \beta_{30} ACCRUALS + \beta_{31} ARINVTA + \beta_{32} SEGMENTS + \beta_{33} LOCATIONS + \beta_{34} NEW\_PUBLIC + \beta_{35} INDUSTRY\_MFG + \varepsilon \quad (2)$$

$$MW = \beta_0 + \beta_1 IC\_RELIANCE + \beta_2 TOTAL\_MW\_SQRT + \beta_3 CONSULTANT\_BIG6 + \beta_4 CONSULTANT\_OTHER + \beta_5 INTERNAL\_AUDIT + \beta_6 IT\_INTEGRATION + \beta_7 DETECTED\_AUDITOR +$$

$\beta_8 MONTHS\_PRIOR\_AUDITOR + \beta_9 MISSTATEMENT + \beta_{10} DETECTED\_SUBS + \beta_{11} ENTITY\_CONTROLENVIR + \beta_{12} ENTITY\_MONITORING + \beta_{13} ENTITY\_GENERAL\_LEDGER + \beta_{14} ENTITY\_ITGC + \beta_{15} ACC\_REVENUES + \beta_{16} ACC\_TAXES + \beta_{17} ACC\_PURCHASES + \beta_{18} DESIGN + \beta_{19} INEFFECTIVE + \beta_{20} INSUFFICIENT\_TESTING + \beta_{21} LNASSETS + \beta_{22} LEVERAGE + \beta_{23} CFOTA + \beta_{24} ACCRUALS + \beta_{25} ARINVTA + \beta_{26} SEGMENTS + \beta_{27} LOCATIONS + \beta_{28} NEW\_PUBLIC + \beta_{29} INDUSTRY\_MFG + \varepsilon$ (3)

公司特征的代理变量 *IC_RELIANCE*，表示审计师依赖公司内部控制的水平，当依赖内部控制水平为“强”（strong）或“最大”（maximum）时为 1，否则为 0①。*TOTAL_MW_SQRT*，表示被检测到的重大控制缺陷个数的平方根，*IC_RELIANCE* 和 *TOTAL_MW_SQRT* 衡量内部控制质量,本文预期较低的内部控制质量将使得 ICD 被划分至更严重一类。此外，本文还将 *CONSULTANT_BIG6*、*CONSULTANT_OTHER*、*INTERNAL_AUDIT* 和 *IT_INTEGRATION* 作为解释变量，但对其符号不做预期。

审计师进程的代理变量为 *DETECTED_AUDITOR*，当 ICD 由审计师，或者审计师与公司一起发现时为 1，否则为 0；*MONTHS_PRIOR_AUDITOR*，审计师开始对内部控制进行评价至资产负债表日的月份数；*MISSTATEMENT*，当 ICD 与错报相关时为 1，否则为 0；*DETECTED_SUBS*，如果 ICD 在实质性测试时被发现，则赋值为 1，否则为 0。本文预期以上变量的符号为正。

本文按照 COSO 内部控制五要素划分内部控制缺陷类型，并且按照 AS NO. 2 分析哪些 ICD 属于公司层面。在模型中引入变量 COSO 前四个要素（*ENTITY_CONTROLENVIR*、*ENTITY_MONITORING*、*ENTITY_INFOCOM* 和 *ENTITY_RISKASSESS*），IT 内部控制（*ENTITY_ITGC*），总账控制（general ledger controls，*ENTITY_GL*）。当 ICD 属于相应公司层面内部控制类型时，对应的虚拟变量赋值为 1，否则为 0。

基于 COSO（2006）小型上市公司内部控制指南，按照财务报表科目/循环来划分会计层面内控缺陷，他们分别是：*ACC_PURCHASES*、*ACC_REVENUES*、*ACC_COMPENSATION*、*ACC_FIXEDINTANG*、*ACC_TAXES*、*ACC_LIABILITIES* 和 *ACC_TREASURY*。此外，本文依据 COSO 和 AS NO. 2，还将内部控制缺陷划分为 *DESIGN*（控制不存在，或不能满足目标）、*DOCUMENTATION*（控制存在，但是没有以文档形式记录）、*INEFFECTIVE*（控制存在，但是没有起作用）、*INSUFFICIENT_TESTING*（控制存在，但是没有被适当测试，可能是由于没有足够的时间测试）。

此外，模型还控制了如下因素：总资产自然对数（*LNASSETS*）、资产负债率（*LEVERAGE*）、经营活动现金流（*CFOTA*）、应计质量（*ACCRUALS*）、应收账款和存货占总资产比（*ARINVTA*）、业务分部数量（*SEGMENTS*）、公司分布不同地点数量（*LOCATIONS*）、是否在五年内上市（*NEW_PUBLIC*）和年度虚拟变量（*FYE_2004*）。

---

① 内部控制依赖水平通过五分制来评价：5 = 最大依赖（maximum reliance）；4 = 显著依赖（significant reliance）；3 = 部分依赖（somereliance）；2 = 不可依赖（no reliance）；1 = 完全不可依赖（not applicable）。本文构建虚拟变量，当内部控制依赖水平为最大依赖或显著依赖时为 1，否则为 0。

四、实证结果

（一）描述性统计

统计结果显示，审计师发现72.1%的内部控制缺陷，该统计结果符合本文的预期，尽管公司记录和测试内部控制，但是审计师仍识别（detect）出较大比例的内控缺陷。这一比例在重大内部控制缺陷更高，在一般内控缺陷较低。

（二）内部控制缺陷识别

模型（1）实证结果显示，公司不倾向于识别更严重的ICD。但是当公司规模较大和聘请大型会计师事务所人员当顾问时，其识别ICD能力将有所增强。进一步研究发现，审计师倾向于调高客户的严重性分类，客户低估严重性可能是因为缺乏控制的相关专业知识或试图去影响审计师调低严重性分类。总体而言，尽管公司较大规模和聘请大型会计师事务所人员当顾问能提高识别ICD的能力，但是，报告过程中的独立性在对客户精确划分缺陷的重要程度时非常重要。

（三）内部控制缺陷严重性分类

1. 公司特征

模型（2）的实证结果显示，*IC_RELIANCE* 的符号显著为负，*TOTAL_MW_SQRT* 的符号显著为正，表明内部控制质量越低，公司越倾向于将应当划分为重要缺陷的ICD划分为一般缺陷。变量 *CONSULTANT_BIG6* 的符号显著为正，变量 *CONSULTANT_OTHER* 符号为正，但不显著。*IT_INTEGRATION* 显著为负，表明IT控制越好，严重的ICD越少。模型（3）的实证结果显示，*TOTAL_MW_SQRT* 和 *REPORT_INDEPENDENT* 的符号显著为正。

2. 审计师特征

模型（2）的实证结果显示，当ICD被审计师发现时，其更倾向于被判定为重大缺陷或重要缺陷。审计师测试时间（*MONTHS_PRIOR_AUDITOR*）显著为正，表明审计师对ICD划分的时间越长，越倾向于将其划分为SD/MW。当在近期错报或实质性测试时发现ICD，审计师越倾向于将其划分为更严重的ICD。模型（3）的实证结果显示，当ICD由实质性测试发现时，审计师越倾向于将其划分为更严重的ICD。

3. 内部控制缺陷类型

公司层面的分类中，模型（2）的实证结果显示，总账控制（*ENTITY_GENERAL_LEDGER*）和IT控制（*ENTITY_ITGC*）显著为正，但是COSO五要素中的风险评估（*ENTITY_RISKASSESS*）、信息与沟通（*ENTITY_INFOCOM*）显著为负，控制环境并不显著；然而在模型(3)中，控制环境(*ENTITY_CONTROLENVIR*)显著为正。会计层面的ICD严重性分类中，模型（2）的实证结果显示收入控制缺陷（*ACC_REVENUES*）和税收控制缺陷（*ACC_TAXES*）显著为正；模型（3）的收入控制缺陷（*ACC_REVENUES*）显著为正。

五、结论

本文为遵循 SOX 404 条款的过程和结果提供了一个独特的视角。就过程而言，实证结果显示，审计师介入 ICFR 的评估过程（识别和分类）是有价值的，有助于理解公司和审计师在评估过程的影响因素。就结果而言，即使审计师出具标准内控审计意见，公司也有可能存在内控缺陷，由于被识别出的缺陷可能已被修正，财务报告质量得以提高。本文结果表明，非加速申报公司因被豁免执行 SOX 404（b）条款（要求审计师出具内控审计报告），导致其财务报告质量低于执行 SOX 404（b）条款的公司。

论文的研究存在的局限性：一是由于论文的样本只局限在规模较小的加速申报公司，因此结论的推广受到限制；二是难以直接对文章获取的样本和公众公司披露的实质缺陷样本之间的差异进行比较，因此不能排除非随机选择对结论可能产生的影响。

（整理人：林东杰）

主要参考文献

[1] Committee of Sponsoring Organizations (COSO). 2006. Internal Control over Financial Reporting - Guidance for Smaller Public Companies. New York, NY: AICPA.

[2] Earley, C., V. Hoffman, and J. Joe. 2008. Reducing management's influence on auditors' judgments: An experimental investigation of SOX 404 assessments. *The Accounting Review* 83 : p. 1461 - 1485.

[3] Felix, W., A. Gramling, and M. Maletta. 2001. The contribution of internal audit as a determinant of external audit fees and factors influencing this contribution. *Journal of Accounting Research*, 39: p. 513 - 534.

[4] Kinney, W. R., and M. Shepardson. 2010. Do control effectiveness disclosures require internal control audits: A natural experiment with small U. S. public companies. *Journal of Accounting Research*, 49: p. 413 - 448.

[5] Leone, A. 2007. Factors related to internal control disclosure: A discussion of Ashbaugh, Collins and Kinney (2007) and Doyle, Ge, and McVay (2007). *Journal of Accounting and Economics*, 44: p. 224 - 237.

[6] Lin, S., M. Pizzini, M. Vargus, and I. Bardhan. 2011. The role of internal audit function in the disclosure of material weaknesses. *The Accounting Review*, 86: p. 137 - 158.

§3-14 SOX 404条款下内控报告的有效性如何？重大内控缺陷披露的影响因素研究

How Effective Is Internal Control Reporting under SOX 404? Determinants of the (Non-) Disclosure of Existing Material Weaknesses

文献来源：Rice S. C. 2012. Weber D. P. How Effective Is Internal Control Reporting under SOX 404? Determinants of the (Non-) Disclosure of Existing Material Weaknesses. *Journal of Accounting Research*, 50 (3): 811-843.

【摘要】 本文选择发生虚假陈述的公司为样本，研究了SOX 404条款下影响内控缺陷报告决策的因素。研究发现，样本公司中只有少部分公司承认在虚假陈述期间存在控制缺陷，并且这一比例随着时间推移而下降。进一步的研究发现，报告缺陷的概率与外部融资需求、公司规模、非审计服务费用以及会计师事务所规模负相关；与财务困境、审计师努力程度、以前年度报告的内控缺陷和虚假陈述、最近的审计师及管理层变动等因素正相关。本文结果表明存在的重大内控缺陷是否被披露受发现和披露“诱因”的影响，有助于我们认识SOX 404在对潜在会计问题进行预警方面的有效性。

一、研究问题

（一）问题的提出

本文研究了SOX 404条款在识别内控缺陷方面的有效性。具体地，本文试图回答两个问题：(1) SOX 404条款对未来发生的会计问题能否有效预警？(2) 影响内控报告相对有效性的因素有哪些？

本文的逻辑框架见图3-15。

（二）研究意义

SOX法案是近年来对美国证券市场影响最大的法案，其中的SOX 404条款对管理层和审计师都提出了严苛的要求，旨在通过强化管理层和审计师的责任保障财务报告的可靠性。SOX 404条款的实施使众多上市公司付出了高昂的成本，因此，该条款的实施能否有效识别财务报告内部控制的重大缺陷、揭示公司财务报告的潜在风险就成为一个重要的研究课题。

在本文之前，有很多学者从不同角度研究了SOX法案的影响因素，其中，Doyle et al. (2007) 和 Ashbaugh-Skaifeet al. (2007) 对内部控制缺陷的研究具有代表性。然而，这

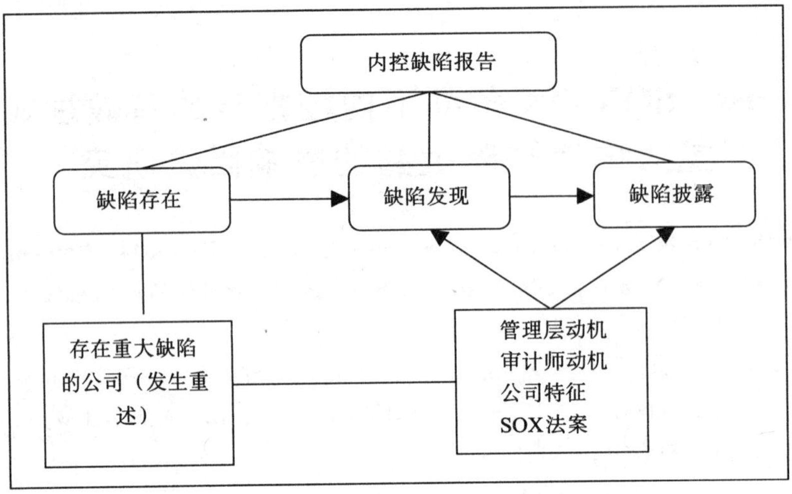

图 3－15　重大内控缺陷披露的影响因素

些研究都未能对上述的两个问题作出明确回答。本文的研究能够克服过去研究的一些不足，增进读者对 SOX 404 条款实施效果的认识。

（三）主要贡献

本文主要的创新和贡献在于：（1）本文以 SOX 404 条款生效后发生重述的企业为样本，样本选择干净，研究过程严谨，能够弥补过去类似研究中样本选取的不足，丰富了内控缺陷披露方面的文献；（2）本文的研究表明 SOX 404 条款在识别内控缺陷方面并不十分有效，这一发现为当前关于内控缺陷报告的批评提供了支持；（3）本文识别了影响公司内控缺陷披露决策的一些因素，对未来研究也有启示意义。

二、制度背景与相关文献

（一）制度背景

SOX 404 条款于 2004 年 11 月 15 日生效，它要求加速申报公司及其审计师就财务报告内部控制（下文称为“ICFR”）的有效性发表意见。根据该条款，管理层和审计师发现的任何重大缺陷都应当在年报中披露，而且，当存在重大缺陷时 ICFR 应当被认定为无效。重大缺陷的报告旨在提前警示市场参与者，公司在不久的将来可能发生重大的尚未发现的虚假陈述。另外，在 SOX 404 条款生效前，于 2002 年 8 月 29 日生效的 SOX 302 条款要求所有注册公司在季报中披露内部控制情况，但是 SOX 302 条款对重大缺陷披露并没有作出明确规定，而且也不要求审计师对内控有效性发表意见。因此，本文以 SOX 404 条款生效后的内控缺陷报告为研究对象。

（二）相关文献

Doyle et al.（2007）和 Ashbaugh－Skaife et al.（2007）发现，组织复杂程度、重大的

组织变动等与披露的内控缺陷有显著关系。Doyle et al.（2007）假定没有披露重大缺陷的公司其内部控制都是有效的。然而，最近的证据表明该假设未必合理。例如，PCAOB 最近对 ICFR 审计的检查发现，审计师在选择测试的控制点时忽略了其风险水平（risk level），没有取得控制有效的足够证据（PCAOB，2009）。此外，近年来报表重述的公司数量超过了报告 ICFR 缺陷的公司数量（Plumee and Yohn，2010），说明部分存在缺陷的公司并没有如实报告。与 Doyle et al.（2007）不同，本文不研究控制缺陷的存在性，而是在确定内控缺陷存在的条件下，研究影响控制缺陷披露的因素。

Ashbaugh - Skaife et al.（2007）研究了影响已经存在 ICFR 缺陷的各种因素，但是他们选择了 SOX 404 条款生效前的样本。在 SOX 404 条款生效前，SOX 302 条款对重大缺陷的披露没有作出明确规定，也未强制要求对内控缺陷报告进行审计，因此，在 SOX 404 条款生效前，公司在内控缺陷的披露决策方面仍然拥有很大的自由度。此外，Ashbaugh - Skaife et al.（2007）的研究没有区分存在控制缺陷的公司和不存在控制缺陷的公司，其研究结果很难解读（Leone，2007）。本文的研究以存在缺陷的公司为样本，能够避免这些问题。

三、研究设计

（一）样本选择

本文的报表重述数据来源于 Audit Analytics 数据库。本文收集了年度报告期间结束日在 SOX 404 生效日（2004 年 11 月 15 日）至 2009 年年底之间的所有重述公告，将其与相应的内控报告相匹配。对于多次发生重述的公司，只保留首次重述公告，剔除了回归模型中其他变量数据缺失的公司、明确指出重述不是因为无效的内部控制的公司和没有明确指出重述与内控有关的公司①，最终获得 488 个样本（见表 3 - 3）。

表 3 - 3　　样本选择及其构成

1. 样本选择	
来自 Audit Analytics 重述样本及相应的 SOX 404 报告[a]	1 077
对于多次重述的公司，只保留首次重述公告	(193)
原始模型涉及变量的相关信息缺失	(218)
公司报告中指出重述不是因为无效的内部控制	(39)
公司报告中没有明确指出重述与内控的关联	(139)
合计	488

① 原文附录一（Appendix A）举例说明了发生重述后与内控有关的披露。有的明确承认重述期间内控是无效的；有的承认重述期间存在重大缺陷，但是在接下来的 SOX 404 报告时缺陷已整改；有的则明确指出，虽然公司发生了重述，但是其与财务报告有关的内部控制仍然是有效的。样本剔除了与内控无关的重述。

续表

2. 样本构成	
报告指出重述期间存在无效的内控的公司	158
在重述后的下一期间承认存在重大缺陷的公司	263
承认在重述期间存在重大缺陷，但是在重述后的下一个 SOX 404 报告时已经完成缺陷整改的公司	67
在重述公告后才承认内部控制无效的公司	330
合计	448

[a]对于每一个重述观察值，本文从 Audit Analytics 取得了重述期间的起止日期，并且用该日期匹配公司在重述期间发布的相应的 SOX 404 报告（例如，与稍后发布的初始财务报告相匹配的 SOX 404 报告）。

（二）模型与变量

公司存在重大缺陷而不披露，说明管理层和审计师没有发现缺陷或者虽然发现了缺陷却没有足够的动机披露。本文考虑了影响管理层和审计师发现和披露内控缺陷的重要因素，包括：

前期财务报告问题，如前期的财务报表重述（*PRIOR RESTATE*）。前期的报表重述可能意味着管理层和审计师已经发现了过去的会计问题以及导致这些问题的原因。同时，PCAOB 的审计指南指出，前期的报表重述也是存在重大缺陷的一个提示性标志。因此，市场参与者会倾向于认为刚刚发生过报表重述的公司同时也存在内控缺陷，进而使得这些公司更难避免披露内控缺陷。

SOX 404 条款实施前公司的内控缺陷披露情况。如果公司在 SOX 302 条款下披露了内控缺陷（*MW*302），那就意味着管理层有能力发现也有意愿在不太严格的监管环境下披露内控缺陷，当 SOX 404 条款生效后，这些公司也更了解自身存在的缺陷。相反，在 SOX 302 条款下未披露重大缺陷的公司可能面临着较高的声誉成本。因此，SOX 404 条款生效后，过去在 SOX 302 条款下披露重大缺陷的公司更有可能披露重大缺陷。

公司规模（*SIZE*）对内控缺陷披露的影响不明确。一方面，大的公司可能有更多的资源用于内控测试，因而更容易发现问题；另一方面，大的公司有着复杂的组织结构和报告层级，从而增加缺陷发现的难度。同时，大的公司可能面临更大的市场压力，更不愿意披露坏消息。

财务状况不佳的公司可能缺少必要的资源进行足够的内控测试，因此不容易发现和报告存在的缺陷。同时，陷入财务困境公司的管理层更倾向于误导投资者，更不愿意披露内控缺陷。然而，财务状况不佳的企业的管理层和审计师也面临较高的诉讼风险及声誉风险。因此，财务状况对缺陷披露的影响不能确定。本文用是否亏损（*LOSS*）衡量财务状况。

近期有融资需求的公司对来自资本市场的压力格外敏感，因此，融资需求可能影响内控缺陷披露决策。本文用外部融资净变动（*ΔXFIN*）衡量公司面临的资本市场压力。

此外，考虑到 SOX 404 条款的审计要求，外部审计师将在内控缺陷报告中发挥重要作用。本文在回归分析中也考察了与外部审计师相关的四个变量：是否国际四大（*BIG4*）、审计费用（*AUDIT FEES*）、非审计服务费用（*NONAUDIT FEES*）和审计师变更（*AUDITOR CHANGE*）。其中，*AUDITOR CHANGE* 以重述期间结束前的两年窗口期内是否发生审计师变更衡量。

管理层的变更可能影响公司的披露决策。本文预期新任经理人更倾向于披露已经存在的内控缺陷，从而避免因前任管理层的管理失误而受到责难。类似于 *AUDITOR CHANGE* 的计量，本文用重述期间结束前的两年窗口期内是否发生 CEO 或 CFO 变更衡量管理层变动（*MGT CHANGE*）。

总之，本文认为，SOX 404 条款下重大内控缺陷的披露决策是由一系列与管理层和审计师发现缺陷的能力和报告缺陷的动机有关的因素决定的。为了实证检验这些因素对重大缺陷披露决策的影响，文章构建了下面的 Probit 模型：

$$REPORT\ ICW = \alpha + \beta_1 PRIORRESTATE + \beta_2 MW302 + \beta_3 SIZE + \beta_4 LOSS + \beta_5 \Delta XFIN + \beta_6 BIG4 + \beta_7 AUDITFEES + \beta_8 NONAUDITFEES + \beta_9 AUDITORCHANGE + \beta_{10} MGTCHANGE + \beta_{11} SOXYEAR + \varepsilon \qquad (1)$$

其中，因变量 *REPORT ICW* 是一个虚拟变量，如果公司在报告重述期间遵循 SOX 404 条款的要求报告了重大缺陷则取 1，否则取 0。其他变量的定义如前文所述。*SOXYEAR*（SOX 404 条款生效的年数）用于控制重大缺陷报告的时间趋势。

四、实证结果

（一）描述性统计

描述性统计发现，在样本期间，发生报表重述的公司中，只有 32.4% 的公司报告了内部控制缺陷。从年度分布来看，该比例在 SOX 404 条款生效后的第一年最高，并且随着时间推移而逐年降低。另外，将样本公司分为披露内控缺陷组（*REPORT ICW* = 1）和未披露内控缺陷组（*REPORT ICW* = 0），对比发现，披露内控缺陷组前期发生报表重述及在 SOX 302 条款下披露重大内控缺陷的比例都较高，其审计费用更高，更多发生亏损、发生审计师变更和管理层变动，这些公司的规模更小，更不喜欢聘请国际四大审计。

（二）回归结果

运用模型（1）对样本公司进行回归发现，前期发生报表重述、在 SOX 302 条款下披露重大内控缺陷、审计费用、审计师变更、管理层变动的系数显著为正，外部融资净变动的系数显著为负，说明前期发生报表重述、在 SOX 302 条款下披露内控缺陷、发生审计师变更或管理层变更的公司更有可能报告内控缺陷，而有外部融资需求的公司则相反，这些结果均与预期一致。与预期相反，国际四大的系数为负，表明聘请国际四大进行审计的公司更不倾向于报告重大内控缺陷。一般的，国际四大倾向于提供高质量的审计，更有可能避免报表重述，因此，出现这样的结果可能与本文选择的特殊样本有关（以发生报表重述的公司为样本）。此外，公司规模的系数显著为负，即规模大的公司更倾向于不报告存在的控制缺陷，这可能是因为大的公司面临更大的资本市场压力，更容易获得审计师默许，有更复杂的控制环境。财务状况的系数为正，表明财务状况不佳的公司即使没有足够的资源用于内控测试，但是为避免额外审查，仍然倾向于报告内控缺陷；非审计服务费用的系数为负，表明非审计业务的增长可能会妨碍审计师的客观、公正，非审计服务费用越高，审计师越容易与管理层合谋，不披露内控缺陷。时间趋势变量的系数显著为负，表明内控缺陷的披露在样本期间逐年递减。

（三）进一步分析

前面的分析将内控缺陷的发现和披露当作一个单一的程序，事实上，发现和披露可能是两个单独的过程，先发现缺陷，然后对是否披露作出决策，即

$$Pr(REPORTICW=1)=Pr(DETECTICW=1)\times Pr(DISCLOSEICW=1) \tag{2}$$

其中，*DETECT ICW* 和 *DISCLOSE ICW* 分别表示缺陷是否被发现和是否被披露。

文章采用了两种方法来做进一步分析。第一，区分影响“缺陷发现”（*DETECT ICW*）过程的因素和影响“缺陷披露”（*DISCLOSE ICW*）决策的因素，构建了下面的发现模型和披露模型，然后分别对总样本进行回归。

发现模型：

$$X_1=\begin{Bmatrix}PRIORRESTATE,MW302,SIZE,LOSS,BIG4,AUDITFEES,\\NONAUDITFEES,SOXYEAR\end{Bmatrix} \tag{3}$$

披露模型：

$$X_2=\begin{Bmatrix}PRIORRESTATE,MW302,SIZE,LOSS,\Delta XFIN\ NONAUDITFEES,\\AUDITORCHANGE,MGTCHANGE,SOXYEAR\end{Bmatrix} \tag{4}$$

第二，将违规引起的报表重述视为“已经发现缺陷”，用披露模型对该子样本进行回归。违规意味着“故意误报”（Hennes et al.，2008），在发生违规时，管理层很可能是知晓相关缺陷的，因此，将违规导致的报表重述视为“内控缺陷已经被发现”具有合理性。

运用上述两种方法进行回归的结果与前文中模型（1）的全样本回归结果基本一致。

五、结论

本文检验了 SOX 404 条款下内控报告能否有效识别存在的重大控制缺陷，以及影响其有效性的因素。与此前的研究不同，文章选取了一个特殊的样本，研究存在内控缺陷的公司（发生报表重述的公司）能否发现和披露重大缺陷及影响其报告决策的因素。研究发现，存在控制缺陷的公司中只有少数公司能够及时报告内控缺陷，内控缺陷的报告决策与公司财务状况、前期报表重述情况、融资需求、审计师努力程度、是否发生审计师和/或管理层变动等因素有关。这些发现表明，虽然 SOX 404 条款强制要求报告内控缺陷，但是管理层和审计师却没有足够的动机这样做。研究结果有助于更好的评估 SOX 404 条款的实施效果，对于未来的研究也有借鉴意义。

SOX 法案的实施效果是近来学术研究的一个热点，其中，关于 SOX 404 条款的经济后果的研究也很多。第一，与过去研究 SOX 法案的市场反应及实施后果的文献不同，本文从 SOX 404 条款能否促使企业报告已经存在的控制缺陷的角度研究其实施效果，具有创新

性。同时，样本的选择紧紧围绕研究主题，将发生报表重述的样本认定为存在内控缺陷的样本，克服了以往文献的不足；将样本期间定为 SOX 404 条款生效后的期间，也更为严谨。第二，文章在吸收既有文献的基础上，侧重分析影响管理层和审计师发现和披露既有控制缺陷的因素，对理解内控缺陷的披露决策有重要意义。第三，本文通过二元 probit 回归、构建更严谨的研究样本（违规引起的重述公司样本）等方法进行稳健性检验，增加了结论的可靠性。总之，本文的立意具有很好的创新性，而且论证严密，研究结论比较可靠，对既有文献有很大贡献。

当然，本文也存在一定的局限性。发生报表重述是存在内控缺陷的迹象之一，但是，重大缺陷的存在并不必然都导致报表重述。本文以发生报表重述的公司为样本，并没有涵盖所有存在重大内控缺陷的公司，其研究结论可能不具有普遍性。

（整理人：刘瑾）

主要参考文献

[1] Asbaugh - Skaife H. , D. Collins. and W. Kinney, 2007. The discovery and reporting of internal control deficiencies prior to SOX - mandated audits. *Journal of Accounting and Economics* 44: p. 166 - 192.

[2] Doyle J. ; W. Ge; and S. Mcvay. 2007. Determinants of weaknesses in internal control over financial reporting. *Journal of Accounting and Economics* 44: p. 193 - 223.

[3] Hennes K. , A. Leone, and B. Miller. 2008. The importance of distinguishing errors from irregularities in restatement research: the case of restatements and CEO/CFO turnover. *The Accounting Review* 83: p. 1487 - 1519.

[4] Leone A. . 2007. Factors related to internal control disclosure: a discussion of Ashbaugh, Collins, and Kinney (2007) and Doyle, Ge, and McVay (2007) . *Journal of Accounting and Economics* 44 : p. 224 - 237.

[5] Public Company Accounting Oversight Board (PCAOB). Report on the First - Year Implementation of Auditing Standard No. 5, An Audit of Internal Control over Financial Reporting That Is Integrated with an Audit of Financial Statements. PCAOB Release No. 2009 - 006, September 24. (2009).

§3-15 404 条款下的审计意见：有关内控审计意见和可持续经营审计意见关系的研究

Auditor Reporting under Section 404: The Association between the Internal Control and Going Concern Audit Opinions

文献来源：Goh, B. W., J. Krishnan, and D. Li. 2013. Auditor Reporting under Section 404: The Association between the Internal Control and Going Concern Audit Opinions. *The Contemporary Accounting Research*, 30 (3): 970-995.

【摘要】 SOX 404 条款和审计准则 2 号条款同时引入了综合审计（integrated audits）的概念，即审计师应对财务报告的内部控制和财务报告同时出具审计意见。因此，内控审计意见和财务报告审计意见便成为审计流程下的联合产品（joint products），本文正是研究了两类审计报告之间的关系：即在其他条件不变的情况下，发表内控缺陷审计报告（简称 MWO）是否会影响审计师出具可持续经营不确定性的审计意见（简称 GCO）。以财务困境公司为样本，本文发现 MWO 增加了审计师出具 GCO 的可能性。该结果表明，审计师在出具 GCO 时会考虑内控缺陷审计报告带来的不确定性。进一步研究发现，MWO 和 GCO 的正相关关系仅在公司层面的内控缺陷和高风险的行业中显著。本文同时检验了 302 条款下的样本（即未经审计的管理层内控报告），发现管理层报告的内控缺陷并不会影响 GCO。因此，研究结果表明，审计师只有在出具内控缺陷审计报告时，才会对内控缺陷带来的不确定作出反应；如果只是存在内控缺陷则不会。也就是说，MWO 导致审计师在出具 GCO 时变得更加谨慎和稳健。本文的结果有助于帮助研究者和政策制定者全面理解 404 条款对财务报告审计的影响。

一、研究问题

（一）问题的提出

本文以面临财务困境的公司为样本，探索了两类审计报告之间的关系：即在其他条件不变的情况下，发表内控缺陷审计报告（简称 MWO）是否影响审计师出具持续经营不确定性的审计意见（简称 GCO）。MWO 和 GCO 虽是综合审计程序下的联合产品，但其服务功能完全不同。GCO 反映了审计师对客户财务状况的整体意见，判断客户在会计年度结束后的一年内是否能够可持续经营。而 MWO 则是审计师对内部控制是否存在重大缺陷进而会导致公司财务重述的审计意见。尽管服务功能不同，但两类审计意见却紧密相关。本文认为，三个主要因素决定了 MWO 是否可以触发 GCO。第一，MWO 暗示了公司财务报告的可靠性存在潜在的不确定性，这会影响审计师准确预测公司可持续经营状态的能力，因此触发审计师出具 GCO；第二，MWO 增加了公司的融资成本，这使得本就面临财务困境的公司更加难以筹措资金；第三，MWO 的发布让公司和审计师面临更高的诉讼风险，进而影响审计师出具 GCO 的决定。

本文的逻辑框架见图 3－16。

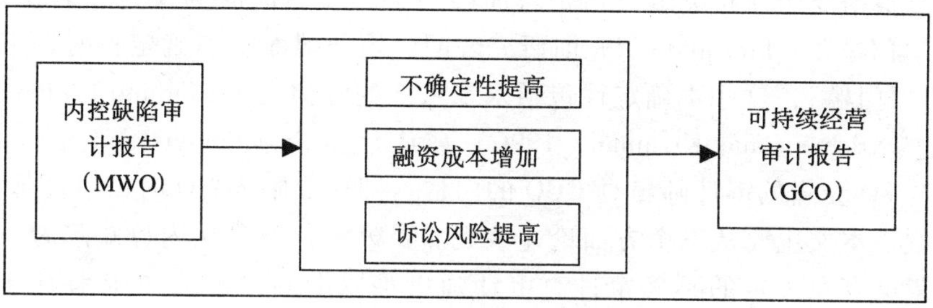

图 3－16　MWO 对 GCO 的影响

（二）研究意义

SOX 302 和 404 条款分别要求管理层和审计师报告内部控制的有效性，旨在提高公司财务报告的可靠性。然而，404 条款的颁布却引发了合规成本过高的争议。实务界和学术界担心 SOX 条款执行的成本高于收益。另外，PCAOB 发布的审计准则 2 号和 5 号①均引入了内控和财务报告综合审计的概念，审计准则 5 号要求审计师应当评估其财务报告审计意见是否会受到不利内控审计意见的影响。而本文正是通过研究财务报告审计意见和内控审计意见的关系，评估了 SOX 法案和相关审计准则的合理性和有效性。

（三）主要贡献

第一，先前文献多从经济后果的角度研究内控缺陷进而评估 SOX 404 和 302 条款的政策意义，而本文从综合审计的角度，分析了内控审计报告和财务审计报告之间的关系，同时补充了内控和 GCO 的相关文献。

第二，本文补充了有关内控的政策影响。SOX 404 和 302 条款要求公司提供内控相关的信息，主要目的是提高财务报告的质量，并未预期到它对公司可持续经营审计报告（GCO）有所影响。而本文发现，出具内控缺陷的审计报告使得审计师更加稳健，进而影响其发布 GCO 的决策。本文的结果有助于研究者和政策制定者全面认识 SOX 404 条款的政策影响。

二、研究假设

可持续经营不确定性的审计报告（GCO）反映了审计师对客户财务状况的整体意见，

① 2007 年，PCAOB 颁布审计准则 5 号条款，替代了 2004 年颁布的审计准则 2 号条款。审计准则 5 号强调以风险评估为基础的，自上而下（top－down，risk－based approach）的审计方法。

判断客户在会计年度结束后的一年内是否能够持续经营。审计准则（AICPA［1988］No. 59 和 PCAOB［2003b］No. 1）详细列示了考虑公司可持续经营状况时的一系列因素，包括：无力偿还贷款、罢工、法律诉讼等。在这些因素中并没有提到内部控制缺陷。然而，财务报告内部控制（ICFR）的审计准则却明确提出：审计师在出具财务报告审计意见时应考虑内部控制的审计意见（MWO）。鉴于审计准则表述的模糊性，在具体审计实务中，审计师会根据专业判断决定公司是否面临财务困境，同时为决定是否出具 GCO 选择一个适当的“门槛”（threshold）。先前研究表明，当公司面临不确定性时，审计师会调低出具 GCO 的“门槛”，这些不确定性包括未来可能的亏损（Nelson and Kinney，1997）、潜在诉讼风险（Krishnan and Krishnan，1996）或应计盈余（Francis and Krishnan，1999）。本文认为，MWO 会降低审计师出具 GCO 的门槛，即在面临 MWO 时，审计师出具 GCO 时也会更加稳健。本文主要从三个方面论述该观点：第一，当存在内控缺陷时，公司财务报告的可靠性就会存在一定的不确定性。审计师更难以准确预测公司未来财务状况和现金流，公司可持续经营的能力也会受到质疑。第二，内部控制缺陷增加了公司的融资成本（Ashbaugh－skaife et al.，2009；Dhaliwal et al.，2011；Kim et al.，2011）。对于面临财务困境的公司来说，存在内控缺陷将使其更难以负担高昂的融资成本。第三，MWO 的发布让公司和审计师同时面临更高的诉讼风险，进而影响审计师出具 GCO 的决定。总之，本文认为，尽管理论上 GCO 可以不受 MWO 的影响，但是实务中 MWO 会降低审计师出具 GCO 的“门槛”，即增加审计师出具 GCO 的可能性。因此，在提出假设时，本文提出了一个中立的假说。

假设：在面临财务困境的公司中，审计师是否发布 MWO 不会影响其出具 GCO 的可能性。

在检验该假设时，本文还区分了公司层面和会计层面的内控缺陷。公司层面内控缺陷与控制环境或整体财务报告流程相关，而会计层面内控缺陷则是指具体交易和账户层面的缺陷。穆迪投资服务公司（Moody's investor service）注意到由于公司层面内控缺陷的普适性（pervasive nature），一些重大缺陷并不能被有效审计。同时，穆迪认为，公司层面的内控缺陷不仅是对管理层提供准确财务报告能力的质疑，更是对管理层经营能力的质疑（Doss and Jonas，2004）。因此，本文认为，MWO 对 GCO 的影响存在公司层面内控缺陷时可能更大。

三、样本选择和研究设计

（一）样本选择

本文的数据来自于 COMPUSTAT 和 CRSP 数据库。本文选取了 2004—2009 年 COMPUSTAT 中所有的公司为初始样本，通过计算代表财务困境指标的 Z 值（Altman，1968），将其排序后，仅选取和保留 Z 值处在最末端 20% 的一组公司，即面临严重财务困境的公司。剔除内控审计意见和持续经营审计意见缺失的公司、在 COMPUSTAT 和 CRSP 数据库有缺失数据的公司以及金融行业公司之后，共得到 1 110 个公司—年度观测值。

（二）研究设计

为检验 MWO 与 GCO 之间的关系，本文采用 logistic 回归模型如下：

$$GCO = \alpha_0 + \alpha_1 MWO + \alpha_2 PROBANKZ + \alpha_3 SIZE + \alpha_4 AGE + \alpha_5 BETA + \alpha_6 VOLATILITY + \alpha_7 RETURN + \alpha_8 LEV + \alpha_9 CLEV + \alpha_{10} DLOSS + \alpha_{11} INVESTMENT + \alpha_{12} BIG4 + \alpha_{13} OCF + \alpha_{14} REPORTLAG + \alpha_{15} PRIORGCO + \alpha_{16} SEGMENTS + \alpha_{17} RESTRUCTURING + \varepsilon \quad (1)$$

其中，因变量 GCO 是一个虚拟变量，当审计师出具 GCO 时，该变量取值为 1，否则为 0。主要解释变量 MWO 也是一个虚拟变量，当审计师对公司的内部控制出具否定的 MWO 时，该变量取值为 1，否则为 0。如果审计师出具 GCO 的决策会受到否定 MWO 的影响，那么 MWO 的系数将显著为正。

依据先前的文献，本文在模型中控制了一系列变量，包括：第一，代表财务困境的两个变量：*PROBANKZ* 和 *DLOSS*。借鉴 Zmijewski（1984）的计量方法，*PROBANKZ* 衡量了公司的破产风险，而 *DLOSS* 则是代表公司前一年是否亏损的虚拟变量。第二，公司特征变量：公司规模（*SIZE*）、成立年限（*AGE*）、财务杠杆（*LEV*）及财务杠杆变化（*CLEV*）、经营活动现金流（*OCF*）、快速筹集现金的能力（*INVESTMENT*，用来衡量流动性）、公司业务的复杂程度（*SEGMENTS*）和重组并购（*RESTRUCTURING*）等。第三，以市场为基础的衡量公司风险的指标：贝塔系数（*BETA*）、经市场调节的股票回报率（*RETURN*）和股票波动性（*VOLATILITY*）。第四，其他控制变量：*REPORTLAG* 代表会计年度截止日期到财务报告出具日期之间的天数；*PRIORGCO* 表示前一年出具的 GCO 情况；*BIG4* 表示公司的审计师是否为四大会计师事务所。

四、实证结果

（一）描述性统计

描述性统计显示，在 1 110 个样本中，14% 的公司被出具了 GCO 报告，而 13% 的公司被出具了否定的 MWO 报告。卡方（Chi - square）检验表明，GCO 公司和非 GCO 公司被出具不利 MWO 报告的可能性显著不同。24% 的 GCO 公司收到了否定 MWO 报告，而在非 GCO 公司组，该比例仅为 12%。相比于非 GCO 组，GCO 组的公司规模更小、财务压力更大、负债率更高、在上一年更容易收到 GCO 报告、经营活动现金流量和快速筹集现金的能力更低、财务报告出具日期更长、业务分部更少以及发生重组的可能性更低；同时，GCO 公司的股票波动性更高、市场回报率更低。当 MWO = 0 和 MWO = 1 的公司组相比时发现：MWO = 1 的公司组，其负债率更高，出具财务报告的日期更长、贝塔值更大、筹集现金的能力更低，同时，这些公司更容易发生重组活动并且雇用四大会计师事务所的可能性更低。这些发现均与先前的文献相一致。

（二）Logistic 回归结果分析

回归结果显示，MWO 的系数是 0.72，且在统计上显著（p 值 = 0.04），这说明否定

MWO 报告增加了审计师出具 GCO 报告的可能性。与本文的预期一致，否定的 MWO 报告增加了公司的不确定性和诉讼风险，进而使得审计师在做 GCO 决策时变得更加谨慎和稳健。控制变量的系数与先前的文献一致：规模更小、财务困境严重、股票波动性更高、经营现金流量更低、股票回报更低以及筹集资金能力更弱的公司更容易被出具 GCO 报告。同时，出具财务报告时间更长、被四大审计的公司以及上一年度收到 GCO 报告的公司也更容易收到 GCO 报告。

GCO 和 MWO 报告是审计结果的联合产物，因此，GCO 和 MWO 可能会互为影响因素。为解决这个潜在内生性问题，本文首先采用了 Heckman（1979）的二阶段回归模型。本文根据先前研究文献，选取了一些可能影响 MWO 的变量①，通过 probit 回归模型计算出 LAMDA 值；然后，将计算出的 LAMDA 值加入模型（1）中回归。结果显示，MWO 的系数依然显著为正。其次，本文采用了倾向得分匹配（PSM）的方法检验了 GCO 和 MWO 的关系。本文采用二阶段回归中第一阶段预测 MWO 的 probit 模型，选出具有相似得分的 MWO（MWO = 1）公司和非 MWO 公司（MWO = 0），共得到 264 个样本，包括 132 家 MWO 公司和 132 家非 MWO 公司；随后以这 264 个观测值为样本，通过回归模型（1），发现 MWO 的系数显著为正。最后，本文采用 MWO 和 GCO 的联立方程模型检验了二者之间的关系，结果仍然与主检验一致。

本文还做了很多稳健性检验来支持主结果。其中包括：

第一，公司层面的内控缺陷和会计层面的内控缺陷对 GCO 的影响。在本文的样本中，56% 的内控缺陷被归为公司层面的内控缺陷。结果显示，只有公司层面的内控缺陷（MW Company – Level，二元变量，当内控缺陷被归类为公司层面时，取值为 1，否则为 0）显著为正，说明 MWO 对 GCO 的影响仅适用于公司层面的内控缺陷，只有公司层面的内控缺陷会提高审计师出具 GCO 的可能性。

第二，内控缺陷的后续修正对 GCO 的影响。出具否定 MWO 报告的样本中，40% 的公司在后续一年修正了内控缺陷。结果发现，与修正缺陷的公司相比，没有修正缺陷的公司更可能被审计师出具 GCO 的报告。

第三，MWO 是否会减弱企业在后续年度筹集资金的能力。因为在前文分析 MWO 对 GCO 的影响机理时，其中一个因素就是 MWO 会影响公司的筹资能力，进而影响审计师出具 GCO 的决策。未列示在表中的结果发现，MWO 与公司的短期负债变化、长期负债变化以及普通股变化均显著负相关。验证了 MWO 影响公司筹资能力的假设。

第四，诉讼风险对 MWO 和 GCO 的影响。本文检验了 MWO 与 GCO 的关系是否在不同诉讼风险的公司中显著不同。结果表明，MWO 与 GCO 的正向相关关系在诉讼风险更高的行业中更加显著，而在低风险的行业中，MWO 与 GCO 正向相关的关系并不显著。

第五，存在内控缺陷与 GCO 之间的关系。SOX 302 条款只要求管理层出具内控报告，而并不要求审计师对内控报告进行审计。因此，本文检验了是否只存在内控缺陷便会影响审计师对公司财务报表出具 GCO。本文以两种不同样本做此检验。一是本文以 SOX 404 条

① 这些变量包括：公司规模、成立时间、先前年度是否亏损、业务分部、财务重述、重组活动、审计师变更、是否雇用四大、是否有外币交易以及异常收入增长率等。具体变量定义见原文的附件。

款颁布之前的日期为样本期间（2003 年 1 月—2004 年 10 月），选取所有公司样本。二是本文仍然采用主检验中的样本期间（2004 年 11 月—2009 年 11 月），但是样本公司为那些不受 SOX 404 条款影响的非加速申报公司。主要解释变量变为 MW 302，当公司在 SOX 302 条款下披露内控缺陷时，该值取 1，否则为 0。通过回归模型（1）发现，在两类样本中，MW 302 的系数都不显著，该结果表明，内控缺陷的披露并不会影响 GCO。

五、结论

本文在 SOX 404 条款和审计准则 2 号引入综合审计的制度背景下，系统分析了两类审计报告之间的关系。以面临财务困境的公司为样本，研究发现，MWO 增加了审计师出具 GCO 的可能性。而且 MWO 与 GCO 的这种正向相关关系只适用于公司层面的内控缺陷和处在高风险行业的公司中。SOX 302 条款和 404 条款要求公司披露内控信息，主要是为了增强投资者对公司财务报告的理解和投资决策能力。政策制定者并没有预期到这些政策还会影响审计师出具 GCO 的可能性。本文的研究结果有助于帮助研究者和政策制定者全面认识 404 条款对财务报告审计的影响。

（整理人：陈莹）

主要参考文献

[1] Altman, E. I. 1968. Financial ratios, discriminant analysis and the prediction of corporate bankruptcy. *The Journal of Finance* 23 (4): p. 589 - 609.

[2] Ashbaugh - Skaife, H., D. W. Collins, W. R. Kinney Jr., and R. LaFond. 2009. The effect of SOX internal control deficiencies on firm risk and cost of equity. *Journal of Accounting Research* 47 (1): p. 1 - 43.

[3] Dhaliwal, D., C. Hogan, R. Trezevant, and M. Wilkins. 2011. Internal control disclosures, monitoring, and the cost of debt. *The Accounting Review* 86 (4): p. 1131 - 1156.

[4] Doss, M., and G. Jonas. 2004. Section 404 reports on internal control: Impact on ratings willdepend on nature of material weaknesses reported. Moody's Investors Service, Global Credit Research. October.

[5] Francis, J. R., and J. Krishnan. 1999. Accounting accruals and auditor reporting conservatism. *Contemporary Accounting Research* 16 (1): p. 135 - 165.

[6] Heckman, J. J. 1979. Sample selection bias as a specification error. *Econometrica* 47 (1): p. 153 - 161.

[7] Kim, J. - B., B. Y. Song, and L. Zhang. 2011. Internal control weakness and bank loan contracting: Evidence from SOX Section 404 disclosures. *The Accounting Review* 86 (4): p. 1157 - 1188.

[8] Krishnan, J., and J. Krishnan. 1996. The role of economic trade - offs in the audit opinion decision: An empirical analysis. *Journal of Accounting, Auditing and Finance* 11 (4): p. 565 - 586.

[9] Nelson, M. W., W. R. Kinney, Jr. 1997. The effect of ambiguity on loss contingency reporting judgments. *The Accounting Review* 72 (2): p. 257 - 274.

[10] Zmijewski, M. E. 1984. Methodological issues related to the estimation of financial distressprediction models. *Journal of Accounting Research* 22 (Supplement): p. 59 - 82.

§3-16 审计责任、投资和资本市场——由SOX法案引起的可能的预期外结果

Auditors' Liability, Investments and Capital Markets: A Potential Unintended Consequence of the Sarbanes-Oxley Act

文献来源：Deng, M., N. Melumad, and T. Shibano. 2012. Auditors' Liability, Investments and Capital Markets: A Potential Unintended Consequence of the Sarbanes-Oxley Act. *Journal of Accounting Research*, 50 (5): 1179-1215.

【摘要】为了恢复投资者对公司披露的财务信息可靠性的信心，2002年出台的SOX法案规定了更严格的公司披露制度，同时提高了审计师的责任。本文以此为背景，分析了审计责任的增强对审计失败率、资本成本和新增投资水平的影响。具体地，本文研究了在非完美审计的环境中，公司比投资者更加了解本公司的发展前景，并试图在一个“柠檬市场①”中为新的投资机会融资。均衡分析的结果推导出了公司的报告策略和投资决策，审计师的鉴证意见策略和理性投资者对公司价值的评估。最终，本文得出了三个待实证检验的预测：尽管审计师责任的增强降低了审计失败率和新增投资的资本成本，但它同时降低了新获利项目的投资水平。

一、研究问题

（一）问题的提出

本文研究分析了增强审计责任后产生的经济后果。SOX法案的主要目标是提高公司披露财务信息的可靠性和有用性，它不仅要求审计师对公司财务报告的真实性和公平性出具鉴证意见，同时要求审计师对公司的内部控制有效性发表意见。一旦发生审计失败，审计师甚至可能会面临刑事控诉。在审计责任逐渐增强的环境下，本文重点分析了审计师的鉴证责任，讨论其对公司投资水平和资本成本的影响。

先前文献发现，当公司和投资者之间存在信息不对称时，有效的公司会放弃有利可图的投资机会（Myers and Majluf, 1984）。为了降低信息不对称的成本，公司可能通过财务报告披露向投资者发出投资项目质量的信号，而审计师作为独立第三方，其对财务报告的鉴证进一步提高了公司信息披露的可靠性，增强了投资者的信心，减轻了公司和投资者之

① 柠檬市场也称次品市场，是指信息不对称的市场，即在市场中，产品的卖方对产品的质量拥有比买方更多的信息。柠檬市场的最终表现为“劣币驱逐良币”，即好的商品逐渐退出市场。

间的信息不对称，但是潜在的审计失败可能性又会降低审计师的这种正面影响。本文正是用策略模型分析审计师责任的增强如何影响公司的报告策略和投资决策以及投资者对公司价值的评估等。

本文的逻辑框架见图 3 - 17。

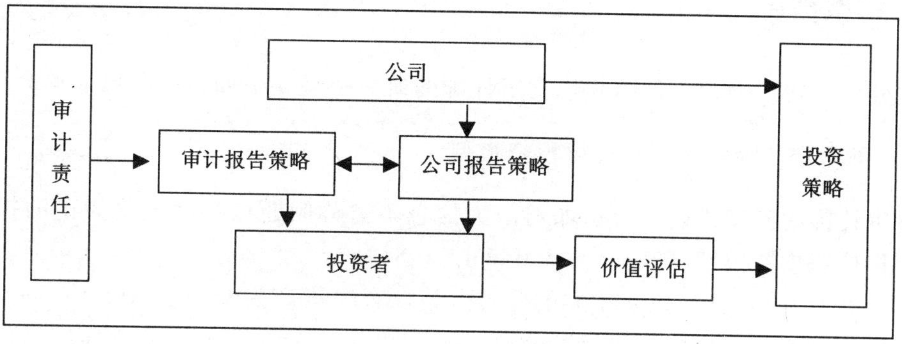

图 3 - 17 增强的审计责任的经济后果

（二）研究意义

提高审计师的法律责任一直是资本市场参与者和监管者关心的问题之一。SOX 法案之后，审计师面临的法律风险更高，一些监管者认为审计师可能会承担与其责任并不匹配的经济损失，SEC 的首席会计师曾呼吁，四大会计师事务所正面临着巨大的潜在法律责任，它们应该获得被要求巨额损失赔偿的法律保护。审计师责任的提高一定会带来更好的经济结果吗？本文通过研究 SOX 法案之后，增强的审计责任对审计失败率、资本成本和新增投资概率的影响，不但帮助市场参与者更全面的了解增强的审计责任带来的经济后果；同时，也可以帮助政策制定者评估 SOX 法案的经济效果，以期对未来的政策制定提供更多思考。

（三）主要贡献

第一，本文的分析结果会给投资者、审计师和政策制定者带来一定的启发。当公司和投资者之间存在信息不对称时，审计师责任的增强可以更好地保护投资者，增加投资者对公司信息披露的信心，进而鼓励投资。然而，当信息不对称的程度相对于公司现有资产过高时，增强的审计责任反而可能会夸大柠檬市场问题，最终导致新投资水平降低。

第二，本文的研究是对金融、经济和会计文献中探讨缓解“柠檬市场问题”的各种机制作用的补充。这些解决机制包括利用声誉、许可证、准入限制、最优合同和资本结构选择等方式向投资者传递正向信号。本文假定实务中存在的固有局限使得公司和投资者之间难以达成最优合同协议。以审计为例，实务中，审计技术存在“噪音”（即局限性），公司并不总是可以通过审计师的鉴证向市场传递其真正的公司价值信号。尽管审计师的“噪音”鉴证可以降低信息不对称的成本，但是审计师的行为会由于审计责任的提高而变得更加谨慎，而这种谨慎行为可能会扭曲公司的投资动机，并影响到投资者对公司价值的评估。

本文的研究结果也是对 Laux and Newman（2010）和 Lu and Sapra（2009）的补充。这

两篇文章发现，当存在信息不对称时，如果审计调整的成本不能忽略，那么在均衡状态下，公司的报告策略是非常复杂的，审计师不能有效的区分公司的真实类型，最终导致公司投资的非有效性。

二、模型描述

本文分别设定了不含审计师和包含审计师的研究模型，下面将一一做简单介绍。

（一）不含审计师的模型：柠檬投资模型

不含审计师的模型描述了公司如何因为信息不对称问题放弃净现值为正的投资机会，因此也叫作柠檬投资模型（Myers and Majluf，1984）。

基本模型假设①包括：风险中立的公司，其现有净资产为 w_t（其中，$t \in \{h,l\}$ 分别代表公司资产为高或低，简称“高资产公司”和“低资产公司”）；$p(h)$ 代表当信息不对称时，投资者判断公司是高资产公司的概率；现公司有一个净现值为 $E(x)$ $[E(x)>0]$ 的投资机会，该投资需要公司立刻筹资方可进行，筹资金额为 I。此外，假定该投资不能独立于公司现有资产，投资者在竞争市场中是风险中立的。

在完全信息的市场条件下，投资者知道公司的真实类型（高资产或低资产），那么类型为 t 的公司在投资后，其公司价值为：$V_t \equiv w_t + E(x) + I$。

在没有信息的市场条件下，投资者不知道公司的真实类型，那么投资者评估的公司价值为：$V_\phi \equiv E(w|\phi) + E(x) + I$；其中，$E(w|\phi) = p(h)w_h + [1-p(h)]w_l$。如果假定投资者在竞争市场中是风险中立的，那么其获得的无风险回报率为0。因此，在该模型中，投资者期望的回报率为 I/V_ϕ，那么，公司投资后获得的剩余价值 $v_t \equiv \frac{V_\phi - I}{V_\phi}[w_t + E(x) + I] = w_t + I\left[\frac{E(x)}{I} - \frac{w_t - E(w|\phi)}{V_\phi}\right]$。在该公式的大括号里，第一项是新投资项目的回报率，第二项是投资者在不知道公司类型时要求的资本成本，也称作“柠檬市场溢价”（lemons premium）。

在该模型中，柠檬问题的产生是因为低资产类型的公司总是会选择投资，因为投资者要求的资本成本对低资产公司来说是负的，即 $[w_l - E(w|\phi)]/V_\phi < 0$。而对于高资产类型的公司来说，当投资后的剩余公司价值小于不投资时的公司价值时，即 $w_h > v_h[V_\phi]$，公司就不会选择投资，换而言之，当 $\frac{w_h - E(w|\phi)}{V_\phi} > \frac{E(x)}{I}$，投资者要求的资本成本高于投资的回报率时，高资产公司会选择放弃投资，即使该投资带来的净现值为正。

如果缺乏相应的惩罚机制，所有类型的公司都会报告说自身是高资产类型的公司，这样也使得公司的报告不具有可靠性。这样，投资者将按照没有信息的市场条件评估公司价值，当投资者要求的投资成本高于投资回报时，高资产类型的公司就会放弃投资，而低资

① 该假设同样适用于包含审计师的模型。

产类型的公司总是可以获利。

（二）包含审计师的模型

在包含审计师的模型中，本文又进一步假定：审计师只有鉴证公司财务报告这一项功能，为了排除审计师的其他功能，本文假定模型是单期的强制性审计，并只有一个审计师类型，审计费用 F 对投资者是不可见的。在完全竞争市场中，审计师获得的利润为 0，即审计费用刚好涵盖了审计抽样的成本 C_s 和预期的审计失败成本（$C_I + C_{II}$）。其他模型假定将从公司、审计师和投资者三方分别介绍。

公司：公司类型对审计师和投资者都是不可见的，未经审计的报告对投资者是不可见的。公司对外报告的未经审计资产类型为 $\hat{h}$ 或 $\hat{l}$，其对外报告的策略记做 $\rho(\hat{t} \mid t)$，表示，当公司真实类型为 $t \in \{h, l\}$ 时，公司报告类型为 $\hat{t} \in \{\hat{h}, \hat{l}\}$ 的概率。当公司的报告被审计师拒绝时，公司发生的审计调整费用为 R。

审计师：审计师获得的审计费用为 F；审计抽样的成本为 C_s；审计获得的审计证据为 ω，它只与公司真实的净资产水平相关，即 $p(\omega \mid t)$，而审计证据对公司和投资者均不可见；审计技术可以表示为 $\{p(\omega \mid t), t \in \{h, l\}\}$，审计师根据其专业知识观察解释财务记录并评估资产与负债，据以推断公司的真实类型。

审计师根据审计证据作出接受或拒绝的判断，即审计师的决策规则可以表示为 $\delta(d \mid \hat{t}, \omega)$，其中，$d \in \{a, r\}$①。当审计师拒绝了公司的真实报告时，便犯了第一类错误，记审计师犯第一类错误的概率为 $\alpha_{\hat{t}}$；当审计师接受了公司的虚假报告时，便犯了第二类错误，记审计师犯第二类错误的概率为 $\beta_{\hat{t}}$。先前文献发现：$\beta_{\hat{t}} = B_{\hat{t}}[\alpha_{\hat{t}}]$。审计师犯第一类错误和第二类错误产生的成本分别为 C_I 和 C_{II}②。公司报告经审计后，审计师发表的报告类型包括 $\hat{H}$ 和 $\hat{L}$③。

投资者：投资者只能看到审计报告，并据此更新他们对公司价值的评估。同时，投资者对公司价值的评估直接决定了投资的资本成本。

以上三方行为的时间表可用图 3－18 表示。

基于以上模型假定，审计师查验报告为 $\hat{h}$ 的公司类型，并选择犯第一类错误的概率 $\alpha_{\hat{h}}$ 以最大化其收益函数④：

$$\underset{\alpha_{\hat{h}}}{Max}\, p(h)\rho(\hat{h} \mid h)[(1-\alpha_{\hat{h}})(F-C_s)+\alpha_{\hat{h}}(F-C_s-C_I)]+[1-p(h)]\rho(\hat{h} \mid l)[(1-B_{\hat{h}}[\alpha_{\hat{h}}])(F-C_s)+B_{\hat{h}}[\alpha_{\hat{h}}][(F-C_s-C_{II})] \quad (1)$$

---

① a 表示审计师接受公司报告的公司类型，r 则表示拒绝。

② C_I 主要表示审计师被替换的成本和声誉成本；C_{II} 主要是指审计师审计失败的惩罚成本（如支付给投资者的损失赔偿）和法律成本等。

③ 当公司报告高资产类型被接受或报告低资产类型被拒绝时，审计师发表的报告类型为 $\hat{H}$；当公司报告低资产类型被接受时或报告高资产类型被拒绝时，审计师发表的报告类型为 $\hat{L}$。

④ 摘自原论文的公式（5）；公司的收益函数详见原论文的公式（3）和（4）。

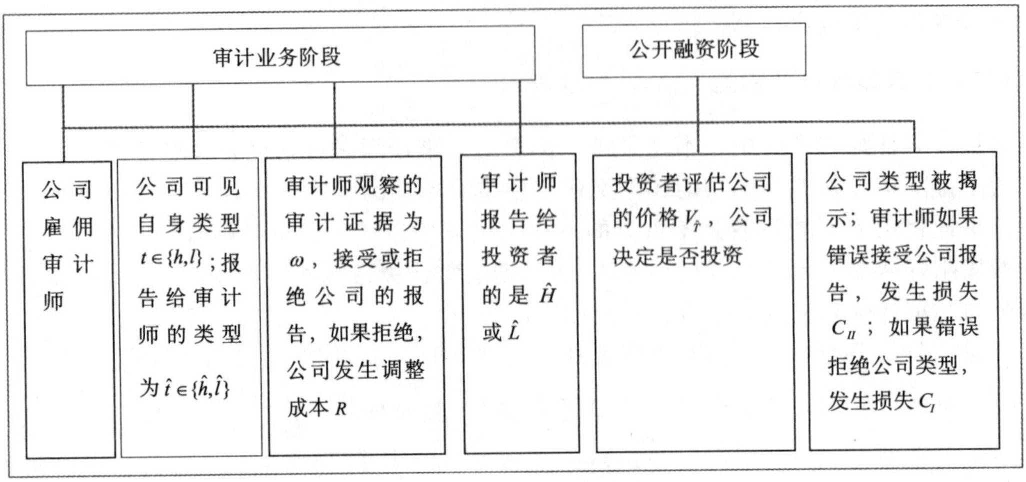

图 3-18　行为选择的时间表

注：引自原文第 1193 页，Figure I. Timeline of events。

审计师的收益函数包括两部分：一是高资产公司报告高资产时，审计师正确接受和错误拒绝产生的收益（即公式（1）的上半部分）；二是低资产公司报告高资产时，审计师正确拒绝和错误接受产生的收益（即公式（1）的下半部分）①。

三、均衡分析与定理的提出

（一）模型均衡分析

1. 假定的基准模型——不存在信息不对称的情况

本文首先以不存在信息不对称的情况为基准进行了分析，即公司和投资者都无法观测到公司现有净资产的市场价值 w_t，低资产类型公司和高资产类型公司均披露了未经审计的高资产报告。对审计师的收益函数公式（1）求二阶导可得，审计师选择的犯第一类错误的最优概率为 $\alpha^f_{\hat{h}}$，其满足②：

$$B'_h(\alpha^f_{\hat{h}}) = -\frac{p(h)C_I}{1-p(h)C_{II}} \tag{2}$$

本文评论 3 认为：当审计责任 C_{II} 增大时，审计师会增加犯第一类错误的概率 $\alpha^f_{\hat{h}}$，以降低犯第二类错误的概率 $B_h(\alpha^f_{\hat{h}})$。

投资者根据审计师的报告 $\hat{T}$ 对企业的价值进行评估，企业价值 $V_{\hat{T}}\equiv E(w\mid\hat{T})+E(x)+I$，其中 $E(w\mid\hat{T})=\Pr(w_h\mid\hat{T})w_h+1-\Pr(w_h\mid\hat{T})w_l$，因为公司也不清楚其真实的市场价值，因此，公司对其价值的评估与投资者相同，这样，当公司投资后，其剩余的公司价值

---

① 本文模型假定：只有低资产的公司才可能报告低资产类型，高资产公司没有动机伪装为低资产类型公司，因此，审计师总是接受低资产报告，即 $\alpha_{\hat{l}}=0;B_{\hat{l}}[\alpha_{\hat{l}}]=1$。

② 摘自原论文的公式（6）。

$v_t(V_{\hat{T}}) \equiv \frac{V_{\hat{T}} - I}{V_{\hat{T}}}[E(w|\hat{T}) + E(x) + I] = V_{\hat{T}} - I = E(w|\hat{T}) + E(x) > 0$，投资的资本成本 $\{[E(w|\hat{T}) - E(w|\hat{T})]/V_{\hat{H}}\}$等于0。我们知道，只有当公司投资后的剩余价值大于公司未投资的预期价值时，公司才会选择投资。当审计师的报告为 $\hat{T}$ 时，$v_t(V_{\hat{T}}) > E(w|\phi)$ 始终成立，因此，投资项目可以顺利得以执行。但是当审计师报告为 $\hat{L}$ 时，公司投资后的剩余价值未必会始终高于未投资时公司的预期价值。这还取决于 $E(x)$ 是否足够大以及高资产公司与低资产公司的价值差异是否足够显著等。

当审计责任增加，即 C_{II} 增大时，审计师犯第二类错误的惩罚成本变高，因此，审计师会尽可能降低 $B_h(\alpha_{\hat{h}}^f)$，尽管这样会导致其犯第一类错误的概率增大，即提高了 $\alpha_{\hat{h}}^f$ 的值。审计责任增加后，审计行为会变得更加谨慎，审计师出具的报告为 $\hat{T}$ 的公司比率会有所降低，但是，一旦审计师认定公司的报告为 $\hat{T}$，其信息含量也会更高，说明公司为高资产类型的可能性更大①，即 $\Pr(w_h|\hat{H})$ 更大，这样，公司投资后的剩余价值也更大［因为 $E(w|\hat{T})$ 更大］。

假定只有当审计师出具报告为 $\hat{T}$ 时，公司才能融资进行投资，那么公司投资的概率为 $G \equiv p(h)(1 - \alpha_{\hat{h}}^f) + [1 - p(h)]B_h(\alpha_{\hat{h}}^f)$，根据本文评论3的结论，当 C_{II} 增大时，整体投资水平（$\partial G/\partial C_{II} < 0$）会下降。

以上分析得出本文的评论4：当不存在信息不对称时，随着审计失败引发的审计责任的提高，公司投资后的剩余价值 $v_t(V_{\hat{T}})$ 增加，新增投资水平降低。同时，审计责任的增加不会影响投资的资本成本。

2. 均衡结果的特征——存在信息不对称的情况

当公司独立拥有公司市场价值的信息时，公司和投资者之间存在着信息不对称。此时，公司、投资者和审计师的关系会变得非常复杂，并最终达到一个均衡状态。公司的报告策略取决于投资者对公司价值的预期，同时又反过来影响着投资者的预期；审计师的报告决策会影响投资者的预期和公司的报告策略，同时又受到公司报告策略的影响。最终，三方达到的均衡状态可以总结为一种或两种形式（见原论文的定理1）：发现均衡②（detection equilibrium）和阻止均衡（deterring equilibrium），且审计师在这两种均衡状态下都能有效减轻投资不足的问题。两种均衡状态下，三方的行为均衡策略总结见表3－4。

从表3－4中可以总结出，发现均衡有三个主要特征：

第一，无论高资产公司还是低资产公司都会报告高资产，审计师错误拒绝高资产报告的均衡概率为 $\alpha_{\hat{h}}^*$（满足最大化公式（1））。

---

① 即 $d\Pr(w_h/\hat{H})/d\alpha_{\hat{h}}^f > 0$，由计算推导可得。

② 发现均衡和阻止均衡是指审计师可以发现或阻止柠檬市场中投资不足的问题。

表 3-4 均衡策略

采用的策略或决策	有效审计的情况	
	发现均衡	阻止均衡
高资产类型公司未经审计的报告	$\hat{h}$	$\hat{h}$
低资产类型公司未经审计的报告	$\hat{h}$	报告 $\hat{h}$ 的概率为 $\rho(\hat{h}/l)$
收到高资产报告后审计师的报告决策	$\alpha_{\hat{h}}^{*}$	$\alpha_{\hat{h}}^{**}$
收到低资产报告后审计师的报告决策	$\alpha_{\hat{l}}=0$	$\alpha_{\hat{l}}=0$
投资者的决策：高资产公司/经审计后的高资产报告	投资	投资
投资者的决策：高资产公司/经审计后的低资产报告	不投资	不投资
投资者的决策：低资产公司/经审计后的高资产报告	投资	投资
投资者的决策：低资产公司/经审计后的低资产报告	投资	投资

注：引自原文第 1196 页，Table 1. Equilibrium Strategies。

第二，如果审计师收到低资产的报告，他会认定公司为低资产公司，并总是接受该低资产报告。

第三，无论收到经审计的高资产报告还是经审计的低资产报告，低资产类型的公司总会选择投资。

在发现均衡状态下，理性的投资者认为经审计为高资产的公司，其为高资产公司的概率为正，因此，投资者会调高对公司价值的评估，进而公司投资的资本成本也会降低，当资本成本降低到一定程度后，又会诱发高资产公司进行投资，也就是说，审计师有助于部分减轻投资不足的问题。但是，审计师不能有效阻止低资产类型的公司过度投资，因此，该均衡状态被称作“发现均衡”。

阻止均衡主要从两个方面区别于发现均衡。第一，阻止均衡状态中，低资产类型的公司并不总是会虚报资产。因为，当他们的高资产报告被审计师拒绝后，会承担一定的成本，这使得部分低资产类型公司并不会选择高资产报告。第二，审计师错误拒绝高资产报告的均衡概率为 $\alpha_{\hat{h}}^{**}$，不同于发现均衡的概率。与发现均衡相似的是，阻止均衡状态下，高资产公司总是报告高资产，审计师总是完全接受低资产报告，低资产公司总是会选择投资，高资产公司只有收到经审计的高资产报告后才会选择投资。因此，阻止均衡同发现均衡一样，也只能部分的降低投资不足的问题。

（二）增强审计责任的预期影响

由于发现均衡和阻止均衡的结果相似，本文只报告了发现均衡状态下，增强审计责任的预期影响。

1. 对投资的影响

在发现均衡状态，所有类型的公司都会报告为高资产，低资产公司总是会投资，高资产公司投资的概率为 $G^{*}=p(h)(1-\alpha_{\hat{h}}^{*})$；同时 $\alpha_{\hat{h}}^{*}$ 需要满足公式（1），即 $B'_{h}(\alpha_{\hat{h}}^{f})[1-p(h)C_{II}]+p(h)C_{I}=0$。当 G^{*} 对 C_{II}求导后，可得到定理 2：随着审计责任的增加，新增投

资的概率会下降。

2. 对审计失败率的影响

审计失败率是指审计师由于未查出财务报告的重大缺陷使得投资者蒙受损失，并因此卷入诉讼的比率。在本文的模型中，审计失败率是指低资产公司报告高资产，审计师错误接受其高资产报告的比率。因此，审计失败率等于$[1-p(h)]\rho(\hat{h}|l)B_{\hat{h}}(\alpha_{\hat{h}}^{*})$。因此，得出定理3：当审计责任增强时，审计师会尽量降低犯第二类错误的概率，即$B_{\hat{h}}(\alpha_{\hat{h}}^{*})$减少，所以审计失败率也会降低。

3. 对投资资本成本的影响

本文的定理4总结了增强的审计责任对投资资本成本的影响。

定理4：增强的审计责任：

一是对经审计为低资产报告的公司来说，不影响其投资的资本成本。

二是对经审计为高资产报告的公司来说，降低了其投资的资本成本。

当公司的报告经审计为低资产报告时，只有低资产类型的公司还会选择投资，投资者同样会预期到公司为低资产类型，因此，其投资的资本成本为$(w_t-w_l)/V_l$，它与审计师的报告决策无关，也与审计师责任的变化无关。当公司的报告经审计为高资产报告时，投资者会预期公司的报告策略以及审计失败的可能性，因此，投资的资本成本为$[w_t-E(w|\hat{H})]/V_{\hat{H}}$。增强的审计责任对高资产类型公司的资本成本影响是不清晰的。一方面，审计师变得更加谨慎后，更可能拒绝高资产报告，增加了高资产公司投资的资本成本；另一方面，投资者对经审计后仍为高资产报告的公司给予更高的市场回报，因为他们预期经审计为高资产的公司更可能是高资产类型的公司，因此高资产公司的投资成本会有所降低。而在本文的分析模型中，假定投资者对经审计为高资产公司的投资回报不变。同时，经审计为高资产的所有公司类型的平均资本成本是降低的，因为随着审计责任的增强，投资者收到经审计为资产的报告后，预期公司为高资产类型的可能性更大了，这也直接增加了投资者对公司价值的评估。

四、结论

本文分析了增强的审计责任带来的经济后果，研究结果对市场参与者和监管者都有参考意义。一方面，增强的审计责任可以降低审计失败发生的可能性，这是SOX法案所预期的结果；另一方面，增强的审计责任可能会抑制投资，因为公司和投资者之间存在信息不对称。本文虽然研究发现并描绘出了增强审计责任后这种对抗性的经济结果，但是本文并没有提出解决方案：多大程度的审计责任是最优的选择？将来的研究可以考虑运用社会福利最大化的模型，权衡审计失败增加的负效用和新增投资的正效用如何最大化社会福利，从而得出最优的审计责任水平。

（整理人：陈莹）

主要参考文献

[1] Laux, V. , and P. Newman. Auditorliability and client acceptance decisions. *The Accounting Review*, 85 (2010): p. 261 – 285.

[2] Lu, T. , and H. Sapra. Auditor conservatism and investment efficiency. *The Accounting Review*, 84 (2009): p. 1933 – 1958.

[3] Myers, S. , and N. Majluf. Corporate financing and investment decisions when firms have information that investors do not have. *Journal of Financial Economics* 13 (1984): p. 187 – 221.

第四部分

内部控制与公司治理

§4-1　审计委员会质量和内部控制：实证分析

Audit Committee Quality and Internal Control：An Empirical Analysis

文献来源：Krishnan, J. 2005. Audit Committee Quality and Internal Control：An Empirical Analysis. *The Accounting Review*, 80（2）：649-675.

【**摘要**】本文将1994—2000年间美国上市公司更换审计师时披露与未披露内部控制问题的公司进行对比，以检验审计委员会质量与内部控制质量的关系。并且进一步将内部控制存在的问题按照其严重性分为：需报告的情况和重大缺陷。结果显示，审计委员会的独立性和专业性越强，公司有内部控制问题的情况越少。这一点在上述两类内控问题中均成立。

一、研究问题

（一）问题的提出

1999年，根据美国SEC的要求，美国主要交易所对审计委员会组成和架构提出了新的要求（SEC，1999）以提高上市公司财务报告质量，新要求规定所有上市公司的审计委员会必须满足以下三个条件：一是至少有三名成员；二是所有成员（特殊情况除外）必须独立于管理层；三是至少有一名财务专家。新规定在2001年6月份开始执行。SEC认为在新的要求下，审计委员会成员“更可能主观地评估管理层会计、内部控制和财务报告实践是否恰当”（SEC，1999）。然而，鲜有证据表明审计委员会的规模、独立性和专业性对内部控制起到有力的监督作用。因此，本文主要的研究问题是检验审计委员会的组成（人数、独立人员的比例、专业人员的个数）和公司内部控制质量的关系。

论文的逻辑框架见图4-1。

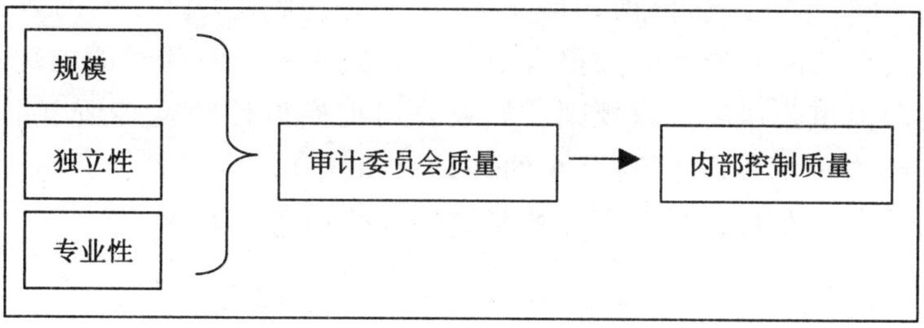

图4-1　审计委员会质量和内部控制质量的关系

（二）研究意义

美国出台了许多政策以提高公司内部控制①，更加强调审计委员会在保证内控有效性中起到的作用②。然而，强制加强审计委员会的独立性和财务专业性是否能取得预期效果一直是有争议的话题，所以本文的研究能够为政策热点话题提供实证证据。

（三）主要贡献

这篇文章是对研究公司监督机制中内部控制影响因素的文献的补充。业界和政策制定者普遍认为，公司中的审计委员会应对内部控制的建设和监督负有主要责任，但是鲜有实证检验高质量的审计委员会与高质量内控的关系，本文的研究弥补了这一空白。

二、理论分析和研究假设

内部控制质量是控制环境质量（包括董事会和审计委员会）及其他与治理无关控制机制的函数。从业人员和规则制定者不断地强调审计委员会应承担的责任之一就是复核公司的内部控制。文献中也有一些证据证明审计委员会确实在参与加强内控的活动（如 DeZoort，1997；Carcello et al.，2002）。高质量的审计委员会在不同的公司通过不同的机制确保高质量的内控。它可以直接参与公司控制的检查，与公司财务与会计人员复核内部会计和控制流程；它可以参与内部和外部的审计人员对于内部控制评估的讨论。如果外审对公司的内部控制有异议，质量较高的审计委员会会跟进这些讨论，对改进内部控制提出建议并且确保管理层执行了这些建议。如果审计委员会要监督内部控制并且他们也确实履行了监督内部控制的职责，那么高质量的审计委员会应该和高质量的内控相关。因此，本文提出如下假设：

H1：在其他不变的情况下，审计委员会的质量与内部控制的质量成正比。

三、样本选择与研究设计

（一）样本选择

本文采用从 2001 年 6 月份以前，即 SEC（1999）规则实行之前的数据，以更好地检验公司审计委员会组成的差异为财务报告质量带来的影响。但此时的内部控制的数据不容易得到。根据美国上市公司的披露规则，如果公司更换审计师就必须申报 8 - K 表格，同时披露前任审计师指出的内部控制存在的问题（如有），所以本文用 8 - K 表格的披露，将发生审计师变更时存在和不存在内部控制披露的公司进行对比。

---

① 例如，要求审计师对内部控制进行鉴证（SEC2003a）。

② 例如，强制要求所有外部审计师关于内部控制的沟通都要提供给审计委员会（SEC2003b）；再如，SEC 关于审计委员会专家的新定义包括了“熟悉内部控制”（SEC2003c）。

本文要检验的样本组是更换了审计师，并在 8 - K 文件中披露内部控制问题的公司。控制样本组是更换了审计师但没有披露内控存在问题的公司。本文从 Disclosure Inc. 数据库中得到了 1994—2000 年更换审计师并且其 8 - K 表格可以在 SEC 的 EDGAR 数据库中找到的公司作为初始样本，在剔除了没有审计委员会的公司、审计委员会或董事会或其他变量不全的公司后，最终得到存在内部控制问题的（*INTCONT*）检验样本 128 个。对于每一个存在内部控制问题的观察值（*INTCONT*），都在没有内控问题的控制样本组（*NOPROB*）中按以下三个标准随机的找到一个对应的观察值：一是行业相同，即三位行业代码相同，如果三位行业代码没能找到匹配的，就用两位或一位；二是所在的交易所相同；三是控制组没有披露其他可报告的事件或与审计师意见不同。最终得到 128 个检验样本和 128 个控制样本。

（二）研究设计

本文采用了如下 logistic 回归模型

$$ICPROB = f(ACSIZE, ACINDEP, ACEXP, CONTROL) \tag{1}$$

因变量是 *ICPROB*，表示内部控制质量的虚拟变量，1 表示存在内部控制问题，0 表示不存在。内部控制缺陷根据其严重性可以分为两个层次。第一个层次是“需报告的情况”（reportable conditions），它是指内部控制设计和执行中的重要缺陷（significant deficiencies），这些缺陷可能会对公司创建（initiate）、记录（record）、处理（process）和报告（report）财务数字的能力产生负面影响。第二个层次是“重大缺陷（material weaknesses）”。重大缺陷是“一个需要报告的情况，并且内部控制设计和实施的一个或大部分没有使其风险降低到很低的水平，由错误或舞弊引起的财务报表错报会很严重，并且员工在正常的职责范围内不会及时地发现该错报”（审计准则 SAS No. 60，AICPA 1988b，AU325）。

本文的自变量包括审计委员会特征和控制变量。

本文采用了三个维度，规模（*ACSIZE*）、独立性（*ACINDEP*）和财务专家（*ACEXP*）来作为审计委员会质量的代理变量。*ACSIZE* 是 0、1 变量，1 是审计委员会成员有三人或以上，否则为 0；*ACINDEP* 是审计委员会成员中独立董事的比例；*ACEXP* 是审计委员会的财务专家数。

本文控制了其他监督机制——管理层、外部和内部审计人员以及董事会特征，因为他们和审计委员会交互的决定公司内部控制。其他公司特征控制变量有公司规模（*LASSET*）、成长性（*HIGHER*）、是否在近五年首发上市（*IPO*）、应收项与总资产比例（*RECASST*）、破产可能性（*PRBANK*）、亏损指标（*LOSS*）、时间虚拟变量（*YEAR*）表示样本是否在 1999—2000 年（规则变化比较频繁的年份）、交易市场的虚拟变量（*NASD*、*NYAM*），最后还控制了审计师辞职（*RESIGN*）。

四、实证结果

（一）描述性统计

单变量检验指出两组样本在审计委员会特征上有区别。相比于存在内控问题样本组，没有内控问题样本组更可能有三个或以上的审计委员会成员、有更高比例的独立的审计委员会成员、有更多的财务专业人员，差异在1%水平下显著。

（二）回归结果

1. 审计委员会特征对是否存在内控缺陷影响的结果分析

模型（1）的回归结果表明：审计委员会的独立成员的比例（*ACINDEP*）和专家成员的人数（*ACEXP*）与内部控制存在问题的可能性显著负相关，符合本文的预期。但审计委员会规模与内部控制存在问题的可能性无关。控制变量表明，如果首席财务官或相同职能人员具有财会专业背景则公司存在内控问题的可能性较小。如果公司存在潜在的舞弊行为则更可能存在内部控制问题。在公司特征控制变量中，财务危机（用负利润衡量）和公司规模与内控问题正相关；审计师任期与内控问题负相关；审计人员辞职与内部控制问题正相关。

2. 审计委员会特征对不同程度内控缺陷影响的结果分析

本文还检验了内部控制的严重程度是否会对结果产生影响。本文把因变量分成三组，当内部控制存在重大缺陷时，*ICSEY* 取2，内部控制是值得报告的情况取1，内部控制不存在问题取0，进行模型（1）的 Multinomial logistic 回归，然后检验两组回归的系数是否存在显著的差异。结果显示：与前述结果类似，审计委员会的独立成员比例（*ACINDEP*）和专家成员的人数（*ACEXP*）的系数显著为负，而审计委员会的特征对两种内控缺陷的影响的差异相对较小。

3. 稳健性检验

此外，本文还进行了一系列稳健性的检验，包括：第一，替换审计委员会质量的代理变量：a. 将审计委员会成员全部是独立董事的样本视为高质量的审计委员会；b. 将符合条件 a 且至少有一名财会专业背景的成员的样本视为高质量的审计委员会，结论不变。第二，仅使用审计师被解雇的样本，结论基本不变。第三，控制审计师类型（仅适用5大会计师事务所样本），结论基本不变。第四，检验其他审计委员会特征：审计委员会开会次数、委员会成员的持股比例、成员在其他公司任董事的平均家数等，这三个指标在回归中的结果不显著。

五、结论

本文的研究主要有以下几点结论：第一，内部控制缺陷的存在与审计委员会的独立性负相关。第二，内部控制问题和审计委员会成员具有财务专长的人数负相关。第三，当将内控缺陷分为需报告的情况和重大缺陷两个层次时，审计委员会的特征对两种内控问题的影响相似，不存在显著差异。上述结论从实证角度支持了美国关于加强审计委员会独立性和专业性的规定。

本文的主要缺陷是：第一，这是一篇相关性而非因果关系的研究。报告的结果很可能是由于无法观察到的同时与内部控制和审计委员会特征有关的因素引起的①。第二，本文样本是由审计师变更的公司组成。发生审计师变更的公司要比一般的公司规模小，并且在更小的交易所上市，这可能使本文的研究结论不具有普遍性。

（整理人：孙烨）

主要参考文献

[1] Carcello, J. V., D. R. Hermanson, and T. L. Neal. 2002. Disclosures in audit committee charters and reports. *Accounting Horizons*, 16: p. 291 - 304.

[2] DeZoort, F. T. 1997. An investigation of audit committees' oversight responsibilities. *Abacus*, 33: p. 208 - 227.

[3] Securities and Exchange Commission (SEC). 1999. *NYSE Rulemaking: Order Approving Proposed Rule Change Amending the Audit Committee Requirements and Notice of Filing and Order Granting Accelerated Approval of Amendments No.* 1 *and No.* 2 Thereto. Release No. 34 - 42233. Available at: http://www.sec.gov/rules/sro/ny9939o.htm.

[4] Securities and Exchange Commission (SEC). 2002. *Final Rule: Certification of Disclosure in Companies' Quarterly and Annual Reports.* Release Nos. 33 - 8124; 34 - 46427. Available at: http://www.sec.gov/rules/final/33 - 8124.htm.

[5] Securities and Exchange Commission (SEC). 2003a. *Final Rule: Management's Reports on Internal Control Over Financial Reporting and Certification of Disclosure in Exchange Act Periodic Reports.* Release Nos. 33 - 8238; 34 - 47986. Available at: http://www.sec.gov/rules/final/33 - 8238.htm.

[6] Securities and Exchange Commission (SEC). 2003b. *Final Rule: Strengthening the Commission's Requirements Regarding Auditor Independence.* Release Nos. 33 - 8183; 43 - 47265; 35 - 27642. Available at: http://www.sec.gov/rules/final/33 - 8183.htm.

[7] Securities and Exchange Commission (SEC). 2003c. *Final Rule: Disclosure Required by Sections* 406 *and* 407 *of the Sarbanes - Oxley Act of* 2002. Release Nos. 33 - 8177; 34 - 47235. Available at: http://www.sec.gov/rules/final/33 - 8177.htm.

① 为了使这种可能性最小，作者在模型中控制了其他内部控制的监督机制，包括内部审计职能、外部审计、董事会和管理层质量，以及其他一些可能与内部控制质量和审计委员会质量都有关的变量（如财务危机和成长性）。加入这些控制变量之后，内部控制与审计委员会的依然相关。

§4-2 SOX法案定义的会计专家重要吗？——审计委员会成员的会计专业性与会计稳健性的关系

Does the SOX Definition of an Accounting Expert Matter? The Association between Audit Committee Directors' Accounting Expertise and Accounting Conservatism

文献来源：Krishnan, G. V., and G. Visvanathan. 2008. Does the SOX Definition of an Accounting Expert Matter? The Association between Audit Committee Directors' Accounting Expertise and Accounting Conservatism. *Contemporary Accounting Research*, 25 (3): 827-858.

【摘要】 虽然SOX法案强制要求公司披露其审计委员会是否包括一名财务专家，但是最终被SEC采纳的规则中定义的专家却包括会计专家和非会计专家。SEC的这个定义正确吗？非会计专家与会计专家一样具有提高财务报告质量的能力吗？采用标准普尔500强公司为样本，本文检验了审计委员会财务专业性（financial expertise）与会计稳健性（财务报告的一个最基本特征）的关系。研究结果发现，当财务专业性被定义为只包括会计专家时，审计委员会的财务专业性与稳健性正相关。结果表明，会计专家作为审计委员会成员能发挥更大的监督作用，进而增加其会计稳健性。然而，该结果依赖于公司的整体治理条件，也就是说，在公司治理较弱的董事会中，会计财务专业性不能有效的保证会计稳健性。本文的发现对监管者、公司董事和会计专家具有重要意义，对致力于加强公司治理的其他国家政策制定者同样具有参考价值，即建立有效的审计委员会是一个好的监管机制。

一、研究问题

（一）问题的提出

SOX法案强制要求企业披露其审计委员会是否包括一名财务专家。SEC一开始定义的专家只包括会计财务专家（accounting financial experts）（CPA、审计师、CFO、财务主管或者会计主管）。随后，SEC扩展了这个定义，将非会计财务专家（如CEO或者董事长）也包括在会计财务专家的定义中。SEC这个扩展的定义正确吗？会计财务专家是否比非会计财务专家更能提高财务报告质量？本文分别检验了审计委员会中会计财务专家和非会计财务专家与财务报告质量之间的关系。

论文的逻辑框架见图4-2。

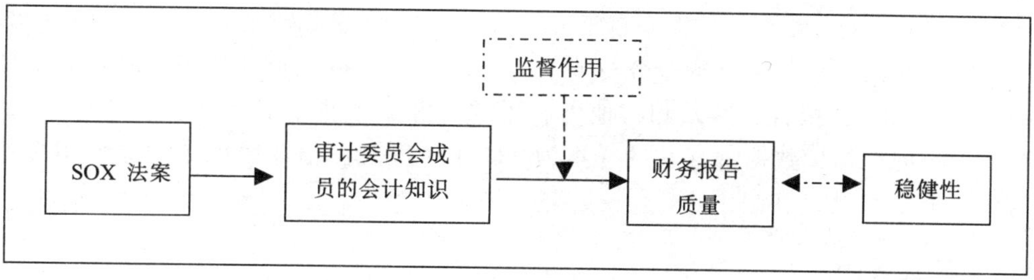

图 4－2 SOX 法案定义的审计委员会成员的专业知识与财务报告质量的关系

（二）研究意义

SOX 法案的目的是加强公司治理机制，提高会计信息质量并恢复投资者的信心。关于审计委员会必须包括具有专业知识专家的规定，其目的是为了提高财务报告质量。那么这个规定是否能够提高财务报告的质量呢？本文的研究能够为深入了解董事会专业委员会的治理作用，以及政策制定者制定并完善相关规定提供经验证据。

（三）主要贡献

第一，为 SOX 法案关于财务专家定义正确与否的争论，提供了经验证据。本文首次直接检验了两种不同类型的财务专家和会计稳健性之间的关系，结论支持了 SEC 的狭义定义。

第二，以往关于市场对在审计委员会中任命会计财务专家有正向反应的原因是监督作用（monitoring）还是信号作用有所争议，本文的证据支持了监督作用的解释。

第三，丰富了审计委员会专业性对财务报告质量影响的文献。先前的研究表明，财务专家对财务报告质量有一定影响，本文发现公司治理质量加强了这种影响。

第四，本文证实了盈余质量（Q 值）和审计委员会会计财务专家之间的联系。

二、研究假设

本文认为审计委员会里有会计专家能够加强稳健性的理由是：第一，会计专业知识提供了评价管理层会计选择的本质和合理性的能力；第二，审计委员会章程规定，委员需要经常检查会计政策的激进或者稳健性，因此对成员的会计专业知识有特殊需求；第三，法律风险以及潜在的声誉损失使得具有会计专业知识的委员们有动机要求公司具有较高的会计稳健性。与其他成员相比，会计财务专家的法律风险更高，审计委员会成员承担了更多监督财务报告的责任。

因此，本文的假设是：审计委员会成员的会计财务专业知识与会计稳健性正相关。

三、样本选择和研究设计

（一）样本选择

本文的样本来自 2000—2002 年标准普尔（S&P）500 强的公司，样本期间大部分是在

SOX 法案之前的期间，主要的数据来自于 Compustat 的 389 家 S&P 公司，共 1 167（389 ×3）个公司年度观测值。剔除了金融服务行业 194 个观测值、44 个缺少财务数据或者治理数据的观测值。从 10 - K 报告、网站和其他可利用的资源手工收集了审计委员会成员的资历。最终前三个稳健性指标数据都存在的样本为 929 个年度观测值，第四个稳健性指标数据的样本为 633 个年度观测值。

（二）研究设计

1. 审计委员会成员专业知识的衡量

本文参考 DeFond et al.（2005），分三个层次衡量专业知识：第一，会计财务专家，即拥有 CPA、审计师、CFO、财务主管或者会计主管经验的审计委员会成员；第二，非会计财务专家，即拥有 CEO 或者董事长经历的审计委员会成员；第三，非财务专家，以上两者都不是。

2. 稳健性衡量

本文使用多种方法衡量稳健性。

第一种方法是基于应计制的衡量方法。借鉴 Ahmed et al.（2000），稳健性变量 *CONACRU* 等于营业收入（即扣除非经常性项目和非持续性经营项目之前的营业收入）+折旧费用 - 经营现金流，最后除以总资产。本文第一种衡量稳健性的变量 *CONACRU*，等于第 t 期、第t - 1期和第 t +1 期 *CONACRU* 的平均数。为反映应计值的增加趋势，本文将 *CONACRU* 乘以 -1。

第二种稳健性的衡量方法主要考虑了如何处理“任何期间的应计项都会包含以前期间的转回（reverse）的应计项”问题。为了消除这种转回的影响，Hui and Matsunaga（2004）使用固定效应（FE）模型将当前期间的应计对以前期间的应计做回归，具体处理方法是用当期的应计对滞后 6 年的应计做回归。滞后项的系数表示的是过去应计项的转回数。从 FE 回归中，可以得到每个公司特有的系数值（截距项即为每个公司特有的系数值），这样，固定效应模型至少可以部分解决以前年度应计的转回问题，本文使用每个公司系数值乘以 -1 来衡量各个公司的稳健性，用 *CONACRUF* 表示。

第三种方法借鉴 Ryan（1995）和 Beaver and Ryan（2000）。他们将账面市值比（*BTM*）分解为偏差和滞后成分。偏差是指账面价值持续低于（高于）市场价值，因此 *BTM* 持续低于（高于）1。滞后是指由于不可预期的利得和损失，分期确认计入账面价值，而不是立即确认造成的滞后。因此 *BTM* 是暂时性偏低但是长期趋向于均值。偏差和滞后是会计处理和经济环境联合作用的结果。Beaver and Ryan（2000）使用固定效应模型，由 *BTM* 对当期和滞后 6 期的每年股票回报做回归，每个公司特有的系数截距值 X_i乘以 -1，本文定义第三种稳健性衡量的变量为 *CONBM*。具体见模型（1）：

$$BTM_{it} = X + X_i + X_t + \sum \delta_k RET_{it-k} \tag{1}$$

其中下标 i 和 t 分别表示公司和年度，偏差和滞后分别用 X_i和 δ_k表示，Beaver and Ryan（2000）证明了偏差与会计稳健性的衡量相关，而滞后与稳健性的衡量无关。本文定义 X_i为 *CONBM*。

第四种方法是，Penman and Zhang（2002）定义了稳健性指标（C - score），本文借鉴他们的方法衡量稳健性，用 *CONCSCO* 表示。

3. 实证模型

本文采用以下的实证模型：

$$CON = \alpha_0 + \alpha_1 AFINEXP + \alpha_2 NAFINEXP + \alpha_3 BSIZE + \alpha_4 NODUAL + \alpha_5 BIND + \alpha_6 ACSIZE + \alpha_7 ACIND + \alpha_8 ACMEET + \alpha_9 SIZE + \alpha_{10} DEBT + \alpha_{11} CFO + \alpha_{12} RDADV + \alpha_{13} SGROW + \alpha_{14} LITI + \alpha_{15} BIG4 + \alpha_{16} INOWN + \alpha_{17} INSTOWN \tag{2}$$

其中，*CON* 为四个衡量稳健性的变量之一；*AFINEXP* 为审计委员会中会计财务专家的比例；*NAFINEXP* 为审计委员会中非会计财务专家的比例。如果α_1的系数显著为正，本文的假设便得到检验，即会计财务专业知识与会计稳健性正相关。α_2的系数未知。

本文还控制了董事会规模（*BSIZE*）、CEO 与董事长是否两职合一（*NODUAL*）、独立董事比例（*BIND*）、审计委员会中董事人数（*ACSIZE*）、审计委员会中独立董事比例（*ACIND*）、审计委员会每年召开会议的次数（*ACMEET*）、总资产（*SIZE*）、长期负债率（*DEBT*）、自由现金流（*CFO*）、研发费用和广告支出（*RDADV*）、销售变化比例（*SGROW*）、是否由四大会计师事务所审计（*BIG4*）、高管和董事持股比例（*INOWN*）、机构持股比例（*INSTOWN*）、特殊行业（*LITI*）等。

四、实证结果

（一）描述性统计

从描述性统计来看，非财务专家人数要多于会计财务专家。21%的公司至少有一位会计财务专家；仅仅6%的审计委员会成员满足会计财务专家的资格；36.2%的公司审计委员会成员属于第三类，既不是会计财务专家，也不是非会计财务专家。独立董事在审计委员会中的比例高于在董事会中的比例。

（二）回归结果

1. 多元统计分析结果

结果发现只有 *AFINEXP* 对四个稳健性衡量指标的系数均在5%水平显著为正；*NAFINEXP* 的系数并不一致，并且不显著；*NFINEXP* 的系数也不显著。这些结果与本文的预期一致，即只有审计委员会拥有会计财务专业知识的委员与稳健性显著相关。因此，SOX 法案拓宽的会计财务专家的定义并不会增强企业的会计稳健性。

2. 好的公司治理加强了会计财务专业知识和稳健性之间的关系吗？

DeFond et al.（2005）认为，投资者对会计财务专家的正向反应是基于公司治理的条件之上——即当其他治理机制发挥作用的时候，会计专业知识才会更有效。借鉴 DeFond et al.（2005），本文也检验了好的公司治理会不会发挥作用？

本文在模型（2）中加入公司治理的变量 *SGOV*，主要是检验公司治理（*SGOV*）与 *AFINEXP* 和 *NAFINEXP* 之间的交叉项。*AFINEXP* 和 $AFINEXP \times SGOV$（*NAFINEXP* 和 $NAFINEXP \times SGOV$）的系数之和，代表了公司治理较好的企业，其审计委员会的会计财务专业性对稳健性的影响。实证结果发现，*AFINEXP* × *SGOV* 的系数显著为正，*NAFINEXP* × *SGOV* 的系数不显著。*AFINEXP* 和 *AFINEXP* × *SGOV* 的系数之和也显著为正，这意味着在好的公司治理条件下，会计财务专业知识与稳健性正相关。这些结果表明仅仅在强的治理环境下，会计财务专家才能够有效的发挥监督职能，并且会促进会计稳健性。在弱的治理环境下，财务专家并没有有效发挥监督职能，这说明弱的治理环境削弱了会计财务专业知识的运用。总之，本文验证了 DeFond et al.（2005）的发现。

3. 稳健性检验

（1）Q 指数。

Penman and Zhang（2002）定义了稳健性指标（*C*－SCORE），并设计了衡量盈余质量的 Q 值，Q 值是 C 值和行业调整的 C 值变化的总和。本文将 Q 值作为衡量稳健性的指标代入模型（2）。结果表明，*AFINEXP* 的系数在 5% 的水平上显著为正，而 *NAFINEXP* 的系数为负但不显著。

（2）控制安达信和上市地点。

本文检验了结果是否受安达信的客户以及是否在纽约证交所上市的影响。发现本文的结果对安达信的客户并不敏感，对于是否在纽约证券交易所上市也不敏感。

（3）损失确认的不对称性。

本文使用 Ball and Shivakumar（2005）损失确认的不对称性（asymmetric loss recognition）作为稳健性的代理变量。结果发现，高的会计稳健性与会计财务专业知识相关，与非会计财务专业知识无关。

（4）内生性。

以往研究认为公司董事会和治理机制是内生的（Klein，2002b），借鉴 Agrawal and Chadha（2005），本文在控制了内生性后检验了本文的结论。实证结果与前面的假设一致，本文并没有发现会计稳健性与董事会特征之间的内生关系会影响到本文结论的证据。

本文又通过剔除极端值、更换替代变量和重新设计模型，结果没有发生改变。

五、结论

本文分别检验了 S&P 公司中审计委员会中会计财务专家/非会计财务专家与财务报告质量之间的关系。结果发现，审计委员会中的会计财务专业知识与会计稳健性显著正相关，这个结论对于非会计财务专家和非财务专家并不成立。本文还发现，只有当董事会表现出强的治理能力时，审计委员会的会计财务专家才能更有效地履行监督职能，增强企业的会计稳健性。换而言之，会计财务专业知识可以被弱的公司治理机制削弱。本文同样发现，会计财务专业知识与盈余质量显著正相关。

总之，本文发现，会计专业知识能够帮助审计委员会成员更好地发挥监督作用，进而提高财务报告的质量；对政策监管者、公司董事会和会计专家有一定的启示作用，对于致力于加强公司治理的其他国家的政策制定者来说，建立有效的审计委员会不失为一个好的监管机制；也提醒了公司的董事会，如果总体的公司治理质量较差，只依靠雇佣有会计财务背景的审计委员会成员是不能提高审计委员会的有效性。由于样本限制，本文并不能检验那些将非会计专家替换为会计专家的公司是否表现出更好的稳健性，如果有更多的数据，未来的研究可以检验在 SOX 法案后，本文的结论是否依然成立。

（整理人：舒伟）

主要参考文献

[1] Agrawal, A. , and S. Chadha. 2005. Corporate governance and accounting scandals. *Journal of Law and Economics* 48 (2): p. 371 – 406.

[2] Ahmed, A. , B. Billings, R. Morton, and M. Stanford – Harris. 2002. The role of accounting conservatism in mitigating bondholder – shareholder conflicts over dividend policy and in reducing debt costs. *The Accounting Review* 77 (4): p. 867 – 890.

[3] Ball, R. , and L. Shivakumar. 2005. Earnings quality in UK private firms: Comparative loss recognition timeliness. *Journal of Accounting & Economics* 39 (1): p. 83 – 128.

[4] Beaver, W. , and S. Ryan. 2000. Biases and lags in book value and their effects on the ability of the book – to – market ratio to predict book return on equity. *Journal of Accounting Research* 38 (1): p. 127 – 148.

[5] DeFond, M. L. , R. N. Hann, and X. Hu. 2005. Does the market value financial expertise on audit committees of boards of directors? *Journal of Accounting Research* 43 (2): p. 153 – 193.

[6] Hui, K. , and S. Matsunaga. 2004. An empirical test of the relation between accounting conservatism and management forecast frequency. Working paper, University of Oregon.

[7] Klein, A. 2002b. Economic determinants of audit committee independence. *The Accounting Review* 77 (2): p. 435 – 452.

[8] Penman, S. , and X. Zhang. 2002. Accounting conservatism, quality of earnings, and stock returns. *The Accounting Review* 77 (2): p. 237 – 264.

[9] Ryan, S. 1995. A model of accrual measurement with implications for the evolution of the book – to – market ratio. *Journal of Accounting Research* 33 (1): p. 95 – 112.

§4-3 公司治理和财务报告内部控制：监管制度比较

Corporate Governance and Internal Control over Financial Reporting: A Comparison of Regulatory Regimes

文献来源：Hoitash, U., R. Hoitash, and J. C. Bedard. 2009. Corporate Governance and Internal Control over Financial Reporting: A Comparison of Regulatory Regimes. *The Accounting Review*, 84 (3): 839-867.

【摘要】本文分析公司治理和财务报告内部控制缺陷之间的关系。利用根据 SOX 302 条款和 SOX 404 条款披露的内部控制缺陷数据进行研究，实证结果发现，公司审计委员会成员的会计经验（accounting experience）、财务报告监管经验（supervisory experience）和董事会强度（board strength）与内部控制缺陷的概率显著负相关。但这种关系仅在 SOX 404 条款的样本组中存在，在 SOX 302 条款的样本组中没有这种关系。本文还发现，内控缺陷的披露和指定没有会计经验的财务专家或多元化财务专家（multiple financial expert）相关。本文认为，董事会和审计委员会特征与内控质量相关，然而，这种关系只在更为严格的 SOX 404 条款下存在。

一、研究问题

（一）问题的提出

本文主要研究公司治理和财务报告内部控制缺陷之间的关系，主要分为两个部分：第一，分析公司治理特征与内部控制缺陷之间的关系；第二，探讨在 SOX 302 条款和 SOX 404 条款下，公司治理特征与内部控制缺陷的关系是否存在差异。虽然这两个条款均要求披露内部控制缺陷，但是 SOX 404 条款比 SOX 302 条款更加严格，其要求审计师就内部控制的有效性发表审计意见。

本文的逻辑框架见图 4-3。

（二）研究意义

公司治理机制如何缓解由所有权和经营权分离而导致代理问题是一个热点话题。本文检验了董事会、审计委员会的人员构成和专业性对内部控制质量的影响。本文的研究具有现实意义，监管机构期望通过 SOX 法案的实施来提高财务报告质量，这对上市公司的董事会和审计委员会的结构与职责提出了更高的要求。本文的结论可以为这些政策实施提供一些经验证据。另外，将 SOX 404 条款在小规模上市公司中实施的政策饱受争议，其他国

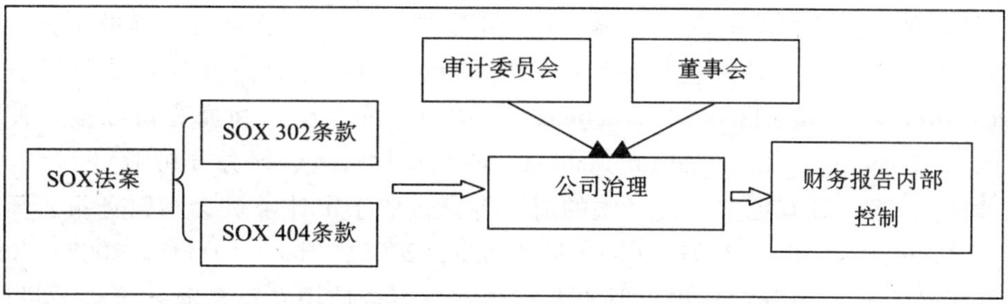

图 4-3 公司治理和财务报告内部控制：监管制度比较

家监管者关注是否在非严格内控制度下也足以得到高质量的财务报告。本文的研究可以提供一定的经验证据。

（三）主要贡献

本文的主要贡献在于：

第一，本文将会计财务专家划分为会计专家（accounting）、财务报告监督专家（supervising）和财务报告使用专家（using）三种类型，分析不同类型会计财务专家对内部控制质量的影响。

第二，本文分析不同制度背景下，公司治理质量与内部控制缺陷之间的关系。实证结果发现，这种关系仅在 SOX 404 条款的样本组中存在，在 SOX 302 条款的样本组中没有这种关系。

第三，本文样本较为完整。在分析公司治理与内部控制问题时，收集公司治理质量数据，特别是审计委员会财务专家数据时，采用了独特的数据收集方法。先前研究审计委员会财务专家的数据受限于规模较小的公司，无论是从公司治理数据库还是手工收集审计委员会委员履历时，均会因数据收集不全而使得样本量偏小。本文通过建立自动化的数据提取和分析程序，获取了较全面的样本，自 2004 年 11 月至 2006 年 5 月共 5 480 个。

二、理论分析

（一）公司治理与财务报告质量

董事会和审计委员会的特征（如构成、勤勉和独立性等）与公司治理相关。已有研究表明，与董事会相比，审计委员会承担了财务报告质量的直接责任。Xie et al.（2003）认为审计委员会有责任监督财务报告内部控制运行情况，并与管理层、内部和外部审计师及董事会沟通。为了限制管理层通过财务计量方法提高其财富的能力（损害股东利益），审计委员会必须要能够了解财务报告（SEC Rule 33 - 8177，2003），以及与之相关的内部控制。

SOX 407 条款要求审计委员会成员需要有“财务专家”（financial experts）。SEC 最初将 SOX 407 条款中的“财务专家”定义为拥有会计师、审计师、财务主管或者会计主管的教育和经历等。然而，SEC 收到超过 200 封意见函，许多人认为这样的定义过于狭窄。因此，SOX 407 条款最后的实施细则（SEC Rule 33 - 8177，2003）将“财务专家”定义为那些了解财务报告及其相关的内部控制，但是不需要在这方面有直接经验的个体。这一规则将以下两类任职资格的专家包含在财务专家的定义中：拥有财务报告监督经验的专家（experience supervising the financial function，如 CEO、董事长）和拥有财务报告使用经验的专家（experience using financial information，如风险投资人、财务分析师）。

已有研究表明，具有更多会计经验的财务专家供职于审计委员会与财务报告质量显著相关（如 Dhaliwal et al.，2007；Carcello et al.，2008；Zhang et al.，2007；Krishnan，2005）。然而较少研究区分财务报告监督专家和财务报告使用专家对财务报告质量的影响，只有 Carcello et al.（2008）发现财务报告使用经验与盈余质量正相关。但是无论 Carcello et al.（2008），还是 Dhaliwal et al.（2007）均没有分析财务报告监督经验对财务报告质量的影响。总之，经验证据表明审计委员会和董事会的会计经验对财务报告质量具有重要影响，但是没有直接接触财务报告的财务专家，对财务报告的质量的影响仍然不清楚。为了解决这个问题，本文考虑审计委员会中“财务专家”的构成特征对财务报告质量的影响。

除了“财务专家”外，先前的研究在分析审计委员会特征时也考虑了审计委员会规模的因素，蓝带委员会（Blue Ribbon Committee）（1999）推荐上市公司在审计委员会中应当至少包含三名董事。审计委员会开会次数通常被认为是勤勉的一种衡量方法，较少的会议次数通常被认为是缺少有效监督，McMullen and Raghunandan（1996）、Beasley et al.（2000）、Farber（2006）、Archambeault and DeZoort（2001）研究发现，审计委员会开会次数越少，财务报告重述、财务欺诈的概率越高；然而 Carcello et al.（2006）研究发现审计委员会开会次数越多，披露的内部控制缺陷越多。因此，本文不对审计委员会开会频率与内部控制缺陷之间的关系作出预期。

已有的研究也考虑了公司治理的董事会层面，如董事会规模、独立董事比例和开会频率等。Xie et al.（2003）和 Klein（2002b）发现盈余质量与董事会独立性存在显著关系，Beasley（1996）发现独立董事比例与财务舞弊显著负相关。

综上，本文首先分析上述各种公司治理机制与内部控制缺陷之间的关系。

（二）内部控制披露监管制度的变化

第二个研究问题是在 SOX 302 条款和 SOX 404 条款下，内控缺陷披露和公司治理质量之间的关系是否不同。SOX 302 条款仅要求公司设计和维护财务报告内部控制有效运行，并不要求进行内部控制测试和聘请独立审计师审计；而 SOX 404 条款更加严格，要求公司测试并披露内部控制的有效性，并且要求外部审计师对其进行鉴证。

然而，SOX 302 条款要求公司自愿进行内部控制测试。已有研究表明公司，治理机制与信息披露质量显著正相关（Eng and Mak，2003；Laksmana，2008），而本文与其他自愿性披露的研究不同，在那些研究中，信息披露被分为积极、消极和中性三种类型，管理层通常对这三种类型的信息非常熟悉，并且能够决定是否向外公开披露。与之不同的是，SOX 302 条款并不强制要求，而是由公司自行决定是否对财务报告内部控制进行测试，如果发现重大缺陷则必须披露，内部控制重大缺陷基于两个判断标准：未来可能发生错报的概率和重要性。因此，管理层必须在信息发现成本和披露成本之间权衡。

本文将不同内控制度因素引入到分析审计委员会“财务专家”特征、其他公司治理特征与内部控制缺陷的关系中。如果公司治理质量与财务报告质量显著正相关，那么当公司治理质量越差时，存在内部控制缺陷的概率越高。在 SOX 302 条款下，若公司治理差且存在重大缺陷，管理层可能不披露内部控制问题，那么公众很难了解公司的内部控制缺陷情况，因此他们之间的关系难以预期。

三、样本选择与研究设计

（一）样本选择

本文的样本来源于 Audit Analytics 数据库，共获得自 2004 年 11 月至 2006 年 5 月共 10 568个公司年度观测值。然后剔除没有董事会和审计委员会的样本、董事会或审计委员会只有一名成员、在会计年度内没有召开董事会或者审计委员会的样本，剩下 8 192 个样本。由于研究需要审计委员会财务专家的详细背景资料，剩下 6 576 个样本和 22 873 个审计委员会委员。本文分别从 Audit Analytics、SDC Platinum、Thomson Financials、Compustat Segment、Compustat Annual files 收集内部控制信息披露、审计师更换、并购、机构投资者持股、商业分析等财务信息。然后剔除所需变量数据缺失的样本，最后得到 5 480 个样本和 19 673 个审计委员会委员。

（二）研究设计

因变量为内部控制重大缺陷（*MV*），如果公司披露至少一个重大缺陷，则为 1，否则为 0。解释变量为公司治理变量。如果审计委员会委员担任过 CPA、CFO、财务部门经理、会计部门经理等职务，则将其定义为会计专家（accounting financial expert，*AFE*）。如果审计委员会委员担任过 CEO、COO 等职务，则将其定义为财务报告监督专家（supervisory financial experts，*SFE*）。本文将会计专家人数除以审计委员会人数，便得到 *PAFE*；同时，将财务报告监督专家人数除以审计委员会人数，便得到 *PSFE*。尽管 *AFE* 和 *SFE* 能够准确定义，但是本文难以定义 SEC 的第三类专家。因此，本文采用替代办法，根据 SOX 407 的规定，只有三类人（会计专家、监督专家、使用专家）可以被公开指定（designate）为审计委员会的财务专家，本文将被公司公开指定为审计委员会财务专家，且不具备会计及监督资格的人员定义为财务报告使用专家（user financial experts，*UFE*）。

为了进一步检验，本文构建了另外一组虚拟变量，*AFE - DES*，如果只有一个会计专家，则为 1，否则为 0；*SFE - DES*，如果只有一个财务报告监督专家，则为 1，否则为 0；*UFE - DES*，如果只有一个财务报告使用专家，则为 1，否则为 0；*MULT - DES*，如果存在多元化的专家，则为 1，否则为 0。

本文还在回归模型中引入其他审计委员会的特征变量，如审计委员会开会次数（*ACMEETING*）和规模（*AUDITCOMMITTEESIZE*）。本文考虑到董事会的规模、独立董事比例和开会频率，引入董事会的综合评分［*BOARD - STRENGTH*，参照 Dhaliwal et al.（2007）和 Carcello et al.（2008）的评分规则］。

此外，本文在模型（1）中控制了如下因素：市值对数（*LOGMARKETCAP*）、是否亏损（*LOSS*）、业务分部数量（*SEGMENT*）、是否发生外币交易（*FOREIGN*）、近期是否经历并购（*MERGER*）、近期是否经历重组（*RESTRUCTURE*）、销售收入是否高速增长（*EXTREMEGROWTH*）、是否由四大会计师事务所审计（*Big4*）、是否由 GrantThornton 或者 BDO 审计（*MIDTIER*）、是否发生审计师变更（*AUDITORCHANGE*）、是否处于易诉讼行业（*LITIGATION*）。

以下为回归模型：

$$MW = \alpha + \beta_1 PAFE + \beta_2 PSFE + \beta_3 AUDITMEETING + \beta_4 AUDITCOMMITTEESIZE + \beta_5 BOARD-STRENGTH + \beta_6 LOGMARKETCAP + \beta_7 LOSS + \beta_8 SEGMENT + \beta_9 FOREIGN + \beta_{10} MERGER + \beta_{11} RESTRUCTURE + \beta_{12} EXTREMEGROWTH + \beta_{13} BIG4 + \beta_{14} MIDTIER + \beta_{15} AUDITORCHANGE + \beta_{16} LITIGATION + \beta_{17} FY2005 + e \quad (1)$$

四、实证结果

（一）描述性统计

本文按照加速申报公司和非加速申报公司，对各变量进行描述性统计，加速申报公司审计委员会规模更大、开会次数更多、拥有财务报告专家和会计专家比例更高。

（二）回归结果

本文首先对全样本按照模型（1）进行回归，实证结果显示，*PAFE* 和 *PSFE* 的系数均在 5% 的水平上显著负相关，表明审计委员会拥有更多的会计经验或者财务报告监督经验的专家，财务报告的质量越高，越少披露内部控制缺陷。

本文还对样本进行分组回归，分别按 SOX 302 条款下的非加速申报公司组、全部加速申报公司组、SOX 302 条款下的加速申报公司组、SOX 404 条款下的加速申报公司组进行回归。实证结果表明，在 SOX 302 条款下的非加速申报公司、SOX 302 条款下的加速申报公司两组回归中，*PAFE* 和 *PSFE* 的系数为负，但不显著。而 SOX 404 条款下的加速申报公司 *PAFE* 和 *PSFE* 的系数显著为负。这表明公司治理机制与内部控制缺陷之间的关系依赖于监管制度，而不是加速申报公司和非加速申报公司的其他因素。

本文做了一些补充检验：一是检验不同类型专家对不同类型内控缺陷的影响；二是将公司治理变量滞后一期；三是控制自选择偏误，采用 Heckman 二阶段回归方法。补充检验对实证结果没有产生影响。

随后本文检验了指定财务专家对内部控制缺陷的影响。具体而言，检验了被指定或没被指定财务专家对财务报告内部控制的影响，发现无论是否被指定，会计专家在财务报告内部控制中都起着重要作用。随后本文评价公司仅指定一名会计专家对财务报告内部控制的影响，发现仅指定一名会计专家比其他指定方法对财务报告内部控制更有效。

五、结论

本文分析公司治理和财务报告内部控制缺陷之间的关系。利用根据 SOX 302 条款和

SOX 404 条款披露的内部控制缺陷数据进行研究，实证结果发现，公司审计委员会成员的会计经验和财务报告监管经验与内部控制缺陷的概率显著负相关。但这种关系仅在 SOX 404 条款的样本组中存在，在 SOX 302 条款的样本组不存在这种关系。这表明公司治理和内部控制质量在不同制度背景下的关系并不相同。

本文在以下方面可能存在局限：第一，仅测试实施 SOX 404 条款后两年的样本，样本期间较短；第二，尽管已经采用滞后一期和 Heckman 二阶段回归控制自选择偏误的方法进行分析，但是仍然避免不了可能存在内生性问题。

（整理人：林东杰）

主要参考文献

[1] Archambeault, D. , and F. T. DeZoort. 2001. Auditor opinion shopping and the audit committee: An analysis of suspicious auditor switches. *International Journal of Auditing*, 5: p. 33 – 52.

[2] Beasley, M. S. 1996. An empirical analysis of the relation between the board of director composition and financial statement fraud. *The Accounting Review* 71 (4): p. 443 – 465.

[3] Beasley, M. S. , J. V. Carcello, D. R. Hermanson, and P. D. Lapides. 2000. Fraudulent financial reporting: Consideration of industry traits and corporate governance mechanisms. *Accounting Horizons*, 14: p. 441 – 454.

[4] Carcello, J. V, C. W. Hollingsworth, and T. L. Neal. 2006. Audit committee financial experts: A closer examination using firm designations. *Accounting Horizons*, 20: p. 351 – 373.

[5] Carcello, J. V. , D. R. Hermanson, A. Klein, and T. L. Neal. 2008. Audit committee financial expertise, competing corporate governance mechanisms, and earnings management. Working paper, The University of Tennessee.

[6] Dhaliwal, D. S. , V. Naiker, and F. Navissi. 2007. Audit committee financial expertise, corporate governance, and accruals quality: An empirical analysis. Working paper, The University of Arizona.

[7] Eng, L. L. , and Y. T. Mak. 2003. Corporate governance and voluntary disclosure. *Journal of Accounting and Public Policy*, 22: p. 325 – 345.

[8] Farber, D. 2006. Restoring trust after fraud: Does corporate governance matter? *The Accounting Review*, 80: p. 539 – 561.

[9] Klein, A. 2002b. Audit committee, board of director characteristics, and earnings management. *Journal of Accounting and Economics* 33 (August): p. 375 – 400.

[10] Krishnan, J. 2005. Audit committee quality and internal control: An empirical analysis. *The Accounting Review*, 80: p. 649 – 678.

[11] Laksmana, I. 2008. Corporate board governance and voluntary disclosure of executive compensation-practices. *Contemporary Accounting Research*, 25: p. 1147 – 1182.

[12] McMullen, D. , and K. Raghunandan. 1996. Enhancing audit committee effectiveness. *Journal of Accountancy*, 182: p. 79 – 81.

[13] Securities and Exchange Commission (SEC). 2003. *Disclosure Required by Sections* 406 *and* 407 *of the Sarbanes – Oxley Act of* 2002. Release Nos. 33 – 8177; 34 – 47235. (January 24). Washington, D. C.; Government Printing Office.

[14] Blue Ribbon Committee (BRC). 1999. *Report and Recommendations of the Blue Ribbon Committee on Improving the Effectiveness of Corporate Audit Committees.* New York, NY: New York Stock Exchange and National Association of Securities Dealers.

[15] Xie, B., W. Davidson, and P. DaDalt. 2003. Earnings management and corporate governance: The role of the board and the audit committee. *Journal of Corporate Finance*, 9: p. 295 – 316.

[16] Zhang, Y., J. Zhou, and N. Zhou. 2007. Audit committee quality, auditor independence and internal control weaknesses. *Journal of Accounting and Public Policy*, 26: p. 300 – 327.

§4－4 审计委员会、董事会和内部控制重大缺陷的修正

Audit Committees, Boards of Directors, and Remediation of Material Weaknesses in Internal control

文献来源：Goh, B. W. 2009. Audit Committees, Boards of Directors, and Remediation of Material Weaknesses in Internal control. *Contemporary Accounting Research*, 26 (2): 549－579.

【摘要】本文分析审计委员会和董事会的有效性与内部控制缺陷修正的及时性之间的关系。实证结果表明，更大规模的审计委员会，审计委员会中更多的非会计财务专家，更独立的董事会与内控缺陷修正的及时性显著相关。

一、研究问题

（一）问题的提出

SOX 法案于 2002 年通过，该法案一个重要的要求在于加强对内部控制的管制。SOX 302 条款要求管理人员评估内部控制的有效性，通过公司评估自己的内部控制缺陷并及时对内部控制缺陷进行修正，以提高公司财务报表的可靠性。在 SOX 法案出台之前，鲜见公司能够自我认识并修正内部控制缺陷的例子。对于公司来说，内部控制缺陷影响非常重大，因为这些缺陷可能会极大的降低公司财务报表的质量。有效的审计委员会和董事会能够推动管理层在内部控制缺陷修正方面加大投入，使得修正工作得到更快地进行。因此，本文分析审计委员会和董事会的有效性与内部控制缺陷修正的及时性之间的关系。

本文的逻辑框架见图 4－4。

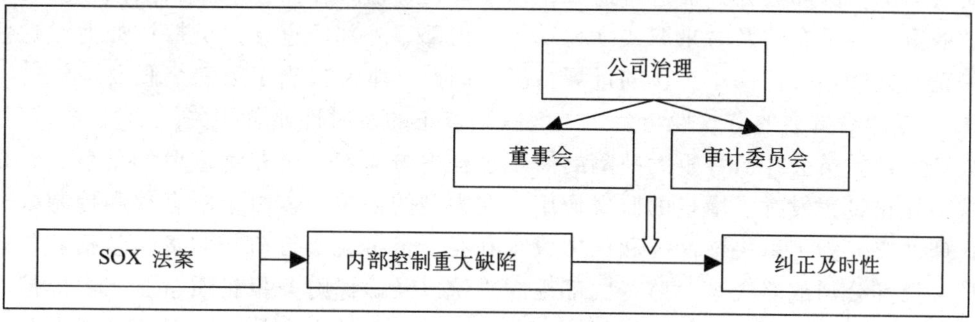

图 4－4 审计委员会、董事会和内部控制重大缺陷修正

（二）研究意义

本文可以帮助公司和监管部门了解审计委员会及董事会（包括规模、人员构成）在内部控制缺陷修正过程中的作用。如果实证结果表明其规模和某种专业背景的成员可以有效地帮助公司改善内控质量，公司可以更加积极地吸纳相关人员，或者对现有员工进行培训，监管部门也可以在制定规则时更加有的放矢。

（三）主要贡献

本文的贡献是：第一，分析了公司治理机制如何影响内部控制重大缺陷的修正时效性，丰富了内部控制文献。第二，分析了公司治理的有效性，特别是在后 SOX 法案时代的公司治理。第三，本文补充了其他一些相关的研究，Krishnan（2005）发现 SOX 法案前，审计委员会质量和内部控制问题的出现显著负相关，然而，Krishnan（2005）的研究使用 SOX 法案前规模较小的及变更审计师的公司作为样本，该样本具有局限性。Ashbaugh - Skaife et al.（2008）研究发现，内部控制缺陷的修正提高了财务报告质量，本文研究发现，良好的公司治理能够促进内部控制缺陷的修正，补充了 Ashbaugh - Skaife et al.（2008）的研究。

二、理论分析

SEC 明确指出，审计委员会是公司治理环节中重要的一部分，有助于确保财务报告的质量。SEC（1979）强调“审计委员会的重要性在于能够加强董事会履行其对会计核算、财务报告和内部控制的监督责任”。SEC 要求公司应当将财会部门和管理部门之间的书面信息交流的材料提供给审计委员会，这些交流信息包括“对公司内部控制意见和建议的报告”。这表明审计委员会对公司的内部控制具有重要影响。Krishnan（2005）对在 1994 年至 2000 年之间变更会计师事务所的样本进行研究，发现审计委员会越独立、财务专业性越强，则越不容易出现内部控制问题。Zhang et al.（2007）发现，存在内部控制缺陷的公司更可能缺少财务专家的审计委员会。一个有效的审计委员会能够审查公司的内部会计流程，对公司的财务和会计人员进行监督，以发挥内部监督作用。当重大缺陷被发现后，一个有效的审计委员会将及时采取实际行动，与内部、外部的审计人员探讨如何对这些缺陷进行修正，并密切关注修正工作的进展情况。因此，本文提出了第一个假设。

H1：审计委员会的有效性与公司重大缺陷修正的及时性显著相关。

尽管审计委员会在监督重大缺陷的修正过程中扮演着一个非常重要的角色，但是董事会在缺陷修正过程发挥了增量的监督作用。在大型的公司中，由于所有权和控制权分离而出现代理冲突。为了解决该冲突和保护股东利益，董事会履行监督职责，包括监督高级管理人员、批准公司战略决策、监督内部控制系统以及确保财务报告质量。当内部控制存在重大缺陷时，管理层可能采取投机行为。比如，当公司缺少有效的内部审计或者公司职责没有适当分离时，管理层可能操纵盈余，以提高奖金。在这种情况下，董事会能够履行监督责任，以确保管理层能够迅速采取行动对内部控制缺陷进行修正，保证内部控制质量。

Desai et al.（2006）研究发现，董事会会罢免会计激进的高层管理人员。同样，在内部控制失效时，董事会会对高层管理人员进行惩罚，这些措施将给高层管理人员施加压力，使他们能够采取措施，及时行动以修正存在的内部控制缺陷。因此，本文提出了第二个假设。

H2：董事会的有效性与公司重大缺陷修正的及时性显著相关。

三、样本选择和研究设计

（一）样本选择

本文参照 Doyle et al.（2007）识别内部控制重大缺陷的方法，在 Compliance Week 数据库、Audit Analytics 数据库、10-Q 报告、10-K 报告、8-K 报告中获取 2003 年 7 月至 2004 年 12 月披露内部控制重大缺陷的样本，共 515 个。然后剔除终止上市的样本、没有第二份 SOX 404 条款报告的样本、自 SOX 法案颁布后没有披露 10-K 报告的样本以及在海外上市的样本，最终获得 208 个样本。其中，76 家为及时修正内部控制缺陷的公司，73 家为修正进度较慢的公司，59 家为没有进行修正的公司。

（二）研究设计

1. 内部控制缺陷修正及时性的衡量

重大缺陷的修正应该是对全部缺陷进行修正而不是只对单个缺陷进行修正。考虑到任何一个重大缺陷都会影响公司整体的内部控制的质量，只要任何一个重大的缺陷没有被修正，公司仍然不能被视为修正完毕。变量 *REMEDIED* 衡量公司重大缺陷修正的及时性，如果公司的重大缺陷在之后第一个 SOX 404 条款年度报告修正完毕，则等于 2；若在第二个年度报告修正完毕，则为 1；若公司在两年内均没有对重大缺陷进行修正，其赋值为 0。

2. 审计委员会和董事会有效性的衡量

参照 Beasley（1996）的设计，若全部审计委员会委员均独立①，则 *ACINDP* 赋值为 1，否则为 0；参照 Carcello and Neal（2003）的设计，*BDINDP* 表示非审计委员会成员（non-audit committee members）的独立性；在衡量审计委员会成员的财会专业能力时，参照 Krishnan（2005）和 Zhang et al.（2007）的设计，引入两个变量。*ACCEXP* 表示拥有会计财务专家（accounting financial expertise）的比例，会计财务专家是指担任过审计师、CFO、财务部门经理、会计部门经理等职位的人员；*NONACCEXP* 表示非会计财务专家（nonaccounting financial expertise）的比例，非会计财务专家是指担任过监管财务报表编制和业绩评价工作的专家，如 CEO、总裁、普通合伙人、营利性机构的常务董事等。由于审计委员会和董事会规模会影响缺陷修正的及时性，本文分别使用审计委员会委员数量（*ASSIZE*）和非审计委员会的董事数量（*BDSIZE*）来衡量。由于审计委员会和董事会的开会频次越

① SOX 301 条款要求所有审计委员会均独立，SOX 法案参考 SEC 的独立性定义。为了与 Carcello and Neal（2000）和 Krishnan（2005）的研究一致，本文采用更严格的独立性定义。

多，表明他们越有可能与管理层探讨关于内部控制缺陷修正的事项，因此，引入审计委员会开会次数（*ACMEET*）和董事会开会次数（*BDMEET*）来控制相应的影响。考虑到 CEO 和董事长两职分离的情况，引入虚拟变量 *NDUALITY*，若 CEO 和董事长两职分离，则为 1，否则为 0。

本文还对一些因素进行控制。考虑到不同程度的内部控制缺陷可能需要耗费不同的时间进行修正，较为严重的内部控制缺陷需要更多的时间，因此本文参照 Moody（2004）的分类方法，将内部控制重大缺陷分为两类：A 类缺陷为不严重的重大缺陷，是指审计人员通过实质性测试所发现的并与具体账户余额和交易流程的控制相关；B 类缺陷为较严重的重大缺陷，涉及一些宏观层面的控制，如控制环境和整个财务报表流程控制。*MW_SEVERITY* 为虚拟变量，如果公司一开始及随后的年度报告披露至少一个较严重的内部控制缺陷，则为 1，否则为 0。

此外，回归模型中还包括以下控制变量：是否发生审计师变更（*AUD_CHANGE*）、是否聘请新的 CFO（*NEW_CFO*）、财务风险（*FIN_DISTRESS*）、总资产收益率（*ROA*）、总资产规模的自然对数（*LGTA*）、业务分部数量（*SEGMENTS*）、是否发生外币交易（*FOREIGN*）、销售收入增长率（*GROWTH*）、是否发生重组（*RESTRUCTURE*）、是否发生并购（*M&A*）、是否处于易遭受诉讼行业（*LITIGATION*）。本文采用有序的 logistic 回归模型进行回归，如模型（1）所示：

$$P(REMEDIED) = \beta_0 + \beta_1 ACINDP + \beta_2 ACCEXP + \beta_3 NONACCEXP + \beta_4 ACSIZE + \beta_5 ACMEET + \beta_6 BDINDP + \beta_7 BDSIZE + \beta_8 BDMEET + \beta_9 NDUALITY + \beta_{10} MW\_SEVERITY + \beta_{11} AUD\_CHANGE + \beta_{12} NEW\_CFO + \beta_{13} FIN\_DISTRESS + \beta_{14} ROA + \beta_{15} LGTA + \beta_{16} SEGMENTS + \beta_{17} FOREIGN + \beta_{18} GROWTH + \beta_{19} RESTRUCTURE + \beta_{20} M\&A + \beta_{21} LITIGATION + \varepsilon \quad (1)$$

四、实证结果

（一）描述统计

描述性统计结果初步支持了本文的假设，公司董事会越独立，非会计财务专家比例越多，审计委员会规模越大，越有可能对重大缺陷进行及时修正。统计结果还表明，新任命“有经验”的 CFO、缺陷严重的程度、公司盈利能力，以及经营复杂程度均会影响重大缺陷修正的及时性。

（二）实证结果

本文对全样本按照模型（1）进行了回归。该模型的 Pseudo R^2 值是 41%，显示了其较高的拟合度；Chi - square 为 109.63，在 1% 的水平上显著，表明模型整体上有意义。

NONACCEXP 的系数显著为正，表明非会计财务专家比例与修正及时性显著正相关；*ACCEXP* 的系数为正，但不显著，这可能表明会计财务专家对内部控制缺陷修正过程没有起到加速的作用。上述的实证结果可能的一个解释是，非会计财务专家是指 CEO、总裁与其担任过主管财务报表编制和业绩评价工作的专家，在重大缺陷修正的过程中，有效的监

督修正过程可能比特定领域的专业知识更为重要。*ACSIZE* 的系数显著为正，表明审计委员会规模更大的公司更有可能及时对重大缺陷进行修正。*ACINDP* 的系数不显著，这可能是由于在 SOX 法案后，所有公司的审计委员会成员必须全部为独立董事，因此在治理的作用上没有差异。

BDINDP 的系数显著为正，表明更加独立的董事会与重大缺陷修正的更及时相关。*MW_SEVERITY* 的系数显著为负，表明更为严重的重大缺陷将需要消耗更多的时间对其进行修正。*ROA* 的系数显著为正，表明低利润率将限制公司的修正活动；*FOREIGN* 的系数显著为负，表明经营更复杂的公司在缺陷修正过程中可能面临更大的挑战。

（三）稳健性检验

本文做了一些稳健性检验：第一，只对严重的重大缺陷进行回归分析。第二，考虑使用其他指标来衡量公司内部控制缺陷修正的及时性。第三，考虑使用其他指标衡量审计委员会和董事会的有效性：一种是将审计委员会独立性定义为独立董事占审计委员会成员的比例；另一种是对财务专家重新定义，若审计委员会中至少有一名会计财务专家，则为 1，否则为 0。第四，考虑使用公司治理综合评分。第五，修正缺陷带来的公司治理的变化。经过上述稳健性检验，实证结论没有发生变化。

五、结论

本文分析审计委员会和董事会的有效性与内部控制缺陷修正的及时性之间的关系。实证结果表明，更大规模的审计委员会，审计委员会中更多的非会计财务专家，更独立的董事会和内控缺陷修正的及时性显著相关。可能的一个解释是，在重大缺陷修正的过程中，有效的监督修正过程可能比特定领域的专业知识更为重要。研究还发现审计委员会规模、独立董事比例与内部控制缺陷修正及时性显著正相关。总而言之，这些结果表明审计委员会和董事会在重大内部控制缺陷的修正过程中起着非常重要的作用。

本文存在的局限性：第一，审计委员会有效的公司会较少存在内部控制问题（Krishnan，2005；Zhang et al.，2007），由于本文的样本包含存在内部控制重大缺陷的样本，从而可能会偏向选取一些审计委员会无效的公司。第二，终止证券登记的公司和拖延披露 10－K 报告的公司被排除在研究之外，没有对其进行分析。第三，在各种检验中，样本量较少可能会降低模型的解释力。第四，本文的研究只是相关性研究，而不是因果关系的研究。

（整理人：林东杰）

主要参考文献

［1］ Ashbaugh－Skaife，H.，D. Collins，W. Kinney，and R. LaFond. 2008. The effect of SOX internal control deficiencies and their remediation on accruals quality. *The Accounting Review*，83：p. 217－250.

[2] Beasley, M. 1996. An empirical analysis of the relation between the board of director composition and financial statement fraud. *The Accounting Review*, 71: p. 443 – 465.

[3] Carcello, J., and T. Neal. 2003. Audit committee characteristics and auditor dismissals following "new" going – concern reports. *The Accounting Review*, 78: p. 95 – 117.

[4] Doyle, J., W. G E, and S. Mcvay. 2007. Accruals quality and internal control over financial reporting. *The Accounting Review*, 82: p. 1141 – 1170.

[5] Desai, H., C. Hogan, and M. Wilkins. 2006. The reputational penalty for aggressive accounting: Earnings restatements and management turnover. *The Accounting Review*, 81: p. 83 – 112.

[6] Krishnan, J. 2005. Audit committee quality and internal control: An empirical analysis. The *Accounting Review*, 80: p. 649 – 675.

[7] Moody's. 2004. Section 404 reports on internal control: Impact on ratings will depend on nature of material weaknesses reported. *Special Comment*. New York: Moody's Investors Service, Global Credit Research.

[8] Securities and Exchange Commission (SEC). 1979. Statement of management on internal accounting control. Release 15772. Washington, DC: SEC.

[9] Zhang, Y., J. Zhou, and N. Zhou. 2007. Audit committee quality, auditor independence, and internal control weaknesses. *Journal of Accounting and Public Policy*, 26: p. 300 – 327.

§4－5　离职审计合伙人供职审计委员会与内部控制缺陷

Former Audit Partners on the Audit Committee and Internal Control Deficiencies

文献来源：Naiker, V., and D. S. Sharma. 2009. Former Audit Partners on the Audit Committee and Internal Control Deficiencies. *The Accounting Review*, 84 (2): 559－587.

【摘要】本文研究了根据 SOX 404 条款报告的内部控制缺陷和审计委员会委员具有审计合伙人工作背景之间的关系，该合伙人背景分为与公司外部审计师有关联和没有关联两类。本文发现，有关联合伙人和无关联合伙人在审计委员会任职都与内部控制缺陷负相关。这个结果表明，纽约证券交易所和纳斯达克证券交易所关于针对有关联的合伙人三年“冷却期”的规定是否恰当值得进一步的讨论。进一步检验表明：当有情况显示内部控制存在缺陷时，有关联的合伙人不允许管理层回避披露内部控制缺陷，并且有关联的合伙人在审计委员会任职与经绩效调整的可操纵应计成反比。总的来说，本文的发现可以解释为：有离职审计合伙人在审计委员会（无论是否与外部审计师有关联）任职对内部控制和财务报告的监督更有效。

一、研究问题

（一）问题的提出

自从 2002 年 SOX 407 条款要求披露审计委员会是否包含至少一位财务专家以来，公司董事会积极地聘用具有 CPA 资格的董事进入审计委员会（Taub, 2003, 2006）。会计师事务所合伙人被认为是加强审计委员会有效性的最合适人选，因为他们具有多年审计内部控制和财务报告的直接经验和专长，也十分了解不同公司和行业的情况。但是，监管部门担心如果公司聘请曾经或者正在对本公司财务报告进行审计的事务所前员工会威胁到财务报告流程监督的独立性和客观性（SEC 2000, 2001; ISB 2000），因而 SOX 407 条款规定审计委员会的财务专家必须是独立董事（SEC 2003a）。在 2003 年 11 月 3 日，SEC 强调了独立董事的定义（SEC 2003b），规定只有在经过三年“冷却期”（cooling－off period）后，曾供职于为公司进行外审的事务所员工才可以被看作是独立的，即在离开原事务所三年后方可以在客户的董事会及其下设审计委员会在内的各个委员会中任职［NYSE Section 303A (2) (b) (iii), NASDAQ Rule 4200 (a) (15) (F)］。“冷却期”的规定在 2004 年 11 月 4 日生效。然而，SEC 收到了对三年“冷却期”规定的不同意见，认为这些规定不必要地阻止了具备资格的候选人接受审计委员会的聘任（SEC 2003b），他们认为在当前的经济环境中，监管部门严格地监视着公司的活动并给予不遵从者严厉的惩罚，所以从声誉和诉讼角度考虑，董事任职于审计委员会具有很强的经济动机，他们都会有效地履行自己的责任（Lennox and Park，2007），因此对独立性和客观性的担心是不必要的。尽管存在着这些重要争论，但是还没有实证研究探索有关联的前会计师事务所员工在审计委员会中任职如何影响财务报告质量。这就是本文研究问题产生的动机。

本文所研究的主要问题是：有关联的离职审计合伙人和无关联的离职审计合伙人供职于审计委员会是否会影响公司的内部控制质量。无关联的离职审计合伙人是指该董事以前是会计师事务所的合伙人，但该事务所当前或过去并不负责公司的外部审计，无关联离职审计合伙人不存在监管部门担心的独立性受到威胁的情况；有关联的离职审计合伙人是指，该董事以前是会计师事务所的合伙人，且该事务所当前或过去曾经负责公司的外部审计。有关联的离职审计合伙人成为审计委员会成员，其有效监督内部控制的效果取决于他们的经验和知识能否超过其关联性对审计委员会的客观性和独立性带来的负面影响。

本文的逻辑框架见图 4 – 5。

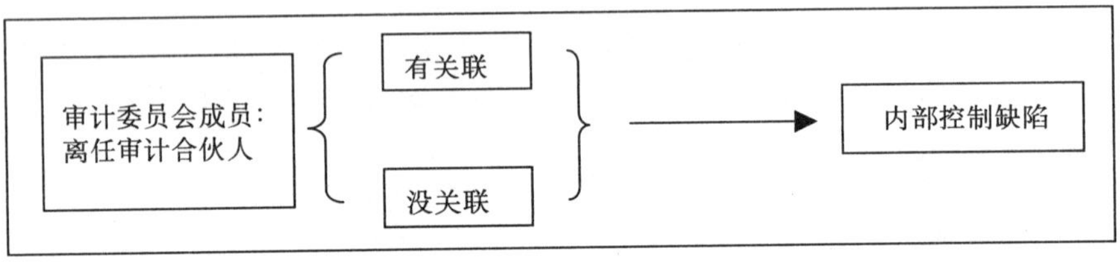

图 4 – 5　离职审计合伙人供职审计委员会与内部控制缺陷

（二）研究意义

本文的研究问题具有很强的现实意义：公司直接聘请曾经审计过公司的事务所合伙人进入公司审计委员会的现象，近年来受到监管部门的关注，监管部门相信这种任命威胁到了财务报告流程监督的客观性和独立性，因而出台一些措施来规避。然而这一担忧在实证阶段并未得到有效的论证。本文认为，有关联的离职审计合伙人对公司财务监督的作用是促进还是抑制，取决于他们可以提高价值的经验和学识与对审计委员会的客观性和独立性的潜在威胁的成本收益分析。所以本文为这一颇具争议性的现象，做了实证考察。

（三）主要贡献

第一，以往针对审计委员会的专业性和内控缺陷的关系（Bedard et al.，2006）研究对财务专家的定义很广泛，没有区分专家是否具有内部控制经验。本文将研究对象定位为会计师事务所合伙人，以此评价具有多年内控从业经验的专家是否比其他类型（没有内控经验）的专家更能有效地监督财务报告相关的内部控制。

第二，此前也有研究考察 CEO 是关联离职审计合伙人对财务报告质量的影响（Dowdell and Krishnan，2004；Menon and Williams，2004；Geiger et al.，2005；Lennox，

2005；Geiger et al.，2006）。本文是针对有关联和无关联审计合伙人供职于审计委员会对审计委员会监督功能影响的第一个研究。

二、理论分析和研究假设

（一）“旋转门”（revolving－door）聘任[①]的不利后果

审计委员会聘任有关联的离职审计合伙人可能带来的负面影响有：第一，在他曾经是事务所合伙人并且该事务所是公司外审机构的时候，有关联的离职审计合伙人可能已经与管理层私交不错，所以作为审计委员会的“独立”成员可能不会质疑管理层的内控程序和财务报告策略。第二，有关联的离职审计合伙人可以从以前工作过的会计师事务所中获得私人信息，了解审计流程和检验设计，使得公司有机会回避审计检验，影响审计的结果。第三，有关联的离职审计合伙人认识审计小组成员，审计小组可能不会质疑他的主张和解释。第四，有关联的离职审计合伙人作为独立董事可能不会客观地去监督外部审计流程和在必要的时候解聘审计师。

（二）“旋转门”聘任的潜在好处

聘请有关联的离职审计合伙人的好处有：第一，有关联的离职审计合伙人对客户的内部业务流程、公司组织架构、内部控制系统，包括内部审计功能和内部、外部财务报告实务都非常了解。因此，他们能够更加高效地履行独立审计委员会成员的职责。第二，作为对客户行业领域有着丰富经验的专家，有关联的离职审计合伙人运用其有价值的经济、行业和市场知识为公司提供有用的资源，并被市场所承认（例如，Ferguson et al.，2003；Francis et al.，2005）。这些知识会帮助离职审计合伙人更好地识别和评估内在风险，并且监督与财务报告相关的内部控制设计、实施和运作。第三，有关联的离职审计合伙人对事务所的质量控制流程非常了解，他们还和客户的审计小组私人关系很好，这会有助于促进在分歧问题上的坦诚讨论，在管理层和审计人员间进行调节。独立董事如果是有关联的离职审计合伙人，他会更加支持外部审计人员的独立性，不光是因为他们独立于管理层（Carcello and Neal，2003），更因为他们对外部审计有信心。

基于上述讨论，本文首先分析了无关联的离职审计合伙人对审计委员会有效性的贡献，并以此作为参照，这一设计非常巧妙地剔除了独立性的影响，保留了离职审计合伙人的其他特征。然后，本文检验如果是有关联的离职审计合伙人，受独立性的影响，结论是否不同。本文预期，第一，无关联审计合伙人供职于审计委员会与内部控制缺陷负相关；第二，一是有关联审计合伙人供职于审计委员会与内部控制缺陷没有相关性；二是监管人员担心独立性威胁意味着两者应该正相关；三是有关联的离职审计合伙人多年来积攒的针对客户和非针对客户的专业性和经验意味着两者应该负相关。

---

① 在本文中指从监督者（审计师）到公司内部员工身份的转变。

三、样本选择和研究设计

（一）样本来源

本文内部控制缺陷数据来源于 Audit Analytics 数据库，审计委员会数据来源于 Board Analyst 数据库，其他财务数据来源于 Compustat 数据库。剔除银行和金融机构以及财务数据缺失的样本，最终得到有效样本 1 225 个。

（二）研究设计

本文模型如下：

$$ICPROB = f\left\{\begin{array}{l} AFFPART, NONAFFPART, SPECACCTG, POTACCTG, FINANCE, \\ SUPER, ACSIZE, ACIND, ACMEET, BDIND, DUALITY, FRAUD, SIZE, \\ GROWTH, LOSS, SWITCHES, GEOSEG, FOROP, LEVRG, INVAR, \\ SPITEMS, GEOSEG, FOROP, LEVRG, INVAR, SPITEMS, INDUSTRY \end{array}\right\} \quad (1)$$

因变量为是否存在内部控制重大缺陷的虚拟变量。

自变量包括审计委员会是否至少一个成员具有曾任会计师事务所合伙人的工作背景，且与当前或过去公司审计师有关联（*AFFPART*），审计委员会是否至少一个成员具有曾任会计师事务所合伙人的工作背景，但与当前或过去公司审计师无关联（*NONAFFPART*）。

其他控制变量包括审计委员会成员其他工作背景的虚拟变量 *SPECACCTG*，1＝审计委员会包括至少一个成员是具有特定会计经验的，或是 CPA 或是在会计师事务所任职，否则为 0；*POTACCTG*，1＝审计委员会至少一个成员具有首席财务官、财务主席和主计长等工作经历，否则为 0；*FINANCE*，1＝审计委员会至少一个成员具有投资银行家、分析师和风险投资人等工作经验或者任财务管理的职务，否则为 0；*SUPER*，1＝审计委员会至少包含一名成员具有首席执行官或公司主席等工作经验，否则为 0；审计委员会规模（*ACSIZE*）、独立审计委员的比例（*ACIND*）、审计委员会开会次数（*ACMEET*）、不包括审计委员会成员在内的其他董事会成员中独立董事的比例（*BDIND*）、CEO 是否兼任董事会主席（*DUALITY*）、公司是否存在违反 SEC 的规定或者存在报表重述的情况（*FRAUD*）、公司规模（*SIZE*）、销售额增长率（*GROWTH*）、公司在年报内是否报告了损失（*LOSS*）、公司在当年或上一年度是否更换审计师（*SWITCHES*）、公司报告的地理分部的个数（*GEOSEG*）、是否有外币业务（*FOROP*）、资产负债率（*LEVRG*）、存货与应收账款对总资产比率（*INVAR*）、特殊项目对总资产比率（*SPITEMS*）。

四、实证结果

（一）有关联（或无关联）离职审计合伙人供职于审计委员会对内控缺陷的影响的结果分析

根据模型（1），本文得到的回归结果表明：因变量 *ICPROB* 分别与自变量 *AFFPART*

（p=0.021）和自变量 *NONAFFPART*（p=0.044）存在显著负的相关性。这些结果意味着有关联的离职审计合伙人和无关联的离职审计合伙人供职于审计委员会与内部控制缺陷的概率负相关。*AFFPART* 与 *NONAFFPART* 的系数之差不显著。控制变量的结果显示 *ACSIZE*、*SIZE* 和 *GROWTH* 与内部控制缺陷存在概率负相关。同时，本文发现内部控制缺陷存在的概率与控制变量 *ACMEET*、*FRAUD*、*LOSS*、*SWITCHES*、*GEOSEG*、*FOROP*、*LEVFG*、*INVAR* 和 *SPITEMS* 显著正相关。

（二）其他补充检验

本文进行的补充检验有以下内容：

1. 内部控制缺陷的具体类型对结果的影响

第一，将缺陷分为公司层面和会计层面，结果显示 *AFFPART* 与两类缺陷均负相关，但 *NONAFFPART* 仅与会计层面缺陷负相关，表明有关联的离职审计合伙人比无关联的离职审计合伙人具备更相关的专业知识和经验。第二，将缺陷分为控制环境、控制活动、信息与沟通以及控制监督四类（SAS 109），发现 *AFFPART* 与控制活动，控制环境和控制监督负相关，*NONAFFPART* 与控制活动和控制环境负相关。第三，作者将缺陷根据 Audit Analytics 数据库中四种比例最大的缺陷划分为会计记录、会计人员、重大年末调整、申报更正四类，实证结果表明 *AFFPART* 和 *NONAFFPART* 均与这四类缺陷负相关。第四，本文对将根据 Audit Analytics 划分的内控缺陷类型进行了最大转轴因子分析（Varimax－rotated factor analysis），结果显示其中两个因子（会计记录、申报更正）占总方差的 44.34%，对这两个因子进行回归显示，*AFFPART* 和 *NONAFFPART* 与两组内控缺陷均呈显著负相关关系。

2. 有关联的离职审计合伙人在三年“冷却期”期间或之后被任命对结果的影响

本文发现有关联的离职审计合伙人在三年“冷却期”期间或之后任职于审计委员会均与内部控制缺陷负相关。

3. 有关联的离职审计合伙人的具体类型对结果的影响

本文将有关联的离职审计合伙人分为与现任或前任审计师有关联两类，结果表明有两类关联合伙人供职于审计委员会均与内控缺陷可能性负相关。

4. CEO 对有关联的离职审计合伙人的影响

有关联的离职审计合伙人会损害审计委员会有效性的另一个可能原因是其与管理层具有亲密的私人联系。为了评估这个可能性，本文调查了现任 CEO 对有关联的审计合伙人供职于审计委员会的潜在影响，建立了一个新的变量——*CEO_INFL*，当 CEO 的任期等于或者长于有关联的离职审计合伙人的任期时，取值为 1。本文在模型（1）的基础上加入了交互项 *CEO_INFL*×*AFFPART*。如果交互项显著为正，意味着 CEO 聘任有关联的前审计合伙人损害了后者监督内控的独立性。但回归结果不显著。本文还检验了 CEO 与董事会主席两职合一对有关联的前审计合伙人与内控缺陷关系的影响，同样加入其与 *AFFPART* 的交互项，结果仍然不显著。

5. 排除高管与有关联离职审计合伙人共谋隐藏内控缺陷的解释

与之前的研究一致，本文将变量 *AFFPART* 系数为负解释为有关联的审计合伙人供职于审计委员会有效提高了内控质量，减少了内控缺陷。但是，对这个发现的另一个解释是：有关联的审计合伙人与管理层共谋，隐瞒内部控制缺陷。为了排除这个可能，本文首先估计了模型（1）中除了两个检测变量（*AFFPART*，*NONAFFPART*）以及四个考察成员专业性变量（*SPECACCTG*，*POTACCTG*，*FINANCE*，*SUPER*）以外的变量，进而得到公司存在内部控制缺陷的可能性（*PREDICD*）并将其从大到小排序。本文创立了新的变量——*LIKELYICD*（1 = 公司 *PREDICD* 的数值在前 20%，否则为 0）。本文用内部控制缺陷（*ICPROB*）对 *LIKELYICD*、*AFFPART*、*NONAFFPART* 和四个专业性变量以及 *LIKELYICD* 与后六个变量的交互项进行回归。如果 *LIKELYICD* 和 *AFFPART* 的交互项显著为负，则意味着在容易存在内部控制缺陷的公司中，有关联的审计合伙人供职于审计委员会时，披露内控缺陷的概率越小，则表明越有可能存在共谋。然而本文回归的结果显示，交互项的系数为正但不显著。这一结果可以排除共谋的解释。

6. 自选择偏误的控制

与财务报告有关的内部控制有效性和有关联的审计合伙人供职于审计委员会的关系有可能是内生的，即在同意供职于审计委员会以前，有关联的审计合伙人凭借他们对公司会计系统的了解，主动拒绝较差内控公司的聘任以保护他们的声誉，避免法律风险和过多的工作量。本文用联立方程和统计有关联的审计合伙人分别在 *LIKELYICD* = 1 和 *LIKELYICD* = 0 的公司审计委员会供职频率等方法，排除了自选择偏误的可能。

7. 有关联的审计合伙人对其他财务报告质量代理变量的影响

鉴于审计委员会有监督财务报告质量的职责，并且内部控制影响了财务报告的质量，本文同时调查了前审计合伙人供职于审计委员会与财务报告质量的关系。结果表明，有关联的离职审计合伙人发挥了客观性和独立性，限制了管理层的盈余管理，相比无关联的离职审计合伙人，有关联的离职审计合伙人拥有的私有信息能帮助他们更有效地监督财务报告。

五、结论

本文的研究发现，如果审计委员会的成员中有曾经担任会计师事务所审计合伙人的工作背景，那么其无论是否与公司的外审有关联，在监督过程中都能更好地了解内部控制缺陷，并且能更好地指出这些缺陷。同时，本文也发现有关联的离职审计合伙人在三年“冷却期”期间或之后任职于审计委员会均与内部控制缺陷负相关。两个关键的补充测验说明，有关联的离职审计合伙人没有协助管理层隐瞒内部控制缺陷，并且有关联的合伙人与经绩效调整的可操纵应计成负相关关系。本文的结果意味着前合伙人的专业性为内部控制在审计委员会供职监督提供了较大的贡献，并且政策制定者和监管部门担心的有关联离职合伙人的独立性问题并不影响审计委员会质量。鉴于当前纽约证券交易所和纳斯达克证券交易所规定要履行三年“冷却期”之后才可以聘任有关联的前合伙人，本文的结果可以为监管部门在将来对独立性的标准或者需要遵从该规定的公司类型进行修改提供借鉴。

本文的局限性是：第一，由于缺少数据，本文不能测试真正审计过客户的离职审计合伙人是否与没有真正审计过客户的离职审计合伙人一样有效。第二，研究检验了相关性但是无法推断因果关系。第三，因为非合伙人层面的事务所员工资料无法得到，所以本文的研究仅仅局限在合伙人层面。

（整理人：孙烨）

主要参考文献

[1] Bedard, J. C., R. Hoitash, and U. Hoitash. 2006. Regulatory intent and political reality: Evidenceon corporate governance and internal controls in the post - SOX world. Working paper. Bentley College.

[2] Carcello. J. V. and T. L. Neal. 2003. Audit committee characteristics and auditor dismissals following "new" going - concern reports. *The Accounting Review*, 78: p. 95 - 117.

[3] Dowdell, T. D., and J. Krishnan. 2004. Former audit firm personnel as CFOs: Effects on earnings management. *Canadian Accounting Perspectives*, 3: p. 117 - 142.

[4] Francis, J. R., K. Reichelt, and D. Wang. 2005. The pricing of national and city - specific reputations for industry expertise in the U. S audit market. *The Accounting Review*, 80: p. 113 - 136.

[5] Ferguson, A. J., K. Reichelt, and D. J. Stokes. 2003. The effects of firm - wide and office - level industry expertise on audit price. *The Accounting Review*, 78: p. 429 - 448.

[6] Geiger, M. A., D. S. North, and B. T. O'Connell. 2006. Does hiring a new CFO change things? An investigating of changes in discretionary accruals. *The Accounting Review*, 81: p. 781 - 809.

[7] Geiger, M. A., D. S. North, and B. T. O'Connell. 2005. The auditor - to - client revolving door and earnings management. *Journal of Accounting, Auditing and Finance*, 20: p. 1 - 26.

[8] Lennox and C. Park. 2007. Audit firm appointments, audit firm alumni, and audit committee independence. *Contemporary Accounting Research*, 24: p. 235 - 258.

[9] Lennox, C. 2005. Audit quality and executive officers' affiliations with CPA firms. *Journal of Accounting and Economics* 39 (2): p. 201 - 231.

[10] Menon, K., and D. D. Williams. 2004. Former audit partners and abnormal accruals. *The Accounting Review*, 79: p. 1095 - 1118.

[11] Securities and Exchange Commission (SEC). 2000. *Final Rule: Revision of the Commission's Auditor Independence Requirements*. 17 CFR Parts 210 and 240. Washington. D. C.; Government Printing Office.

[12] Securities and Exchange Commission (SEC). 2001. *Arthur Andersen LLP and Three Partners Settle Civil Injunctive Action Charging Violations of Antifraud Provisions, and Settle Related Administrative Proceedings, Arising out of Andersen's Audit of Waste Management Inc's Financial Statements*. Litigation Release 17039, Accounting and Auditing Enforcement Release No. 1410. Washington, D. C.; Government Printing Office.

[13] Securities and Exchange Commission (SEC). 2003a. *Disclosure Required by Sections* 406 *and* 407 *of the Sarbanes - Oxley Act of* 2002. SEC Release Nos. 33 - 8177; 34 - 47235. Washington, D. C.; Government Printing Office.

[14] Securities and Exchange Commission (SEC). 2003b. *NASD and NYSE Rulemaking: Relating to Corporate Governance*. SEC Release NO. 34 - 48745. Washington, D. C.; Government Printing Office.

[15] Taub. S. 2003. Now playing: CFO as CEO. CFO. com (January 9). Taub. S. 2006. Missing: Audit committee accountants. CFO. com (November 28). Tubbs, R. M. 1992. The effect of experience on the auditor's organization and amount of knowledge. *The Accounting Review* 67 (4): p. 783 - 801.

§4-6 后SOX法案时代的公司治理：基于外部审计师的经验

Corporate Governance in the Post-Sarbanes-Oxley Era: Auditors' Experiences

文献来源：Cohen, J., G. Krishnamoorthy, and A. Wright. 2010. Corporate Governance in the Post-Sarbanes-Oxley Era: Auditors' Experiences. *Contemporary Accounting Research*, 3 (27): 751-786.

【摘要】SOX法案扩大了审计师、管理层、公司治理执行者（审计委员会和董事会）的职责。通过与来自三大会计师事务所的30名合伙人或经理进行访谈，本文从外部审计师对公司治理的角度检验了SOX法案后的公司治理情况，扩展了早期Cohen, Krishnamoorthy and Wright (CKW, 2002) 的研究。受访的外部审计师认为SOX法案后，审计委员会更加活跃，更加尽责，拥有更好的财务专家以及更强的能力来实现其职责，使得公司治理环境得到显著的提高。外部审计师在审计过程中会更多地参考公司治理的信息。然而在审计师选择与替换方面，审计委员会没有达到SOX法案的预期效果。SOX法案关于CEO和CFO对财务报告承担责任的要求，对提供真实的财务报告具有积极作用。总体来说，SOX法案颁布以后，公司治理水平得到了提升。

一、研究问题

（一）问题的提出

在Enron和Worldcom等财务丑闻及上市公司财务报表重述频发的情况下，越来越多的呼声要求对管理层监管、外部审计和公司治理进行改革。美国国会于2002年通过了SOX法案，旨在提高上市公司财务报告的可靠性。本文主要通过外部审计师对审计委员会、董事会及内部审计员的经验评价，基于公司治理给审计程序及审计环境带来的变化，研究后SOX法案时代公司治理情况，同时基于代理理论和制度理论来解释后SOX法案时代的公司治理是流于形式（CKW, 2008; Powell, 1991），还是达到有效监管的目的（Beasley et al., 2009）。

本文的逻辑框架见图4-6。

（二）研究意义

SOX法案旨在提高公司的治理水平、确保财务报告的准确性，SOX法案实施后，公司运营环境及制度背景有所改变，那么SOX法案是否真的提高了公司治理水平呢？因此，

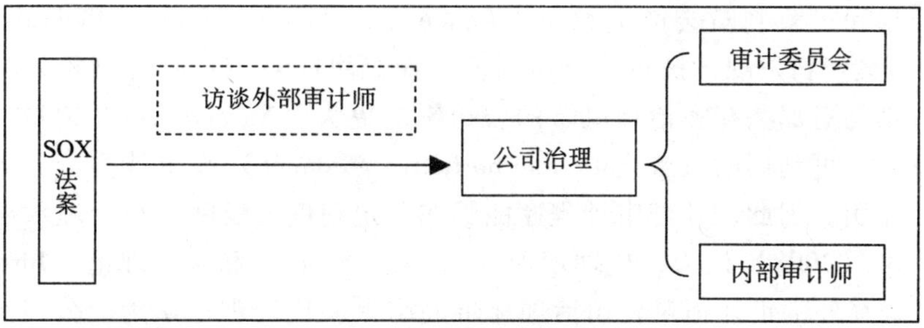

图 4-6　SOX 法案后的公司治理

对 SOX 法案实施后公司治理情况进行研究非常重要。

（三）主要贡献

第一，本文拓展了 CKW（2002）对 SOX 法案前的公司治理研究相关文献，研究 SOX 法案后审计委员会工作职责履行质量，为评价 SOX 法案实施效果提供了经验证据。

第二，以往研究（DeZoort et al.，2008；Beasley et al.，2009）从审计委员会自身角度评价公司治理，本文从外部审计师的经验评价角度更加客观地检验 SOX 法案对公司治理的影响。

第三，以往对审计委员会效果和作用的研究大多从审计委员会是否有财务专家这一角度切入的，鲜有检验财务专家的审计委员会对其有效监管的影响，以及是否有足够的权利减少管理层在审计程序和审计质量方面的关键影响，本文为此提供了经验证据。

第四，本文在实务上为外部审计师提供了后 SOX 法案时代外部审计程序设计等变化方面的证据。

二、理论分析

（一）公司治理有效性与财务报告质量

先前的研究表明，较好的公司治理水平会提高财务报告质量，主要表现在更少出现财务舞弊（McMullen，1996；Beasley et al.，2000；Farber，2005），更少的财务报表重述（Abbott et al.，2004），更低的盈余管理水平（Bédard et al.，2004）。现有文献表明，审计委员会拥有专业水平较高的专家以及召开更频繁的审计委员会会议与高质量的财务报告相关（DeFond and Francis，2005），然而现有文献并没有从外部审计师的角度来评价 SOX 法案的有效性，这正是本文研究的重点。DeZoort et al.（2008）发现在后 SOX 法案时代，审计委员会在更多方面得到了积极的支持。SOX 法案实施后，公司运营环境及制度背景有所改变，因此有必要对 SOX 法案实施之后的公司治理情况进行研究。

（二）公司治理有效性与审计程序

尽管在传统意义上，公司治理对外部审计师的审计程序有所影响，但是鲜有文献研究上述关系。早期的研究发现，管理层的理念和治理结构（审计委员会和董事会）对外部审计师的审计计划和风险判断会产生影响（Cohen and Hanno，2000）。Bedard and Johnstone（2004）利用档案资料发现，被审计公司的盈余操纵风险对审计师计划投入的努力程度有重要影响，特别是对那些存在治理风险的公司影响更大。Ng and Tan（2003）发现在解决审计调整项目时，可利用的权威指引（authoritative guidance）在审计委员会无效的公司中能发挥更大的作用。因此，外部审计程序能够在一定程度上反映公司治理水平。

Cohen et al.（2008）认为，代理理论（Agency theory）和制度理论（Institutional theory）可以很好解释外部审计师对公司治理评价的结果。代理理论认为，公司治理结构的设计是用来监督管理层行为的，这种监督职责需要由独立于管理层的人员或机构来执行，良好的公司治理水平可以减少代理问题。制度理论认为，公司治理或许仅仅是形式上的，并没有发挥其应有的作用，比如审计委员会的设立仅仅是为了达到公司治理部门设计的要求。如果外部审计师认为 SOX 法案提高了公司治理水平，那么该法案将会对审计程序产生积极的影响；如果外部审计师认为 SOX 法案没有提高公司治理水平，那么审计程序同之前相比不会有较大的改变。本文基于这两个相反的理论观点，从外部审计师经验角度来评价审计委员会是否达到了 SOX 法案的预期效果、审计程序是否发生了变化，进而检验后 SOX 法案时代公司治理水平。

三、样本选择及研究方法

（一）样本选择

本文利用半结构式访谈（Semi - structured interview）的方法，于 2006 年从美国东北部较大城市的三大会计师事务所中选取了自愿参加本次研究的 30 位（11 名经理，19 名合伙人）外部审计师。

（二）研究方法

本文通过借鉴 CKW（2002）的问卷设计、对最近立法改革文献的回顾、对会计方面的学术研究回顾以及对最近行业法规变化的整理，设计出本次研究的访谈问题（19 个问题）。为了保证本文问卷所设计问题的合理性和相关性，本文请两名事务所合伙人和多名学术研究人员对问卷设计的合理性和相关性进行了评价。与每名受访审计师的访谈时间大约持续 45 分钟至 1 个小时，为了保证访谈的完整性和准确性，在得到受访者同意的情况下，本文将谈话过程录音，并对受访结果进行了编号。对开放性问题，如果受访者回答，则取值为 1，否则为 0；对封闭性问题，如果受访者同意该问题，则取值为 1，不同意为 0，没有回答则认为是缺失值，并将该部分数据从样本中剔除。

四、统计结果

本文的描述性统计结果显示，经理（合伙人）平均具有 9（18.5）年的审计经验，66%（76%）在过去 5 年中有过审计上市公司的经历。同时这 30 名审计师的客户所在行业的分布很好的代表了总体情况。本文对受访者关于公司治理以下方面的观点进行总结，结果如下：

（一）关于公司治理定义的访谈结果

受访外部审计师认为管理层与董事会在公司治理中具有同等的作用，然而在 CKW（2002）的研究中发现，管理层对公司治理的作用要大于董事会对公司治理的作用，可见管理层在公司治理中仍然起到最主要的作用。

（二）关于外部审计师选择和更换的访谈结果

尽管 SOX 法案赋予审计委员会选择和更换外部审计师的权利，然而 KPMG（2004）的报告表明，CFO 在选择和更换外部审计师方面仍然具有重大的影响。本文的研究也发现，相对于审计委员会，管理层在外部审计师的选择和更换方面有更大的影响，审计委员会并没有起到 SOX 法案所期望的作用。

（三）关于公司治理与审计程序的访谈结果

基于代理理论，较好的公司治理情况会促进公司建立更有效的控制环境，进而降低外部审计师评估的控制风险。本文发现，同 SOX 法案颁布前相比，在 SOX 法案颁布后外部审计师在审计计划阶段、审计程序设计阶段以及经理/合伙人审核阶段会很大程度上利用公司治理信息。

（四）关于审计委员会的访谈结果

在会议频率方面，SOX 法案后，外部审计师同审计委员会的会议更频繁（至少一年六次）；在会议内容方面，SOX 法案后，不仅包含外部审计师汇报审计计划及审计结果（CKW，2002），还包含对会计准则、审计准则的讨论，并且会议内容对外部审计师的审计风险测试有很重要的影响。审计委员会在履行职责时变得更为积极。

（五）关于审计委员会专家及权利的访谈结果

CKW（2002）的研究表明，在 SOX 法案前，审计委员会缺少财务专家，并没有足够的权利去有效的履行职责。本文发现，在 SOX 法案后，审计委员会拥有足够的财务专家，并且有足够的权力对管理层施加影响，同时更有效的履行其对财务报告监督的职责。

（六）关于内部审计师的访谈结果

在 SOX 法案前，外部审计师不重视内部审计师的作用，因为外部审计师认为内部审计部门很少是有效的。由于 SOX 法案对公司治理提出了更高的要求，内部审计部门更为独立，工作成果更为可信。受访者认为在 SOX 法案后，内部审计师的作用得到了提升，外部审计师更多的参考内部审计师的工作成果。

以上结果表明，在 SOX 法案后，审计委员会和内部审计师作用的提升对外部审计师的审计程序产生了积极的影响（同代理理论观点相一致），公司治理水平有所提高。

五、结论

本文通过与 CKW（2002）的研究进行对比，来检验后 SOX 法案时代的公司治理是有效（代理理论角度），还是只是象征性的（制度理论角度）。研究结果发现，在后 SOX 法案时代，管理层仍然是公司治理的主体。公司治理对审计师审计程序有很大影响，特别是审计委员会在 SOX 法案后更加活跃、更加尽责。审计委员会有足够的财务专家并且有权力来实现其在内部控制监管、财务报告质量、辨别风险上的职责，然而大部分的受访者也认为，管理层在外部审计师选择和更换方面具有控制权。大约一半的受访者认为审计委员会在解决外部审计师与管理层的争论是有效的。在 SOX 法案后，外部审计师更多的参考内部审计师的审计结果和意见，内部审计师与审计委员会在监督方面发挥越来越重要的作用。综上所述，除了在审计师选择与更换方面，审计委员会没有达到 SOX 法案的预期效果，后 SOX 法案时代的公司治理水平总体上有所提升。

（整理人：曹健）

主要参考文献

[1] Abbott, L., S. Parker, and G. Peters. 2004. Audit committee characteristics and restatements. *Auditing: A Journal of Practice & Theory* 23 (1): p. 69 – 87.

[2] Beasley, M., J. Carcello, D. Hermanson, and P. Lapides. 2000. Fraudulent financial reporting: Consideration of industry traits and corporate governance mechanisms. *Accounting Horizons* 14 (4): p. 441 – 454.

[3] Beasley, M., J. Carcello, D. Hermanson, and T. Neal. 2009. The audit committee oversight process. *Contemporary Accounting Research* 1: p. 65 – 122.

[4] Bedard, J., S. Chtourou, and L. Courteau. 2004. The effect of audit committee expertise, independence, and activity on aggressive earnings management. *Auditing: A Journal of Practice & Theory* 23 (2): p. 13 – 35.

[5] Cohen, J., and D. Hanno. 2000. Auditors' consideration of corporate governance and management control philosophy in preplanning and planning judgments. *Auditing: A Journal of Practice & Theory* 19 (2): p. 133 – 146.

[6] Cohen, J., G. Krishnamoorthy, and A. Wright. 2002. Corporate governance and the audit process. *Contemporary Accounting Research* 19 (4): p. 573 – 594.

[7] Cohen, J., G. Krishnamoorthy, and A. Wright. 2008. Form versus substance: The implications for auditing practice and research of alternative perspectives on corporate governance. *Auditing: A Journal of Practice & Theory* 27 (2): p. 181 – 198.

[8] DeFond, M., and J. Francis. 2005. Audit research after Sarbanes – Oxley. *Auditing: A Journal of Practice & Theory* 24 (Supplement): p. 5 – 30.

[9] DeZoort, T., D. Hermanson, and R. Houston. 2008. Audit committee member support for proposed audit adjustments: Pre – SOX versus post – SOX judgments. *Auditing: A Journal of Practice & Theory* 27 (1): p. 85 – 104.

[10] Farber, D. 2005. Restoring trust after fraud: Does corporate governance matter? *Accounting Review* 80 (2): p. 539 - 561.

[11] KPMG. 2004. Oversight of auditors: Audit committee roundtable highlights. Audit Committee Insights.

[12] McMullen, D. 1996. Audit committee performance: An investigation of the consequences associated with audit committees. *Auditing: A Journal of Practice & Theory* 15 (1): p. 87 - 103.

[13] Ng, B. T., and H. T. Tan. 2003. Effects of authoritative guidance availability and audit committee effectiveness on auditors' judgments in an auditor - client negotiation context. *Accounting Review* 78 (3): p. 801 - 818.

[14] Powell, W. 1991. Expanding the scope of institutional analysis. In The New Institutionalism in Organizational Analysis, p. 183 - 203. Chicago: The University of Chicago Press.

§4－7　SOX 法案与公司冒险

Sarbanes – Oxley and Corporate Risk – Taking

文献来源：Bargeron，L. L.，K. M. Lehn，and C. J. Zutter. 2010. Sarbanes – Oxley and Corporate Risk – Taking. *Journal of Accounting and Economics*，49（1 – 2）：34 – 52.

【摘要】 SOX 法案的相关规定不鼓励上市公司冒险，比如增加了独立董事的职责、增加董事和高管的责任以及关于内部控制的规定等。本文实证检验了 SOX 法案后，上市公司的冒险行为是否显著减少。结果发现，SOX 法案后，相对于非美国公司，美国公司显著减少了冒险行为的证据。这些行为减少的程度与以下公司的特征有关：SOX 法案前董事会结构、公司规模和 R&D 支出。本文的研究表明 SOX 法案不鼓励上市公司冒险。

一、研究问题

（一）问题的提出

一些学者和政策制定者批评 SOX 法案扼杀了美国上市公司的冒险精神（risk – taking）。本文主要检验 SOX 法案是否降低了公司的冒险精神。

论文的逻辑框架见图 4 – 7。

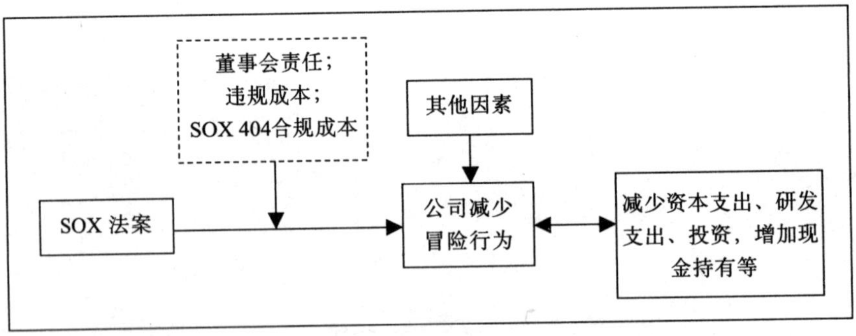

图 4 – 7　SOX 法案与公司冒险

（二）研究意义

SOX 法案是过去十年来非常有争议的法案，有关它的意义至今是个公开的话题。SOX 法案推行了一系列的改革，诸如资格认证和对管理层的处罚、更严格的内部控制、独立的审计委员会、披露规定，以及对审计师和分析师行业的规定等。这些改变都是为了提高公司的透明度和投资者的信心。因此，其经济后果如何是一个非常重要的话题。与此同时，美国人引以为豪的就是他们的冒险精神，如果 SOX 法案影响了他们的冒险精神，无疑会受到更多的批评与质疑。所以，本文的研究能够帮助人们进一步理解 SOX 法案。

（三）主要贡献

本文丰富了 SOX 法案经济后果的相关文献，扩展了 SOX 法案和公司冒险之间关系的研究（Cohen et al.，2007；Shadab，2008），提供了 SOX 法案影响公司冒险行为的证据。

二、理论分析

本文预期 SOX 法案在两方面会影响公司冒险。第一，独立董事承担的责任更重，高管和董事违反法规的处罚成本更高，SOX 法案不鼓励高管和董事投资风险的项目；第二，SOX 404 条款，要求评估并披露公司的内部控制状况，也是一种不鼓励公司冒险的政策。

（一）独立董事

SOX 301 条款和相关 SEC 规则①要求公司成立审计委员会，其成员全部由独立董事组成。SOX 407 条款则要求审计委员会中至少有一名“财务专家”②，如果没有财务专家的话，公司需要披露原因。与此同时，纽约证券交易所和纳斯达克证券交易所也作出了规定，其中纽约证券交易所要求其上市公司的审计、提名、治理和薪酬委员会全部由独立董事组成；纳斯达克证券交易所要求其上市公司的审计委员会全部由独立董事组成③。

可以看出，SOX 法案后一系列的规定加强了独立董事应承担的责任，这些规定可能会影响公司的冒险精神。以往的研究发现那些高风险和高成长性的公司，外部董事更少（Coles et al.，2008；Lehn et al.，2008）。这是因为外部独立董事的增加，加大了信息获取的成本，并且由于相关法规增加了独立董事的责任，更进一步推动独立董事对风险项目的谨慎判断。与此同时，如果 SOX 法案关于独立董事的规定增加了董事会的效率，那么董事会拒绝坏（bad）项目的可能性将增大。因此，本文预期 SOX 法案后公司会减少冒险行为。

（二）扩大董事和高管的责任和处罚

SOX 法案增加了对董事和高管的责任和处罚，一些舞弊行为被判监禁的期限进一步延长，这些规定增加了董事和高管对风险的厌恶。以往的研究表明，公司的会计舞弊往往与公司成长机会（用 R&D 衡量，Gerety and Lehn，1997）有关。因此，本文预期 SOX 法案对违规处罚的加重，会降低董事和高管对风险项目的投资，比如减少 R&D 支出和其他无形资产的投资。

---

① SEC Release Nos. 33 – 8220 and 34 – 47654，April 9，2003.

② SEC Release Nos. 33 – 8177 and 34 – 47235，January 23，2003.

③ 纳斯达克证券交易所上市规定不要求其上市公司成立提名或薪酬委员会。

（三）内部控制

SOX 404 条款对上市公司的内部控制提出了更高的要求，同时加重了董事和高管的责任，如管理层对建立和维护内部控制体系的责任、管理层对内控有效性的评估、内控缺陷的披露以及内控审计鉴证报告等。SEC 对上市公司提供了遵循 SOX 法案的指南，强调了基于财务错报风险的内部控制，而以往的研究发现具有规模大、业务复杂、高速成长等特征的公司容易发生内控缺陷（Ashbaugh - Skaife et al.，2007；Doyle et al.，2007a）。因此，本文预期由于遵循 SOX 404 条款需要一定的成本，大型公司和高速成长的公司对风险项目的投资将会降低。

三、样本选择和研究设计

（一）样本选择

剔除金融公司和交叉上市的非美国公司后，最终样本包括了 2 171 家美国公司和非美国上市公司，其中美国公司 1 764 家、英国 325 家、加拿大 82 家。所有 1994—2006 年公司的财务数据来自于 Thomson One Banker 数据库：资本支出（*CAPEX*）、研发支出（*R&D*）、现金及现金等价物（*CASH*）、资产账面价值、市场价值、*EBIT* 以及总负债；国内生产总值数据来自于国际货币基金组织网站；股票价格、回报等数据来自于 Datastream 数据库。由于 SOX 法案于 2002 年 7 月通过，因此，本文的年度定义是从上年的 8 月到本年的 7 月为一年，如 2002 年指 2001 年 8 月 1 日至 2002 年 7 月 31 日。

（二）研究设计

1. 基本的回归模型

本文采取以下的固定效应（FE）时间序列模型，检验 SOX 法案后，投资决策和股票价格的波动：

$$(CAPEX/R\&D/CASH/INVEST/STD) = \alpha_0 + \beta_1 US\ PostSOX + \beta_2 NonUS\ PostSOX + Controls + \varepsilon \tag{1}$$

其中：*STD* 为股票回报的标准差，*INVEST* 为资本支出（*CAPEX*）与 *R&D* 支出之和。主要解释变量 *US PostSOX* 是虚拟变量，如果公司是 SOX 法案后的美国公司，取值为 1，否则为 0；*NonUS PostSOX* 是虚拟变量，如果公司是 SOX 法案后的非美国公司，取值为 1，否则为 0。为了检验在 SOX 法案后，美国公司与非美国公司的行为是否发生显著变化，本文使用 F 检验（F - test：US = non - US）来比较这两个虚拟变量的系数是否显著不同。

Controls 为控制变量，包括美国、英国和加拿大的宏观经济指标（美国 S&P500 指数、英国 FTSE100 指数、加拿大 TSX 成分指数的年回报；三个国家的 GDP 增长率）；公司层面的指标，如息税前利润（*EBIT*）、账面市值比（*MB*）、资产负债率（*DEBT*）以及这些指标与美国公司虚拟变量的交叉变量。所有的控制变量都滞后一期。

2. 分组回归

为了检验基本回归的稳健性，本文分别对三个重要的公司特征（董事会结构、公司规模和研发支出）进行了分组回归，分别检验 SOX 法案后独立董事职责变化的影响、公司规模的影响、以及专业知识公司特征的影响。

四、实证结果

（一）描述性统计

为了方便比较，本文将 SOX 法案之前的时间 1994—2001 年分为时期一（1994—1997）和时期二（1998—2001）。总体来看，对于美国公司来说，SOX 法案后，*R&D*、*INVEST* 和 *STD* 的均值显著高于非美国公司，*CAPEX* 的均值不显著，中位数显著高于非美国公司。

时期一（1994—1997）和 SOX 法案后（2003—2006）的比较发现，SOX 法案后，*CAPEX*、*R&D*、*INVEST* 和 *STD* 的均值显著减少，*CASH* 的均值显著增加。而对于非美国公司来说，并不是所有的变量都发生显著变化，*R&D*、*CASH* 和 *STD* 的均值变化符号均与美国公司相反，并且只有 *STD* 的均值和中位数显著。

时期二（1998—2001）和 SOX 法案后（2003—2006）的比较发现，除了 *STD* 显著减少以外，其他结果与时期一的结果类似。

以上的结论表明 SOX 法案后美国公司的冒险行为减少。

（二）回归结果

1. 基本的回归结果

实证结果发现，SOX 法案后，美国上市公司冒险行为减少，这表现在 *CAPEX/R&D/INVEST/STD* 显著降低，*CASH* 显著增加。对于非美国上市公司而言，*CAPEX/R&D/INVEST/STD* 也发生显著变化，但是 *CASH* 并不显著。对美国和非美国上市公司的差异进行 F 检验，结果发现，除了 *CAPEX* 不显著以外，其他的变量都显著。这些结果表明相对于非美国公司，SOX 法案不鼓励美国公司冒险。

为了消除行业或者公司规模的影响，本文进行了配对检验，选取了与非美国上市公司配对的美国上市公司，重复了以上的检验，结果支持了基本回归的结论。

同样的，按照时期一和时期二分别进行了检验，结果发现在不同的时期，美国公司的主要解释变量都显著发生了变化，这表明 SOX 法案后，美国上市公司减少了冒险行为。

2. 董事会结构的分组回归

为了检验 SOX 法案后独立董事职责变化的影响，本文将美国公司分为两组：外部董事少数组（在 SOX 实施前外部董事比例小于等于 50%）和外部董事多数组（在 SOX 实施前外部董事比例大于 50%）。公司的高管如果是董事则被定义为内部董事，其他的被定义为外部董事。然后将这两组公司代替模型（1）中的 *US PostSOX* 进行回归，结果表明 SOX 法案后，两组公司都减少了冒险行为。F 检验的结果部分解释了 SOX 法案关于加强独立董事职责的规定减少了公司冒险。

3. 公司规模的分组回归

与小公司相比，大公司承担更多的 SOX 404 条款合规成本，因此本文将样本分为资产规模超过中位数（公司的资产为 502 百万美元）的大公司组和低于中位数的小公司组，然后将这两组公司代替模型（1）的中的 *US PostSOX* 进行回归。实证结果发现，在 SOX 法案后，大公司和小公司都显著降低了冒险行为。F 检验的结果表明，SOX 法案后，相对于小公司，美国的大公司更多的减少了资本支出、R&D 支出、投资，增加了现金持有，即更多地减少了冒险行为。然而，小公司的股票波动率降低得更多，这与 SOX 404 条款合规成本与规模相关的预期不一致。

4. 研发支出的分组回归

本文进一步将美国公司分为发生过 R&D 支出的公司和没有发生 R&D 支出的公司两组，然后将这两组公司代替模型（1）的中的 *US PostSOX* 进行回归。实证结果发现，在 SOX 法案后，两组公司都降低了冒险。F 检验的结果表明，相对于没有 R&D 支出的公司，R&D 支出的公司更多地降低了冒险行为，如减少了资本支出、增加了现金持有、降低了股价波动率。

五、结论

本文发现 SOX 法案的通过显著减少了美国上市公司冒险行为。研究发现，相对于英国和加拿大上市公司，美国上市公司减少了投资，降低了股票价格波动。本文补充了 Cohen et al.（2007）的研究，他们发现 SOX 法案后公司减少冒险行为的证据——高管薪酬的变化。本文发现冒险行为变化与公司的特征有关系，比如说 SOX 法案前董事会结构、公司规模和专业知识程度（用 R&D 支出来衡量）。

当然，SOX 法案的经济后果有可能还会受其他因素的影响，难以将其分离开，但本文认为以下因素并不能影响公司的冒险行为，比如 GDP 的增长率、美国股价的下跌和高科技企业的破产、911 恐怖袭击事件以及会计准则的变化（如财务会计准则第 123 号要求员工股票期权费用化）等。

（整理人：舒伟）

主要参考文献

[1] Ashbaugh - Skaife, H., D. W. Collins and W. R. Kinney Jr., 2007. The discovery and reporting of internal control deficiencies prior to SOX - mandated audits. *Journal of Accounting and Economics* 44 (1 - 2, 166 - 192.

[2] Cohen, D., Dey, A., Lys, T., 2007. The Sarbanes Oxley Act of 2002: implications for compensation contracts and managerial risk - taking. Northwestern University working paper.

[3] Coles, J., Daniel, N., Naveen, L., 2008. Boards: does one size fit all? *Journal of Financial Economics* 87: p. 329 - 356.

[4] Doyle, J., W. Ge and S. McVay, Determinants of weaknesses in internal control over financial reporting. *Journal of Accounting and Economics*, 2007. 44 (1-2): p. 193-223.

[5] Gerety, M., Lehn, K., The causes and consequences of accounting fraud. *Managerial and Decision Economics* 1997. 18: p. 587-599.

[6] Lehn, K., Patro, S., Zhao, M., 2008. Determinants of the size and structure of corporate boards: 1935-2000. University of Pittsburgh working paper.

[7] Shadab, H. Innovation and corporate governance: the impact of Sarbanes-Oxley. University of Pennsylvania *Journal of Business and Employment Law* 2008. 10: p. 955-1008.

§4-8 SOX法案的寒蝉效应：关于BLZ（2009）的讨论

The Chilling Effect of Sarbanes - Oxley: A Discussion of Sarbanes - Oxley and Corporate Risk - Taking

文献来源：Aiyesha, D. 2010. The Chilling Effect of Sarbanes - Oxley: A Discussion of Sarbanes - Oxley and Corporate Risk - Taking. *Journal of Accounting and Economics*, 49 (1 - 2): 53 - 57.

【摘要】 通过比较非美国上市公司，Bargeron, Lehn, and Zutter（BLZ, 2009）发现美国上市公司在SOX法案后减少了公司冒险。BLZ认为，这些冒险行为的减少与董事会结构、公司规模和研发支出有关。本文认为BLZ研究了一个非常重要的论题，并提供了仔细的分析。然而，回答这个问题非常困难，与其他类似的研究一样，这个结论需要谨慎地解释。

一、引言

SOX法案是过去十年非常有争议的法案，有关它的意义至今是个公开的话题。SOX法案推行了一系列的改革，旨在提高公司的透明度和投资者的信心。那么，SOX法案到底产生了什么影响？

以往的研究发现了SOX法案影响的证据。BLZ补充了SOX法案经济后果的文献。他们的研究与Cohen et al.（2009）类似，BLZ提供了SOX法案与公司冒险的不同解释。

本文认为，BLZ检验了一个非常重要的问题，并且做了非常细致的分析，BLZ做了很多努力去分离SOX法案的影响，这是个非常困难的任务。本文的讨论主要集中在证据的解释，特别是实证结果是否真的归因于SOX法案，而不是市场趋势和其他事件的影响？以下分别讨论SOX法案和公司冒险的关系，以及BLZ研究中的实证问题。

二、SOX法案和风险投资之间的假设联系

（一）独立董事的职责

BLZ认为，SOX法案增加独立董事的比例要求可能增加董事会获取风险项目的信息成本，因此可能会减少公司的冒险行为。然而本文认为，SOX法案的一个基本目标是提高公司的透明度，包括内、外部获得及时和可靠的信息。SOX法案的一个直接影响就是减少了独立董事获取信息的成本。SOX法案不仅增加了独立董事的比例，同时改善了信息环境，

提高了独立董事的效率。因此，SOX 法案也可能减少了董事获取信息的成本，这是一个竞争性的假设。

另外，BLZ 还认为，独立董事可能会对投资采取更严格的原则。他们认为，SOX 法案增加了对舞弊的惩罚，这将会增加独立董事对风险投资的抵触。这其中一个最大的假设是风险项目能够引起更多的管理层舞弊。然而，本文认为独立董事政策的一个作用是减少负的净现值（NPV）项目，净影响并不必然等同于减少冒险。并且，SOX 法案的一个基本目标是防止舞弊，SOX 法案要求的许多改革减少了管理层舞弊的可能性，从而减少了独立董事对风险投资的反对。

在 SOX 法案颁布以前，关于董事会的改革早几年就已经开始（1999），纽交所（NYSE）和纳斯达克（NASDAQ）对董事会独立性的要求其实是非常严格的（超过了 SOX 法案），相关的规定于 2003 年被 SEC 通过，不仅要求审计委员会完全由独立董事组成，还要求董事会、薪酬委员会、提名委员会大部分或全部成员由独立董事组成（如表 4－1 的总结）。因此，董事会中大部分是独立董事并不仅仅是 SOX 法案的结果。

表 4－1　　独立董事的最少数量

	董事会	审计委员会	薪酬委员会	提名委员会
SOX（2002）	–	100%		
NYSE（2003）	大多数（Majority）	100%	100%	100%
NASDAQ（2003）	大多数（Majority）	100%	大多数（Majority）	大多数（Majority）

注：引自原文第 54 页，Table 1 Minimum number of independent directors。

本文建议，可以用审计委员会的强制变化，分离出 SOX 法案的影响。具体来说，可以选择两组公司：一组是 SOX 法案前有独立审计委员会的公司（遵循 SOX 法案），另一组是 SOX 法案前没有独立审计委员会的公司（不遵循 SOX 法案），然后用倍差法检验 SOX 法案对这些组的影响。

还有，一些董事会的变化发生在 SOX 法案之后。比如董事会规模变大是为了适应证券交易法和 SOX 法案的要求，原来的那些内部董事并没有发生变化，只是增加了一些董事而已。董事会要求拥有更高素质的董事会成员，比如更多的财务专家（Linck et al.，2008）。这些变化都会影响董事会的效率和信息获取的成本。

（二）内部控制

BLZ 认为，SOX 404 条款会让那些具有更多专业知识的公司承担更多的合规成本。因此，大公司可能会减少风险投资以减少合规成本。但是大公司会增加风险投资的合规成本的理由是有争议的。一方面，严格的法规对那些已经具备良好内部控制和治理的公司会产生更多成本（Zhang，2007）。另一方面，与那些内部控制较差的公司相比，那些具有最优内部控制的公司遵循 SOX 法案的需求应该更加容易（Leuz，2007）。为了解决这个问题，一种方法是定义 SOX 法案对最优治理和内部控制结构的影响，而不是对所有的公司都采取同样的方法。

另外，研究表明，SOX 404 条款的合规成本占了小公司的绝大多数利润（Hartman，

2006；GAO，2006）。这表明，还存在另外一种可能，即小公司的风险投资可能减少得更多。BLZ 将在 2001 年底规模低于 50 200 万美元的公司定义为小规模公司。然而，SEC 规定加速申报公司（市值大于等于于 7 500 万美元）在 2004 年 11 月后提交文件，非加速申报公司则在 2006 年 7 月以后提交，这些规定可能会影响投资的行为。事实上，Gao et al.（2009）的研究发现，非加速申报公司有动机减少投资以保持小型公司规模。

三、实证挑战

（一）混合事件（Confounding events）

实证研究的一个主要挑战是 SOX 法案对所有上市公司执行，因此很难找到一个控制样本。BLZ 使用了非美国公司作为控制样本，但并没有完全解决这个问题。同时，存在一些混杂的事件，有可能会影响公司的冒险行为。本文列举两个主要的事件，会直接影响到公司的冒险行为。

第一个主要的事件是，自从 2001 年安然事件以来发生的一系列公司丑闻。这些丑闻发生的时间与 BLZ 定义 SOX 法案的时间是同一“年度”，它们对投资政策有着直接的影响。

丑闻的最大冲击是市场对会计信息和披露的透明度失去信心。他们发现购买股票时，存在投资者被欺骗的风险因素。在丑闻之后的一段时期，投资者对风险的洞察力升高，图 4－8 可以看到 2002 年投资者的信心下降情况。Guiso et al.（2008）发现，投资决策不仅建立在对数据的风险评估上，而且建立在这些数据是否可靠、整个系统是否公允的基础上。安然等丑闻不仅改变了预期回报的分布，同样动摇了市场的信心。Guiso et al.（2008）认为，当投资者的信心下降时，投资者会更不愿意去投资，公司会更少的关注股票的流动或者出售给私人投资者。这同样影响管理层追求投资的意愿和能力，因此很难说服董事会和股东同意投资有价值的项目。

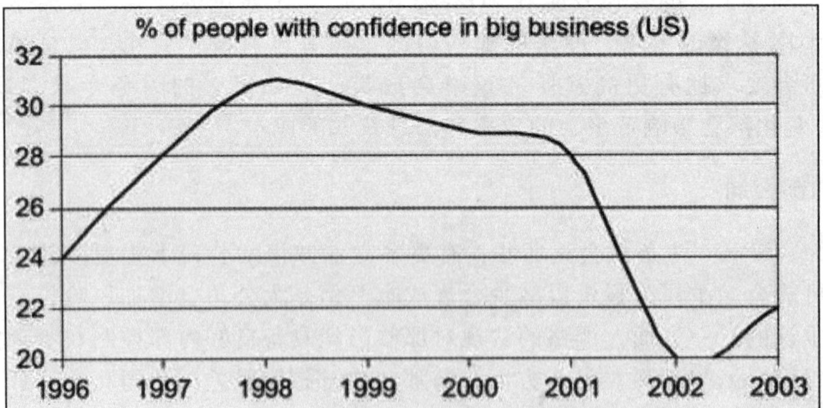

Fig. 1. Investor confidence in business[c].

注：引自原文第 56 页，Fig. 1. Investor confidence in business。

图 4－8 投资者信心

丑闻的另外一个影响是投资者、监管层、审计师和其他的市场参与者对管理层的要求会更加的苛刻。金融时报和媒体上有大量的文章认为，管理层的错误行为应该受到惩罚。这些严厉的惩罚和附加的审查，可能会让任何追求风险投资的想法和行为冷却下来，即所谓的寒蝉效应（chilling effect）。

另外，丑闻还对公司的资本成本产生了影响。Leuz and Schrand（2009）的研究表明，安然等一系列丑闻增加了美国公司的资本成本。Meier and Tarhan（2007）的研究发现，公司基于资本成本来设置项目的报酬率，项目的最低报酬率超过了资本成本，称之为最低报酬率溢出。如果资本成本导致最低报酬率升高，那么早期的一些可行的投资可能要取消。

第二个事件是2000年10月公平披露规则（Reg FD）的通过。规则通过的时间，在BLZ的定义中是2001年度。公平披露规则是为了防止管理层利用分析师的信息披露影响股票价格。Kothari et al.（2009）发现，管理层会延迟披露坏消息，而提前泄露好消息。公平披露规则用较小的成本阻止了管理层向市场泄露好消息。Stein（1989）认为，如果管理层不能操纵投资的好消息进而提高股价和预期的价值，那么他们会取消长期收益的投资项目，这些项目会影响当期的盈余。事实上，Stein（1989）认为，越是要提升当期的利润，就越会取消当前的投资项目。

以上的讨论表明，存在会影响公司的投资行为的其他事件。虽然SOX法案也会影响公司的冒险行为，但是这些讨论提醒读者：SOX法案影响的实证研究仍然面临许多挑战。

（二）控制样本

为了分离SOX法案的影响，BLZ选择了一组非美国的公司作为控制样本。然而，这也不能消除一些问题，最基本的问题是那些混合的事件，影响了美国公司并没有影响非美国公司。比如丑闻和公平披露规则可能只影响了美国的公司。因此，除非能够找到一组同样受混合事件影响的公司，但是不受SOX法案影响的公司。

在发表的版本中，作者排除了在美国交叉上市的公司，这是一个非常重要的改进。

控制样本的另外一个问题是，BLZ并没有考虑国家层面因素对风险投资变化的影响。BLZ提供了三个样本期间的投资描述性统计。然而，由于英国和加拿大的样本是混合在一起的。因此，很难区分这两个国家每年的投资变化情况（这两个国家的投资变化率是不是一样?）。这增加了解释美国和外国公司投资差异的难度。

四、结论

BLZ检验了SOX法案是否与公司冒险行为减少有关。作者发现了一系列冒险指标减少的证据，然而因果关系不能明确。本文认为，BLZ的研究非常及时，针对一个非常大的挑战是如何分离出SOX法案的影响，BLZ做了详细的分析试图解决这个问题，但是正如本文的评论一样，仍然很难回答SOX法案是否增加了公司的净成本。

（整理人：舒伟）

主要参考文献

[1] Bargeron, L., Lehn, K., Zutter, C., 2009. Sarbanes – Oxley and corporate risk – taking. *Journal of Accounting* and Economics, inpress, doi: 10.1016/j.jacceco.2009.05.001.

[2] Cohen, D., Dey, A., Lys, T. Z., 2009. The Sarbanes – Oxley Act of 2002: implications for compensation contracts and managerial risk – taking. Working paper, New York University, University of Chicago and North western University.

[3] Gao, F., Wu, J., Zimmerman, J., 2009. Unintended consequences of granting small firms exemptions from securities regulation: evidence from the Sarbanes – Oxley Act. *Journal of Accounting Research* 47: p. 459 – 506.

[4] Guiso, L., Sapienza, P., Zingales, L., 2008. Trusting the stock market. *Journal of Finance* 63: p. 2557 – 2600.

[5] GAO, US, 2006. Sarbanes – Oxley Act: consideration of key principles needed in addressing implementation for smaller public companies. GAO – 06 – 361, US General Accounting Office, Washington, DC.

[6] Hartman, T. E., 2006. The cost of being public in the era of Sarbanes – Oxley. Foley & Lardner LLP: /www.foley.com/files/tbl_s31Publications/FileUpload137/3420/ndi% 202006% 20public% 20study% 20FINAL.pdfS.

[7] Kothari, S. P., Shu, S., Wysocki, P., 2009. Do managers withhold bad news? *Journal of Accounting Research* 47: p. 241 – 276.

[8] Leuz, C., 2007. Was the Sarbanes – Oxley Act of 2002 really this costly? A discussion of evidence from event returns and going – private decisions. *Journal of Accounting and Economics* 44: p. 146 – 165.

[9] Leuz, C., Schrand, C., 2009. Disclosure and the cost of capital: evidence from firms' responses to the Enron shock. Working Paper, University of Chicago and University of Pennsylvania.

[10] Linck, J., Netter, J., Yang, T., 2008. The determinants of board structure. *Journal of Financial Economics* 87: p. 308 – 328.

[11] Meier, I., Tarhan, V., 2007. Corporate investment decision practices and the hurdle rate premium puzzle. Working Paper, HEC Montreal and Northwestern University.

[12] Stein, J., 1989. Efficient capital markets, inefficient firms: a model of myopic corporate behavior. *Quarterly Journal of Economics* 104: p. 655 – 669.

[13] Zhang, I. X., 2007. Economic consequences of the Sarbanes Oxley Act of 2002. *Journal of Accounting and Economics* 44: p. 74 – 115.

§4-9　CFO专业能力、变更与内部控制否定意见

Financial Executive Qualifications, Financial Executive Turnover, and Adverse SOX 404 Opinions

文献来源：Li, C., L. Sun, and M. Ettredge. 2010. Financial Executive Qualifications, Financial Executive Turnover, and Adverse SOX 404 Opinions. *Journal of Accounting and Economics*, 50 (1): 93-110.

【摘要】本文研究CFO专业能力、变更、专业能力提升和内部控制缺陷修正之间的关系。研究发现，收到内部控制否定意见（SOX 404条款）的公司CFO专业能力更低，更可能变更CFO，更可能聘请能力更强的CFO。然而，仅仅聘请新的CFO并不能改善内部控制审计意见，只有聘请专业能力更强的CFO才可以改善其内部控制审计意见。

一、研究问题

（一）问题的提出

早期的文献（Ge and McVay, 2005；Doyle et al., 2007；Ashbaugh-Skaife et al., 2007）分析了内部控制缺陷的影响因素，但是仍没有学者研究公司修正内部控制缺陷的影响因素。在前人研究的基础上，本文探讨CFO变更、专业能力与内部控制否定意见之间的关系。

本文的逻辑框架见图4-9。

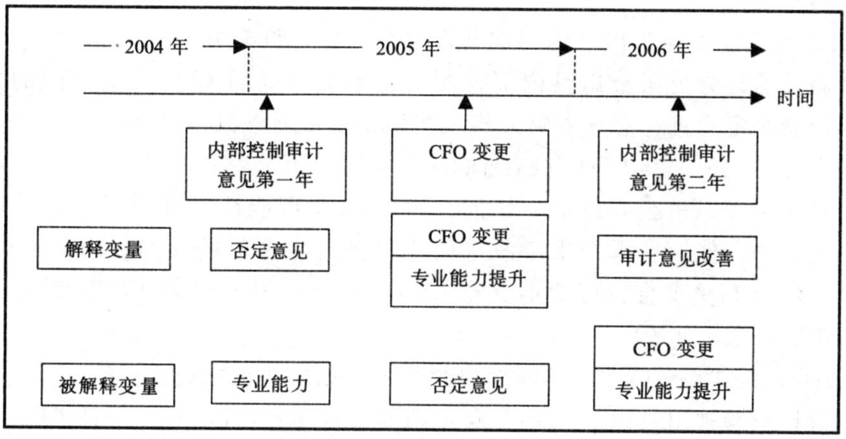

注：引自原文第100页，Fig 1. Time line in relation fo variable of primary in terest。

图4-9　CFO专业能力、变更与内部控制否定意见

（二）研究意义

已有研究发现，基于 SOX 404 条款，内部控制被出具否定意见的公司，具有更低的盈余质量和更大的管理层预测误差；当否定意见改善时，一般伴随着公司盈余质量的提高和管理层预测误差的减少（Ashbaugh - Skaife et al.，2008；Chan et al.，2008；Feng et al.，2009）。因此，理解内部控制否定意见和随后审计意见改善的影响因素非常重要。

（三）主要贡献

本文有三方面贡献。第一，丰富了 SOX 404 条款的文献，先前的文献研究内部控制否定意见的影响因素及改善主要集中于分析公司财务特征。本文发现 CFO 专业能力对内部控制否定意见具有重要影响，为实务界改善和提高内部控制质量提供一定的经验证据。

第二，丰富了管理层变更的文献。先前的研究主要聚焦于公司经营业务作为管理层变更的原因之一。本文分析了一个全新的、非财务的、重要的影响管理层变更的因素——内部控制质量。

第三，与先前管理层变更的文献相比，本文更加综合，不仅分析内部控制否定意见对管理层变更的影响，也分析了 CFO 专业能力对内部控制质量的影响，以及管理层变更和 CFO 专业能力对内部控制质量提高的影响。

二、理论分析与研究假设

本文的第一个假设是检验内部控制否定意见与 CFO 专业能力之间的关系。尽管 CEO 对公司的经营业绩负全责，但是财务报告内部控制很大程度上依赖于 CFO。Aier et al.（2005）发现 CFO 的财务报表理解能力与会计错误显著负相关。如果 CFO 拥有多年的财务工作经验、拥有 MBA 学位、拥有 CPA 资格，则公司财务报表重述的概率更低。因此，一个拥有高（低）专业能力 CFO 的公司被出具内部控制否定意见的概率更低（高）。因此，本文提出了第一个假设：

H1：CFO 专业能力与被出具内部控制否定意见显著负相关。

第二个假设是检验公司被出具内部控制否定意见与随后 CFO 变更之间的关系。公司被出具内部控制否定意见，意味着财务报表实质错误没有被发现或阻止。本文预期收到内部控制否定意见的公司，其 CFO 自愿或非自愿离职的可能性提高，一些 CFO 可能会选择在不遵从 SOX 404 条款的公司任职。比如，这些 CFO 可能认为其公司愿意投入内部控制的资源是不充足的，他们也承受来年改善内部控制否定意见的压力，因此 CFO 可能自愿辞职。此外，CEO 和董事会也可能不满意 CFO 的工作，从而解雇 CFO。因此，本文提出了第二个假设：

H2：CFO 变更与上一年被出具内部控制否定意见显著正相关。

第三个假设检验被出具内部控制否定意见的公司更换 CFO 后，现任 CFO 能力与前任 CFO 能力的变化。若新聘请的财务经理专业能力较强，公司的管理绩效将会有所提高（Huson et al.，2004；Geiger and North，2006）。被出具内部控制否定意见的公司 CEO 和董事会希望聘请专业能力更高的 CFO，以改善内部控制否定意见。因此，本文提出了第三个假设：

H3：在所有更换 CFO 的公司中，上一年被出具内部控制否定意见的公司新聘请 CFO 的能力比原来的 CFO 更强。

下面来检验聘请新的 CFO 是否有利于改善下一年的内部控制审计意见。Geiger and North（2006）研究发现，聘请新的 CFO 有利于减少可操纵会计，从这个意义上讲，本文预期被出具内部控制否定意见的公司更换 CFO 可以改善下一年被出具的内部控制审计意见。Geiger and North（2006）进一步研究发现，从外部聘请 CFO 减少可操纵应计的幅度更大，他们将这个结果归因于外部聘请的 CFO 与内部升迁的 CFO 财务观点不同。从这个意义上讲，本文预期新任 CFO 能力比前任 CFO 更高，如拥有 CPA 资格和财务工作经验，将有助于改善下一年出具的内部控制审计意见。因此，本文提出了第四个和第五个假设：

H4：在被出具内部控制否定意见的公司中，更换 CFO 与下一年改善的内部控制审计意见显著正相关。

H5：在被出具内部控制否定意见的公司中，新任 CFO 的专业能力与下一年改善的内部控制审计意见显著正相关。

三、样本选择和研究设计

（一）样本选择

本文数据来自于 Audit Analytics 数据库，该数据库收录了 10 - K 报告中内部控制审计意见（SOX 404 条款）的数据。CFO 专业能力通过 10 - K 报告手工收集，并借助于 google 辅助搜索。通过检索 8 - K 报告获取 CFO 变更的数据。最终获得符合 H1 的样本是 2 478 个，符合 H2 的样本是 2 358 个，符合 H3 的样本是 342 个，符合 H4 和 H5 的样本是 383 个。

（二）研究设计

模型 1 用来检验 H1，其因变量为 *ADVERSE*，如果公司在 2004 年被出具内部控制否定意见，则为 1，否则为 0。关键解释变量为 *CFOACCT*04，如果在 2004 年 CFO 拥有 CPA 证书，或者有上市公司财务工作经历，则为 1，否则为 0；*CFOEXP*04，表示担任 CFO 年限的自然对数。预期 *CFOACCT*04 和 *CFOEXP*04 变量的系数显著为负。

此外，论文控制了公司规模（*LnASSET*）、资产负债率（*LEVERAGE*）、经过行业调整的资产回报率（*INDADJROA*）、销售增长率（*GROWTH*）、经过行业调整的市场回报率（*INDADJRETURN*）、是否由四大会计师事务所审计（*BIG*4）、财务报表重述（*RESTATE*）、应收账款比率（*RECEIVABLE*）、存货比率（*INVENTORY*）、业务分部数量（*SEGMENT*）、是否重组（*RESTRUCT*）、公司在 2004 年是否聘请新的 CEO（*CEOTURN*04）、公司在 2004 年是否聘请新的 CFO（*CFOTURN*04）、公司在 2004 年是否披露内部控制重大缺陷（*SOX* 302*DIS*）。

$ADVERSE = b_0 + b_1 CFOACCT04 + b_2 CFOEXP04 + b_3 LnASSET + b_4 LEVERAGE + b_5 INDAD$-

$JROA + b_6 GROWTH + b_7 INDADJRETURN + b_8 BIG4 + b_9 RESTATE + b_{10} RECEIVABLE + b_{11} INVENTORY + b_{12} SEGMENT + b_{13} RESTRUCT + b_{14} CEOTURN04 + b_{15} CFOTURN04 + b_{16} SOX302DIS + \varepsilon$ (1)

模型（2）用来检验 H2，其因变量为 *CFOTURN05*，如果公司在 2005 年聘请新的 CFO，则为 1，否则为 0。关键解释变量为 *ADVERSE*，如果公司在 2004 年被出具内部控制否定意见，则为 1，否则为 0。预期 *ADVERSE* 的系数显著为正。

$$CFOTURN05 = b_0 + b_1 ADVERSE + b_2 LnASSET + b_3 LEVERAGE + b_4 INDADJROA + b_5 GROWTH + b_6 INDADJRETURN + b_7 RESTATE + b_8 CEOCHAIR + b_9 INDEPDIR + b_{10} INSTIOWN + b_{11} CEOTURN05 + b_{12} CEOTURN04 + b_{13} CFOTURN04 + b_{14} SOX302DIS + b_{15} CFOACCT04 + b_{16} CFOEXP04 + \varepsilon \quad (2)$$

模型（3）用来检验 H3，其因变量为 *CFO Qualification Improvement*，分别用三个指标来衡量：*ACCTIMPROVE*，如果新聘请的 CFO 拥有更多的会计知识，如拥有 CPA 证书、拥有上市公司工作经历，则为 1，否则为 0；*EXPIMPROVE*，如果新聘请的 CFO 拥有更多的工作经历，则为 1，否则为 0；*CFOIMPROVE*，如果新聘请的 CFO 拥有更多的会计知识或者更多的工作经历，则为 1，否则为 0。关键解释变量为 *ADVERSE*，其定义如上文。预期 *ADVERSE* 的系数显著为正。

$$CFO\ Qualification\ Improvement = b_0 + b_1 ADVERSE + b_2 LnASSET + b_3 LEVERAGE + b_4 INDADJROA + b_5 GROWTH + b_6 INDADJRETURN + b_7 RESTATE + b_8 CEOCHAIR + b_9 INDEPDIR + b_{10} INSTIOWN + b_{11} SOX302DIS + b_{12} CFOACCT04 + b_{13} CFOEXP04 + \varepsilon \quad (3)$$

模型（4）用来检验 H4，其因变量为 *OPINIMPROVE*，如果内部控制审计意见由否定意见提高到标准审计意见，则为 1，否则为 0。关键解释变量为 *CFOTURN05*，如果公司在 2005 年聘请新的 CFO，则为 1，否则为 0。预期 *CFOTURN05* 的系数显著为正。

$$OPINIMPROVE = b_0 + b_1 CFOTURN05 + b_2 LnASSET + b_3 LEVERAGE + b_4 INDADJROA + b_5 GROWTH + b_6 INDADJRETURN + b_7 BIG4 + b_8 RESTATE + b_9 RECEIVABLE + b_9 INDEPDIR + b_{10} INSTIOWN + b_{11} SEGMENT + b_{12} RESTRUCT + b_{13} GENERAL + b_{14} CFOTURN04 + \varepsilon \quad (4)$$

模型（5）用来检验 H5，其因变量为 *OPINIMPROVE*，如果内部控制审计意见由否定意见到无保留审计意见，则为 1，否则为 0。关键解释变量分别为 *ACCTIMPROVE*、*EXPIMPROVE* 和 *CFOIMPROVE*，定义如上文。预期 *ACCTIMPROVE*、*EXPIMPROVE* 和 *CFOIMPROVE* 的系数显著为正。

$$OPINIMPROVE = b_0 + b_1 CFOTURN05 + b_2 ACCTIMPROVE + b_3 EXPIMPROVE + b_4 CFOOUTSIDE + b_5 CFOACCT05 + b_6 CFOEXP05 + b_7 LnASSET + b_8 LEVERAGE + b_9 INDADJROA + b_{10} GROWTH + b_{11} INDADJRETURN + b_{12} BIG4 + b_{13} RESTATE + b_{14} RECEIVABLE + b_{15} INVENTORY + b_{16} SEGMENT + b_{17} RESTRUCT + b_{18} GENERAL + b_{19} CFOTURN04 + \varepsilon \quad (5)$$

四、实证结果

（一）描述性统计

描述性统计结果显示，初次被出具内部控制否定意见的公司 CFO 专业能力较低；被出具内部控制否定意见与 CFO 变更显著正相关；在 CFO 变更的公司中，被出具内部控制否定意见的公司更愿意聘请专业能力高的 CFO。与对照组相比，CFO 变更组下一年的内部控制否定意见并没有显著差异，但是 CFO 专业能力提高组却显著改善。

（二）实证结果

模型（1）的实证结果显示，关键解释变量 *CFOACCT*04 和 *CFOEXP*04 分别与被解释变量 *ADVERSE* 显著负相关，支持 H1，CFO 专业能力与被出具内部控制否定意见显著负相关，表明 CFO 专业能力对公司的内部控制质量有着重要影响。

模型（2）的实证结果显示，关键解释变量 *ADVERSE* 与被解释变量 *CFOTURN*05 显著正相关，支持 H2；模型（3）的实证结果显示，关键解释变量 *ADVERSE* 与被解释变量 *ACCTIMPROVE*、*EXPIMPROVE*、*CFOIMPROVE* 均显著正相关，支持 H3。这些实证结果表明，如果公司被出具内部控制否定意见，公司更愿意聘请新的 CFO，并且新的 CFO 比之前的 CFO 专业能力更强。

模型（4）和模型（5）的实证结果显示，解释变量 *CFOTURN*05 的符号为负，但是并不显著；解释变量 *ACCTIMPROVE*、*EXPIMPROVE* 和 *CFOIMPROVE* 的符号显著为正。实证结果表明，聘请专业能力更强的 CFO 才能够显著提高内部控制质量。

五、结论

本文研究 CFO 专业能力、变更、专业能力提升和内部控制缺陷修正之间的关系。研究发现，收到内部控制否定意见（SOX 404 条款）的公司 CFO 专业能力更低，CFO 更可能发生变更，更可能聘请能力更强的 CFO。并且，只有聘请专业能力更强的 CFO 才可以改善其内部控制审计意见。

未来的研究可以在以下两方面展开：第一，采用系统分析法探索因变量、测试变量和控制变量之间的关系；第二，本文只检验 SOX 404 条款实施第一年的数据，未来的研究可以尝试多年的数据，以考察是否仍然支持本文的结论。

（整理人：林东杰）

主要参考文献

[1] Aier, K., Comprix, J., Gunlock, M. T., and Lee, D. 2005. The financial expertise of CFOs and accounting restatements. *Accounting Horizons* 19: p. 123 - 135.

[2] Ashbaugh - Skaife, H., Collins, D., Kinney, W. 2007. The discovery and reporting of internal control deficiencies prior to SOX - mandated audits. *Journal of Accounting and Economics* 44: p. 166 - 192.

[3] Ashbaugh - Skaife, H., Collins, D., Kinney, W., LaFond, R. 2008. The effect of SOX internal control deficiencies and their remediation on accrual quality. *The Accounting Review* 83: p. 217 - 250.

[4] Chan, K., Farrell, B., Lee, P., 2008. Earnings management of firms reporting material internal control weaknesses under Section 404 of the Sarbanes - Oxley Act *Auditing. A Journal of Practice and Theory* 27.

p. 161 - 179.

[5] Doyle, J. T., Ge, W., McVay, S. E. 2007. Determinants of weaknesses in internal control over financial reporting. *Journal of Accounting and Economics* 44: p. 193 - 223.

[6] Feng, M., Li, C., McVay, S., 2009. Internal control and management guidance. *Journal of Accounting and Economics* 48: p. 190 - 209.

[7] Ge, W., McVay, S. 2005. The disclosure of material weakness in internal control after the Sarbanes - Oxley Act. *Accounting Horizons* 19: p. 137 - 158.

[8] Geiger, M. A., North, D. S. 2006. Does hiring a new CFO change things? An investigation of changes in discretionary accruals. *The Accounting Review* 81: p. 781 - 809.

[9] Huson, M., Malatesta, P., Parrino, R. 2004. Managerial succession and firm performance. *Journal of Financial Economics* 74: p. 237 - 275.

§4-10 加强的披露要求和公司治理决策：来自 SOX 法案前后 CFO 的证据

Increased Disclosure Requirements and Corporate Governance Decisions: Evidence from Chief Financial Officers in the Pre - and Post - Sarbanes Oxley Periods

文献来源：Wang, X. 2010. Increased Disclosure Requirements and Corporate Governance Decisions: Evidence from Chief Financial Officers in the Pre - and Post - Sarbanes Oxley Periods. *Journal of Accounting Research*, 48 (4): 885 - 920.

【摘要】本文研究 SOX 法案强化内部控制披露要求对 CFO 相关公司治理决策的影响。文章通过使用除 CEO、COO 以外的高管作为控制样本组，发现 SOX 法案后，内部控制较差公司的 CFO 薪酬更低且 CFO 强制更换的可能性（forced turnover rates）更高。相反，内部控制较好的公司，其 CFO 获得的薪酬更高，而且 CFO 强制更换的可能性没有显著变化。这些结论支持"类型披露"（disclosure of type）假说，表明 SOX 法案要求内部控制强制披露是一项可靠的机制，它可以通过反映公司内部控制质量来有效地区分 CFO 的好坏。这些实证证据也支持"加强披露可以降低经理人市场（executive labor market）的信息不对称"的观点。

一、研究问题

（一）问题的提出

考虑到内部控制质量可以反映 CFO 质量，本文认为，内部控制披露的增加可能为董事会和经理人市场提供有用的信息，从而影响 CFO 的薪酬和变更决策。鉴于此，本文研究了 SOX 法案强制性内部控制披露要求是否会影响公司 CFO 的薪酬和变更。

尽管内部控制披露要求的提升很可能对不同的高管有不同程度的影响，但是由于 CFO 是财务报告的主要负责人，因此本文认为，披露要求的提升将对 CFO 产生更大的影响。另外，由于 CEO 需要对公司业绩承担责任，而 CFO 对财务报告和内部控制承担责任，因此本文重点关注 CFO 可以为研究内部控制强制性披露带来的影响提供更强有力的检验。

论文的逻辑框架见图 4-10。

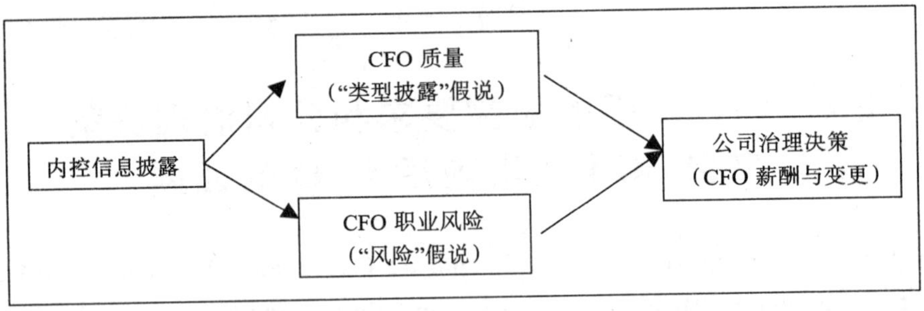

图 4－10　内部控制披露与公司治理决策

（二）研究意义

本文主要关注 CFO 相关的公司治理决策与 CFO 财务报告内部控制角色提升的关系。Li et al.（2010）发现披露内部控制重大缺陷公司的 CFO 更换率增加。Hoitash et al.（2009）发现 CFO 薪酬与内部控制重大缺陷的披露负相关。这些研究只关注单一的横截面样本，并且只研究了后 SOX 法案时期内部控制缺陷对管理层的影响，并不能说明整个内部控制法案的影响。因此，作者希望从一个更长的时间期间研究 SOX 法案前后 CFO 薪酬和 CFO 更换频率的变化，从而为内部控制法案对公司治理决策的影响提供新的实证证据。

（三）主要贡献

本文的贡献体现在三个方面：第一，文章研究了披露加强后的经济后果，相关的实证结论进一步支持了披露会降低信息不对称的基本论断。第二，文章研究了 CFO 相关的治理决策与 CFO 财务报告内部控制角色之间的关系。本文的实证结论表明，内部控制披露的加强可以降低由代理冲突产生的信息不对称，从而带来潜在的治理优势。第三，本文也是对 SOX 法案经济后果研究的补充。作者采用倍差法的研究设计，使用除 CEO、COO 以外的高管作为控制组，从而将 SOX 法案内部控制披露要求提升的影响与其他同期事件分离开，提供了更加稳健的实证证据。

二、研究假设

本文针对 SOX 法案强制性内部控制披露要求对 CFO 的薪酬和连任的影响提出了两个可能的理论解释。

第一个解释是“类型披露”假说。本文认为，与董事会和其他经理人市场参与者相比，CFO 拥有更多私人信息。CFO 有动机隐瞒这些信息，特别是关于业绩不好的坏消息（Verrecchia，2001；Kothari et al.，2009）。由于缺乏 CFO 质量的私有机制或市场机制，经理人市场只能按照市场均值来衡量 CFO 质量。而内部控制质量的披露为董事会和外部经理人市场提供了可以评价 CFO 业绩的相关信息。特别地，SOX 法案强制的内部控制披露经过外部审计师的证实，比其他沟通机制具有更高的可信度。因此，“类型披露”假说预期，披露水平的提升可以通过改善监督给董事会带来治理效益。内部控制质量较差的公司董事会可以降低 CFO 薪酬或终止 CFO 的聘任，从而反映出 CFO 需要对发现的内部控制问题负责。相反，内部控制质量较好的公司，CFO 更可能被留下而且获得更高的薪酬奖励，或者被其他公司争抢雇佣。

第二个解释是“风险”假说。“风险”假说认为，CFO 会考虑向经理人市场传递的信息对其职业生涯的影响，强制性披露将增加 CFO 的职业顾虑风险（career concern risk）。Hermalin and Weisbach（2009）运用对称学习模型分析了“风险”假说下披露水平对公司治理决策的影响。模型假设公司在 SOX 法案之前采用了使公司价值最大化的披露水平，由于披露要求的加强增加了 CFO 的职业顾虑风险，因此董事会会增加 CFO 的薪酬来补偿他们。这个模型同时表明，强制性披露要求的增加会增加 CFO 的更换率。值得注意的是，“风险”假说与“类型披露”假说的不同在于，“风险”假说认为，强制性披露增加了所有公司 CFO 的职业顾虑风险，因此它预期所有公司的 CFO 薪酬和 CFO 更换率都会提升。与此相反，“类型披露”假说认为，强制性内部控制披露可以有效区分 CFO 的不同质量，因此预测不同类型公司的 CFO 薪酬和 CFO 更换率的变化情况不同。

三、样本选择和研究方法

（一）样本选择

作者采用 1998—2005 年的高管薪酬数据进行实证分析，相关高管数据来自 Compustat ExecuComp 数据库、公司年报和股东委托书。文章将在 2002 年 8 月至 2005 年间至少披露过一次内部控制重大缺陷的公司视为内部控制质量较差的子样本组。

本文在实证检验中有两个样本：高管薪酬样本和高管更换样本。在每个样本组中，作者按下列顺序剔除数据缺失的观测值：第一，要求公司必须同时有 CFO 薪酬数据和至少一个其他高管（指除 CEO、COO 之外的其他高管）的薪酬数据。第二，要求公司在 SOX 法案之前（1998—2001）和 SOX 法案之后（2002—2005）都有观测值。经过这两个步骤后，得到高管更换样本共 27 797 个观测值，其中 7 194 个 CFO 年度观测值和 20 603 个其他高管年度观测值。第三，由于高管任职当年和离职当年有红利或退休金等额外收入，因此剔除高管任职第一年和离职当年的数据。由此得到最终的高管薪酬样本，共包括 19 698 个观测值，其中 5 852 个 CFO 年度观测值和 13 846 个其他高管年度观测值。

（二）研究设计

SOX 法案经济后果研究的关键在于缺少不受 SOX 法案影响的对照组。鉴于此，本文采用倍差法的研究设计，选取同一公司内除 CEO、COO 以外的高管作为控制组，来控制同一时期可能影响公司治理决策的其他因素。尽管其他高管也会受到 SOX 法案的影响，从而可能会影响实证检验结果，但是本文认为，考虑到 CFO 在财务报告过程中的核心作用，相比其他高管，强制性内部控制披露更多地反映出 CFO 的质量。

实证中作者使用三个薪酬变量：工资、奖金和总薪酬。其中，总薪酬定义为工资、奖金、其他现金薪酬、股权薪酬、长期激励支付和其他薪酬的总和。考虑到薪酬变量分布偏度较大，本文对薪酬变量进行对数转换。

关于高管更换变量，本文仿照 Hayes et al.（2006）做法，对于每个出现在公司第 t 年股东委托书中的高管，如果这个高管名字没有出现在 t+1 年的股东委托书或 t+1 年年报的高管名单中，则定义高管更换变量取值为 1，否则高管更换变量取值为 0 。

另外，高管更换包括强制离职和非强制离职，而本文关注的是强制离职。为了控制离职原因对实证结果的影响，本文手工收集了每个 CFO 离职的原因。考虑到非自愿离职一般都将离职原因披露为退休，本文以 62 岁为限，当 CFO 以退休为由离职或没有披露离职原因但年龄小于 62 岁时，本文将其视为强制离职。本文还将强制离职分为“开除”、“追求其他兴趣”、“家庭或个人原因”、“降级”、“会计违规或丑闻”、“政策差异”和“无原因”几类。最终强制离职样本包括 476 个离职事件，占 CFO 离职样本的 65%，其余为非强制离职样本。作者还将非强制离职样本分为“升职离职”（177 个样本）和“正常离职”（77 个样本）两类。其中，当 CFO 离开公司两年内被雇佣为其他上市公司的 CEO、CFO 或主席时定义为升职离职，其他非强制离职为正常离职。

1. 披露要求的加强对 CFO 薪酬的影响

本文首先使用下面模型研究加强的披露要求对 CFO 薪酬的影响。

$$\log(1 + Compensation_{i,t}) = a \times PostSOX + b \times CFO + \eta \times CFO \times PostSOX + c \times ControlVariables_{i,t} + qi \times Ind.\ Indicators \quad (1)$$

其中，薪酬分别用工资、奖金和总工资三个指标衡量。模型中 *CFO* 为虚拟变量，当高管为 CFO 时取 1，否则取 0。主要解释变量 *PostSOX*，在 1998—2001 年取 0，在 2002—2005 年取 1。关于控制变量，本文使用股票市场回报（*Return*）和资产回报率的变化（*ΔROA*）控制业绩，使用公司规模（销售收入的自然对数，*LogSales*）和账面市值比（*BM*）控制公司对高质量高管需求程度。在高管方面，本文还控制了高管的年龄（*Age*）和任期（高管在公司工作的年数，*Tenure*）。最后，本文在回归中加入行业虚拟变量控制行业间的差异。

2. CFO 更换决策

本文接下来研究 CFO 更换决策，使用下列 logit 模型进行回归分析。

$$\log\left\{\frac{P(ExecutiveTurnover)}{1 - P(ExecutiveTurnover)}\right\} = a \times PostSOX + b \times CFO + \eta \times CFO \times PostSOX + c \times ControlVariables_{i,t} + q_i \times Ind.\ Indicators \quad (2)$$

其中，在某年发生高管更换时，因变量取 1，否则取 0。另外，本文使用经上一年行业中位数调整后的股票回报（*Return_Ind*）和经上一年行业中位数调整后的 ROA（*ROA_Ind*）控制业绩。其他控制变量包括公司规模（*LogSales*）、账面市值比（*BM*）、高管年龄（*Age*）、任期（*Tenure*）。本文在两个回归中都加入了行业虚拟变量控制行业间的差异。

四、实证结果

（一）描述性统计

本文对样本数据进行了详细的分组描述性统计，数据基本支持“类型披露”假说。本文发现：第一，在样本期间内，CFO 的总薪酬呈下降趋势，与此同时，其他高管的薪酬却呈现上升趋势。第二，在样本期间内内部控制较差公司的 CFO 平均更换率从 11.7% 上升至 17.5%，而其他高管的平均更换率只从 13.5% 上升至 14.5%。

（二）回归分析结果

1. 披露要求的加强对 CFO 薪酬的影响

本文先用模型（1）对全样本进行回归分析，结果发现，无论是用工资、奖金还是总薪酬作为因变量，*CFO*×*PostSOX* 的系数均不显著，这与“风险”假说的预期不一致。另外，本文发现，回归结果中控制变量股票回报与奖金水平和总薪酬水平均高度正相关，但是△*ROA* 只与奖金正相关。本文还加入了 *PostSOX* 与业绩变量的交叉项来研究 SOX 法案之后薪酬与业绩的关系。代理理论预期最优契约将更依赖于能有效衡量代理人努力程度的业绩指标。如果 SOX 法案的通过可以提升会计信息质量，那么本文预期交叉项 $\Delta ROA \times PostSOX$ 的系数显著为正。实证结果支持了本文的预期。

为了检验“类型披露”假说，本文将样本公司分为内部控制较好的子样本组和内部控制较差的子样本组，并用上述模型对两个样本组分别回归。结果发现，内部控制较好公司的 CFO 薪酬、奖金和总工资在 SOX 法案之后都有显著提升，但是内部控制较差公司的 CFO 工资却显著减少。尽管当使用红利或总工资为因变量时，内部控制较差公司样本组的 *CFO*×*PostSOX* 的系数不显著，但是在三个薪酬变量回归中，两个样本组 *CFO*×*PostSOX* 系数的差异都十分显著。这些结果支持“类型披露”假说，即不同类型 CFO 的薪酬变化情况不同。

2. CFO 更换决策

本文先对全样本进行回归分析，结果发现，*CFO*×*PostSOX* 的系数显著为正。控制变量中经上一年行业中位数调整的股票回报（*Return_Ind*）的系数显著为负，经上一年行业中位数调整后的 ROA（*ROA_Ind*）的系数为负，但不显著。本文添加 *PostSOX* 与业绩变量的交叉项来研究高管更换与业绩的关系在 SOX 法案之后是否发生变化。如果 SOX 法案的执行提升了会计信息质量，那么本文预期交叉项 *ROA_Ind*×*PostSOX* 的系数为负。实证结果支持了本文的这一预期。

本文接下来将样本分为内部控制较好的子样本和内部控制较差的子样本，分别进行回归分析。结果发现，第一，内部控制较差的样本组的 *CFO*×*PostSOX* 系数更高，但两个样本组 *CFO*×*PostSOX* 系数差异不显著。第二，内部控制较差的样本组的 *ROA_Ind*×*PostSOX* 系数绝对值更大。两个样本组 *ROA_Ind*×*PostSOX* 系数差异显著，表明 SOX 法案下披露要求的增加更大程度地提升了内部控制较差公司的会计信息质量，使得这些公司的董事会可以更依赖会计信息来决定高管的去留。

上面的结论看似支持“风险”假说，但是由于没有区分强制离职和非强制离职，因此可能会使结论产生偏差。接下来，本文又对强制离职样本进行回归分析。由于本文仅收集了 CFO 的离职原因，因此，回归中仅使用 CFO 观测值，此时 *PostSOX* 的系数表示加强的披露要求对辞退 CFO 决策的影响。实证结果发现，*PostSOX* 的系数仅在较差的内部控制样本组显著为正，而且两个样本组 *PostSOX* 系数的差异在 5% 显著性水平下显著。因此，强制离职的证据支持了“类型披露”假说。

3. 稳健性检验

第一，采用 Bertrand et al.（2004）的方法控制治理变量的序列相关问题，结果没有明显变化。第二，将 COO 也包括到其他高管控制组中，重新进行回归，结果也与前面结论一致。第三，将定义 CFO 强制离职时假定的界限年龄 62 岁改为 60 岁或 64 岁，重新进行检验，实证结果也没有明显差异。

五、结论

本文采用倍差法的研究设计，使用除 CEO、COO 以外的高管作为控制组，研究了 SOX 法案前后 CFO 相关的公司治理决策的变化情况。结果发现，第一，尽管全样本 CFO 平均工资、奖金和总薪酬水平在样本期间没有发生显著变化，但是 SOX 法案之后，内部控制较好公司 CFO 的工资、奖金和总薪酬显著增加，而内部控制较差公司 CFO 的工资、奖金和总薪酬却显著减少。第二，SOX 法案之后，尽管全样本 CFO 的更换率显著提升，但是当把样本限制在强制更换时，只有内部控制较差公司的 CFO 更换率显著提升。

CFO 的薪酬和更换变化情况因公司内部控制质量而异，这个结论与“类型披露”假说一致，也支持了“强制披露的加强降低了经理人市场信息不对称”的观点。本文不仅补充了披露领域的文献研究，也丰富了 SOX 法案经济后果方面的相关研究。

（整理人：刘春丽）

主要参考文献

[1] Bertrand, M., E. Duflo, and S. Mullainathan. 2004. How much should we trust differences - in - differences estimates. *Quarterly Journal of Economics* 119: p. 249 - 275.

[2] Hayes, R. M., P. Oyer, and S. Schaefer. 2006. Coworker complementarity and the stability of top management teams. *Journal of Law, Economics and Organization* 22: p. 184 - 212.

[3] Hermalin, B. E., and M. S. Weisbach. 2009. Information disclosure and corporate governance. Working paper, the University of California at Berkeley and Ohio State University.

[4] Hoitash, U.; R. Hoitash; and K. M. Johnstone. 2009. The effects of internal control quality, CFO characteristics, and board ofdirector strength on CFOannual compensation. Workingpaper, Northeastern University and the University of Wisconsin at Madison.

[5] Li, C.; L. Sun; and M. L. Ettredge. 2010. Financial executive quality, financial executiveturnover, and adverse SOX 404 opinions. *Journal of Accounting and Economics* 50: p. 93 - 110.

[6] Kothari, S. P., S. Shu, and P. D. Wysocki. 2009. Do managers withhold bad news? *Journal of Accounting Research* 47: p. 241 - 276.

[7] Verrecchia, R. E. 2001. Essays on disclosure. *Journal of Accounting and Economics* 32: p. 97 - 180.

§4-11　内控重大缺陷披露、缺陷后续修正与公司治理变化

Changes in Corporate Governance Associated with the Revelation of Internal Control Material Weaknesses and Their Subsequent Remediation

文献来源：Johnstone, K., C. Li, and K. H. Rupley. 2011. Changes in Corporate Governance Associated with the Revelation of Internal Control Material Weaknesses and Their Subsequent Remediation. *Contemporary Accounting Research*, 28 (1): 331-383.

【摘要】 公司重大负面事件的披露（比如舞弊、重述或内部控制重大缺陷），可能改变公司治理均衡（corporate governance equilibrium），促使公司努力修正这个缺陷。以往文献研究了舞弊和重述与董事会和管理层变更之间的关系。本文进一步扩展了这类研究，提出并检验了公司修正负面事件（特别是内控重大缺陷）的概念模型，并重点关注治理结构的变化。本文将733家披露内控重大缺陷的公司与3 602家接受无保留内控报告的公司比较，发现内控重大缺陷的披露和后续董事会成员、审计委员会成员和高管的变更显著正相关。针对披露内控重大缺陷的样本，进一步对比511个修正内控重大缺陷的公司和222个未修正内控重大缺陷的公司，发现内控重大缺陷的修正和董事会、审计委员会、高管特征的改进（improvements in the characteristics）显著正相关。

一、研究问题

（一）问题的提出

本文主要提出并检验了公司修正负面事件（特别是内部控制重大缺陷）的概念模型（见图1），特别关注治理结构角色的变化（包括董事会、审计委员会和高管的变更和特征的改进）。具体来讲，作者重点研究两个问题：第一，内控重大缺陷披露和董事会、审计委员会、高管变更的关系。第二，内控重大缺陷的修正和董事会成员、审计委员会成员、高管的变更及其特征变化之间的关系。

论文的逻辑框架见图4-11。

（二）研究意义

已有文献研究了某些类型的重大负面事件（比如舞弊和财务重述）和公司治理结构变化的关系。内控重大缺陷也被市场参与者认为是负面事件，但是至今没有文献研究内控重大缺陷披露和公司治理结构变化的关系。因此，本文构建了公司修正负面事件的概念模型，将内部控制重大缺陷的披露作为公司的负面事件，并在此概念模型下研究内控重大缺

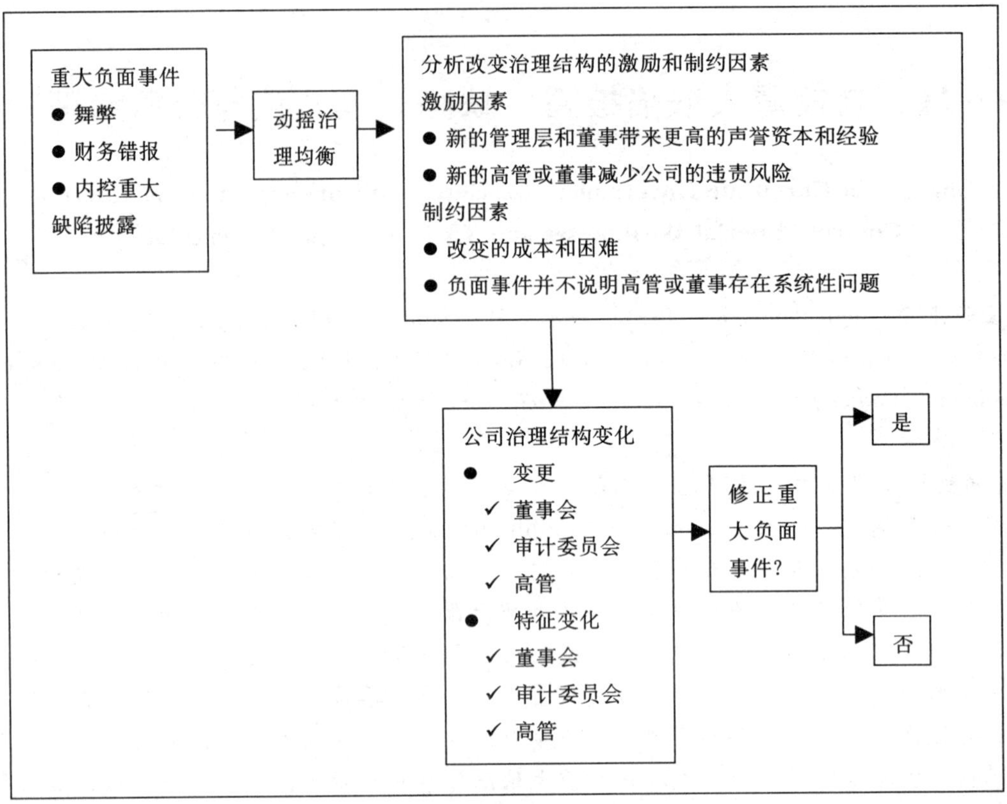

注：引自原文第 335 页，Figure 1 Conceptual model。

图 4－11 内部控制缺陷与公司治理结构变化

陷的披露问题。另外，以往的研究只关注重大负面事件的披露是否与治理结构变化相关，没有文献研究公司治理结构变更与重大负面事件的修正有关。鉴于此，本文将进一步研究公司治理特征的变更与内部控制重大缺陷修正的关系。

（三）主要贡献

本文的贡献主要体现在两个方面：第一，提出且检验了公司发生并修正重大负面事件时治理结构变化的概念模型。过去的研究仅限于舞弊和财务重述，本文进一步扩展至内部控制重大缺陷的披露。第二，扩展了内控缺陷修正的相关研究，实证结果表明，公司治理因素对内部控制有效性有重要影响，也为 SOX 法案对于审计委员会的相关规定和交易所对董事会独立性的规定提供了支持性证据。

二、研究假设

（一）重大负面事件和公司治理的改变

本文的概念模型主要关注公司发生重大负面事件（比如舞弊、重述或内部控制重大缺陷）的影响。重大负面事件改变了公司治理均衡，为公司治理结构的改善提供动力，使公司不断学习并向最优的治理结构的方向改进。治理结构的改变一般包括董事会、审计委员会成员、高管的变更或其特征的改进。为了重新获得均衡，公司将分析公司治理变化的动力和抑制因素。其中，改变治理的动力包括新的管理层和董事可能给公司带来更高价值的声誉资本和修正负面事件的经验。而且新的高管或董事可能减少公司的违责风险（liability exposure），因为更换新的高管或董事表明公司对负面事件负责的意愿和能力。抑制因素包括与这些改变相关的成本和困难，或者公司可能认为负面事件并不说明高管或董事存在系统性问题。基于动力和抑制因素的相对平衡，公司选择改变或不改变它们的治理结构。其结论是，公司要么成功地修正负面事件，公司治理变得更好，要么无法全面恢复甚至失败。

以前的研究都表明重大负面事件的发生和董事会、审计委员会或高管变更之间存在着正向关系。内控重大缺陷也被市场参与者认为是负面事件，但是至今没有文献研究内控重大缺陷披露和公司治理结构变化的关系。本文认为，披露内控重大缺陷也会改变治理均衡，从而导致治理结构的改变。由此，提出以下假设：

H1：内控重大缺陷的披露与董事会成员、审计委员会成员和高管的变更正相关。

（二）公司治理变化和内控重大缺陷修正

一般来讲，董事会成员监督和建议的能力受董事会影响力、能力和动力的影响。以前研究证明强的董事会与盈余管理、重述、舞弊负相关，与审计努力程度和盈余质量正相关。因此，本文预期内控重大缺陷修正与董事会组成和特征的改进显著正相关。

另外，审计委员会的影响力、能力和动力越强，对管理层进行监督和提出建议的能力越强。因此，本文预期内控重大缺陷的修正也与审计委员会组成和特征的改进显著正相关。

因此，管理层作为股东利益的代理人，也是公司治理的主要推动者。本文预期内控重大缺陷的修正与高管组成和监管能力提升显著正相关。

由此，提出以下假设：

H2a. 内控重大缺陷的修正与董事会、审计委员会和高管变更正相关。

H2b. 内控重大缺陷的修正与董事会、审计委员会和高管特征的改进正相关。

考虑到 COSO 框架的重要性，本文进一步按 COSO 五要素将内控重大缺陷进行细分。另外，本文还按照特定内控重大缺陷和一般内控重大缺陷进行分类。其中，一般内控重大缺陷指可能对控制标准的整体目标产生重大影响的控制缺陷，而特定内控重大缺陷是指“用来实现控制标准的特定目标”的特殊控制中存在的内控缺陷（Auditing Standard No. 2, PCAOB 2004, para. 50）。本文预期，所有细分的内控重大缺陷的修正（包括按 COSO 要素分类和按一般/特殊分类的单项内控重大缺陷）均与董事会、审计委员会和高管特征的改进显著正相关。

三、样本选择和研究方法

（一）样本选择

本文用 2004—2007 年在 SOX 404 报告中披露内控重大缺陷的公司（ICMW）为测试样

本，以其他被出具无保留 SOX 404 报告且会计年度终止日为 12 月 31 日的公司作为控制样本。相关数据来自 Audit Analytics、COMPUSTAT、Risk Metrics 和 CRSP 数据库。

（二）研究方法

为了检验假设 1，本文采用以下模型：

$$TURNOVER = ICMW + Firm\ characteristics + e \tag{1}$$

TURNOVER（*BOD_TURNOVER*、*AC_TURNOVER*、*CFO_TURNOVER* 和 *CEO_TURNOVER*）为虚拟变量，在 t+1 年董事会、审计委员会、CFO 或 CEO 出现更换时取 1，否则取 0。最重要的解释变量是 *ICMW*，当公司在第 t 年报告内控重大缺陷时取 1，否则取 0。根据 H1，预期 *ICMW* 与 *TURNOVER* 显著正相关。

模型中的控制变量包括 CEO 是否是董事会主席（*CEOCHAIR*）、独立董事比例（*INDEPDIR*）、董事会规模（*BOD_SIZE*）、总资产自然对数（*LNASSETS*）、财务杠杆（*LEVERAGE*）、*ROA*、公司当年是否亏损（*LOSS*）、公司股票回报与当年 CRSP 价值加权回报之差（*STKPERFORM*）、账面市值比（*BKMKT*）、追踪公司的分析师人数（*ANALYST*）、机构持股比例（*INSTISHR*）和是否在纽约交易所上市（*EXCHANGE*）。

为了检验 H2a 和 H2b，本文构建了以下模型：

$$REMEDIATE = Turnover\ of\ members\ of\ boards\ of\ directors, audit\ committees, and\ top\ management\ OR\ Changes\ in\ governance\ characteristics + nature\ and\ extent\ of\ ICMWs + Changes\ in\ firm\ characteristics + e \tag{2}$$

被解释变量 *REMEDIATE*，当公司在第 t+1 年修正内控重大缺陷时取 1，在第 t+1 年继续报告内控重大缺陷时取 0。除此之外，本文按 COSO 框架对 ICMW 进行分类，由于与风险评估相关的内控重大缺陷太少，无法用于实证分析，所以仅构建四个虚拟变量，即 *CTRL_ENVIR_REMEDIATE*（控制环境缺陷修正）、*CTRL_ACTIV_REMEDIATE*（控制活动缺陷修正）、*INFO_&COMM_REMEDIATE*（信息与沟通缺陷修正）和 *MONITORING_REMEDIATE*（监督缺陷修正）。本文还构建了虚拟变量 *GENERAL_REMEDIATE*（是否为一般重大缺陷修正）。

在解释变量方面，依次采用变量衡量董事会的改变：*BOD_TURNOVER*（董事会成员是否变更）、△*INDEPDIR*（独立董事比例变更）、Δ*INDIRCHAIR*（当董事会主席由非独立董事变更为独立董事时取 1，由独立董事变更为非独立董事时取 -1，否则取 0）、Δ*IDIRBOD*（本公司董事会成员在其他公司董事会任独立董事的比例的变化）、Δ*IDIRSHR*（独立董事持股比例的变化）。本文预期这些变量均与内控重大缺陷修正正相关。

本文用以下变量衡量审计委员会变化：*AC_TURNOVER*（审计委员会成员变化）、Δ*ACCHAIR*（当董事会主席由非审计委员会成员变为审计委员会成员时取 1，由审计委员会成员变为非审计委员会成员时取 -1，否则取 0）、Δ*ACEXPERT*（拥有财务专业知识的审计委员会成员数量的变化）、Δ*ACSHR*（审计委员会成员持股比例的变化）。本文预期这些变量均与内控重大缺陷修正正相关。

本文用以下变量衡量高管变化：*CFO_TURNOVER*（CFO 是否变更）、*CEO_TURNOVER*（CEO 是否变更）、Δ*CFOACCTEXP*（当 CFO 由非注册会计师或公众会计师事务所会计师变更为注册会计师或公众会计师事务所会计师时取 1，当 CFO 由注册会计师或公众会计师事务所变更为非注册会计师时取 -1，否则取 0）、*ΔCFOEXPER*（CFO 从 t 年到 t+1 年成为 CFO 级别起任职年限的自然对数的变化）、*ΔCEOBOD*（如果一个没有在其他公司董事会任职的 CEO 变更为在一个至三个其他公司董事会任职的 CEO 则取 1，由任职变更为没有任职的取 -1，否则取 0）。本文预期这些变量均与内控重大缺陷修正正相关。

对于模型 2，本文还控制了衡量内控重大缺陷性质和范围的几个变量：*NUMBERMW*（内控重大缺陷的绝对数量）、*GENERAL*（是否为一般内控重大缺陷）、按 COSO 分类的缺陷（风险评估 *RISK_ASSESS*、控制环境 *CTRL_ENVIR*、控制活动 *CTRL_ACTIV*、信息与沟通 *INFO_&_COMM*、监督 *MONITORING*）。

对于模型（2）中的公司特征变化，本文控制了以下几个变量：*ΔASSETS*（公司规模变化）、*ΔGROWTH*（公司增长率变化）、*ΔLEVERAGE*（杠杆率变化）、*ΔROA*（ROA 变化）、*ΔSEGMENT*（业务分部数量的变化）、*ΔRESTRUCT*（重组活动的变化）。

另外，本文还控制 *ΔAUDITOR*（披露内控重大缺陷后审计师是否变化）、*ΔBLOCK*（大股东数量变化）、*EXCHANGE*（是否在纽约交易所上市）和 *RESTATE*（披露内控重大缺陷当年是否存在财务报告重述）。

四、实证结果

（一）描述性统计

对于模型（1），单变量描述性统计发现，披露内控重大缺陷的公司更可能经历董事会成员变更、审计委员会成员变更、CEO 变更和 CFO 变更。

对于模型（2），单变量描述性统计发现，在披露内控重大缺陷的当年，修正缺陷和未修正缺陷的公司几乎没有差异。但是在下一年，修正和未修正缺陷的公司存在明显的差异。

（二）回归分析

模型（1）的回归分析发现内控重大缺陷的披露与董事变更、审计委员会成员变更、CEO 变更和 CFO 变更显著正相关，支持了 H1。

对模型（2）进行回归分析发现，内控重大缺陷的修正和审计委员会成员变更显著正相关，但是与董事会成员或高管变更的相关性不显著，这一结论部分支持了 H2a。

回归分析还发现，内控重大缺陷的修正与董事会中独立董事比例的提升、在其他公司董事会任职的独立董事的比例的提升、董事会主席变为审计委员会成员、审计委员会有更多的财务经验、审计委员会成员持股比例的增加、CFO 拥有更多的财务知识、CFO 有更多的工作经验、CFO 声誉的提升显著正相关。这些结论强有力地支持了 H2b。

本文对内控重大缺陷分类，并按是否披露一般内控重大缺陷或者是否披露 COSO 框架中的一种内控重大缺陷构建五个虚拟变量，分别进行回归。结果发现，在控制了内控重大缺陷的性质和范围后，一般内控重大缺陷的修正与董事会、审计委员会、高管治理结构的改进显著正相关。控制环境、信息与沟通方面的内控重大缺陷修正与董事会和高管治理结构的改进最为相关。控制活动和监督方面的内控重大缺陷修正与审计委员会和高管治理结构的改进最为相关。信息与沟通方面的内控重大缺陷修正与审计委员会结构的改进不相关，监督方面的内控重大缺陷修正与董事会特征的改进不相关。总的来说，这些结论支持了 H2b，反映了不同类型缺陷的修正责任的不同。

（三）内控重大缺陷修正模式的纵向分析（longitudinal analysis）

为了进一步研究治理结构变化和内控重大缺陷修正之间的同期变化关系，本文分析了公司修正内控缺陷的努力程度随时间变化的情况，并通过这一分析研究治理特征变化是否与内控重大缺陷修正同期发生。本文区分较快修正内控重大缺陷的公司和较慢修正内控重大缺陷的公司。因变量 *ONE_YR_REMED*，当公司在一年内修正内控重大缺陷时取 1，否则取 0。本文预期，治理程度变化的变量与公司较快修正重大缺陷显著正相关。实证结果与预期一致。快速修正内控重大缺陷与董事会中独立董事比例的提升、在其他公司董事会供职的独立董事比例的提升、更多会计知识的审计委员会、审计委员会持股比例的提升、更多会计专门知识的 CFO、更多的 CFO 工作经验、CEO 声誉提升正相关。

本文还计算公司从披露内控重大缺陷到修正内控重大缺陷的时间，并将其分为快速修正和慢速修正两组，进行回归分析。结果发现，相对于慢速修正的公司，快速修正的公司独立董事变更比例更小，其董事长更不可能由审计委员会成员变为非审计委员会成员，CEO 声誉变化更小。这说明，慢速修正可能需要治理特征更大的改变以达到最后修正的目标。也发现在某些公司治理特征上，快速修正比慢速修正公司改进程度更大，比如在其他公司董事会任职的独立董事的比例的变化、CFO 专业知识。这些结果也说明董事会和高管专业知识对于快速修正努力程度的重要性。

（四）内生性检验

本文参考 Larcker et al.（2007）、Laksmama（2008）控制内生性问题，将衡量公司治理变化的变量分别对外生变量的变动值、年度虚拟变量和行业指标进行回归，并对每个治理变量按回归残差的正负分为两组，分别进行回归。实证结论与前面的结论基本一致。

五、结论

本文主要研究公司披露和修正内控重大缺陷时公司治理特征的变化。实证结果发现，披露内控重大缺陷和后续董事会成员、审计委员会成员和高管变更显著正相关。而且，内控重大缺陷的修正与审计委员会变更显著正相关。作者还发现，内控重大缺陷修正与董事会、审计委员会、高管的特征改进相关，而且这些治理因素对内控有效性有重要作用。

本文存在的局限性：第一，文章结论受遗漏变量和内生性问题的影响，虽然文章进行了差分检验（change analyses）和内生性测试，但依然不能排除内生性问题的潜在影响。第二，只选取提交 SOX 404 条款的大型公司作为样本，这限制了结论的普遍性。第三，本文只研究了会计年度在 12 月 31 日截止的上市公司，这也会影响结论的普遍性。第四，董事会、审计委员会和高管的变动可能是由于任职到期或辞职，文章不能排除这些因素的影响。

（整理人：刘春丽）

主要参考文献

[1] Laksmana, I. 2008. Corporate board governance and voluntary disclosure of executive compensation practices. *Contemporary Accounting Research* 25 (4): p. 1147 - 1182.

[2] Larcker, D., S. Richardson, and I. Tuna. 2007. Corporate governance, accounting outcomes, and organizational performance. *The Accounting Review* 82 (4): p. 963 - 1008.

ξ4-12 母国投资者保护、所有权结构和交叉上市公司执行SOX法案强制披露内控缺陷研究

Home Country Investor Protection, Ownership Structure and Cross - listed Firms' Compliance with SOX - Mandated Internal Control Deficiency Disclosures

文献来源：Gong, G. , B. Ke, and Y. Yu. 2013. Home Country Investor Protection, Ownership Structure and Cross - listed Firms' Compliance with SOX - mandated Internal Control Deficiency Disclosures. *Contemporary Accounting Research*, 30 (4): 1490 - 1523.

【摘要】 本文检验母国投资者保护和所有权结构如何影响在美国交叉上市公司依照SOX法案披露内部控制缺陷的行为。论文构建了在执行SOX 302条款（自愿披露内控缺陷）期间交叉上市公司披露缺陷的可能性变量，并与公司实际披露的情况相比较，以检验公司在自愿披露内控缺陷阶段是否存在瞒报。对于母国投资者保护力度较弱的交叉上市公司，本文有如下发现：第一，公司如果被管理层控制并且其投票权超过现金流权，那么公司更可能在SOX 302阶段瞒报内控缺陷。第二，内控缺陷瞒报的可能性与在SOX 404条款生效日（强制披露内控缺陷阶段）前公司自愿退市正相关。第三，对于没有选择退市的公司，内控缺陷瞒报的可能性与在SOX 404阶段披露此前未披露的内控缺陷正相关。上述结论在母国投资者保护力度较强的交叉上市公司中不成立。本文的发现表明，在公司母国投资者保护较弱的情况下，有能力和动机侵占中小投资者的经理人，将不愿意披露内控缺陷以保护自己的控制权私利。

一、研究问题

（一）问题的提出

SOX 302条款要求管理层对内部控制的有效性进行评估，并且对重要缺陷（significant deficiencies）和重大缺陷（material weakness）进行披露。而之后执行的SOX 404条款要求管理层出具独立的内控报告，并要求聘请审计师对内控报告进行审计。在美国交叉上市的公司和美国本土公司都要在2002年8月29日之后执行SOX 302条款。SOX 404条款执行的时间在不同外国公司间不同：2006年7月15日之后，规模较大的加速申报公司（large accelerated foreign filers）率先执行；2007年7月15日之后，其他加速申报公司开始执行；非加速申报的外国公司不需要执行。虽然SOX 302和404条款均要求管理层披露内控缺陷，但是在SOX 302阶段管理层有更多的披露缺陷的自主权。第一，SOX 302条款无论是

条款本身，还是 SEC 发布的执行规则，都没有详细地为管理层如何评估内控做具体规定。而 SOX 404 条款要求管理层完成与评价相关的正式文书和检测过程。第二，SOX 404 条款要求第三方对管理层的内控评价进行独立审计，使得报告的结果更为客观可信。

基于这样一个特殊的政策背景，本文试图检验三个问题：第一，当交叉上市公司的控制权在管理层手中，且管理层的投票权大于现金流权时，公司是否更有可能在 SOX 302 条款阶段瞒报内控缺陷，尤其是在那些母国投资者保护力度较弱的国家。同时内部控制缺陷瞒报的可能性是否与公司盈余质量相关。第二，内控缺陷瞒报的可能性是否与公司在 SOX 404 条款生效前自愿退市相关。第三，对于没有退市的公司，内控缺陷瞒报的可能性是否与公司在 SOX 404 条款执行阶段披露此前未披露的缺陷相关。

论文的逻辑框架见图 4 - 12。

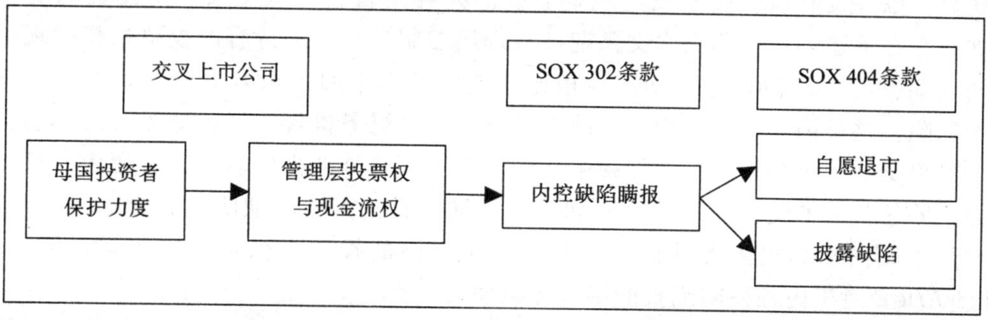

图 4 - 12　母国投资者保护、所有者结构和交叉上市公司执行 SOX 法案强制披露内控缺陷

（二）研究意义

在美国交叉上市的公司逐年增多，已成为美国资本市场重要的组成部分。交叉上市的公司既受到美国法律的约束，同时也受到母国投资者保护和所有权结构的影响。此前的文献鲜有对交叉上市的公司遵循美国强制要求披露行为的研究，并且母国投资者保护等因素是否继续影响这些交叉上市公司的行为也仍是待考察的问题，本文试图从强制披露内控缺陷的角度来提高投资者和监管者对交叉上市公司行为的了解。

（三）主要贡献

本文的贡献有：第一，本文补充了交叉上市的文献，为不同经济力量（economic forces）如何影响交叉上市公司的信息披露提供了新的视角。本文首次研究了投票权和现金流权的差异（wedge）如何影响上市公司管理层的披露决定。此外，本文用内部控制缺陷而非盈余质量来衡量财务报告质量，这是因为后者存在一定的噪音。Dechowet al.（2010）指出盈余质量是由受公司生产过程和经营模式影响的基本收益流程以及会计计量方法应用共同决定的，而后者主要受公司内部控制质量的影响，并且它才是大部分会计研究中所要检验的问题。因此，本文用内部控制缺陷来衡量财务报告质量。第二，本文也补充了 SOX 法案强制披露内控缺陷的相关研究。现有的研究鲜有从交叉上市公司的角度对此问题进行研究。

二、理论分析

（一）股权结构、母国投资者保护与 SOX 302 条款期间瞒报内控缺陷的可能性

现有的跨国研究（La Porta et al.，1999；Claessens et al.，2000；Faccio and Lang，2002；Lins，2003；Nenova，2003；Haw et al.，2004；Fan and Wong，2002）指出，在投资者保护较弱的国家，控股股东通常是管理层的一部分，控股股东拥有的投票权要远远超过现金流权，使得他们有能力和动机去侵占中小股东的利益。上述关系在投资者保护较强的国家会较弱，因为国家层面的投资者保护制度会限制管理层侵占中小股东的行为。上述跨国研究文献并没有检验投票权与现金流权的差异是否会影响交叉上市公司的管理层行为。如果存在上述影响，那么本文预期被管理层控制且管理层持有的投票权超过现金流权的公司（后文称 *CONTROL_WEDGE*）相比其他交叉上市的公司有更弱的动机去发现和报告内控缺陷。这是因为，重大内控缺陷为管理层操纵财务报告并以此掩盖侵占活动提供了方便。如果交叉上市公司披露内控缺陷，他们就会面临外部投资者的监督压力，且一旦修正内控缺陷，他们的侵占活动就会受到阻碍。同时，披露内控缺陷也会影响他们的前程。所以他们更倾向于瞒报内控缺陷。另外，如果母国的投资者保护力度较强，那么 *CONTROL_WEDGE* 对于内控缺陷瞒报的影响会减弱。

但是，有几种可能的原因会使得上述的预期不能实现。第一，如果内控质量对管理层侵占行为没有制约作用，那么即便提高内控质量，管理层仍有其他途径可以侵占中小股东，那么他们不会采取瞒报策略。第二，绑定假说（the bonding hypothesis，参见 Coffee，1999；Stulz，1999）指出，交叉上市的公司受到较为严格的美国证券法的约束，相对于本国非交叉上市的公司，他们要面临美国 SEC 的监管、更大的股东诉讼风险以及更强的信息媒介的监督，如分析师、机构投资者、信用评级机构以及美国媒体。此外，交叉上市的公司大多处于成长性较高的阶段，具有较大的外部融资需求，基于上述原因交叉上市的公司能够从建立较完善的公司治理中获得好处，也会使得 *CONTROL_WEDGE* 对内控缺陷瞒报没有影响。

因此，*CONTROL_WEDGE* 是否显著影响内控缺陷瞒报需要实证检验。本文提出如下假设（零假设）。

H1：无论母国投资者保护弱或强，交叉上市公司的 *CONTROL_WEDGE* 对公司管理层在 SOX 302 期间瞒报内控缺陷的可能性没有影响。

（二）交叉上市公司对 SOX 404 条款的反应

如果交叉上市的公司在 SOX 302 条款阶段就已经如实地报告了内控缺陷，那么应该预期公司在 SOX 404 条款阶段的披露不应有太大变化。但是如果公司瞒报了内控缺陷，可以有两个选择：一是继续在美国上市，但是在 SOX 404 条款阶段如实地披露内控缺陷。这样做的成本可能是管理层会失去因财务报告质量较低而获得的控制权私利以及承担 SOX 404 条款的执行成本。而这样做的好处是公司披露的透明度增加，提高了投资者信心，那么管

理层所拥有的股票的市场价值会提高。二是自愿退出美国资本市场，不执行 SOX 404 条款。这样做的好处是可以保留控制权私利，并节约执行 SOX 404 条款的成本。而这样做的成本是，承担退市成本以及由于公司缺少建立完善公司治理的承诺而造成的股票市值的下降。本文预期在 SOX 302 条款阶段可能瞒报内控缺陷的公司，更可能在 SOX 404 条款执行前退出美国资本市场或者在 SOX 404 条款阶段披露未披露的内控缺陷。本文提出如下假设（零假设）：

H2：无论母国投资者保护弱或强，内控缺陷瞒报的可能性与公司在 SOX 404 条款生效前自愿退市不相关。

H3：无论母国投资者保护弱或强，内控缺陷瞒报的可能性与公司在 SOX 404 条款期间披露未披露的内控缺陷不相关。

三、样本选择和研究方法

（一）样本选择

本文以美国 NYSE、AMEX 和 NASDAQ 三个板块上市的外国公司作为初始样本。为了与先前研究交叉上市的文献一致（Karolyi，1998、2006；Reese and Weisbach，2002），本文的样本包含了 American Depository Receipts 公司（ADRs）和直接在美国股票市场交易的外国公司。

内部控制缺陷披露数据源自 Audit Analytics 数据库，本文将披露 SOX 302 条款内部控制缺陷的时间限制于 SOX 302 条款生效日（2002 年 8 月 29 日）至 SOX 404 条款对交叉上市公司首先生效时间（2006 年 7 月 15 日）。其他财务数据来自于 Compustat、CRSP 和 Worldscope 数据库。与 Doyle et al.（2007a）一致，本文将样本限制在披露内部控制重大缺陷的公司。通过以上选择过程，本文选择 355 家交叉上市的公司，其中 41 家公司至少在 SOX 302 条款执行期间披露了一个重大内部控制缺陷。

管理层投票权和现金流权数据采用如下方法获得：第一，将本文的样本与 Faccio and Lang（2002）和 Lins（2003）的样本进行匹配；第二，对于没有匹配的样本，本文利用 Lins（2003）所陈述的方法手工收集补充。

（二）研究设计

1. 股权结构、母国投资者保护与 SOX 302 条款期间瞒报内控缺陷的可能性

本文通过以下 logistic 回归模型检验 H1。

$$ICD\_MISREPORT = \beta_0 + \beta_1 CONTROL\_WEDGE + \beta_2 CONTROL\_NOWEDGE + \beta_3 OTHER\_INCENTIVES + \varepsilon \quad (1)$$

因变量 *ICD_MISREPORT* 为公司瞒报内控缺陷的可能性，即公司实际存在内控缺陷（*PREDICTED_ICD*）和披露的内控缺陷（*ACTUAL_ICD*）的差异。由于公司实际存在的内控缺陷并不能观察到，因此该变量采用计量的方法获得，即变量 *PREDICTED_ICD* 是依据 Ashbaugh－Skaife et al.（2007）的回归模型得出的预测值。*ACTUAL_ICD* 为虚拟变量，若

公司披露内部控制重大缺陷则为1，否则为0。根据这种方法计算而得的 *ICD_MISREPORT* 的值在 -1 与 +1 之间。

本文采用虚拟变量 *CONTROL_WEDGE* 和 *CONTROL_NOWEDGE* 来衡量管理层瞒报内控重大缺陷的动机和能力。若管理层属于公司的第一大股东（至少拥有 10% 的投票权）且其投票权超过现金流权，则 *CONTROL_WEDGE* 赋值为1，否则为0。若管理层属于公司的第一大股东（至少拥有 10% 的投票权）且其投票权等于现金流权，则 *CONTROL_NOWEDGE* 赋值为1，否则为0。本文预期，在母国投资者保护力度较弱的交叉上市公司中，*CONTROL_WEDGE* 显著为正，而 *CONTROL_NOWEDGE* 不显著。在母国投资者保护力度较强的交叉上市公司中，*CONTROL_WEDGE* 和 *CONTROL_NOWEDGE* 均不显著。

变量 *OTHER_INCENTIVES* 包含了 Ashbaugh - Skaife et al.（2007）衡量披露内部控制缺陷的动机的代理变量，包括外部审计质量（*BIG4*）、机构投资者的监督（*INST_CON*）、财务报告是否重述（*RESTATE*）和法律风险（*LITIGATION*）。参照 Laeven and Levine（2008）的研究，本文还加入了非管理层股东监督力度的代理变量（*OTHER_BLOCK*）。

本文分别根据 Kaufmann et al.（2009）的法律评价规则和 La Porta et al.（1998）的法律执行指数的中位数，将交叉上市公司划分为投资者保护力度强和保护力度弱两组样本。

2. 交叉上市公司对 SOX 404 条款的反应

为了检验 H2，本文建立以下回归模型。

$$DEREGISTRATION = \beta_0 + \beta_1 ICD\_MISREPORT + \beta_2 RELATIVE\_VOL + \beta_3 SIZE + \beta_4 BM + \beta_5 LEV + \beta_6 RETURN + \varepsilon \tag{2}$$

其中，因变量为 *DEREGISTRATION*，若公司自愿退市，则为1，否则为0。关键解释变量为 *ICD_MISREPORT*，其定义如上文。模型（2）的控制变量分别为公司日均交易量比例（*RELATIVE_VOL*）、资产规模（*SIZE*）、账面市值比（*BM*）、资产负债率（*LEV*）和股票回报率（*RETURN*）。参照 Marosi and Massoud（2008）和 Hostak et al.（2009）的研究，本文剔除了强制退市的样本。

为了检验 H3，本文建立以下回归模型。

$$SWITCH = \beta_0 + \beta_1 ICD\_MISREPORT + \beta_2 SIZE + \beta_3 BIG4 + \varepsilon \tag{3}$$

其中，因变量为 *SWITCH*，若公司在 SOX 404 条款之前没有披露内部控制缺陷，但是在 SOX 404 条款之后披露，则为1，否则为0。关键解释变量为 *ICD_ MISREPORT*，其定义如上文。模型（2）的控制变量分别为资产规模（*SIZE*）和外部审计质量（*BIG4*）。模型（3）回归的样本为 SOX 404 条款生效至 2010 年期间，在 SOX 404 条款前后均没有披露内部控制缺陷的公司，和在 SOX 302 条款阶段中没有披露内部控制缺陷，但是在 SOX 404 条款披露内部控制缺陷的公司。

四、实证结果

（一）描述性统计

本文对 SOX 302 和 SOX 404 条款下披露内部控制缺陷的交叉上市的公司数量按母国进

行了统计。统计结果显示，在 SOX 302 条款下，共有 41 家在美国交叉上市的外国公司披露内部控制重大缺陷，数量最多的国家为加拿大，共有 6 家。在 SOX 302 条款下没有披露，但是在 SOX 404 条款下披露内部控制重大缺陷的交叉上市公司有 12 家。

本文按照母国投资者保护力度强弱对各变量进行了分组描述性统计，结果显示，在母国投资者保护力度强的国家，*CONTROL_WEDGE* 和 *CONTROL_NOWEDGE* 显著高于投资者保护力度弱的国家。而在内部控制缺陷瞒报的可能性上，两组没有显著的差异。

（二）回归分析结果

1. 所有权结构、母国投资者保护与 SOX 302 条款期间瞒报内控缺陷的可能性

实证结果表明，根据 Kaufmann et al.（2009）投资者保护力度的分类，在保护力度弱的回归组中，*CONTROL_WEDGE* 的系数在 1% 的水平上显著为正，*CONTROL_NOWEDGE* 的系数为 0.067，但不显著；在保护力度强的回归组中，*CONTROL_WEDGE* 和 *CONTROL_NOWEDGE* 的系数分别为 -0.058 和 -0.051，均不显著。基于 La Porta et al.（1998）的投资者保护力度的分类方法所得的结果与 Kaufmann et al.（2009）的实证结果相似。实证结果表明，所有权结构对交叉上市公司在 SOX 302 条款下披露内部控制重大缺陷有着重要影响，但这种关系仅在母国投资者保护力度较弱的情况下存在。

本文在检验假设 1 的基础上，进行稳健性检验，分析实际披露内部控制重大缺陷 *ACTUAL_ICD* 与 *CONTROL_WEDGE*、*CONTROL_NOWEDGE* 之间的关系，实证结果与上述结果类似。

本文分析内控缺陷瞒报可能性与盈余质量的关系，实证结果表明，基于 Kaufmann et al.（2009）所采用的投资者保护力度分类，在保护力度弱的回归组中，*ICD_MISREPORT* 在 1% 的水平上显著为正，在保护力度强的回归组中，*ICD_MISREPORT* 的系数不显著。基于 La Porta et al.（1998）的投资者保护力度的分类方法所得的结果与上述结论相似。这表明，当母国投资者保护力度较弱的时候，内控缺陷瞒报可能性越高时，盈余质量越低。

2. 交叉上市公司对 SOX 404 条款的反应

在考察内控缺陷瞒报可能性与公司在 SOX 404 条款生效前自愿退市的关系中，基于 Kaufmann et al.（2009）投资者保护力度的分类，在保护力度弱的回归组中，*ICD_MISREPORT* 的系数在 1% 的水平上显著为正，在保护力度强的回归组中，*ICD_MISREPORT* 的系数不显著。基于 La Porta et al.（1998）投资者保护力度分类的情况下，所得的结果与上述结论相似。实证结果表明，在母国投资者保护力度较弱的情况下，内控缺陷瞒报可能性与 SOX 404 生效前自愿退市显著正相关。

在考察 ICD 瞒报可能性与公司在 SOX 404 条款期间披露未披露的内控缺陷的关系中，基于 Kaufmann et al.（2009）投资者保护力度分类的情况下，在保护力度弱的回归组中，*ICD_MISREPORT* 在 1% 的水平上显著为正，在保护力度强的回归组中，*ICD_MISREPORT* 的系数不显著。基于 La Porta et al.（1998）投资者保护力度分类的情况下，所得的结果与上述结论相似。实证结果表明，在母国投资者保护力度较弱的情况下，内控缺陷瞒报可能性与 SOX 404 条款期间披露未披露的内控缺陷显著正相关。

五、结论

本文检验母国投资者保护和所有权结构如何影响在美国交叉上市公司内部控制缺陷披露行为。论文构建了在遵循SOX 302条款（自愿披露内控缺陷）下交叉上市公司披露缺陷的可能性变量，以检验公司在自愿披露内控缺陷阶段是否存在瞒报。对于母国投资者保护力度较弱的交叉上市公司，本文有如下发现：第一，公司如果被管理层控制并且其投票权超过现金流权，那么公司更可能在SOX 302条款阶段瞒报内控缺陷。第二，内控缺陷瞒报的可能性与在SOX 404条款生效日（强制披露内控缺陷阶段）前公司自愿退市正相关。第三，对于没有选择退市的公司，内控缺陷瞒报的可能性与在SOX 404条款阶段披露此前未披露的内控缺陷正相关。上述结论在母国投资者保护力度较强的交叉上市公司中不成立。本文的发现表明在公司母国投资者保护较弱的情况下，经理人如果有能力和动机侵占中小投资者，那么他们不愿意披露内控缺陷以保护自己的控制权私利。

本文的结论可以为监管部门和投资者提供识别潜在存在内控问题的公司的一个方法。本文的研究局限在于公司是否真的隐藏了内控缺陷是不可观察的，可能存在一些公司即便在SOX 404条款要求下仍瞒报内控缺陷并且没有被审计师发现，所以在解释文章结果的时候要格外小心。

（整理人：林东杰）

主要参考文献

[1] Ashbaugh - Skaife, H., D. Collins, and W. Kinney. 2007. The discovery and reporting of internal control deficiencies prior to SOX - mandated audits. *Journal of Accounting and Economics* 44: p. 166 - 192.

[2] Claessens, S., S. Djankov, and L. H. P. Lang. 2000. The Separation of Ownership and Control in East Asian Corporations. *Journal of Financial Economics* 58: p. 81 - 112.

[3] Coffee, J. 1999. The future as history: The prospects for global convergence in corporate governance and its implications, *Northwestern University Law Review* 93: p. 641 - 708.

[4] Dechow, P., W. Ge and C. Schrand. 2010. Understanding earnings quality: A review of the proxies, their determinants and their consequences. *Journal of Accounting and Economics* 50: p. 344 - 401.

[5] Doyle, J., W. Ge, and S. McVay. 2007a. Accruals quality and internal control over financial reporting. *The Accounting Review* 82: p. 1141 - 1170.

[6] Faccio, M., and L. Lang. 2002. The ultimate ownership of Western European corporation. *Journal of Financial Economics* 65: p. 365 - 395.

[7] Fan, J., and T. J. Wong, 2002. Corporate ownership structure and the informativeness of accounting earnings in East Asia. *Journal of Accounting and Economics* 33: p. 401 - 425.

[8] Haw, I., B. Hu, L. Hwang, and W. Wu. 2004. Ultimate ownership, income management and legal and extra - legal institutions. *Journal of Accounting Research* 42: p. 423 - 462.

[9] Hostak, P., E. Karaoglu, T. Lys, and Y. Yang. 2009. An examination of the impact of the Sarbanes - Oxley Act on the attractiveness of U. S. capital markets for foreign firms. Working paper, Northwestern University.

[10] Karolyi, A. G. 2006. The world of cross – listings and cross – listings of the world: Challenging conventional wisdom, *Review of Finance* 10: p. 99 – 152.

[11] Karolyi, A. G. 1998. Why do companies list shares abroad? A survey of the evidence and its managerial implications, Financial Markets, Institutions, and Instruments, Vol. 7, Blackwell: Boston.

[12] Kaufmann, D., A. Kraay, and M. Mastruzzi. 2009. Governance matters VIII: aggregate and individual governance indicators 1996 – 2008. Washington, DC: The World Bank.

[13] La Porta, R., F. Lopez – De – Silanes, A. Shleifer, and R. W. Vishny. 1998. Law and finance. *Journal of Political Economy* 106: p. 1113 – 1155.

[14] La Porta, R., F. Lopez – de – Silanes, and A. Shleifer. 1999. Corporate ownership around the world. *Journal of Finance* 54: p. 471 – 517.

[15] Lins, K. 2003. Equity ownership and firm value in emerging markets. *Journal of Financial and Quantative Analysis* 38: p. 159 – 184.

[16] Marosi, A., and N. Massoud. 2008. You can enter but you cannot leave – U. S. securities markets and foreign firms. *Journal of Finance* 63: p. 2477 – 2506.

[17] Nenova, T., 2003, The value of corporate voting rights and control: A cross – country analysis, *Journal of Financial Economics* 68: p. 325 – 351.

[18] Reese, W., and M. Weisbach. 2002. Protection of minority shareholder interests, cross – listings in the United States, and subsequent equity offerings, *Journal of Financial Economics* 66: p. 65 – 104.

[19] Stulz, R. 1999, Globalization, corporate finance, and the cost of capital, *Journal of Applied Corporate Finance* 26: p. 3 – 28.

ξ4－13　内部控制重大缺陷与首席财务官薪酬

Internal Control Material Weaknesses and CFO Compensation

文献来源：Hoitash，R.，U. Hoitash，and K. M. Johnstone. 2012. Internal Control Material Weaknesses and CFO Compensation. *Contemporary Accounting Research*，29（3）：768－803.

【摘要】文章研究了公司内部控制重大缺陷（ICMW）的披露与首席财务官（CFO）薪酬的关系。结果显示公司 CFO 当年薪酬（奖金，权益报酬以及薪酬总额）较前一年的变化值与 ICMW 披露负相关。进一步研究发现：在治理监督较强的公司，ICMW 披露与 CFO 奖金变化值的负相关关系更强；财务错报成本较高的公司，ICMW 披露与 CFO 奖金以及薪酬总额变化值的负相关关系更强。

一、研究问题

（一）问题的提出

“信息有效性理论”（Informativeness principle）（Holmstrom，1979）认为，任何易得的可用于衡量绩效的信息都应被收集并使用于高管薪酬的决策中。2002 年 SOX 法案要求，CEO 和 CFO 必须建立和完善公司的内部控制，对其有效性作出自我评价，并在季报和年报中进行披露。内部控制信息就成为一个新增易得的可用于高管绩效衡量指标。基于这一背景，本文从公司内部控制重大缺陷（ICMW）的披露与 CFO 薪酬关系的角度，分析公司高管薪酬决策是否以及如何受到非财务绩效指标的影响。

本文的逻辑框架见图 4－13。

（二）研究意义

第一，SOX 法案从颁布之初就被委以规范资本市场和保护投资者利益重任，需要实务界与学术界尽可能多的从各个角度进行分析与研究，加强投资者和监管层对法案实施效果深层次、全方位的认知。

第二，高管薪酬一直是公司治理领域的一个重要话题，高管薪酬契约反映着公司的代理问题以及公司大股东（董事）的利益诉求。研究高管薪酬的影响因素有助于利益相关者认清公司的特征，更好的进行投资决策。

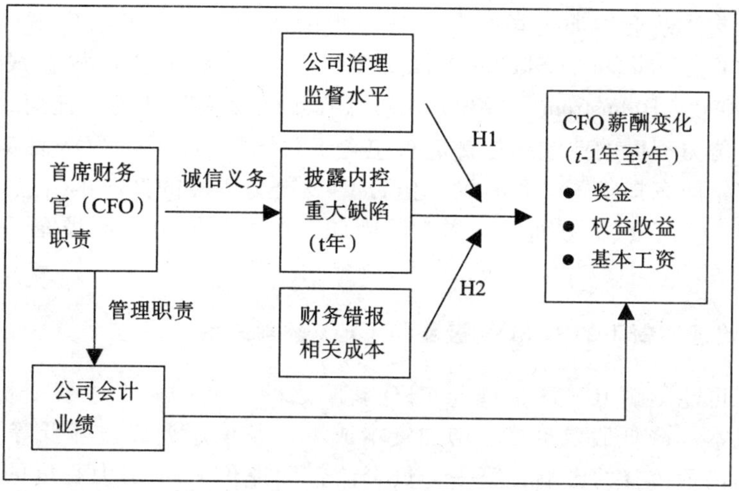

注：引自原文第773页，Figure 1 Conceptual model。

图4－13 CFO职责、ICMW披露与CFO薪酬变化

（三）主要贡献

文章的贡献主要体现在：第一，本文补充了Johnstone et al.（2011）关于公司ICMW披露后董事和高管离职现象的研究，研究结论支持了Holmstrom（1979）提出的“信息有效性理论”。第二，Indjejikian and Matejka（2009）发现近年公司减少了CFO奖金与公司财务业绩挂钩的比例。本文研究结果表明公司会采用非财务指标特别是内部控制质量来对CFO绩效进行评价，对Indjejikian and Matejka（2009）的研究做了进一步拓展。第三，本文研究发现，ICMW的披露会给CFO薪酬带来影响，这个公司内部的经济后果是对以往主要研究外部效应的内部控制文献的补充。第四，以往文献研究了公司差的业绩与高管离职之间的关系，而本文发现当CFO未能很好地完成诚信义务时，董事会可能选择减少其薪酬——一个相对不严厉的惩罚机制。第五，以往薪酬和公司治理文献（比如Core et al.，1999）主要关注于公司总体监督治理强度对公司薪酬结构的影响，本文提供了关于CFO薪酬决策中单个特征作用的新证据。第六，以往文献主要研究高管管理职责（财务业绩）与薪酬的关系，本文研究了与公司财务错报成本相关的CFO诚信义务（内部控制质量）对其薪酬的影响。

二、研究假设

（一）ICMW披露与CFO薪酬变化

本文首先建立了一个概念模型（Conceptual Model，见原文图1），以分析公司ICMW披露与当年首席财务官薪酬变化的关系。CFO同时负有管理职责和诚信义务（Indjejikian and Matejka，2009）。管理职责主要是指CFO影响着公司经营管理决策，进而影响公司的财务业绩（Mergenthaler et al.，2011）。而CFO的诚信义务包含了建立健全公司的内部控制体系（COSO，1992），从而保证公司的财务报告能够准确地反映公司的真实财务状况。

质量差的内部控制体系会增加公司财务报告错报的风险，从而导致更不可信的财务报告（Doyle et al.，2007；Ashbaugh-Skaife et al.，2008）和增加了公司权益成本（Ashbaugh-Skaife et al.，2009）。Holmstrom（1979）“信息有效性理论”认为，任何收集成本低且有助于衡量受托方努力程度的业绩指标都应被包含于薪酬契约之中。SOX 法案对公司内部控制披露的要求就给股东提供了一种有助于监督 CFO 努力程度的低成本信息指标，ICMW 的披露表明了公司 CFO 在诚信方面的不尽责。因此，本文预期 ICMW 披露与公司 CFO 当年薪酬变化值负相关。

（二）公司治理监督下的 ICMW 披露与 CFO 薪酬关系

本文考虑了可能影响 ICMW 披露与 CFO 薪酬之间关系的两个主要变量：治理监督和公司财务错报成本（降低股票价格、增加资本成本以及信用评级被降低等）。本文主要从两方面分析公司治理监督的影响：第一，负责监督和评价 CFO 努力程度的 CEO 以及薪酬委员会成员的个人相关能力与特征。第二，公司总体治理监督水平。拥有财务经验的 CEO 更清楚 CFO 在内控方面的职责，所以能够更好地监督与评价 CFO 相关表现。薪酬委员会成员财务专业性越强，就越清楚内部控制的重要性；且从声誉资本（Fama and Jensen，1983）角度来说，财务专业性越强的成员在发生报表重述之后离职的可能性越高（Srinivasan，2005），从而导致他们更关注于 ICMW 的披露。进一步分析，勤勉的薪酬委员会更可能观测到 ICMW 所带来的负面影响。而公司总体的治理越好，对 CFO 的监督能力越强。综上所述。本文提出第一个假设：在治理监督较强的公司，ICMW 披露和 CFO 薪酬变化值的负相关关系更强。

（三）财务错报成本对 ICMW 披露与 CFO 薪酬关系的影响

本文从三个方面分析公司披露 ICMW 时所面临的成本：分析师数量、信用评级以及诉讼风险。第一，分析师跟踪可以降低公司与市场之间的信息不对称程度，增加公司信息的传播。跟踪公司的分析师数量越多，则信息不对称程度越低，公司披露 ICMW 时面临负的市场反应可能性越高。所以，本文预期拥有更多跟踪分析师的公司董事会更关注于公司的内部控制质量。第二，信用评级机构在对公司进行评估时，会考虑公司的内部控制质量。当公司披露 ICMW 时，他们的信用评级会被降低（Hammersley et al.，2010）。拥有信用评级的公司董事会将更关注于公司的内部控制。第三，公司 ICMW 披露一般会导致财务报告重述，而财务报告重述经常带来公司诉讼（Palmrose and Scholz，2004）。所以，处于易发生诉讼行业的公司董事会更关注于公司的内部控制质量。

综上所述，本文提出第二个假设：财务错报成本较高的公司，ICMW 的披露和 CFO 薪酬变化值的负相关关系更强。

三、样本选择与研究设计

（一）样本选择

文章采用 2004—2005 年相关数据进行实证分析研究，CFO 薪酬数据来源于 Execu-

Comp 数据库，内部控制质量数据来源于 Audit Analytics 数据库，其他公司数据来源于 Compustat 数据库。初始样本是在 2005 年具有 CFO 薪酬、内部控制报告以及公司特征数据的 1223 个观测值。本文按照以下顺序对数据进行修正：第一，剔除了公司前一年或当年发生 CFO 变更的观测值 279 个；第二，剔除公司处于管制行业的观测值 217 个；第三，剔除在 2004 年或 2005 年财务或薪酬数据不全的观测值 123 个。最终得到 604 个观察值。

（二）研究设计

1. 基础模型

本文首先使用下面的基本模型研究 ICMW 披露对 CFO 薪酬变化的影响。

$$\Delta Compensation = \beta_0 + \beta_1 ICMW + \sum_{i=2}^{I} \beta_i\ Controlvariable_i + \varepsilon$$

本文共采用了四个指标衡量因变量 *ΔCompensation*：第一，总薪酬变化量（*ΔTOTAL－COMP*）；第二，奖金变化量（*ΔBONUS*）；第三，权益薪酬变化量（*ΔEQUITY*：权益薪酬是 CFO 所获股票期权以及受限制股票按布莱克—斯科尔斯（Black－Scholes）期权定价模型计算出来的总价值；第四，基本工资变化量（*ΔSALARY*）。

自变量 *ICMW* 为虚拟变量，当公司在第 t 年的 SOX 404 条款报告中披露内部控制重大缺陷或在 SOX 302 条款报告中披露了至少一个重大缺陷时，则该值定义为 1，否则为 0。

2. 公司治理监督变量

本文主要从两方面分析公司治理监督的影响：第一，负责监督和评价 CFO 努力程度的 CEO 以及薪酬委员会成员的个人相关能力与特征；第二，总体公司治理特征。CEO 以及薪酬委员会成员的个人相关能力与特征共定义了三个变量：CEO 的财务专业性 *CEO_FIN_EXPERT*，薪酬委员会的财务专业性 *CC_FIN_EXPERT* 以及薪酬委员会勤勉性的替代指标 *COMP_MTGS*。本文参考 Dhaliwal et al.（2010）定义审计委员会财务专业性的做法，来定义 CEO 的财务专业性（*CEO_FIN_EXPERT*）。如果公司 CEO 有以下一项特征或经历：注册会计师，担任过 CFO、会计主管（CAO）、财务副总裁、主计长或财务主管，在 4/5/6/8 大或其他国家会计师事务所工作过，则定义为财务专家，赋值为 1，否则为 0。按照同样的标准定义薪酬委员会每个委员的财务专业性，然后按财务专业委员的人数来赋值 *CC－FIN_EXPERT*。本文使用薪酬委员会的开会次数赋值 *COMP_MTGS*，作为衡量其勤勉程度的指标。本文采用主成分分析法从以上三个变量提取出一个综合变量（*COMP_OVERSIGHT*）来刻度公司 CEO 以及薪酬委员会成员的个人相关能力与特征。

总体公司治理特征方面，本文共定义了五个变量：董事人数的自然对数 *BOARD_SIZE*，非执行董事所占比例（*BOARD_IND*），董事会主席与 CEO 是否由一人兼任（*IND_CHAIR*），非执行董事的平均任期（*BOARD_TENURE*），以及机构投资者所持有股票比例（*INST_OWN*）。本文采用主成分分析法，提取出两个综合变量 *GOV_OVERSIGHT*1 和 *GOV_OVERSIGHT*2。第一主成分 *GOV_OVERSIGHT*1 正相关于 *IND_CHAIR* 与 *BOARD_TENURE*。第二主成分 *GOV_OVERSIGHT*2 则负相关于 *BOARD_SIZE*，正相关于 *BOARD_IND* 以及 *INST_OWN*。

3. 财务错报成本变量

本文使用了三个变量来衡量公司财务错报成本：第一，分析师指标（*ANALYST_COV-*

ERAGE)，虚拟变量，根据分析师数量将样本分成四等分，当公司处于分析师数量最多的1/4区间时，该指标为1，否则为0。第二，信用评级降低风险指标（*CREDIT_RATED*），当公司拥有标准普尔信用评级时为1，否则为0。第三，诉讼风险指标（*LITIGATION*），虚拟变量，当公司处于诉讼风险高的行业（行业诉讼风险高低划分参照 Ashbaugh - Skaife et al. 2007）时为1，否则为0。本文进一步采用主成分分析提取出一个综合变量 *COST_OF_MISREPORTING*，与前面三个变量都显著正相关。该值越高，表示财务报告错报成本越高。

4. 控制变量

ICMW 披露会导致公司业绩无法达到或"打败"(Beat) 分析师预测（Ashbaugh - Skaife et al.，2009)，进而导致 CFO 薪酬的降低（Mergenthaler et al.，2011)。所以，ICMW 披露与 CFO 薪酬降低之间的关系有可能是公司业绩无法达到分析师预测的缘故，而不是内部控制缺陷。为了控制上述可能，本文构建了指标 *MISS_ANALYSTS*。当公司业绩在2005年四个季度都"打败"了分析师预测，*MISS_ANALYSTS* 为0。若有1/2/3/4个季度没有达到分析师预测，则 *MISS_ANALYSTS* 相应为1/2/3/4。

参照以往薪酬研究文献，本文加入控制变量总资产变化比例（ΔTA)、账面市值比变化（ΔBTM)、股票年回报率变化（ΔRET)、资产收益率变化（ΔROA)、风险指标股票年回报率标准差的变化（$\Delta STA-RET$）以及资产收益率的标准差变化（$\Delta STA-ROA$)，当年亏损量（$\Delta LOSS$)。本文还控制了相关变量：业务以及地区数量变化（$\Delta SEGMENTS$)、国外业务（*FOREIGN*)、重组（*RESTRUCTURE*）以及公司快速增长因素（*EXTREME - GROWTH*，当公司的销售增长率处于最高的1/4区间时，该指标为1，否则为0)。此外，本文还控制了审计师因素，是否由四大会计师事务所审计（*BIG4*）以及审计师变更（*AUDITOR_CHANGE*)。所有模型回归都控制了行业变量（*INSUSTRY*)。

四、实证结果

（一）描述性统计

本文对样本数据进行了详细的分组描述性统计，结果与假设基本一致。描述性统计显示：2005年披露 ICMW 公司 CFO 总薪酬增加额显著低于未发生 ICMW 公司组的总薪酬增加额；奖金方面，ICMW 公司组显著降低，相应的非 ICMW 组却显著增加；权益薪酬方面，ICMW 公司组权益薪酬的降低幅度显著高于非 ICMW 组权益薪酬的降低幅度。

（二）回归分析结果

1. ICMW 披露与 CFO 薪酬变化

本文先用基本模型对全样本进行回归分析，实证结果发现，ICMW 披露与总薪酬、奖金以及权益薪酬变化都显著负相关。三个模型实证结果在统计和经济上都显著，与预期相符。奖金 $\Delta BONUS$ 模型拥有最强的变量解释能力，调整 R^2 为0.111。基本工资模型中，没有发现基本工资变化与 ICMW 披露存在显著关系，这是由于基本工资在短期内是相对固定所造成的。

本文进一步检验了 ICMW 披露与 CFO 薪酬的负相关关系是否因 ICMW 的严重性与类别发生变化。使用连续变量 *ICMWS* 作为内部控制重大缺陷严重程度的替代变量，其值等于当年公司披露的内部控制重大缺陷的个数。将 *ICMWS* 作为自变量进行回归，实证结果表明公司 CFO 总薪酬、奖金以及权益薪酬变化与其都显著负相关。本文将内部控制重大缺陷分为公司层面缺陷（*GENERAL*）和会计层面缺陷（*ACCT_SPECIFIC*）。当披露的内部控制重大缺陷至少包含一个公司层面的缺陷，则 *GENERAL* 为 1，否则为 0。当公司披露的内部控制重大缺陷只有会计层面缺陷，则 *ACCT_SPECIFIC* 为 1。将这两个变量替代 ICMW 放进模型进行检验，实证结果发现，会计层面缺陷与公司 CFO 总薪酬、奖金以及权益薪酬变化都在 5% 水平上显著负相关，而公司层面缺陷系数并不显著。这是因为薪酬委员会和 CEO 能够认识到会计层面的内部控制健全是 CFO 的职责所在，而公司层面的内部控制健全并不是由 CFO 负责。

2. 公司治理监督与公司财务错报成本的影响

本文将变量 *COMP_OVERSIGHT*、*GOV_OVERSIGHT*1、*GOV_OVERSIGHT*2、*COST_OF_MISREPORTING* 以及其与 *ICMW* 的交互项加入基础模型，以检验假设 1 和假设 2。回归结果发现，ICMW 与总薪酬、奖金以及权益薪酬变化都显著负相关。在奖金模型中，*COMP_OVERSIGHT* 与 *ICMW* 交互项系数显著负相关。*GOV_OVERSIGHT*1，以及 *COST_OF_MISREPORTING* 与 *ICMW* 交互项都在 1% 水平上显著负相关。在总薪酬模型中，*COST_OF_MISREPORTING* 与 *ICMW* 交互项系数显著负相关。在工资以及权益薪酬模型中，没有发现任何交互项与因变量存在显著关系。总体而言，实证结果部分支持了假设 1 以及假设 2。

3. 稳健性检验

本文进行了一系列的稳健性检验。第一，检验了 ICMW 的披露是否影响当年 CFO 的薪酬水平，实证结果与薪酬变化模型基本一致。第二，为了控制内控重大缺陷是否在披露前已经存在，检验了 2003 年 CFO 薪酬与 2005 年 ICMW 披露的关系，实证结果没有发现存在显著关系，表明内控重大缺陷与 2003 年 CFO 薪酬无关，支持“信息有效性理论”。第三，本文将 CEO 薪酬加入模型进行控制检验，结果也与前面结论一致。

五、结论

本文研究了公司内部控制重大缺陷 ICMW 披露是否影响以及如何影响 CFO 的薪酬。“信息有效性理论”（Informativeness principle）认为，任何易得的可用于衡量绩效的信息都应被薪酬委员会以及 CEO 收集并用于 CFO 的薪酬决策（Holmstrom，1979）。公司披露 ICMW 表明公司的内部控制质量低，而应对其负责的 CFO 未完全尽到诚信义务，从而预期薪酬委员会与 CEO 会相应降低 CFO 薪酬。另外，考虑到公司治理监督强度以及公司财务错报成本的高低，进而调查这两方面因素对 ICMW 披露与 CFO 薪酬关系的影响。

本文的主要实证发现有：第一，ICMW 的披露与公司 CFO 当年薪酬（奖金、权益报酬以及薪酬总额）变化显著负相关。第二，在治理监督较强的公司，ICMW 披露与 CFO 奖金薪酬变化值的负相关关系更强；财务错报成本较高的公司，ICMW 披露与 CFO 奖金以及总薪酬变化值的负相关关系更强。总体来说，公司薪酬委员会和 CEO 在评价 CFO 业绩时，会考虑非财务数据指标，特别是内部控制质量。

本文的局限性包括：第一，可能存在其他相关变量未包含在模型中，从而导致实证结果与解释并不完全可信。第二，仅使用公开可获得信息来衡量 CEO 财务专业性、薪酬委员会专业能力以及勤勉程度，这一衡量方法不够精确。第三，2005 年监管部门与市场高度关注于公司内控与财务报告的质量，而最近全球经济的下滑导致 CFO 职责重心转向现金管理与成本控制，因此，本文使用 2005 年数据进行的研究与结论可能存在一定的时效性问题。

（整理人：王林坚）

主要参考文献

[1] Ashbaugh – Skaife, H. , D. Collins and W. Kinney. 2007. The discovery and reporting of internal control deficiencies prior to SOX – mandated audits. *Journal of Accounting and Economics* 44 (1 – 2): p. 166 – 192.

[2] Ashbaugh – Skaife, H. , D. Collins, W. Kinney, and R. LaFond. 2008. The effect of SOX internal control deficiencies and their remediation on accrual quality. *The Accounting Review* 83 (1): p. 217 – 250.

[3] Ashbaugh – Skaife, H. , D. Collins, W. Kinney, and R. LaFond. 2009. The effect of SOX internal control deficiencies on firm risk and cost of equity. *Journal of Accounting Research* 47 (1): p. 1 – 43.

[4] Core, J. E. , R. W. Holthausen, and, D. F. Larcker. 1999. Corporate governance, chief executive officer compensation, and firm performance. *Journal of Financial Economics* 51 (3): p. 371 – 406.

[5] Doyle, J. , W. Ge, and S. McVay. 2007. Accruals quality and internal control over financial reporting. *The Accounting Review* 82 (5): p. 1141 – 1170.

[6] Fama, E. F. , and Jensen, M. G. 1983. The separation of ownership and control. *Journal of Law and Economics* 26 (2): p. 301 – 326.

[7] Hammersley, S. J. , L. A. , Myers and J. Zhou. 2010. The failure to remediate previously – disclosed material weaknessin internal controls. *Working paper*, University of Georgia.

[8] Holmstrom, B. R. 1979. Moral hazard and observability. Bell *Journal of Economics* 10 (1): p. 74 – 91.

[9] Indjejikian, R. J. and M. Matejka. 2009. CFO fiduciary responsibilities and annual bonus incentives. *Journal of Accounting Research* 47 (4): p. 1061 – 1093.

[10] Johnstone, K. M. , C. Li, and K. Rupley. 2011. Changes in corporate governance associated with the revelation of internal control material weaknesses and their subsequent remediation. *Contemporary Accounting Research*28 (1): p. 331 – 383.

[11] Mergenthaler, R. , S. Rajgopal, and S. Srinivasan. 2011. CEO and CFO career penalties to missing quarterly analysts forecasts. *Working paper*, University of Iowa.

[12] Palmrose, Z. V. , and S. Scholz. 2004. The accounting causes and legal consequences of non – GAAP reporting: evidence from restatements. *Contemporary Accounting Research* 21 (1): p. 139 – 180.

[13] Srinivasan, S. 2005. Consequences of financial reporting failure for outside directors: Evidence from accounting restatements and audit committee members. *Journal of Accounting Research* 43 (2): p. 291 – 334.

§4－14 股权激励与内部控制缺陷

Equity Incentives and Internal Control Weaknesses

文献来源：Balsam，S.，W. Jiang，and F. B. Lu. 2014. Equity Incentives and Internal Control Weaknesses. *Contemporary Accounting Research*，31：178－201.

【摘要】 本文研究了高管股权激励（包括股票和股票期权）对内部控制质量的影响。此前关于内部控制质量影响因素的研究主要集中在公司特征和公司治理特征上，鉴于高管薪酬会对管理层产生一定的激励作用，有必要对其在公司内部控制问题中扮演的角色进行探讨。本文发现，股权激励和存在内部控制重大缺陷的可能性显著负相关，这为持有公司股权能够激励管理层加强公司内部控制的观点提供了实证证据。进一步分析表明：第一，股权激励对于减少公司层面的内部控制问题更为有效；第二，限制性股权较非限制性股权能产生更强的激励作用；第三，对CFO的股权激励较对CEO的股权激励对内部控制质量的影响更为显著。这些发现对于薪酬委员会制定薪酬计划和董事会批准薪酬计划都具有重要的影响。为了更好地激励管理层实施有效的内部控制，应在薪酬计划中同时考虑股权激励的水平和类型。

一、研究问题

（一）问题的提出

现有的研究主要检验了高管薪酬/股权激励与公司价值（Himmelberg et al.，1999；Core and Guay 1999）、盈余管理（Cheng and Warfield 2005；Bergstresser and Philippon，2006）、财务报表重述（Efendi et al.，2007）和会计欺诈（Erickson et al.，2006）之间的关系。最近的一些研究则发现内部控制质量与应计质量、盈余质量之间也存在相关关系（Doyle et al. 2007b；Ashbaugh－Skaife et al. 2008）。基于上述文献的发现，本文的研究问题是股权激励能否促使管理层实施有效的内部控制。

本文的逻辑框架见图4－14。

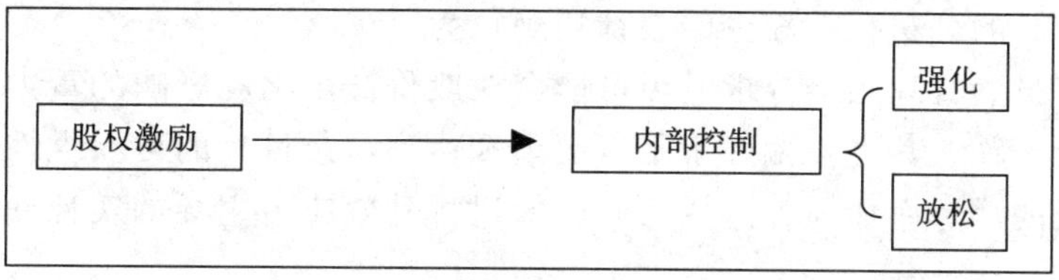

图4－14 股权激励与内部控制缺陷

（二）研究意义

SOX 404 条款颁布之后，要求强制披露内部控制缺陷，内部控制问题得到越来越多的重视。鉴于高管薪酬会对管理层具有一定的激励作用，有必要对其在公司内部控制问题中扮演的角色进行探讨。本文对这一问题进行了实证检验，为薪酬计划的制定者提供了经验证据。

（三）主要贡献

第一，本文通过将股权激励与管理层绩效（内部控制有效性）联系起来，为现有的股权激励的研究提供了一个新的视角。

第二，目前还没有关于管理层激励，特别是股权激励对内部控制、内部控制缺陷或内部控制缺陷披露的影响的研究，本文首次对管理层薪酬在内部控制中的作用机制进行了探讨，丰富了内部控制缺陷影响因素的文献。

二、理论分析和研究假设

内部控制重大缺陷往往伴随着较低的应计质量，市场能够识别内部控制缺陷的相关风险，因此，市场会降低披露内部控制问题公司的财务报告的信任度。内部控制重大缺陷的披露会带来负的超额回报（Hammersley et al.，2008），披露内部控制重大缺陷的公司有较高的资本成本（Ashbaugh - Skaife et al.，2009）。在某种程度上，内部控制重大缺陷会对股权价值造成负面影响，从而不利于高管财富的增加。因此，当股权激励增加时，本文预期管理层会追求更高的内部控制质量。

另外，在某种程度上，公司的内部控制是一种内生选择。虽然有效的内部控制带来的好处很多，如提高效率、降低资产损失的风险以及确保财务报表的可靠性和合规性，但同时也会产生一定的成本。据估计，每个公司执行 SOX 404 条款相关的显性成本平均将近 800 万美元（Charles Rivers Associates，2005）。更重要的是，随着内部控制的加强，管理层进行盈余管理的能力下降。因此，管理层既会考虑加强内部控制的显性成本，也会考虑其个人利益，包括通过操作和平滑盈余来最大化他们的薪酬及所持有股票的价值。此前的研究表明，管理者会选择使其持有的股权价值最大化的会计政策，从而股权激励会引发盈余管理行为（例如 Cheng and Warfield，2005；Bergstresser and Philippon，2006；and Efendi et al.，2007）。然而，最近的研究对此提出了质疑。Armstrong et al.，（2010）进行了相关检验，但没有发现股权激励与盈余管理存在正相关关系。相反，他们发现“在 CEO 股权激励水平相对较高的公司存在较少的会计违规行为”。

综上所述，虽然管理层会寻求避免可能会对股价产生不利影响的重大缺陷意见，但同时为了避免股价下跌，其也会偏好于平滑盈余和达到盈余目标的可操纵性。鉴于这两种动机都会随着持股的增加而加强，这成为一个探讨哪种效应占主导的实证问题。因此，本文提出：

假设一：内部控制缺陷与股权激励无关。

本文第二个假设检验对于不同类型的缺陷，股权激励和内部控制缺陷之间的相关关系是否有所不同。相比于和特定账户余额或交易相关的会计层面的重大缺陷，和控制环境或财务报告整体流程相关的公司层面的重大缺陷对财务报告可靠性的影响更加严重，因此，管理层有更大的动机采取行动来避免这些缺陷。然而，如果管理层更偏好宽松的内部控制以方便操纵盈余，则更倾向于整体较弱的控制环境。基于以上分析，本文预期股权激励与公司层面重大缺陷发生的可能性的相关关系（正面或负面）更强。因此，本文提出：

假设二：内部控制缺陷的严重性与股权激励无关。

三、样本选择和实证模型

（一）样本来源

本文内部控制初始样本包含6129个公司年度观测值，样本区间为2004年和2005年，内部控制的数据来源于Audit Analytics，财务数据来源于COMPUSTAT，薪酬和治理变量的数据来源于Equilar公司。其中，至少披露一个重大缺陷的公司年度观测值有837个，剔除在COMPUSTAT中缺失财务数据（55个观测值）和在Equilar缺失的薪酬数据（213个观测值），最终样本数为569个。本文选取的初始控制样本包含5292个没有披露重大缺陷的公司年度观测值。剔除不存在重大缺陷（98个观察值）以及缺失数据的观测值，最终控制样本数为3798个。

（二）实证模型

本文模型如下：

$$\Pr(\textit{Internal control weakness})_{it} = \alpha_0 + \alpha_1 SENSITIVITY_{i,t-1} + \alpha_2 BONUS_{i,t-1} + \alpha_3 SALARY_{i,t-1} + \alpha_4 FIRMSIZE_{it} + \alpha_5 LOSSPROPORTION_{it} + \alpha_6 FIRM\ AGE_{it} + \alpha_7 SEGMENTS_{it} + \alpha_8 SALES\ GROWTH_{it} + \alpha_9 RESTRUCTURE_{it} + \alpha_{10} FOREIGN\ TRANS_{it} + \alpha_{11} BIG4_{it} + \alpha_{12} FEERATIO_{it} + \alpha_{13} AUDITOR\ CHANGE_{it} + \alpha_{14} AUDITORTENURE_{it} + \alpha_{15} ACSIZE_{it} + \alpha_{16} ACFINEXPS_{it} + \alpha_{17} BOARDSIZE_{it} + \alpha_{18} BOARDINDEP_{it} + \alpha_{19} SALESVOLATILITY_{it} + \alpha_{20} STOCKVOLATILITY_{it} + \varepsilon \quad (1)$$

因变量是虚拟变量，在第一个假设检验中，如果公司披露了内部控制重大缺陷则取值1，否则为0。在第二个假设检验中，将缺陷分为公司层面重大缺陷和会计层面重大缺陷两种类型，分别设置虚拟变量*CMW*（如果披露了公司层面的内部控制重大缺陷则取值1，否则为0）和*AMW*（如果披露了会计层面的内部控制重大缺陷则取值1，否则为0）。

自变量是CEO和CFO从股权激励获取的合并持股量。本文用敏感度（*SENSITIVITY*）来衡量股权激励，即股价变化1%引起CEO和CFO持有股权（包括股票和股票期权）价值变化的自然对数。

控制变量：第一，非股权薪酬，包括奖金（*BONUS*）和工资（*SALARY*）；第二，公司特征，包括公司规模（*FIRM SIZE*）、前三年亏损比例（*LOSS PROPORTION*）、企业上市时间的自然对数（*FIRM AGE*）、业务和地区分部数目（*SEGMENTS*）、销售增长率（*SALES GROWTH*）、是否经历重组（*RESTRUCTURE*）以及是否存在境外交易（*FOREIGN TRANS*）；

第三，审计相关变量，包括是否聘请四大会计师事务所审计（*BIG4*）、非审计费用与总审计费用比率（*FEERATIO*）、是否发生审计师变更（*AUDITORCHANGE*）以及审计师任期（*AUDITOR TENURE*）；第四，董事会及审计委员会的特征，包括审计委员会成员数目（*ACSIZE*）、审计委员会成员中财务专家人数的比例（*ACFINEXPS*）、董事会的董事人数（*BOARD SIZE*）以及独立董事在董事会的比例（*BOARDINDER*）；第五，其他控制变量：包括销售波动（*SALES VOLATILITY*）和股价波动（*STOCK VOLATILITY*）；第六，控制了行业和年度的影响。

四、实证结果

（一）股权激励与内部控制重大缺陷的结果分析

结果显示，敏感度变量和报告的内部控制缺陷显著负相关，这与激励理论相一致，即基于股权的薪酬激励促使管理层维持较高的内控质量。回归结果的经济意义是，在其他变量保持不变的情况下，敏感度每增加一个标准差，公司披露重大缺陷的概率从11.8%下降到10%，下降了15%。

虽然股权激励降低了否定内控意见的概率，但工资和奖金与内部控制缺陷之间不存在显著的相关关系。在企业特征方面，只有亏损比例和业务分部数目与存在重大缺陷发生的可能性显著正相关，而企业规模、企业上市时间、销售增长情况、重组费用以及是否存在境外交易与重大缺陷之间都不存在显著相关关系。在审计变量方面，存在重大缺陷的公司聘请“四大”的可能性更少，非审计费用更高以及审计师变更更加频繁。本文还发现，存在重大缺陷的公司股价波动更大。

上述分析是建立在股权激励和重大缺陷发生的可能性存在线性关系的假设上。为了检验非线性关系，把敏感度分为五个等级，设置了四个虚拟变量，用变量 *SEN_Qn*（N=2，3，4，5）来表示。回归结果显示，第四和第五等级的系数显著为负，和连续性回归结果一样，高股权激励的公司存在内部控制缺陷的可能性较小。

（二）股权激励和内部控制缺陷类型的结果分析

本文分别将存在公司层面重大缺陷与没有缺陷的公司、存在会计层面重大缺陷与没有缺陷的公司、存在公司层面重大缺陷与存在会计层面重大缺陷的公司样本进行比较，结果显示，公司层面重大缺陷对应的股权激励系数显著为负，表明股权激励能显著降低报告的公司层面的重大缺陷。相反，会计层面的重大缺陷对应的股权激励的系数并不显著且公司层面重大缺陷对应的股权激励的系数绝对值远大于会计层面重大缺陷对应的股权激励的系数（-0.590与-0.175）。相对于会计层面重大缺陷，股权激励能更好地降低公司层面的重大缺陷，但这种差异仅在10%的水平显著。研究同样表明，基于股权的薪酬更能促使管理层发现和纠正公司层面的控制缺陷，因为公司层面内控问题的披露会使管理层面临更严重的经济损失。

总之，本文的研究结果表明，股权激励降低了内部控制缺陷发生的可能性。此外，股权激励对于减少公司层面的内控缺陷的作用更加显著。

（三）倾向得分匹配法分析

为了控制内生性问题，本文采取倾向得分匹配法（Rosenbaum and Rubin，1983）对结果进行重新检验。

基于 Lu et al.（2001）and Armstrong et al.（2010）的研究，本文首先将股权激励平均序分为五组，通过有序 Logit 模型估计倾向得分。然后，利用估计的倾向得分，基于最小的倾向得分差异和最大的股权激励差异进行样本匹配。对于每一匹配样本，按照其股权激励水平将其分为高股权激励组和低股权激励组，并建立一个二元变量 *HIGH INCENTIVES* 来替代敏感度变量，若公司股权激励高则为 1，否则为 0，然后进行有条件的 logit 回归分析。股权激励和重大缺陷发生的可能性的有条件 logit 回归结果和之前的结果基本一致，而分缺陷类型的回归结果显示，两组的股权激励不存在显著差异。

五、其他补充检验

（一）差量分析

虽然本文控制了同时影响内部控制质量和股权激励水平的变量，但是无法排除潜在的难以观察或难以衡量的企业特征对研究结果的影响。为了解决这个问题，本文进行了差量分析（Change Analysis）。如果股权激励能够提高内部控制质量，则预期随着股权激励幅度的增加，内部控制缺陷将不断得到修正。本文选取在 2004 年披露重大缺陷且有 2005 年数据的公司作为样本，若公司修正内控报告则定义为 1，否则为 0，并将股权激励的变化程度以及股权激励的滞后水平同时包含在模型中，其中股权激励的变动水平 *ΔSENSITIVITY* 定义为从 2004 年到 2005 年 *SENSITIVITY* 的变化率。结果显示，*ΔSENSITIVITY* 的系数显著为正，表明随着公司股权激励的提高，内部控制将不断完善。

（二）限制性和非限制性股权激励对结果的影响

本文构建了 *RES_SEN* 和 *UNRES_SEN* 两个变量，分别用来衡量限制性股权和非限制性股权。用这两个变量来替代 *SENSITIVITY*，并同时包含在模型中进行回归。结果显示，限制性股权激励对建立有效内部控制的激励作用更大。

（三）对 CEO 和 CFO 的股权激励对结果的影响

本文上述分析同时考虑了对 CEO 和 CFO 的股权激励，因为他们都要对财务报告负责。但由于 CFO 是财务报告内部控制的最终责任者，本文推测对 CFO 的股权激励对内部控制有效性的影响较 CEO 的更大。本文分别计算了 CEO 和 CFO 股权激励的衡量指标，再进行回归。结果发现对于内部控制质量，对 CFO 进行股权激励比对 CEO 进行股权激励的影响力更大。

（四）SOX 302 条款下申报的公司

本文把在 2004 年披露内部控制重大缺陷但在 2003 年没有披露的公司重新划分为存在重大缺陷的公司，将它们与在 SOX 302 和 SOX 404 条款下都没有披露内部控制缺陷的公司进行比较。结果没有发现股权激励与它们之间的关系。

（五）基于 Execucomp 样本的分析

本文采用来自 ExecuComp 数据库（Equilar 数据集的一个子集）的数据对本文的假设重新进行了检验，结果基本一致，但显著性较弱。

（六）组合薪酬对结果的影响

本文用组合薪酬，即基于股权的薪酬占总薪酬的百分比（参见 Kang et al. 2006；Erickson et al. 2006）来衡量股权激励。计算方法为用股票期权和限制性股票价值的总额除以总薪酬。结果表明，替代的股权激励衡量指标的系数也显著为负，进一步支持了本文的假设。

六、结论

本文对股权激励能否促使管理层加强内部控制有效性进行检验，研究发现，高股权激励的公司被出具否定内部控制审计意见的可能性较低，这和股权激励促使管理层加强公司的内部控制的观点一致。本文对不同类型的内控缺陷进行区分后发现，股权激励对于降低公司层面的内部控制风险更为有效。本文还利用包括倾向得分匹配法和差量分析在内的其他分析方法进行了检验，结果基本一致。此外，本文还发现，与非限制股权相比，限制性股权对减少内部控制缺陷的作用更大，对 CFO 进行股权激励比对 CEO 进行股权激励更有利于保持较高的内控质量。本文结果为股权激励能够提高内部控制质量的观点提供了实证证据，并支持以下观点，即至少在内部控制报告的背景下，基于股权的高管薪酬在协调管理层和股东利益方面是有效的。

（整理人：何漪漪）

主要参考文献

[1] Armstrong, C., A. Jagolinzer, and D. Larcker. 2010. Chief executive officer equity incentives and accounting irregularities. *Journal of Accounting Research* 48 (2): p. 225 – 271.

[2] Ashbaugh – Skaife, H., D. Collins, and W. Kinney. 2007. The discovery and reporting of internal control deficiencies prior to SOX – mandated audits. *Journal of Accounting and Economics* 44 (September): p. 166 – 192.

[3] Bergstresser, D. and T. Philippon. 2006. CEO incentives and earnings management. *Journal of Financial Economics* 80: p. 511 – 529.

[4] Charles Rivers Associates. 2005. Sarbanes – Oxley section 404 costs and remediation of deficiencies: Estimates from a sample of Fortune 1000 companies. Washington, D. C.

[5] Cheng, Q. and T. D. Warfield. 2005. Equity incentives and earnings management. *The Accounting Review* 80 (2): p. 441 –476.

[6] Core, J. , and W. Guay. 1999. The use of equity grants to manage optimal equity incentive levels. *Journal of Accounting and Economics* 28: p. 151 – 184.

[7] Doyle, J. , W. Ge, and S. McVay. 2007a. Determinants of weaknesses in internal control over financial reporting. *Journal of Accounting and Economics* 44 (September): p. 193 – 223.

[8] Efendi, J. , A. Srivastatava, and E. P. Swanson. 2007. Why do corporate managers misstate financial statements? The role of option compensation and other factors. *Journal of Financial Economics* 85: p. 667 – 708.

[9] Erickson, M. , M. Hanlon, and E. Maydew. 2006. Is there a link between executive equity incentives and accounting fraud? *Journal of Accounting Research* 44 (1): p. 113 – 143.

[10] Hammersley, J. S. , L. A. Myers, and C. Shakespeare. 2008. Market reactions to the disclosure of internal control weaknesses and to the characteristics of those weaknesses under section 302 of the Sarbanes Oxley Act of 2002. *Review of Accounting Studies* 13 (1): p. 141 – 165.

[11] Himmelberg, C. , G. Hubbard, and D. Palia. 1999. Understanding the determinants of managerial ownership and the link between ownership and performance. *Journal of Financial Economics* 53: p. 353 – 384.

[12] Kang, S. H. , P. Kumar, and H. Lee. 2006. Agency and corporate investment: The role of executive compensation and corporate governance. *Journal of Business* 79 (3): p. 1127 – 1147.

[13] Lu B. , E. Zanutto, R. Hornik and P. R. Rosenbaum. 2001. Matching with Doses in an Observational Study of a Media Campaign Against Drug Abuse. *Journal of the American Statistical Association* 96: p. 1245 – 1253.

[14] Rosenbaum P. R. and D. B. Rubin. 1983. The Central Role of the Propensity Score in Observational Studies for Causal Effects. *Biometrika* 70: p. 41 – 55.

[15] Rubin D. B. 1979. Using Multivariate Matched Sampling and Regression Adjustment to Control Bias in Observational Studies. *Journal of the American Statistical Association* 74: p. 318 – 328.

ξ4-15 公司治理改革与高管激励
——基于投资和风险承受的视角

Corporate Governance Reform and Executive Incentives: Implications for Investments and Risk - Taking

文献来源：Cohen, D. A., A. Dey, and T. Lys. 2013. Corporate Governance Reform and Executive Incentives: Implications for Investments and Risk - Taking. *Contemporary Accounting Research*, 30 (4): 1296-1332.

【摘要】 本文考察了SOX法案影响公司投资策略变化的机制。研究发现，SOX法案的公司治理制度显著降低了CEO薪酬契约中的薪酬敏感性（*Delta*）和风险偏好动机（*Vega*），而薪酬契约的变化导致公司减少研发支出、资本支出和并购等投资活动。研究还发现，投资实际减少额超过薪酬变化引起的预期减少额，这表明SOX法案直接影响CEO风险偏好动机。本文研究发现，这些投资的变化与较低的经营业绩显著相关。本文的实证结果解释了公司治理制度与公司和管理层的激励如何相互影响，进而影响公司的经营和投资策略。本文的实证结果表明，SOX法案的一个直接成本是SOX法案后公司显著减少风险投资活动。这些投资的变化，部分源于高管薪酬契约的改变，部分源于高管个人进行风险活动成本的增加。

一、研究问题

（一）问题的提出

为了应对安然等一系列公司财务丑闻，美国国会于2002年制订了SOX法案，旨在规范公司的治理。法案要求提高独立董事在公司治理中的地位，加强董事的责任，要求公司评价并披露内部控制。尽管大量的文献对此进行了研究，但是从整体上看，公司治理制度的经济后果仍然不清楚。基于此，本文主要探讨以下问题：第一，SOX法案是否影响CEO的薪酬契约；第二，CEO薪酬契约的变化是否影响公司风险项目投资。

本文的逻辑框架见图4-15。

（二）研究意义

一些政策制定者对SOX法案是否影响公司的风险承受表示密切关注，当SOX法案实施时，SEC主席曾表示，担心公司将会丧失风险承担的热情。格林斯潘曾在国会上发

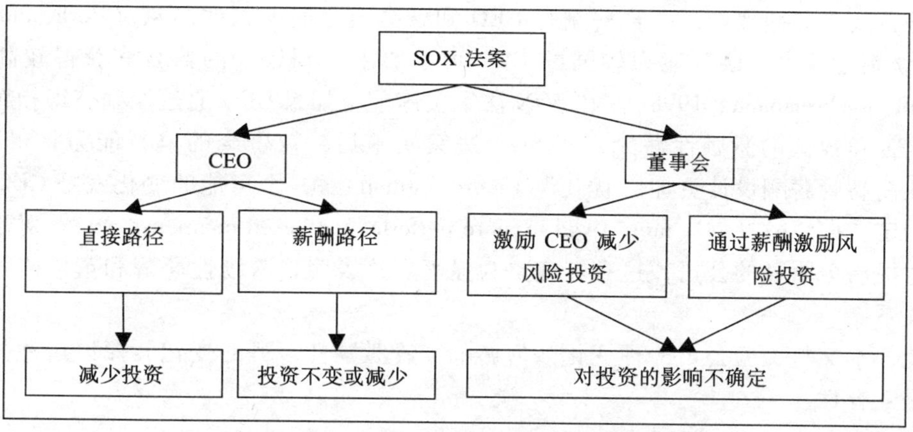

图 4-15　公司治理改革与高管激励

言，他认为 SOX 法案使得公司高管对重大投资项目相当谨慎。公司高管的投资和风险承受行为影响到市场的资源配置，因此，研究 SOX 法案对高管激励作用具有重要研究意义。

（三）主要贡献

第一，本文为公司治理改革和 SOX 法案的经济后果提供经验证据，分析了监督机制的加强和高管个人违规成本的增加如何影响了高管薪酬及风险承担偏好。

第二，本文丰富了高管激励性薪酬方面的文献，补充了 Cater et al.（2009），Chhaochharia and Grinstein（2009）等人的研究，分析了 SOX 法案之后，高管契约薪酬尤其是薪酬契约中的薪酬敏感性（*Delta*）以及风险偏好动机（*Vega*）的变化。过去十年的股票期权激励呈现上升趋势，已有研究认为 CEO 激励性薪酬与风险溢出显著相关（Core et al.，2003；Conyon et al.，2011），本文补充了在 SOX 法案后股票和期权激励的变化。

第三，本文补充了 Bargeron et al.（2009）对 SOX 之后公司从事风险活动程度发生显著变化的研究，分析了薪酬变化如何影响实际管理者行为（real managerial behavior），发现薪酬契约变化和个人直接成本都对风险投资水平产生显著影响。

二、文献回顾与理论基础

（一）治理提高对高管薪酬的影响

公司治理理论预期董事会监管和激励性薪酬是一种相互替代关系：董事会监管较弱时，股东更倾向于选择用激励性薪酬来激励 CEO，比如增加薪酬的业绩敏感性，使 CEO 与股东的目标趋同。SOX 法案加强了对所有公司治理水平的要求，提高了最低的治理可接受程度时，董事会监督随之加强，那么过半公司将会减少激励性薪酬。换言之，与在 SOX 法案实施前已经达到独立董事比例的公司相比，那些没达标的公司，执行 SOX 法案提高独立董事比例之后，将会降低 CEO 的激励性薪酬。

另外，基于契约理论，高管薪酬是CEO和董事会之间谈判的结果（Berle and Means，1932）。谈判过程中，谈判能力较强的CEO可以要求受到较少的监督和获得较高的薪酬（Hermalin and Weisbach，1998）。在SOX法案实施前，如果CEO通过谈判获得相对较弱的董事会监督和较低的激励性薪酬；在SOX法案实施后，董事会的监督能力将得到提高，进而会促使高管薪酬设计更加"优化"（more optimal）。一个可能的变化就是CEO薪酬将由相对固定转向绩效导向（more fixed to more performance based compensation）。对于董事会监督能力提高更明显的公司，这种转变更为显著。这表明，激励性薪酬和董事监管是一种互补的关系。

因此，本文将检验公司治理变化如何影响高管激励性薪酬的变化，探讨这种关系是替代性还是互补性。

（二）公司和高管个人法律风险的提高对薪酬的影响

由于SOX法案增加了公司法律责任，提高了法律成本并可能损害公司经营效率和流失优秀管理人员。这些成本增加了投资风险，因而促使公司选择风险较低的项目进行投资。由此，董事会通过改变薪酬契约，激励CEO改变投资策略，选择风险较小的项目进行投资。

另外，理性的董事会也可能考虑SOX法案对CEO风险偏好的影响。由于SOX法案增加了CEO的法律责任，CEO将可能面临刑事责任、民事赔偿、被没收奖金以及职业生涯危机（声誉的损失以及失业的风险）。因而在SOX法案后，CEO将缺乏动机进行高风险项目投资。当董事会预期到这一点时，可能会有三种反应。第一种，如果董事会满意上述CEO风险规避行为，认为其也符合股东的利益，那么他们不会改变现有的薪酬契约。第二种，如果董事会认为CEO的风险偏好过低，会损害股东的利益，为了抵消此影响，维持公司的最优投资水平，董事会将会调整CEO薪酬契约以促使其增加风险偏好。第三种，如果董事会认为CEO风险规避并不足够，仍需要继续降低其风险偏好，那么会相应降低薪酬契约中激励CEO进行风险投资的部分。具体是哪一种反应，需要通过实证来检验。

（三）公司风险投资行为的改变

本文从直接路径（direct linkage）和薪酬路径（compensation linkage）两个角度分析了SOX法案后公司风险投资行为的改变。

直接路径是指SOX法案后，投资于高风险项目会显著增加CEO的个人成本，因而CEO会转向投资风险较低的项目。

薪酬路径是承接上节的分析，董事会通过改变CEO的薪酬契约，以促使CEO达到董事会预期的风险投资水平，本文预期SOX法案后，公司的风险投资水平会有以下两种可能的情形：第一种，如果董事会准确地预期到了直接路径对于CEO风险投资行为的影响，并且希望维持原有的风险投资水平而提高了激励性薪酬以抵消此影响，那么风险投资没有变化；第二种，如果董事会偏好更低的风险投资水平，风险投资显著降低。

三、样本选择和研究设计

（一）样本选择

本文的初始样本源自于 COMPUSTAT 和 EXECUCOMP 数据库的工业公司。由于 EXECUCOMP 数据库收录的数据最早为 1992 年，因此本文样本始于 1992 年。为了减少 2007 年金融危机对实证结果的影响，本文的样本截止于 2006 年。事实上，把 2007—2009 年的样本包含在实证分析中，实证结果依然稳健。剔除数据缺失的样本，最后得到 1 158 个公司共 12 486 个观测值。

（二）研究设计

1. SOX 法案后激励性薪酬与风险投资

参考 Coles et al.（2006）等人的研究，本文利用股票回报波动的薪酬敏感度来衡量高管的投资风险偏好（*VEGA*），其定义为年化股票回报率的标准差每变动 1% 所引起的高管薪酬变化；用股票价格的薪酬敏感度来衡量高管的业绩敏感性（*DELTA*），其定义为股票价格每变动 1% 所引起的高管薪酬变化。参考 Black - Scholes（1973）和 Merton（1973）期权估值模型计算 *VEGA* 和 *DELTA*。

本文采用两种方法来衡量风险投资行为。第一种方法是选取一种投资指标，即公司的总投资除以总资产（*INVEST*）。其中，总投资包括研发支出、资本支出和扣除销售收到现金后的并购支出。本文对其按行业中位数进行调整。第二种方法是计算股票回报波动性（*STD_RET*）以捕捉公司各种风险活动的经济后果（Hanlon et al.，2009）。本文选取该指标的目的是为了捕捉采取第一种指标可能会遗漏的风险投资的变化。

本文通过 3SLS 的回归方法实证检验 CEO 投资策略的选择、*VEGA* 和 *DELTA* 之间的关系。

$$VEGA = \delta_0 + \delta_1 INVEST + \delta_2 STD\_RET + \delta_3 DELTA + \delta_4 CASH\_COMP + \delta_5 LOG\_SALES + \delta_6 M\_B + \delta_7 RETURN + \delta_8 AUG00\_AUG01\_RET + \delta_9 LEVERAGE + \delta_{10} TIME + \delta_{11} SOX + \delta_{12} SFAS123R + \delta_{13} INVEST \times SOX + \delta_{14} STD\_RET \times SOX + \delta_{15} INVEST \times SFAS123R + \delta_{16} STD\_RET \times SFAS123R + Industry\_Dummies + \varepsilon \quad (1)$$

$$DELTA = \delta_0 + \delta_1 INVEST + \delta_2 STD\_RET + \delta_3 VEGA + \delta_4 TENURE + \delta_5 CASH\_COMP + \delta_6 LOG\_SALES + \delta_7 M\_B + \delta_7 RETURN + \delta_8 CASH + \delta_9 RETURN + \delta_{10} AUG00\_AUG01\_RET + \delta_{11} LEVERAGE + \delta_{12} TIME + \delta_{13} SOX + \delta_{14} SFAS123R + \delta_{15} INVEST \times SOX + \delta_{16} STD\_RET \times SOX + \delta_{17} INVEST \times SFAS123R + \delta_{18} STD\_RET \times SFAS123R + Industry\_Dummies + \varepsilon \quad (2)$$

$$RISKY\_INVESTMENTS = \delta_0 + \delta_1 VEGA + \delta_2 DELTA + \delta_3 TENURE + \delta_4 CASH\_COMP + \delta_5 LOG\_SALES + \delta_6 M\_B + \delta_7 CASH + \delta_8 RETURN + \delta_9 SALES\_GROWTH + \delta_{10} AUG00\_AUG01\_RET + \delta_{11} LEVERAGE + \delta_{12} TIME + \delta_{13} SOX + \delta_{14} SFAS123R + \delta_{15} VEGA \times SOX + \delta_{16} DELTA \times SOX + \delta_{17} VEGA \times SFAS123R + \delta_{18} DELTA \times SFAS123R + Industry\_Dummies + \varepsilon \quad (3)$$

本文预期，若董事会通过改变高管激励以影响高管的风险偏好，方程（1）的 *VEGA*

和方程（2）的 *DELTA* 将与 *INVEST* 显著相关。

在方程（3）中，本文预期 *VEGA* 与风险投资水平显著正相关，越高的 *VEGA* 将直接激励管理层进行风险投资。然而，*DELTA* 与投资变量的关系并不清楚：一方面，越高的 *DELTA* 将促使管理层利益与股东利益最大化目标趋同，从而进行更多的风险投资；另一方面，*DELTA* 越高，也意味着管理层面临更高的公司风险，从而促使其放弃某些风险项目（Coles et al.，2006）。

三个方程的控制变量包括销售额的自然对数（*LOG_SALES*）、账面市值比（*M_B*）、资产负债率（*LEVERAGE*）、CEO 的现金薪酬（*CASH_COMP*）、CEO 任期（*TENURE*）、样本年份减去 1992 的值（*TIME*）、SOX 法案虚拟变量（*SOX*）。此外，本文还控制了两个特殊事件对高管薪酬和风险投资的影响，第一个是 SFAS 123 准则的颁布，第二个是互联网泡沫的影响。

2. 横截面分析：独立董事比例变化

本文检验高管薪酬与风险投资水平变化是否直接与独立董事比例变化有联系。构建了两个虚拟变量：*MINOR_INDP_POST SOX*，指后 SOX 时代（2002—2006）的公司年度样本中，如果在 SOX 法案实施前没有过半数独立董事，则赋值为 1，否则为 0；*MAJOR_INDP_POST SOX*，指后 SOX 时代（2002—2006）的公司年度样本中，如果公司在 SOX 法案实施前已经拥有过半数独立董事，则赋值为 1，否则为 0。变量 *MINOR_INDP_POST SOX* 代表非遵守组（“non－compliant” firms）：由于在 2002 年前没有达到要求，被迫提高独立董事的比例以迎合 SOX 法案的监管要求；变量 *MAJOR_INDP_POST SOX* 代表遵守组（“compliant” firms）：在 2002 年前已经达到独立董事比例过半的要求。本文利用下述方程组进行回归，检验 *MINOR_INDP_POST SOX* 的系数是否显著异于 *MAJOR_INDP_POST SOX* 的系数。其他各变量定义如上文所述。

$$VEGA = \delta_0 + \delta_1 MINOR\_INDP\_POST\ SOX + \delta_2 MAJOR\_INDP\_POST\ SOX + \delta_3 INVEST + \delta_4 STD\_RET + \delta_5 DELTA + \delta_6 CASH\_COMP + \delta_7 LOG\_SALES + \delta_8 M\_B + \delta_9 RETURN + \delta_{10} LEVERAGE + Industry\_Dummies + \varepsilon \quad (4)$$

$$DELTA = \delta_0 + \delta_1 MINOR\_INDP\_POST\ SOX + \delta_2 MAJOR\_INDP\_POST\ SOX + \delta_3 INVEST + \delta_4 STD\_RET + \delta_5 VEGA + \delta_6 TENURE + \delta_7 CASH\_COMP + \delta_8 LOG\_SALES + \delta_9 M\_B + \delta_{10} CASH + \delta_{11} RETURN + \delta_{12} LEVERAGE + Industry\_Dummies + \varepsilon \quad (5)$$

$$RISKY\_INVESTMENTS = \delta_0 + \delta_1 MINOR\_INDP\_POST\ SOX + \delta_2 MAJOR\_INDP\_POST\ SOX + \delta_3 VEGA + \delta_4 DELTA + \delta_5 TENURE + \delta_6 CASH\_COMP + \delta_7 LOG\_SALES + \delta_8 M\_B + \delta_9 CASH + \delta_{10} RETURN + \delta_{11} SALES\_GROWTH + \delta_{12} LEVERAGE + Industry\_Dummies + \varepsilon \quad (6)$$

四、实证结果

（一）描述统计

描述性统计结果显示，期权和工资是样本高管薪酬的两个主要形式，激励性薪酬（期权和奖金）占高管全部薪酬较大比重（超过 50%）。本文对变量 *VEGA*、*DELTA*、*INVEST*

和 *STD_RET* 分年度列示，统计结果显示，在 SOX 法案实施后，激励性薪酬结构偏向于固定工资和奖金激励。

（二）实证结果

1. 后 SOX 法案时代的高管激励性薪酬

本文首先对第一个方程组进行回归，实证结果表明，在方程（1）的回归中，变量 *INVEST* 和 *STD_RET* 的系数均显著正相关，表明风险项目投资越多，*VEGA* 越高。在方程（2）的回归中，变量 *INVEST* 和 *STD_RET* 的系数均显著正相关，表明风险项目投资越多，*DELTA* 越高。交互项 *INVEST* × *SOX* 和 *STD_RET* × *SOX* 的系数均显著为负。这一结果支持了直接路径假说，表明在后 SOX 法案时代，由于个人违规成本的增长，在给定 *VEGA* 水平下，管理层对风险项目投资的激励显著降低。

方程（4）和方程（5）的回归结果显示，*MINOR_INDP_POST SOX* 与 *MAJOR_INDP_POST SOX* 的系数均显著为负，且 *MINOR_INDP_POST SOX* 与 *MAJOR_INDP_POST SOX* 的系数存在显著差异，实证结果表明，董事会独立性的改变影响了高管激励性薪酬。

2. 后 SOX 法案时代的风险投资

方程（3）的实证结果表明，变量 *VEGA* 和 *DELTA* 分别与 *INVEST* 显著正相关；然而变量 *VEGA* 与 *STD_RET* 显著正相关，变量 *DELTA* 与 *STD_RET* 显著负相关，这可能是由于变量 *STD_RET* 捕捉了 *INVEST* 所没有的信息。

交互项 *VEGA* × *SOX* 和 *DELTA* × *SOX* 的系数均显著为负，进一步验证了直接路径假说，高管的投资决策与激励性薪酬的敏感性在 SOX 法案之后降低了。因此，后 SOX 时代有额外的限制性因素会影响高管投资决策，表明 SOX 法案增加了 CEO 的直接成本。

综合前面的实证结果，在 SOX 法案实施后，董事会降低了 *VEGA* 和 *DELTA*，并且风险投资决定对激励性薪酬的敏感性降低了。这些证据既符合直接路径也符合薪酬路径。

（三）进一步检验

公司在 SOX 法案后投资战略的改变是否会损害投资者利益是一个重要的研究问题。本文认为，规避风险的投资策略会损害投资者的利益，但是治理水平的提高也会避免投资扭曲（distortions），符合股东利益。因此，本文做了两个补充分析：第一，检验 SOX 后，薪酬和投资的改变是否主要发生在 SOX 前投资不是最优的公司。第二，检验投资降低后公司绩效的改变。实证结果表明，投资的变化与较低的经营业绩显著相关。此外，本文还做了稳健性检验，将 *SOX* 变量划分了单个年度虚拟变量，然后重新进行实证分析，实证结果没有发生实质变化。

五、结论

本文考察了 SOX 法案影响公司投资策略的机制。研究发现，SOX 法案的公司治理制度显著降低了 CEO 薪酬契约中的薪酬敏感性（*Delta*）和风险偏好动机（*Vega*），而薪酬契约的变化导致公司减少研发支出、资本支出和并购等投资活动。研究还发现，投资实际减少额超过薪酬变化引起的预期减少额，这表明 SOX 法案直接影响 CEO 风险偏好动机。最后，本文研究发现，这些投资的变化与较低的经营业绩显著相关。本文的实证结果解释了公司治理制度与公司和管理层的激励如何相互影响，进而影响公司的经营和投资策略。本文的实证结果表明，SOX 法案的一个直接成本是 SOX 法案后显著减少风险投资活动。这些投资的变化，部分源于高管薪酬契约的改变，部分源于高管个人进行风险活动的成本。

本文可能存在两个局限：第一，本文不能区分 SOX 法案下薪酬契约与风险承担之间的因果关系，而只是一个关系研究；第二，本文的实证结果依赖于工具变量的有效性，尽管稳健性检验能够部分减少这些问题，但依然没有完全解决。

（整理人：林东杰）

主要参考文献

[1] Bargeron, L., K. Lehn, and C. Zutter. 2009. Sarbanes - Oxley and corporate risk - taking. *Journal of Accounting and Economics* 49: p. 34 - 52.

[2] Berger, P. G., E. Ofek, and D. L. Yermack. 1997. Managerial entrenchment and capital structure decisions. *Journal of Finance* 52: p. 1411 - 1438.

[3] Black, F., and M. Scholes. 1973. The Pricing of Options and Corporate Liabilities. *Journal of Political Economy* 81: p. 637 - 654.

[4] Carter, M. A., L. J. Lynch, and S. L. Zechman. 2009. Changes in bonus contracts in the post - Sarbanes - Oxley era. *Review of Accounting Studies* 14: 480 - 506.

[5] Chhaochharia, V., and Y. Grinstein. 2009. CEO compensation and board structure. *Journal of Finance* 64: p. 231 - 261.

[6] Coles, J. L., N. D. Naveen, and L. Naveen. 2006. Managerial incentives and risk - taking. *Journal of Financial Economics* 79: p. 431 - 468.

[7] Conyon, M. J., J. Core, and W. Guay. 2011. Are U. S. CEOs paid more than U. K CEOs? Inferences from riskadjusted pay. *Review of Financial Studies* 24: p. 402 - 438.

[8] Core, J., W. Guay, and D. Larcker. 2003. Executive compensation and incentives: A survey. *Economic Policy Review* 9: p. 27 - 50.

[9] Merton, R. 1973. Theory of rational option pricing. Bell Journal of Economics and Management Science 4: p. 141 - 183.

ξ4-16　讨论公司治理改革和高管激励对投资行为与风险承担的影响

Discussion of Corporate Governance Reform and Executive Incentives: Implications for Investments and Risk - Taking

文献来源：Selto, F. H. and M. Cussatt. 2013. Discussion of Corporate Governance Reform and Executive Incentives: Implications for Investments and Risk - Taking. Contemporary Accounting Research, 30 (4): 1333 - 1343.

【摘要】本文讨论了 Cohen, Dey and Lys (CDL) 文章的优点与缺点。优点包括对 SOX 法案影响公司投资策略和影响公司风险投资的多种机制提供了有说服力的理论论证。CDL 的研究对理解外部监管政策以及丰富管理会计研究和管理控制的课堂讨论提供了有趣的机会。文章的缺点包括：第一，由于数据的可获得性受限，研究范围窄；第二，实施研究设计和方法的困难；第三，对激励和投资的衡量可能存在偏差；第四，SOX 法案对薪酬、激励和投资影响的估计不完整；第五，内生性问题。本文对将来研究中可能出现的这些问题提供了一些建议。

一、引言

本文认为 CDL 在财务会计和管理会计的研究之间建立了桥梁。这种桥梁的建立可能会带来两种不同的风险，一种是上行的风险，即财务会计和管理会计的研究者获得了解决常见的理论和方法问题的机会，本文认为从专业的角度来看这是非常值得肯定的；另一种是下行的风险，即财务会计和管理会计的研究者都对这种努力和结果不满意，特别是当研究的领域较窄的时候，这种不满意将无法避免。

对将来可能会像 CDL 一样，将财务和管理会计研究联系在一起的研究，本文提出了可供参考的建议。

二、研究范围

一般来说，可以将文章的研究问题分为理论上的研究问题和与之对应的实际的研究问题。CDL 理论上的研究问题非常重要并且具有明显的内生性。CDL 假设公司治理（如董事会构成和监督）、管理层控制（如激励）和管理层决策（如风险投资）共同决定了公司组织架构和公司的产出。进一步，外部事件（如法规的变化）能够引起公司组织架构的重构，如图 4－16 所示。

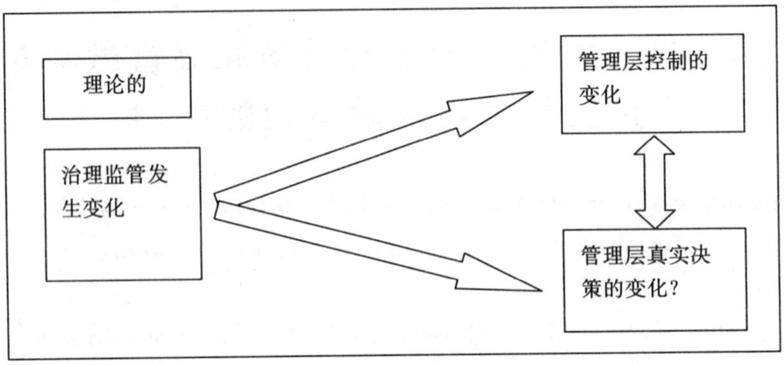

注：引自原文第 1333 页，Figure 1 Conceptual research question。

图 4－16　理论上的研究问题

实际的研究问题往往需要在数据的可获得性、变量的可衡量性以及构建方程的有效性之间进行权衡。因此，实际的研究问题通常比理论上的研究问题要窄。CDL 的实际研究问题也是如此。其他的研究者也许会选择不同的研究内容，但是 CDL 所选择的数据足以满足他们所选择的计量方法。CDL 的实际研究问题如图 4－17 所示。

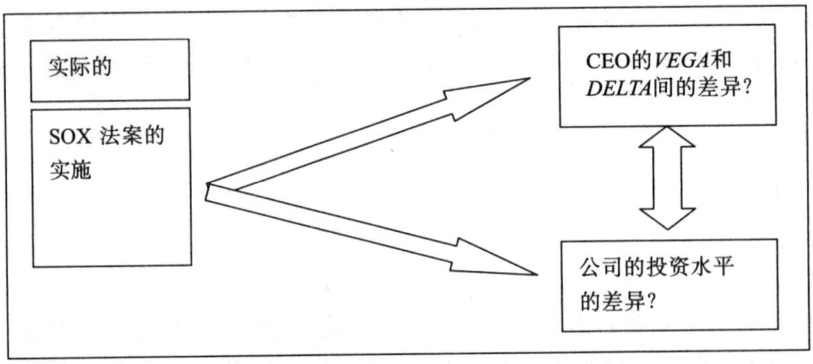

注：引自原文第 1334 页，Figure 2 Operational research question。

图 4－17　实际的研究问题

CDL 从组织架构的一个比较窄的视角来研究问题，他们认为外部事件（SOX 法案）同时改变了公司和管理层的激励，使得董事会修改 CEO 的薪酬结构时，会考虑给予其更多的固定薪酬、更多的现金薪酬以及更少的期权薪酬（*DELTA* 和 *VEGA* 的减少）。同时，他们认为其他的管理控制方法不太需要重新优化以达到对管理层控制的目标，换句话说，其他的管理控制方法可以看作是随机的噪音。

然而，Khandwalla（1972）研究发现公司使用组合的管理层控制，而不仅仅是基于绩效激励性的控制。理论上的研究问题应该是外部事件（如 SOX 法案）可能会引起管理层控制组合的重新变化，但是 CDL 忽略了这种可能性。

尽管考虑整个管理层控制组织的重构是有趣的，但是以此批评 CDL 是不公平的。事实上，我们应该鼓励这种研究，这能够激励产生更多的有价值的研究。

三、研究设计和方法

CDL 在研究设计中使用了协方差分析，而没有使用控制组，CDL 认为很难找到合适的控制组，但是这本身是内生于研究方法的选择。

CDL 假设 SOX 法案影响了公司对高管激励的设计和风险（投资）决策。为了验证这个假设，CDL 选择了与 SOX 法案颁布时间有关的 1992—2006 年的样本。然而，在这段时间，可能存在其他重大事件，如经济繁荣与萧条、会计舞弊、SOX 法案、伊拉克战争、SFAS 123R（2006）以及猖獗的金融投机等。CDL 虽然加入一些控制变量来控制这些事件，并且认为他们已经分离出了 SOX 法案的单独影响，但是如果仍不能完全控制这些事件的影响，结果可能会有偏。

CDL 对执行事件前后的研究检验是非常困难的，因为事件时间的重要性以及研究需要控制其他条件不变。从 CDL 文章中可以看出，在 SOX 法案通过前一年，投资的下降趋势已经开始了。难道公司能够预测 SOX 法案的通过并实施管理层控制以控制风险？所以 CDL 结果可能是其他的事件引起了投资趋势的变化，而非 SOX 法案。

与此同时，本文认为一些变量的衡量可能存在以下问题：

（一）股票和基于期权激励的衡量

VEGA（股票回报波动的薪酬敏感度）和 *DELTA*（股票价格的薪酬敏感度）看似合理，但是可能会受到 2000 年春季开始的市场低迷的影响，衡量会出现偏差。Core and Guay（2002）研究发现，当大部分的股票期权是价外期权时，*VEGA* 和 *DELTA* 有偏。这和 2000 年开始的市场低迷类似，在这个时期，*DELTA* 会被高估，*VEGA* 会被低估。Core and Guay（2002）提供了一个修正的方法，同时使用更长的年度数据，来减少在一定期间内大部分的期权无法行权而造成的偏差。

（二）投资的衡量

INVEST 变量是用投资类支出的总和除以平均总资产，并用市场中位数调整。这种衡量方式，忽略了在样本期间重大的金融投资可能代替真实投资的可能性。

（三）SOX 法案对薪酬、激励、投资和绩效影响的衡量

CDL 使用 OLS 来检验 SOX 法案前后薪酬、激励、投资和绩效的变化。在回归方程中，有一个 *Time* 的控制变量（定义见下），这个时间变量会使得 SOX 法案对解释变量的影响被低估。

CDL 使用的回归方程是：

$Dep_j = \alpha + \beta \times Time + \gamma \times SOX + xTime \times SOX$

Dep_j = 薪酬、激励、投资或绩效

Time = 日历年 - 1992

SOX 法案 = 如果年份是属于 2002—2006 年取 1，否则取 0

SOX 法案的系数 γ，是当时间等于 0 时，SOX 法案对被解释变量的影响。然而，从 CDL 的方程可以看出，时间等于 0 是 1992 年，远早于 SOX 法案实施的 2002 年。如果时间是如此定义的话，2001 年底到 2002 年底被解释变量的变化水平应该是 $\gamma + 9\chi + (\beta + \chi)$，这与 CDL 预测的不一致 $[\gamma + (\beta + x)]$。

为了正确的预测 SOX 法案对被解释变量的影响，*Time* 变量应该用一种简单的方法重新定义：向中对齐（centering），这种方法在回归中使用相对重要的标杆来衡量变量（Kramer and Blasey，2004）。如果假设斜率在 2001 年底/2002 年初中断，应该定义 Time = Year - 2001。这时，*SOX* 法案的系数 γ 能够解释为 2002 年初 SOX 法案对被解释变量的影响。这比 CDL 的设计更加直接。

本文用这种向中对齐（centering）方法重新进行了检验。总体来说，向中对齐（centering）时间是一种简单的调整方式，能够加强作者的解释。向中对齐（centering）同样能够减少解释变量和交互项之间的共线性（Kraemer and Blasey，2004）。在研究中，如果回归方程中存在交互项时，本文建议应该使用向中对齐（centering）的方法。

四、无处不在的内生性

CDL 在研究中描述内生性问题如下：

第一，SOX 法案是一外生事件。

第二，CEO 的投资决策反映了个人风险偏好，能够被 SOX 法案和绩效薪酬激励的变化直接影响。

第三，董事会知晓 CEO 个人风险会影响其投资决策，同时考虑到 SOX 法案会改变 CEO 的个人风险，因此，他们会顺势改变 CEO 的薪酬业绩敏感度，进而改变其风险偏好。

一个理论上的考虑并不是这些变量是不是相关（逻辑上以及代理理论认为它们相关），而是如何相关。事实上，人们对董事会和 CEO 在决策制定时的管理层控制的交互作用知之甚少。

CDL 选择了工具变量和 3SLS 来解决内生性。CDL 选择了理论上和实证上最好的工具变量，然而他们仅仅是依据间接的统计结果和不太相关的文献来选择工具变量。由于没有报告第一阶段的实证结果，因此本文不能评估工具变量的效用如何。如果 CDL 选择了无效的工具变量，那整个估计结果都是有偏的。

CDL 表示薪酬和投资变量的 OLS 估计的结果与 3SLS 估计的结果类似，但是出于简洁的目的，仅仅报告了 3SLS 估计的结果。这个类似的结果让人不放心：首先，结果类似表明 OLS 估计没有受到内生性的影响；其次，结果类似也表明工具变量的选取可能无效。总之，要么不存在内生性，要么是 CDL 的 3SLS 估计无效。

与此同时，CDL 的研究中也缺乏对 3SLS 中工具变量的稳健性检验。

五、结论和建议

CDL 提出了一个非常有趣的研究问题，并且运用了复杂的统计方法（3SLS）来检验假设。表面上看起来，SOX 法案确实对公司的风险和投资有逆向的影响。这是一个可信的故事，CDL 也提供了大量的证据来支持这个故事，他们发现 SOX 法案后：*VEGA* 降低以及 CEO 激励薪酬减少；*DELTA* 降低以及 CEO 激励与股东利益一致性程度减弱；CEO 投资决策与 CEO 激励之间的敏感度降低；SOX 法案后风险投资减少；激励和监督是互相替代的。

当然，研究中也存在前文所讲的理论、变量衡量和检验的问题。也许有的研究者可以使用新的研究方法（如对齐中心的变量以及有效工具变量的选择），但是 CDL 已经揭开了公司管理层控制激励的黑箱的盖子。公司可能会重新组织管理层控制组合，董事会和管理层的反应符合预期。CDL 的研究发现，SOX 法案引起了绩效薪酬的变化和个人风险偏好的变化。他们的研究非常有趣，并将会激励更多的研究来打开黑箱。

相关研究问题

公司结构设计、管理层控制的运用和修正等问题一直是数十年来管理会计研究者的研究重点。然而，很少能有像 CDL 的研究。本文认为对于那些想选择其他研究方法的研究者来说，他们能够从 CDL 实验研究、实地研究中学习，并能使用 CDL 的调查方法去调查公司是如何面对外部的变化而调整管理层控制组合。以下是一些可能的方法：

第一，确定“关键案例”公司做实地调查，如拥有有趣数据的公司重新调整了管理层控制的组合，但是是否仍然会受到 SOX 法案的影响。

第二，模拟研究可能会发现关键的激励价值。

第三，实验研究能够检验当个人偏好发生变化时，不同激励和监督水平下的决策。

第四，调查问卷可以揭示公司再平衡管理层控制的变化。

CDL 研究的另外一个重要的贡献是我们可以将这个研究带入课堂。管理会计的教师可以讨论非传统的代理理论的激励和风险，包括外部事件、治理、管理层控制和真实决策的交互作用。我们可以讨论在一个重要的外部事件发生时，参与者是如何调整管理层控制。也许，在 CDL 的指引下，还可以开发类似的教学案例。

（整理人：舒伟）

主要参考文献

[1] Cohen, D. A., A. Dey, and T. Z. Lys. 2008. “Real and accrual – based earnings management in the pre – and post – Sarbanes Oxley periods.” *The Accounting Review* 83: p. 757 – 787.

[2] Core, J. and W. Guay 2002. “Estimating the value of employee stock option portfolios and their sensitivities toprice and volatility.” *Journal of Accounting Research* 40 (3): p. 613 – 630.

[3] Khandwalla, P. N. 1972, “The effect of different types of competition on the use of management controls,” *Journal of Accounting Research* 10: p. 275 – 285.

[4] Kraemer, H. C. and C. M. Blasey 2004. “Centring in regression analyses: a strategy to prevent errors in statisticalinference.” *International Journal of Methods in Psychiatric Research* 13 (3): p. 141 – 151.

§4－17 离职审计合伙人供职审计委员会是否会使公司从审计师处获得更多的非审计服务?

Do Former Audit Firm Partners on Audit Committees Procure Greater Nonaudit Services from the Auditor?

文献来源：Naiker，V.，D. S. Sharma，and V. D. Sharma. 2013. Do Former Audit Firm Partners on Audit Committees Procure Greater Nonaudit Services from the Auditor?. *The Accounting Review*，88（1）：297－326.

【摘要】 为了防止审计师独立性受到潜在威胁，SOX法案要求只有在获得公司审计委员会预先批准（pre－approve）的情况下公司才可以聘请外部审计师提供非审计服务（Nonaudit service，即NAS）。然而，与当前事务所有关联的（affiliated）离职审计合伙人（former audit firm partner，FAP）供职于审计委员会可能会干扰审计委员会对非审计服务预先批准过程的尽职调查。为了降低该可能性，SEC出台了有关聘任离职审计人员为独立董事的三年"冷却期"的规定。本文发现，有关联合伙人和无关联合伙人在审计委员会任职都不会从外部审计师处获得更多的非审计服务，反而会减少非审计服务。此外，在离职审计合伙人任职于审计委员会后，非审计服务减少得更明显。进一步分析表明，三年"冷却期"的规定可能是不必要的，该规定是否恰当值得进一步的商榷。本文对监管者、政策制定者、公司董事会及未来研究都具有重要的意义。

一、研究问题

（一）问题的提出

从外部审计师处获得非审计服务和"旋转门"①（revolving－door）聘任引起了对审计师独立性的关注（Independence Standards Boards，ISB，2000；Securities and Exchange Commission，SEC，2000，2001；Lennox，2005；Geiger et al.，2005）。为了防止审计师独立性受到威胁，SOX法案首先禁止了审计师提供的大部分非审计服务；其次，授权审计委员会预先审批从外部审计师处所获得的SOX法案允许的非审计服务；最后，要求公司需要在委托声明书（proxy statement）中披露预先批准的从外部审计师处购买的非审计服务的决策程序。在做出预先批准的决定前，独立的审计委员会必须评估所购买的非审计服务可能

① 本文指从监督者（审计师）到公司内部员工身份的转变。

对审计师独立性造成的影响。尽管 SOX 法案禁止了审计师所提供的大部分的非审计服务，监管者（PCAOB 2005；SEC 2006）及市场参与者仍然认为从外部审计师处获得非审计服务会影响审计效果（Krishnan et al.，2005；Francis and Ke，2006；Francis，2006）。因此，PCAOB（2007）通过了 3526 法规，其于 2008 年 9 月 22 日生效，要求登记的公众会计师事务所以书面形式向审计委员会披露其与客户公司的所有可能影响审计师独立性的关系（PCAOB 2008）。由于离职审计人员供职于审计委员会可能会降低审计委员会的有效性，SEC（2003a）通过了纽约交易所和纳斯达克关于针对有关联的合伙人三年"冷却期"的规定（2004 年 11 月 4 日生效），即曾供职于为公司提供外审服务的会计师事务所的员工在离开原事务所三年后，才可以受聘为公司董事会的独立董事［NYSE Section 303A（2）（b）（iii），NASDAQ Rule 4200（a）（15）（F）］。但是这一规定却引起了一些反对意见，首先，这些规则不必要地阻止了具备资格的候选人接受审计委员会的聘任（Cytron 2005）；第二，冷却期后，离职的审计人员有关公司的有用信息有所减少，降低监督质量；第三，三年期是否足够保证降低其对独立性的影响。诚然，离职审计合伙人供职于审计委员会可能会影响非审计服务的购买决策。出于对以前事务所的忠诚，离职审计合伙人会把更多的公司业务介绍给以前的事务所（Iyer et al.，1997；Lennox and Park，2007）。以前有关"旋转门"的研究主要探讨的是离职审计人员任职于管理职位是否会影响审计结果（Lennox，2005；Geiger et al.，2005），目前还没有经验证据表明离职审计人员是否供职于事务所客户的审计委员会与外部审计师独立性之间存在显著的关系。

本文所研究的主要问题是：有关联的离职审计合伙人和无关联的离职审计合伙人供职于审计委员会是否会影响从外部审计师处购买的非审计服务。无关联的离职审计合伙人是指该董事以前是会计师事务所的合伙人，但该事务所当前或过去并不负责公司的外部审计；有关联的前合伙人是指，该董事以前是会计师事务所的合伙人，且该事务所当前或曾经负责公司的外部审计。

本文的逻辑框架见图 4－18。

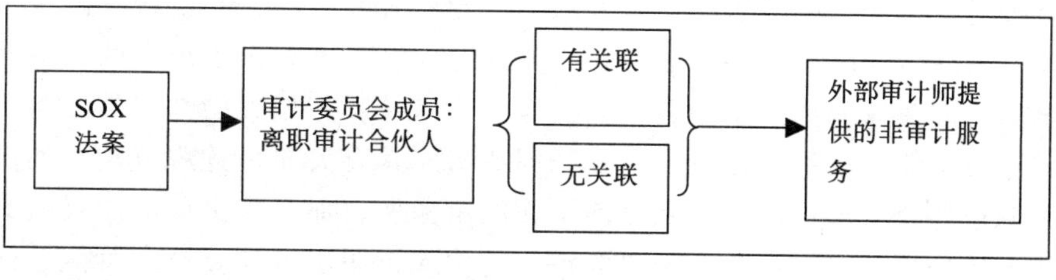

图 4－18　离职审计合伙人供职审计委员会与从审计师处获得的非审计服务

（二）研究意义

本文的研究问题具有很强的现实意义：公司直接聘请曾经审计过公司的事务所的合伙人进入公司审计委员会的现象，近年来受到监管部门的关注，监管部门认为这种任命会影响审计委员会的独立性，进而影响审计师的独立性，因而出台一些措施来规避。然而这一担忧在实证研究中并未得到有效的论证。因此，本文针对这一颇具争议性的现象，做了实证的考察，能够为监管者和政策制定者提供有益的借鉴。

（三）主要贡献

第一，以前的研究关注于有关联的离职审计人员供职于管理职位与审计结果的关系，本文是首次针对离职审计人员供职于审计委员会与从审计师处获得的非审计服务关系的研究。

第二，本文是第一个检验没有达到三年"冷却期"的有关联的审计合伙人供职于审计委员会是否会影响审计委员会购买非审计服务的研究，为三年"冷却期"这一条款是否必要提供了经验证据。

第三，本文使上市公司发现相对于审计委员会的其他专家，事务所合伙人层次的财务专家供职于审计委员会将会使上市公司更少地从外部审计师处购买非审计服务，丰富了财务专家（financial expertise）的文献。

第四，本文是首批为 SOX 法案之后任命的专家（如无关联的离职审计合伙人）是如何与审计师独立性相关提供经验证据的研究之一。

二、理论分析和研究假设

有关联的离职审计合伙人任职于审计委员会可能会降低审计委员会作出非审计服务购买决策时的独立性，以致购买较多的非审计服务。第一，在他曾经是事务所合伙人并且该事务所是公司的外审机构时，有关联的离职审计合伙人可能已经与管理层私交不错（Imhoff 1978, 2003），为了避免争端，其不太可能对管理层所建议购买的非审计服务提出质疑。第二，由于曾经任职于原会计师事务所，有关联的离职审计合伙人可能更倾向于购买更多的非审计服务（Iyer et al. , 1997；Lennox and Park, 2007）。第三，利用其与原来同事在对公司进行审计时所建立的信任和信心，有关联的离职审计合伙人更可能影响非审计服务购买决策的结果。第四，群体理论（group theory）认为，由于某些专家拥有相关的知识与经验，其他的成员会赞同或听从这些专家的决定（Kameda et al. , 1997；Sargis and Larson, 2002）。当其他成员听从组织中专家的决定时，该专家获得了更大的社会性权利，并且更具影响力。有关联的离职审计合伙人拥有与非审计服务相关的知识与经验，审计委员会的其他成员更可能会认为其是专家，并赞同或听从其有关非审计服务购买的决策。如果有关联的离职审计合伙人更倾向于其之前工作的事务所，那么其更可能建议购买较多的非审计服务。上述分析表明，有关联的离职审计合伙人供职于审计委员会可能会同从外部审计师处获得的非审计服务正相关。

另一种观点认为：一方面，公司可以聘任离职的审计合伙人，利用他们的专业知识来提供咨询建议，因而会降低对外部审计师的非审计服务需求。另一方面，有关联的离职审计合伙人供职于审计委员会将带来大量的有关财务报告和鉴证程序的经验和专业知识（Independent Standards Board, ISB, 1999, 2000；CAII, 2003；SEC, 2003a），其会采取更为谨慎的非审计服务购买决策。第一，在后 SOX 法案时期，由于逐步加强的监管审查力度，有关联的离职审计合伙人就职于审计委员会并作为独立董事会更关注潜在的诉讼风险及声誉损失（Lennox and Park, 2007；Naiker and Sharma, 2009）。由于违背 SOX 法案的监管要求会受到严厉的惩罚，有关联的离职审计合伙人会通过减少从其之前所属的事务所购买非审计服务来传递独立性的信号，进而增加他们的声誉。群体理论认为，审计委员会中非会计或审计专家会将非审计服务购买的决策权交给会计或审计专家（Kameda et al.，1997；Sargis and Larson，2002），如果有关联的离职审计合伙人被赋予这项权利，出于声誉和诉讼风险的考虑，其将会更为谨慎地决定是否从其之前所属的事务所购买非审计服务。第二，SOX 法案要求审计委员会披露所购买的非审计服务费用，并保证所购买的非审计服务不会影响审计师的独立性。如果事后发现审计委员会没有尽职的话，其成员将会面临声誉损失和被起诉。因此，该披露要求会使供职于审计委员会的有关联的离职审计合伙人更倾向于限制购买审计师提供的非审计服务。第三，由于有关联的离职审计合伙人拥有较多的为客户提供审计和非审计服务的经验，其可能拥有足够的关于其之前所属的事务所提供的某项非审计服务的专业知识，以及这些非审计服务可能对审计师独立性和审计结果的影响。因此，相比于审计委员会其他成员，在不损害审计师独立性及审计质量的前提下，有关联的离职审计合伙人能更好的评估从审计师处购买的非审计服务的性质（nature）和数量（quantity）。上述分析表明，有关联的离职审计合伙人供职于审计委员会可能会同从外部审计师处获得的非审计服务负相关。

基于上述分析，本文预期有关联的离职审计合伙人供职于审计委员会与从外部审计师处获得的非审计服务不相关。无关联的离职审计合伙人不会对当前提供审计服务的事务所表现出忠诚，先前的研究发现，由会计或审计专家组成的审计委员会同更高质量的审计和更高质量的财务报告相关。因此，本文预期无关联的离职审计合伙人供职于审计委员会同从外部审计师处购买的非审计服务负相关。

三、样本选择和研究设计

（一）样本来源

本文初始样本包含 3 845 个公司年度观测值，样本区间为 2004 年和 2005 年，公司治理、董事及首席财务官（CFO）的传记资料数据来源于 Corporate Library's Board Analyst 数据库、代理声明书（proxy filings）及公司网站。剔除在 Compustat 数据库中缺失财务数据（439 个观测值），在 Audit Analytics 数据库中缺失审计费用数据（155 个观测值），及银行和金融机构（503 个观测值）的观测值后，最终得到有效样本 2748 个。

（二）研究设计

本文模型是：

$$FEERATIO = f\{AFAP, UFAP, Controlvariables\} \quad (1)$$

因变量是非审计服务费用占付给审计师的所有费用的比例，付给审计师的费用为审计费用和非审计服务费用的总和。

自变量包括两个虚拟变量，如果审计委员会中至少一个成员具有曾任会计师事务所合伙人的工作背景，且该事务所现在为公司提供审计服务，则 *AFAP* 取值为 1，否则为 0；如果审计委员会中至少一个成员具有曾任会计师事务所合伙人的工作背景，但该事务所现在不为公司提供审计服务，则 *UFAP* 取值为 1，否则为 0。

控制变量包括审计委员会成员其他工作背景的虚拟变量（*OTHER_ACCTG*，当审计委员会至少有一个成员不具有离职审计合伙人背景但具有 CPA、首席财务官、财务部门的副主管、财务总监或在其他主要的会计职位任职过的工作经验时取值为 1，否则为 0）。

其他控制变量包括一组可能影响非审计服务购买的治理及公司特征，包括审计委员会独立性（*ACIND*）、审计委员会规模（*ACSIZE*）、首席财务官是否为有关联或无关联的离职审计合伙人、供职于董事会而不是审计委员会的离职审计合伙人同现在提供审计服务的事务所是有关联的（*AFFBD*）或是无关联的（*UAFFBD*）、非审计委员会中独立董事的比例（*BDIND*）、首席执行官是否也是董事会主席（*CEO_DUALITY*）、董事会规模（*BDSIZE*）、董事会会议次数（*BDMEET*）、首席执行官是否为新聘任的（*NEW_CEO*）、是否经四大审计（*BIG4*）。可能降低从外部审计师购买非审计服务的控制变量包括大股东持股比例（*BLOCK*）、财务杠杆（*LEV*）、账面市值比（*BM*）、年度回报（*ANNRET*）、营业收入（*OP_INCOME*），及事务所是否在其任期的前两年（*INITIAL*）。可能增加从外部审计师购买非审计服务的公司特征包括公司规模（*ASSETS*）、机构投资者持股比例（*INSTOWN*）、业务复杂程度（*FOROPS* = 境外业务）、会计事项（*SPITEMS* = 特别项目；*EMPLAN* = 养老金或退休计划）、是否发生并购（*MERGER*）或重组（*RESTR*）、是否发行新债（*DEISSUE*）及销售增长率（*SALESGR*）。

四、实证结果

（一）有关联（或无关联）离职审计合伙人供职于审计委员会对从外部审计师购买非审计服务的结果分析

模型（1）的回归结果显示因变量 *FEERATIO* 与自变量 *AFAP* 和 *UFAP* 之间都存在显著的负相关关系。*AFAP* 与 *UFAP* 系数之间不存在显著的差异。这些结果意味着有关联的离职审计合伙人和无关联的离职审计合伙人供职于审计委员会将显著地减少外部审计师的非审计服务。控制变量的结果显示，*OTHER_ACCTG*、*FINANCE* 与 *FEERATIO* 负相关；*SUPER* 与 *FEERATIO* 正相关。同时，本文发现付给外部审计师的非审计服务费用占付给审计师的总费用的比例与控制变量 *ACIND*、*ACSIZE*、*BLOCK*、*LEV*、*BM* 在 5% 的水平上显著负相关，与 *INITIAL*、*DEISSUE* 在 10% 的水平上显著负相关，与 *BDSIZE*、*BDMEET*、*BIG4*、*INSTOWN*、*RESTR*、*SALESGR* 在 5% 的水平上显著正相关，与 *AFFCFO*、*CEO_DUALITY*、*ASSETS* 在 10% 的水平上显著正相关，控制变量的回归结果与先前有关非审计服务购买决定因素的研究发现相一致。结果显示，在后 SOX 法案时期，当审计委员会拥有合伙人层次的财务专家时，审计委员会能够减少对外部审计师提供的非审计服务的依赖。虽然在前 SOX 法案时期，聘任有关联的离职审计合伙人就职于管理职位可能会影响审计师的独立性，但是监管层关于有关联的离职审计合伙人就职于审计委员会参与决定非审计服务的购买会影响外部审计师的独立性这一担忧，在后 SOX 法案时期可能是不必要的。研究结果表明，有关联的离职审计合伙人就职于审计委员会会降低从外部审计师购买非审计服务，即采取更为谨慎的预先批准非审计服务的策略。

（二）其他补充检验

1. 衡量非审计服务的其他方法及非审计服务类型对结果的影响

第一，作者用三种其他的因变量衡量方式重新检验模型（1），三种衡量方式分别是非审计服务费用的自然对数（*LOG_NAF*）、非审计费用占审计费用的比例（*NAF_TO_AF*）、未预期的非审计费用的自然对数（*UNEXP_NAF*）。结果显示，*AFAP* 和 *UFAP* 与这三种方式衡量的因变量均负相关，但 *AFAP* 与 *UFAP* 的系数没有显著差异，表明有关联或无关联的离职审计合伙人供职于审计委员会能够通过减少购买非审计服务来降低影响外部审计师独立性的潜在威胁。第二，由于 SEC（2003d，2003e）要求披露纳税筹划的非审计服务费用、与审计相关的非审计服务费用及其他类型的非审计服务费用，本文用纳税筹划的非审计服务费用占付给外部审计师的总费用的比例、与审计相关的非审计服务费用占付给外部审计师的总费用的比例、其他类型的非审计服务费用占付给外部审计师的总费用的比例，作为因变量重新检验模型（1）。结果显示，*AFAP* 和 *UFAP* 与这三个衡量方式显著负相关，*AFAP*（*UFAP*）的系数显示，当审计委员会拥有至少一名有关联（无关联的）离职审计合伙人时，相对于总费用，纳税筹划的非审计服务费用、与审计相关的非审计服务费用、其他非审计费用分别降低 13.5%，4.0%，2.6%（8.3%，2.3%，2.8%）。结果表明，离职审计合伙人可能会认为纳税筹划的非审计服务更可能会降低外部审计师的独立性，因而其更关注于降低纳税筹划的费用。

2. 有关联的离职审计合伙人在三年“冷却期”期间或之后被任命对结果的影响

本文发现有关联的离职审计合伙人在三年“冷却期”期间和之后任职于审计委员会均与从外部审计师购买非审计服务负相关，当用两年“冷却期”作为区分标准时结果不变。

3. 后 SOX 法案时期聘任离职审计合伙人对结果的影响

后 SOX 法案时期的离职审计合伙人更可能了解公众和监管者对非审计服务的不当监督决策的处罚力度，其在供职于审计委员会后更可能采取降低购买非审计服务的决策。本文将有关联与无关联的离职审计合伙人按照聘任时间划分为前 SOX 法案时期和后 SOX 法案时期。结果表明，无论是前 SOX 法案时期或后 SOX 法案时期聘任的有关联的离职审计合伙人对非审计服务购买决策持有相似的谨慎度，然而在后 SOX 法案时期聘任的无关联的离职审计合伙人对非审计服务购买决策更为谨慎。

4. 关联类型对结果的影响

按照 Lennox（2005）对关联类型的分类，本文将有关联的离职审计合伙人与现任事务所的关联类型分为：雇佣（employment）、之前曾所属（alma mater）及随机（chance）①。结果（未报告）显示雇佣的系数显著为负，之前曾所属与随机的系数不显著。

① 雇佣：审计师原本在 X 事务所工作并审计 Y 公司，随后便离开 X 进入 Y 工作；之前曾所属：审计师原本在 X 事务所工作，后来进入 Y 公司，当时负责 Y 审计的是 Z 事务所，在审计师进入 Y 公司之后，公司的审计事务所由 Z 换成 X；随机：并不存在一定的因果关系，例如审计师曾经在 X 事务所工作，后来在她的职业生涯中到了 Y 公司，而此时负责 Y 公司审计的正好是 X 事务所。以上例子来源于 Lennox（2005）。

5. 有关联的离职审计合伙人、审计质量与非审计服务购买

本文用两种方式来划分审计质量（1）操纵性应计项目（2）是否达到分析师的预期。然后检验在不同的审计质量下，*AFAP* 和 *FEERATIO* 的关系是否存在显著差异。实证结果表明，在任何财务报告和审计质量下，两者都是显著的负相关关系。

6. 补偿性策略

相比于无关联的离职审计合伙人，有关联的离职审计合伙人可能会在降低从其之前所属的事务所购买非审计服务的同时，通过提高购买审计服务来补偿非审计服务的损失。但是结果（未报告）显示有关联的离职审计合伙人没有采用补偿性的策略。

7. 其他解释及差分分析

由于离职审计合伙人可能更了解非审计服务的成本和收费，所以相比于其他审计委员会成员，其有更高的议价能力去降低外部审计师的非审计服务收费。但是结果（未报告）显示，相对于其他成员，离职审计合伙人并没有更高的议价能力去降低外部审计师的非审计服务收费。本文用差分分析的方法来检验所购买的非审计服务程度在没有聘用离职审计合伙人的审计委员会，与聘用离职审计合伙人的审计委员会之间存在哪些不同。结果（未报告）表明，离职审计合伙人任职于审计委员会后，非审计服务减少得更明显。

8. 其他检验

本文还进行了一系列的其他检验：第一，分别评估离职审计合伙人作为审计委员会主席与其他成员对购买非审计服务的影响；第二，分别评估离职审计合伙人是由首席执行官或不是由首席执行官任命对购买非审计服务的影响；第三，本文一是剔除了 *FEERATIO* 小于 5% 的样本，二是增加控制变量，三是将样本划分为大公司和小公司，四是在具有更高代理成本的公司中重新检验，五是采用其他衡量 *AFAP* 和 *UFAP* 的方法，六是控制离职审计合伙人的自选择问题，七是采用二阶段回归方法同时对审计费用和非审计费用进行建模，八是剔除聘请四大的公司，及在聘请四大公司的样本中进行敏感性检验。本文的结论均未发生改变。

五、结论

本文研究发现，有关联的离职审计合伙人和无关联的离职审计合伙人供职于审计委员会都会降低购买审计师提供的非审计服务，进而降低对外部审计独立性的潜在威胁。离职审计合伙人任职于审计委员会后，公司购买的非审计服务减少得更明显。本文的研究同时发现，相对于满足三年（或者两年）“冷却期”规定的有关联的离职审计合伙人和无关联的离职审计合伙人，没有满足强制三年“冷却期”规定的有关联的离职审计合伙人供职于审计委员会在决定购买外部审计师提供的非审计服务时将会同样的谨慎。从监管角度出发，本文的研究表明，在后 SOX 法案时期的环境下，关于离职审计人员供职于审计委员会的担忧可能是不必要的。而且，有关离职审计人员经过三年“冷却期”才能成为公司独立董事的规定也是不必要的。

本文有以下的局限性：第一，同先前关于非审计服务的研究一样，作者不能观测到审计委员会预先批准的非审计服务的具体类型；第二，本文不能区分出那些曾审计过公司的

离职审计合伙人，因为这些数据不能通过公开渠道获得；第三，由于本文所用的数据库仅仅包含规模较大的上市公司，本文的结论可能只能应用于大公司；第四，本文只是检验了相关性但是无法推断因果关系；第五，历史任职数据仅仅包含了离职审计合伙人，如果非合伙人层次的离职审计人员供职于审计委员会可能会影响本文的研究结论。

未来的研究可以检验本文的结论在规模较小的公司中是否成立；检验合伙人层次的旋转门聘任、非合伙人层次的旋转门聘任与从外部审计师购买非审计服务的差别；通过实验研究和实地研究来检验审计委员会预先批准非审计服务的动机、过程，以及后果。

（整理人：曹健）

主要参考文献

[1] CPA Associates International, Inc. (CAII). 2003. Comments regarding proposed strengthening of the Commission's requirements regarding auditor independence. Available at: http://www.sec.gov/rules/proposed/s74902/ajsejba1.htm.

[2] Cytron, S. H. 2005. The challenge of finding qualified board and audit committee members. Catalyst (May/June): p. 42-45.

[3] Francis, J. 2006. Are auditors compromised by nonaudit services? Assessing the evidence. *Contemporary Accounting Research*, 23 (3): p. 747-760.

[4] Francis, J. R., and B. Ke. 2006. Disclosure of fees paid to auditors and the market valuation of earnings surprises. *Review of Accounting Studies*, 11 (4): p. 495-523.

[5] Geiger, M. A., D. S. North, and B. T. O'Connell. 2005. The auditor-to-client revolving door and earnings management. *Journal of Accounting, Auditing and Finance*, 20 (1): p. 1-26.

[6] Imhoff, E. A. 1978. Employment effects on auditor independence. *The Accounting Review*, 53 (4): p. 869-881.

[7] Imhoff, E. A. 2003. Accounting quality, auditing and corporate governance. *Accounting Horizons* (Supplement) p. 117-128.

[8] Independent Standards Board (ISB). 1999. Discussion Memorandum: Employment with Audit Clients. New York, NY: ISB.

[9] Independent Standards Board (ISB). 2000. Employment with Audit Clients. Independence Standard No. 3. New York, NY: ISB.

[10] Iyer, V. M., E. M. Bamber, and R. M. Barefield. 1997. Identification of accounting firm alumni with their former firm: Antecedents and outcomes. *Accounting, Organizations and Society*, 22 (3/4): p. 315-336.

[11] Kameda, T., Y. Ohtsubo, and M. Takezawa. 1997. Centrality in socio-cognitive network and social influence: An illustration in a group decision making context. *Journal of Personal Social Psychology*, 73: p. 296-309.

[12] Krishnan, J., S. Heibatollah, and Y. Zhang. 2005. Does the provision of nonaudit services affect investor perceptions of auditor independence? *Auditing: A Journal of Practice and Theory*, 24 (2): p. 111-135.

[13] Lennox, C. 2005. Audit quality and executive officers' affiliations with CPA firms. *Journal of Accounting and Economics*, 39 (2): p. 201-231.

[14] Lennox, C., and C. Park. 2007. Audit firm appointments, audit firm alumni, and audit committee independence. *Contemporary Accounting Research*, 24 (1): p. 235 - 258.

[15] Naiker, V., and D. S. Sharma. 2009. Former audit partners on the audit committee and internal control deficiencies. *The Accounting Review*, 84 (2): p. 559 - 587.

[16] Sargis, E. G., and J. R. Larson. 2002. Informational centrality and member participation during group decision making. *Group Processes and Intergroup Relations*, 5 (4): p. 333 - 347.

§4-18　与财务报告相关的内部控制和经理人抽租行为：来自内幕交易获利的证据

Internal Control over Financial Reporting and Managerial Rent Extraction: Evidence from the Profitability of Insider Trading

文献来源：Skaife, H. A., D. Veenman, and D. Wangerin. 2013. Internal Control over Financial Reporting and Managerial Rent Extraction: Evidence from the Profitability of Insider Trading. *Journal of Accounting and Economics*, 55 (1): 91-110.

【摘要】 本文检验了与财务报告相关的内部控制的失效和内幕交易获利之间的联系。研究发现，内幕交易获利与公司存在内部控制重大缺陷显著正相关。该正相关关系在内控缺陷披露前已存在，直到它们被修正之后才消失。本文还发现，当审计师对公司出具涉及"高层基调"（tone of the top）薄弱的否定意见，即表明该管理层具有更严重的自利行为倾向时，公司的内幕交易获利更多。

一、研究问题

（一）问题的提出

与财务报告相关的内部控制是用来确保财务报告可信的政策、流程和程序（policies, processes and procedures）。当内部控制失效的时候，因为没有正式的政策和程序的限制，管理层对会计估计和方法的选择有更多的自由裁量权（Hogan and Wilkins, 2008），管理层对外披露的财务报告的可靠性会下降，内部人相对于外部人会掌握更多更准确的私有信息，因此内部人交易自己所持有的公司股票更可能获利。基于此，本文试图研究以下几个问题：第一，如果公司存在与财务报告有关的内部控制重大缺陷，其内幕交易获利程度（insider trading profitability）是否更高；第二，内部控制重大缺陷被修正之后，公司内幕交易获利程度是否会降低；第三，根据 SOX 404 条款，审计师要对公司内部控制出具审计报告，包括对公司控制环境中"高层基调"进行评价。COSO（1992）指出"高层基调"是有效内部控制的基础，它是指高级管理人员对在整个企业范围内营造和保持有道德的企业文化的态度。如果管理层不诚信，那么即便再完整的内部控制系统也不会遏制管理层的自利行为。本文重点考察的是，审计师出具针对"高层基调"薄弱的否定内控意见，是否与公司内幕交易获利程度呈正相关关系。

本文的逻辑框架见图 4-19。

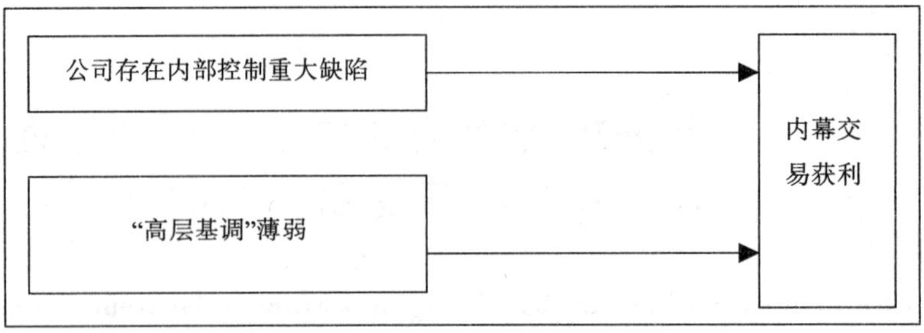

图 4-19　内部控制缺陷、管理层诚信水平与内幕交易的关系

（二）研究意义

如何防止股东的财富被“掏空”是会计领域的一个重要课题，也是投资者和监管部门所关心的话题。本文将内部控制缺陷、管理层的不诚信特征与内幕交易获利联系起来，指出内控缺陷，尤其是控制环境缺陷，是投资者的财富处于危险中的一个信号，同时也能提升利益相关者对内控缺陷及其披露与内控缺陷审计的认识。

（三）主要贡献

第一，本文首次检验了内部控制缺陷、“高层基调”与内幕交易获利之间的关系，并且检验了两者对管理层变更的共同影响。上述研究补充了与财务相关的内部控制失效的经济后果的研究。第二，本文补充了有关内幕交易获利的文献，指出内部控制失效是造成内幕交易获利的重要因素之一，并且强调了如果管理层缺乏诚信，那么股东将面临非常高的财富转移风险。

二、理论分析

（一）内部控制失效与内幕交易

由于所有权与经营权的分离，自利的经理人有动机从股东那里抽取租金（extract rents）（Jensen and Meckling，1976），通过买卖自己所持有的公司股票获利就是其中一个途径。理论模型分析指出，当公司内部人与外部投资者之间信息不对称程度较大的时候，内部人更可能通过私有信息获利。内部人通过向外界披露财务报告传递信息，如果一个公司的内部控制系统失灵，就会造成财务错报，这种错报包含两类，一类是无意的错漏（unintentional errors），包括会计准则使用不一致，或者没有恰当地统计和处理财务数字；另一类是系统性的主观会计操纵（systematic misuse of accounting discretion），如没有提足减值准备等。如果与财务报告相关的控制系统不完善，无论是造成无意还是有意的错报，都会加剧内外部信息不对称的程度，使得内部人更容易通过股票交易从股东处转移财富。因此，本文预期，如果公司内部控制存在重大缺陷，内幕交易的获利程度更大。

（二）"高层基调"与内幕交易获利

根据 SOX 404 条款，审计师要对公司管理层的诚信程度进行评估，并且如果有证据表明管理层的行为或政策使得公司处于不道德的环境，审计师应出具否定意见的内控评价报告，并指出存在由于"高层基调"薄弱造成的内控重大缺陷（Kizirian et al.，2005）。本文认为，如果公司被出具此类否定意见报告，意味着公司的控制环境存在严重问题，使得内部人更有机会抽取租金，倚仗自己所持有的信息优势从股票交易中获利。因此，本文预期，如果公司管理层不诚信，即被出具涉及"高层基调"薄弱的否定内控审计意见，则内部人通过股票交易获利的程度更大。

三、样本选择和研究方法

（一）样本选择

初始内部控制数据来自于 Audit Analytic 数据库，本文收集了从 2004—2008 年根据 SOX 404 条款披露的关于内部控制有效性的审计意见相关数据，又根据 SEC 要求申报的 Form4 识别存在内幕交易的样本。本文关注与内控有效性相关的高级管理人员，包括首席执行官（CEO）、首席财务官（CFO）、首席运营官（COO）、首席投资官（CIO）等。具体的股票买卖数据来源于 Thomson Reuters' Insiders Data Feed 数据库。本文仅保留了可以与上述内控数据相匹配的样本公司。在剔除了 CRSP/Compustat merged 数据库、Compustat Fundamentals Annual 数据库以及 CRSP 数据库中没有数据的样本之后，最终得到有效样本 15 667 个（共 4 505 家公司）。在这些样本中，有 1 455 个样本（占总样本 9.3%）披露了内控重大缺陷。

（二）研究设计

1. 内幕交易获利的计算

股票的市场价格和基于私有信息的估值之间的差由交易的预测能力决定。因此，本文计算出每笔交易买入并持有一年的超额收益。如果内部人买入股票，那么用超额收益乘以买入量即为购买获得的收益；如果内部人卖出股票，那么用超额收益乘以卖出量，并在前面取负号，即为内部人卖出股票后所规避的损失。具体地，本文采用如下公式来计算获利水平。

$$PROFIT\%_{it} = \frac{\sum_{j=1}^{n} ABRET_{itj} \times VALUE\_BOUGHT_{itj} - ABRET_{itj} \times VALUE\_SOLD_{itj}}{MV_{it-1}} \quad (1)$$

其中，$ABRET_{it}$等于（从交易日 j 之后开始计算的）一年期买入并持有股票的超额收益，$VALUE\_BOUGHT_{itj}$（$VALUE\_SOLD_{itj}$）等于在交易日 j 买入（卖出）的所有股票的总的美元价值，n 表示公司 i 在年度 t 进行内部股票交易活动的总天数。MV_{it-1}是公司上年末的市场价值。如果一个公司在一年中存在多笔内部人买卖股票的数据，本文将它们累计计算，最终每年每个公司得到一个内幕交易获利数据。根据公式（1）所得的结果乘以 100，就是获利程度的数值。

2. 模型构建

（1）内幕交易获利和内部控制失效。

为了检验内部控制失效与内幕交易获利的关系，本文构建了如下模型：

$$PROFIT\% = \beta_0 + \beta_1 MWIC + Insidertradingdeterminants + MWICdeterminants + Marketreactionvariables + \varepsilon \quad (2)$$

其中，*MWIC* 是虚拟变量，若存在重大内控缺陷取值为1，否则为0。控制变量包括以下内容。

内幕交易的决定因素：公司规模、上市年限、股票收益波动、账面市值比、分析师个数、机构投资者持股比例、研发费用、一年期累积超额回报、财务报告信息含量、盈余公告的市场反应。

重大内控缺陷的决定因素：三年内报告亏损的比例、存货比例、审计师质量、业务分部个数、是否有海外销售、是否发生兼并收购、是否发生重组、是否发生审计师变更。

市场反应变量：披露10K表格（公司年报）［-2，+2］5天窗口期的累积超额收益；在披露10K前，若公司用Form12b-25声明推迟年报披露，该事件日［-2，+2］5天窗口期的累积超额收益；若在公司财务年度末至10K表格披露日之间发生报表重述，该事件日［-2，+2］5天窗口期的累积超额收益；若在公司财务年度末至10K表格披露日之间披露8K表格，该事件日［-2，+2］5天窗口期的累积超额收益。如果后三个变量不存在该事件，则赋值为0。

同时，模型（2）还控制了行业、年份固定效应，并且回归结果的标准误差调整了异方差问题及采用了公司水平的聚类分析。

此外，本文认为，如果内部控制缺陷是造成内幕交易获利的一个重要原因，那么存在重大内控缺陷的公司，在缺陷被披露之前其内部人就已经拥有较高的股票交易获利水平，并且在缺陷被修正之后，由于财务信息质量的提高，内外部信息不对称降低，因此内幕交易获利会降低，并且降低到其他没有披露重大内控缺陷的公司的内幕交易获利水平。为了检验这个假设，本文补充了2002—2003年度要求强制披露内控审计报告的公司样本①，在模型（2）的基础上，用 *PRE* 和 *POST* 两个变量替代了 *MWIC*，*PRE* 赋值为1时，表示披露重大内控缺陷前的时间段，否则为0。*POST* 赋值为1，表示重大内控缺陷修正后②，否则为0。

（2）“高层基调”薄弱。

为了检验管理层诚信水平与内部股票交易获利之间的关系，本文构建了如下模型：

$$PROFIT\% = \beta_0 + \beta_1 MWIC + \beta_2 TONE + Insidertradingdeterminants + MWICdeterminants + Marketreactionvariables + \varepsilon \quad (3)$$

模型（3）是在模型（2）的基础上加入了 *TONE* 变量，若重大缺陷是由于“高层基

① 在SOX 404条款执行初期，符合加速申报要求的公司被要求强制进行内控审计，而其他一些公司则可以推迟执行。这也是作者在主回归中没有包括这两个年份的原因。

② 例如，如果公司2004年披露重大内控缺陷，2005年被出具无保留内控审计意见，则POST为1，表示2006—2008年份，而2006年以前为0。

调”薄弱引起的取值为1，否则为0。其包括的缺陷有：高级管理人员胜任能力、基调、可信性、人员的道德或合规性。

四、实证结果

（一）描述性统计

存在重大内控缺陷组平均的内幕交易获利水平（0.0462%）显著高于没有重大内控缺陷组（0.0044%）。相关性分析显示 *PROFIT%* 与 *MWIC* 存在显著正相关关系。相对其他没有内控缺陷的公司，存在“高层基调”薄弱的内部控制缺陷的125个公司，有较高的平均内幕交易获利水平。

（二）回归分析结果

模型（2）的回归结果显示，*MWIC* 的系数显著为正，说明存在内部控制重大缺陷的公司比不存在重大缺陷的公司内幕交易获利水平更高。另外，*PRE* 的系数显著为正，表明在内控缺陷披露之前，存在缺陷的公司的内部人已经通过股票交易获得比不存在内控缺陷公司更多的收益；*POST* 的系数不显著，表明在缺陷被修正之后，曾经存在缺陷的公司的内幕交易获利水平降低到与不存在内控缺陷的公司相近的程度。

模型（3）的回归结果显示，*TONE* 的系数显著为正，表明如果高层管理者的诚信存在问题，内部人交易获利将比存在其他内控问题的公司更高。并且 *MWIC* 的系数仍然显著为正，说明其他内控问题也影响了内幕交易获利程度。本文进一步将内部人交易的类型分为买入和卖出，发现买入的结果不显著，而卖出的结果显著，说明本文的主要结论是由内部人卖出股票规避损失造成的。本文还采用了倾向得分匹配法（PSM）得到了存在内控缺陷与不存在内控缺陷的一对一匹配样本，以及存在“高层基调”薄弱与不存在内控缺陷的一对一匹配样本并重复前面的回归，得到的结论不变。

（三）补充检验

1. 异常应计的影响

以往文献证明管理层应计项管理与内幕交易投机相关。因此，本文控制了异常应计的影响，发现：第一，在控制了异常应计之后，内部控制缺陷仍然与内部人出售股票获利正相关；第二，当公司存在“高层基调”薄弱的内控缺陷时，异常应计越高，内部人出售股票获利更大，说明当管理层不诚信时，他们更有可能通过操纵应计获得私有信息，进而在出售持有公司的股票时获利。

2. 内部人类型

本文将内部人划分为三类：CEO/CFO、其他管理层和非管理层董事。重新回归，发现前两类的回归结果显著，最后一类结果不显著。

3. CEO/CFO 变更

本文采用如下模型来检验管理层不诚信被披露以及内幕交易获利程度对 CEO/CFO 变

更的影响。

$$TURNOVER = \beta_0 + \beta_1 DPROFIT + \beta_2 TONE + \beta_3 TONE \times DPROFIT + CONTROL + \varepsilon \quad (4)$$

其中，*TURNOVER* 是虚拟变量，若 CEO/CFO 在年内变更取值为 1，否则为 0。*DPROFIT* 是卖出股票获利水平（*SALESPROFIT%*）的十分位数排序。回归结果发现：当模型（4）中不放入交互项时，β_1、β_2的系数显著为正，说明内部股票交易获利程度越高以及高管被发现不诚信都更可能引起高管变更。当放入交互项时，β_1依然显著，β_2不显著，交互项的系数显著为正，说明 CEO/CFO 被发现不诚信与其卖出股票获利水平的联合作用对其职位变更具有增量影响。

五、结论

本文检验了与财务报告相关的内部控制失效以及“高层基调”薄弱和内幕交易获利之间的联系。本文发现，内幕交易获利与公司披露的内部控制重大缺陷存在正相关关系。该正相关关系在内控缺陷披露前已存在，直到它们被修正之后才消失。本文还发现，当审计师对公司出具涉及“高层基调”薄弱的内部控制否定意见，即表明该管理层具有更严重的自利行为倾向时，公司的内幕交易获利更多。上述结果主要是由于管理层卖出股票获利造成的，并且该结果在控制了公司正向应计管理之后依然存在。本文发现在“高层基调”薄弱的公司，CEO 和 CFO 进行更多的股票交易获利，他们越可能离开公司。本文为评价 SOX 法案针对强制内部控制审计的要求提供了一个新的角度——披露内控缺陷，尤其是控制环境的缺陷，可以帮助投资者或管理当局识别投资者的财富是否处于被管理层通过内部股票交易转移的危险之中。

（整理人：孙烨）

主要参考文献

[1] Hogan, C. E., Wilkins, M. S., 2008. Evidence on the audit risk model: do auditors increase audit fees in the presence of internal control deficiencies? *Contemporary Accounting Research* 25 (1): p. 219 – 242.

[2] Jensen, M. C., Meckling, W. H., 1976. Theory of the firm: managerial behavior, agency costs and ownership structure. *Journal of Financial Economics* 3 (4): p. 305 – 360.

[3] Kizirian, T. G., Mayhew, B. W., Sneathen, J., 2005. The impact of management integrity on audit planning and evidence. *Auditing: A Journal of Practice & Theory* 24 (2): p. 49 – 67.

ξ4－19　遵循 SOX 404 条款的经济后果研究：基于公司内部人角度

Economic Effects of SOX Section 404 Compliance：A Corporate Insider Perspective

文献来源：Alexander, C. R., S. W. Bauguess, G. Bernile, Y. A. Lee, and J. Marietta－Westberg. 2013. Economic Effects of SOX Section 404 Compliance：A Corporate Insider Perspective. *Journal of Accounting and Economics*, 56 (2－3)：267－290.

【摘要】 本文采用问卷调查的方式，对 2 901 家公司内部人员进行调查以评估企业遵循 SOX 404 条款的成本与收益。大部分的回答者认为遵循 SOX 404 条款会给公司带来一定的收益，但平均来看收益小于成本。在初始遵循成本较高的小型公司，这种情况更为明显。随着审计师鉴证、遵循年数的增加以及对重大缺陷的修正，企业遵循 SOX 404 条款的收益也会增加。值得注意的是，企业遵循 SOX 404 条款的效果很大程度上取决于公司复杂程度，而与公司治理结构基本无关。

一、研究问题

（一）问题的提出

美国证券交易委员会（SEC）于 2002 年颁布 SOX 法案，要求管理层评估公司财务报告内部控制有效性［SOX 404（a)］，并要求独立审计师对管理层评估报告进行鉴证［SOX 404（b)］。这些规定得到个人和机构投资者的广泛支持，而商界（business community）却认为，遵循新条款的成本过大，且没有相应的收益来弥补成本（如 Hochberg et al.，2009，以下简称 HSV)，由于遵循新条款的固定成本对较小型公司来说是更大的负担，所以这种观点在小公司中更加明显（如 Holmstrom and Kaplan，2003；Romano，2005)。

本文主要从公司内部人角度出发，全面调查遵循 SOX 404 条款的经济后果（收益、成本、净收益)，并研究不同公司及公司不同期间差异如何影响公司内部人对遵循 SOX 404 条款的经济后果评价。

本文的研究框架如图 4－20。

（二）研究意义

不同于以往文献，本文首次从内部人角度考察 SOX 404 条款的经济后果，研究 SOX 404 条款对企业的影响，为监管者全面了解 SOX 法案的实施效果提供证据，便于监管者对

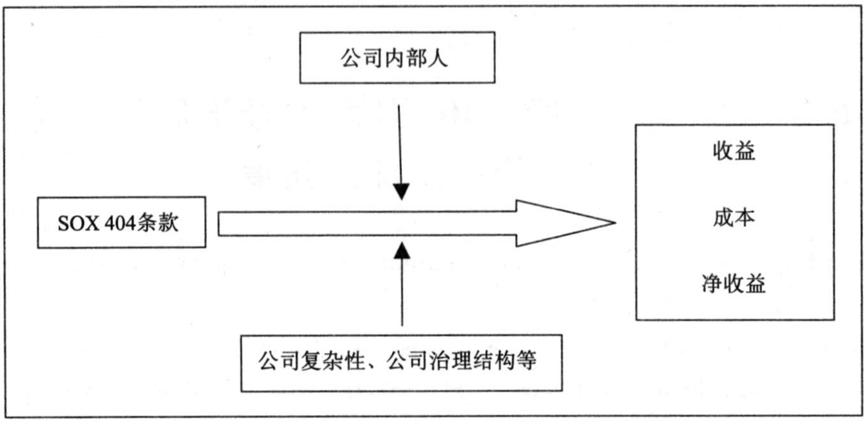

图 4－20　公司内部人关于 SOX 404 条款经济后果的评价

SOX 法案进一步改进。

（三）主要贡献

本文的主要贡献在于：第一，问卷回复率达到35%，共有 2 901 家上市公司参与，较以往调查样本更全。第二，本文将公司层次的调查结果与传统的财务会计数据库相联系，研究 SOX 法案的经济后果。第三，在调查设计阶段，随机抽取 500 家公司做目标性拓展，增加了 23% 的参与率，为控制潜在的自选择偏差提供了合理的分析工具。第四，本文第一次从公司内部人角度研究 SOX 法案的经济后果。

二、问卷和研究设计

（一）问卷设计

本文通过问卷调查的方法，向公司内部人询问其对公司遵循 SOX 404 条款的看法。本文主要关注遵循条款下的收益（perceived benefits）、实施的成本（realized costs）和感知到的净收益（perceived netbenefit）。问卷关于遵循收益的调查没有时间维度，但是关于遵循成本和净收益的问题划分为三个会计年度，包括调查期最近的会计年度，以前会计年度和调查期当期会计年度①。

本次调查对象为在 2006—2007 年间向 SEC 报告 10－K、10－KSB、20－F 或 40－F 表格，并被 Datastream 数据库收录 2008 年 10 月数据的公司，共 8 206 家。每个公司的 CEO、CFO 和首席法律顾问（general counsel）都会收到调查邀请函。调查时间为 2008 年 12 月至 2009 年 1 月，获得至少一份回答调查问卷的公司为 2 901 家。

本文还从 CRSP、Compustat、Thomson Financial、Datastream 和 Audit analytics 数据库中获得公司层面变量。

---

① 调查问卷及拓展性讨论详见 http：//www. sec. gov/news/studies/2009/sox－404_ study. pdf。

（二）研究设计

本文主要探讨公司间和同一公司不同期间的差异是否会对内部人关于遵循 SOX 法案经济后果评价产生影响。分析了公司特征与遵循效果的关系，研究了影响法案经济后果的因素。这些因素在以前研究中被认为能影响公司遵循法案的成本与收益，包括运营和业务的复杂性、公司治理结构、财务报告是否存在重大缺陷。回归模型如下：

$$\mathrm{Effect}_i = \alpha_0 + \sum_j a_{1j} Complexity_{ij} + \sum_k a_{1k}\,\mathrm{Governance}_{ik} + \sum_m a_{1m} MatWeakness_{im} + \sum_n a_{1n} Controls_{in} + e_i \quad (1)$$

其中，$Effect_i$为公司 i 遵循法案时的收益、成本和净收益；*Complexity*、*Governance* 和 *MatWeakness* 分别反映公司 i 的复杂性、治理强度和财务报告中的重大缺陷。

公司复杂性使用四个变量来衡量，第一个变量是 *MVE*，等于公司股权市场价值的对数值；第二个变量为 *GeoDispersion*，是在 10 - K 报告中列出的业务分部与总部的平均距离；第三个指标是 *R&D*，是研发费用与总资产之比；第四个指标是 *MultiSegment*，如果公司报告多个业务领域（business lines）则为 1，否则为 0。

公司治理使用四个变量来衡量，第一个变量是 *InstOwn*，等于最近会计季度 13F 表格的机构持股比例，按百分位进行排位；第二个变量是 *Gindex*，即 Gompers et al.（2003）的公司治理指数，将其进行十等分排序，用高 *Gindex* 和低 *InstOwn* 代表较强治理；第三个变量是 *OutsideBlock*，当至少 5% 的股东与公司内部人没有联系时，该值为 1，否则为 0；第四个变量是 *AffiliateBlock*，当公司内部人或家族成员持有超过 5% 的股份时，该值为 1，否则为 0。

第三组变量反映企业的重大缺陷与合规经验（firm experience with the compliance），第一个变量是 *ICDcurrent*，如果最近会计年度财务报告中披露内部控制缺陷，取值为 1，否则为 0；第二个变量是 *ICDremediate*，如果最近会计年度修正内部控制缺陷，取值为 1，否则为 0；第三个变量是 *Restatement*，如果最近会计年度公司重述财务报告，取值为 1，否则为 0；第四个变量是衡量企业遵循 SOX 404 条款年限的虚拟变量，如果公司遵循 1 年则 1 + *yrs404b* 的值为 1，如果公司遵循 2 年以上则 2 + *yrs404b* 的值为 1，如果公司遵循 3 年以上则 3 + *yrs404b* 的值为 1，公司遵循 4 年以上则 4 + *yrs404b* 的值为 1。

模型中控制如下因素：*ExcessRet*，依据 Carhart（1997）四因子计算得到的超额收益；*Public02*，如果公司于 2002 年上市，则为 1，否则为 0；*TenGT5*，如果内部人担任当前职务超过五年，则为 1，否则为 0；*CEOCFO*，如果内部人为 CEO 或 CFO 时，则为 1，否则为 0。

本文随后分别考察公司和被调查者特征（被调查者职位（position）、任期（tenure））和非随机参与（non - random）对 SOX 法案遵循成本收益的影响。本文还通过与 SOX 法案相关的事件和公司的游说活动，探讨公司关于 SOX 法案的事前认知（ex ante perceptions of SOX）是否会对法案的遵循效果产生影响。

三、实证结果

（一）描述性结果

从问卷的反馈结果看，被调查者认为 SOX 404 条款确实会对公司内部控制产生积极作用，主要表现在：改善公司内部控制结构（73%），提高审计委员会对财务报告内部控制的信心（71%）、公司财务报告的质量（48%）以及公司预防和发现舞弊的能力（47%）。然而对于被调查者感知到遵循 SOX 404 条款在资本市场相关的收益，只有4%的被调查者认为遵循 SOX 404 条款有利于增加公司普通股的流动性，9%的被调查者认为有助于增加公司的融资能力。相应地，遵循 SOX 404 条款审计费用作为公司成本的最大组成部分（676 000 美元），占总审计费用的35%，显示企业承担的遵循成本较高；这些费用低于以前年度16%，并预计当期继续下降13%，说明随着遵循年数的增加，公司遵循成本也在不断地减少，导致遵循的净收益的变化，其在 t=0 处的均值是 t= -1 处的两倍，且在当期表现出明显的增长趋势。

（二）相关性分析

本文对公司特征变量进行相关性分析，结果发现，除了股权市场价值（*MVE*），被调查者是否为 CEO 或 CFO（*CEOCFO*）和机构投资者（*InstOwn*）变量外，其他变量的相关性都较低。其中，股权市场价值（*MVE*）与遵循收益、成本和净收益正相关，表明随着公司规模的增加，遵循效果增加，且收益增加的幅度超过了成本。地理分布（*GeoDispersion*）和多部门经营（*MultiSegment*）也与遵循收益正相关，但研发支出 R&D 却与所有遵循结果都负相关。在公司治理结构中，机构投资者（*InstOwn*）显著正相关于收益，而外部大股东（*OutsideBlock*）、内部大股东（*AffiliateBlock*）以及治理指数（*Gindex*）与收益没有显著的相关关系。公司当期披露重大缺陷时，公司遵循收益降低；公司披露修正重大缺陷时，公司遵循收益增加；当公司遵循业绩较高，且回复者非 CEO 或 CFO，其任期在调查当期小于5年时，遵循收益显著较高。

（三）回归结果分析

1. 遵循收益的多元回归分析

第一，考察公司特征对遵循效果的影响。结果显示，公司规模与遵循收益显著正相关，当股权市场价值（*MVE*）增加时，遵循收益增加；机构投资者（*InstOwn*）和内部大股东（*AffiliateBlock*）的系数不显著，而外部大股东（*OutsideBlock*）的系数达到 -0.047，统计显著，说明存在有效的外部监督时，遵循 SOX 法案获得的收益较低。内控重大缺陷修正（*ICDremediate*）比内控缺陷发现（*ICDcurrent*）对收益的影响更大，且比均值高出15%。

第二，考察被调查者特征对遵循效果的影响。结果发现，遵循法案的收益随着被调查者的职位（*position*）和任期（*tenure*）变化而产生系统性差异。当调查者为 CEO 或 CFO 时，其报告收益的比例要比均值低71%，而任期超过五年的调查者报告的收益比例则比均值低36%，这可能是因为任期较长的调查者能够更好地观察法案的遵循效果。为了排除调查者偏见的影响，将样本限制为2002年就公开上市的公司后，得到的结果大致相同。当样本仅包含 CFO 和 CEO 时，结果仍保持一致。

2. 遵循成本和净收益的多元回归分析

第一，考察影响遵循收益的因素是否同样会影响到遵循成本。实证发现，大多数变量同样与遵循成本显著相关，包括股权市场价值（*MVE*）、多部门经营（*MultiSegment*）、地理分布（*GeoDispersion*）、内控缺陷修正（*ICDremediate*）、内控缺陷存在（*ICDcurrent*）和外部大股东（*OutsideBlock*），但是其他治理指标不显著。

第二，考察遵循经验是否影响公司收益。实证结果显示，遵循 SOX 404 条款会给公司带来显著收益。当公司遵循法案的经验增加时，公司遵循法案的成本会逐步减少，最终导致净收益的增加。

第三，考察 2007 年法案变革的影响。2007 年的改革意在降低法案的不确定性。本文发现，改革会使总成本增加，并放大了遵循经验与成本之间的负向关系。

第四，考察初始遵循成本。本文发现，大部分公司的遵循成本是固定的，且公司规模越大，遵循的标准成本越小。公司遵循的标准成本随着年限的增加而减少，一般第二年后会显著减少，在第三年达到稳定状态。

3. 其他

投资者和公司在法案实施前就已经对成本收益形成一定的预期，可能会对实施效果产生影响。本文发现与 SOX 法案相关的事件（包括四个 SOX 法案立法事件等）会对公司的股票收益产生重要影响，其平均累计超常收益达到 1.9%，显著为正；而原先极力反对法案的公司遵循法案的净收益在当年达到 0.09，高于其他公司，结果与 Zhang（2007）和 HSV（2009）的研究一致，说明这些企业相较于其他企业会从遵循法案中获得更大的收益。此外，在不同的信息环境中，公司遵循 SOX 法案的经济后果也不同，在信息环境质量较好的情况下，公司遵循 SOX 法案的收益更大。同时信息环境质量的提高也增加了公司遵循法案的成本，因此也造成遵循净收益的下降。

四、结论

本文从公司内部人角度，研究了 SOX 法案的经济后果，从新的视角为该类研究提供了新观点。虽然公司内部人都普遍认可遵循法案能提高公司的内部治理，但总体上其成本还是超过了收益。内部人对法案的评价随着公司和内部人的不同而改变，在控制了潜在偏差后，得出结论：遵循收益随着公司经营规模和范围的增加而增加，但是随着公司业务、产品的复杂性增加而降低。对较小型公司而言，遵循法案的初始成本较高，但会随着时间的推移而逐渐下降，同时遵循经验的增加也会为公司带来更多的净收益，且这种关系在法案稳定的情况下更加明显。

（整理人：陈颖）

附录

问卷调查中关于遵循 SOX 404 条款的成本、收益和净收益问题

A 部分：据你所知，遵循 SOX 404 条款对以下问题有什么影响（－1＝消极影响；0＝没有影响；＋1＝积极影响）

	样本数	均值	积极（%）
1. 公司内部控制结构的质量	2 820	0.72	73.0
2. 审计委员会对公司财务报告内部控制的信心	2 640	0.70	70.7
3. 贵公司的财务报告质量	2 779	0.47	47.9
4. 贵公司预防和发现舞弊的能力	2 733	0.46	47.1
5. 贵公司筹集资金的能力	2 186	0.05	8.9
6. 投资者对贵公司的信心	2 277	0.22	23.7
7. 贵公司普通股的流动性	2 261	－0.01	3.7
8. 您对其他遵循 SOX 404 条款公司的财务报告的信心	2 618	0.37	39.0
9. 贵公司运营的效率	2 769	0.01	29.1
10. 贵公司财务报告程序的效率	2 732	－0.17	13.4
11. 贵公司财务报表审计的时效性	2 727	0.13	20.5
12. 贵公司整体公司价值	2 416	0.02	14.5
均值	2 901	0.21	66.6

B 部分：最近完整会计年度的成本

	样本数	均值	中位数	方差
A. 与 404（b）相关的审计费用	2 261	0.443	0.138	1.031
——仅限加速申报	1 454	0.676	0.311	1.217
——总体审计费用	1 454	0.350	0.340	0.145
B. 内部劳动力（每小时 $ 50）	2 378	0.434	0.121	1.082
C. 外部咨询师和供应商	2.726	0.208	0.055	0.459
D. 所有其他项目费用	2 451	0.083	0.014	0.211
总成本（A＋B＋C＋D）	1 760	1.207	0.450	2.463
总成本——以前报告年度	1 559	1.444	0.509	2.821
总成本——当前报告年度（预计）	1 644	1.050	0.387	2.182

C 部分：净效益。对贵公司而言，遵循 SOX 404 条款的收益与成本相比如何（7 分制：－3＝成本远大于收益；0＝无净收益；＋3＝收益远大于成本）

	样本数	均值	积极%
以前报告年度	934	－1.28	10.2
最近完整报告年度	1 066	－0.94	18.6
当前报告年度	1 075	－0.70	25.8

主要参考文献

[1] Carhart, M., 1997. On persistence in mutual fund performance. Journal of Finance 52, 57 - 82. Gompers, P., Ishii, J., Metrick, A., 2003. Corporate governance and equity prices. *Quarterly Journal of Economics* 118, p. 107 - 155.

[2] Hochberg, Y., Sapienza, P., Vissing - Jørgensen, A. 2009. A lobbying approach to evaluating the Sarbanes - Oxley Act of 2002. *Journal of Accounting Research* 47: p. 519 - 583.

[3] Holmstrom, B., Kaplan, S. 2003. The state of U. S. corporate governance: what's right and what's wrong? *Journal of Applied Corporate Finance* 15: p. 8 - 20.

[4] Romano, R., 2005. The Sarbanes - Oxley act and the making of quack corporate governance. YaleLaw Journal 114, p. 1521 - 1611.

[5] Zhang, I., 2007. Economic consequences of the Sarbanes - Oxley Act of 2002. *Journal of Accounting and Economics* 44: p. 74 - 115.

第五部分

内部控制与其他

§5－1　对冲基金内部控制决定因素及其收费

Determinants of Hedge Fund Internal Controls and Fees

文献来源：Cassar，G.，and J. Gerakos. 2010. Determinants of Hedge Fund Internal Controls and Fees. *The Accounting Review*，85（6）：1887－1919.

【摘要】本文研究了对冲基金内部控制决定因素及其对收费的影响。对冲基金受到的监管力度较低。因此，对冲基金经理主动实施内部控制，并以此为基础与投资者签订费用契约。本文发现，潜在代理成本较高的基金其内部控制质量更高，而且在法律环境较差、法律制度不能有效保护投资者免于欺诈或财务错报地区的对冲基金，其内部控制更为完善。卖空基金为了保护其投资头寸的信息，而采用相对较弱的内部控制。关于对冲基金收费，内部控制越强的基金其收费率越高。最后，非基金经理计算和报告基金净资产价值、声誉激励及债权人的监督均与未来因欺诈或财务错报而遭到监管者介入的可能性负相关。

一、研究问题

（一）问题的提出

近些年，美国的对冲基金数量及其掌握的资产规模快速增长，到 2008 年第一季度，对冲基金管理着大约 2.8 万亿美元的资产（HedgeFund. net，‘HFN’，2008）。虽然对冲基金发展如此迅速，但是其运作极不透明，使得外界对他们的了解很少。与其他投资工具不一样的是，对冲基金不受 1933 年证券法公开发行要求的限制，也不需要遵循 1934 年证券交易法中的定期报告规定及 1940 年投资公司法的监管要求。宽松的监管环境使得对冲基金具有一般基金无可比拟的灵活性，如对冲基金在资产价值评估及发布投资报告具有很大的自由决定权（SEC，2003；McVea，2008），在选择债务融资和卖空操作上具有很大的自由选择权（Lhabitant，2008）。此外，对冲基金可以根据业绩进行收费，而一般投资工具只能依据管理资产规模收取费用。

然而，宽松的披露要求及特殊的运作模式使得对冲基金运作极不透明，加剧了投资者与基金经理人之间的信息不对称，导致了巨大的代理成本。此外，对冲基金经常采取复杂的交易策略，增加了发生欺诈的可能性。因此，在此背景之下，投资者具有强烈的动机利用内部控制监督基金经理，降低欺诈发生的可能性，增加资产价值和业绩评估的准确性。相关研究中，Kundro and Feffer（2003）发现，100 家失败的对冲基金样本中有超过 50% 是因为内部控制系统的失灵导致的。

本文主要研究了对冲基金内部控制质量决定因素及其对收费的影响。具体研究了对冲基金成立时间、是否离岸设立、负债及管理策略对内部控制质量的影响，还研究了内部控制质量与基金收费及欺诈调查的关系。

本文的逻辑框架见图 5－1。

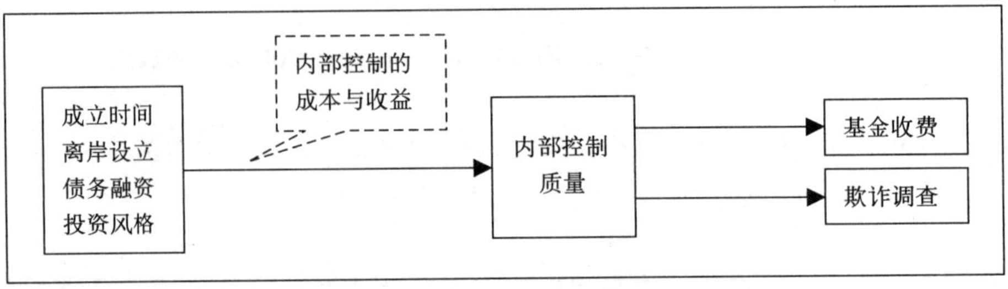

图 5－1　对冲基金内部控制质量决定因素及其收费

（二）研究意义

由于以往内部控制相关文献多以上市公司为研究对象，对上市公司以外组织形式的内控研究并不多见，并且内部控制在对冲基金中起到特殊作用，因此研究对冲基金的内部控制问题具有十分重要的意义。

（三）主要贡献

本文的贡献在于利用 HFDD① 收集的对冲基金尽职调查数据，拓展了研究对冲基金运作的相关文献。此外，本文基于对冲基金这一特殊经济实体，研究了基金内部控制如何减少代理成本，从而影响基金内部控制措施的选择，拓展了内部控制的相关研究。

二、研究假设

基金经理对基金具有剩余索取权，通过实施内部控制可降低投资者与基金经理之间的代理成本，若实施内部控制的收益（如收取更高的费用）大于其成本，则增加了经理人剩余索取权的价值。内部控制的主要成本有：引入第三方服务导致的直接成本、引进外部监督妨碍了经理人对投资机会的快速反应、引入第三方服务可能泄露基金资产状况、投资策略及头寸等信息。

高质量基金具有良好的声誉及复杂的投资技术，其经理人的剩余索取权的价值也就越高，与低质量基金的经理人相比，高质量基金经理人发生欺诈的可能性更低，其提供的业绩报告准确性越高。因此，高质量基金实施内部控制得到的收益就越低。对于新成立的基金，投资者对其质量判断具有更大的不确定性，经理人实施欺诈或发生业绩错报的可能性也就越大。更大的不确定性增加了实施内部控制和利用第三方服务提高声誉获得的收益。由此，本文认为，在其他条件不变的情况下，基金成立时间与内部控制质量呈现负相关关系。

① 对冲基金投资者常常使用 HFDD 的报告作出投资决策。

境内对冲基金与离岸对冲基金同样不受美国证券法规监管，但若投资者投资于境内对冲基金，美国的法律体系可以降低欺诈和财务错报的风险。许多离岸对冲基金所在地对投资工具有一定监管，并提供给投资者一定的法律补救（legal redress），然而，一般认为美国法律体系的执行效率较高。大多数离岸对冲基金注册在加勒比群岛，而这些地区普遍盛行秘密银行账户和洗黑钱活动（Suss et al.，2002）。若基金经理人在这种环境之下开展工作，宽松的银行环境导致他们更容易采取欺诈行为，并更容易隐藏或保护其欺诈所得。因此，本文认为，在其他条件不变的情况下，离岸对冲基金在发生欺诈或财务错报时投资者具有更少的法律资源获取事后补偿，投资者将更愿意采用完善的内部控制作为替代。

对冲基金可以通过借债增加投资的资产规模，他们主要是从经纪商（prime brokers）处获得借款，经纪商同时还提供交易执行及保管服务。债权人是对冲基金的利益相关者，他们需要基金提供更好的内部控制系统保证其借款的安全性，本文预期，负债规模与内部控制质量为正相关关系。

由于对冲基金的投资策略在对冲基金行业中的重要作用，相关信息的泄露将造成巨大成本，尤其对投资风格偏向卖空的基金来说更是如此。持有空头头寸的基金出于信息保护的考虑，减少使用第三方提供的一些服务。因此，其他条件不变的情况下，本文预测卖空为主的对冲基金将更少的使用第三方提供的服务，即内部控制相对较弱。

三、样本选择与研究设计

（一）样本选择

与以往研究不一样，本文利用 HFDD 收集的对冲基金尽职调查，HFDD 收集的资料主要来源于对基金经理人的现场采访、第三方服务提供者的讨论、招募备忘录、公共文件、媒体报道、基金经理人的背景资料、财务报告和内部控制规划。一般商业型数据库数据多来源于基金的业绩报告，HFDD 报告则相对客观，且提供了详细的基金特征、内部控制合同条款及经理人的背景等信息。该数据包括由 358 个基金经理运作的 427 个对冲基金，样本期间为 2003—2007 年。

（二）研究设计

内部控制（*InternalControl*）质量的衡量主要包括三组指标：第一组是签字授权；第二组包括投资组合定价权归属、定价资料的来源和净资产价值的评估者；第三组为审计师和管理机构的声誉。签字授权是指从银行和经纪商账户向基金账户转移资金时，需要的签字授权人数或是否需要第三方授权，需要超过一个人的签字授权人数或第三方授权将降低欺诈的可能性。以第三方提供的材料评估投资组合的价值，或由第三方报告基金净值将增加报告中基金头寸和业绩的客观性，从而降低欺诈发生的可能性。声誉较好的审计师和管理机构常常为多个对冲基金服务，声誉的价值降低了对冲基金欺诈或财务错报的可能性。

文章加入基金特征，如基金管理资产规模（*FundAUM*）、基金上市时间的自然对数（*FundAge*）、基金及其经理均为离岸的虚拟变量（*OffMgrFund*）、基金属于离岸形式但其经理在境内办公的虚拟变量（*FundOffOnly*）；投资组合特征和投资风格变量，如基金是否使用债务融资（*Leverage*）、是否以做多为主操作（*LongBias*）、是否以做空为主操作（*ShortBias*）；资产分类和投资组合流动性的变量，如组合投资的一般投资周期（*Years*、*Quarters*、*Weeks* 和 *Days*）、基金持有头寸数量（*PositionDummy*）。最后还控制了年度固定效应。回归方程如下：

$$Internalcontrol = \alpha_0 + \alpha_1 Ln(FundAge) + \alpha_2 OffMgrFund + \alpha_3 FundOffOnly + \alpha_4 Leverage + \alpha_5 ShortBias + \alpha_6 LongBias + \alpha_7 Ln(FundAUM) + \alpha_8 Years + \alpha_9 Quarters + \alpha_{10} Weeks + \alpha_{11} Days + \sum PositionDummy + \sum YearDummy + \varepsilon \quad (1)$$

本文用模型（2）和模型（3）研究内部控制质量与基金收费及欺诈调查的关系，解释变量为内部控制质量（*InternalControl*），此外模型还控制了前述影响内部控制质量的因素及年度固定效应。

$$Fees = \alpha_0 + \alpha_1 InternalControl + \alpha_2 Ln(FundAge) + \alpha_3 OffMgrFund + \alpha_4 FundOffOnly + \alpha_5 Leverage + \alpha_6 ShortBias + \alpha_7 LongBias + \alpha_8 Ln(FundAUM) + \alpha_9 Years + \alpha_{10} Quarters + \alpha_{11} Weeks + \alpha_{12} Days + \sum PositionDummy + \sum YearDummy + \varepsilon \quad (2)$$

$$FraudInvestigation = \alpha_0 + \alpha_1 InternalControl + \alpha_2 Ln(FundAge) + \alpha_3 OffMgrFund + \alpha_4 FundOffOnly + \alpha_5 Leverage + \alpha_6 ShortBias + \alpha_7 LongBias + \alpha_8 Ln(FundAUM) + \alpha_9 Years + \alpha_{10} Quarters + \alpha_{11} Weeks + \alpha_{12} Days + \sum PositionDummy + \sum yearDummy + \varepsilon \quad (3)$$

四、实证结果

（一）对冲基金内部控制的决定因素

对于对冲基金内部控制的决定因素，模型（1）的研究结果表明，规模更大、离岸设立的基金更可能加强控制从银行和经纪人账户向基金账户的资金转移的签字授权；离岸设立、债务融资比例越高和不持空头头寸的基金更可能使用外部定价服务；持有空头头寸和规模更小的基金更不可能使用外部资料定价，离岸设立的基金更可能使用外部资料定价；规模更大、离岸设立的基金更可能雇佣高质量的审计师和基金管理机构，高负债融资的基金更可能雇佣高质量审计师，成立时间较短的基金更可能雇佣高质量基金管理机构。用六个内部控制特征合成的一个内控指数得出了类似结论，基金或其经理为离岸、使用杠杆、成立时间越短的基金，其内部控制越强，而持有空头头寸的基金则具有更弱的内部控制。

（二）对冲基金收费的决定因素

基金经理有动机操纵报告业绩或资产价值。当投资者打算赎回基金时，基金经理有动机降低报告资产价值，降低被赎回部分的价值，从而增加未兑现部分的价值。基金经理也有动机正向操纵报告业绩，因为其收费是基于管理资产价值及基金业绩表现确定的。因此，本文认为，较为完善的内部控制可以增加基金披露业绩及资产价值的准确性，降低了投资者由于业绩操纵带来的损失，为此，投资者愿意支付更高的费用。本文预测，内部控制质量与基金收费正相关。模型（2）的研究结果支持本文的假设，内部控制质量影响了对冲基金基于业绩的收费，而发生报告重述①的可能性显著影响基金基于资产的管理费用。

（三）欺诈调查分析

此外，本文还检验了内部控制是否影响基金受到欺诈调查的可能性，研究内部控制是否影响极端业绩表现。模型（3）结果显示，内部控制指数的系数为负值，但不显著，而经理参与净值评估增加了发生欺诈调查的可能性。因此，仅部分支持了本文的假设。

（四）稳健性检验

在稳健性检验中，本文利用另一种方法构建内控指数、进一步控制基金的投资风格、考虑了业绩报告的自选择及采用管理者层面（manager - level）的分析后，研究结论并没有改变。

五、结论

本文的研究表明离岸设立、利用杠杆融资以及成立时间更短的对冲基金，其内部控制更为完善。而以卖空操作为主的基金则更不可能采用第三方提供的资料评估基金价值。本文还发现，内部控制质量与对冲基金收费正相关，还有部分证据表明内部控制质量影响了将来发生欺诈调查的可能性。

但是内部控制与基金收费和欺诈调查的结果并不十分稳健，如内部控制指标对管理收费的结果没有显著影响，报告重述与业绩收费结果也不显著，欺诈调查的决定因素中，内部控制指标系数也不显著。

（整理人：黄敬昌）

主要参考文献

[1] HedgeFund. net（HFN）. 2008. Q1：2008 Hedge fund asset flows & trends report. available at：http：//findarticles. com/p/articles/mi_m0EIN/is_2008_May_21/ai_n25455521/.

[2] Kundro，C.，and S. Feffer. 2003. Understanding and mitigating operational risk in hedge fund investments. New York，NY：The Capital Markets Company Ltd.

[3] Lhabitant，F. S. 2008. Handbook of Hedge Funds. West Sussex，U. K.：*Wiley Finance.*

[4] McVea，H. 2008. Hedge fund asset valuations and the work of the International Organization of Securities Commissions（IOSCO）. *The International and Comparative Law Quarterly* 57：p. 1 - 24.

[5] Securities and Exchange Commission SEC. 2003. Implications of the growth of hedge funds. Staff Report. Washington，D. C.：SEC.

[6] Suss，E. C.，O. H. Williams，and C. Mendis. 2002. Caribbean offshore financial centers：past，present，and possibilities for the future. Working paper，International Monetary Fund.

① 发生报告重述，意味着内部控制较差。

ξ5-2 非营利组织内部控制问题的原因和后果

The Causes and Consequences of Internal Control Problems in Nonprofit Organization.

文献来源：Petrovits, C., C. Shakespeare, and A. Shih. 2011. The Causes and Consequences of Internal Control Problems in Nonprofit Organization. *The Accounting Review*, 86 (1): 325-357.

【摘要】本文以1999—2007年27 495个公益慈善机构为样本，研究了非营利组织内部控制缺陷的原因和后果。研究发现财务状况较差、结构复杂、成长迅速、规模较小的非营利组织更有可能披露内部控制问题。在控制当前捐赠人捐赠水平和其他捐赠影响因素后，实证结果表明，财务报告内部控制缺陷与后续捐赠人捐赠水平负相关。还发现，内部控制缺陷和后续联邦政府资助水平负相关。本文的结论说明作为非营利组织重要的资金来源的捐赠人和政府机构，会直接或间接地对内部控制信息作出反应。

一、研究问题

（一）问题的提出

1990年起，接受联邦资金的美国非营利组织需要评价内部控制情况。同时，A-133公告要求一些慈善机构接受A-133审计（单项审计）。虽然A-133审计属于政府审计，且A-133公告要求的内部控制评价与SOX法案要求的内部控制评价也不一致，但是A-133审计仍可以提供非营利组织风险水平的信息。

基于这一背景，本文研究非营利组织内部控制缺陷的影响因素及披露内部控制缺陷的经济后果。在经济后果部分，本文主要关注非营利组织披露内部控制问题对于其后续获取公众捐赠和政府资助的影响。本文将非营利组织的内部控制问题定义为存在财务报告相关或遵守联邦项目规定的应当报告的问题。

论文的逻辑框架见图5-2。

（二）研究意义

非营利部门是美国经济重要组成部分。2006年，美国非营利组织控制了3.4万亿美元的资产，且当年捐赠收入高达2950亿美元，占美国2006年GDP的2.2%（Wing et al., 2008）。近期一些财务丑闻则凸显了非营利组织经理人的受托责任以及当前非营利组织行政监管力度较为薄弱的问题。立法者已经要求非营利组织执行更严厉的治理措施，特别是提升内部控制质量的措施。研究非营利组织内部控制问题，有助于实务界在内部控制和慈

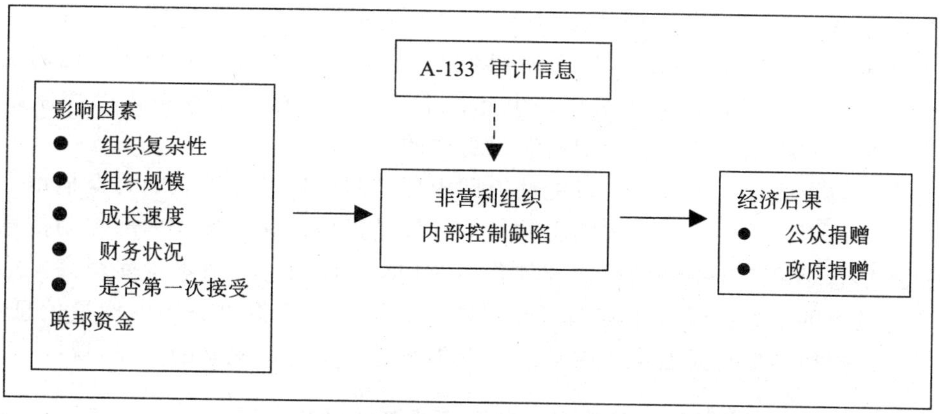

图 5－2 非营利组织内部控制缺陷的影响因素与经济后果

善组织运营方面积累新知识。

（三）主要贡献

论文的主要贡献体现在四个方面：第一，本文结论否定了非营利组织治理政策反对者提出的“大部分捐赠者并不使用详细的财务信息来制定捐赠决策”的观点。第二，本文的证据支持“管理支出（如内部控制）投入的不足将最终对目标相关活动产生负效应”的观点。实证证据表明提升内部控制不仅能减少由于欺诈或会计错误带来的金钱损失，而且可能通过吸引更多资金以提升组织提供服务的能力。第三，文章用公众捐赠和政府资助作为内部控制问题经济后果的度量，提供了一个利益相关者对内部控制问题反应的更直接的度量。第四，由于非营利组织的内部控制报告已经强制披露了 20 多年，本文为利益相关者使用内部控制信息来评价组织的相关问题提供了较长时间的实证证据，相关结论对营利组织也有一定的适用性。

二、研究假设

（一）非营利组织内部控制缺陷影响因素

本文首先研究非营利组织内部控制缺陷的影响因素。根据 Ge and McVay（2005）、Doyle et al.（2007a）和 Ashbaugh－Skaife et al.（2007），本文预期结构复杂、财务状况较差、首次接受联邦政府拨款、成长迅速和规模较小的非营利组织会披露更多内部控制问题。

（二）非营利组织内部控制问题对公众捐赠的影响

本文考虑非营利组织内部控制缺陷的经济后果，主要关注非营利组织披露内部控制问题对于其后续获取公众捐赠和联邦政府捐赠的影响。

在公众捐赠方面，本文认为，如果公众捐赠者基于帮助提供公共品的目的来制定捐赠决策，那么他们会选择捐赠给以最小风险提供公共品的非营利组织。一部分捐赠者在决策时可能会利用 A－133 审计报告信息，但是不大可能所有捐赠者都这样做。本文认为，即使捐赠者并未直接知悉非营利组织在 A－133 报告中披露的内部控制问题，他们也仍然可能间接获取关于内部控制问题的信息。由此，本文预期，相比不存在内部控制缺陷的组织，存在内部控制缺陷的非营利组织将获得更少的公众捐赠。

但是本文也说明存在另外一种可能性，即内部控制质量可能不影响公众捐赠。这主要基于以下三个原因：第一，一些捐赠者的目的仅仅是捐赠，并不关注内部控制信息或任何相关的财务信息。第二，捐赠者获取和评价 A－133 审计信息的成本可能很高。第三，内部控制审计结果的信息可能过于陈旧，并不能为公众捐赠者提供有用的增量信息。因此，本文认为，内部控制信息是否会影响后续公众捐赠是一个有待检验的实证问题。

（三）非营利组织内部控制问题对联邦政府捐赠的影响

在非营利组织内部控制缺陷对后续联邦政府捐赠的影响方面，本文认为，A－133 审计为联邦政府要求的非营利组织内部控制报告的一部分，联邦政府应当使用这项信息来制定捐赠决策。因此，本文预期，相比不存在内部控制缺陷的组织，存在内部控制缺陷的组织获得的联邦政府捐赠更少。

三、样本选择和研究设计

（一）样本选择

本文从两个途径获取公益慈善组织数据：第一，联邦审计中心的 A－133 单项审计数据库；第二，国家慈善统计中心的国内税务局表 990 数据库（IRS Form 990 databases）。本文汇总 A－133 数据和国内税务局核心趋势数据，按照编号和年份得到 27 495 个公益慈善机构 1999—2007 年共 127988 个观测值。本文使用全部样本从横截面角度来研究内部控制缺陷的影响因素。

在第二阶段的检验中，本文进一步将样本限定在以公众捐赠或联邦政府捐赠为重要收入来源的非营利组织子样本中，集中研究内部控制问题对后续公众捐赠和政府捐赠的影响。具体而言，按照 Tinkelman and Mankaney（2007）做法，文章剔除公众捐赠（或联邦政府捐赠）少于 100 000 美元的观察值。剔除之后公众捐赠样本组包括来自 12 342 个公益慈善机构的 47 318 个观察值，联邦政府捐赠样本组包括来自 16 369 个公益慈善机构的 65 415 个观察值。另外，本文还剔除了数据缺失的样本。至此得到三个样本组：全样本组、公众捐赠样本组、联邦政府捐赠样本组。

（二）研究设计

A－133 审计提供了四个内部控制问题指标：第一，组织是否披露财务报告相关的应报告情况（*RC_FS*）；第二，与财务报告相关的应报告情况是否构成重大缺陷（*MW_FS*）；第三，组织是否披露与遵守联邦项目规定有关的应报告情况（*RC_GOV*）；第四，与遵守联邦项目规定相关的应报告情况是否构成重大缺陷（*MW_GOV*）。重大缺陷是应报告情况的一个子集，代表更严重的内部控制问题。除了这四个指标以外，本文还增加了变量 *RC_ANY*（*MW_ANY*），表示存在与财务报告或遵守联邦项目规定相关的应报告情况（重大缺陷）。考虑到存在重大缺陷的观察样本很少，本文主要关注应报告情况，即 *RC_FS*、*RC_GOV*、*RC_ANY* 三个变量。

1. 非营利组织内部控制缺陷影响因素

本文用收入来源（公众捐赠、政府捐赠或项目服务收入）的数量（*COMPLEXITY*）来衡量组织复杂性，用总资产（*SIZE*）衡量组织规模，用资产增长率（*GROWTH*）来衡量成长速度，用在财务报表审计意见中是否存在持续经营风险说明（*GOINGCONCERNRISK*）衡量财务状况好坏。本文引入组织收入是否超过支出的指标（*SURPLUS*）来衡量财务状况，并预期存在盈余的慈善机构有更少的内部控制问题。本文还控制“是否为第一次接受联邦资金的组织”（*NEWGRANTEE*）。

本文同样考虑审计师类型对报告内部控制问题可能性的影响，在模型中添加 *BIG4*（是否为四大审计师）、*REGIONAL*（是否为地方审计师）、*SPECIALIST*（是否为专家审计师）三个虚拟变量，但是并未作出预测。最后，本文还控制虚拟变量 *RISK*（组织是否被视为 A－133 下低风险被审计单位），以及行业和年份。文章建立了如下的实证模型：

$$Prob(ICD) = \beta_0 + \beta_1 COMPLEXITY + \beta_2 GOINGCONCERNRISK + \beta_3 SURPLUS + \beta_4 lnSIZE + \beta_5 GROWTH + \beta_6 RISK + \beta_7 NEWGRANTEE + \beta_8 BIG4 + \beta_9 REGIONAL + \beta_{10} SPECIALIST + \sum \gamma_i INDUSTRY + \sum \delta_i YEAR \quad (1)$$

2. 非营利组织内部控制问题对公众捐赠的影响

Weisbrod and Dominguez（1986）模型将公众捐赠看作市场变量的函数，包括 *PRICE*，*FUNDRAISING EXP* 和 *AGE*：

$$lnPUBLICSUPPORT_t = \beta_0 + \beta_1 lnFUNDRAISING\ EXP_{t-1} + \beta_2 lnPRICE_{t-1} + \beta_3 AGE_t$$

其中 *PRICE* 衡量慈善组织产出一美元所需的捐赠人捐赠金额，定义为

$$PRICE = \frac{1-T}{1-(\frac{FUNDRAISINGEXP + ADMINISTRATIVEEXP}{TOTALEXPENSE})}$$

FUNDRAISING EXP 为筹资费用，代表组织为减少信息不对称作出的努力，而 *AGE* 等于当年减去组织税务豁免起始年份，代表组织的声誉（organization’s stock of goodwill）。本文预期，这两个变量都对公众捐赠产生正效应。

为了测试内部控制缺陷对公众捐赠的影响，本文在 Weisbrod and Dominguez（1986）模型中添加内部控制缺陷变量，建立以下模型：

$$lnPUBLICSUPPORT_t = \beta_0 + \beta_1 INTERNAL\ CONTROL\ DEFICIENCY_{t-1} + \beta_2 lnFUNDRAISING\ EXP_{t-1} + \beta_3 lnPRICE_{t-1} + \beta_4 AGE_t + \beta_5 lnGOV\ CONTRIBUTIONS_{t-1} + \beta_6 lnPROGRAM\ REVENUE_{t-1} + \beta_7 lnPUBLIC\ SUPPORT_{t-1} + \sum \gamma_i INDUSTRY + \sum \delta_i YEAR \quad (2)$$

除了 Weisbrod and Dominguez（1986）模型中的变量和内部控制缺陷变量，模型还包括了政府拨款（*GOV CONTRIBUTIONS*）和项目服务收入（*PROGRAM REVENUE*）来控制挤出和挤入效应，用上一年度的公众捐赠（*PUBLIC SUPPORT*）来控制其他组织层次因素的影响。最后模型还控制了行业和年份虚拟变量。

3. 非营利组织内部控制问题对联邦政府捐赠的影响

本文将政府捐赠视作内部控制问题和政治、社会经济问题的函数，具体模型如下：

$$lnGOVCONTRIBUTIONS_t = \beta_0 + \beta_1 INTERNAL\ CONTROL\ DEFICIENCY_{t-1} + \beta_2 lnFUNDRAISING\ EXP_{t-1} + \beta_3 LOBBYINGt + \beta_4 AGEt + \beta_5 lnPRICE_{t-1} + \beta_6 lnPUBLIC\ SUPPORT_{t-1} + \beta_7 lnPROGRAM\ REVENUE_{t-1} + \beta_8 lnGOV\ CONTRIBUTIONS_{t-1} + \beta_9 GDPt + \sum \alpha_i STATE + \sum \gamma_i INDUSTRY \quad (3)$$

模型不仅包括了非营利组织的内部控制缺陷，还包括了 *FUNDRAISING EXP*、*PRICE* 和 *AGE* 三个公众捐赠模型中的影响因素，并用公众捐赠（*PUBLIC SUPPORT*）和项目服务收入（*PROGRAM REVENUE*）控制挤入或挤出效应，用上一年度 *GOV CONTRIBUTIONS* 控制其他组织层面因素。另外，模型还控制了 *LOBBYING*（组织是否游说立法者和政府官员并由此发生支出）、*GDP*（年度国内生产总值）、*STATE*（州虚拟变量）和 *INDUSTRY*（行业虚拟变量）。本文主要关注内部控制缺陷变量系数 β_1，而且预期内部控制问题的披露与后续政府捐赠负相关。

实证模型（2）或（3）中 β_1 系数为负可能表明内部控制缺陷的披露影响捐赠决策，但也可能是低水平的捐赠导致非营利组织缺乏执行有效控制所必需的资源。考虑到这一内生性问题，本文使用 Heckman（1979）模型。在第一阶段中，用实证模型（1）来估计报告内部控制缺陷的可能性，并用这个模型的参数计算逆米尔斯比率。在第二阶段中，用逆米尔斯比率作为控制变量估计实证模型（2）和（3）。

四、实证结论

（一）非营利组织内部控制缺陷影响因素

本文首先以 *RC_FS* 作因变量，对三个样本组按模型 1 进行回归。结果发现，*COMPLEXITY*、*GOINGCONCERNRISK*、*SURPLUS*、*SIZE*、*GROWTH* 和 *RISK* 的系数与预期一致且在统计上显著。*NEWGRANTEE* 的系数与预期不一致，系数为负且显著。其系数为负可能由于 *NEWGRANTEE* 与 *RISK* 之间高度相关。当从模型中去除 *RISK* 之后，*NEWGRANTEE* 的系数显著为正。因此，实证证据支持上文假设，即财务状况较差、结构复杂、成长迅速、规模较小的非营利组织更可能披露内部控制缺陷。

另外，*BIG4* 的系数显著为负，说明选择四大会计师事务所的非营利组织披露内部控制问题的概率较小，也表明四大会计师事务所选择与质量较高的非营利组织签订合约。但是，*REGIONAL* 的系数显著为正，表明选择地区性审计事务所的非营利组织披露内部控制问题的概率增加。

最后，本文将因变量依次换为 *RC_ANY*、*RC_GOV*，实证结果与上述结果基本一致。

（二）非营利组织内部控制问题对公众捐赠的影响

本文首先以 *RC_FS* 作为非营利组织内部控制问题的代理变量，按模型 2 对公众捐赠子样本进行回归分析，发现 RC_FS_{t-1} 的系数显著为负。本文又分别用 *MW_FS*、*RC_ANY* 代替 *RC_FS*，实证结果仍与前面基本一致。上述证据表明，披露财务报告相关的应报告情况不利于非营利组织后续公众捐赠的获得。

第二，本文还将公众捐赠分为直接捐赠（*DIRECT SUPPORT*）和间接捐赠（*INDIRECT SUPPORT*）两类，分别进行回归分析。结果发现，直接捐赠（*DIRECT SUPPORT*）与非营利组织是否存在内部控制缺陷显著负相关。但是间接捐赠（*INDIRECT SUPPORT*）的回归结果却不一致。具体表现为：间接捐赠（*INDIRECT SUPPORT*）与 *RC_FS* 负相关，但间接捐赠（*INDIRECT SUPPORT*）与 *RC_ANY* 的关系不显著。

另外，本文还估计 *RC_GOV* 对后续公众捐赠的影响，结果发现 *RC_GOV* 的系数为负但并不显著。这说明个人、公司和基金会作出的捐赠决策与财务报告内部控制问题高度相关，但是与遵守联邦项目相关的内部控制问题不相关。

（三）非营利组织内部控制问题对联邦政府捐赠的影响

对于联邦政府捐赠样本组，本文按照回归模型3，分别对 *RC_FS*、*RC_ANY* 和 *RC_GOV* 回归，实证结果发现 *RC_FS*、*RC_ANY* 和 *RC_GOV* 的系数均显著为负。另外，本文还使用重大缺陷替代应报告情况，但是结果只有 *MW_GOV* 的系数显著。这些结果表明政府机构确实使用与联邦项目合规相关的内部控制信息来制定捐赠决策，与本文的预期一致。

五、结论

本文研究非营利组织内部控制缺陷的影响因素和经济后果。文章首先发现结构复杂、财务状况较差、发展迅速以及规模较小的非营利组织更可能报告内部控制问题。本文进一步发现在控制当前捐赠水平和其他捐赠影响因素后，财务报告内部控制缺陷与后续公众捐赠和政府捐赠负相关。这说明内部控制信息直接或间接地影响捐赠者的捐赠决策。

非营利组织的内部控制还有很多问题需要研究。本文仅说明内部控制缺陷的披露会导致未来公众捐赠的减少，但是没有具体研究哪种类型的捐赠者（比如基金会、公司或是个人）会对内部控制信息作出反应。同样，哪个层级的政府机构（联邦、州或是地方政府）会使用 A－133 数据也值得进一步研究。最后，未来的研究还可以关注内部控制缺陷对非营利组织其他运营方面的影响，比如盈余管理和高管薪酬等。

（整理人：刘春丽）

主要参考文献

[1] Ashbaugh－SkaifeH.，D. Collins and W. Kinney. 2007. The discovery and reporting of internal control deficiencies prior to SOX－mandated audits. *Journal of Accounting and Economics* 44（1－2）：p. 166－192.

[2] DoyleJ.，W. Geand S. McVay. 2007a. Determinants of weaknesses in internal control over financial reporting. *Journal of Accounting and Economics* 44（1－2）：p. 193－223.

[3] GeW. and S. McVay. 2005. The disclosure of material weaknesses in internal control after the Sarbanes－Oxley Act. *Accounting Horizons* 19（3）：p. 137－158.

[4] Heckman，J. 1979. Sample selection bias as a specification error. *Econometrica* 47（1）：p. 153－161.

[5] Weisbrod B. and N. Dominguez. 1986. Demand for collective goods in private nonprofit markets: Can fundraising expenditures help overcome free - rider behavior? *Journal of Public Economics* 30 (1): p. 83 - 95.

[6] Tinkelman D. and K. Mankaney. 2007. When is administrative efficiency associated with charitable donations? *Nonprofit and Voluntary Sector Quarterly* 36 (1): p. 41 - 64.

§5-3　无效的财务报告内部控制是否会影响公司的运营？来自公司存货管理的证据

Does Ineffective Internal Control over Financial Reporting Affect a Firm's Operations? Evidence from Firms' Inventory Management

文献来源：Feng，M.，C. Li，S. McVay，and H. Skaife. 2015. Does Ineffective Internal Control over Financial Reporting Affect a Firm's Operations? Evidence from Firms' Inventory Management. *The Accounting Review*，90（2）：529－557.

【摘要】本文通过检验与存货相关的财务报告内部控制重大缺陷和存货管理之间的关系来研究无效的财务报告内部控制是否会影响公司的运营。文章发现与没有存货相关的内控重大缺陷的公司相比，存在该缺陷的公司，存货周转率较低并且更容易报告存货减值。同时，文章还发现公司修正了与存货跟踪有关的缺陷之后，存货周转率提高了，并且销售收入、毛利率和经营性现金流都有所提高。最后，文章扩展了研究的范围，发现如果公司存在或者修正任何类型的重大内控缺陷，都会对公司的资产回报率产生影响。总之，本文证据表明财务报告内部控制缺陷对公司的运营有经济上显著的影响。

一、研究问题

（一）问题的提出

SOX 法案出台以来，实务界对于其是否能够切实影响管理层的决策、提高公司运营效率进而影响公司的绩效十分关注。然而学术界鲜有文献直接针对 SOX 法案是否会对公司运营情况产生影响进行研究。本文填补了这一空白，研究与存货相关的财务报告内控重大缺陷对公司运营（firm operations）的影响。具体研究几个问题：第一，存在与存货有关的财务报告内控重大缺陷的公司与不存在与该缺陷的公司相比，存货周转率（inventory turnover）是否存在系统差异？第二，存在存货有关的财务报告重大内控缺陷的公司与不存在该缺陷的公司相比，存货减值（inventory impairment）发生的可能性和程度是否存在系统差异？第三，与存货相关的重大缺陷修正以后，公司存货管理水平是否会得到提升？

本文的逻辑框架见图 5－3。

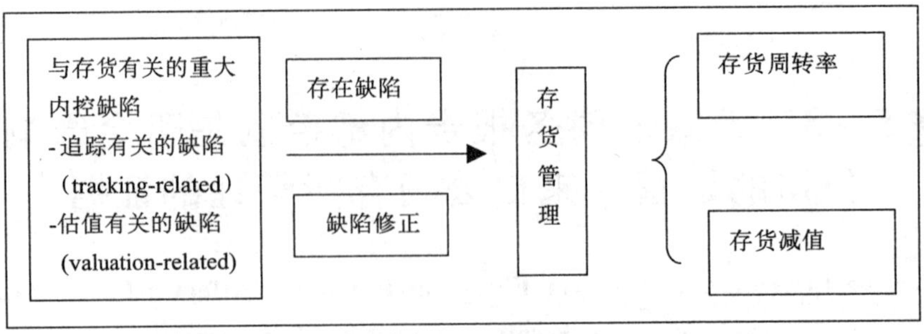

图 5－3　与存货相关的重大内控缺陷对公司存货管理的影响

（二）研究意义

在 SOX 404 实施之后，管理层普遍认可法案提高了公司的财务报告质量，但是，绝大部分管理层（70%左右）不相信法案提高了公司的运营效率（Alexander et al.，2013）。本文的实证结果表明，有效的内部控制在提高了公司信息质量的同时，也提高了管理层的决策能力，因为他们可以基于更高质量的信息来做决策，进而内部控制会提高公司的绩效。这一发现是非常重要的，由于对内部控制有效性切实收益的怀疑，监管者已经开始对一些公司豁免内控披露，而这些举措可能是不成熟的。本文的实证发现可以为监管部门提供借鉴和参考。

（三）主要贡献

第一，本文是第一篇从公司运营的角度检验内控缺陷经济后果的文章，拓展了内部控制的研究。此前大量研究多从信息质量的角度研究无效的内部控制的经济后果，最近研究开始关注管理层是否基于这些较低质量的信息来做决策，进而影响公司的价值。Bauer（2014）发现相比不存在该缺陷的公司，存在与税务有关的重大内控缺陷的公司实际税率更高。Cheng et al.（2013）发现无效的内部控制会产生低效的投资（如固定资产投资和研发支出），但这篇文章没有直接检验公司整体绩效指标，也没有针对与投资相关的缺陷进行检验。目前还没有文章检验内部控制的无效如何影响经理人每天的运营决策，本文则弥补了这一空白。

第二，本文拓展了存货管理和公司运营的研究。这类文献多从案例分析、调查、问卷等方式获取对存货管理的认知（如 Anderson et al.，2006）。本文用了大样本的上市公司数据，提供了存货获取、追踪和定价体系的不足如何影响公司运营绩效的直接证据。

二、理论分析

内部控制是为实现公司目标提供合理保证的一个环节，这些目标包括：运营（operating）目标、报告（reporting）目标和合规（compliance）目标（COSO 1992）。针对运营目标的内部控制包括加强运营和资产安全有效性和效率性的政策、程序和人员（COSO 2013；Lawrence et al.，2014）。财务报告内部控制包括经理人用以保存记录并真实反映公司运营情况的过程和程序。

当前学术界和实务界普遍认可的观点是有效的内部控制可以提高财务报告的质量，但是是否能够真正提高公司的运营效率和效果，存在争议也缺少实证证据。管理层不认可内部控制会对公司运营产生影响（Alexander et al. 2013），一个可能的原因是经理人自身并不仅仅依靠公开披露的信息做决策，公司内部会有很多私有信息，因此基于财务报告的内部控制是否有效对于经理人的运营决策来讲没有溢出效应（spillover effect）。但是本文认为这种溢出效应也是有可能存在的。内部管理者和财务报告通常用的是同一套财务系统，特别是 SOX 404 法案要求公司对财务报告有关的内部控制评价和披露更为正规，这些要求本身就会引起管理层的注意，帮助他们发现此前没有注意到的问题，并且进行修正。

基于上述讨论本文用实证检验内部控制是否会影响公司的运营绩效，特别地，将关注点放到存货管理上，检验与存货有关的内控缺陷是否影响公司的存货管理水平。存货管理的目标是拥有足够的存货以满足顾客和生产的需求，同时也要最小化总体可变存货成本。与存货有关的内部控制会通过影响存货的采购、追踪和定价来影响存货管理决策。有效的政策和程序使得存货数据（包括数量、地点和成本等信息）能够更准确且及时的更新，帮助管理者更有效率地管理存货（Croson and Donohue 2006）。如果存在存货有关的内控缺陷，存货数据就会失真，因而管理人员无法作出最优的决策。例如，许多零售商和制造商使用自动化的存货订购系统，依靠存货数量的记录来生成采购订单。如果存货数量因为没有准确的追踪而被误报，就会产生存货积压或是短缺的问题。如果积压过多的存货，公司不但会产生额外的保存成本，而且还有存货报废的风险，如果这些报废的存货被确认并作为减值记录在当期的费用上，当期盈利就会受到影响。而过少的存货也会带来成本，包括销售额的损失，更进一步的连锁反应包括管理人员可能根据当期销售情况对未来销售额和未来存货采购产生误判，错误地制定预算而造成损失。此外，值得注意的一点是，虽然审计师会对财政年度末的错误存货数据进行审计修正，但是在整个年度内发生的存货交易并不会得到及时修正，因而与存货有关的内控缺陷对后者的影响更大，而这些日常的信息会对管理者的决策产生重要影响。

综上所述，本文认为无效的内部控制会对公司运营和绩效产生溢出效应。具体地，本文预期与存货有关的重大内部控制缺陷会导致质量较差的存货管理。

三、样本选择和研究方法

（一）样本选择

本文选取了 2004—2009 年间披露内部控制有效性数据的 15 485 加速报告的公司年度样本作为初始样本，内控数据来源于 Audit Analytics 数据库。从初始样本中去掉没有存货数据（4 733 个）和必要财务数据（1 799 个）的观测值，最终主要检验有 8 953 个公司年度观测值。在内控缺陷修正的检验中，仅采用 272 个 t 期存在内控缺陷的观测值（其中 124 个是 t 期存在与存货有关的内控缺陷，且在 t+1 期对该缺陷进行了修正）。

（二）研究设计

1. 本文采用如下的 OLS 模型来检验存货周转率和与存货有关的内控缺陷之间的关系

$$InventoryTurnover = \alpha_0 + \alpha_1 Inventory - MWIC + \alpha_2 Revenue - MWIC + \alpha_3 Other - MWIC + \alpha_4 GrossMargri + \alpha_5 CapitalInetnsity + \alpha_6 SalesVolaitlity + \alpha_7 SalesGrowht + \alpha_8 Segments + \alpha_9 ForeignSaels + \alpha_{10} FirmAge + \alpha_{11} Auditor + \alpha_{12} ROA + \alpha_{13} Loss + \alpha_{14} Size + \varepsilon \quad (1)$$

因变量（*InventoryTurnover*）为存货周转率，等于 t 期销货成本（cost of goods sold）除以 t 期平均存货。本文同时也采用行业调整的存货周转率（公司数减去行业中值）来做因变量进行替代检验。

主要自变量 *Inventory - MWIC*，是虚拟变量，1 = 披露了与存货有关的重大内控缺陷。

控制变量包括：

第一，公司披露了除与存货相关的其他重大内控缺陷，而这些缺陷可能会影响存货周转率：是否存在与收入确认有关的重大缺陷（*Revenue - MWIC*），是否存在其他重大缺陷（*Other - MWIC*）。

第二，其他影响存货周转率的财务指标：毛利率（*GrossMargin*）；资本密集度（*CapitalIntensity*），用固定资产的自然对数表示；销售收入波动性（*SalesVolatility*）；销售收入增长率（*SalesGrowth*）。其中毛利率是 t 期，其余变量是 t - 1 期。

第三，其他影响内控缺陷的变量：公司复杂性，用分部个数（*Segments*）和是否有国外销售（*ForeignSales*）代替；公司年龄（*FirmAge*）；审计质量（*Auditor*）；资源有限性（*ROA* 和 *Loss*）以及公司规模（*Size*）。

此外，本文还控制了行业和年度固定效应，并且用公司聚类计算回归系数的标准误。

2. 本文采用如下的 OLS 模型来检验缺陷修正与存货周转率变化的关系

$$\Delta TurnoverRatio_{t,t+2} = \alpha_0 + \alpha_1 Remediation - Inventory - MWIC + \alpha_2 Remediation - Revenue - MWIC + \alpha_3 Remediation - Other - MWIC + \Delta Controls + \varepsilon \quad (2)$$

ΔInventoryTurnover 表示存货周转率从 t 期到 t + 2 期的变化值［即（t + 2）- t］。文章用了两年的跨度，因为不清楚公司是在 t + 1 年的何时才修正内控缺陷，如果是年底修正，那么年度中间的内控缺陷依然会引起存货管理的误差，所以用 t + 2 期更能够反映内控缺陷修正后获得的收益。

Remediation - Inventory - MWIC 是虚拟变量，1 = 与存货有关的内控缺陷得到修正（即 t 期有与存货有关的内控缺陷，t + 1 期没有与存货有关的内控缺陷）。

Remediation - Revenue - MWIC 是虚拟变量，1 = 与收入确认有关的内控缺陷得到修正（即 t 期有与收入确认有关的内控缺陷，t + 1 期没有与收入确认有关的内控缺陷）。

Remediation - Other - MWIC 是虚拟变量，1 = 除存货和收入确认以外其他内控缺陷得到修正（即 t 期有其他内控缺陷，t + 1 期没有其他内控缺陷）。

3. 本文采用如下两个模型检验与存货有关的内控缺陷对存货减值的影响

$$ImpairmentIndicator = \alpha_0 + \alpha_1 Inventory - MWIC + \alpha_2 Revenue - MWIC + \alpha_3 Other - MWIC + \alpha_4 GrossMargin + \alpha_5 CapitalIntensity + \alpha_6 SalesVolatility + \alpha_7 SalesGrowth + \alpha_8 Segments + \alpha_9 ForeignSales + \alpha_{10} FirmAge + \alpha_{11} Auditor + \alpha_{12} ROA + \alpha_{13} Loss + \alpha_{14} Size + \varepsilon \quad (3)$$

$$ImpairmentMagnitude = \alpha_0 + \alpha_1 Inventory - MWIC + \alpha_2 Revenue - MWIC + \alpha_3 Other - MWIC + \alpha_4 GrossMargin + \alpha_5 CapitalIntensity + \alpha_6 SalesVolatility + \alpha_7 SalesGrowth + \alpha_8 Segments + \alpha_9 ForeignSales + \alpha_{10} FirmAge + \alpha_{11} Auditor + \alpha_{12} ROA + \alpha_{13} Loss + \alpha_{14} Size + \varepsilon \quad (4)$$

模型（3）是 Logistic 回归。因变量是虚拟变量，1 = 存在存货减值，否则为 0。

模型（4）是 Tobit 回归。因变量是存货减值的程度。

存货减值的信息为本文手工从年报中收集。回归的样本采用了基于年份、行业、总资产和存货规模配对的样本。在 161 个存在与存货有关的内控缺陷的公司中，可以将其中的 139 个公司与控制组（没有内控缺陷的公司）配对。因为已经采用配对，因此没有控制年度和行业固定效应。其余的控制变量与模型（1）相同，并且回归系数的标准误也用公司聚类的方法计算。

四、实证结果

（一）描述性统计

在本文的 8 953 个公司年度观察值中，有 7.15%（640 个）观察值的内部控制无效。在这些内控无效的公司中，有 25.16%（161 个）观察值在 t 期具有与存货有关的重大内控缺陷，其中有 124 个观察值在 t+1 期修正了该缺陷，而其余 37 个观察值没有在 t+1 期修正该缺陷。

单因素分析显示，存在与存货有关的内控缺陷的公司（即 *Inventory - MWIC* = 1）与不存在与存货有关的内控缺陷的公司（即 *Inventory - MWIC* = 0）在存货周转率的均值和中值上都存在显著的差异，前者（均值 = 8.370；中值 = 4.227）显著低于后者（均值 = 14.032；中值 = 5.955）。同时前者的存货周转率也显著低于具有其他内控缺陷的公司（即 *Other - MWIC* = 1）（均值 = 14.336；中值 = 5.301）。这个差异在经济意义上也是显著的：具有存货内控缺陷的公司平均存货周转天数是 40 天，而其他公司只有 27 天。

（二）回归分析结果

1. 与存货有关的内控缺陷对存货周转率的影响

本文对模型（1）进行了回归检验。当因变量是公司存货周转率（*InventoryTurnover*）时，主要检验变量 *Inventory - MWIC* 的系数显著为负（系数 = -6.104；t - statistic = -0.391），表明与存货相关的内控缺陷和低的存货周转率之间存在相关关系。而 *Revenue - MWIC* 和 *Other - MWIC* 与 *InventoryTurnover* 无显著关系，意味着与存货不相关的内控缺陷对存货周转率的影响不大。这一发现是比较重要的，因为本文的结论可能是由于相关缺失变量（如较差的管理水平）没有被控制而产生的，即这个缺失变量同时引起存货内控缺陷和低的存货周转率，但因为其他缺陷对于存货周转率没有显著影响，因而可以减弱缺失变量影响结果的可能性。

同时，本文用行业调整后的存货周转率作为因变量，结论不变。

2. 与存货有关的内控缺陷类型的分析

本文进一步把与存货有关的内控缺陷分为与存货追踪（tracking - related）和存货估值（valuation - related）有关的缺陷。本文发现两类缺陷都会影响存货周转率，并且没有显著差异。

3. 缺陷的修正

本文用模型（2）进行了回归检验。本文发现 *Remediation - Inventory - MWIC*，*Remediation - Revenue - MWIC* 和 *Remediation - Other - MWIC* 的系数都与因变量 $\Delta TurnonverRatio$ 不显著相关。进一步，本文按类型，将与存货有关的缺陷分组，发现与存货追踪有关的缺陷的修正显著提高了存货周转率，而存货估值缺陷对存货管理的改变没有显著影响。这是因为存货追踪缺陷相比存货估值的缺陷对存货管理的经济影响更大，存货追踪缺陷表明与存货的购买、销售、保存和返还等相关的政策和程序发生存在缺陷，这将更为直接地影响管理者的存货决策，引起存货周转率的变化。

4. 与存货有关的内控缺陷对存货减值的影响

在对模型（3）的检验中，本文发现，*Inventory - MWIC* 的系数显著为正，说明与不存在存货有关的内控缺陷的公司相比，存在该缺陷的公司，其存货减值的概率更高。在对模型（4）的检验中，本文发现，*Inventory - MWIC* 的系数显著为正，说明与不存在存货有关的内控缺陷的公司相比，存在该缺陷的公司，其存货减值的程度更大。本文还发现，其他类型的内控缺陷对存货减值概率和减值程度都没有显著影响，并且两种存货内控缺陷的类型对存货减值概率和程度都有显著影响且没有差异。

（三）补充性检验

1. 其他绩效计量

本文选取一些代表公司营运绩效的指标，检验当公司修正了与存货有关的内控缺陷是否可以通过提高存货管理进而提升公司的绩效表现。这些指标包括：销售收入（sales）、毛利率（gross margin）、经营性收入（operating income）和经营性现金流（operating cash flow）。本文分别计算了 124 家修正与存货有关内控缺陷的公司和 148 家仍存在内控缺陷（任何缺陷）的公司的上述四个指标的 t + 2 期到 t 期的变化值的均值，发现销售收入、毛利率和经营性现金流存在显著差异：与仍然存在（任意）内控缺陷的公司相比，修正了与存货有关的内控缺陷的公司，显著提高了上述三个指标。此外，又检验了当存在与存货有关的内控缺陷的公司修正缺陷后（124 个公司年度样本），它的运营绩效水平是否和内部控制从来不存在重大缺陷的公司（7 945 个公司年度样本）之间还有显著差异。均值分析表明，存货周转率已经不存在显著差异。绩效指标方面，不存在内控缺陷的公司销售收入（sales）显著高于修正缺陷的公司，但毛利（gross margin）和营业毛利（operating margin）和经营性现金流（operating cash flows）都没有显著的差异。

2. 更一般化的检验

这篇文章主要是选取了存货的角度来研究，内控缺陷与运营效率效果的关系。本文预期更一般的结论也应该是成立的，即内控缺陷会通过不同的途径影响公司的营运绩效。如应收账款管理、与销售有关的赊账等。所以本文补充检验了是否存在任何内控缺陷（*MWIC*）与总资产回报率（*ROA*）之间的关系。第一，本文用全体公司（包括存在和不存在缺陷）作为样本（N = 8 953），用 t 期 *ROA* 的值对当期 *MWIC* 进行了多元回归分析，

控制了其他影响 *ROA* 的变量，发现 *MWIC* 的系数显著为负。第二，本文选择 t 期存在内控缺陷的公司作为样本（N = 625），用 *ROA* 的变化值（t 期到 t + 2 期）对缺陷是否在 t + 1 期得到修正的虚拟变量（*Remediation - MWIC*）进行回归，同时控制其他控制变量的变化值，发现 *Remediation - MWIC* 的系数显著为正。第三，本文用全体公司（包括存在和不存在缺陷）作为样本（N = 8 852），用 t + 2 期的 *ROA* 做因变量，*Remediation - MWIC*（t 期存在缺陷，t + 1 期修正了缺陷）和 *NoRemediation - MWIC*（t 期存在缺陷，t + 1 期未修正）作为主要检验变量，在控制了其他因素之后，发现 *Remediation - MWIC* 的系数不显著，*NoRemediation - MWIC* 的系数显著为负。上述结论说明内部控制缺陷会影响公司的总资产回报率。

（四）稳健性检验

本文做了如下的稳健性检验：

（1）与存货相关的内控缺陷与存货管理间的关系可能是由于不准确的年末存货价值引起的。为了排除这个可能性，本文剔除了 2012 年 12 月 31 日对财务报告进行重述的样本，重新估计的模型（1），结论不变。

（2）有些文献认为，糟糕的绩效是导致内控缺陷的前因（而不仅是结果）。为了使本文的因果关系更加稳健，本文（1）仅适用绩效最糟糕的一组样本，即发生亏损的公司；（2）按 *ROA* 的大小将样本分成四组，分别进行回归。结论保持不变。

（3）本文的回归模型中存货周转率计算方法，其分母采用的是平均存货水平，稳健性检验中分母用年末存货水平替代，结论不变。

（4）实证检验中，存货减值用了配对样本，而存货周转率没有，稳健性检验中也同样适用配对的方法，结论保持不变。

（5）更改存货减值的样本，采用了 Allen et al.（2013）中 2004 年的数据（涵盖所有 Compustat 数据库中的公司），结论保持不变。

五、结论

本文研究了与存货相关的财务报告重大内部控制缺陷和存货管理之间的关系，并以此检验无效的财务报告内部控制是否会影响公司的运营。本文发现，与不存在存货相关的内控重大缺陷的公司相比，存在该缺陷的公司，其存货周转率较低且更容易报告存货减值。同时，本文还发现，公司修正了与存货追踪有关的缺陷之后，存货周转率提高了，并且销售收入、毛利率和经营性现金流都会有所提高。最后，本文扩展了研究的范围，发现如果公司存在或者修正任何类型的内控重大缺陷，都会对公司的资产回报率产生影响。总之，本文的研究结果支持了财务报告内部控制缺陷对公司的运营有经济上的显著影响的结论。

本文选题新颖，且有很强的政策性意义，为当前内部控制披露和监管要求的讨论提供了实证证据。不足之处在于，存在与存货相关的内控缺陷的公司数量非常少，当然本文给出的检验是非常全面、力求稳健的。

（整理人：孙烨）

主要参考文献

[1] Alexander, C. R., Bauguess, S. W., Bernile, G., Lee, Y. H. A., & Marietta - Westberg, J. 2013. Economic effects of SOX Section 404 compliance: A corporate insider perspective. *Journal of Accounting and Economics*, 56 (2): p. 267 - 290.

[2] Allen, E. J., Larson, C. R., and Sloan, R. G. 2013. Accrual reversals, earnings and stock returns. *Journal of Accounting and Economics*, 56 (1): p. 113 - 129.

[3] Anderson, E. T., Fitzsimons, G. J., and Simester, D. 2006. Measuring and mitigating the costs of stockouts. *Management Science*, 52 (11): p. 1751 - 1763.

[4] Bauer, A. M. 2014. Tax Avoidance and the Implications of Weak Internal Controls. *Available at SSRN* 1905093.

[5] Cheng, M., Dhaliwal, D., and Zhang, Y. 2013. Does investment efficiency improve after the disclosure of material weaknesses in internal control over financial reporting? . *Journal of Accounting and Economics*, 56 (1): p. 1 - 18.

[6] Committee of Sponsoring Organizations of the Treadway Commission (COSO), 2013. Internal Control - Integrated Framework: Executive summary. www. coso. org.

[7] Croson, R., and Donohue, K. 2006. Behavioral causes of the bullwhip effect and the observed value of inventory information. *Management Science*, 52 (3): p. 323 - 336.

[8] Lawrence, A., M. Minutti - Meza, and D. Vyas. 2014. Is operational control risk informative of financial reporting risk? Working paper.

§5-4 税务内控质量：审计师税务服务的角色

Tax Internal Control Quality：The Role of Auditor - Provided Tax Services

文献来源：Simone，L. D.，M. Ege and B. Stomberg. Tax Internal Control Quality：The Role of Auditor - Provided Tax Services. *The Accounting Review*，forthcoming.

【摘要】本文认为，税务非审计服务（tax non - audit services，tax NAS）有助于通过业务经营、税务法规和财务报告的联合考虑来提高税务内控质量。与预期一致，作者发现，购买税务非审计服务的公司披露税务重大缺陷的可能性降低25%；在控制审计师经济独立性和公司购买税务非审计服务偏好后，上述结果依然稳健；若公司在经营和财务报告决策时未考虑税务问题［如公司高管或审计委员会缺乏税务专业知识、《所得税不确定性会计处理方法》（以下简称FIN 48）颁布之前］，税务非审计服务所带来的利益最大。同时，作者还发现，税务非审计服务也有助于提高税务内控质量，且税务非审计服务能够通过影响内控质量来影响财务报告质量。

一、研究问题

（一）问题的提出

本文对税务非审计服务是否有助于提高税务内控质量，以及它在哪种情况下更有助于提高税务内控质量进行了检验。由于税务非审计服务有利于公司对税务事项进行更全面的考虑，能够预防、较早发现并修正税务内控缺陷，故本文认为其对税务内控质量的提高具有促进作用。此外，作者还推测，若公司高管或董事未对税务问题进行考虑，则税务非审计服务将更有利于提高公司的税务内控质量。

本文的逻辑框架见图5-4。

（二）研究意义

本文研究税务非审计服务是否有助于提高税务内控质量，以及在哪种情况下这种影响更大，不仅有助于股东和审计委员会更好地评估税务非审计服务的成本与收益，也促使监管者思考是否应该对税务非审计服务做进一步限制，还有助于董事会和管理层意识到在经营决策中考虑税务作用的重要性。

（三）主要贡献

第一，本文通过探讨税务非审计服务如何影响税务内控质量，拓展了税务非审计服务

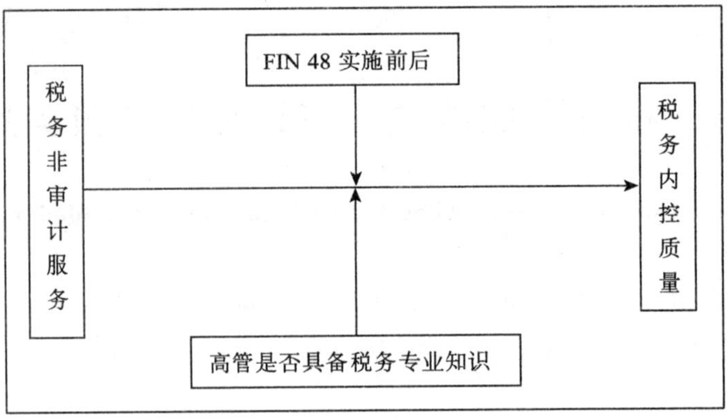

图 5-4　税务非审计服务与税务内控质量

经济后果方面的文献；

第二，本文探讨了税务非审计服务与税务内控质量之间的关系，为税务非审计服务通过什么机制来提高财务报告质量提供了一种可能的解释；

第三，本文为 SOX 法案实施以后，公司对税务问题关注度的提升会如何影响税务非审计服务与税务内控质量之间的关系提供了经验证据。

二、研究假设

税务非审计服务包括税务遵循、税务筹划和其他税务服务，其中，税务遵循与税务筹划都有助于提高税务内控质量。与未提供税务服务的审计师相比，提供税务服务的审计师会更多关注税务问题并在早期与公司相关部门有更多交流。在此情况下，公司能更早发现潜在的内部控制问题并及时纠正，从而避免了对内控重大缺陷的披露。同时，与非审计服务提供者相比，审计师更加了解审计风险和财务报表注意事项。财务报表审计师不仅关注税务注意事项，还关注财务报告注意事项，而且比非审计服务提供者更易理解一般业务风险如何影响包括内部控制在内的整个财务报告过程。因此，本文认为，税务非审计服务由于能够帮助公司识别和减少潜在的内部控制风险，从而有助于提高公司的税务内控质量。基于以上分析，作者提出如下假设：

假设 1：税务非审计服务与公司报告重大税务内控缺陷的可能性负相关。

公司若考虑税务问题，则更可能使之与公司经营变化、一般业务风险和战略规划相结合。德勤在 2011 年的报告曾指出，考虑税务问题的公司会认为其对许多业务风险造成影响，并把税务风险融入公司整个风险框架中。因此，在公司主管或董事更可能考虑税务问题的情况下，税务非审计服务对税务内控质量的促进作用较小。基于此分析，作者提出如下假设：

假设 2：公司董事或主管越可能考虑税务问题，税务非审计服务与重大税务内控缺陷之间的负相关关系将越弱。

三、样本选择和研究设计

（一）样本选择

本文样本选取的区间为2004年至2010年。关于SOX 302和404条款所涉及的内控披露信息，本文从Audit Analytics数据库中获取相关数据；对于影响公司重大缺陷披露的控制变量，相关数据来自于CRSP数据库和Compustat数据库。本文在考察公司相关人员是否具备税务专业知识时，从BoardEx商业网络数据库中获取管理人员的个人信息。此外，考虑到内部控制报告可能存在重述问题，本文以每个会计年度中最后一次提交的内部控制报告为准。总样本包括5 519家公司，26 056个观测值。

（二）研究设计

为检验假设1，本文建立如下logistic回归方程：

$$Prob(ICW\_TAX=1)=F(\beta_0+\beta_1 TAXNAS+\beta_2 LNAUDIT+\beta_3 LNOTHERNAS+\beta_4 INFLUENCE+\beta_5 LMARKETCAP+\beta_6 AGGLOSS+\beta_7 SHUMWAY+\beta_8 LSEGCOUNT+\beta_9 FORTRANS+\beta_{10} MERGER+\beta_{11} EXTREMESG+\beta_{12} RESTRUCTURE+\beta_{13} BIG4+\beta_{14} AUDITOR\_RESIGN+\beta_{15} PCTFORSALES+\beta_{16} TAXLOSS+Year\ FE) \quad (1)$$

其中，*ICW_TAX*为虚拟变量，若公司当年披露税务内控重大缺陷，则*ICW_TAX*取1，否则取0。对于税务非审计服务变量（*TAXNAS*），作者采用两种衡量方式：一是*LNTAXNAS*，即对Audit Analytics数据库中所报告的税务费用取自然对数；二是*TAXNASIND*，为虚拟变量，若公司在当年购买了税务非审计服务，则*TAXNASIND*取1，反之取0。根据假设1，作者预期回归系数β_1的符号为负。

此外，本文还控制了其他可能影响公司披露税务内控重大缺陷的因素，如审计费用，*LNAUDIT*；审计师经济独立性（支付给审计师的其他非审计服务费用，*LNOTHERNAS*；被审计公司对审计师的重要性，*INFLUENCE*）；公司规模，*LMARKETCAP*）；财务困境（扣除非经常性损益后的净利润虚拟变量，*AGGLOSS*；基于Shumway（2001）违约风险模型计算的公司破产概率的十等分级别，*SHUMWAY*）；财务报告复杂性（经营分部个数，*LSEGCOUNT*；是否存在外汇交易，*FORTRANS*；是否存在收购支出，*MERGER*）；公司成长性（销售收入是否增长的虚拟变量，*EXTREMESG*；近两年重组费用，*RESTRUCTURE*）；审计师质量（是否聘请四大会计师事务所，*BIG4*；公司是否有审计师辞职，*AUDITOR_RESIGN*）；所得税报告的复杂性（国外经营分部的销售收入比重，*PCTFORSALES*；公司税务减损结转，*TAXLOSS*）。

为了检验在公司主管或董事更可能考虑税务问题的情况下，税务非审计服务与重大税务内控缺陷之间的负相关关系是否变弱，即假设2，本文从两个方面对其进行考察：

一方面，在2007年颁布实施的FIN 48从根本上改变了公司对待税务风险的方式，并通过要求公司更加透明地披露财务报告中的税务风险，增加了税务方面财务报告的可视性。因此，FIN 48促使管理层和董事会加强对所得税风险的监督与报告。相关文献表明，在 FIN 48 颁布之后，税务经理每年向董事会汇报的频率几乎是原来三倍以上（Larsen, 2011）。因此，本文预期，与 2007 年之前相比，由于公司在 2007 年 FIN 48 颁布之后更加关注税务问题，税务非审计服务与重大税务内控缺陷之间的负相关关系将减弱。具体而言，本文把样本年度区间划分为 2004—2006 年和 2007—2010 年两个时期，并认为在 FIN 48 颁布之前（2004—2006 年），公司较少考虑税务问题，而在 FIN 48 颁布之后（2007—2010 年），公司开始更多地考虑税务问题。作者分别利用两个时期的公司样本对方程（1）进行回归，并预期针对 2004—2006 年公司样本的估计系数 β_1 将显著为负，而针对 2007—2010 年公司样本的估计系数 β_1 的显著性将降低。

另一方面，本文用 CEO、CFO 和审计委员会成员的税务专业知识来衡量公司对税务问题的关注状况。在税务方面有经验的管理层和审计委员会成员更易发现潜在的税务风险，从而对财务报表中所报告的税额进行更加详细的分析。例如，有税务专业知识的管理者和审计委员会成员更可能针对税务或有事项的识别与衡量提出深入尖锐的问题，从而引起税务部门与管理层之间更加频繁的沟通交流，这就促使管理层和董事会更加关注税务方面财务报告内部控制的识别与执行。因此，本文认为，若公司高管或审计委员会成员具有税务专业知识，税务非审计服务与税务内控质量的正相关关系将减弱。具体而言，作者用 *EXPERT* 表示公司高管和审计委员会成员是否具有税务专业知识，若公司 CEO、CFO 或审计委员会成员曾担任税务经理、税务合伙人或税务主管等专业性职务，则 *EXPERT* 取 1，否则取 0。本文根据 *EXPERT* 是否为 1 把全样本划分为两个子样本，并分别对方程（1）进行回归。根据假设 2，作者预期在 *EXPERT* = 0 的样本下回归系数 β_1 将显著为负，而在 *EXPERT* = 1 的样本下回归系数 β_1 的显著性将降低。

四、实证结果

（一）描述性统计结果

描述性统计发现，在全样本中，有将近 72% 的样本公司购买了税务非审计服务，支付给审计师的平均税务费用为 270 000 美元（中位数为 37 000 美元），平均审计费用超过 2 100 000 美元（中位数为 852 000 美元）。

对 2004—2006 年和 2007—2010 年这两个时期样本的描述性统计发现，在后一时期，税务费用的均值（中位数）显著降低，而审计费用的均值（中位数）更高。并且发现，税务内控缺陷的披露数目在 2005 年达到最高，为 273 个。总体来看，在前一时期有 628 个公司披露了税务重大缺陷，而在后一时期有 460 个公司披露了税务内控缺陷。

（二）回归分析

通过对方程（1）进行全样本回归，本文发现税务费用（*LNTAXNAS*）和购买税务非审计服务的虚拟变量（*TAXNASIND*）回归系数均为负且在统计上显著，表明税务非审计服务的购买有助于降低公司披露税务内控缺陷的可能性，这与假设 1 一致。

本文把年度区间划分为 2004—2006 年和 2007—2010 年，并对这两个时期的子样本分别进行回归，发现税务费用（*LNTAXNAS*）和购买税务非审计服务的虚拟变量（*TAX-*

NASIND）与税务重大缺陷的关系在前一时期显著为负，而在后一时期二者之间的关系并不显著，支持假设 2。该结果表明，在 FIN 48 颁布之前，公司主管和董事很少关注税务风险，因此税务非审计服务对税务内控质量的提高具有更大的促进作用，而在 FIN 48 颁布之后，由于公司主管和董事越来越关注税务问题，税务非审计服务对税务内控质量的影响并不明显。

本文根据 *EXPERT* = 1 和 *EXPERT* = 0 把样本划分为两个子样本，并分别对方程（1）进行回归，发现当公司高管或审计委员会缺乏税务专业知识（*EXPERT* = 0）时，税务费用（*LNTAXNAS*）和购买税务非审计服务的虚拟变量（*TAXNASIND*）均与税务内控重大缺陷显著负相关，而当公司高管或审计委员会具备一定的税务专业知识（*EXPERT* = 1）时，上述两个变量与税务内控重大缺陷的关系并不显著，这与假设 2 一致。

（三）进一步分析与稳健性测试

1. 内生性问题

已有研究发现，税务非审计服务的购买不是随机的（e. g.，Lasilla et al.，2010），可能选择雇用审计师提供税务服务的公司自身具有某些无法观测的特征，而这些特征与税务内控质量正相关。因此，为减轻本文结果受税务非审计服务购买的潜在内生性干扰，作者做了进一步分析。首先，本文参考 Bédard and Paquette（2011），Lassila et al.（2010）和 McGuire et al.（2012）关于税务费用（*LNTAXNAS*）的回归方程估计出 *LNTAXNAS*，即：

$$LNTAXNAS = \beta_0 + \beta_1 TENURE + \beta_2 MERGER + \beta_3 AUDIND + \beta_4 LNAUDIT + \beta_5 INFLUENCE + \beta_6 SIZE + \beta_7 NOLIND + \beta_8 TAXLOSS + \beta_9 EQINC + \beta_{10} FI + \beta_{11} R\&D + \beta_{12} LT\_LEVERAGE + \beta_{13} BTM + \beta_{14} PPE + \beta_{15} ROA + \beta_{16} CASH + \beta_{17} DEP + \beta_{18} BIG4 + \beta_{19} SECTIER + Year\ FE \quad (2)$$

在根据方程（2）进行第一阶段回归得到 *LNTAXNAS* 后，本文采用 probit 模型对税务内控重大缺陷进行回归分析。与前文回归结果一致，本文发现税务费用（*LNTAXNAS*）与税务内控重大缺陷（*ICW_TAX*）显著负相关。另外，作者也采用 Heckman（1979）样本纠正方法，用方程（2）进行第一阶段回归，同时把税务费用（*LNTAXNAS*）替代为购买税务非审计服务的虚拟变量（*TAXNASIND*）。检验结果表明，在控制是否购买税务非审计服务后，披露税务内控重大缺陷的可能性与 *TAXNASIND* 显著负相关。以上结果均表明，内生性问题并未对本文主要结果产生实质性干扰。

2. 审计师独立性

本文考虑审计师经济独立性对实证研究结论的影响。如果税务非审计服务导致公司与审计师之间产生经济上的关联从而威胁到审计师独立性，则当公司存在重大内控缺陷时，审计师将会犹豫是否要对其进行披露。因此，在这种情况下，可预期税务非审计服务变量的估计系数为正。作者重新对方程（1）进行回归并用 *RESTATED_ICO* 代替因变量，其中，若公司在财务重述中对内控意见进行了重述并披露了新的重大内控缺陷，则 *RESTATED_ICO* 取 1，反之取 0。回归结果发现，税务费用（*LNTAXNAS*）和购买税务非审计服务虚拟变量（*TAXNASIND*）的估计系数均不显著，表明审计师独立性并不能解释本文的研究结论。

3. 税务非审计服务对非税内控质量的影响

考虑到税务非审计服务在一定程度上也牵涉到税务以外的流程和人员，作者推测，税务非审计服务可能对税务以外的内控问题也具有预防、早期发现并纠正的作用。为检验税务非审计服务是否可降低非税重大缺陷披露的可能性，本文重新对方程（1）进行估计并分别用 *ICW* 和 *ICW_NONTAX* 代替因变量 *ICW_TAX*。若公司报告任意一种重大缺陷（非税重大缺陷），则 *ICW*（*ICW_NONTAX*）取 1，反之取 0。结果发现，税务费用（*LNTAXNAS*）和购买税务非审计服务虚拟变量（*TAXNASIND*）均与因变量显著负相关，表明税务非审计服务不仅有利于税务内控质量的提升，还有利于整体内控质量的提升。

4. 税务非审计服务对财务报告质量的影响

虽然已有研究发现税务非审计服务与财务重述之间负相关（Kinney et al.，2004），但几乎没有文献探讨税务非审计服务通过何种机制来改善财务报告质量。作者认为，税务非审计服务通过改善内控质量，从而提高了税与非税财务报告质量。为检验此推测，本文分别针对所有发生重述、仅发生税务方面重述、仅发生非税方面重述这三类样本建立如下 logistic 回归方程：

$$Prob(RESTATE=1)=F(\beta_0+\beta_1 TAXNAS+[B_2 ICW]+\beta_3 INFLUENCE+\beta_4 LMARKETCAP+\beta_5 AGGLOSS+\beta_6 MERGER+\beta_7 EXTREMESG+\beta_8 RESTRUCTURE+\beta_9 BIG4+\beta_{10} PCTFORSALES+\beta_{11} TAXLOSS+\beta_{12} BTM+\beta_{13} LEVERAGE+\beta_{14} EXTERNALFINANCING+\beta_{15} FREECASHFLOW+\beta_{16} NICHANGE) \quad (3)$$

在方程（3）中，作者参考已有文献（e. g.，Kinney et al.，2004；Seetharaman et al，2011），选取税务费用与审计费用及审计相关费用之和的比值（*TAXNASRATIO*）来衡量税务非审计服务。在控制变量方面，作者还考虑了 5 个与财务重述相关的变量，即账面市值比（*BTM*）、负债水平（*LEVERAGE*）、总负债与股权融资（*EXTERNALFINANCING*）、当期经营现金流与近三年平均资本支出的差值（*FREECASHFLOW*）和净收益变化率（*NICHANGE*）。回归结果发现，税务非审计服务既能直接提高与税相关的财务报告质量，也能通过内控质量来间接改善财务报告质量。

5. 其他稳健性测试

本文还做了如下稳健性测试：第一，把样本仅限于本地大型上市公司；第二，仅考虑经会计师事务所审计的内控信息披露样本；第三，用税务费用与审计费用的比值来衡量税务非审计服务。以上稳健性测试结果均与本文研究结论一致。最后，参考 Patterson and Valencia（2011）的研究，本文把税务非审计服务分为重复性服务和非重复性服务，结果发现仅在重复性服务样本中表现出与税务内控缺陷披露的负相关关系。这表明重复性税务非审计服务产生了知识外溢而且不会威胁审计师独立性。

五、结论

以往研究主要关注税务非审计服务与财务报告质量之间的关系，而本文通过检验税务非审计服务与税务内控质量之间的关系，拓展了研究税务非审计服务经济后果的文献。本文研究发现，税务非审计服务与税务内控质量之间呈正相关关系，但在公司制定经营与财务报告决策时若考虑税务问题，则税务非审计服务对税务内控质量的提升并不明显。同时，作者还发现，税务非审计服务与非税内控缺陷之间负相关，这表明税务非审计服务既能通过提高内控质量来改善财务报告质量，也能直接对与税有关的财务报告质量产生有利影响。总之，本文的研究结论表明，税务非审计服务是内控质量的一个重要决定因素。另外，由于 SOX 法案促使公司内部更加关注税务报告，以致税务非审计服务对内控质量的改善作用越来越小，从而公司对税务非审计服务的需求降低。因此，本文结果有助于解释在 SOX 法案实施以后，为什么公司对税务非审计服务的需求越来越少。

（整理人：杜静）

主要参考文献

[1] Bédard, J., and S. Paquette. 2011. Perception of Auditor Independence, Audit Committee Characteristics, and Auditor Provision of Tax Services. *Université Laval working paper*.

[2] Deloitte. 2011a. Taxes: What the audit committee should know. Dbriefs Corporate Governance Series.

[3] Deloitte. 2011b. Material weaknesses and restatements: Is tax still in the hot seat?

[4] Kinney, W. R., Z. Palmrose, and S. Scholz. 2004. Auditor independence, non-audit services, and restatements: Was the U. S. government right? *Journal of Accounting Research* 42 (3): 561-588.

[5] Larsen, R. G. 2011. Communicating with the Board of Directors on taxes. July-August 2011. Tax Executives Institute, Inc.

[6] Lassilla, D., T. Omer, M. Shelley, and L. Smith. 2010. Do complexity, governance, and auditor independence influence whether firms retain their auditors for tax services? *Journal of the American Taxation Association* 32 (1): 1-23.

[7] McGuire, S., T. Omer, and D. Wang. 2012. Tax avoidance: Does tax-specific industry expertise make a difference? *The Accounting Review* 87 (3): 975-1003.

[8] Paterson, J. S. and A. Valencia. 2011 The effects of recurring and nonrecurring tax, audit-related, and other non-audit services on auditor independence. *Contemporary Accounting Research* 28 (5): 1510-1536.

[9] Seetharaman, A., Y. Sun, and W. Wang. 2011. Tax-related financial statement restatements and auditor-provided tax services. *Journal of Accounting, Auditing & Finance*26 (4): 677-698.

§5－5　内部控制审计意见购买与审计市场竞争[①]

Internal Control Opinion Shopping and Audit Market Competition

文献来源：Newton，N. J.，J. S. Persellin，D. Wang，and M. S. Wilkins. Internal Control Opinion Shopping and Audit Market Competition. *The Accounting Review*，forthcoming.

【摘要】本文研究了审计客户在一定程度上能够成功进行内部控制审计意见的购买活动，同时，检验了审计市场竞争对该购买活动是否具有促进作用。审计市场竞争以及审计意见购买行为对审计质量的影响一直都是监管机构关注的重点。基于 Lennox（2000），本文构造了衡量审计客户内部控制审计意见购买倾向性的变量。实证结果表明，审计客户能够成功进行内部控制审计意见购买；并且该购买行为主要发生在竞争性较强的审计市场环境中；本文还发现，相对于解聘审计师的公司，内部控制审计意见购买行为更可能发生在解聘时间较晚以及审计市场竞争较高的公司中。本文的研究结果对于当前有关审计质量和审计市场竞争方面的政策争论有启示作用。

一、研究问题

（一）问题的提出

长期以来，审计意见购买行为受到了监管机构的重点关注，但鲜有证据表明美国审计客户会进行审计意见的购买。本文研究的目的在于延伸传统的审计意见购买内涵，使其包括与财务报告内部控制有效性相关的审计意见购买（以下简称“内部控制审计意见购买”），并在此基础上，重新评估与审计质量和审计独立性相关的问题。本文提出了三个问题：（1）美国市场中，内部控制审计意见购买活动是否存在？即如果审计客户对审计师的留任或者解聘作出与实际情况不同的决定，那么审计客户是否更有可能被出具不利内部控制的审计意见（adverse internal control opinions）？（2）审计市场的竞争如何影响审计客户的内部控制审计意见购买活动？（3）审计师解聘的时间是否与内部控制审计意见购买行为相关？

论文的逻辑框架见图 5－5。

① 编者注：在本书排版完成之际，本文被 TAR 接收，为了体现文献的完整性和及时性，特将本文收录在此，待二次修订时将根据全书框架进行调整。

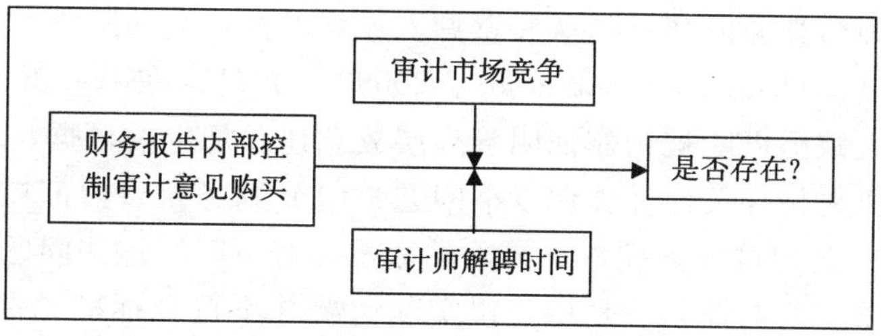

图 5－5　内部控制审计意见购买与审计市场竞争

（二）研究意义

第一，审计意见购买是非常重要的研究话题，但现有文献对该话题的研究并不多，且主要存在以下缺陷：（1）研究结论似乎不能反映美国的真实情况；（2）将审计意见类型作为审计质量的单一代理变量（Defond and Zhang，2014）。学者们认为，审计意见购买可能与审计妥协相关。因此，基于审计意见购买模型，本文考察了审计质量和审计独立性在审计报告过程中如何受到影响的问题。本文的研究结果为审计质量和审计独立性的研究提供一定的经验数据，具有重要的理论意义。

第二，很多研究报告指出，披露重大内控缺陷的公司数量严重低于预期（Chansan，2013）。同时，审计师很难通过收集适当的证据，来支持他们出具的企业内部控制有效性的审计意见（PCAOB，2013）。虽然一些缺陷被归类为重要缺陷，但它们实质上属于重大缺陷（Mont，2015）。对审计严谨性的质疑以及内部控制缺陷的错误归类，从一定程度上反映出审计师对审计客户偏好的默许。因此，本文研究结果可以为监管机构的监督带来启发，具有重要的现实意义。

（三）主要贡献

第一，虽然审计意见购买活动的危害性长期受到关注，且这样的活动被认为广泛存在，但本文首次充分证实了在 SOX 法案之前，内部控制审计意见购买活动确实以各种形式存在着。

第二，本文的研究为学术界对审计市场竞争利弊的争论提供了进一步的实证证据。本文发现审计意见购买更可能发生在竞争性较强的审计市场，该结果表明，审计市场竞争可能会带来某些不利的意外后果。

第三，先前文献认为，内部控制披露机制未能有效地对财务报告问题提前预警（Rice and Weber，2012；Scholz，2014），重大缺陷的披露成本似乎大于收益（Rice et al.，2014；Hogan et al.，2014）。本文的研究是对先前文献的补充，其结果为先前的文献提供了进一步的实证证据。

二、理论分析

本文的第一个研究问题是，是否有足够的证据表明内部控制审计意见购买的存在。监管机构、实务界和学术界都认为，在某些特定的情形下，公司有动机购买内部控制审计意见。公司重视审计师出具的内部控制审计意见。披露内控重大缺陷常被资本市场的参与者看作是负面的消息（Ashbaugh - Skaife et al.，2009），并且，在一些诉讼案件和 SEC 惩罚事件中，披露的重大缺陷可能被用作证明管理层故意违反规定的证据。

近几年，监管机构格外关注和强调以下问题：（1）财务报告内部控制审计过程中，审计严谨性不足；（2）公司披露内控重大缺陷的数量显著下降。这些问题暗示着内部控制审计意见可能存在偏误。所谓偏误，是指公司实际情况并不符合标准无保留①的内部控制审计意见的条件，但审计师最终出具标准无保留意见。偏误的发生有两种情况：第一种情况是，审计师已经付出了最大努力，并且收集了足够的证据，但在应用审计判断时难以避免地犯了错误。第二种情况是，审计师没有收集足够的证据或者审计师收集了足够的证据，但发表的审计意见默许了审计客户偏好。这些情况都表明审计意见购买行为可能存在。因此，本文的第一个问题研究了内部控制审计意见购买是否存在。

本文的第二个研究问题是，内部控制审计意见购买是否受审计市场竞争的影响。激烈的竞争加剧了审计师被解聘的威胁，即增加了审计师被解聘的可能性，审计市场竞争很可能与审计意见购买相关（Oxera Consulting Ltd，2006）。PCAOB（2011b）认为，审计市场竞争提高了审计意见购买的可能性。SOX 之后，审计市场竞争的利弊被广泛讨论。虽然很多学者支持提高审计市场竞争的观点，但 GAO（Government Accountability Office）2008 年报告并没有发现证据表明，高的市场集中度（即低的审计市场竞争）会引起审计质量的降低。与该观点一致，Newton et al.（2013）也发现财务报告重述更可能发生在审计市场竞争程度较高的领域，可能的解释是，这些市场中的会计师事务所被迫在审计费用上激烈地竞争（Chaney et al.，2003；Numan and Willekens，2012）。

在 SOX 法案最开始执行时，公司的审计费用显著增加，但在全球金融危机期间，审计费用又逐渐下降，且一直保持在较低水平。PCAOB 的现任主席 James Doty 认为，审计费用已经在一段时间内持续扁平化，审计市场停滞不前。在这样的市场中，“占领（审计）市场份额的主要战争变成对价格的竞争”（Doty，2014）。在该环境下，无论是现有的还是潜在的审计客户，都可能获得较强的议价能力。因此，在判断内部控制问题是重要缺陷还是重大缺陷时，以及评估存在的内部控制缺陷被有效纠正的程度时，如果审计客户具备更强的议价能力，那么审计师更有可能默许审计客户的偏好。即在高度竞争的审计市场中，审计客户更可能得到标准无保留的内部控制审计意见。

本文的第三个问题是，当审计客户出于审计意见购买的动机解聘审计师时，其解聘审计师的时间是否能为该动机提供一定的信号或指示。如果审计客户基于与审计意见购买相关的原因，决定解聘现任的审计师，则表明他们是基本确定现任的审计师将出具不利的审计意见。因此，解聘审计师的时间显得非常重要。

在一个典型的审计中，内控设计缺陷会在第二季度中被重点关注和发现，而其他缺陷只有在第三或者第四季度，控制执行的有效性开始测试时，才可能被测试出来。因此，只有在会计年度内相对较晚的时期，甚至在会计年度结束之后，关于内部控制审计意见的决定才会正式形成。审计客户在对即将形成的审计意见作出可靠的估计之后，才可能尝试纠

① 原文直译为干净的审计意见，一般来说是指标准无保留的意见。

正缺陷（也可能没有），并且尝试让审计师相信，存在的问题是重要缺陷而不是重大缺陷。随着内控审计报告日期的接近，审计客户对审计意见不确定性的问题将逐渐得以解决。因此，本文预期，发生在会计年度内相对较晚时期的审计师解聘，更有可能是出于审计意见购买的动机。

三、样本选择和研究设计

（一）样本选择

本文的研究数据来自于 Compustat，Audit Analysis，以及 CRSP 数据库。作者重点研究了 2004 年 SOX 404 条款实施之后内控审计意见购买的数据。在对样本的筛选中，作者首先剔除了审计竞争非常有限的样本（在 MSA① 中少于三家审计师事务所）以及审计师主动辞职的样本；其次，由于大部分客户由四大审计，本文剔除了在 t-1 年度由非四大审计的样本。最终获得可应用于原文模型（1）的 11846 个样本，样本期间为 2005 年至 2011 年。对于原文模型（2），在剔除由于部分其他控制变量导致的数据缺失样本后，最终得到 11361 个样本。

（二）研究设计

基于 Lennox（2000）的审计意见购买模型，作者首先构建模型（1）：

$$MW_t = \gamma_0 + \gamma_1 MW_{t-1} + \gamma_2 DISMISS_t + \gamma_3 DISMISS_t * MW_{t-1} + \gamma_4 X_t + \gamma_5 DISMISS_t * X_t + \varepsilon \quad (1)$$

MW_t是虚拟变量，当审计客户在 t 年被出具标准无保留内控审计意见取值为 0，否则取值为 1。MW_{t-1}为MW_t滞后一期的变量。$DISMISS$ 为虚拟变量，若审计客户继续留任审计师则取值为 0，若解雇审计师则取值为 1。X 是可能影响内控重大缺陷的一系列控制变量，包括财务重述、公司规模、公司经营时间、公司复杂程度、破产风险、收入增长率、是否为四大审计、是否发生亏损、是否发生重组和收购活动、机构投资者持股比例以及是否在当年或以前年度发生高管变更。作者也控制了年份和 12 Fama-French 行业组别。

作者依据$DISMISS_t$的取值将样本分为两组（$DISMISS_t$为 1 和$DISMISS_t$为 0），并分别运用模型（1）进行回归，得到两组模型（1）的估计参数。然后运用这两组参数得到每一个样本的 MW 的两个估计值，分别为 P1 和 P0。这两个预测值的差异（P1-P0）构成变量 $SHOP$，该变量可以描述客户的审计意见购买倾向。如果 P1 小于 P0，且 $DISMISS_t$为 1，或者 P0 小于 P1 且 $DISMISS_t$为 0，则说明客户进行了审计意见购买行为。利用该变量，作者进一步构建了模型（2）：

$$DISMISS_t = \beta_0 + \beta_1 SHOP_t + \beta_2 COMP_t + \beta_3 Z_t + \varepsilon \quad (2)$$

在模型（2）中，$DISMISS$ 的定义同模型（1）。$COMP$ 代表审计市场竞争程度，Z 是可能影响审计师变更的一系列常用控制变量，包括财务重述、公司规模、财务杠杆、盈利

---

① MSA：Metropolitan Statistical Area.

能力、破产风险、现金持有水平、审计师任期、审计师—客户规模错配、MSA 行业中审计市场份额、之前年度持续经营审计意见、收入增长率、应计盈余、存货及应收款占总资产比例、是否发生亏损、是否发生重组和收购活动、机构投资者持股比例以及是否在当年或以前年度发生高管变更。最后，作者控制了年度变量和行业变量。

由于 *SHOP* 变量为 P1 - P0，因此如果其系数显著为负，则说明存在审计购买行为。

作者使用三个代理变量来描述审计市场竞争程度（*COMP*）。第一个是 *DISTANCE_MSA*，用现任审计师在其区域内的市场份额减去同该审计师在市场份额上最接近的审计师在该区域内的市场份额。第二个是 *DISTANCE_IND*，用现任审计师在其客户行业内市场份额减去同该审计师在市场份额上最接近的审计师在该行业内的市场份额。上述差额越小，说明审计市场竞争越激烈。第三个是 *HERF*，基于 Herfindahl Index，衡量市场中审计事务所的多样化程度和审计费用的分布情况，该指数越小则竞争越激烈。由于作者将上述三个变量按照从大到小排序并分组赋值，因此变量数值越大，审计竞争越激烈。作者依据竞争程度大小的中位数将样本分为高竞争程度组与低竞争程度组，并对两组样本分别做回归分析。

对于本文的第三个研究问题，作者将早期审计师解聘定义为发生于第二季度结束之前的审计师解聘，将后期审计师解聘定义为发生于第三季度结束开始之后的审计师解聘。作者依据审计师解聘时间对模型（2）中的因变量进行了重新赋值。具体地，先将 237 个早期审计师解聘赋值为 1，控制样本赋值为 0，进行第一次的回归分析；再将 85 个后期审计师解聘赋值为 1，控制样本赋值为 0，进行第二次的回归分析。

四、实证结果

（一）基本检验

模型（1）实证结果显示如果审计客户在先前年度报告了内控重大缺陷，那么其在当前年度更可能报告内控重大缺陷，该结果表明，不利内控审计意见具有粘性。模型（1）的 R 方值为 0.349，高于 Rice and Weber（2012）的结果。模型（2）实证结果显示，审计市场竞争程度越高，更容易发生审计师变更。采用上述三种方式对审计市场竞争程度衡量的模型均显示出该结果。

（二）研究问题一

SHOP 变量来源于模型（1）对不利内控审计意见发生概率的估计。作者首先将 *SHOP* 变量进行正态分布标准化转换，得到 *SHOP*（*normal*）变量。在模型（2）（全样本）中，*SHOP*（*normal*）变量的系数显著为负，说明审计客户在继续留任和解雇审计师之间作出的决定会显著影响其被出具不利内控审计意见的概率（存在审计意见购买）。作者还针对未做正态分布标准化的 *SHOP* 变量——*SHOP*（*raw*）运用模型（2）做回归分析，其系数同样显著为负。

（三）研究问题二

模型（2）（全样本）实证结果显示，内控审计意见购买确实与审计市场竞争程度存在相关关系。具体地，当审计市场竞争程度高时，*SHOP*（*normal*）的系数显著为负；当审计市场竞争程度低时，*SHOP*（*normal*）的系数并不显著。无论审计市场竞争程度高低，*SHOP*（*raw*）的系数均显著为负。该结果表明，当审计市场竞争程度高时，更可能发生审计意见购买行为。采用不同审计市场竞争程度衡量变量的模型均得到相似的结果。

进一步地，作者将审计市场竞争程度分位数①与审计意见购买变量的交乘项纳入模型（2）中。模型（2）（全样本）实证结果显示在6个交乘项中，有5个的系数显著为负，说明有较为充分的证据表明审计市场竞争程度会促进审计意见购买的活动。

（四）研究问题三

模型（2）回归结果显示，无论采用何种审计市场竞争程度衡量方式，审计意见购买行为与审计师解聘发生时间存在相关关系。具体地，当因变量为后期审计师解聘时，*SHOP*（*normal*）系数均显著为负；当因变量为早期审计师解聘时，*SHOP*（*normal*）系数均不显著。当因变量为后期审计师解聘时，*SHOP*（*raw*）系数均显著为负；当因变量为早期审计师解聘时，仅部分*SHOP*（*raw*）系数显著为负。该结果表明，由审计意见购买驱动的审计师解聘倾向于发生在报告年度的后期。

作者还将样本按照审计竞争程度高低进行分组，并分别进行上述回归分析，研究结论不变。

（五）进一步检验

1. 可持续经营审计意见

为了检验内控审计意见购买的回归结果是否归因于客户对有利的可持续经营审计意见的购买意愿，作者采取两个方法检验：第一，在剔除了t-1年度客户报告了可持续经营审计意见的91个样本后进行回归分析，结果保持不变。第二，采取构建*SHOP*变量一样的方法构建*GCSHOP*变量，并将该变量加入到模型（2）中回归，*GCSHOP*变量系数不显著，*SHOP*变量回归结果基本保持不变。

2. 财务重述公司的审计意见购买

Rice and Weber（2012）发现报告财务重述的公司通常在重述年度没有报告内控缺陷，而在报告重述后才披露内控重大缺陷。本文研究了审计意见购买是否可以解释该现象。作者选取样本中没有报告内控重大缺陷的重述年度，共1124个样本，做回归分析。结果发现*SHOP*（*normal*）和*SHOP*（*raw*）系数均显著为负，说明审计客户在重述年度对内控缺陷的掩饰在一定程度上可能是由审计意见购买行为所致。

3. 所有类型的审计师变更

作者还将审计师变更从审计师解聘扩展到包含审计师主动辞职。尽管这样做会增加变

① 作者将竞争程度平均分为10个分位。

量的噪音，但是研究结果并未受到显著影响。

五、总结

审计师出具标准无保留的内部控制审计意见，可能是由于企业内部控制是有效的，但也可能是由于审计失效或者存在内部控制审计意见购买的行为。本文重点关注了审计意见购买导致的审计质量和审计独立性妥协的问题。基于 Lennox（2000），首先，本文发现审计客户能够成功进行审计意见购买。更确切地说，如果审计客户对审计师的留任或者解聘作出与实际情况不同的决定，那么审计客户更可能收到不利的内部控制审计意见。其次，内部控制审计意见购买更可能发生在竞争程度较高的审计市场。最后，对于已经解聘审计师的公司，本文发现，如果审计师解聘发生在会计年度内相对较晚时期，并且审计市场竞争相对较高时，审计意见购买活动更有可能发生。

（整理人：陈莹、吴晓璇、朱昊然）

主要参考文献

[1] Ashbaugh - Skaife, H., D. Collins, W. Kinney, and R. LaFond. 2009. The effect of SOX internal control deficiencies on firm risk and cost of equity. *Journal of Accounting Research*, 47 (1): 1 - 43.

[2] Chaney, P. K., D. C. Jeter, and P. E. Shaw. 2003. The impact on the market for audit services of aggressive competition by auditors. *Journal of Accounting and Public Policy* 22 (6): 487 - 516.

[3] Chasan. E. 2013. http://blogs. wsj. com/cfo/2013/12/05/sec - official - sounds - alarm - on - decline - inmaterial - weaknesses/.

[4] Ettredge, M. E., J. Heintz, C. Li, and S. Scholz. 2011. Auditor realignments accompanying implementation of SOX 404 ICFR reporting requirements. *Accounting Horizons* 25 (1): 17 - 39.

[5] Lennox, C. 2000. Do companies successfully engage in opinion shopping? Evidence from theUK. *Journal of Accounting and Economics* 29: 321 - 337.

[6] Lennox, C. 2002. Opinion shopping, audit firm dismissals, and audit committees. *Working paper*, Nanyang Technological University. http://papers. ssrn. com/sol3/papers. cfm? abstract_id = 299843.

[7] Newton, N. J., D. Wang and M. S. Wilkins. 2013. Does a lack of choice lead to lower quality? Evidence from auditor competition and client restatements. *AUDITING: A Journal of Practice and Theory* 32 (3): 31 - 67.

[8] Numan, W. and M. Willekens. 2012. An empirical test of spatial competition in the audit market. *Journal of Accounting and Economics* 53: 450 - 465.

[9] Oxera Consulting Ltd. 2006. Competition and choice in the UK audit market. https://www. frc. org. uk/FRC - Documents/FRC/Competition - and - Choice - in - the - UK - Audit - Market. aspx.

[10] PCAOB. 2013. Staff Audit Practice Alert No. 11. http://pcaobus. org/Standards/QandA/10 - 24 - 2013 SAPA 11. pdf.

[11] PCAOB. 2011b. Concept release on auditor independence and audit firm rotation. PCAOB Release No. 2011 - 006. August 16, 2011.

[12] Rice, S. and D. Weber. 2012. How Effective Is Internal Control Reporting under SOX 404? Determinants of the (Non -) Disclosure of Existing Material Weaknesses. *Journal of Accounting Research*, 50 (3): 811 - 843.

[13] Scholz, S. 2014. Financial restatement trends in the United States: 2003 - 2013. Center for Audit Quality. http://www.thecaq.org/docs/reports - and - publications/financial - restatement - trends - in - the - united - states - 2003 - 2012.pdf? sfvrsn = 2.